U0701648

信息革命与智慧城市规划

Information Revolution and Smart City Planning

王　伟　朱小川　叶锺楠　林　燕　著

中国建筑工业出版社

图书在版编目（CIP）数据

信息革命与智慧城市规划 = Information
Revolution and Smart City Planning / 王伟等著. —
北京：中国建筑工业出版社，2021.9（2022.11 重印）
ISBN 978-7-112-26370-7

I.①信… Ⅱ.①王… Ⅲ.①信息革命②现代化城市
—城市规划 Ⅳ.①G202②TU984.2

中国版本图书馆CIP数据核字（2021）第140877号

责任编辑：董苏华　孙书妍
责任校对：姜小莲

信息革命与智慧城市规划

Information Revolution and Smart City Planning

王　伟　朱小川　叶锺楠　林　燕　著

*

中国建筑工业出版社出版、发行（北京海淀三里河路9号）
各地新华书店、建筑书店经销
北京点击世代文化传媒有限公司制版
北京中科印刷有限公司印刷

*

开本：880毫米×1230毫米　1/16　印张：26　字数：729千字
2021年9月第一版　2022年11月第二次印刷
定价：99.00元
ISBN 978-7-112-26370-7
（37694）

王偉 教授

智慧創新

志遠辛丑書

序一

1986 年，针对城市规划工作面临的市场经济和市场力量挑战，我曾在《城市规划思想方法的变革》一文中提出"规划思想总是依托城市活动发展进行而发展"的观点，期待城市规划能以其理性内核的提升来应对城市中各种新变量的挑战。35 年过去了，在中国城市规划所面临的困境中，理性精神和思维方式还是没有成为自我更新迭代的内生力量。这种"缺失"有两方面体现，其一，规划方案的编制多以美丽终极状态设计为基础；其二，追逐单一目标的简单思维无法应对城市生命整体性协同的生态规律，以上两点足以让外界质疑城市规划的学科理性，而这种缺乏生命动态健康维护、缺乏生态整体理性协同正是当今城市规划亟需克服的思想方法弊端。

由于城市建设不可复原的基本特征，城市生命环境不可重复的基本原理，简单和单一的思想方法造成了诸多生态、社会和经济问题。在中国城镇化动力要素发生巨大转变的背景下，如果不进行颠覆性、革命性的思想方法转变，进而带动规划体制、规划工具和价值取向的改变，必将影响国家永续和规划学科自身的发展。为此，2015 年，我提出生态理性的思维方法，其本质是系统关联的、生物的、生态的、复杂演进的思想体系，体现出"尊重自然规律、尊重整体秩序、尊重代际演进"的生态理性特质，包含了价值取向的理性化、体制和机制的理性化，以及工具的理性化三个方面。

城市规划学科的成熟，基于城市规划的思想理论、技术方法和学科发展史这三块基石。21 世纪以来，随着网络通信技术的发展，以"大数据、智能化、云计算、移动互联网"技术为代表的新一代智能技术出现，这些技术让物理世界、社会文明世界、数字世界的三元世界日益融合，让城市涌现出由人、时、地、事、物和组织等各种要素组合的千万种虚实之"相"，也让城市规划的理性升华获得了历史性的技术支持。2007 年，同济大学与 IBM 合作成立了首个智慧城市研究中心，提出智慧城市（smart city）这一概念。于我而言，智慧城市是技术工具赋能思想方法提升的一种内生性迭代设计。由此，城市不再是局限于承载居民的空间载体，而成为一个生命体，通过"感知—判断—反应—学习"的不断循环，成长为越来越智慧的城市（smarter city）。2017 年 11 月启动的中国"新一代人工智能发展规划暨重大科技项目"则更加表明，未来城市规划将依托新一代人工智能技术而得以大幅智化提升，这为城市规划技术改革带来极大的可能性，也将带来城市规划思想方法在生态文明时代的整体提升跨越。

王伟博士领衔所著的《信息革命与智慧城市规划》以信息、大数据、规划理性为主线，从信息解码洞悉文明演化、信息浪潮脉动城市星球，到 ICT 变革助力城市重构，再到数字孪生映射镜像城市，勾勒出一幅新一轮科技革命下万物互联、人机协同、跨界融合、共创共享的城市星球图景；进而深入分析城市大数据的特征及其带给城市规划研究的范式转变，在此基础上提出了面向智能时代的智慧城市规划"识→诊→绘→营→治→脑"分析框架、基本逻辑与流程；随后在"智城之识：多维画像认知""智城之诊：精准体征研判""智城之绘：循律以流定形""智城之营：人本场景驱动""智城之治：众创众智众惠""智城之脑：智慧平台构建"等六章中采用基本原理加典型案例的方式进行深入阐释；最后在"协同规划：应对未来不确定的群智理性"一章中，作者立足对现代城市规划面临挑战与困境的思辨，创新性提出智能时代的到来将使城市规划面对一种史无前例的群智理性的涌现，并将智能时代以群智理性为内核的城市规划界定为面向城市公共性事务，在复杂性思维指引下，依托整体性算力赋能规划决策，开展协同型规划求得共识，实现思路碰撞、能力汇总、资源共享和联合创造的一种规划范式。纵览全书，颇多创新见解，反映出新一代规划学者对智能时代中国规划学科发展的深度思考。

基础科学是未来国家发展的重要基石，对我国规划学科而言，基础研究的一个重要方向就是城市大规模智能如何完成，即如何通过层级、架构的设计与建造来完成一个城市级别的智能布局，用人工智能来推进城市的规划建设、管理与运行。当前要学习的，不仅是如何直接应用人工智能技术，还应学习人工智能如何更多地为城市规划服务，为城市科学健康地发展服务。坚持推进人工智能应用于城市规划领域，是中国城市规划在世界规划界前沿的跟跑、并跑和领跑的重要技术手段，也是未来持续创新领跑内涵式发展的内生性力量。

史蒂文·平克（Steven Pinker）曾说"生命、思想以及人类奋斗的最终目的是创造能量和信息来克服熵的浪潮并开辟有利秩序的庇护所"。面对百年未有之大变局，中国城市要从传统发展之路切换至高质量发展、高品质生活与高效能治理之路并不容易，《信息革命与智慧城市规划》的出版恰逢其时，将为新时代变革中的规划学科发展与规划业务实践注入一份真知灼见，成为一本标志性的学术成果。

期望作者们能持续思考与研究下去，为构筑更美好的城市世界贡献更多智慧！

吴志强

吴志强
中国工程院院士
同济大学建筑与城市规划学院教授，博士生导师
教育部高等学院建筑类专业教学指导委员会城乡规划分委主任委员
2021 仲夏夜于郑州

序二

现代电子信息技术的巨大发展引起的一场新的技术变革及其带来的社会生产力、生产关系质的飞跃，被人们称为"信息革命"。进入21世纪，大数据、物联网、区块链、数字孪生、云计算、人工智能、5G、AR和XR以及BIM、DIM、CIM等给城市建设发展带来的革命性变革，已经成为智慧地球的重要组成部分。在应对全球变化过程中，智慧地球将发挥积极的推动作用。作为智慧地球重要组成部分的智慧城市具有重要的战略意义，因为未来将有超过50%的人口居住在城市。智慧城市的建设为国土空间规划提供了新的思路、新的时空观。因为国土空间规划本身的宏观性、综合性、系统性及战略性，传统的空间规划理论和方法已经不能适应我国进入新时代、贯彻新理念、构筑新格局的更高要求。因此，在"数字中国"的大背景下，重新思考国土空间发展，重构人地关系，分析社会经济发展效率，促进国土空间时空格局优化，持续推进可持续宜居国土空间建设，深化新技术应用，创新国土空间规划编制体系和完善规划实施管理已成为迫切需要深入探讨的问题。

国土空间规划是以空间资源的合理利用和有效保护为核心，从空间资源（土地、海洋、生态、心理等）的利用与保护、要素统筹、结构优化、功能布局、效率提升、权利公平等方面，探索落实政府宏观政策目标的基础保障规划，涉及形势判断、目标预测、结构优化、格局划分、功能定位、工程布设、监测评估、实施保障、体质机制等内容，包括行政辖区、跨行政辖区及流域等多个层面。国土空间规划的"八定"（定界、定势、定量、定位、定事、定序、定施、定效）需要新技术的支撑，其中重要的基础是规划大数据。规划大数据研究可大致分为六个层次：大数据汇聚、大数据可视化、大数据挖掘分析、大数据机器学习、大数据增强分析、大数据空间智能。大数据的大视野、大尺度、大格局、大预测对应了国土空间规划的国际视野、世界坐标、中国标准、区域模式。智能规划的空间规划新方法可以总结为"识象、知数、辩理、能算"，最终形成"规划机器人"，服务于国土空间规划的决策和治理。

由王伟博士领衔所著的《信息革命与智慧城市规划》从全书开始就给出物质、能量和信息是人类社会文明形态发展的三大主线，也是构成世界不可或缺的三大元素，提出信息的性质决定人的性质，信息的质量决定人的质量，信息的不同决定人的不同，人的不同决定城市的不同，规划即决策，城市是无数个体决策的结合的鲜明观点。在此基础上，通过对信息浪潮带给城市的影响、ICT变革推动的城市重构、数字孪生构造出虚实一体的城市生命体，为我们展现了富有前瞻洞察的未来城市景象。在未来景象之中，作者选择大数据这个智能时代的核心载体，将其比喻为升维新城市研究的"灯塔"，深入分析其带给城市规划研究的一系列转变，梳理总结面向数据全周期分析的各种方法、模型，进而提出"识→诊→绘→营→治→脑"的智慧城市规划框架，而围绕框架的46个典型案例让读者有了更为深入了解学习的内容。最后提出的"群智理性"是对全书思考的一次升华，为新时期智慧国土空间规划的实现提供了一种方向指引，对前面我所讲到的两个核心问题给出了很好的回应。

回顾这些年和学生一起走过的路、一起成长的经历，简要总结指导的150余名研究生，大致有三种类型：老黄牛、孺子牛、拓荒牛。王伟博士应属于拓荒牛型。二十年前，王伟博士跟随我攻读硕士研究生，在学习期间我引导他关注了元胞自动机（CA）、UrbanSim 等刚刚兴起的城市模拟模型。他在硕士论文《济南市城区土地利用空间格局演化与优化研究》中初步尝试应用并取得很好的成效。2006 年，该论文获评山东省优秀硕士论文，他本人也被评为山东省优秀毕业生。硕士毕业后，他考取了同济大学城市规划专业博士研究生，师从吴志强院士，从城市土地利用研究拓展到城市空间规划研究，一直保持着勤奋的思考，对一些问题形成了自己更加多维的认识与观点，《信息革命与智慧城市规划》是他多年思考与研究的一次总结，相信也是他研究工作的新起点。

与王伟博士结缘师生之情已悄然二十载，希望他在未来的二十年能继续在自己所热爱的规划行业不断探索，取得更大的进步和收获。为此，欣然作序！

郑新奇　教授　博士生导师
中国地质大学（北京）信息工程学院院长
全国地理信息标准化技术委员会信息化分会委员
中国自然资源学会常务理事兼资源大数据分会主任

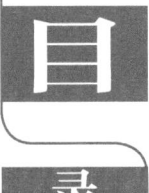

目

录

Contents

第 *1* 章

信息解码：洞悉城市文明

人类历史是一个文明不断演进的过程，是人的本质不断实现的过程。对于整个人类社会发展与进步的过程来说，信息具有巨大的价值。人类从动物世界开始蜕变，从原始社会走向文明社会，伴随着对信息的生产、处理和传播，其文明形态和价值观念体系模式也发生了变化。人类信息活动方式的发展不仅为社会文明形态提供了技术前提，也深刻影响了人类的价值观念体系、结构与内容。经历了农业文明、工业文明之后，人们面对的不仅是土地和机器，还有很多无处不在的信息。以知识经济与创新涌现为标志的信息文明应运而生，在两大历史文明基础上实现了质的飞跃和升华。现代信息技术是当前全球研发投入最集中、创新最活跃、应用最广泛、辐射带动作用最大的技术创新领域，众多的创新实践推动人类社会迎来信息泛在的智能革命。我们若要适应这个时代，就必须对自己的思维方式、精神状态、知识能力进行与时俱进的调整，从而更加深刻、准确地认知与洞察信息文明与智能革命的本质特征、发展方向，以更好地融入、适应与建设这个全新的时代。

1.1 文明演化的信息代码

物质、能量和信息是人类社会文明形态发展的三大主线，也是构成世界不可或缺的三大元素，他们分别是农业社会、工业社会与信息社会的核心资源。[1] 信息与物质和能量不同，它带给人类知识和智慧的力量。在人类获取信息、创造信息、控制信息的历史进程中，信息文明得以实现。

1.1.1 信息的定义

信息是一个复杂的概念，也是一个亲近的概念。信息的复杂在于外部世界提供信息的多样性以及人们理解信息的差别性；信息的亲近在于我们身处一个信息广泛存在的世界，无时无刻不被信息包围着。我们的每次呼吸之间都有无数的信息掠过，世界万物因为无处不在的信息流而产生关联。理解信息，将使我们能够更从容地面对身处的信息时代。

据我国学者钟信义考证，在我国浩瀚的历史文献中，"信息"一词最早见于五代南唐诗人李中《暮春怀故人》中的"目穿长路倚楼台，梦断美人沉信息"。显见，最初的"信息"一词，简单指代声音、文字等音信消息。随着时代的发展，信息的概念变得更为广泛和深刻：小到蝴蝶翅膀的一次轻微颤动，大到一场铺天卷地的自然灾害，都可以作为被人类接收、处理、传递的内容，而这种由声音、图像、信号等组成的内容就是我们熟知的"信息"。

在科学领域，首次对"信息"的概念做出明确定义的是控制论创始人诺伯特·维纳（Norbert Wiener），他在 1948 年出版的《控制论——动物与机器中的通信与控制问题》一书中，首次将"信息"作为一个同物质、能量概念独立开来的认识："信息就是信息，既不是物质，也不是能量"（Information is itself. Neither matter, no energy）。他将信息与物质和能量相提并论，指明信息同物质和能量一样是人类社会赖以生存和发展的三大资源。另一个具有同样重要意义的论述，是由信息论奠基者克劳德·艾尔伍德·香农（Claude Elwood Shannon）于1948年发表的《通信的数学理论》一文中提出的："信息就是能够消除有关不定性的东西。"香农从信息功能的角度论述了信息的概念，说明了信息对于消除人类社会中的不确定性的重要意义。《简明自然辩证法词典》中将"信息"解释为"消息、情报、指令、数据、信号等有关周围环境的知识"。钟信义在《信息科学原理》一书中，将信息概念从本体论和认识论两个层次进行剖析。本体论认为信息是与主体因素无关的某个事物关于自身运动状态及其变化方式的自我表述；认识论认为信息是某个主体对某个事物的运动状态和变化方式的形式、含义和价值的具体描述。通过这两个层次的认识，钟信义提出：信息是事物（物质和精神）所呈现出的运动状态及其变化方式。世间一切事物都在运动，一切运动都会呈现其一定的状态，并随时间推移而改变，这种瞬间的状态和变化的方式就是信息本身。

综合上述观点，本书认为"信息"是人类社会存在与传播的一切内容，即人类自诞生以来，在与万物互动交往的过程中，通过获得、识别和传递自然系统和社会系统的不同符号、信号等状态和变化来区别不同事物，从而得以认识和改造世界。主要特征表现为：（1）信息是活的；（2）信息是可扩充的；（3）信息是具有替代能力的；（4）信息是具有有效性和无效性的；（5）信息是可以浓缩的；（6）信息是可以快速传递的；（7）信息是可以扩散的；（8）信息是可以分享的。

根据人类认知和利用信息的不同，可从多种维度划分信息。如按照主体感知信息的能力可以将信息划分为可感知的和不可感知的信息；按照主体对信息的掌握程度可划分为已知的和未知的信息；按照主体利用信息的方式不同可划分为公开的、透明的和未公开的、保密的信息；按照主体对信息的保存能力不同可划分为持久的和瞬时的信息；按照主体获得信息的权限不同可划分为可获得的和不可获得的信息；按照主体使用信息的合法性可划分为合法的和非法的信息；按照主体使用信息的边界可划分为内部信息与外部信息；等等。

1.1.2 信息的产生

丰富多彩的人类文明在一次次信息交流中延续、发展。正如美国传播学家施拉姆说："我们在一生中始终触及传播或被传播所触及；传播就像血液流经人的心血管系统一样流经社会系统。"而若胎教之说成立，那么人出生之前就开始接受信息，可以说人即是信息的填充与塑造。因此，交流是信息的核心属性与功能，信息交流媒介的变革影响着人类社会的发展。

"信息"作为人类根据与外界的互动对其感知的状态或变化的一种表述和定义，其本身不是实体，只是如消息、情报、指令、数据和信号等外部世界表现中所包含的内容，必须依靠某种媒介进行转译和传递。

神经系统是人类最早的信息载体。人类利用神经系统把外部世界的信息转化为神经信号。信息在信息源和信息载体第一阶段分离时产生。神经系统接收外部世界的信息，却未改变外部世界。而脑内的神经意识信息必须通过符号载体而外化，因此在下一个阶段中，人类通过创造符号载体来进行神经信息的转译和传播。

最初创造出来的符号载体是人类的自然语言，所依据的主要是听觉信息、视觉信息等，意识信息外化后利用人体自身器官和肢体编码表达意识信息，包括表情、眼色、肢体动作、简单的鸣叫等。其中，性能最强、效率最高的符号载体当属语言。在人类自然语言的基础上，信息处理、储存和通信逐步发展起来。以人类初次认识一朵花为例，大脑将接收到的"信息"转化为颜色、气味等神经信息，通过发出声音和肢体动作把脑内的神经信息表达出来（言语和肢体实践），最后用文字等人工符号完成高级别的表达记录（写、画实践），将脑内信息外化，并反馈给外部世界（图1-1）。借助言语和文字，信息通过眼、耳等器官转译成可供大脑识别、加工、修正、补充、提升的神经信息，并可通过口、手等器官再次向外部输出。这样的循环不仅赋予了思维活动外化的能力，而且大大提高了思维的广度、深度和影响力，同时也是人类与外部世界互动和交流的过程。

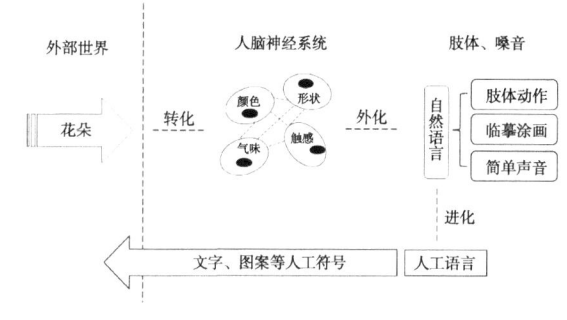

图1-1 信息转译过程

不过，自然语言并非信息载体进化的最后一步。人脑能够获取、加工、利用的视觉信息远多于听觉信息，如果不能给视觉信息以系统的编码表达，将大大限制人脑信息的作业。突破这一制约的关键在于能否获得一种能够使视觉信息外化的恰当载体。但人工语言（人工符号）的创造打破了这一藩篱，而符号编码视觉信息则实现了信息载体又一里程碑式的发展，开启了用人工符号记录、传送、加工、存取信息的人工符号载体时代。人类从物质世界中抽取一切能够用"形"来表达的信息，包括外部事物的形态、形体、形状、空间分布联系等，将这些信息用人工符号编码，并记录为神经信号向大脑传送，这使得信源和信息载体能够进行最大程度和最稳定的分离，为信息加工处理等各种信息作业提供了有效支撑。人工符号向文字的演变，使人脑的各项信息作业都得到了质的提升。从某种意义上说，信息革命就是信息载体的革命。

1.1.3 信息的载体

信息载体是衡量信息交流水平的重要标志，在人类文明发展过程中，信息载体经历了多次里程碑式的更新迭代，信息载体的快速进化也推动了人类社会向更高级形态发展。从图腾到文字、数学、逻辑，再到现在的计算机技术和虚拟技术，这种变化使得信息的数量、信息交流的速度、深度和广度不断上升、提高和扩大，人类对信息的获取、处理和再处理技术日臻成熟，信息所蕴含的意义也趋向复杂化，特别是当今信息技术和网络所搭建的虚拟世界，如同与现实世界同在的"平行世界"一样（表1-1）。

1.1.4 信息的生命

1. 信息的生命周期

生命周期最初是生命科学的术语，本指生物体经历出生、成长、成熟、衰退，最后走向死亡的整个生命过程。1985年，美国学者莱维坦（Karen B. Levitan）创造性地将此概念引入信息管理理论，认为信息或信息资源作为特殊商品，也会类似地经历生命周期：生产、组织、维护、增长和分配。随后，霍尔顿（Greg Holden）提出信息资源生命周期的概念，认为信息运动的客观规律即为信息生命周期，包含两个不同层面：一是信息利用与管理需求信息生命周期，由需求、收集、传递、处理、存储、传播、利用组成；二是信息载体与信息交流信息生命周期，由创造、交流、利用、维护、恢复、再利用、再包装、再交流、降低使用等级、处置组成。

本书倾向于将信息理解为一种具有生命周期的资源，即信息会经历识别、采集、记录、编码、解码、传递、加工、创新、存储、提取、转化、利用、消除等一系列从出现到消亡的过程，可大致分为六个阶段：识别转译，采集分类，加工存储，传递传播，利用，存储、转化或消除。其中存储和转化后的信息将以某一形式再次回到外部世界，开始新一轮的"生命"（图1-2）。

目前，人们普遍倾向于将"信息生命"的最终点定格在信息消亡，就如同生命一般。但即使某些信息的价值会在一个时期快速衰退，也并不意味着这些信息被消除，而是这些信息被暂时封存，一旦外部环境改善（如关联信息充足、信息技术完善和主体新的信息需求出现），这些信息的价值将会被重新唤醒并利用，以满足主体新的信息需求。在图1-3中，T_1、T_2、T_3表示时间，Q_1、Q_2、Q_3表示空间，O_1、O_2、O_3表示信息休眠点，E为信息复苏激活要素，其包括关联信息、主体信息需求和新信息技术等要素。

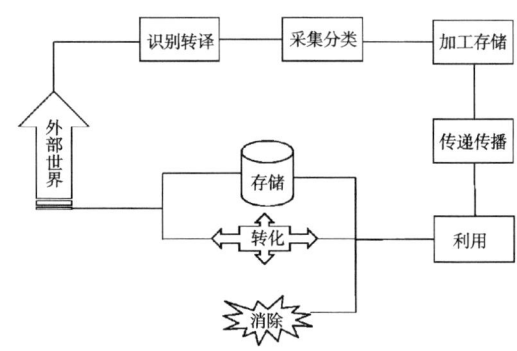

图1-2 信息生命周期过程示意

在大数据与云技术的牵引下，信息存储与信息处理并重，信息再利用，特别是老化信息价值的再发现将成为可能，由此将衍生出信息在利用维护后的另一种去路：信息休眠，即信息将会出现多次或无限次价值延续的现象。[3]

信息载体发展历程　　　　　　　　　　　　　　　　　　　　　　表 1-1

阶段	主要信息载体/技术	影响
原始社会：信息体内存储	人类使用的符号体系十分简单，先是通过目光、表情、手势等身体运动或者是静态无声的身体姿势传达信息，然后发展到结绳记事	没有实现信息的体外存储，没有把信息记录在物质材料上，信息累积依靠人脑记忆。因此，很难进行跨时间和跨地域的信息交流。信息交流的方式一般是面对面，参与交流人数十分有限。信息交流活动受到人数、时间和空间的严格限制，信息交流效率十分低下
人类文明社会发端与发展：文字的出现、纸的发明	文字、图画、音乐、动画（从无声到有声）和化学分子式、数学公式、数学模型等各种专业符号	文字的出现使人类实现了信息的体外存储，使人的主观经验或主观知识转化为客观经验或客观知识成为可能。脱离了面对面信息交流的局限，为信息交流完全性程度的提高奠定了基础。人类的知识或经验能累积起来，并代代相传，跨时代的信息交流也成为可能。人类文明社会由此发端，并开始不断发展
	泥板和甲骨、青铜器或石板、简牍、缣帛记录、纸与印刷术的应用	印刷术和纸的发明使信息记录的速度、存储的密度、传递的速度和范围得到极大的提升和扩大，跨地域、跨时间、参与信息交流的对象数量不受限制，且能频繁进行的社会信息交流方式得以实现，成为人类文明社会发展的强大杠杆，是人类社会信息交流史上的第二次飞跃。印刷型文献成为一千多年来人类信息载体材料的基本形式，成为科学交流的基础
工业社会：多种媒体和现代通信登场	出现邮政、电报和电话等现代通信方式，出现感光载体（照片）、声波振记器（唱片）、磁性载体（磁带）、电子载体（CD-ROM）等记录信息的载体。现代邮局、图书馆、学校、出版社、杂志社、情报机构等社会信息交流机构相继出现	信息的存取速度和存储密度大幅提升，信息交流的速度和完全性程度得到进一步提高
信息社会：数字信息交流的兴起	半导体存储器件、光纤、通信卫星等新型信息运载工具，通过 E-mail、FTP、BBS、QQ、MSN、手机短信、博客、维基等交流。数字文献数据库的数量飞速增长。数码相机、数码摄像机、MP3和手机等数字电子产品。光纤、通信卫星等新的信息运载工具成为主要的信息载体	信息记录速度大幅提高，信息存储密度大幅提升，信息交流效率极大提高，社会大众开始真切地感受到信息时代的来临，成为人类信息交流史上的第四次飞跃。数字信息交流覆盖了人类以往所有的交流方式，使交流的速度、广度、深度有了革命性的提高，并从主体内部改变了当代人的交流和思维模式，提供了前所未有的"电子记忆"和"远程体验"，人类信息活动进入新纪元[2]
智能社会："大智移云"推动颠覆性变革	大数据、云技术、物联网、移动互联网、虚拟现实技术、人工智能、DNA存储等技术日新月异。如无处不在的传感器、二维码	人类对海量数据进行分布式数据获取、挖掘，利用高增长率和多样化的海量信息资源资产，人类从感知到认知到决策的全过程在万物互联的浪潮中发生着颠覆性变革

资料来源：作者根据网络公开资料整理。

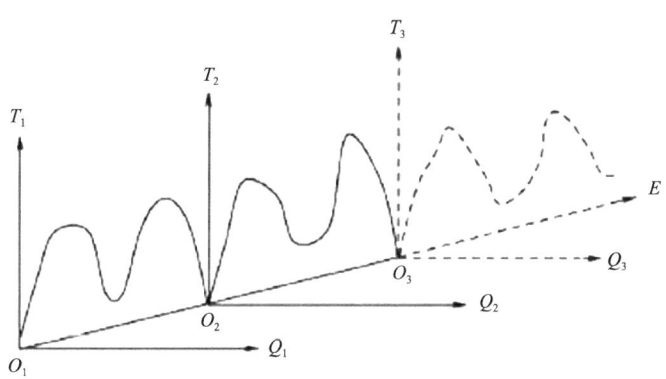

图1-3　信息休眠与信息再利用过程示意

资料来源：杜彦峰.《大数据背景下信息生命周期理论的思考》

2. 信息的生命质量

在信息的生命周期中，信息内容会由于干扰、清洗和过滤等原因出现损耗。除此之外，信息认知主体的差异性和认知能力的高低也会导致信息在理解转化和表达传递等过程中出现偏差，进而影响信息的生命质量。信息的生命质量直接影响信息内容的价值含量和有效性，因此信息的生命质量是帮助人们更好地认识和利用信息的必要指标。本书认为信息的生命质量包含以下几方面的内涵：

一是信息采集的覆盖度。信息覆盖度可以理解为主体在一定时期内在主观与客观条件下开展的信息采集工作相对于全息信息所能覆盖与实现的程度。在西方经济学中，一个有效率的完全竞争市场所必需的理论前提条件就是完全信息，信息采集的全面度将为行动者提供最重要的预判和决策基础。从最初洞穴之人看到的火光之影，到现代社会的信息爆炸，人们一直试图从未知世界走向一个全息世界，试图理解和利用更多的信息。但由于不同维度的认知限制，人类尚处于一种信息未全部开发的阶段。

二是信息转译的还原度。信息还原度可以理解为客观信息被转译为主观信息内容后与客观事物真实状况的差异大小（如，象形文字和多媒体所转译的信息还原度有着很大的不同）。信息转译过程中可能会由于信息噪声的加入和转译主体的差异性，造成信息失真。信息还原度对信息的生命质量十分重要，失真的信息不仅会造成信息价值的浪费，还可能会导致信息接收者根据失真的信息做出错误的决策。

三是信息交流的完整度。信息交流的完整度是指，信息交流主体双方在互相交换信息过程中，信息接收者对对方所传递的信息在其大脑中实现完全的"内部再现"，也就是完全理解了对方所要传递的信息的含义。事实上，百分之百的完整性是很难达到的：一是表达信息的符号体系不一定能完全反映信息发送者的思想；二是在信息传递的过程中，可能会受到传递者的表达能力和接受者的接受能力以及其他因素的影响，因此，"文本传递"不完全等同于"心灵传递"；三是因为要受到选择性定律的约束。所谓的选择性定律是指，接收者对发送者向他传递的信息往往是有选择的接受。选择性定律包括选择性接触、选择性理解和选择性记忆，其中任何一种选择都会降低信息交流的完整性程度。

四是信息扩散的速度和广度。外部世界通过向我们传递信息来展示它的存在和影响力，信息传递的广义含义是信息在媒介体之间的转移。信息传递的过程，是传播者与接收者信息共享的过程，二者基于信息的交流而相互影响、相互作用。信息传递的速度是指在一个给定的时间和空间点上，信息在指定时间间隔内的位移矢量与该时间间隔的持续时间之比，通俗地说，即信息在媒介之间移动的快慢程度。古时的信息传递速度基本与交通速度相同。但自从光纤被应用之后，信息就开始以光速传递，信息量和可靠性大幅提高。人类的信息传递经历了最早的言传身教，到高成本的长途跋涉，再到现在的计算机网络即时传播。信息传递速度的提升，使得信息在人类社会中的流通更为顺畅，社会运转效率也大大提高。信息传递的广度可以理解为衡量信息传递范围大小的程度，信息传递的广度越大，意味着信息接收者的数量越多，信息影响的范围也越大。

五是信息利用过程的深度。信息利用深度是指在垂直方向上能取得有效信息的程度。信息利用的深度越大，信息被发掘的潜在价值越多，人类掌握信息内在的机制就越透彻。大数据与云技术的应用使得信息价值得以多次发掘，很大程度上提高了信息利用的深度。

六是信息存储的存量和时效性。信息存储是将经过加工后的信息按照一定的格式和顺序存储在特定的载体中的一种信息活动。信息的存储是信息在时间域传输的基础，也是信息得以进一步综合、加工、积累和再生的基础，在人类和社会发展中有重要意义。信息存储的载体经历数次更新迭代，纸质载体是人类信息史中一次里程碑式的革命，实现了跨越时间的信息保存和价值传递，而电子存储的普及则将信息存储的容量和时效性都提升到了一个更高的层次。

1.2　人类社会的信息驱动

摩尔根（Lewis Henry Morgan）在学术著作《古代社会》中认为生产力是社会进步的决定性因素，据此以生产力的发展作为分期的基础，将人类社会的发展分为三种不同的社会形态：蒙昧时代、野蛮时代和文明时代。[4]

在不同的信息生产和传递模式下，人类社会迄今已表现为若干秩序形态。根据卡尔·马克思（Karl Heinrich Marx）的经典论述，生产是历史上一切社会进步的尺度，社会生产力的发展水平决定人类社会的进程；与生产力发展相适应的生产关系，构成一定的社会形态和经济结构的现实基础，并规定着社会形态的主要特征。而不同的信息基础会决定出不同的生产力和生产关系，在不同的生产关系及其运行方式下会形成不同的社会形态。[5]

信息互动频率的强弱和信息运作方式的不同，所产生的生产关系也有所不同。基于此，本书将信息与人类社会的互动分为四个不同的阶段，分别是蒙昧时代、启蒙时代、信息时代以及可展望的智能时代，以信息互动的视角，观察信息在人类社会中发挥的作用。

1.2.1　蒙昧时代：信息低速活动

蒙昧时代是人类以采集外部世界的天然产物为主的时期，劳动工具主要是用于辅助初级采集，生产技能和劳动工具的发展都很缓慢。信息载体还停留在神经载体的初级阶段，人类主要通过神经载体来接受和存储从外界获得的信息，并用简单的语言和肢体动作表达出来。人类以家族为单位进行群居，人群之间的距离较远，交流较少。同时，由于缺乏可将信息外化的载体，人类只能接受和携带外部世界信息，对外部世界的记录较少，改造世界的能力较弱，人类与外部世界的互动简单而低频。由于人类的行为轨迹以及因互动而产生的社会生活信息多是稳定、可循且结构化的，因此，在这一时期，信息也以低速、低频的状态在人类社会中运转。

人类创造、处理和传播信息的模式主要有三种：一是个人内向的信息创造和处理的自我传播；二是个体和个体之间面对面信息互动的亲身传播；三是基于自我传播和亲身传播之上的团体传播和组织传播。这样的模式具有短距离、相对分散和对外封闭隔绝的特点，由此建立起农业文明时代的个体或家族或村落的自给自足的经济体制，以及个人或家族集权的君主制度。

1.2.2 启蒙时代：信息提速利用

随着人类与外部世界的互动愈加复杂和频繁，文字图像等符号载体逐渐发展成熟，如竹简、纸张之类的实物载体也逐渐推广和进化。这一时期，人们识别、转译和传播信息的能力有了较大的提高，但信息的获取和传播的渠道被少数群体垄断，此时社会中的主流信息主要来源于少数社会精英的一致观点，他们在垄断着生产资料的同时，也垄断着社会信息和知识的生产与传播。信息生产的垄断和信息流动的受控，改变了人与人之间的社交关系和社会信息传递方式。宗教、封建迷信、科学研究、市场贸易等领域的空前发展，使人类社会具有了疏离且有限的社会交际、地域化的社会谋生以及基于威望与权力的寡头精英决策等主要特征。物质交换和资本流通带来的人口集聚，产生了部落、城邦、城市等具有集中和交换信息功能的人类聚集区。

1.2.3 信息时代：信息高速爆炸

19世纪中期，电报、电话、收音机、电视机的发明使人类的信息交流与传递更加便捷和高效。新兴的电子信息技术的形成和发展，主要以半导体、集成电路、计算机的发明，数字通信、卫星通信为主，推动人类利用信息的效率实现质的飞跃。信息革命正在潜移默化地改变着人们习以为常的社会生活方式、社会运行状态和社会治理模式，信息交换和信息传播成为新的社会驱动力量。在社交网络和即时通信工具普及应用的驱动下，生活的网络化使得人类社会的联系更为紧密，人类交往开始全方位地打破地理阻隔、交通成本限制和主权疆域的禁锢。城市群、大都市区、全球城市等高度同城化和高度一体化、多核心、多层次的城市群体成为人类主要集聚地。自由的交往和交流使任何微小变化都有可能扰动整个社会系统的平衡和稳定，社会运行的传统单中心模式向多中心转变，人类社会正在以极快的速度趋于系统联动性和高复杂性，走向一体化。

1.2.4 智能时代：信息智慧泛在

智能时代的基石将是互联网（Internet）、物联网（Internet of things）、大数据（Big Data）与云（Cloud）和人工智能。互联网将连接一切，搜索一切，收集一切；5G时代技术的普及将更大程度地提升信息传递的速度和广度，任何人或物只要一台联网计算机就可以向数十亿受众传递信息，也能在瞬时间接收信息。大数据与云技术使得信息的深度利用成为可能，充分地利用蕴藏在海量信息背后的价值，帮助人类大大减小每次决策背后的信息不确定性，人类分析和认识世界的能力将大大加强。人工智能将替代部分人类智能，人类社会部分功能也将可以由机器取代，机器以智能终端的身份参与到人类社会中与人类互动，并作为第二意见参与人类决策。基于信息即时传递、信息深度挖掘和万物信息互联，人类社会将进化为一个集去中心化、多元决策、全球一体和信息泛在于一网的智能社会（表1-2）。

信息发展的不同时代 表1-2

时代	表征科技	表征资源	表征工具	扩展能力	社会时代
蒙昧	自然符号	声音、表情、肢体动作	表情和肢体	交流	原始社会
启蒙	实物符号	文字符号	记录工具	交流、记录	文明社会
信息爆炸	信息技术	电子信息	存储工具、传播工具	存储、传递	信息社会
泛在智能	互联网、物联网与云技术	智慧信息	智能工具	采集、分析、转化、传递	全球化的智能社会

回顾人类社会与信息的互动过程，不难发现在某种意义上，人类社会本身就是一个信息社会。在信息载体尚未成熟、人智尚未启蒙的远古时代，人类在自然中艰难生存，很少利用信息改造外部世界，信息在人类社会中缓慢地运转。然而,追求更高层级的生存发展需求是人类社会的本质特性。启蒙时代，少数精英人士掌握社会大部分信息资源，拥有发布和控制信息的权力，而得益于纸张等信息载体的发明，信息沿着社会阶层不断向下流动，开始惠及大众；信息社会则以信息直接交换为中心，科学技术的发展大大拓展和提升了信息获取渠道和传播方式,信息生产和信息传播日趋"互动化"和"扁平化"，信息资源成为一种触手可及的重要资源；为了获得更稳定的生活，人类在漫长的历史进程中进行了无数次有意识或无意识或潜意识的尝试，由独居走向群居，并逐步学会认识周围的世界。在与同伴进行交流以及认识世界的过程中，人类从外部世界获取了除物质、能量外的第三种资源——信息。在由认知和信息（本体）所构建的世界中，人类实现了对外部生存环境的改造和优化，同时也加深了人与人之间的相互影响、相互牵绊。在万物互联的智能时代，我们有理由相信人类社会将整合为一个智慧的、共同决策的共同体,在云技术与大数据的支持下，一种联通世界各个个体的"云脑"将有可能成为现实，集成了集体理性的最终智慧将在人类社会中出现。

1.3　城市历史的信息洞察

德国哲学家卡尔·雅斯贝斯（Karl Jaspers）在《历史的起源和目标》一书中指出："人类的根本信仰是有一个目标和一个起源。人类在世界历史的发展过程中，有好几次都是从新的基点开始飞跃的。第一次飞跃是史前时代语言和器具的投入使用；第二次飞跃是美索不达米亚、埃及、印度和以中国黄河为中心的古代高度文化的开始；第三次飞跃是在世界历史的形成时代（公元前800年—前200年），在这个时代里，人类以'精神化'的方式发生了全面的变革。[6] 在这期间，从某些古代文明中所诞生的人类思维的最基本形式，已成为今天人类文明的基础。"雅斯贝斯说：现代是科学技术的时代，但这源远流长的文明是和古代高度文化的组织化和计划化有直接联系的，并强调这些有关人类的价值文明和知识就是信息。

信息是人类文明发展进程中不可或缺的元素，信息的根本作用是"消除不确定的因素"，是人类理性的基石，为人类形成概念、判断、分析、综合、比较、推理、计算等能力提供了原料。1776年，经济学家亚当·斯密（Adam Smith）在《国民财富的性质和原因的研究》一书中阐述了理性经济人（Rationality Economic Man）这一概念[7]：在完备的信息和完全的理性条件下，外部世界不存在不确定性，即使存在不确定性，人们也可以预知。也就是说，当一切信息都是确定的，人们可以凭借理性做出自身利益最大化的决策，同时也是社会利益最大化的决策。但现实是，由于主体存在信息认知、获取和利用等差异，信息对于个体而言，就具有了不完全的可知性。20世纪40年代，西蒙（Herbert Alexander Simon）在《管理行为》一书中针对完全理性和非理性提出了有限理性（Bounded Rationality）的观点：在现实生活中，人们因为受到大脑记忆、注意广度以及知识和信息获得的速度和存量等各种方面的限制，无法做到全知全能的理性；此外，人类往往面临的是一个复杂的、不确定的外部世界。[8] 在决策之前，决策者通常无法获知全部信息和备选方案，因此进行最大程度的信息收集和方案搜索就尤为重要。基于此，在有限理性和不完全信息的环境下，人们做出的决策行动往往是次优的行为决策（图1-4，图1-5）。

亚里士多德说："人们为了活着而聚集到城市，为了生活得更美好而留居于城市。"为了获得更适宜的生活，人类不断改变着自身和周围的环境，人类的集聚和群居生活衍生出人类文明的结晶——城

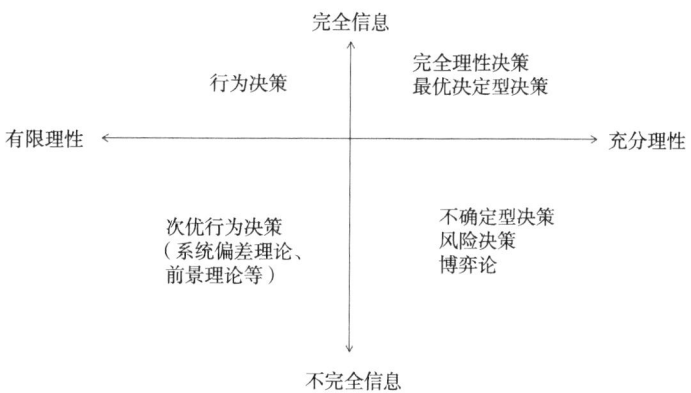

图1-4 一般决策理论的基本类型与演进历程

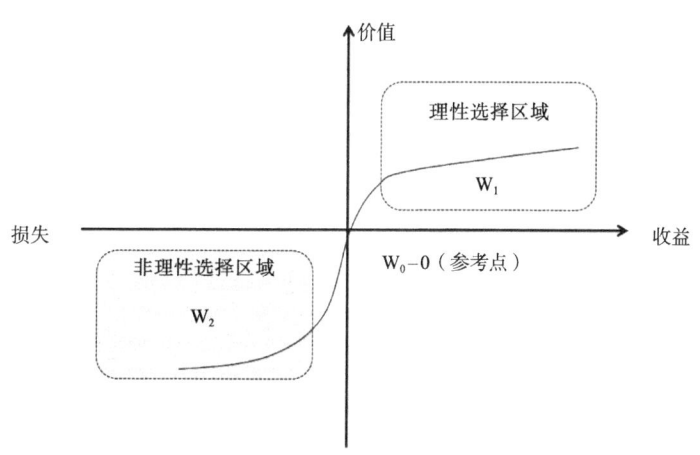

图1-5 价值函数与理性、非理性选择区域

市文明，城市作为一种外在的物质表达，集中表现了城市文明。但是关于"城市是生成的，还是建成的"这句充满思辨性的发问，在信息、理性和决策的循环视角下，我们能够发现更为本质的解释与洞察（图1-6）。

刘易斯·芒福德说过："城市是一种特殊的构造，这种构造致密而紧凑，专门用来流传人类文明的成果。"城市是人与信息的交点，也是思想和决策的实验地和成果地。伴随信息流动速度的加快，文明开始在人口稠

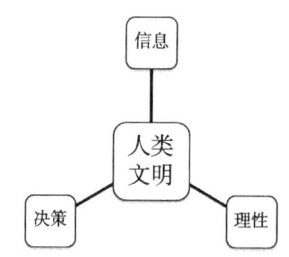

图1-6 人类文明的三位一体

密的地区快速传播和演化，酝酿出人类文明的结晶。8000多年的世界城市发展史中，每个历史参与者在有限信息和有限理性的基础上做出决策，随机生成了无数个偶然与必然的决策组合，当这些决策转化为人类相应的实际行动后，它既体现为社会存在的物质性现象，也体现为社会意识的精神现象，分别造就出技术形态、生产力形态、经济形态、政治形态、价值形态、道德形态、生活形态和制度形态，而这一系列形态造就出我们今天能听到和看到的世界上各座历史城市与现代城市的文明奇迹，也带来令人扼腕叹息的种种衰落悲剧，如古巴比伦、楼兰古城。因此，从本质上看，我们面前的一座座城市正是海量信息的巨型构筑物，城市文明就是人类基于对自然与自身理解所缔造的信息文明。而近年来我们对脑处理信息的运作机制有了更深入的理解，从而能更深刻地理解并理性、客观地对待我们已知的各种城市发展知识和所建立的各种理论；也让我们能从一个特别的角度看我们的城市世界：一个依靠不完美信息处理系统建成的世界。

信息的性质决定人的性质，信息的质量决定人的质量，信息的不同决定人的不同，人的不同决定城市的不同。2015年底中央城市工作会议提出的第一点要求就是尊重城市发展规律，但尊重不仅仅是某个人、某个企业、某个政府的要求，更应是全社会的共识，而城市发展规律的认知、获取与践行恰恰就是理性的体现。

当今学术界普遍以"政府—市场—社会"这样的抽象概念尺度进行分析，然而，面对实际规划实践时我们往往需要更为细化的分析方式。笔者对现代城市规划的真正内涵界定为"众人关于未来对各类资源利用的共识在时空维度的最优化安排与最大化实现"。基于此，当下削弱规划编制与实施工作成效可总结为三种主体理性隐壑与四种抽象的理性隐壑。

1. 三种主体理性隐壑

（1）精英与大众之壑。小众规划师由于公众参与的不足，虽然带着理想情怀的主观好意为人民大众发言，但是往往未能够对公众诉求做到最大程度的响应和满足。如果未来能够对大众支持的力量进行充分挖掘利用，相信会对规划的实施有很大的好处。

（2）学术精英与政治精英之壑。在规划编制与实施工作中，专家往往占有非常关键的地位。然而，现实中不乏"屁股决定脑袋"的现象，上演着一幕幕"怀才不遇"与"知音难觅"。如何打破理性博弈困境，向权力讲诉真理，用科学指导发展，而不是为了发展去创造科学，是摆在学术精英面前的现实难题。

（3）商业精英与政治精英之壑。从本质上看，城市政府的基本职责应是维护公共利益，但商业企业的最终目标是利益最大化，只有二者达到平衡才能够实现城市发展的可持续性。然而现实中，2000年以来这种理性逐渐出现了异化，具体体现在房地产商对政府"绑架现象"的出现。

上述三种沟壑的成因，无不与主体对三个因素具备程度的差异有很大关系：知识（经验性，科学性）—信息（信息宽，信息窄）—立场（体制内，体制外）。这种差异很容易引发主体对核心利益认知的不同，进而带来社会共识最大公约数的分化、弱化（图1-7）。

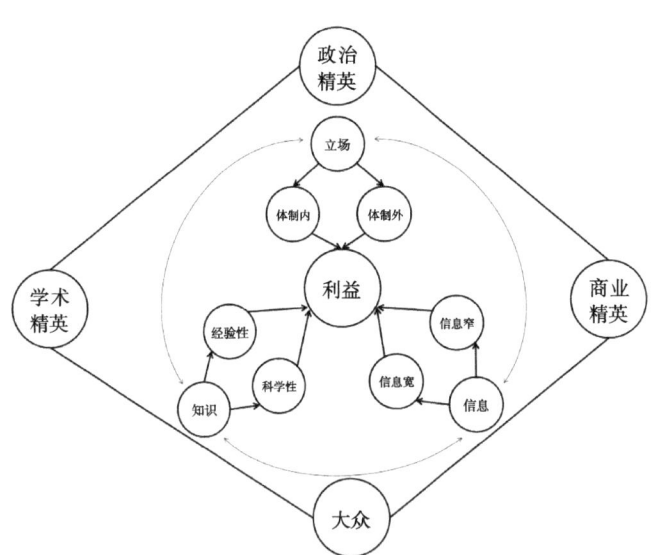

图1-7　三种主体理性隐壑的关键诱因示意

2. 四种抽象的理性隐壑

（1）学术与实践之壑。当前，很多研究型大学和机构承担了大量规划方案制定与实施前期的专项研究与调查研究任务。但是，学术理论，特别是国外学术理论，在实践过程中不乏"水土不服""理论与实际脱轨"的现象。因此，关键在于把好学术研究、规划研究与决策咨询研究的"旋转门"，努力将理论转化成真正"接地气"的生产力。

（2）技术与政策之壑。目前，我国的城市规划师，由于大多出身工科与理科专业，习惯于从技术角度思考问题，规划最终的有效实施受制于规划师的思维惯性与规划日益显现的公共政策属性之间的差距。

（3）工程与管理之壑。当下，我国正在如火如荼地进行新型城镇化建设，"三分建设，七分管理"，这就需要将以增量规划、建设为主的工程理性更多地向以存量规划、利益协调为主的管理理性转变。因此，我国政府迫切需要将这两种理性进行无缝衔接，实现造城到营城的交融。

（4）工具与价值之壑。工具终究为人所用。同样的数据，往往能给出不一样的解释。由此看来，城市规划实践中，在是否使用先进的工具与是否坚持利于城市长远发展的价值之间，显然，后者更为关键。

当前众多规划编制与实施过程中，不管是主体还是抽象的理性隐壑，都严重制约着共识的形成与行动的推进，有效合力难以形成，城市的可持续发展严重受限。

利用信息消除不确定性，避免次优决策，一直是信息社会发展的动力之一。信息技术，尤其是信息载体的演化使得信息的容量、多样性和速度发生了指数级增长。人类历史上从未有哪个时代像今天一样产生如此海量的数据。数据的产生已经完全不受时间、地点的限制。据统计，人类社会从出现文明到2003年，总共创造出5EB的数据（注：1024KB=1MB，以此类推为GB、TB、PB、EB、ZB、YB、DB、NB……），但是现在仅用2天就创造出相同的数据量。在大数据的发掘中，人类开始有能力掌握关于其所处环境透彻丰富的信息；通过云计算，人脑不需要拥有很强的计算能力，电脑甚至"云脑"可以计算出一个具有条理的、稳定的偏好体系，并以此判断出所有备选方案中所能获得的利益最高点。这样时时刻刻都在产生的信息数据和不断更新的信息技术，为人类快速获取信息、容纳泛在参与、实现更优决策提供了可能，为人类更好地面对和处理城市这一日益复杂的巨系统创造出更为优越的理性决策能力与条件。因此，新时代的城市将不仅仅依赖历史的经验，而是面向未来的洞察（图1-8）。

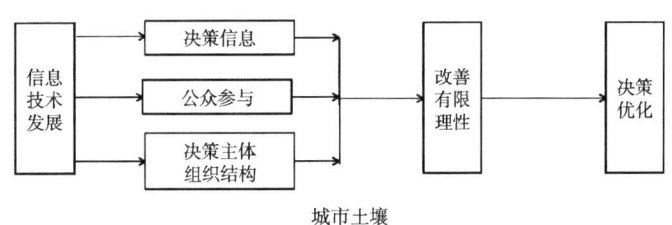

图1-8 信息优化决策的逻辑路径

需要警惕的是，信息不对称、信息获取不公平的现象将会制约信息文明赋予我们的能力。维克托·迈耶-舍恩伯格（Viktor Mayer-Schönberger）提出了"信息富民"和"信息贫民"的概念。信息技术的发展，在提升信息速度、增加信息深度的同时，也在人类社会中划下一道难以跨越的鸿沟。即拥有信息时代工具的人和未曾拥有者之间的数字鸿沟。谁能跨越更多的信息认知障碍，掌握和利用更多的信息量，谁就拥有更优决策的优势；而无法接触和掌握信息，就意味着缺乏机遇，无法参与到以信息为基础的新经济当中，"信息贫民"将在一次次的博弈中被时代列车甩在身后。信息获取和传播能力的提高，是社会发展的催化剂。

今天，人类正在从高速便捷、丰富多样、不断流动的信息中认识到自己的行为选择、交流的活动和对象，这些信息互动协调了人类行为活动，使社会的不确定性下降，个体或社会活动更趋向统一、有序。未来，当完备的信息存在于自然界，存在于人类社会，存在于人类的思维领域和精神世界的时候，充分的理性和完备的信息将成为信息社会乃至智能社会追求的终极目标，而城市将作为无限信息的承载地和孵化器，见证人类文明的再一次飞跃。

第2章
信息浪潮：脉动城市星球

纵观人类信息化的发展历史，自从有了人类就有了通信，即广义上的信息"化"，通信的发展与人类社会的发展同步。在原始社会，人们以游猎为生，以叫喊的方式向同伴发出信号，呼唤同伴的到来；在电话、电视、广播等近现代传播工具出现以前，人类在相当长的一段历史时期内使用信鸽、驿站等作为消息传播的工具。但自19世纪初电子技术问世以来，短短一百多年的时间里，人类的通信技术经历了由模拟信号到数字信号、由系统到网络、由窄带到宽带、由人工到智能的快速发展过程。

联合国经济和社会事务部（UN DESA）公布的《2018年世界城市化趋势》报告中显示：世界城市人口从1950年的7.51亿增长到2018年的42亿，55%的人口居住在城市中，城市星球成为地球母亲的新标签。而信息技术的发展驱动人类社会发生剧烈变化，特别是随着移动终端的大量出现，互联网技术的普及使信息获取的成本不断降低，大数据、云计算、人工智能迅速崛起，互联网化、数字化、智能化的人类社会新图景与新范式徐徐浮现。从阿尔温·托夫勒的《第三次浪潮》、尼古拉斯·尼葛洛庞帝（Nicholas Negroponte）的《数字化生存》、约翰·奈斯比特的《大趋势》、威廉·J.米切尔的《比特之城》、曼纽尔·卡斯特尔的"信息时代三部曲"（《网络社会的兴起》《认同的力量》和《千年的终结》）等思想力作对信息化浪潮的洞察，再到杰里米·里夫金的《零边际成本社会》、雷·库兹韦尔的《奇点临近》、凯文·凯利的《失控》、维克托·迈耶-舍恩伯格的《大数据时代：生活、工作与思维的大变革》、卡鲁姆·蔡斯的《人工智能革命：超级智能时代的人类命运》、尤瓦尔·赫拉利的《未来简史》、吴军的《智能时代：大数据与智能革命重新定义未来》等对移动互联网、大数据、人工智能等新技术及其经济社会影响的观察预测，先思者们的真知灼见为我们勾勒出一幅幅信息浪潮脉动之下的城市星球远景。

2.1 信息化的发展浪潮

2.1.1 信息化的概念认知

单纯从字面上说，"化"，是变化、转化、演化的意思，其结果是物质的质变，彻底的转化。信息化（Informationization）是一个内涵深刻、外延广泛的概念，丹尼尔·贝尔（Daniel Bell）提出信息化是指培养、发展以计算机为主的智能化工具为代表的新生产力，并使之造福于社会的历史过程。[9] 从工具论的角度看，信息化是充分利用信息技术，开发信息资源，促进信息交流和知识共享，加快现代化发展步伐的历史过程。从社会演进论的角度看，信息化是人类社会发展的高级进程，其核心是通过全体社会成员的共同努力，在经济和社会各个领域充分应用现代信息技术的先进社会生产工具，创新信息时代社会生产力，推动社会生产关系和上层建筑的改革，使国家的综合实力、社会的文明素质和人民的生活质量全面达到现代化水平。[10]综合看来,信息化是发生在科学、技术、经济、社会多个领域中以知识和信息为重心转化的一系列变革,从而推动由一种社会形态逐步走向另一种全新社会形态的长期过程,是人类社会演进过程中前所未有的跨越。

2.1.2 信息化的发展历程

1. 信息化的萌生

伴随电子信息科学与技术领域的一系列重大突破,通信技术取得前所未有的进展,并对人类生活方式和生活质量产生深刻影响。1837年莫尔斯(Samuel Morse)发明了电报,将字母和数字用点、划和空格进行适当组合,人们称之为摩尔斯电码。安东尼奥·梅乌奇(Antonio Meucci)则于1860年发明了电话,将声信号沿导线直接转变为电信号。1901年,马可尼(Guglielmo Marconi)横跨大西洋的无线电通信试验获得完满成功。自此,世界各国开始广泛使用传输电信号进行通信。20世纪20年代,各国开始建设早期的城市公用电话通信网,人们开始使用有线通信进行市内和长途通话,同时采用短波实现远距离无线通信和国际通信。1947年,晶体管作为世界上最早的实用半导体器件终于问世,为集成电路的出现和现代电子技术奠定了基础,拉开了微电子技术和信息化的序幕。20世纪60年代开始,数据通信随着电子计算机应用的增加而逐渐兴起,电子编码技术得以应用,模拟通信逐渐向数字通信过渡。20世纪90年代以来,超大规模的集成电路技术迅速发展,人们能够在一块指甲盖大小的硅片上制作包含500万个晶体管的集成电路,这令电子技术发生质的飞跃,进入微电子技术的阶段。

与此同时,20世纪80年代以来,通信网络逐步向数字网转型,各种信息应用业务不断增多,蜂窝网等各类移动通信业务向公众开放,个人通信迅猛发展,悄然实现从1G向5G的演进。短短百年间,人类已经历一场翻天覆地的信息技术革命(表2-1)。

移动通信技术代别的实际应用时间与每秒理论下载速度　　　　表2-1

移动通信技术代别	实际应用时间	每秒理论下载速度	特征
1G	1980年	2.4KB	基于模拟技术,且基本面向模拟电话的通信系统,是移动通信的第一个基本框架,包含基本蜂窝小区架构、频分复用和漫游的理念
2G	1992年	64KB	第一次引入流行的用户身份模块(SIM)卡,标志着移动通信技术从模拟走向数字时代的2G通信系统
3G	2003年	2MB	支持更高带宽和数据速率的同时,提供多媒体服务
4G	2009年	100MB	用MAGIC描述,即移动多媒体、任何时间任何地点、全球漫游支持、集成无线方案,和定制化个人服务,不仅支持升级移动服务,也支持很多既存无线网络流
5G	2020年	1GB	具有极高的速率、极低的时延、极高的可靠度,将渗透到物联网及各种行业领域,打造万物互联的世界[11]

资料来源:依据网络公开资料整理。

2. 信息化的涌现

第一,计算机的出现。1944年,美籍匈牙利数学家冯·诺依曼(Johnvon Neumann)提出计算机基本结构和工作方式的设想,为计算机诞生和发展提供了理论基础。1946年,世界上第一台数字电子计算机——ENIAC问世。1956年,使用晶体管和磁芯存储器的第二代计算机诞生;1958年,集成电路的发明促成美国得克萨斯仪器公司与美国军方的合作,第一台试验型半导体集成电路作为主要电子器件的集成电路电子计算机研制成功;1964年IBM生产出由混合集成电路制成的IBM 350系统,第三代计算机应运而生。1971年美国 Intel 公司生产出第一块单片微处理器 Intel 4004，并用其组成世界上第一台中央处理器高度集成的微机 MSC-4，标志着第四代计算机的产生。此后，计算机进入快速迭代轨道。

第二，网络信息技术的发展。互联网最早源于美国国防部高级研究计划局（DARPA，Defense Advanced Research Projects Agency）的前身 ARPA 建立的 ARPAnet，该网于 1969 年投入使用，最初主要用于军事研究。1972 年，在首届计算机后台通信国际会议上，ARPAnet 首次进入公众视野，标志着现代计算机网络诞生。20 世纪 90 年代，众多计算机用户使用网络出现，国际互联网 Internet 兴起。而随着国家、地区、企业、单位、家庭、个人对信息产品、信息服务等需求的快速增长，互联网在全球快速发展和广泛使用，成为支撑全球社会经济运行的基石（表 2-2）。

互联网发展历程　　　　　　　　　　　　　　　　　表 2-2

时间	事件
1980 年	ARPA 投资把 TCP/IP 加进 UNIX（BSD 4.1 版本）的内核中，TCP/IP 协议即成为操作系统的标准通信模块
1982 年	ARPAnet、MILNET 等几个计算机网络合并组成互联网，作为互联网的早期骨干网
1983 年	ARPAnet 分裂为两部分：ARPAnet 和纯军事用的 MILNET；ARPA 把 TCP/IP 协议作为 ARPAnet 的标准协议
1986 年	NSF 在全国建立按地区划分的计算机广域网，并将这些地区网络和超级计算中心相联，最后将各超级计算中心互联起米。NSFnet 彻底取代 ARPAnet 而成为 Internet 的主干网
1994 年至今	Internet 软件几乎全是 TCP/IP 协议；如今 Internet 重心已转向具体的应用。Web 是 Internet 上增长最快的应用

资料来源：依据网络公开资料整理。

1992 年，美国副总统阿尔·戈尔（Albert Arnold Gore Jr.）提出美国信息高速公路法案。"信息高速公路"（Information Highway）是一个能给用户随时提供大量信息，由通信网络、计算机、数据库以及日用电子产品组成的完备网络体系。"信息高速公路"的建设，使得美国的信息水平在设备和人才方面都得到显著提升，率先把握住了信息经济的发展机遇，大大提升了国家竞争力。

3. 信息化的泛在

随着信息化的涌现，三大定律随之应运而生，即摩尔定律、吉尔德定律与麦特卡尔夫定律。摩尔定律是指微处理器的速度逐渐加快，每 18 个月速度就会翻一倍，这意味原先微处理器的价格会随着新一代处理速度的加快而变得更低；吉尔德定律是指预测未来 25 年主干网的宽带增长速度是摩尔定律预测的 CPU 增长速度的 3 倍，宽带每 6 个月增加一倍；麦特卡尔夫定律则指的是 N 个连结创造出 N×N 的效益，简而言之就是，网络价值同其用户数量的平方成正比。如果依照摩尔定律和吉尔德定律的预测，网络将呈指数级的速度发展，随着网络用户迅速增长到亿万数量，虽然未来计算机成本将会持续回落，但网络的价值却会无法估量，最终会与麦特卡尔夫定律相对应。这三大定律的诞生和发展向后人展现出信息化的巨大成长空间。

云与大数据、算法、物联网、VR 技术等已成为新一代信息技术的重要组成部分。凯文·凯利在《必然》一书中所言，智能时代会出现在由数十亿电脑芯片组成的超级组织中，任何与这个网络人工智能的接触都是对其智能的分享和贡献。信息化的泛在是连接了 70 亿人的大脑、数万兆联网的晶体管、数百艾字节的现实生活数据以及整个文明的信息自我修正反馈循环，届时，人类智慧思维与人工智慧思维相互碰撞，强强联合。智能感知、识别技术、数据挖掘与普适计算等通信技术，广泛应用于网络融合，将成为计算机、互联网之后世界信息产业发展的第三次浪潮。

2.2 信息脉动的城市星球

农具的产生使人类开始居有定所,从渔猎文明进入农业文明,建立农业社会。蒸汽机的发明引发工业革命,推动工业社会的形成;之后电力的出现和使用,不仅保障了现代化工业大生产的进行,也催生了人口更加密集的工业城市,更为工业社会向信息社会转变提供了有效前提。计算机和互联网的发明引发了信息革命,信息在城市所特有的密度与浓度环境中不断碰撞,产生更丰富、更新鲜的信息,自此进入信息社会。在信息社会,互联网和移动终端的快速普及与升级,为信息收集、存储、分析和共享提供了工具、方法及路径,引发新一代人工智能快速成长。信息在产生、利用、休眠、再利用的生命循环迭代中驱动城市生长、更新、修复、螺旋上升,为经济社会全面智能化提供了核心基础,推动人类社会迈向智能化时代。在此,从经济、社会、空间、治理等方面探寻一些悄然已至或潜藏的城市之变(表2-3)。

不同社会阶段的发展特征与展望 表2-3

社会阶段		农业社会	工业社会	信息社会	智能社会
标志技术		农耕水利技术	大规模流水线制造技术	半导体、通信、操作系统、互联网等信息技术	新一代人工智能、万物互联等智能技术
生产基础设施		风车、磨坊、堤坝	公路、铁路、电厂、水厂	通信基站、数据中心	构建人类社会、物理世界、信息空间"三元结构"的信息物理系统
主要生产特征		小批量、少批次、手工化的分散生产	大规模、单批次、自动化的集中式大生产	小批量、多批次、信息化的协同式生产	生产主体多元化的定制化、网络化、智能化柔性生产
生产力三要素	劳动力	体力劳动为主的农业劳动者	体力劳动与技术工作结合的产业工人	依托信息技术进行生产、服务、管理工作的信息劳动者	从事创新活动,与高度智能的机器协同合作的智能劳动者
	生产工具	用木材、金属等制成的犁、铲等手工农业工具	锅炉、机床、发动机等能进行能量转换的有动力的机器	搭载数字化系统与应用的各类信息终端和平台	以智能机器人为代表的具有高度人工智能的泛在智能机器及系统
	劳动对象	土地以及部分自然资源	资本和绝大部分自然资源	生产生活过程中产生的信息	比特(bite)和一切能够以比特构成的事物
社会关系		以地缘、血缘等为主要联系纽带	以业缘、党派等为主要联系纽带	依靠网络社区和即时通信工具构成线上社交	依靠AR/VR技术突破时间和空间限制建立联系
人与自然关系		顺应自然、改造自然	开发自然、掠夺自然	治理自然、保护自然	人与自然共治共享、共生共融
社会治理		集权治理	单向治理	透明治理	多元协同治理
文化体系		封闭化、等级化、立足道德评价	开放式、多元碰撞、立足技术评判	各类网络文化,立足吸引流量	具备全新的智能化展现形式,立足生命升华

资料来源:中国电子学会副理事长兼秘书长、中国科协智能社会研究所所长徐晓兰于2018年4月22日在"中国智慧社会发展与展望论坛"上以《智慧社会发展特征及展望研究》为题的演讲。

2.2.1 信息脉动城市经济

城市经济是城镇化地区范围内工商业等各种非农业经济部门聚集,资本、技术、劳动力和信息等重要生产要素高度聚集,主要发展二、三产业,规模效应、扩散效应和聚集效应突出的地区经济。随着信息化的发展,信息技术利用其最活跃的创新、最密集的交叉、最广泛的渗透等优势,对城市经济发展产生了根本性、全局性的影响。一方面信息日益成为产业发展中关键的战略性要素,推动传统产业升级，孵化新兴产业；另一方面信息化成为提升城市经济竞争力与可持续性的路径与保障，在全球分工中建立优势。2017年9月，麦肯锡（McKinsey & Company）发布的《中国数字经济如何引领全球新趋势》报告指出，中国已拥有全球最活跃的数字化投资与创业生态系统；2020年，我国数字经济规模已占GDP的38.6%，总额已达39.2万亿元，位居世界第二位。[12]另据毕马威（KPMG）预测，到2030年时，这一比例将会达到77%，超过153万亿人民币的GDP贡献将来自数字经济。中国人民银行发布2020年支付体系运行总体情况数据显示，2020年全国银行业金融机构共办理非现金支付业务金额4013.01万亿元。截至2020年12月，我国网络支付用户规模达到8.54亿人，网络支付使用率达86.4%。信息化、数字化、智能化加速与经济社会各领域深度融合，成为促进消费升级、经济社会转型、构建国家竞争新优势的重要推动力。

中国《新一代人工智能发展规划》提出形成数据驱动、人机协同、跨界融合、共创分享的智能经济形态，整个中国将变成一座互联工厂。经济增长的第一要素已经转变为数据和知识，生产和服务的主流方式也已经变为人机协同，经济模式的重要形式也表现为跨界融合，共创分享成为经济生态基本特征，消费迎来个性化需求与定制的新潮流，生产率开始逐渐大幅提升，引领产业向价值链高端迈进，全面提升经济发展质量和效益，有力支撑实体经济发展（表2-4）。

工业—IT—DT 时代的"技术—经济"范式对比　　　　　　　　　　表 2-4

	工业时代	第一次信息革命：IT 时代	第二次信息革命：DT 时代
代表性基础设施	电力、交通网络等	数据中心、数字通信网络开始发育	云计算、互联网、智能终端等
投入要素	资本、劳动力、土地等	"信息"开始体现价值	"数据"成为核心要素
代表性产业	汽车、钢铁、能源等	IT 产业，以及被 IT 化的各行业	DT 产业，被 DT 化的各产业，数据驱动的产业融合
核心商业主体	大企业主导，追求纵向一体化	大企业主导，由 IT 技术支撑起供应链协同	平台主导
新经济形态	规模经济，以产品为价值载体	范围经济，服务和解决方案为价值载体	平台经济 + 共享经济
商业模式	B2C	大规模定制为最高形态	C2B
组织模式	泰勒制	传统金字塔体系受到冲击，各类管理理念盛行	云端制（大平台 + 小前端）
文化惯习	命令与控制	泰勒制松动	开放、分享、透明、责任

资料来源：阿里研究院，《互联网经济十大议题》。

1. 产业组织集中化与平台化

不同企业或产业集聚于城市的一个重要动力来自信息的有效获得和高效传递，如劳动力资源的有效流动和知识技能的相互学习等。而信息时代的经济活动方式较先前发生了重大变化，杰里米·里夫金（Jeremy Rifkin）预言新的物联网正在催生一种改变人类生活方式的新的经济模式——协同共有。随着数字技术的普及，以互联网为代表的平台经济加速发展，平台、消费者、服务商共同构成了网状协作。平台是整个生态系统的基础，为消费者和服务商提供信息、交易、物流等基础设施。海量的消费者和服务商是平台经济体的主体，通过平台完成信息交换、需求匹配、资金收付、货物交收等经济活动。平台经济的参与者能够互相影响、协同治理、互相合作，进而为创造更大的价值提供可能性。未来随着高端芯片、人工智能、物联网、工业互联网、5G、AR/VR、区块链等技术的发展，平台经济将以更迅猛的速度发展，更深更广地影响和渗透经济社会，而每座城市在城市网络中的枢纽性、节点性将与平台经济网络形成强有力的耦合共振（表2-5）。

类型	示意	类型	示意
电商类	B2B、B2C、C2C……（敦煌网、亚马逊、微商）	文娱类	网游、电影、音乐、文学……（优酷、时光网）
共享类	闲置、房产……（闲鱼、小猪短租、Airbnb、摩拜）	社交类	社交、直播、微博……（微信、斗鱼、知乎）
约车类	拼车、打车、租车……（滴滴打车、UBER）	服务类	健康、体育、咨询、旅行、教育、法律、招聘……（春雨医生、途牛、百动、咕咚、部路网、智联招聘）
搜索类	引擎、推送……（百度、今日头条、360搜索）	工具类	浏览、翻译、统计、下载……（UC、有道、友盟）
技术支持类	云计算、数据中心、运营……（阿里云、AWS）	门户类	综合、生活、个人……（新浪、58同城、世纪佳缘）
物流类	物流平台（菜鸟、传化、卡行天下、货车帮）	互联网金融类	支付、P2P、基金、众筹……（比特币中国、余额宝、人人贷、众筹网、陆金所、支付宝）

资料来源：阿里研究院。

2. 产业业态丰富化与个性化

新业态产生和发展的三大主要推动因素是信息技术革命、产业升级和消费者需求。20 世纪后期飞速发展的电子信息产业是新业态出现的重要背景。目前已出现或将出现的新业态是在信息技术发展的产业化和市场化应用中形成和发展的：个人电脑—互联网—云计算、大数据和物联网，还有大量基于移动互联、电子信息产业发展的各个阶段催生出的新业态。未来，我们将看到更多的城市新业态，在第一产业、第二产业和其他服务业与信息技术的融合中催生出来。

传统企业所依赖的大规模定制、模块化设计目前仍是一个重要的环节，但是未来"个性化"将成为市场的主要诉求。工业时代的经济形态是基于任何一个特定时间和地点以统一的标准化方式进行重复性生产劳动，产生的是机器化大生产的观念；与之相反的是，为达到更加高效化、精准化和个性化的运营效果，信息经济的形态是通过将信息化、自动化、标准化与模块化建设结合，供应链的各个节点围绕消费者的需求进行运作，形成一个自驱动、自优化的完整智能制造体系，在更高程度满足消费者需求的同时提升自身整体效率。按照这种趋势，"私人定制"会成为常态，不同个人、企业等经济行为体的主体性会更加显现，未来城市的生产和消费将更加契合这种基于个体主义的市场化发展需求：工业时代经济活动 B2C（从商家到消费者）的先生产后销售的经济活动方式被改变，C2B（从消费者到商家）的产销协作新模式开始出现，个性化定制的新方式逐渐取代工业化大规模、标准化、低成本的生产活动方式，消费开始决定生产，在"按需分配"实现之前，必须先实现"按需生产"。

3. 产业环境数字化与智能化

数字经济是指以使用数字化的知识和信息作为关键生产要素，以现代信息网络作为重要载体，以信息通信技术的有效使用作为效率提升和经济结构优化的重要推动力的一系列经济活动。[13] 数字经济基于虚拟环境、海量信息、个性形态、跨界融合、复杂关系等特征，呈现出高度的复杂性，在这种新的特征下，数字经济的强大在于它消除了交易壁垒，解放了新的供给和需求。随着新型基础设施的建设，数据资源的大规模流动与释放，产业社会化协作将拥有更大的开放体系、更多的社会资源参与和更密集的互联网分布式计算，这使得整个产业组织形式发生了翻天覆地的变化，真正意义的产业智能系统得以实现，提高了经济增长的效率，有力推进了经济整体结构的调整。[14]

智能经济的架构体系正在浮现，即在"数据＋算力＋算法"定义的世界中，以数据流动的自动化，化解复杂系统的不确定性，实现资源优化配置，支撑经济高质量发展的经济新形态。表现为治理体系：协同化、自动化、全球化；经济形态：消费端和供给端的高效协同、精准匹配；服务机理："描述—诊断—预测—决策"的大尺度、精准化、即时化；运作范式："数据＋算力＋算法"范式的普遍扩散；底层支撑：

大数据技术、算法、云计算等新技术群落集体崛起。

2.2.2　信息脉动城市社会

互联网成为人们支持日常生活的重要平台。第 47 次中国互联网络信息中心（CNNIC）发布的《中国互联网络发展状况统计报告》显示，截至 2020 年 12 月，我国互联网普及率达 70.4%，网民规模达 9.89 亿。网络支付用户规模 8.54 亿，占网民整体的 86.4%，数字货币试点取得阶段性成果，网民数字化生活更加便捷。数字政府建设扎实推进，互联网政府服务用户规模达 8.43 亿，占网民整体的 85.3%，在线服务指数跃升全球第 9 位，服务水平全球领先。[15] 现实社会已被分为线下社会和线上社会两部分，并且线上社会不断在改造线下社会。互联网作为一个拥有无中心的运作模式的平台，正深刻地改变和塑造着人类，包括思维方式、行为倾向、社会形态及自我认同能力在内的生活方式、生产方式，成为一种全方位改变人类生活状态的技术架构，符合互联网自由与开放的精髓，对城市社会产生了根本性影响。

1. 社会形态流动化与去中心化

互联网的发展更新了当前的社会生活空间和生活经验，促使形成一种新的社会形态。这都得益于信息网络技术的不断发展，城市中人们的生活逐步改变，足不出户就能做自己想做的事情，比如网上购物是通过互联网检索商品信息，并通过电子订单发出购物请求，然后网上支付，厂商通过邮购的方式发货，或是通过快递公司送货上门；远程工作与远程会议是指通过远程通信工具在一个远距离的地方完成工作及会议的方式，人们每天到工作地点的通勤被移动通信所取代；大规模开放在线课程通过实现用户与智能导师和其他人工智能互动的方式，使个性化教育更加普及；娱乐行业将是互动的、个性化的，而且肯定比现在更加吸引人；传感器和硬件上的研究突破将会让 VR 技术、触觉技术和机器人助手走进千家万户。

与此同时，流动性逻辑成为网络社会的支配性逻辑。首先，以信息资源为核心的社会在流动性逻辑的支配下实现社会互动和人际互动，从而形成了一个全球性的流动社会，社会时空变得可以脱离具体物理位置，形成虚拟化的社会形态；其次，有着一定的组织章程和行为规范，对成员的身份、背景均有考量。与传统的社会组织不同的是，网络组织是人为开发的，面向公众开放的，注册简单，且组织内成员不受地域、身份、年龄的限制，成员之间的差异性也可以很大。基于网络的社会组织将更具开放性，也更加去中心化、扁平化。

2. 社会交往无界化与共享化

人与人之间在社会空间中沟通与交流的过程称为人际互动，其本质是交流、沟通和互动，是整个社会生活不可或缺的一部分。通过互联网这一媒介而产生的人际沟通与互动则为网络人际互动，这种全新的人际交往模式打破了时空、地域、身份等因素对人际交往的限制。在网络世界中，人们化身成"游牧者"，在网络空间中游荡，完全脱离了时空限制，并随着偶然的境遇而不断地改变和流动。人们所体验的东西呈现出一种明显的无界和开放的特征，这一城市尺度的巨大变革可用"天涯若比邻"来形象地诠释。与此同时，零边际成本现象打破了传统的出版业、传媒业和娱乐产业的旧格局，越来越多的信息以几乎零边际成本的方式提供给数十亿受众。而这些数十亿的零边际成本的受益者逐渐把这一现象视为理所当然，共享主义价值观念随之深入人心。共享首先表现在代码的共享（如 Linux）；其次是生活的共享（如抖音）以及内容的共享（如维基百科）。现在则进入"第四个阶段"，即现实世界各种离线资产的共享（如滴滴打车）。经济上的共享主义式的合作，也影响着整个社会的基本运作模式。如果说个体主义带来了社会的原子化和分散化，那么共享主义则带来了社会的一体化和集聚化，而这两种趋势将会构成未来社会发展的基本取向——集大家之私，成社会之公。

3.社会身份虚拟化与部落化

网络使人类的生活世界走向多元、去中心、虚拟和真实交织的场景，极大地拓展和重塑了人的存在。一方面，其改变了个人存在的状态，赋予了人们在网络空间中所拥有的能力，在网络空间中，人类从物理身体中解放出来，全新的网络身体与现实生活中的肉体相比，更加自由。因此，在网络空间，个人的身份呈现出一种流动、多重和不确定、零散的状态，人们可以重塑自我，自由地扮演各种角色。另一方面，在网络空间，人类的存在状态被消散在后现代的语义场中，俨然不再是传统意义上的存在。吉尔·德勒兹（Gilles Deleuze）和费利克斯·瓜塔里（Felix Guattari）曾经这样描述人在当今世界的境遇："我们正在从扎根于时空的'树居型'（armorial）生物变成'根居型'（rhizome）游牧民，每日随意漫游地球，因为有了通信卫星，我们连身体都无须移动一下，漫游范围便可超越地球。"这种后现代的"游牧者"为我们提供了新的生存与斗争模式。游牧式的自我（monad-self）摆脱了一切分子区割，并谨慎地解构了（disorganize）自身。

随着人口的代际更替，新一代人将完全成为网络社会的"原住民"，这类"原住民"将成为社会的基本单位。在农业社会，大家相互帮助，人类以群居的方式生活；但在工业社会，人性被压抑，人人都是工业机器上的一颗螺丝钉。互联网把远古时期的部落精神又重新聚合，让人与人重新聚合在一起，只是聚合的方式发生了非常大的变化。远古时代的部落，是以地域、血缘、宗族为纽带的聚合；在互联网时代，则是以价值观、兴趣为导向的聚合。曾经是城市规划金科玉律的出行半径、服务半径，如今正面临一场可以彻底改变人群间交往尺度的信息革命。维系城市的社区犹如信息时代过时的PC孤岛，逐渐分崩离析，教堂、学校、宗祠、政府这些传统维系社区单元的中心面临新型网络部落的冲击，任何事件都可远隔千里而组织发生，我们可能不认识邻居，但我们每个人都成为自己社交圈的一个客户端，一起交往、激励、关怀。从脸谱到微信，从京东到天猫，人群完全被解构到圈、群、场中，社交圈遍布全球，涵盖消费、教育、生活等一系列领域。这种信息化时代的部落有几个特征：基于共同的兴趣、价值观和沟通方式；有领导；有追随者；"群体无意识"代替了"个体有意识"；群体智力低于个体智力；群体容易受暗示，情感夸张。虚拟世界中的"部落"拥有自己与众不同的符号、独特的语言体系、共同的价值观、共同的行为范式，我们已耳熟能详的意见领袖、社群经济、粉丝经济都是这种部落化的呈现。正如网络上一句流行语："以前最贵的东西是地段，现在是流量，未来是粉丝。"

2.2.3　信息脉动城市空间

在信息革命不断进行广度和深度拓展的同时，我们周围的城市时空形态也在发生巨大的变化，信息技术"压缩"和"移动"了城市空间，触发和加速了城市功能形态的变革，在时空的显现形态、边界范围、总体特性上都出现了新内容和新变化。从时空的显现形态上看，呈现出无形化、多样化、互动化的特点；从时空的边界范围上看，呈现出无中心和绝对开放性的特点；从时空的总体特性上看，人与时空相辅相成。笔者在梳理和总结这些新内容和新变化时，一种不同于以往文明的新时空观便得以全幅呈现：一方面，人越来越能够创造属于自己的时空世界，自由地选择和设计时空；另一方面时空也越来越成为对象性的人，趋向于人性化、智能化。数字网络时空通过技术式浪漫对人性进行了整合，真正回归人的意义。"以人为中心"和"智能空间"成为新兴科技趋势的显性主题。"以人为中心"就是围绕人的流程、体验、知识、能力和信息安全的增强与强化；而"智能空间"则是建立在以人为中心的理念上，人与科技系统在日益开放、互联、协调且智能的生态中进行交互的物理空间。而在不断深化的信息化浪潮之中，城市空间发生与酝酿着一系列深刻变化（图2-1）。

技术改变城市形态
技术将越来越多地改
变生产和生活方式，
甚至颠覆原有的城市
布局和运行机制

1

自动驾驶与路网形态　物联网与城市基础设施　AR、VR 与互动式空间　新零售与商业空间

技术改变城市类型
智慧城市发展与城市
本身的特征和需求高
度相关，城市甚至可
以通过对自身特质的
塑造来完成对城市居
住的筛选

2

工业城市—产业互联　服务型城市—品质提升　知识型城市—创新共享　收缩城市—转型重塑

技术改变城市类型
智慧城市应用类型将
高度多样化、差异化，
并成为城市提高竞争
力的手段

3

便捷的日常服务　可负担的生活成本　优质的发展机会　有吸引力的公共空间　丰富的文化休闲活动

图 2-1　技术将改变城市形态、城市类型和城市竞争力

资料来源：艾瑞咨询研究院，《2019 年中国智慧城市发展报告》。

1. 空间功能基因式优化与簇群式创新

未来城市将是一次关于硅基和碳基系统的空间革命，信息科技与人工智能的进化促进了硅基生命系统的进化，人工智能和基因科技融合进步将推动人类碳基生命系统的进步，而与城市碳基空间的融合则使其构造愈发变化。城市空间将首先出现局部的基因式优化与簇群式创新，进而扩展至整体的迭代。虽然 2020 年 5 月 Google 宣布终止其在加拿大多伦多市的 Sidewalk Toronto 项目，但这个教科书式的项目勾勒出了智能时代未来城市的基本技术范式：一个以数据为核心，用更多元技术解决城市问题的技术范式，为我们开启了一个以城市空间为创新平台、以未来城市理念整合产业资源、以城市运营和产品创新商业模式的全新产城互动方式。Sidewalk Toronto 项目为了实现物质空间层面（physical layer）与科技数据层面（digital layer）相互融合，通过标准层面（standard layer）制定规范，搭建一个城市创新平台，采用软硬件一体化技术，通过大量传感器的安装，将交通、建筑、公共空间、管网基础设施等，通过科技与数据进行串联，收集交通、噪声、空气质量等方面的数据，并监测电网性能和垃圾收集情况，最终通过大数据分析来更好地了解人们居住、出行等问题，以新技术精确匹配城市服务的供需，改善城市生活体验。在该项目中，Alphabet 把城市设计和智慧城市的顶层设计融为一体，尝试用自身的科技成果解决城市的运营、交通、住房、能源等问题，从而达到对城市规划模式颠覆式的再定义，即为城市装上大脑的同时，也为其搭载最先进的四肢与感官系统。类似探索还有如丰田启动的"编织之城"（Woven City），通过改造富士山下的传统工厂，使之成为社区自治、智慧出行、智能管理的生活实验室；英国通过未来城市展示项目（Future Cities Demonstrators），因地制宜地创新载体，并以此作为英国"非凡出口活动"（Exporting Is Great Campaign）的一部分。这些都在向我们传递出一个讯息：未来城市空间建构的逻辑与手段、组织方式与交往方式，正在面临一场根本性变化。

2. 空间能量密度极化与锚点式链接

在信息时代，国家和地区之间竞争和博弈的重心将逐渐转变为智能化发展水平，而不再是传统的土地、人力及机器的数量和质量等。竞争载体也从物理空间延展到信息空间，即以信息空间的竞争和博弈为主导，将更加容易形成强者愈强、弱者愈弱的世界新格局。为此，掌握足够的信息空间核心竞争优势对竞争力的重塑至关重要，在此有两类密度将对定义新的空间能级十分关键：一类为高维数据密度，移动互联网和物联网的持续部署和普及加快了人、机、物实现交互融合的进程，各项与经济增长和社会发展相关的活动开始进行全面数字化转型，海量数据源源不断地被生产出来。通过对海量数据的挖掘、加工和分析运用，获得和创造更高维度的数据价值将有利于形成具备颠覆性创新意义的生产方式，促进全要素生产率优化提升，为国民经济社会发展提供充足的新动能；另一类为高能人才密度，身怀智能科技和手握智能资源的高能人群将成为未来城市最核心的竞争力要素，而这部分顶尖人才与传统人才不同的是，他们更加青睐和追逐那些体现先进文化、包容独特生活方式、充分发挥个体自由度，同时获得宜居生活、便捷交流、优质服务的空间。因此，工业化时代的空间价值体系正在从以生产效益为基本逻辑转变为以生活吸引力为核心。

高维数据与高能人群的集聚将带来特定区域的能量密度大幅提升，信息科技推动的高度发达的社会分工会进一步使这些区域加速成为一个个能量核。这些能量核将成为多维网络中的一个个锚点，而通过互联互通的信息基础设施、经济往来和协同管理等达成锚点之间的连通，能够使各个能量核快速衔接，形成组织紧凑、联系紧密，并最终实现高度一体化的共同体，如城市群、都市圈、经济走廊及城市网络等，从而带动更广泛的区域实现富有竞争力和可持续发展。

3. 空间流量资源活化与网络化泛在

1992 年，曼纽尔·卡斯特（Manuel Castells）在普林斯顿大学"新城市主义"会议上提交题为"流动空间：信息社会的空间理论"的论文，首次提出"流动空间"（Space of Flows）的概念。在流动空间理论中，空间被视为共享时间之社会实践的物质支撑。[16]由于人流、物流、技术流、资本流、信息流的作用，空间被纳入一种不断变化的关系结构中。在全球化和信息化背景下，在资本流动、信息流动、组织流动、技术流动、符号流动等各种"流"的作用下，一种以流动为主要特性的新空间形态在城市中产生了，这种虚拟的流动空间与现实的物质空间平行，共同构建出我们所处的城市空间。美国经济地理学家乔尔·科特金（Joel Kotkin）在《新地理·数字经济如何重塑美国地貌》一书中预言信息经济条件下将形成新地理。数字经济浪潮下，城市不断进化生长，犹如植物藤蔓攀援、开枝散叶。"藤蔓"（有形的交通要道、无形的信息廊道）高效链接"枝叶"（功能节点）。"枝叶"之间，合理分工，显著"去中心化"，功能富有弹性、动态调整。"藤蔓"和"枝叶"代表着经济专业化特色，重构城市的生产力布局。

信息互联时代传统城市空间将蜕变成平台或管道硬件，场景设置与内容体验将成为决定空间生死的关键。各类场所选择取决于网上搜索的细分点赞排序，场所价值变成一个个门户、网址和标签，大而全的场所让位于小而精的个性空间模块。正如米其林、大众点评网、赶集网正在重塑一系列场所价值。与此同时，信息化使传统的生产关系和社会组织链接到更为复杂化的要素，提供了成本趋近于零的共享平台和渠道，优化了大量未能得到完全利用资源的配置，促使了共享者数量呈指数级集聚，弱化了生产生活资料的"所有权"，而强调"使用权"，逐步创造出新的供给和需求，如通过改变城市的组织和连接方式，曾被忽视的空间（近郊乡村、老旧工厂、废弃码头等）会被创造出新的空间链接或者与虚拟空间巧妙链接，以此来尽可能获得新的使用价值与消费价值，使其重获新生。

2.2.4　信息脉动城市治理

面对被互联网全面渗透的物理世界，我们不仅需要从技术上不断创新，而且需要在制度上探索与新的文明形态相适应的治理手段，充分利用信息技术解决城市治理中遇到的各种问题。信息技术的兴起，一方面进一步放大了社会的分散化，另一方面也提供了整合治理的契机，因为信息技术使得各个社会群体、原子化个人能够在相同的平台持续互动和合作。实现信息公开化、流程透明化、治理协同化成为当前政府需要进行的主要工作，为城市治理体系的整体性转型创造基础。

1. 数据开放与融合下跨界协同智慧治理

20 世纪 90 年代以后，随着互联网技术、地理信息系统技术的发展及其在城市管理中的应用，"数字城市"（Digital City）应运而生。它在技术上就是以计算机技术、多媒体技术和大规模存储技术为基础，以宽带网络为纽带，运用 3S 技术、遥感（RS）、全球定位系统（GPS）、地理信息系统（GIS）、遥测、仿真、虚拟技术等技术对城市进行多分辨率、多尺度、多时空和多种类的三维描述。[17] 2004 年，北京东城区作为国内数字城管的发源地，实施"数字城管"系统建设，推出"万米单元网格管理法"和"城市部件管理法"，成效明显。次年，"数字城管"新模式向全国推广。然而，早期的数字城市只是提升了每个行业的信息互通，却未真正达到各行业之间的融会贯通。

2008 年，IBM 发布《智慧地球：下一代领导人议程》主题报告，提出"智慧地球"（Smart Earth）概念，并由此在全球范围内掀起智慧城市（Smart City）建设的热潮。智慧城市通过综合运用现代科学技术、整合信息资源、统筹业务应用系统，实现全面透彻感知、宽带泛在互联、智能融合应用，从而趋向更开放、协同的城市信息化架构，提升城市治理的整体效能。智慧城市的建设是一个动态演进的过程，由早期的信息化阶段（基础设施信息化与信息化基础设施）向互联网化（生活、生产、服务、政府的互联网化）、智能化（互联互通、大数据、云计算、深度学习）演进，直至进入成熟阶段实现智慧化（智慧生活、智慧服务、智慧信用、智慧生态、智慧创新、智慧经济、智慧决策、智慧治理）。智慧城市有创新（协同创新，成长势能）、协调（交互融合，跨界协同）、绿色（绿色持续，和谐发展）、开放（云网端一体化，实时开放在线）、共享（多元普惠，各得其所）五大发展理念。

智慧城管是智慧城市的重要组成部分，具有信息获取自动化、监督管理精细化、业务职能协同化、服务手段多样化、辅助决策智能化、执法手段人性化等"六化"特征，通过信息资源整合和利用最终实现城市管理要素、城市管理过程、城市管理决策等全方位的智慧化。[18]

在 2020 年春中国新冠肺炎疫情"阻击战"中，基于智慧城市理念的数据及时开放和二次应用成为一大亮点。由丁香医生平台制作的新冠疫情动态使疫情首次以"数据"的方式在互联网上进入人们的视野，其中包括确诊、治愈、重症、死亡、疑似等数据，随后相关平台也开始介入疫情数据的采集与披露；运营商和地图平台则通过实时数据让公众在随时查看疫情扩散情况的同时，帮助卫生部门追踪潜在患病人士移动轨迹，降低疫情传播；互联网平台开发微应用帮助各级政府部门、高校院所、企业等组织快速采集相关疫情数据，为各地制定精准的防控措施提供数据参考；票务平台 12306 利用实名制购票的大数据优势，提取确诊病人车上密切接触者信息，以配合地方政府及各级防控机构进行后续跟进；城市公共安全管理平台通过为执法部门提供疑似病例交通、住宿、社交往来等信息，为感染源的及时阻断和防控提供数据支撑。

2. "有限"服务与"无限"需求的流动治理

相对于西方发达国家已经成熟稳定的城镇化状态，中国城镇化进程仍在进行中，特定时空条件下每个城市的资源承载与输出能力都有自己的底线与瓶颈，这使得中国城市治理面临着人口流入或流出而带来的"流动的不确定性"挑战。就像新冠肺炎疫情来袭时，我们发现：为应对流动性这个挑战，城市需要一个面对城市突发性灾难的系统化、可伸缩的弹性机制，以及一个直击人心的爆款式应用，比如可以快速推出一个市民个人应用或口罩预约系统。对于信息时代的城市而言，每个城市无法摆脱的两个命题是："有限"的服务与"无限"的需求。何谓"有限"的服务，即无论是通过何种渠道、平台、窗口输出城市服务，最终城市服务资源均将来自其管理部门与社会公共服务部门的支撑半径，这也是为什么我们看到湖北疫区的各个城市医院频繁发布物资告急信息的原因。何谓"无限"的需求，即是当网民均可以通过互联网平台、政务服务平台、生活服务平台等从四面八方进入城市并开始发起服务请求与资源诉求的时候，除了限制请求人的户籍、是否缴纳社保来判断是否为其提供服务外，还应更为智慧地拓宽城市的服务版图与胸襟。那么，当城市的紧急时刻来临，如何通过围绕目标人群流动轨迹的数据共享以制定符合实际的防控措施？如何通过实现城市生活资源、医疗资源的在线化以实现高效的城市间物资调配？从本次新冠肺炎疫情的发展态势来看，数字时代的城市命运从来都不是孤立的，而是一损俱损、一荣俱荣的命运共同体。面对城市突发性灾难，我们需要"硬核"的处置手段以提升公共安全与降低公众风险，但是在数字技术与落地防控措施的结合中，更需要寻找符合城市数字治理逻辑的"智慧"手段，并不断纠偏、优化和迭代防控手段，最终实现未来城市"以人为中心"的目标。

3. "自愈式"城市治理的隐性力量

传统交往方式由于网络社会的产生和发展发生革命性的变化，具有了及时性、跨区域和去中心化等特点，使人们不仅可以利用网络平台建立起大量的话语交流的公共空间，也可以基于某个原因实现快速和大范围的组织化，由此产生大量基于网络而形成的以社会组织为核心的行动空间。互联网平台企业的成长和壮大成为改变城市发展节奏、轨迹与未来的新物种。2020 年 1 月 23 日凌晨，当武汉启动封城，城市公交、地铁、轮渡、长途客运暂停营运，整个城市的运输运力几乎被迅速抽干。为了缓解需求压力，在武汉市交通运输局的安排下，滴滴出行、首汽约车、曹操出行、T3 出行等多家网约车和武汉当地出租车公司，临时组建了 6000 人的救援车队。此时，以在线地图、网约车、在线订餐、在线订房、在线买菜等城市服务为代表的网络平台的商业性与公共性正在弥合为一体，当涉及公众关切的重大利益时，其商业性在逐渐隐身，而公共性逐渐显露。平台不仅是一种商业模式的构建，同时也是一种社会资源的重组方式。当依托于政府公共部门的城市运行体系暂停的时候，寄身于数字空间的网络平台如滴滴、美团、携程、顺丰等则自觉地成为一种城市自愈式发展的补充。而这种"补充"在城市面临重大危机时成为城市突围过关的点点星火。因此，充分发挥政府、企业、公民、第三方机构多边协同的互动效应，进一步加强公众参与，推动城市共商、共建、共治、共享，将为城市生命体注入强大的免疫力与自愈力（图 2-2）。

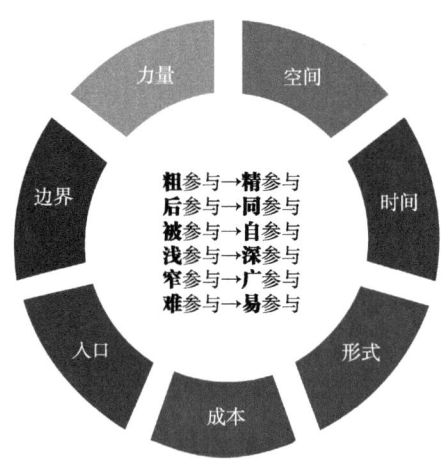

图 2-2　互联网改变公众参与

2.3　开源都市的智慧涌现

作为政治、经济和文化中心的现代城市，人口、财富、各项社会活动在此聚集，各类风险和突发事件也在此伴生聚集，而一旦发生预期之外的"黑天鹅事件"，后果往往是灾难性的。当今世界的复杂性加大了不确定性和偶然性事件出现的概率，传统城市运行表现出越来越多的脆弱性和敏感性，任何以往被忽略的微小变化都可能引发"海啸"，扰乱整个城市运行系统。

开源（Open Source）最初是指一种软件发布模式，软件发布者公开源代码并允许他人参与修改源代码，将软件变为一个对大众开放的平台，任何人都可以进行修补和改造。开源的本质在于"开放"，创造一种无限接纳、包容和发展、求同存异、互利共赢的环境，使生产模块、通信管道、交互社区等获得改善。当前，新一轮企业竞争开始聚焦于开源生态系统构建，开放协同的创新体系正在加速重塑，在技术开源化和组织方式去中心化的双重作用下，知识传播壁垒将显著消除，各类技术和产品的研发成本将持续大幅降低，与此同时，创造发明的速度也将明显加快。颠覆性与革命性、迭代式和渐进式等各种创新形式并行，创新成果呈现群体性、链条化、跨领域的特点。创新主体、机制、流程和模式则不再受到既定的组织边界束缚，更多地依托互联网，不断涌现出一批跨地域、多元化、高效率的众筹、众包、众创、众智平台。全球开放、高度协同的创新特质将支撑构造以智能为核心竞争力的超复杂经济社会生态系统。

信息化浪潮推动之下，城市形态、生态和运行状态等也随之发生了变化。信息日益成为城市的主要资源和生产要素，信息革命改变着城市的经济结构、社会结构和空间结构，并改变着城市运行的模式，开放、包容的城市将在广泛的公众参与、共建共享的模式中表现出自组织和他组织并行的智慧。传统城市若要实现新的跨越，需要向高度动态、全面开放和无限包容的开源都市转变，因为在一个开放、包容、创新和大众广泛共建、共享的开源都市中，人类理性的汇集和碰撞将大大降低城市系统的脆弱性，赋予城市智慧和动力。

需要特别指出的是，海量数据的产生、采集和使用成为人类经济社会运行常态，很可能将引起个人隐私保护、网络系统安全等问题频发。机器人等新型设备和终端的智能程度持续提升，从"拟人"到"类人"的进展越来越快，定义人类身份、判断人类主体，以及如何保护人类不被机器人替代，将成为长期的思考难点。物理世界、信息空间、人类社会的分界日趋模糊，在倒逼法律法规推陈出新的同时，也会不断制造法律盲点，形成一系列复杂的安全隐患。这些在信息安全、道德伦理、法律法规等方面面临的严峻挑战应给予高度重视。对此，不少科技公司陆续提出人工智能伦理原则，如微软提出人工智能六大原则：公平——AI系统应公平对待每一个人；可靠——AI系统应可靠、安全地运行；隐私与安全——AI系统应是安全的，并尊重隐私；包容——AI系统应赋能每一个人，并让人们参与；透明——AI系统应是可以理解的；可责——设计、应用AI系统的人应对其系统的运行负责。谷歌为人工智能发展提出七项原则和四条底线。七项原则为AI应对社会有益；AI应避免造成或加剧不公平歧视；AI应安全可靠；AI应对人们负责；AI应融入隐私设计原则；AI应维持高标准的学术卓越；AI应按照这些原则来使用。与此同时，谷歌不从事下列AI应用，包括可能造成普遍伤害的技术，造成或直接促成人员伤亡的武器或其他技术，违反国际准则的监考技术，与国家法和人权原则相悖的技术，这是谷歌的四条底线。

可以预见，随着人类进入信息时代乃至智能时代，人类掌握的信息前所未有的丰富，城市作为人类共同创造的知识与创新的结晶，需要营造更开发、包容的环境，求同存异，互利共赢，需要培育更适宜众创、众包、众扶、众筹、众享的土壤。这一切，就像"维基城市"那样，人人可以编纂，"添砖增瓦"，从而创造出更多载体。这就是信息浪潮带来的空间增量，也是让中国"新基建"计划真正根深、枝繁、叶茂的必经之路。

第 3 章
ICT 变革：助力城市重构

　　特定的技术形态是任何文明形态的基点，也是文明演变转型的初始起因。每个历史时期里具有决定性影响的技术，都在相当程度上塑造了社会的命运。未来学家阿尔温·托夫勒曾用表现生产力的生产工具来标志文明："锄头象征着第一种文明，流水线象征着第二种文明，电脑象征着第三种文明。"当代信息技术在一定意义上造就了当代社会的性质和面貌，重塑了社会的物质基础，导致了社会结构的变迁，已被视为整个世界最有决定意义的历史因素。

　　当前不断涌现的新产业、新业态、新模式，有学者形象地称之为"新物种爆炸"[①]。每一次新物种爆炸带来的都是对传统经济版图、社会版图乃至政治版图的冲击与颠覆。"新物种爆炸"理论认为，人类历史上发生过三次爆炸：一是以电灯和汽车为新物种代表，以强电、弱电、内燃机为关键基础设施的"电气"新物种爆炸；二是以计算机为新物种代表，以互联网为关键基础设施的"信息"新物种爆炸；三是以智能手机、车联设备、智能家居为新物种代表，以移动互联网技术与智能硬件为关键基础设施的"连接"新物种爆炸（图 3-1）。

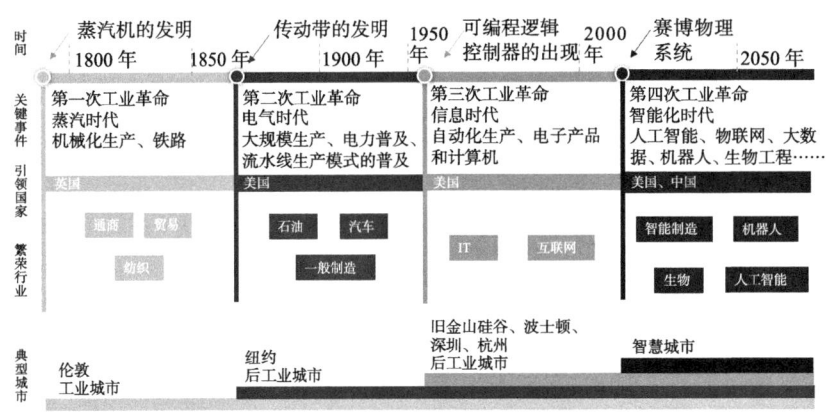

图 3-1　技术与产业革命带来的城市发展方式变化

资料来源：艾瑞咨询研究院，《2019 年中国智慧城市发展报告》。

　　ICT 是信息、通信和技术的英文词头组合（Information and Communications Technology，简称 ICT），是由信息、通信技术相融合而形成的一个新的概念和技术领域。今天，ICT 技术就像 100 年前

---

① 该概念援引自地质科学的物种大爆发，即从 6 亿年前的寒武纪开始，绝大多数无脊椎动物在短短几百万年时间内相继出现，因此寒武纪被称为生命的历史性机遇期。

的电力正在让各行业生产力发生翻天覆地的改变，成为社会发展的关键赋能器。物联网、大数据、云技术、区块链、人工智能、虚拟现实等多种新技术为城市革新带来可能性，ICT的变革将为城市的数字化与智能化转型提供源源不断的动力。

3.1 互联网发展迭代

互联网从诞生至今已有近70年，其不断拓展、深化与突破，发展过程大致可分为三个阶段，每个阶段的发展重点均有所不同。

3.1.1 互联网1.0时代（1958—1990年）——"设施与规则"

互联网1.0时代是互联网发展的基础架构形成期，包括硬件与软件，硬件有形基础设施包括宽带、存储、服务器；无形基础设施则包括相关协议规则等。

1.阿帕网的诞生

1957年10月，苏联发射了第一颗人造地球卫星斯普特尼克（Sputnik），促使美国军政当局决心增加科研投入，艾森豪威尔总统于1958年拨款成立高级研究计划署（ARPA），对高级军事研究项目进行合理集中控制。随着ARPA的不断发展，科研项目范围逐渐扩展，研究人员对计算能力和数据共享有了更高的要求，美军基地广泛采用的分式计算系统也迫切需要对人机交互问题进行解决，ARPA部门内部该领域的专家JCR Licklider资助了交互计算研究的"超大网络"（Galactic Network）项目，该项目旨在建立一个连接各高级研究计划署站点的网络。[19]

研究人员计划使用相同的接口报文处理器，从而达到规范连接网络的目的，然而作为ARPA电脑的网关，需要将所有的接口报文处理器互相连接，连接数量巨大，难以管理。著名的分组交换网解决了这一问题：交换网络中的节点仅与几个节点连接，信息被分解到数据包里，然后通过网络逐个传送到目的地；每个节点在接收到数据包后再将信息传送到路径中的下一个节点；每个数据包会在节点之间选择不同的路径，直到构成该信息的所有数据包都到达目的地，最后重新组合成原始信息（图3-2）。

1969年，ARPA各站学者组成的网络工作组，为接口报文处理器网络建立了一套标准，即Telnet和FTP（文件传输协议），Telnet支持远程用户登录，FTP则解决网络中文件交换的问题。当年，该标准下的接口报文处理器开始连接，阿帕网（Arpanet）诞生。在随后的两年里，阿帕网被迅速建立，1971

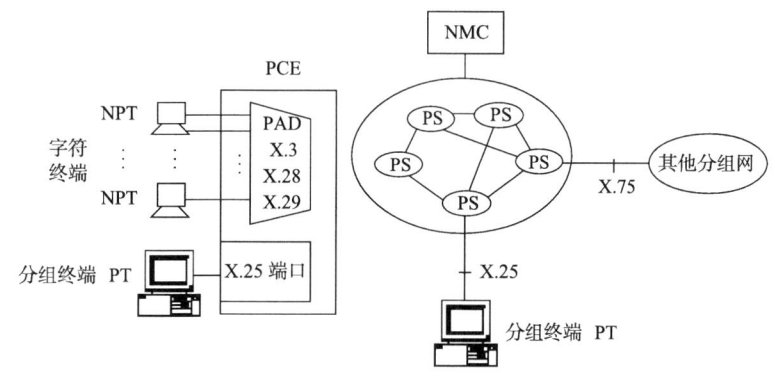

图3-2 分组交换网的组成

注：PS——分组交换机；NMC——网络管理中心；PAD——分组拆装设备。

资料来源：百度图片。

年，美国已有 15 个阿帕网节点，连接系统多达 23 个。同年，电子邮件日臻成熟，以 "@" 符号分隔姓名和地址的表达方式被纳入标准之中，电子邮件逐渐占据大部分的网络传输量。

2. 现代互联网的诞生

阿帕网中所有的连接系统类型都是相同的，1974 年开始，基于不同标准和传输媒体（如卫星和广播）的其他分组交换网络也逐渐被开发。罗伯特·卡恩（Robert Kahn）和温顿·瑟夫（Vinton Cerf）设计了一套新的系统，不改变网络本身，而只增加网关，并建立 "网际协议" ——传输控制协议（TCP），它将数据包装入 "信封"，使网关可以传输各种内容的数据包。

TCP 协议不断发展，最终被分为两部分，一部分处理数据包，另一部分负责寻址和路由，最终形成了 TCP/IP 标准。该标准的诞生催生了现代互联网，各种不同网络得以互相连接，形成完整的网际网络。1978 年，以太网问世，成为个人电脑局域网标准，与 TCP/IP 共同推动互联网发展。

1983 年，学术研究团体率先通过网络连接起来，如 CSNet、Bitnet 和 Janet 等，大学内部研发出一套完整的会议系统——电子布告栏。但这些网络只服务于各自用户团体，没有相互之间的连接，此时虽然存在域名系统（DNS），但要与外部学术团体相连接仍十分困难，此时的 "互联网" 连接能力有限，仅限团体内部互联互通的网络。

网络连接爆发得益于网络基础设施的不断完善，起初仅在学术界应用的 Unix 操作系统，在通信宽带的增长下（如美国政府放宽政策），采用光纤改善了长途电话网络效果，摆脱了学术团体内部使用限制，开始应用于商业。容量的增大和激烈的竞争带来宽带增大、价格下降，推动了互联网的发展。1990 年，互联网已经连接了 30 万台主机和 1000 多个使用 Usenet 标准的新闻组，随着 Usenet 最终并入 TCP/IP，阿帕网正式退出历史舞台。

中国互联网发展起步较晚。1987 年 9 月，CANET 在北京计算机应用技术研究所内正式建成中国第一个国际互联网电子邮件节点，并于 9 月 14 日向德国发出了中国第一封电子邮件："Across the Great Wall we can reach every corner in the world"（越过长城，走向世界）。由此打开了中国人向互联网世界迈进的大门。

中国国家计算与网络设施 NCFC 工程于 1994 年 4 月通过连入 Internet 64K 国际专线，实现与 Internet 的全功能连接，是中国正式成为真正拥有全功能 Internet 国家的标志。1995 年 5 月，原邮电部宣布向社会开放接入服务，从此，上网、用网成为个人、机构的新时尚。对个人用户来说，通过电话

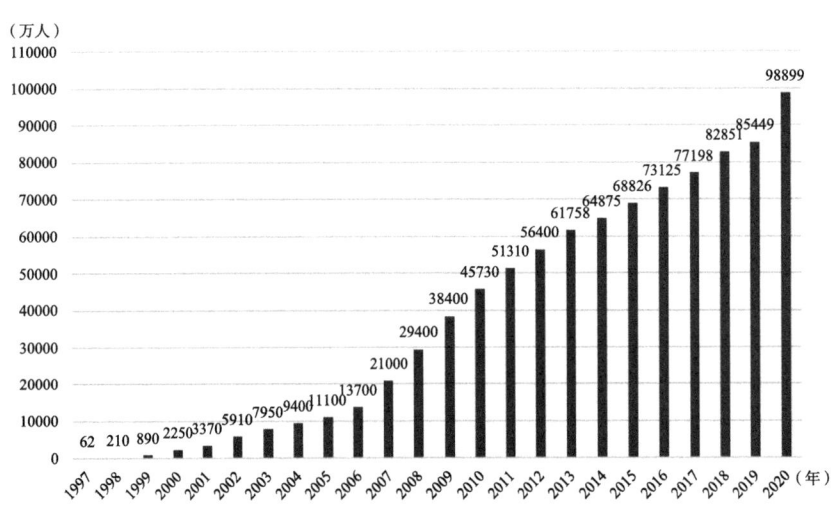

图 3-3　1997—2020 年中国网民规模

资料来源：根据 CNNIC 历年数据整理。

线上网是最常使用的方法，只要一台"猫"、计算机及相应的通信软件，即可以通过拨号的方式接入网络。1996—1998 年，中国互联网进入一个空前活跃期，应用发展迅猛。1997 年 10 月，中国四大 Internet 主干网实现互联互通，开启铺设中国信息高速公路的发展历程 [20]（图 3-3）。

3.1.2 互联网 2.0 时代（1991—2008 年）——"渠道与内容"

以"信息高速公路"的兴建为标志，世界开启信息全球化时代的新篇章。在这一时期，全球化趋势更为明显，不同国家、区域间的信息传播、处理可以在同一时间完成。其特征主要是计算机运用的网络化和多媒体化，首先，互联网将不同单位、不同部门、不同行业、不同地区乃至不同国度联结在一起，形成一个多层领域交互式计算机网络；其次，将电话、电报、传真、广播等媒体和信息载体功能全部综合成一体，集人类现有的多种媒介、载体技术于一身，使计算机网络同时具有传递、储存和处理数据、文字、声音与图像的综合功能。世界人民通过网络技术连接，地球真正变成一个息息相关的"地球村"。

1. 内容单向流动

20 世纪 90 年代，各种软件逐渐被开发出来，丰富了网络的功能。1991 年万维网诞生，蒂姆·博纳斯 - 李（Tim Berners-Lee）和罗伯特·卡里奥（Robert Cailliau）为万维网发布了规范和原型软件，创建了资源定位器 URL、超文本传输协议 HTTP 和超文本置标语言 HTML。1993 年，美国开发出图形界面浏览器 NSCA Mosaic，NSCA 的工作人员尝试开发了 PC 版和 Mac 版本。这款浏览器的开发具有突破性意义，大众用户可以通过自己的机器与之兼容，更重要的是，Mosaic 浏览器可以显示出图形和图像，突破了蒂姆·博纳斯·李等提出的只提供文本的浏览模式。1995 年，微软将 Mosaic 转化为微软互联网浏览器（Internet Explorer），与 Windows 95 系统捆绑发售。

斯坦福大学的两名学生杨致远和费罗注意到互联网内容的重要性，将互联网设计成为免费、开放和营利的平台，并于 1994 年推出雅虎（Yahoo!），专门按照某种预定分类对所有的现有网站进行编目，门户网站登上互联网的历史舞台。随后短短几年时间里，全世界的互联网公司都以雅虎公司的商业模式为榜样，门户网站之风流行全球，到 2000 年，全世界流量最大的网站全部都是门户网站，在美国的是雅虎、MSN 和 Excite，在中国的则是新浪、搜狐和网易。

从互动关系来看，此时的网站处于主动一方，用户处于被动一方。网站提供上网方式，提供内容，并且引导用户访问。信息流单一地从门户网站或二级网站向用户推送，这种模式与报纸、广播和电视是完全相同的，用户唯一可以主动发言的地方只有留言板 BBS。介于信息传递的单向性，网民们如果想拥有发言权，唯一的途径就是自己创办网站。于是，全世界各种网站在 2000 年左右如雨后春笋般涌现出来，出现了"供大于求"的局面，导致 2000 年底到 2002 年的互联网泡沫崩溃，大量门户网站被迫关闭，泡沫的崩溃清除了很多没有太大价值的网站，为网站进一步发展提供了空间。

2. 内容双向互动

2001 年，基于 Wiki 技术的维基百科问世，其理念是让互联网用户自己编写百科全书，然后将内容免费提供给其他网络用户。但维基百科只是为用户编写和共享内容提供了一个平台和一种自动链接相关内容的技术，它本身不提供任何额外的内容。在短短十年里，网民为维基百科编写了近 390 万个条目的英语内容，远远多于大英百科全书 200 年里编写的 65000 条内容。由于维基百科免费、方便、覆盖面广、内容新，它迅速成为普通网民查询和获取常识性知识的重要途径，流量迅速增长，如今已成为全球十大网站之一。

2006 年，一种由发送者向他人（好友或公众）发送类似短信消息的产品—— Twitter 诞生。它结合了群组短信和博客的特点，写消息的人是发送者，而接收消息的人被称为追随者。当追随者也采用类似回帖的方式发表评论,这就产生了互动。这种不需要大量思考的即兴写作方式取代了原来比较正规、比较费时的博客,成为活跃度很高的网络互动行为。2004 年 2 月,扎克伯格(Mark Zuckerberg)等人在哈佛大学推出网站 theFacebook.com。Facebook 起源于社交,但它不仅仅是一个"社交网络",更是一个"社交平台"。由于 Facebook 的网络效应,用户数量增长很快。2008 年 4 月,Facebook 活跃用户数超过 1 亿人;2010 年 8 月,活跃用户数突破 5 亿大关。如今,Facebook 是全球最大的社交网络,每月活跃用户总数已超过 22 亿。

从维基百科,到 Twitter,再到 Facebook,它们都是专注于打造通用的平台,由社会上的开发力量和广大用户补充成完整的服务。这些平台有着共同的特征:一是都创建开发了能够接收并管理用户提交内容的平台;二是平台均具有开放性,用户既可以在平台上开发自己的应用程序,同时又能将程序提供给其他用户使用;三是交互性强;四是产品具有非竞争性和自足性。这种从内容单向流动到双向互动,在技术上虽没有划时代的创新,但在人们使用互联网的方式上却是一场革命。

这一阶段,中国互联网逐渐赶上世界主流。1999 年,腾讯 OICQ 开启中国网络即时通信,马云回到杭州创办阿里巴巴;2000 年,百度成立,中文搜索迅速进入百度时代,互联网的各种内容和应用发展势头日益繁荣,四大门户网站随之崛起,激起一波互联网创业和发展浪潮;2005 年,随着以博客为代表的网络概念出现,中国互联网的发展迈向一个新阶段。互联网新媒体技术也在快速进步,催生出一系列类似 Blog、RSS、WIKI、SNS 等社交网络的社会化新事物。人们通过互联网拓展了自己的社交网络,获得了更多有价值、可靠度更高的信息。网民们能够在互联网的论坛、社区等各种群体沟通共享的平台发表意见。

3.1.3 互联网 3.0 时代(2008 年至今)——"计算与数据"

随着全球数据规模持续迅猛增长,数据成为全球"互联网+"变革浪潮下的基础"能源",成为各国高度关注的基础性战略资源和商业创新源泉,是新时代基础生活资料与市场生产要素,战略价值不亚于工业社会的石油。[21]

1. 大数据

2005 年,为解决网页搜索的数据分析问题,雅虎公司开始实施 Hadoop 项目,大大提高了数据分析的效率,而后 Hadoop 被 Apache Software Foundation 公司引入并成为开源应用。Hadoop 是由多个软件产品组成的一个生态系统,多个软件产品共同实现全面功能和灵活的大数据分析,其本身并不是一个产品。Hadoop 在技术方面由两项关键服务构成,共同提供一个快速、可靠分析结构化和复杂数据的现实基础:一是可靠数据存储服务,采用 Hadoop 分布式文件系统(HDFS);二是高性能并行数据处理服务,利用了 MapReduce 技术。

2008 年年末,美国计算社区联盟(Computing Community Consortium)发布《大数据计算:在商务、科学和社会领域创建革命性突破》白皮书,"大数据"的重要性得到业界认可。书中指出大数据真正重要的不是数据本身,而是新用途和新见解,人们的思维不应该仅仅局限于数据处理的机器。两年后发表的名为《数据,无所不在的数据》的大数据专题报告认为,世界上有着无法想象的巨量数字信息,并以极快的速度增长。从经济界到科学界,从政府部门到艺术领域,很多方面都已经感受到这种巨量信息的影响。

2011 年 5 月,《大数据:创新、竞争和生产力的下一个新领域》由麦肯锡(McKinsey & Company)全球研究院(MGI)发布,报告指出,人们挖掘和运用海量数据,使大数据作为重要的生产因素已经渗透到当今各个行业和业务职能领域,预示着生产率增长和消费者盈余的新一波浪潮的到来。报告还提到,由于日益增多的人、设备和传感器通过数字网络建立起联系,彻底变革了产生、传递和访问数据的能力。由此将大幅提升"大数据"源于数据生产和收集的能力和速度。

2012 年 1 月，以大数据作为主题之一的达沃斯世界经济论坛在瑞士召开，论坛发布的报告《大数据，大影响》(Big Data, Big Impact) 宣称，当今数据具备货币或黄金的某些特性，已经成为一种新的经济资产类别。

2012 年 3 月，美国奥巴马政府首先发布《大数据研究和发展倡议》，凸显对大数据的重视，这一倡议标志着大数据已成为重要的时代特征；3 月 22 日，奥巴马政府又宣布对大数据领域投资 2 亿美元，成为大数据处理技术正式从商业行为上升到国家科技战略的分水岭，在次日的电话会议中将数据定义为"未来的新石油"，事关国家安全和未来的发展与大数据技术领域的竞争逐渐密不可分。奥巴马表示，一国拥有数据的规模、活性以及解释、运用的能力将作为衡量国家层面部分竞争力的标准；继边防、海防、空防之后，国家数字主权体现在对数据的占有和控制，数字主权将是大国博弈的另一个空间。

2015 年 8 月 31 日，国务院印发促进大数据发展行动纲要。2015 年 10 月，党的十八届五中全会正式提出要实施国家大数据战略，推进数据资源共享开放，这表明我国将大数据视为战略资源，并上升为国家战略。

2. 移动互联网

移动互联网是移动和互联网融合的产物，继承了移动随时随地随身和互联网分享、开放、互动的优势，是整合二者优势的"升级版本"，即运营商提供无线接入，互联网企业提供各种成熟的应用。随着移动互联网用户规模的大幅增长，以智能手机、平板电脑为主的移动智能终端正在规模上超过传统桌面电脑，并且这类新型移动终端的计算能力也在快速追赶桌面电脑。移动互联网对人类社会的影响深远，真正促进了网络化社会的形成。单个用户的"个性化"需求汇聚起来，构成具有"群体化"特征的新世界。这些群体具有鲜明的特征，将会拉动技术和应用的不断发展。移动互联网能够通过网络平台，高效地满足人们在不同时间、地点产生的"碎片化"需求，而这些需求往往是传统行业无法满足甚至从来没有过的新型小众需求。

总体上看，全球移动互联网依然处于爆发性发展阶段 [22]，移动互联网 / 移动通信产业已成为全球经济发展的主要贡献量之一。目前整个移动产业对于全球 GDP 的贡献是 4.8 万亿美元，同时产业对于政府财政收入的贡献达到 5100 亿美元。未来的 15 年，5G 对于整个全球的经济贡献将会达到 2.2 万亿美元 [①]。近年来，我国移动互联网流量消费持续高涨。2020 年，移动电话用户总数已达 15.94 亿户，移动电话普及率达到 113.9 部 / 百人。全年移动互联网月户均流量达 10.35GB/月 / 户，比上年增长了32%，手机上网流量达 1568 亿 GB，比上年增长 29.6%，在总流量中占比 94.7%。[23]

3. 云计算

2008 年年末，《经济学人》用一整期内容来讨论云计算，很有预见性地认为："这无疑将改变信息技术（IT）产业，也将深刻改变人们工作和公司经营的方式。"尽管里面的很多内容将今天的互联网服务和云计算混为一谈，却也刷新了很多企业对于云计算的认知。2009 年是云计算发展的一个关键转折点，只是主角并不是一口气发布四款产品的亚马逊 AWS，也不是初出茅庐的微软 Azure 和阿里云，而是幕后的服务器供应商。戴尔开始推出面向云服务商、大中型数据中心以及互联网服务提供商的PowerEdge C 系列服务器，"C"这个代号的意思就是 Cloud。

2011 年是云计算发展的另一个重要时间点，这一年是 OpenStack 诞生的元年，它被冠以"数据中心操作系统""云计算操作系统"等一系列名号。与此同时，虚拟化巨头 VMware 也开始投身云计算，

---

① 数据来源：全球移动通信协会斯寒. 移动产业对经济贡献不断增长，新浪财经，https://finance.sina.com.cn/meeting/2019-09-06/doc-iicezueu4009484.shtml。

推出 VMware 云基础架构套件，被称为"企业混合云的基础"。云计算完成了一个历史性转型，逐渐远离单纯的"虚拟化或是网络服务"，成为独立、成型以及普及度较高的 IT 基础设施服务。也正是从这个时候开始，云计算的角色和定位被定格：IT 基础设施被要求有更大规模的扩展、更高的密度、更低的功耗及成本，同时要有灵活、弹性、直观与深入的管理方式，并以标准化、通用化的形式提供给客户。

云计算的实质即以互联网代替 PC，实现从资源到架构的全面弹性。由单个公司生产运营的 PC 系统，被中央数据处理工厂通过互联网提供的云计算服务所代替，就像古老的单台发电机模式发展为电厂集中供电模式一样。每个人通过云计算技术都能便捷地使用在线软件服务、上网、在线存储，实现计算、网络、存储这三类资源的弹性。

2017 年开始，云计算定位出现变化。在 Gartner 发布的 2017 年度新兴技术成熟度曲线上，云计算和大数据已经不在"新兴技术"之列，而是进入快速发展车道。这也对应了 Gartner 的另一个观点，"Cloud is not a strategy, it is a tactic"（云计算不再是一个战略问题，而是个战术问题）。对企业而言，无论是出于成本考虑还是安全因素，云计算都不再是可选项，而是必然选择。选择云计算与否的战略考虑不复存在，剩下的是选择哪家云服务的战术抉择。[24]

4. 物联网

2005 年，国际电信联盟在突尼斯举行的信息社会世界峰会上发布《ITU 互联网报告 2005：物联网》，"物联网"概念正式提出。物联网（Internet of Things，IoT）是物物相连的互联网。人与人之间可通过网络相互联系，人可通过网络取得物的信息，物与物也可通过网络互通。继计算机、互联网之后，物联网当之无愧地被称为世界信息产业发展的第三次浪潮，是第四次工业革命的核心驱动力和推动社会绿色、智能、可持续发展的重要引擎。

2008 年全球金融危机后，为促进科技发展，寻找新的经济增长点，各国政府开始重视下一代的技术规划，将目光放在物联网上。同年 11 月在北京大学举行的第二届中国移动政务研讨会"知识社会与创新 2.0"上提出移动技术、物联网技术的发展代表着新一代信息技术的形成，并带动了经济社会形态、创新形态的变革，推动了面向知识社会的、以用户体验为核心的下一代创新（创新 2.0）形态的形成，创新与发展更加关注用户，注重以人为本（图 3-4）。

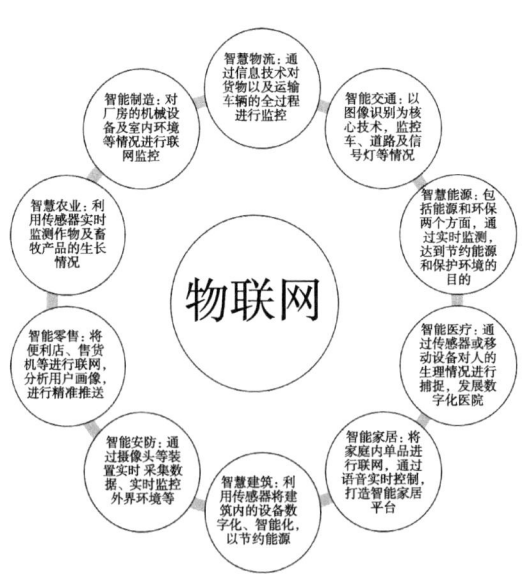

图 3-4　物联网应用十大领域

资料来源：《2018 物联网行业应用研究报告》，亿欧智库。

2009年1月，IBM首次提出"智慧地球"，通过将传感器装备和嵌入电网、铁路、桥梁、隧道、公路等各种物体中来探测温度、湿度、噪声、移动物体的大小、速度和方向等。应用于智慧城市的传感器主要包括：物理环境探测器类（如温湿度、烟感、液位、水压、流量、红外、声噪、压力、光敏传感器等）、物理位置传感器类（如GPS、位移、陀螺仪、雷达、地磁传感器等），以及监测传感器类（如摄像头、生物传感器等）。其中，以MEMS传感器为代表的具有采集、处理、交换信息能力的第三代智能型传感器是如今的业内主流。传感器被普遍连接，借助互联网形成物联网，打造成熟的智慧基础设施平台。"智慧地球"战略能否掀起如当年互联网革命一样的科技经济浪潮，世界各国都在关注。

在互联网3.0时代，中国已在世界舞台上占据了一席之地。中国于2009年正式进入了3G时代，各种传统在PC端办理的业务开始往移动终端迁移并逐渐兴起，人们通过移动电子商务、手机游戏、LBS、手机视频等技术就可以获得各种信息和服务。如今，中国正以更开放的姿态迎接"万物互联"时代的来临，2009—2019年中国物联网产业规模由1700亿元跃升至15000亿元，年复合增长率超过24.3%[25]（图3-5）。

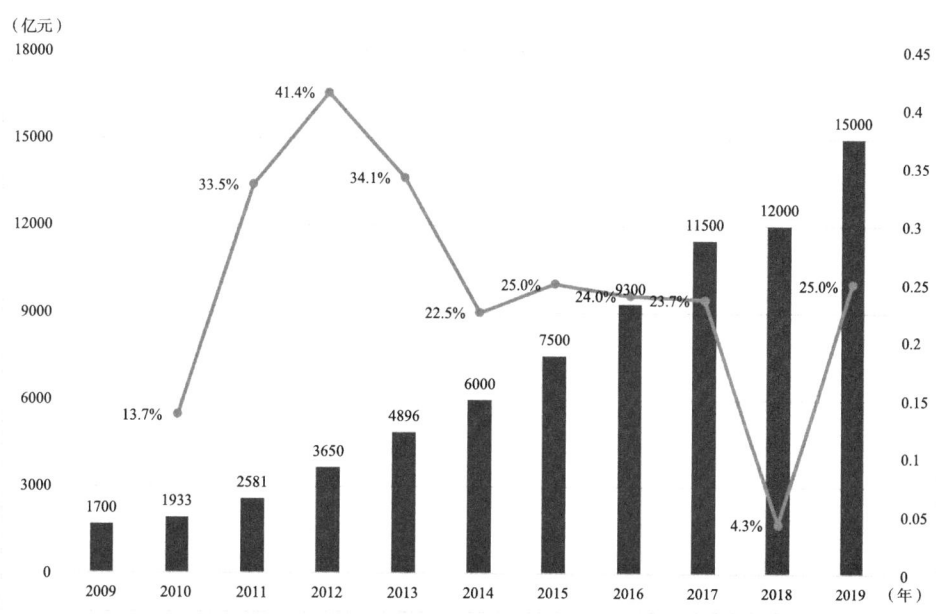

图3-5　2009—2019年我国物联网产业规模及同比增长百分比

资料来源：中国经济信息社、中国物联网年度发展报告。

3.1.4　互联网4.0时代（2025年—）——"规则重塑"

前IBM首席执行官郭士纳曾提出一个与"摩尔定律"类似的判断："互联网计算模式发生变革的周期是15年"，这被称为"十五年周期定律"。1965年前后发生的变革以大型机为标志，1980年前后以个人计算机的普及为标志，而互联网革命则发生在1995年前后。每一次技术变革都会引起互联网企业、产业间，甚至国家层面竞争格局的重大转变。而2025年正处于下一个技术变革周期的节点。

基于TCP/IP协议构建的信息互联网架构是一种中心化架构。TCP/IP协议的优势在于能保证信息传递渠道的可靠性，但所传递信息的真实性不能够保证，即信息不对称。而区块链技术正是由于解决了信息传递中的信用问题，才能够得到世界各个国家各领域的广泛关注。区块链很可能成为下一代全球信用认证和价值互联网的基础协议。

信息化时代,你的"信用"比你的"能力"更值钱。区块链诞生自"中本聪"的比特币。2008年11月,"中本聪"发表《比特币:一种点对点的电子现金系统》一文,阐述基于P2P网络、加密、时间戳、区块链等技术的电子现金系统的构架理念,标志着比特币的诞生。区块链技术是比特币网络背后的一个去中心化的数据库,集合分布式数据存储、共识机制、加密算法等技术,基本原理就是:每一个区块网络的参与者都是一个节点,所有的节点都保存了一套完整且相同的账本。账本中记录了全部历史账户信息及交易信息,任何一个节点想要发起一个交易行为,都需要将交易行为信息传递到区块网络中的所有节点,确保保存于所有节点上的账本都能准确更新并验证这笔交易行为。通俗地说,这是让全世界为交易作证(图3-6)。

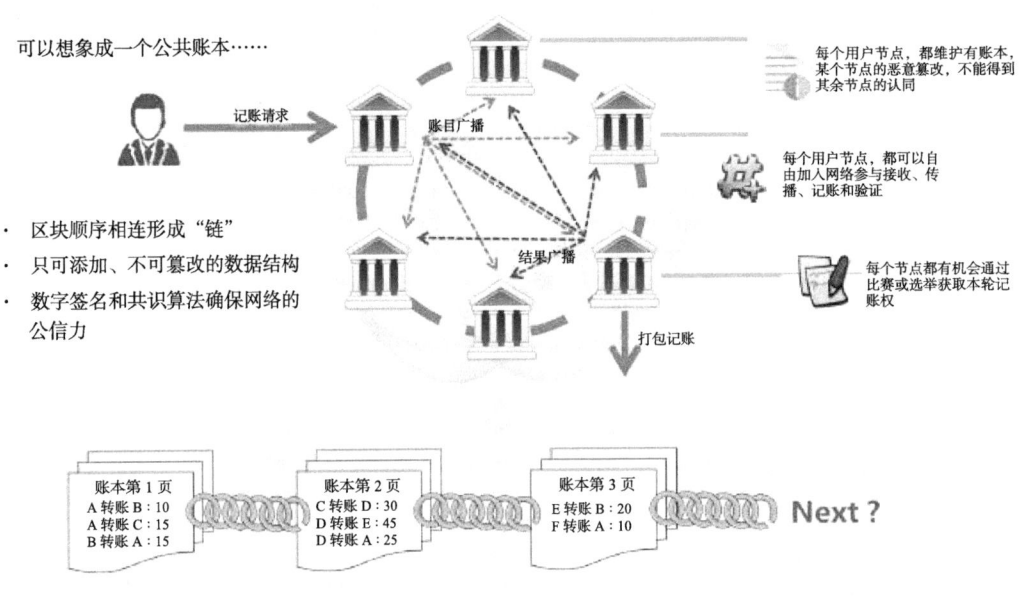

图 3-6　区块链技术原理

资料来源: http://www.sohu.com/a/114315822_465959。

区块链的出现,直接颠覆了"可信赖第三方"的地位,让人人都参与记账和交易行为认证,从而绕开特定的独立第三方记账人,实现交易全民记账。其技术主要具备以下特点:第一,去中心化。系统中的数据块由整个系统中具有维护功能的节点来共同维护,因为采用分布式核算和存储的技术是不存在中心化的硬件或管理机构的,因此使用任意节点的权利和义务都是均等的。第二,开放性。整个系统是高度透明、开放的。所有人都可以通过公开的接口查询区块链数据和开发相关应用,区块链数据对所有人公开,除了交易商各方的私有信息被加密外。第三,自治性。系统对人的信任向对机器的信任转变,任何人为的干预都无法控制。区块链采用基于协商一致的规范和协议(比如一套公开透明的算法),使得整个系统中的所有节点能够在去信任的环境中自由安全地交换数据。第四,匿名性。行使交易的一方不需要通过身份公开的形式来取得对方信任。因为节点之间的交换遵循固定的算法,其数据交互是无需信任的,区块链中的程序规则会自动判断活动的有效性。第五,信息不可篡改。区块链的数据稳定性与可靠性的水平极高,经过验证并添加到区块链的信息会被永久存储,单个节点上对数据库的修改只有当同时控制住系统中超过51%的概率时才是有效的,否则是无效的。

当前,区块链技术的发展经历了三个不同阶段:Blockchain 1.0,比特币为数位货币(Currency)应用；Blockchain 2.0 开始出现如智慧资产（Smart Assets）、智慧契约（Smart Contracts）等货币以外的应用；Blockchain 3.0 则是指更复杂的智慧契约，用于金融（虚拟货币、跨境支付、资产数字化等）、公共服务（文娱、媒体、版权、医疗、公益等）、信息安全（身份保护、数据真实、认证和安全等）、物联网（区块链物联）、供应链（供应链金融、溯源、物流等）等领域。[26]

3.2 互联网云脑进化

刘锋博士在其《互联网进化论》中提出互联网的起源和进化的终极目标是为实现人类大脑的充分联网，这一目标产生了强大的拉动力，不断引导互联网向前发展和进化。[27]

（1）互联网云脑进化阶段一：纵观人类发展史，人类的进步在于若干关键性器官持续延长和连接（图3-7）。

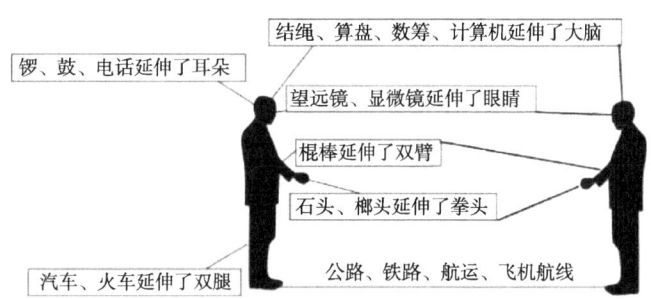

图3-7 人类的进步就是其若干关键性器官不断延长和连接

资料来源：刘锋，《互联网进化论》。

（2）互联网云脑进化阶段二：从1753年一位署名为C·M的作者在《苏格兰人》杂志上阐述"电流通信机"开始，人类用200多年的时间为互联网的诞生做技术储备（图3-8）。

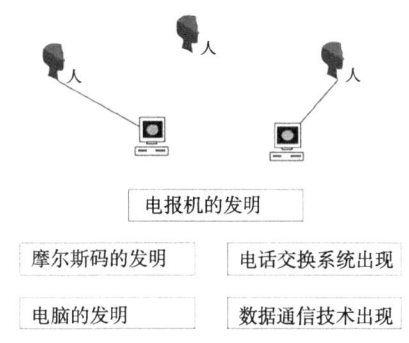

图3-8 互联网诞生前的技术准备工作

资料来源：刘锋，《互联网进化论》。

（3）互联网云脑进化阶段三：1969年互联网诞生，人类第一次实现人类大脑的初级联通（图3-9）。

（4）互联网云脑进化阶段四：20世纪70年代到80年代初，互联网云脑初具雏形，拥有电子公告牌、电子邮箱、FTP、原始游戏、网络应用软件五大功能（图3-10）。

（5）互联网云脑进化阶段五：20世纪80年代到21世纪初，从技术角度讲，电子公告牌成为后来诸多创新应用的母体，发布新闻、求购商品、心情感悟描述、互动问答、热点点评、帖子修改权、注册信息、交换物品、资料索引功能一个个分离出去，形成互联网云脑的功能区（图3-11）。

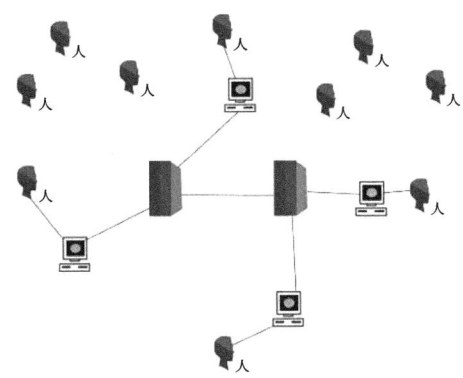

图 3-9　1969 年互联网诞生物理结构

资料来源：刘锋，《互联网进化论》。

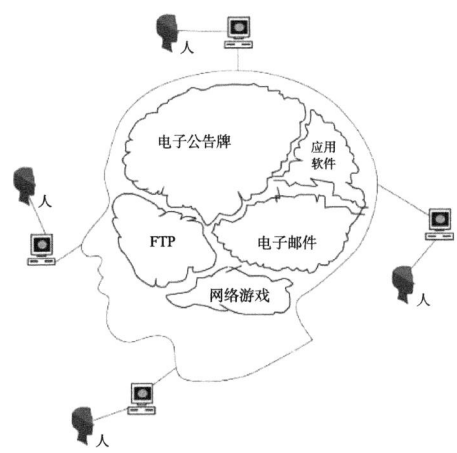

图 3-10　20 世纪 70 年代到 80 年代互联网云脑的主要应用

资料来源：刘锋，《互联网进化论》。

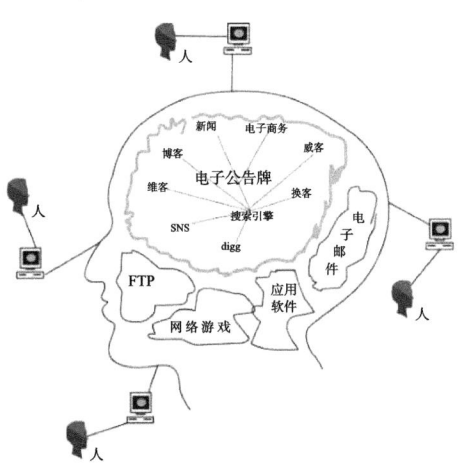

图 3-11　20 世纪 80 年代到 21 世纪初互联网云脑演化

资料来源：刘锋，《互联网进化论》。

（6）互联网云脑进化阶段六：从20世纪90年代到21世纪前十年，电子公告牌及其分离的功能区开始和电子信箱、FTP、网络游戏、网络应用软件进行融合（图3-12）。

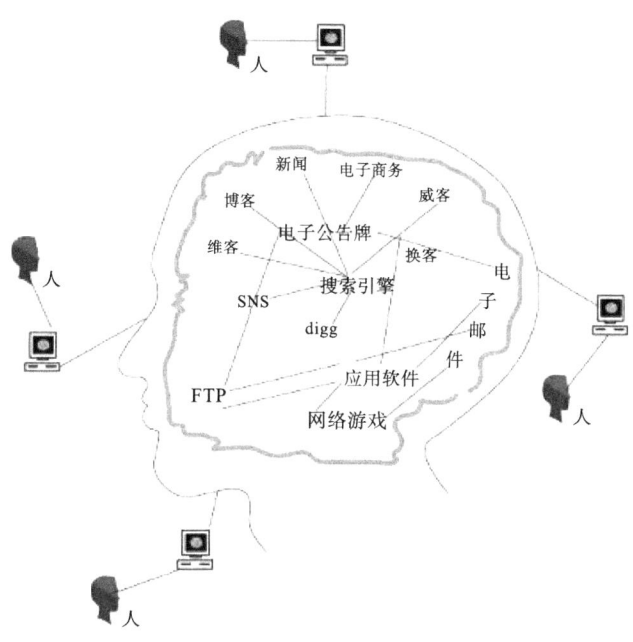

图3-12　20世纪90年代到21世纪初互联网云脑演化

资料来源：刘锋，《互联网进化论》。

（7）互联网云脑进化阶段七：从21世纪初到21世纪前二十年，博客、QQ、Facebook、微信、Twitter、阿里巴巴、亚马逊等互联网神经网络形态的应用逐步发展壮大，成为互联网云脑神经网络的基础，逐步在互联网云脑中占据统治地位（图3-13）。

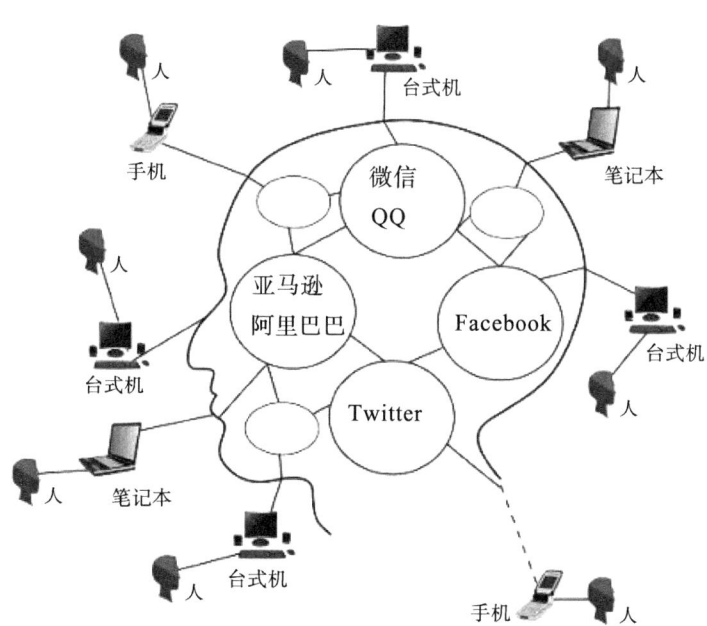

图3-13　21世纪初到21世纪20年代互联网云脑的神经网络组织架构逐步发育

资料来源：刘锋，《互联网进化论》。

（8）互联网云脑进化阶段八：从 2007 年开始，随着智慧地球、物联网、工业互联网、工业 4.0、智能汽车、无人飞机、云机器人等技术的兴起，互联网云脑的感觉神经系统和运动神经系统也开始发育起来（图 3-14）。

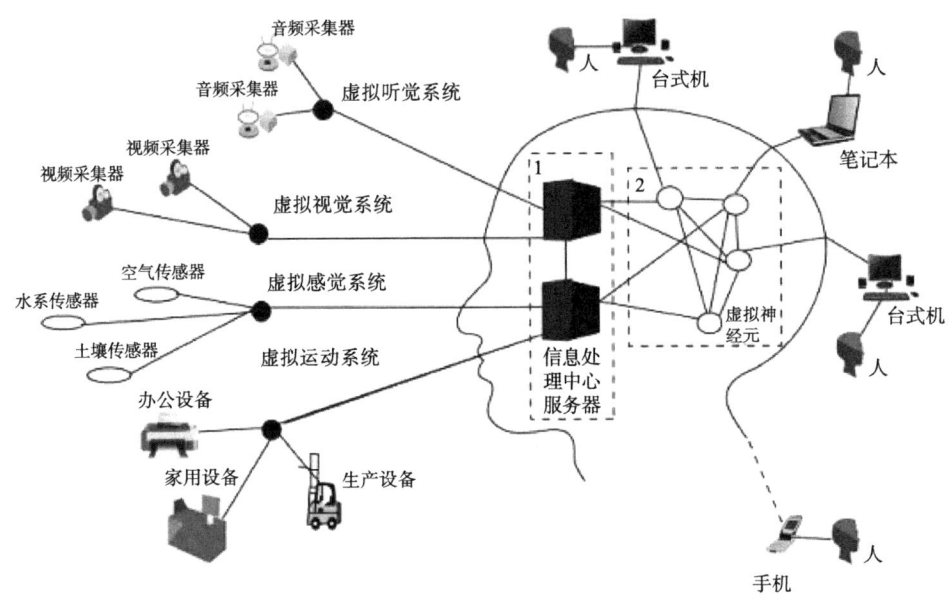

图 3-14　21 世纪初到 21 世纪 20 年代，互联网云脑的感觉神经和运动神经开始发育

资料来源：刘锋，《互联网进化论》。

（9）互联网云脑进化阶段九：2015—2020 年，在之前互联网云脑发展的基础上，云计算、大数据和人工智能成为互联网云脑中枢神经系统发育的重要方向，边缘计算的兴起，移动互联网、脑机接口、虚拟现实的应用让人类与互联网云脑的连接更为紧密（图 3-15）。

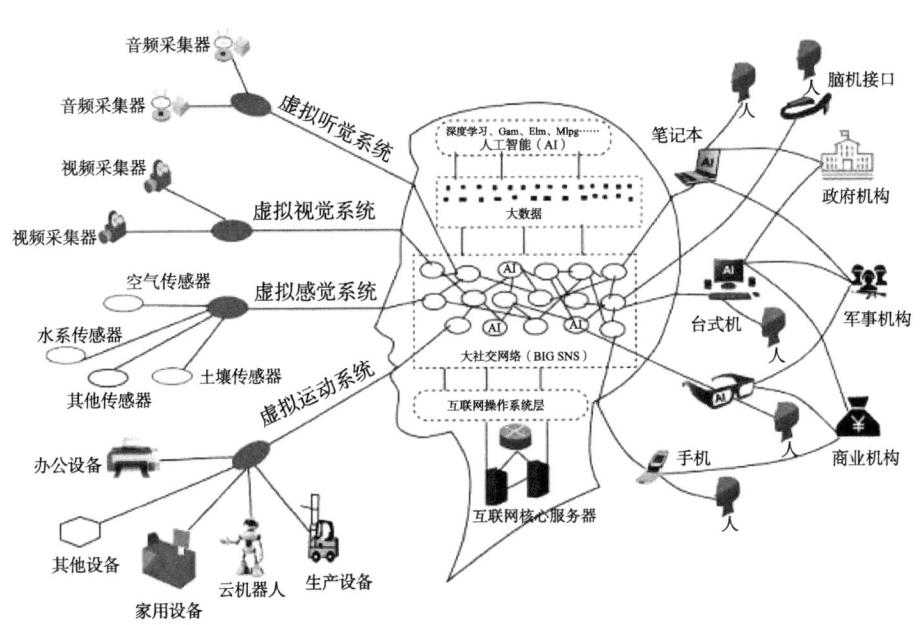

图 3-15　21 世纪 20 年代左右，互联网云脑的架构开始清晰

资料来源：刘锋，《互联网进化论》。

（10）互联网云脑进化阶段十：2020年之后的数十年乃至数百年间，以大社交网络为主体的人类群体智慧和以云反射弧为代表的互联网云脑智能活动，将成为互联网云脑发育的主要方向。与此同时，互联网云脑的感觉神经系统、运动神经系统、神经末梢将伴随人类在太空的拓展而延伸。从地球到太阳系，从银河系到宇宙深处，在足够的时间段之后，互联网、大脑和宇宙将最终三位一体，形成智慧宇宙或宇宙大脑（图3-16）。

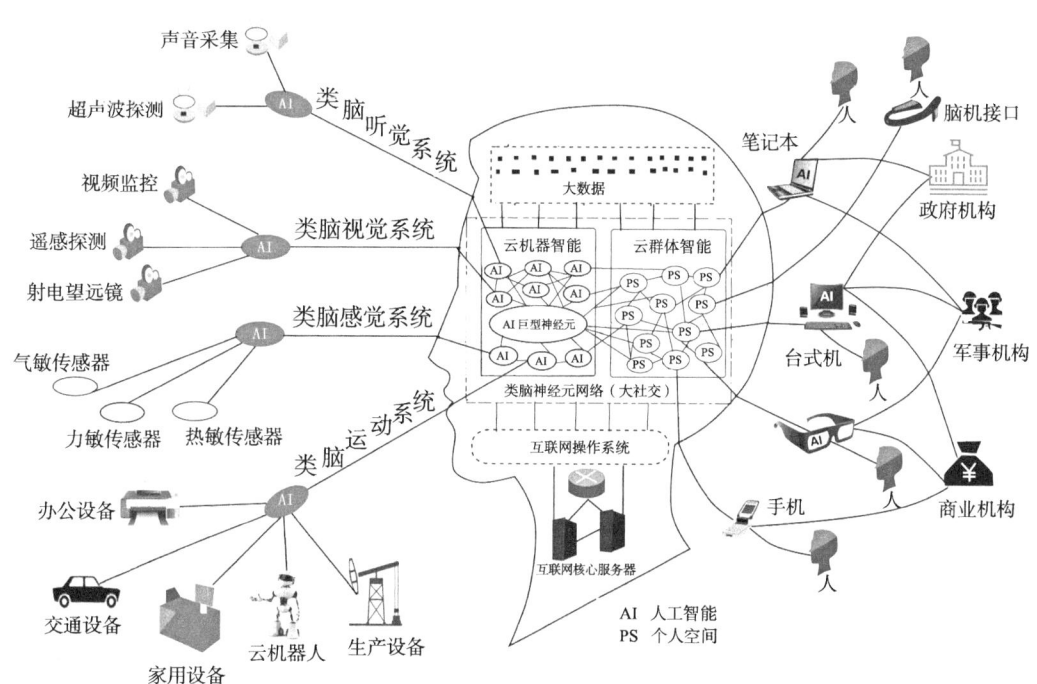

图 3-16　互联网云脑在架构和范围上不断深入和扩张

资料来源：刘锋，《互联网进化论》。

3.3　AI 赋能百业

信息文明的智能发展阶段，正是从"人为物役"到"物为人役"转化的完成时期。信息文明的基本性质是整体性信息化，而整体性信息化的高层次发展，则是整体性智能化。作为信息文明整体性智能化发展的重要基础，人工智能具有深刻的信息文明意蕴。当人类智能创造出日益增强的人工智能，信息文明便进入整体性智能化发展阶段。21世纪前两个十年，在大规模GPU服务器并行计算、大数据、深度学习算法和类脑芯片等技术的推动下，人类社会相继进入互联网时代、大数据时代和人工智能时代。人工智能处于第四次科技革命的核心地位，在该领域的竞争意味着一个国家未来综合国力的较量。

3.3.1　智能文化崛起

"智能"这一概念有着许多不同方式的定义。一种比较通用的定义认为，智能就是一种包含感知、理解、记忆、学习、计算、推理、决策等认知过程的能力。人工智能（Artificial Intelligence，AI）亦称机器智能，指由人制造出来的机器所表现出来的智能。通常人工智能是指通过普通计算机程序来呈现人类智能的技术。AI的核心问题包括建构能够跟人类似甚至超卓的推理、知识、规划、学习、交流、感知、移物、使用工具和操控机械的能力等。作为一门前沿的综合学科，人工智能涉及计算机科学、统计学、脑神经学、社会科学等领域，涉及决策、分析、认知、识别等过程。

人工智能自 1956 年诞生以来，经历了两次繁荣与低谷，基本思想可大致划分为四个流派：符号主义（Symbolism）、连接主义（Connectionism）、行为主义（Behaviourism）和统计主义（Statisticsism）。形成一些基本的特征：

（1）由人类设计，为人类服务，本质为计算，基础为数据；

（2）能感知环境，能产生反映，能与人交互，能与人互补；

（3）有适应特性，有学习能力，有演化迭代，有连接扩展。

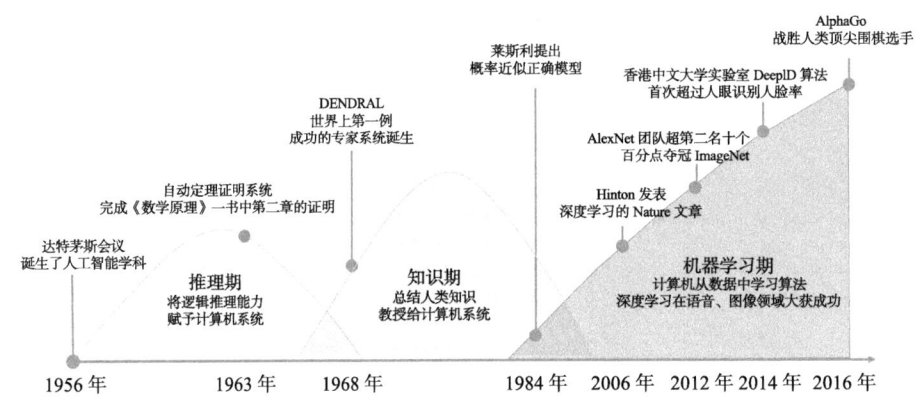

图 3-17 人工智能热门技术变迁

资料来源：商汤、艾瑞咨询公司，《2017 年中国人工智能城市展望研究报告》。

一系列标志性事件记录着其曲折的发展历程（图 3-17，表 3-1），近年来，人工智能相继在语音识别、计算机视觉领域取得重大进展，预示着 AI 的新春天正在到来。

人工智能发展历程　　　　　　　　　　　　　　　　　　　　表 3-1

时期	标志性事件
AI 诞生 （1950—1956 年）	1950 年，艾伦·图灵发表"计算机器与智能"一文，提出图灵测试，将其作为机器智能的度量。 1956 年，达特茅斯夏季人工智能研究计划会议召开，"人工智能"正式诞生
第一次繁荣 （1956—1974 年）	1958 年，第一个 AI 程序"逻辑理论家"诞生，Lisp 编程语言发明。 20 世纪 60 年代，M. 马斯特曼与同事设计语义网络，用于机器翻译。 1963 年，第一个机器学习程序"模式识别"发表。自动定理证明系统完成数学原理的证明。 1965 年，首套专家系统 Dendral 诞生
第一次低谷 （1974—1980 年）	1966 年，机器翻译失败。 1970 年，连接主义遭到遗弃。 1973 年，美国 DARPA 削减一般性 AI 学术研究经费。 英国大幅缩减 AI 研究
第二次繁荣 （1980—1987 年）	1980 年，AAAI 在斯坦福大学召开第一届全美大会。 1982 年，日本启动第五代计算机系统项目，用于知识处理。 20 世纪 80 年代中期，机器学习开始出现，发明了决策树模型、多层人工神经元网络。 1984 年，莱斯利提出"概率近似正确学习"模型
第二次低谷 （1987—1993 年）	1987 年，Lisp 机的市场崩溃。 1988 年，美国政府战略计算促进会取消了新的 AI 经费。 1993 年，专家系统缓慢滑向低谷。 20 世纪 90 年代，日本第五代计算机项目未能达到初始目标，悄然退场

时期	标志性事件
再次崛起 （1993年至今）	1997年，深蓝战胜了国际象棋世界冠军卡斯帕罗夫。 1998年，CNN鼻祖LeCun提出LeNet-5模型，标志着神经网络的正式诞生。 2006年，Hinton在神经网络的深度学习领域取得了标志性的技术进步。 2012年，AlexNet在ImageNet竞赛中得了两个第一，正确率超出第二近10%。 2014年，香港中文大学实验室DeepID算法首次超过人眼识别人脸率。 2016年，AlphaGo战胜韩国棋手李世石

资料来源：依据网络公开资料整理。

3.3.2 AI+改变世界

时至今日，人工智能发展日新月异，此刻AI已经走出实验室，离开棋盘，已通过智能客服、智能医生、智能家电等服务场景在诸多行业进行深入而广泛的应用。可以说，AI正在全面进入我们的日常生活，属于未来的力量正席卷而来，智能技术群的"核聚变"推动智能+时代的到来（图3-18）。

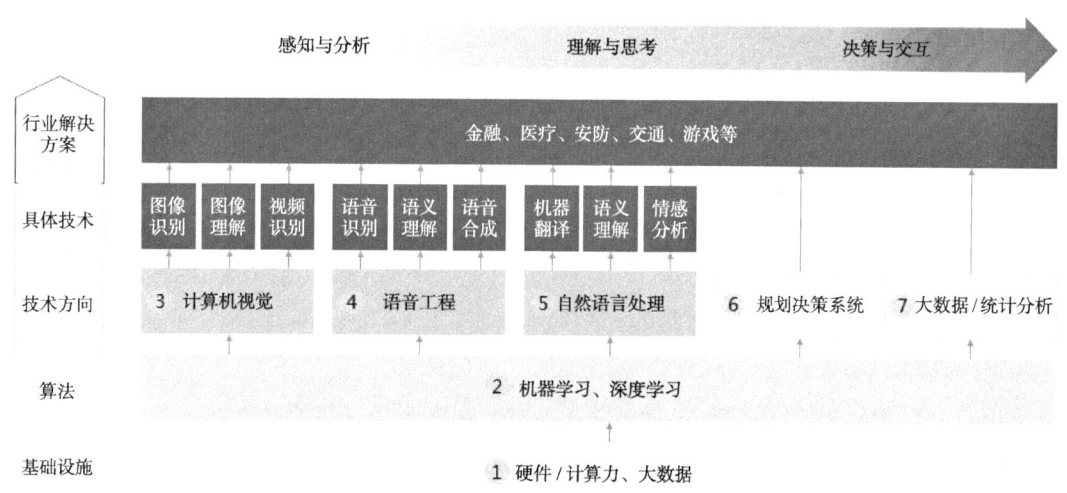

图3-18 人工智能研究领域

资料来源：https://blog.csdn.net/u013162035/article/details/79535577。

伴随着日趋先进的智能技术落地和服务工作，智能城市的开发目标逐渐从单个应用场景转变为对整体生活形态或生态链的"全应用场景"模式，使智能化改变现有的城市形态和生活方式。通过实施智能化功能，城市逐步构建起新型"新城市场景"，实现创新性场景化，朝着综合化城市生态系统方向深入发展（图3-19）。

1. AI+安防

智能化视频升级的必要条件是计算机视觉和深度学习技术。如何从上千万的摄像头和庞大的监控网络瞬间产生的海量视频数据中高效提取出有效信息是其技术的关键。假设某城市视频规模为1万路，每月能够产生的视频数据量是12PB，按照传统的搜寻方法几乎不可能找到目标人员和车辆，但如果采用人工智能算法，通过自动抓取视频中的目标图片，来提取其语义化的属性数据和具有比对性的特征数据，从而将每月的数据降到15亿条，存储容量下降到300TB左右，秒级检索，同时对目标轨迹、行为的分析等工作游刃有余。

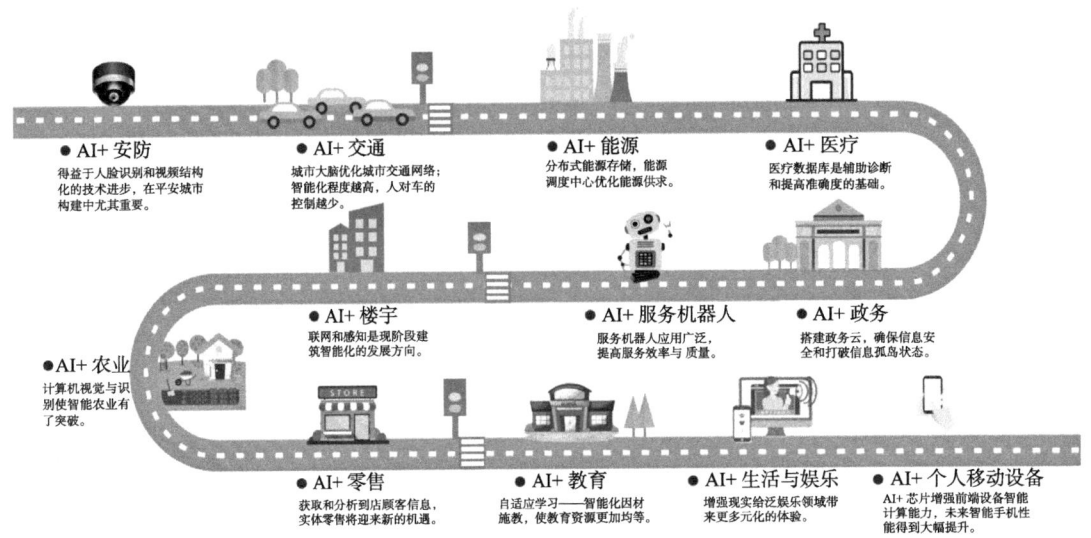

图 3-19 人工智能的应用场景

资料来源：商汤、艾瑞咨询公司，《2017 年中国人工智能城市展望研究报告》。

2. AI+ 交通

在 AI 的辅助下，人类有望实现对车辆零控制——无人驾驶。自动智能化交通的演变踪迹非常形象地描述了驾驶的进化过程：目前阶段，各项辅助驾驶的功能已趋于相对成熟，测试和实际开放环境表现均较稳定；关于自动驾驶的限定场景已于近年完成测试实验，主要进行测试运行的场景是相对简单、封闭的环境，及乘车人有安全保障的场景；在不久的将来，还需要通过大量数据的收集、积累、校对和测试，以突破性技术与更低的成本来实现无人驾驶形态。

3. AI+ 身份验证

与人工进行身份验证相比，目前 AI 身份验证的效率明显更高。政府建立的政务云平台为城市管理开拓了城市信息与数据的交流渠道。由于人工验证的有效时间是半小时，因此在多个智能政务场景中，身份验证技术被广泛应用于各类身份识别环节。例如，通过深度学习让机器根据训练数据集达到拥有自我学习的能力，最终掌握基于人脸特征进行身份识别的生物识别技术。

4. AI+ 零售

在电商繁荣发展的时期，实体零售更应该抓住"新零售"转型升级带来的机遇，借此创立信息化实体店和立体数据库，在提升顾客服务品质的前提下实现成本的控制和缩减，最终达到实体店零售竞争力的提升目标。在"新零售"的挑战下，实体零售可以从访问数据入手，对店铺中消费者的偏好进行实时监控、捕获，并分析，从而实现智能化的运营与管理。

5. AI+ 娱乐、生活

增强现实技术在图像视频等泛娱乐场景中能够持续创造可用价值。娱乐与生活的市场空间相对更广阔，短视频与美颜滤镜的瞬间火爆充分证明智能手机用户对新鲜事物的接受程度较高，并且乐于使用新型技术来提升现有产品的使用体验。目前，现实技术的增强效应主要应用在个人移动设备上的图像视频泛娱乐场景，在未来硬件设备的升级迭代下，现实技术的改进将会为其带来更宝贵的商业价值。如在中国一些大城市正在兴起的一系列 VR 虚拟现实沉浸式体验项目。

综上所述，日益完善的 ICT 架构正在加速城市迭代发展，从数字城市到智能城市，城市发展的分析、调配、管理、预判任务将越来越受益于人工智能技术的发展，更优质的工作生活体验将会成为科技改变生活的显著成果，而在这个过程中的每一个环节都会蕴藏着极大的科学与商业价值（图3-20）。

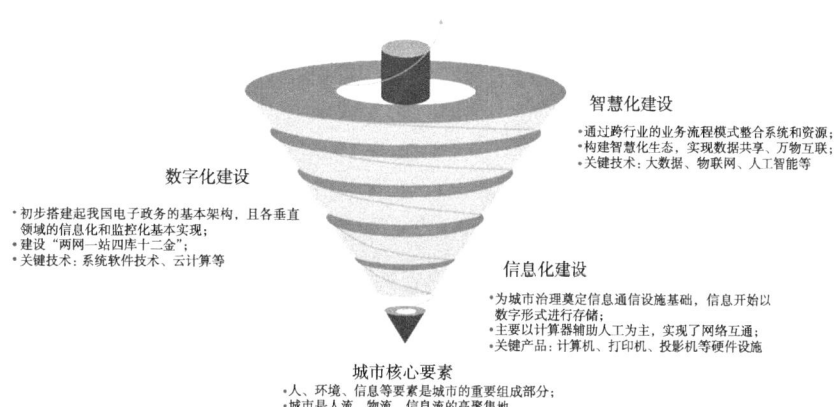

图 3-20 数字化、智慧化、信息化与城市核心

资料来源：亿欧智库，《2019年中国智慧城市发展研究报告》。

人类正在去感情化，只愿意相信数据，变得像机器；机器正在加感情化，尝试走近人的内心，变得像人。人工智能虽然已经在计算力、记忆力方面远远超过人类，并由于计算机在视觉、语音的识别等方面的突破，人工智能在感知、视觉、听觉方面也在赶上人类，然而在认知、理解、洞察、推理、计划、决策等方面，人工智能还在探索阶段；对于如何获得类似于人类的创造力和顶层的智慧，人工智能还有很长的路要走。人工智能与人类智能相比，到底是"机智过人"还是"技不如人"呢？经过海量的数据训练之后，人工智能能够在边界清晰的领域内表现得灵活自如，与在可开放环境下对不同变化的事物持续学习和适应的人类智能相比，机器在面对超过固定规则设置的特殊场景时，往往会表现得很迟钝，场景灵活性有待提高。即使是这样，城市发展建设的方方面面依然有大量的、潜在的可供现有技术能力来升级改造的空间，比如通过融合机器的感知、认知、大数据处理以及运动控制等方面的能力来进行突破（图3-21）。正如吴志强院士所言，未来15年里，"三大智化"——工作对象的智化、工作支持的智化、工作环境的智化——都是革命性的。谁能在这三个方面领头，谁就能在建筑、规划、园林、环境设计等所有方面领衔世界的最前沿。

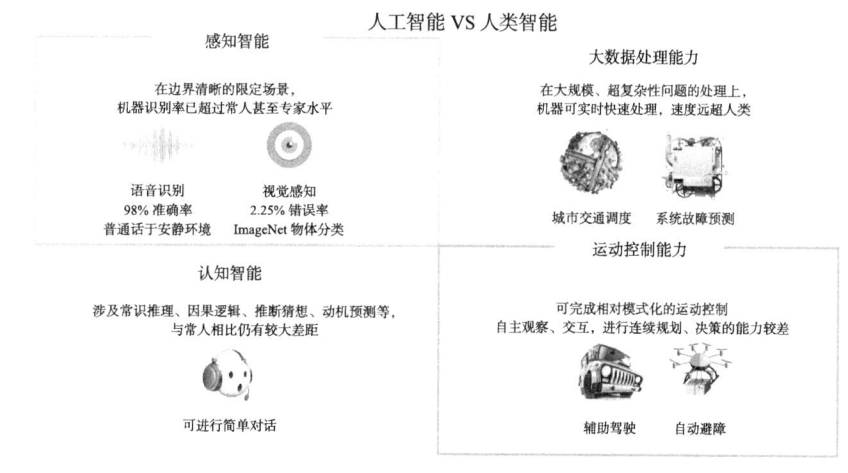

图 3-21 人工智能与人类智能

资料来源：商汤、艾瑞咨询公司，《2017年中国人工智能城市展望研究报告》。

第 *4* 章
数字孪生：映射城市生命

科学哲学家卡尔·波普尔（Karl Popper）认为世界由物理世界、心理世界和人工世界三部分组成。在物理世界中，农业技术使大量地面资源被开发，为需要获取食物而居无定所的人类提供了固定居所与稳定的食物供给，维护了人类的生存与发展。在心理世界中，科学技术使人类的心理世界得以解放，涌现而出的工业技术延伸了人类的肌体局限与生活边界，极大地提升了人类的空间开发能力与生活水平。在人工世界中，逐渐成熟的智能技术解放了人类的智力，通过数据资源、知识体系和社会智慧融合而成的IT动能，促进了"智业"社会的发展。在物理世界，人类只是行动的主体；在心理世界，人类可谓认识的主人；在人工世界，人类才是真正的主宰。[28]

在《历史的起源与目标》一书中，德国学者卡尔·雅斯贝斯曾将公元前800年到前200年间约600年人类文化的突破称为"轴心时代"。在信息文明进化发展的历程中，我们也可以划分出三个"轴心时代"。在第一轴心时代，人类解放了"物之力"，实现了"农业文明"，基本解决了社会上资源不对称的问题；在第二轴心时代，人类解放了"能之力"，实现了"工业文明"，基本解决了人们之间信息不对称的问题；在第三轴心时代，人类将解放"智之力"，充分利用赛博空间，使全球化由"负和""零和"走向"正和"，进入"智业文明"，最终解决我们之间的智力不对称问题（图4-1）。

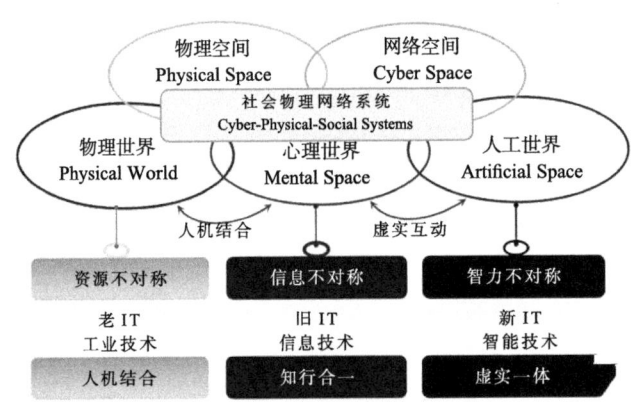

图4-1 社会物理网络系统

资料来源：王飞跃. 机器崛起：重现的自动化愿景，2017.http://blog.sciencenet.cn/blog-2374-1049767.html。

4.1 万物元识——虚实二象性

天地初开，一切皆为混沌，是为无极；阴阳交合，阴阳二气生成万物是为太极。《易传·系辞上》："形而上者谓之道，形而下者谓之器。"这里的"形而上"指无形的精神本体（道），"形而下"指由道派生出来的具体事物（器）。"形而上"与"形而下"这一对范畴在中国哲学史上有过长期的争论，常被各家用来表述抽象和具体、本质和现象、本源和派生物等。"虚实"是中国传统哲学与美学的重要范畴，虚实二象构成了人们认知事物本源的基本框架。当下信息科技的发展与人工智能的解放，让我们进一步走近与感受这种万事万物的"虚实二象性"。

有人认为虚拟现实和物理现实被"壳"隔离开来，就像欧氏几何中假定两条平行线没有交点一样。在非欧几何空间，两条平行线自然可以相交，正像虚拟现实与物理现实可以实现平行相交、虚实互动一样，破"壳"入世，加快两种现实之间的深度融合。

在过去几千年里，人与人之间的交流方式一直在变化。现代技术带来的虚拟现实和物理现实的交汇，将使得有限时间内，人与人的交流更简单容易，极大地提高了交流的效率。通过平行控制、平行管理和平行计算等手段，自动化知识、智能软件与物理机器人等技术将帮人类打通各个领域间的障碍（图 4-2）。网络世界将真正被充分利用起来，个人触及不到的网络世界各个角落，可以通过各种虚拟机器人到达。虚拟世界将不再是一个空洞的概念，它将成为信息知识的交通枢纽，帮助人们传输和运载信息。未来，面对面交流这种形式虽然不会消失，但它所占的比重和扮演的角色绝对将发生巨大的变化[①]。

提升传统空间的利用效率

数字世界对现实世界影响

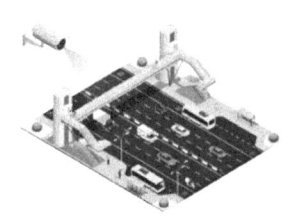

拓展新的虚拟空间场景

两个世界的数据转换、存储和处理

融合现实空间和虚拟空间

数字世界与现实世界互动

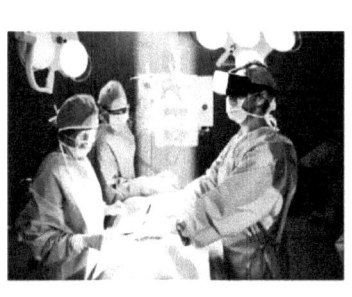

图 4-2　现实空间与虚拟空间

资料来源：腾讯研究院，《WeCity 未来城市：智慧城市进化之道》。

4.2　数字孪生——现实向虚拟的映射

4.2.1　数字孪生

数字孪生（Digital Twin，简称 DT）最早出现在工业制造领域。该项技术通过在实体世界和数字虚拟空间中，充分利用物理模型、传感器更新、运行历史等数据，集成多学科、多物理量、多尺度、多概率的仿真过程，在虚拟空间中完成映射，从而记录、模仿、预测对象全生命周期的运行轨迹，最优化配置系统内信息和物质资源，交融现实与虚拟空间，实现智能操控。

通俗来讲，可以将数字孪生比作一对数字形式下的双胞胎。这对双胞胎其中的一个存在于现实世界，可以是任何一个实体，小到一个零件，大到整个工厂，简单到一个螺丝，复杂到整个人体结构，都可以是实体；而另一个则只存在于虚拟和数字世界之中，是一个利用数字技术营造的与现实世界对称的

---

① 根据王飞跃（中科院复杂系统管理与控制国家重点实验室主任，中国自动化学会副理事长兼秘书长）几次发言整理。

镜像。如果以家用电脑为例,Word 文档和打印出来的文稿就是"数字孪生"。若以导航软件为例,城市中的实体道路和软件中的虚拟道路也是"数字孪生"。

数字孪生最为重要的启发意义在于,它实现了现实物理系统向赛博空间数字化模型的反馈,是一次人们将物理世界发生的一切映射到数字空间中的逆向思维壮举。因为只有带有回路反馈的全生命跟踪,才是真正的全生命周期概念,真正达到在全生命周期范围内,保证数字与物理世界的协调一致。

从城市的数字孪生发展层次来看,可分为现状孪生、学习孪生、模拟孪生、自主孪生四个阶段。其中现状孪生是对城市现状进行精准、全面、动态映射,全部转化为数据信息进行储存;学习孪生是对历史数据进行分析,识别城市问题,并总结、挖掘城市运行规律;模拟孪生是模拟不同环境背景和决策下的发展情景,供决策参考;自主孪生是通过实时数据接入,由人工智能自动决策及控制,目前还是一种远期愿景。

4.2.2 数字孪生城市

2008 年,IBM 公司提出"智慧地球"理念,当年便掀起了各国智慧城市建设的高潮。自 2010 年以来,我国住房和城乡建设部、国家发改委、工信部、科技部等多个部委,已经在超过 500 个城市开展了智慧城市建设的试点工作,具体工作以 IT(信息技术)基础设施、信息化平台建设为主。虽然目前已经取得一些阶段性成果,但并未形成质的跃升。随着"数字中国"战略的深入实施,建设智慧城市,首先要把城市的数字模型构建出来,然后进一步理顺现实城市与数字城市之间虚实映射和实时交互的融合机制。其中一个重要基础便是与现实城市相对应的网络虚拟空间构建(Digital Twin City),数字孪生城市的发展成为城市数字化、智慧化发展的必然阶段。

数字孪生城市是数字孪生技术在城市层面的广泛应用,该技术先通过构建城市现实世界与网络虚拟空间之间一一对应、相互映射、协同交互的复杂巨系统,然后在网络空间再造一个与之匹配、对应的"孪生城市",从而实现城市全要素数字化和虚拟化、城市全状态实时化和可视化、城市管理决策协同化和智能化,形成物理维度上的实体世界和信息维度上的虚拟世界同生共存、虚实交融的城市发展格局。也就是说,数字孪生城市,既可以理解为实体城市在虚拟空间的映射和状态,也可视为支撑智慧城市建设的复杂综合技术体系(图 4-3,表 4-1)。

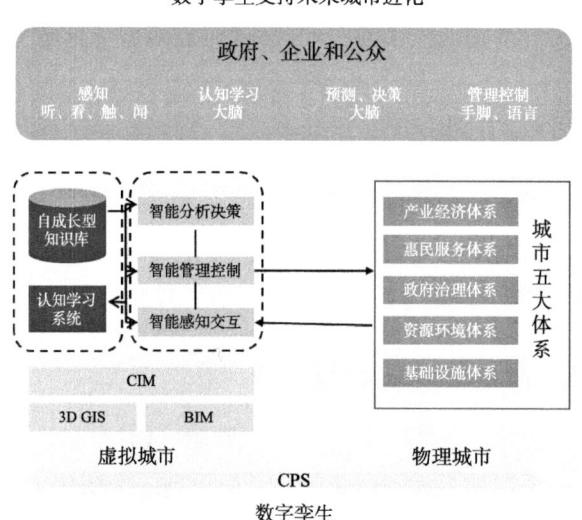

图 4-3 数字孪生下的虚拟与物理城市

资料来源:赛迪顾问、京东云、京东城市,《2019 中国智能城市发展战略与策略研究》。

	制造	建筑	医疗	城市
应用场景	波音 747 飞机	北京新机场	数字心脏	雄安新区
孪生对象	数字孪生产品 数字孪生生产线 数字孪生工艺	建筑物龙骨 建筑物管网 （结构、风、水、电）	心脏结构 血液管流 心电动力	城市布局 城市管网 气象天气
实现载体	MBD\MBe\MBm\MBs	BIM（Building Informaion Modeling）	达索 Living Heart	达索 3D ExperienCity
效率提升	研发周期由 8 ~ 9 年缩短至 5 年；实物仿真几百次、缩短几十次，降低生产成本 25% 以上	降低 5% ~ 10% 的建造成本 缩短 10% 的建造工期 避免 60% 的返工	减少手术风险度 提高药剂作用精度 快速制定个性化治疗方案	应急处置效率提升 30% 城市拥堵率降低 25% 减少城市管理成本
功能价值	产品性能改良 制造流程优化 设备运行监控	建筑物结构设计 建筑物各类资源优化 应急方案预演	器官状态监测 心脏手术预演 药物扩散模拟	城市规划辅助设计 区域状态异常预警 城市资源全局优化配置
发展阶段	由单设备设计、生产、运维到多设备互联、协同、优化	由单体建筑物仿真模拟到建筑群间资源优化配置	由单个脏器监测、模拟到多器官协同治疗	由单一城市监控、优化到多城市联动、资源配置

资料来源：阿里研究院，《从连接到赋能："智能 +"助力中国经济高质量发展》。

1. 城市全要素数字化和虚拟化

城市全要素数字化的实现，主要利用二维码、RFID、GIS、卫星定位等技术手段，对城市公用设施、交通设施、园林设施、特种设备等所有城市设施安装唯一的数字化身份标识。为对接城市智能运行指挥中心（城市大脑），实现自动感知、数据采集和统一管理控制，为城市精细化管理奠定了坚实基础。

虚拟化则包括 VR、AR、MR、CR。虚拟现实（VR，Virtual reality）是利用电脑模拟产生一个虚拟城市环境，通过视觉、听觉、嗅觉和味觉等的实时模拟和实时交互，让人即时而又没有限制地观察虚拟城市环境内的物体。增强现实（AR，Augmented Reality）也被称为混合现实，虚拟的信息通过电脑技术应用到真实世界，使得真实城市环境和虚拟物体实时地叠加到同一个画面或空间，真正实现了虚拟与现实同时存在。混合现实（MR，Mix Reality）包括增强现实和增强虚拟，指的是合并现实和虚拟世界后产生的新的可视化环境。在这个环境中，城市中现实元素和物理元素不仅能够共同存在，而且可以实时互动。

2. 城市全状态实时化和可视化

一是现实与虚拟实时联动。城市信息模型（City Information Modeling，CIM）是通过对城市地上地下空间规划数据、城市二三维 GIS 数据、城市建筑 BIM 数据、市政设施 BIM 数据、城市 IoT 感知数据以及对产业经济、社会民生、政务服务、交通出行等应用数据进行多元异构而形成的。在这个模型中，可以实时感知城市管网、交通、市政等由智能科技支撑的设施运行状态，大大增加了设施运行的高效性和低碳性，也使得城市管理更加精准智能。由于信息基础设施的安全性、可靠性，再加上大数据和智能技术支持，城市规划将实现全流程在线、立体可视化、智能化管理，城市规划建设和更新将变得更科学。CIM 模型将是镜像城市核心资产，数据实时更新，城市规划、建设、运行管理将实现全过程赋能，形成贯穿产业经济、惠民服务、政府治理、资源环境、基础设施五大城市体系，从而真正实现城市"一张蓝图绘到底、建到底、管到底"。

二是基础设施可视化管理的全面升级，实现智慧管廊、智能路网、智能垃圾桶、智能多功能信息杆柱等新型智能基础设施全市覆盖。通过应用物联网、大数据、BIM 和 GIS 等技术，形成数字化城市模型，模拟城市运行，城市中的人、物，及其运行轨迹全部留存、可再现。从而进一步实现城市建筑、设施、部件的全生命周期可视化管理和维护。

3.城市管理决策协同化和智能化

一是"三维立体化"管理。当前城市精细化管理主要依托网格化管理，但在强大的数字孪生城市技术支持下，城市管理可以打造出"空地一体化"的高速互联的网络体系，以及后端大数据、人工智能超强计算平台体系，进而形成一个完整的全过程、全天候、全覆盖感知监测体系，无障碍打通城市的前后端。主要通过"地下感知""地面监测"和"空中巡查"实现。"地下感知"是依托地下综合管廊，综合运用物联网、视频监控等技术，全面监测电力、通信、供水、排水、燃气、供热等各类专业管线的运行状态，并实时监控其周围环境；"地面监测"是通过部署环境综合监测站，水、电、气、热等智能计量表，智能卡口和地感线圈等交通感知设施，以及城市全覆盖的视频监控体系等，实现地面全面感知；"空中巡查"则是采用无人机对违法乱建、户外广告、市容市貌、违法停车等违法违规行为进行执法航拍巡查，对违法行为进行自动识别，同时进行证据留存并对其做出警告，做到第一时间发现、第一时间控制、第一时间处理。真正实现城市运营管理中心运筹帷幄之中，全域立体感知决胜千里之外。届时，三维立体化管理将促进城市形成一个自动感知、快速反应、科学决策、自动处置、全程监督的高度自治、高效协同的城市管理新局面。

二是全民参与。在数字孪生城市技术支持下，城市一切变化都可以被实时感知，城市所有异常都可以被实时预警。互联网平台网络行为监测技术、智能摄像头、全域传感器等技术和设备的应用将使得任何人、任何设备都可以参与到城市治理和城市运行管理中来，这些设备采集的数据将逐步成为城市治理问题的重要数据源与智慧源。各类惠民服务以线上、线下相结合的方式覆盖城市，实现问题事先处理。城市管理成本大幅下降，质量大幅提升。政府、公众、企业、社会实时互动，各主体广泛参与到城市治理过程中，及时发现城市运行中的潜在风险，实现去中心化管理，治理结构得以持续优化。

三是决策政策的数字化模拟。依托数字孪生城市，各部门、各系统、各业务、全域范围数据融合共享，数据流在城市群、中心城市以及周边县镇的汇聚和辐射应用，构建基于智能技术的城市精细管理和持续优化利用体系。城市的规划布局、道路建设、交通优化以及关系民计民生的各类政策均可预先进行数字化模拟，提前进行效果验证和成效体验，为科学决策和精准治理奠定基础。从而避免了规划冲突、资源分配不均衡和城市发展不充分等现象。此外，城市建设过程的全面数字化，可以确保城市状态实时跟踪，及时发现问题，获得建设质量和效益上的双重保障。

4.城市自我诊断与修复

海量、多源、异构的数据为了解城市现状和预测城市未来提供了重要的信息资源。这些数据能够通过大数据和人工智能算法，对城市产业发展现状进行挖掘分析，以此对城市运行状态进行实时监控，并对城市未来发展进行预测预警，为城市绘制一幅经济、民生、信用、资源环境和人口等方面的数字化蓝图，防患于未然。在丰富的真实数据基础上，比较不同政策的实施效果，并在虚拟城市中进行模拟，以便决策者选择最优政策在物理现实空间中实施。

4.3 虚实融合——从赛博空间到城市生命

4.3.1 赛博空间

21世纪，网络以指数增长的速度渗透到社会生活的各个角落，创造出人类活动的第五维空间——网络电磁空间。赛博空间（Cyberspace）是哲学和计算机领域中的一个抽象概念，指由计算机以及计算机网络生成的景观，即连接世界上所有人、计算机和各种信息源的全球赛博空间与赛博地图，实质就是指网络电磁空间。换句话说，赛博空间就是一种以计算机技术、现代通信网络技术、虚拟现实技术等信息技术的综合运用为基础，以知识和信息为内容，用于知识交流的新型虚拟空间，属于一种人工创造的世界。

伴随着网络技术的发展与革新，赛博空间向物理世界的渗透大致可以分成三个阶段——计算机网络空间、电磁与网络融合空间、泛在网络电磁空间。

（1）计算机网络空间。近年来，计算机和网络技术迅速发展，计算机网络空间也随之兴起，它的出现不仅带来一场科学技术革命，而且还带来一场人类生活方式的革命。20世纪60年代末发布的"互联网传输控制和国际协议"彻底改变了传统通信传输模式。也就是在这个时候，分组数据包传输以其高效的资源使用效率和大规模的联接能力，成为计算机网络出现的基础。随后，以有线传输为主的互联网迅速在全球推广并普及，并且成为使用率最高的信息传输平台。

（2）电磁与网络融合空间。拥有惊人发展速度的网络技术，正在快速迈进网络与电磁融合，人类活动的物理空间因此得到极大拓展。正如2006年新版美军《联合信息作战条令》中所说："由于无线电网络化的不断扩展及计算机与射频通信的整合，使计算机网络战与电子战行动、能力之间已无明确界限。"

（3）泛在网络电磁空间。网络以超乎想象的速度在全球迅速推广使用，成为承载政治、军事、经济、文化的全新空间。特别是随着网络中心战、智慧地球的不断推进，以及物联网、激光通信、太空互联网、全球信息栅格、云计算技术的发展，网络已经与电磁空间逐步融为一体，成为维护社会稳定和国家安全、促进经济发展和文化传播的重要平台。如今世界已经实现网络信息层与电磁能量层的融合，社会开始向认知层和社会层的阶段迈进，逐渐形成涵盖物理、信息、认知和社会四域的第五维空间，即泛在的网络电磁空间。

综合来看，网络电磁空间正在以自然存在的电磁能为承载体，以互联网为平台，以实现信息控制为目的，通过网络将信息渗透到现实世界中的陆、海、空等空间，同时依托电磁信号传递无形信息，控制实体行为，从而形成了实体层、电磁层、虚拟层相互贯通，且无所不在、无所不控、虚实结合、多域融合的复杂空间。

从某种意义上说，赛博空间的诞生不仅影响人与人之间的文化交流，而且影响着人和自然的关系。因为在这里，人的活动对象是知识，交流的是知识或信息，对物质的过度消费大大减少，从而保护了自然资源。在赛博空间中，资源的利用率和能源的转化率都可得到显著提高。

赛博空间对人类知识传播产生了巨大影响。知识的传播方式由口述、书面、广播、电视变为新兴的赛博媒体，即网络化、虚拟化的媒体，从而形成了赛博空间中知识传播和交流的基本工具。它们不但使知识的传播更加方便、快捷，而且实现了知识交流的无中心化，冲击了少数人垄断知识的社会模式。赛博空间作为人类用知识创造的新型空间，处于科学技术的绝对前沿领域。随着赛博空间的逐步扩展，新技术将对个人隐私和知识产权产生巨大的威胁。正像要想实现可持续发展，就必须要研究如何减少科学技术对生态环境的破坏一样，要想发挥其在知识生产和传播上的巨大作用，就要研究如何抑制赛博空间产生的负面影响，这也是人类在探究科学技术对社会的影响的过程中一个必须要思考的问题。

4.3.2　赛博城市

一直以来，城市规划大都关注实体空间的形成与演变，规划师的工作都是建立在对实体空间进行研究和分析的基础上。而随着现在网络和信息技术的发展，赛博空间将成为地理学家、城市规划师所关注的新兴议题。科幻作品与城市规划一样，是基于现实的科学推测，在一定程度上反映了人们对城市的理解和认知，很多作品都映射出正在兴起中的城市理论，尤其关注城市场景设定和赛博朋克。

赛博朋克（Cyberpunk）文学以计算机或信息技术为主题，背景通常设在不远的将来的一个反乌托邦地球，情节围绕黑客、人工智能及大型企业之间的矛盾而展开。它不仅对未来的日常生活进行预测，而且体现了视觉的集中性，以及人们对文化环境的关注（Abott，2005）。赛博朋克小说作者们通常将他们的故事设定在东京、纽约、伦敦等世界城市中，这里是经济和社会高速发展的中心，也是变革和机会的聚集地。城市中的新技术既令人热血沸腾，同时又带来许多致命风险。

赛博城市（Cyber City）由电子信息数据组成并保存在因特网上，它不像真实的城市[29]，它是城市地理信息和其他城市信息结合并存储在计算机网络上的能供远程用户访问的一个新的城市空间。赛博城市是一个紧凑的、去中心的、高度综合的城市空间。资本、信息、人才在世界城市和虚拟网络中高速运转与流动。由于城市本身即是一个复杂的交流系统，因此，城市的信息交流功能越强，城市的控制功能和其他力量也就越强（Harvey，1989；Castells，1989）。

2018年4月上映的斯皮尔伯格导演的电影作品《头号玩家》，就描述了一个名为 OASIS（绿洲）的虚拟世界。人们在这里娱乐、交友、学习、工作、赚钱、购物，一切现实生活中可以实现的日常活动都可以在这里进行。随着虚拟现实技术的发展，赛博城市作为数字孪生城市的自然延伸，将会与实体空间并行存在，并且服务于实体城市。到那时，OASIS 将不仅存在于电影中，而且将存在于每个人的现实生活中。

4.3.3 城市生命

"天下大同"出自《礼记·礼运》，古人心目中的"大同"是人人得到关爱，人人安居乐业，物尽其用，人尽其力，每个个体生存上和精神上的需求都得到满足，从而社会安定、和谐。大同社会是"人人为公"的理想社会，是古代儒家所倡导的"仁"的最终归途。而从古希腊的柏拉图、亚里士多德，到近代德国的康德、黑格尔和费尔巴哈，都曾经论述过人、社会或国家的"共同体"问题。马克思分析德国社会现实、揭示资本主义弊端并憧憬人类社会未来时，也反复使用过"共同体"的概念。可见，建立平等、互助、协调的和谐社会，是人类共同的美好追求。而随着人与人从物理空间里的相互作用走向数字空间里的相互作用，从能源走向信息，从"原子"走向"字节"，以及从工业化走向后工业化时代，相互作用的技术限制已经越来越小。全球信息基础设施的建设将催生技术共同体；5G+AI+IoT 等技术的集成推动万物互联（Internet of Everything）迈向万物智能（Intelligence of Everything），将催生智慧创造共同体；除此之外，还有一系列的共同体在形成之中。

正如费孝通先生所言，"各美其美、美人之美、美美与共，天下大同"。人类命运共同体是今日人类应对诸多全球性挑战的根本途径。[30] 将其投影于实虚一体的未来城市：物理现实城市空间、数字虚拟城市空间将进行充分的互动协同；高度智能的城市基础设施、丰富的智能化应用系统，将促进产业经济实现高质量发展，使人民的工作生活更加方便快捷，城市治理更加科学高效，城市环境更加绿色宜居。除此之外，快速发展的新一代人工智能技术，将促使社会从现在的弱人工智能迈向强人工智能。城市每时每刻都在产生各种各样的数据，这都为机器深度学习提供了良好的资源。通过强人工智能技术，城市的感知、预测和决策能力将越来越强，"未卜先知""防患于未然"将不再是梦。

AI+HI 模式的智能城市越来越像一个智能生命体，通过泛在物联、自动感知、敏捷计算、高度协同、闭环反馈、持续演进，逐步具备并展现出七个生命体征：自感知、自联通、自控制、自组合、自协同、自学习、自演进（图4-4）。在数据周而复始的生命循环中，自我体检，自我修复，持续升级进化，使得城市更加可持续、更具韧性、更加宜居，最终成为人类应对命运挑战的解决方案。

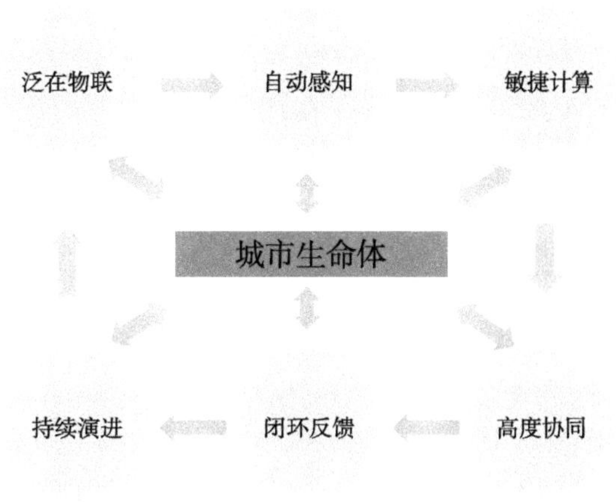

泛在物联　　　　自动感知　　　　敏捷计算

城市生命体

持续演进　　　　闭环反馈　　　　高度协同

图 4-4　AI+HI 模式的智能城市生命体示意

第 5 章
数据图景：照亮城市冰山

刘易斯·芒福德在其经典著作《城市发展史——起源、演变和前景》一书中曾讲到"城市的表现形式非常之多，很难用一种定义来概括。城市的发展，……很难用一种解释来说明。人类用了 5000 年的时间，才对城市的本质和演变过程获得一个局部的认识，也许要用更长时间才能完全弄清它那些尚未被认识的潜在特性。"这段话非常深刻地揭示出人类对城市这一高度复杂系统的认知非常有限，发现的只是冰山一角。伴随着新世纪以来信息化的高速发展，城市就像漂浮于巨大的数据海洋之中的冰山。大数据为我们观察城市冰山提供了全新的导航地图与工具。城市大数据包括哪些数据？这些数据如何产生，如何采集，如何传输，如何存储？这些数据又具有哪些属性？处理时需要遵循哪些法则？本章将给予回答。

5.1 大数据浪潮的兴起

5.1.1 数和数据的起源与类型

什么是数与数据？犹如一千个人眼中有一千个哈姆雷特，答案并不统一。"数"的概念源自人类的计数活动，营业员眼中的数是物品标价与营业额，化学家眼中的数是实验的各种指标，音乐家眼中的数是各种音律、音阶，医生眼中的数是病人化验单上的各种指标，等等。而对于从事城市科学研究的研究者而言，数的含义更加丰富。

从哲学上讲，数是用来认知和描述客观世界的度量方式、方法论工具与概念。无论东西，古代哲学都有关于数的描述。《周易》是中国古代对自然和社会现象进行思考与观察，理解事物间复杂错综的规律的智慧结晶，其中讲到"参伍以变，错综其数，通其变，遂成天地之文，极其数，遂定天下之象"。对于此处"数"的含义，学者们有不同理解，如卜卦得到的数字意味着变数，又可以延伸出规律、道理等。老子的《道德经》讲到"道生一，一生二，二生三，三生万物"，这里的"一""二""三"并非具体的事物和具体数量，而是指"道"创生万物，从少到多，从简单到复杂的一个过程。而依照《淮南子》的解释，"二"是"阴阳"，三是"阴阳合和"。这些简洁又充满哲学智慧的经典论述，体现了我国古代对数的自然观和对阴阳的数理的哲学观。

西方古代哲学中也有许多关于"数"的感知。欧几里得（约公元前 330 年—前 275 年）认为数就是由不同的单元组成的"很多"。牛顿认为数是量与量之间的关系，比如公斤、克、千米等不同的量之间的关系。莱布尼茨将数视为 1 加 1 再加 1，不断地叠加，或者是定义为单位。

毕达哥拉斯学派提出一种朴素观念，他们认为数量关系决定了事物的性质，数乃万物之本原，即"万物皆数"，比如山的高度、水的深度、食物重量和体积的对比，以及勾股定理、黄金分割等数学规律。

他们认为万物将按照一定额度数量比例形成一种和谐秩序。虽然"万物皆数"的观念具有唯心主义的特点，但一定程度上也促进了科学发展。[31]

在数学中，数的分类可以用图 5-1 来表示。狭义数分为实数与复数，实数中分有理数和无理数，有理数又分正有理数、零和负有理数，正有理数又分正整数和正分数；而广义的数还包括向量、矩阵与其他等。

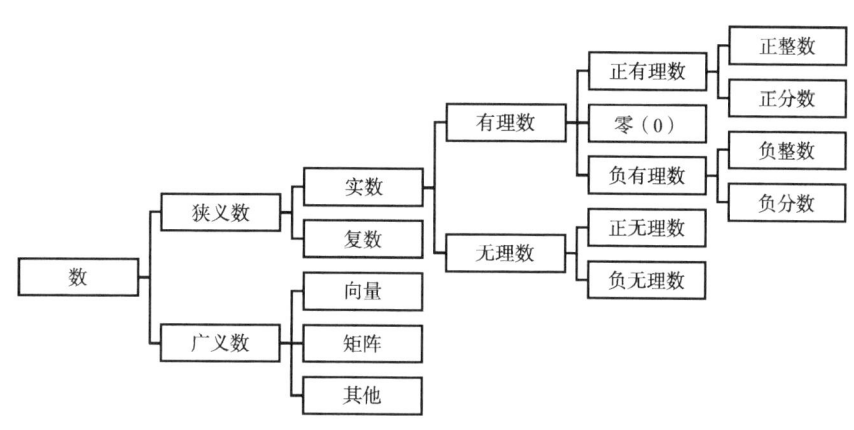

图 5-1　数的数学分类

"数据"理解为"数"的延伸与扩展，是现代自然科学特别是信息科学发展的产物。英语中的"Data"一词出现在 13 世纪，在拉丁语中有"寄予"的含义。在信息科学中，特别是进入信息时代之后，数据的内涵较以往有很大扩充。在计算机系统当中，各种符号比如字母、数字、字符等，以及由它们组合而成的语音、图形、图像、动画、视频，都可统称为数据。与数相比，数据的分类更多，从不同的维度可以对数据进行不同的分类，这种分类可以帮助我们更加准确与深入地理解数据。

第一，从数据加工的程度来看，可以分为零次数据、一次数据、二次数据和三次数据。零次数据就是最原始的数据内容，往往存在着缺失值、噪声、错误、虚假信息等质量问题。一次数据是对零次数据进行初步的预处理之后得到的干净数据；二次数据是在一次数据基础之上进行深度处理和分析得到的数据；三次数据是对一次或二次数据进行洞察分析，包括统计分析、数据挖掘、机器学习、可视化分析等得到可直接用于决策支持的"洞见数据"。

第二，从数据抽象或封装的程度来看，可以分为数据、元数据和数据对象。其中，数据是对客观事物或现象直接记录下来后产生的数据。元数据是用来描述数据及信息资源的描述性数据。数据对象是对数据的内容及其元数据，进行封装或关联后得到的数据集。数据对象可以是外部的实体、事物、事件、角色、组织单位、地点或是结构等。比如，张三、张三的车可以就是一个数据对象；张三的身高、体重、大三期末考试的各科分数等可称为元数据；张三的车的品牌、车型、购买价、里程数、折旧等也是元数据。数据则是身高、体重、品牌、购买价的具体数值与信息。

第三，从数据结构化的程度来看，可以分为结构化数据、非结构化数据与半结构化数据。结构化数据一般在 SqlServer、MySQL、ORACLE 等数据库以行、列表的形式来存储数据，每一列代表一个字段，每一行代表一条记录。非结构化数据是没有或非常难以发现统一结构的数据，在未定义结构的情况下，或者是并不按照预定义的结构来采集、存储、计算和管理的数据。在大数据中，有 90% 的数据是非结构化的，他们无法储存在传统的关系数据库中，包括所有格式的办公文档、文本、图片、图像、音频、视频等信息。比如，个人电脑硬盘里面的数据，统一可称为非结构化数据。而半结构化数据就是介于完全结构化数据和完全无结构数据之间的数据，比如HTML、XML等。HTML是网页制作的语言，在网页上我们可以同时看到文本、数字与图片，甚至录像，以及其他不同的富媒体（Rich Media）形式[①]。这些半结构化数据的结构和内容耦合度很高，可以通过转换处理后发现其结构。一般在城市研究中，结构化数据按照不同逻辑可以分为标量与流量数据，横截面数据，时间序列数据与面板数据，纵表、横表与OD矩阵数据[②]等。

5.1.2 大数据的提出与发展

1980年，未来学家托夫勒（Alvin Toffler）在《第三次浪潮》中提出了"大数据"概念，并将其称为"第三次浪潮的华彩乐章"。不过在当时，"大数据"的概念并没有广泛地被大众所接受。因为20世纪80年代的信息技术远没有今天这么发达，人们还很难理解大数据的真正含义与价值。可以说，最初的"大数据"就是指信息量过大，超出了一般电脑的处理能力。

随着信息数据化与物联网、数据储存、数据处理与云计算、数据传输与云储存等网络与计算机技术的进一步发展，以及对天文、航空航天、生物工程、物理、新材料、新闻出版等领域的探索，积累的数据越来越多，人们对大数据的认识不断提升。

第一，信息数据化与物联网的发展为大数据的产生提供了支持。我们一直在说万物互联，物联网就是将物与物相连的互联网，是互联网的延伸。物联网中的关键技术包括识别和感知技术（二维码、RFID、传感器等）、网络与通信技术、数据挖掘与融合技术等。物联网通过局部网络及互联网等通信技术，通过网络把传感器、控制器、机器、人员和物体等元素联在一起，实现管理信息化和远程管理控制，形成人与人、人与物、物与物相互关联的网络。物联网的出现，使运营式系统的被动产生数据与用户原创内容的主动产生数据模式，逐步向感知式系统的自动产生数据模式转变，这是大数据的重要内涵之一（图5-2）。

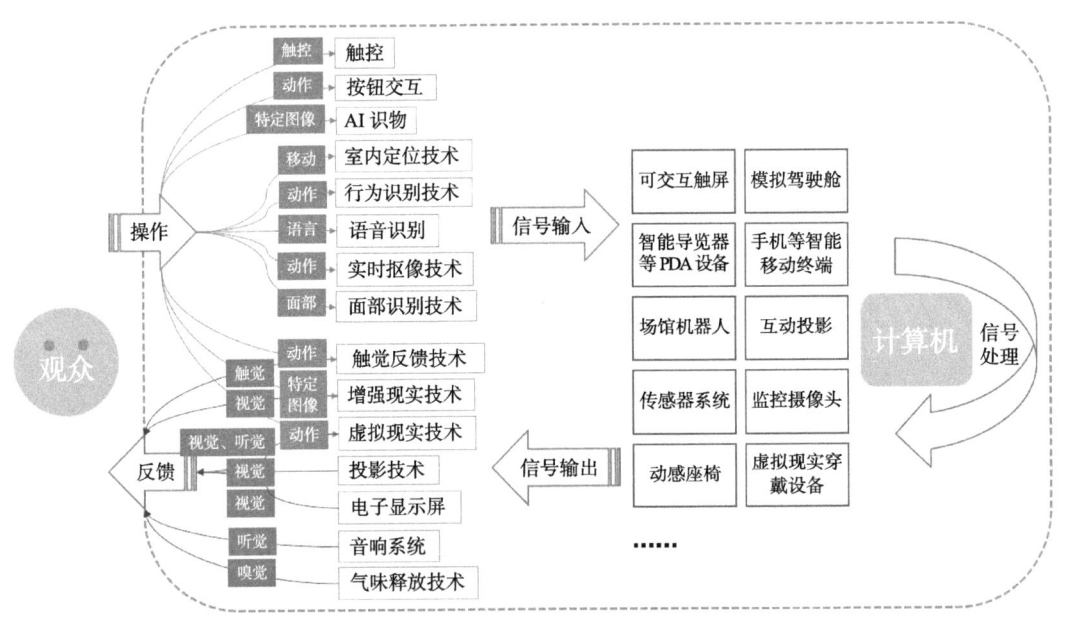

图5-2 人机互动技术的路径系统

---

① 富媒体指具有动画、声音、视频或交互性的信息传播方法。

② OD矩阵将所有交通分区按行（起点区）与列（讫点区）排序，以任意两分区之间的居民或车辆出行量（OD量）为元素的矩阵。

移动互联网技术的发展则创造了另一个数据源泉。十年前我们出门时，要记得"身手钥钱"，即身份证、手机、钥匙和钱包，缺一不可，而现在一个手机就可以满足你的所有需求。得益于各种便捷APP，手机成为当今必备的万能通行证。而在享受大数据便利的同时，包括移动、联通、BAT在内的众多服务商，以及信息服务商，则获得了描述我们行为的各种数据，使我们在数据空间得以"孪生"。

图5-3展示了某公司的数据资料来源，其一是其提供的数字地图服务，其二是该公司旗下及与其合作的各类APP，其三是使用其定位服务的手机厂商出厂时内置的定位服务。通过这三种渠道，该公司可以获取90%的手机用户的定位数据，高于任意一家信息服务商。

图5-3　某公司的数据资料来源渠道

第二，数据储存为大数据的发展提供了条件。信息的数据化与物联网产生了海量的数据，必须要有储存这些海量数据的能力。图5-4中的迷之设备，大家可以猜测一下它的用途。很多人可能会猜测是计算机，而真正的答案是1956年由IBM制造的硬盘，容量是5MB。

图5-4　迷之设备

资料来源：从庞然大物变成指甲盖大小，看电脑硬盘历史变迁 .https://www.sohu.com/a/162773514_615464.

如此笨重的设备，如果储存微信一天产生的数据流量就需要150亿块。但随着存储技术的快速发展，从软盘到光盘、U盘，再到移动硬盘、云盘，储存容量不断提升，单位存储设备价格则在不断下降。2013年，澳大利亚斯威本科技大学（Swinburne University of Technology）的研究团队描述了一种全新的数据存储方式，可以在一张仅DVD大小的聚合物碟片上储存1PB（1024TB）的数据。

第三，数据处理与云计算为大数据的应用提供了支撑。得益于CPU处理能力的大幅提升，使得英雄有了用武之地。摩尔定律向我们揭示了信息技术进步的速度，当价格不变的情况下，大约每隔18—24个月，集成电路上可容纳的元器件数目将会增加一倍，性能也将提升一倍。NVIDIA联合创始人黄仁勋在2017年的NVIDIA GTC大会上指出，设计人员无法再创造出可以实现同更高指令集并行的CPU架构，"晶体管数每年增长50%，但CPU的性能每年仅增长10%。"但是，他表示NVIDIA的GPU可以弥补CPU的不足；加强高强度计算荷载，是面向AI等未来应用场景最理想的方案。而英特尔（Intel）公司则在"精尖制造日"活动上强调，摩尔定律不会失效，并展示10纳米的晶圆，还透露已经前瞻到 5 纳米制程^①。在数据处理与 AI 方面,不论是 CPU 还是 GPU,都反映出人类信息处理技术能力的进步不会停滞。

除了数据处理能力的提升,云计算的出现也很关键。不仅是搜索引擎、数字地图实时导航,在我们日常录入文字、播放歌曲、浏览豆瓣时,享受的词、曲与影视剧的推荐,也都是得益于大数据的计算,云计算关键技术包括了虚拟化、分布式存储、分布式计算、多租户等。通过网络,云计算为人们提供了廉价的、可伸缩的分布式计算能力,只要具备网络接入条件,用户就可以突破时空限制,获得所需的各种 IT 资源。

第四,数据传输与云储存为大数据的传输与应用提供了保障。有了信息数据化与物联网,有了数据存储,有了数据处理和云计算,最关键还要有互联网。没有互联网的连接与快速传输,数据无法上传与调用,计算指令与结果无法快速反馈,数字地图导航、人脸识别付款都无法实现,自动驾驶更是无从谈起。

在第 2 章中,我们提到,从 20 世纪 80 年代初的 1G 到现在的 5G,几乎每隔 10 年,就会发布一代新的移动通信技术。不仅速度要提升,使用价格也要下降,只有价格下降,才能使大数据更好地商用与民用。2018 年和 2019 年李克强总理先后提出要将移动网络流量资费在年内降低 30% 和 20%,让大数据、物流网、云计算、智慧城市真正为老百姓服务。有了快速低价的数据传输能力与物联网,云存储得以实现,之前需要下载的资料,现在可以快速云端浏览。人们可以丢弃笨重的电脑和手机,只携带能实现输入输出功能的设备。

综上所述,大数据、云计算和物联网两两之间相互关联、相互支撑。大数据为云计算提供了用武之地,云计算则为大数据提供技术基础;物联网是大数据的重要数据资料来源,大数据则为物联网的数据分析提供决策与反馈依据;物联网为云计算技术提供了广阔的应用空间,云计算(云存储)则为物联网提供海量数据存储能力。正是在这一系列条件的催动下,大数据再一次进入公众视野,其蕴藏的价值潜力开始得以展现(图 5-5)。

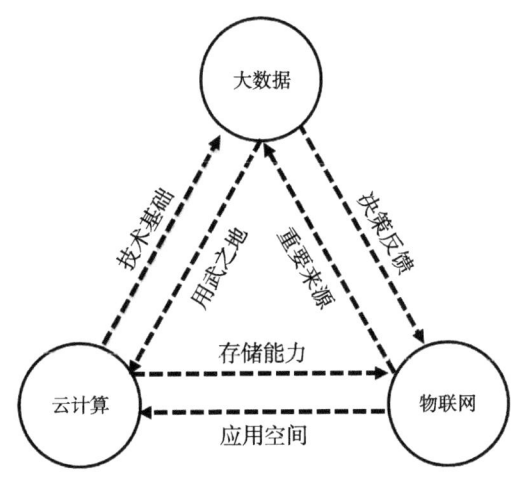

图 5-5 大数据、云计算和物联网之间的关系

5.1.3 大数据的内涵与特征

通过前文,我们讲解了数和数据的起源与类型,讲解了大数据的提出与发展。但大数据的内涵是什么?大数据又有哪些特征呢?

1. 大数据的内涵

对于大数据,不同的人有不同的理解。对于存储设备公司而言,对大数据的看法可能较为朴素,他们将大数据视为分布式存储的、海量的、高速的数据集。亚马逊的大数据科学家则可能从数据处理的角度来思考,他们认为大数据是超过任何一台计算机处理能力的庞大数据量。而对于 BAT 等大数据的拥有者与咨询师们,更让他们看重的,其实是大数据的价值与生产属性。大数据被认为是和煤炭、石油、金矿一样的资产与生产资料,是具有更强的决策力、洞察力、发现力和流程优化能力的信息资产。而且,与那些不可再生的自然资源不同,大数据越开发,价值越大,具有 IT 资源的一些外部性的特征。

---

① 芯片的纳米制程就是指晶体管栅极的线宽度,也就是晶体管源极和漏极所连接的半导体材料的距离。

美国知名研究机构 Gartner 对于"大数据"给出了这样的定义：大数据是需要新处理模式才能具有更强的决策力、洞察力、发现力和流程优化能力的海量、高增长率和多样化的信息资产。

大数据的内涵与本质，其实就是将单体的无价值信息变为群体的有价值信息。这种信息可以是搜索引擎中的关键词，也可以是你 SNS 中的关注者、被关注者、转发与点赞；可以是你的实时位置，也可以是你在购物网站的点击、浏览记录与时长等。各类网络服务商通过对单体无价值信息的汇总，就可以获得可用于舆情分析、精准营销的产品，比如 Google 指数、百度指数、微（博）指数、微信指数等（图 5-6）。

图 5-6　大数据的内涵

下文中，我们还会从不同维度来诠释城市大数据的效用和不足，从而进一步深入理解大数据的内涵。

2. 大数据的特征

首先，大数据的第一个特征就是大（Volume）——数据量大、规模大、储存所占的空间大。我们知道 1MB=1024KB，1GB=1024MB，1TB=1024GB，TB 之后是 PB、EB 和 ZB，每一个数量级都是 1024 倍。根据联合国（IDC）作出的估测，数据一直在以每年 50% 的速度增长，也就是说，每两年就会增长一倍。人类在最近两年产生的数据量相当于之前产生的全部数据量。2020 年，全球将总共拥有的数据量是 35ZB，相较于 2010 年，数据量增长近 30 倍。

其次，是大数据产生的快速化（Velocity）。快速化一方面是指从数据的生成到消耗，其时间窗口非常小；另一方面是指其可用于进行决策的时间非常短。数据增长的速度快，处理的速度也快，那么对时效性的要求也就很高。IT 界有"一秒定律"的说法，这一点也是和传统数据分析技术的本质区别所在。据 2011 年的数据显示，在 1 分钟的时间里，新浪可以发送 2 万条微博，苹果应用商店可以下载 4.7 万次应用，淘宝购物网站可以卖出 6 万件商品，人人网可以发生 30 万次访问，百度网站可以产生 90 万次搜索。2018 年，天猫购物网站在"双十一"的峰值成交额达 49.1 万笔 / 秒。2019 年，天猫购物网站在"双十一"时，14 秒成交额破 10 亿元，96 秒破 100 亿元，高额的成交额伴随的是极短时间内产生的大量成交数据。2018 年 11 月，微信发布"微信 1 分钟数据"。数据显示在清晨的早高峰时间里，平均每分钟有 2.5 万人同时刷微信进入地铁或踏上公交车。在早高峰的 2 个半小时里，这个数据可达 375 万。在 1 分钟内，有超过 8 亿用户使用微信支付的即扫即收功能，超 2000 万个公众号发出多样化的声音；150 万开发者带来超过 100 万个小程序。同样在 1 分钟时间里，移动互联网接入流量超 46000G，可塞满 50 块 1TB 硬盘，一天的数据流量则超过 70PB。

再次，是大数据的类型多（Variety）。类型多是指数据种类和资料来源的多样化，数据的类型繁多、复杂多变。之前我们讲过，能存储在传统数据库中的结构化数据只有10%，剩下的90%都是非结构化数据。在互联网上，电商平台、社交网站、搜索引擎产生了各种不同类型的数据，包括文本、图像、视频等Web 1.0数据与查询日志、点击流量、关注、订阅等Web 2.0数据。此外，还有基因组、LHC加速器、地球与空间探测等科学研究数据，及Email、文档、文件、应用日志、交易记录等企业应用数据。这些数据都与人类信息密切相关。可以说从"世界的本源是数"的历史渊源，到今天大数据时代的兴起，数据无处不在，同物质一样"存在感"十足。因此，从某种意义上，"世界的本质就是数据"的说法也有一定道理，人类文明是伴随着数据而演进的，人类运用数、数据和大数据来揭示客观的事实，总结过去，把握现在，预测未来，发现科学的规律，以及社会演进的规律。

最后，则是大数据的价值密度低（Value）。价值密度低不代表价值低，大数据的应用价值是很高的。但由于其数据量过于庞大，从而导致其分摊到每单位数据的价值量被摊薄。大数据蕴含了金矿，但同时也存在大量无意义、虚假，甚至是错误的信息，有价值的数据所占比例却很小，而这也是大数据区别于传统数据的关键不同之一。以视频为例，连续不间断监控过程中，可能有用的、具有很高价值的数据，往往仅有一两秒。这与昼夜24小时不间断的监控相比，其价值密度确实很低。

3. 大数据与小数据的区别与联系

美国康奈尔大学的计算机科学教授德波哈尔·艾斯汀（Debohar Estyn）在他的父亲去世之前几个月，注意到老人的"数字社会脉动"出现了细微的不同——他不再发送电子邮件，不去超市买菜，到附近散步的距离也越来越短。而这种逐渐衰弱的状态，即使到医院去检查心电图，也不一定能看出来。急诊检查时，不管是测脉搏还是查病历，这位90岁老人都未表现出明显异常。而事实上，追踪他每时每刻的个体化数据，他的生活已经明显与以前不同。这种日常小数据带来的生命信息的警示和洞察，启发了这位计算机科学家对小数据的认识：小数据（small data）可以看作一种新的医学证据，它是属于你的数据。这也启发了我们在大数据时代要认识到与处理好大数据与小数据的关系。

第一，大数据重预测，小数据重决定。过去的数据很大程度上停留在说明过去的状态，拿数据说话，实际上是用过去的数据说明过去，而大数据的核心就是预测。大数据的分析方式是自下而上的知识发现和预测过程，在一堆杂乱无章的数据中找到其背后的规律，是从不确定性中找确定性，使数据从原来停留在说明过去变为驱动现在。小数据分析通常会采用统计学方法，分析方式是自上而下。

第二，大数据重感知，小数据重精准。大数据可以做整体上的感知，影响的范围更广，比如舆情监测、流感监测、网络营销、智慧城市等应用。小数据通常更关注数据的真实性和代表性，小数据更聚焦。大数据往往包含了众多真假难辨的数据，而小数据通常对于数据来源有严格的甄别，所以小数据更精准。

第三，大数据重相关，小数据重因果。大数据通常更注重是什么，而不纠结于为什么，通过相关性来给出问题的解决方案。小数据是结果导向，更注重现象背后的内在机理，更关注为什么。这就颠覆了千百年来人类的思维惯例，对人类的认知和与世界交流的方式提出了全新的挑战。

第四，大数据重群体，小数据重个体。大数据的应用通常更注重群体性行为的分析结果，比如网络消费的大数据分析等；小数据又被称为"量化的自我"，往往更注重个体的行为分析结果，目的与大数据相同，是给个人提供决策依据，个性化是小数据的重要特点。

虽然大数据与小数据存在上述一些区别，但小数据不是大数据的小型化，而是大数据的补充和延伸。大数据侧重解决大问题，将数十亿级毫无规律可循的个人行为数据化，并通过强大的数据挖掘分析能力实现了"让数据说话"的目标。人们可以实现像观察仪表盘一样监测社会、社群与个人的运行轨迹，从而更好地作出决策。在大数据模式下，从人身上产生的数据被收集后，接下来的数据处理分析，就跟数据主人再无关了。而在小数据里，所有数据都是围绕一个人。小数据可解决大数据无法实现的个人隐私保护，同时小数据利用全面的个人数据优势，结合外部大数据，提供给个人最个性化、最独特、最有价值的数据服务，解决好与每个人息息相关的小问题。当大问题与小问题都能解决好的时候，这不就是最理想的"致广大而尽精微"状态么。

5.2　城市冰山和大数据灯塔

在大智移云技术的推动之下，迭代发展的大数据犹如照亮城市复杂系统的灯塔，在为认知城市送上光明的同时，也映射出城市的冰山一角。面对日益复杂的城市，大数据为城市研究提供了新的赋能，使水面下的诸多冰山黑箱得以破解，而城市研究也随之进入新纪元。

5.2.1　城市大数据的来源与类型

2012 年 2 月 22 日中国国家统计局发布的《中华人民共和国 2011 年国民经济和社会发展统计公报》中指出，2011 年中国城镇人口首次超过农村人口，比例达到了 51.3%，"城市中国"（Urban China）登上中国文明史的舞台。2020 年年末，超过 60% 的国人具有城镇化行为特征，而相对于农村分散化的个体行为及统计环境，无疑城市的集聚特征及各种监测统计工具与基础设施，更有利于我们发现人的行为特征与规律。"人 + 数据"为开展深挖中国城市规律的统计研究带来难得的历史契机，城市大数据是资源，是技术，更是方法论，它使我们在物质空间之上，终于具有了研究城市中"人"的工具。

城市给大数据提供了土壤，也提供了舞台。目前，大部分的大数据应用领域和场景都离不开城市，比如金融、交通、餐饮、医疗、体育等，众多的物联网终端也都集中于此。而淘宝、京东、天猫、亚马逊等购物网站，将我们的购物行为，或者说"逛街行为"数据化；智能眼镜将我们的视觉活动数据化；短视频分享平台将我们的活动场景数据化；微博、微信将我们的思想活动和情绪数据化；微信等社交工具将我们的社会关系数据化，由此形成了一个巨大的城市"数据海洋"。而相较于传统数据，大数据的样本越来越全，从抽样到全样本；颗粒度越来越细，从省、市、区、社区、楼栋直至个体；时间段也越来越短，从年、季度、月、日、小时甚至分秒。此外，一些新的数据也日益进入城市研究领域，如微博签到数据、文本语义、POI、手机信令、街景图片、灯光数据、共享单车、抖音等活动场景分享软件、社交健身运动软件等产生的数据等，这些新型数据的协同，很大程度上改善了先前盲人摸象般的"定量分析"，使得城市研究者们的视角更加开阔和全面。

总体而言，城市大数据从数据管理角度看，可根据数据产生频率（如秒、分、时、天、周、月、季度、半年、年；不定期，不更新等）、数据产生方式（人工采集数据、信息系统产生数据、感知设备产生数据；原始数据、二次加工数据等）、数据结构化特征（结构化数据、半结构化数据、非结构化数据）、数据存储方式（关系型数据库存储数据、键值数据库存储数据、列式数据库存储数据、图数据库存储数据、文档数据库存储数据等）、数据质量要求（数据完整性、时效性、准确性等维度的质量要求）进行分类；从数据应用角度看，可从数据产生来源、数据所属行业、数据应用领域（经济、社会、文化、生态、法治等）、数据使用频率（冷数据、温数据、热数据）、数据共享属性（无条件共享、受限共享、不共享）、数据开放属性（禁止开放、受限开放、无条件开放）、安全保护维度（敏感数据、较敏感数据、低敏感数据、不敏感数据）进行分类。

在此，为了分析的系统性，我们将城市研究的数据从主客体、数据类型两个维度进行划分，首先根据是否存在意识将城市中的物体分为主体与客体，其次根据反映的信息内容类型分为特征数据、坐标数据与汇聚数据（表 5-1）。

	特征	坐标	汇聚
空间客体	客体特征	空间坐标 时间坐标	特征聚合 坐标聚合
行为主体	个体特征	空间坐标 时间坐标	特征聚合 坐标聚合

大数据的分析环节　　　　　　　　　　　表 5-1

1. 空间客体的特征数据

空间客体特征数据主要有使用属性数据、产出属性数据、主体感知数据等。

根据 2012 年《城市用地分类与规划建设用地标准的规定》，城市用地可以分为居住用地、公用设施用地（含商业用地等）、工业用地、仓储用地、对外交通用地、道路广场用地、市政公用设施用地、绿化用地、特殊用地 9 类。按照房屋的使用功能可以分为居住用途的房屋、工业用途的房屋、商业用途的房屋、文体娱乐设施、政府和公用设施、多功能建筑（又叫城市综合体）6 类。

用地与房屋的使用特征是最常见的空间客体特征数据，通过政府网站（如中国土地市场网，http://landchina.com/），我们可以获得各类经营性用地的招标、拍卖、挂牌等交易数据，也就是我们经常说的土地价格，此外还有总面积、用途、出让年限、容积率区间、交易时间、所有人、供地方式等特征数据。通过各种专业房产网站，我们可以获取住房和写字楼的售价、租价、建筑与使用面积、物业公司及物业费用、开发商、是否学区房等特征数据。除不动产外，类似私家车、日用品等也具有使用特征，比如私家车的售价、排量、里程数、维修次数等，充电宝的尺寸、最大充电量等。

除使用属性外，一些经营性房屋的产出属性也是较为常见的数据，比如可以从大众点评网、UGC（User Generated Content，用户原创内容网站）、OTA（Online Travel Agency，在线旅游）等网站获取餐饮、酒店、休闲娱乐、景点、购物等各类商户的名称、类型、人均消费、不同类型（如口味、环境、服务）评分与总评分、星级、点评数、具体评论内容等信息，此外还有商户经营的营业额、税收等。工业厂房则有面积、租售价等使用属性数据，及生产产品种类、产量、产值、税收等经营属性数据。

各类空间客体是可以被主体感知的，目前各类感知数据也被用于城市研究，比如利用主体视觉感知，通过 Google、百度等电子地图平台获取到街景图像数据。另外，有些数据并不一定能被主体感知，但可以被传感器识别，也属于感知性数据。比如人们可以感觉到烈日还是暴雨，可以感受到冷热，可以感觉到风大风小，但可能无法感知到具体的温度、湿度与风级；可以感觉到因为雾霾看不见，但是不能准确知道 PM 2.5 的数值；可以感觉到刺鼻的气味，但不能准确获取各类污染气体、碳排放指标；可以听到噪声，但是无法准确分辨噪声的分贝。这些无法被主体感知但能被传感器记录的数据，也可广泛用于城市研究。

2. 行为主体的特征数据

英国数学家托马斯·克伦普（Thomas Crump）在《数字人类学》（The Anthropolocy Of Numbers）一书中指出，数据的本质是人，分析数据就是在分析人类族群自身。数据产生于人类社会的各种活动，大数据是面"社会之镜"，通过海量数据与智能算法，可以洞察人的特征、分析人的行为、预测人的倾向。

主体的特征数据包括身体的先天特征和后天特征，先天特征包括身高、体重、性别、智力、心跳、肺活量、血液指标、基因组等；后天特征包括学历、收入、兴趣爱好、意愿情绪、对事物的看法，等等。当然先天和后天特征是相互影响的，一个人的智力、肌体能力、身高、体重、五官相貌等会影响学历、从事的行业和收入水平；而人的收入、兴趣爱好（是否爱运动，是否喜欢高热量食物等）、情绪也会反作用其先天特征（如肺活量、血液指标等）。

在进行各种传统社会调查时，问卷设计者一般都会收集受访人的各种特征。进入互联网时代，各种社交网站也会收集用户的主体特征，形成用户画像。除了直接询问用户的学历、收入、兴趣爱好外，用户在微博、携程等 UGC（用户原创内容网站）与社交网站的发言、评论与点赞反映了用户对事物的看法以及情绪；用户的关注、粉丝和好友列表反映了用户和其他主体的关系；用户在搜索引擎和新闻网站中的搜索反映了用户的关注与爱好；用户在购物网站的点击、浏览停留、下单记录反映了用户的收入水平、需求和购物倾向（是重视外观、重视功能，还是重视性价比）；用户在打电话和发短信时，运营商可以获取用户的通话数量、通话对象、通话始末时间，甚至详细的通话、短信内容。还可以通过各种智能装备，像智能家电、计算机、穿戴式智能产品等，收集用户的一举一动。透过数据整合，以可视化的方式让用户能够更了解自己，比如运动手环、智能手表等收集身体信息，告诉用户每天的运动量如何；还有如饮食健康、阅读习惯及推荐、消费分析及个人财务，等等。

3. 主客体的坐标数据

不论是主体，还是客体，都处在一个四维空间，即"空间三维＋时间维"。

主体都是可以在空间三维中运动的，即坐标数据的改变。客体中有些属于"不动产"，但也有类似汽车、流动餐车、快闪店以及通过货车和快递员移动的快递品等可以在三维空间中活动的客体，但这些客体的移动也主要反映其背后主体的行为特征。

不论是主体，还是各种客体如住房、银行、宾馆酒店、餐饮、便利超市、休闲娱乐、汽车服务等均有空间三维坐标，反映在地理信息系统与电子地图中，就是信息点（Point of Information，POI）。我们可以通过各种电子地图应用程序（API）接口，获取各类客体的空间维度坐标。而使用电子地图定位服务时的定位数据、各种签到数据、通过基站定位的手机信令[①]则记录了主体的空间维度坐标。

古希腊哲学家赫拉克利特说"人不能两次踏入同一条河流"，阐述了一切事物都在发展变化之中的辩证思维。空间三维是可逆的，时间维则是不可逆的，我们可以在两点中移动，但是却不能回到昨天。主客体不仅存在空间三维坐标，也存在时间维的坐标。

通过记录同一主体的不同时空坐标，我们可以描述与分析主体的移动，即所谓的"流数据"。主客体的移动本质是主客体在"时空四维"坐标系中的移动，一个人 12：00 从家出发，13：00 到达公司，反映时空四维坐标数据的变化，如初始状态的数据（121.41，31.19，30m，2020 年 3 月 1 日 12：00）→结束状态的数据（121.42，31.16，20m，2020 年 3 月 1 日 13：00）。这里只给出了初始到结束的两点的四维坐标，而在现实中，移动是连续的，是一系列"点"的组合。常见的主体坐标数据除公交 IC 卡刷卡数据、出租车数据、共享单车数据等，还有之前提到的电子地图定位数据、签到数据、手机信令。其中公交 IC 卡可以获得刷卡日期时间、设备号、公交或轨道线路号、车辆号、站点编号、进站时间等坐标数据。出租车数据包括车载 GPS 实时数据，主要包括相关出行数据信息，其中出行时间、出行经纬度轨迹坐标属于坐标数据。与电子地图定位数据、签到数据、手机信令相比，公交 IC 卡刷卡与出租车数据因为较难识别主体的特征数据，难以进行坐标数据与特征数据的协同。共享单车数据是近几年刚刚出现的，其不仅用于车载 GPS 实时数据，还可以获取主体的特征数据，优于公交 IC 卡刷卡数据、出租车数据。

---

① 手机信令数据是依托运营商建立的信令监测平台，采集手机与基站之间信令数据的交换，通过后台关联、合成和解析，获到手机匿名 ID、事件类别、时间戳、基站编号、位置区编号等信息，包括通话、非通话期间的事件数据。

在城市规划与管理中，底图是必备的"数据"。使用属性数据、产出属性数据、主体感知数据的"点"数据都需要结合坐标数据，在底图平面中呈现出现。目前城市研究的底图还是以二维平面为主，时间维则是通过几个具体时间坐标点间的对比得以呈现。比较静态分析较多，全时段的动态分析较少。

底图资料多来源于遥感数据，航空摄影片是城市遥感数据最常用的一种，此外还有多光谱遥感数据，如 MSS、TM、Spot 5、Quickbird、中巴等。其他常见的底图有开放街道地图数据（OSM，Open Street Map）和谷歌卫星影像图。OSM 数据以街道网络数据为主，如高速、主干道、自行车道、地铁等路网数据[①]，同时还包括部分城市 POI 信息点和城市面状数据（工业区、住宅区等）。

很多特征与坐标数据属于一次数据，我们可以将比如人口、房屋、收入、房价、产值等数据在底图上汇聚、显示。在进行城市研究时，相较于一次数据，我们更需要对数据进行深度处理分析、洞察分析，得到二次和三次数据，让数据发挥价值的关键在于协同。比如 5.1.2 节中图 5-4 所示，某数字地图可以根据用户使用该旗下及与其合作的数十个 APP 手机端软件（如搜索、地图、天气、音乐等）携带的位置信息，及手机自带的一些位置信息，生成人口热力图（HeatMap）与实时道路路况[②]。同时，电子地图能通过真实交通设施条件、车辆导航、道路交通路况、公共交通运营等多源数据，综合计算出含步行的全出行链出行时间结果。我们可以基于地图 API 接口获取自驾车、公共交通（是否包含轨道）等多种交通方式下的两点间出行时长、距离以及票价。

大数据时代，数据的汇聚不仅局限在人口、产值等传统数据，越来越多的特征数据出现，汇聚成新的数据，提供了新的研究视角。如在 GIS 图层上汇聚大众点评、美团等评分、评级信息来反映商业的空间绩效；对 PM 2.5 等数据的汇聚反映了城市空气预量、大气能见范围等；对标志性建筑或街道的网民网络印象词频数据的汇聚反映了市民的区域文化感知；对建筑围合的城市开放空间中人们视线所及的天空范围比例的汇聚反映了城市天空可视域；对用电数据的汇聚反映了城市能耗与企业经营状况；对微热岛效应、通风廊道、3D 噪声数据的汇聚分别反映了城市的热环境、风环境、声环境等。

4. 数据分类与感知体系

根据上述分析，我们可以将城市常见数据进行分类（表 5-2），这些采集到的数据要服务于城市的感知体系（图 5-7）。

城市常见数据的分类　　　　　　　　　　　　　　　　　　　　　　表 5-2

	特征	坐标	计算
空间客体	使用特征，如房屋面积、价格、朝向等； 经验特征，如产值、评分、评论数等； 感知性数据，如街景图像数据、摄像探头、红外热感知数据、噪声、水位水质、气象、碳排放、PM 2.5 等	空间三维坐标，如 POI、楼层高度，手机信令中的基站编号等； 时间坐标，如手机信令的时间戳，签到时间等； 坐标系底图，如路网、城市面状数据等	公交线数据、城市夜景灯光数据、人口热力图、出行时间与时空圈、商业的空间绩效、大气能见范围、区域文化感知、天空可视域、疫情后的复工情况、热环境、风环境、声环境
行为主体	先天特征，如身高、体重、性别、身体指标、基因组等； 后天特征，如学历、收入、兴趣爱好、意愿、消费数据（电商、用电）、UGC 与社交媒体意见与情绪、手机 ID、通话数据、运动数据、活动场景分享（抖音）等、企业应用 Email/文档/文件应用日志		

---

① OSM 是一个在线网上地图协作计划，目标是创造一个能让所有人编辑的世界地图，该数据一般是由地图用户根据手持设备、航空影片以及对相关区域的熟悉等自由内容进行的本地绘制。

② ×× 热力图于 2011 年 1 月上线，将用户的位置信息进行位置聚类，计算各个地区内聚类的人群密度和人流速度，综合计算出聚类地点的热度，计算结果用不同的颜色和亮度反映人流量的空间差异。百度热力图的数据每 15 分钟更新一次。实时道路路况分析根据行车速度将道路拥堵划分为绿色畅通、黄色一般拥堵、红色拥堵、暗红色非常拥堵四个级别。

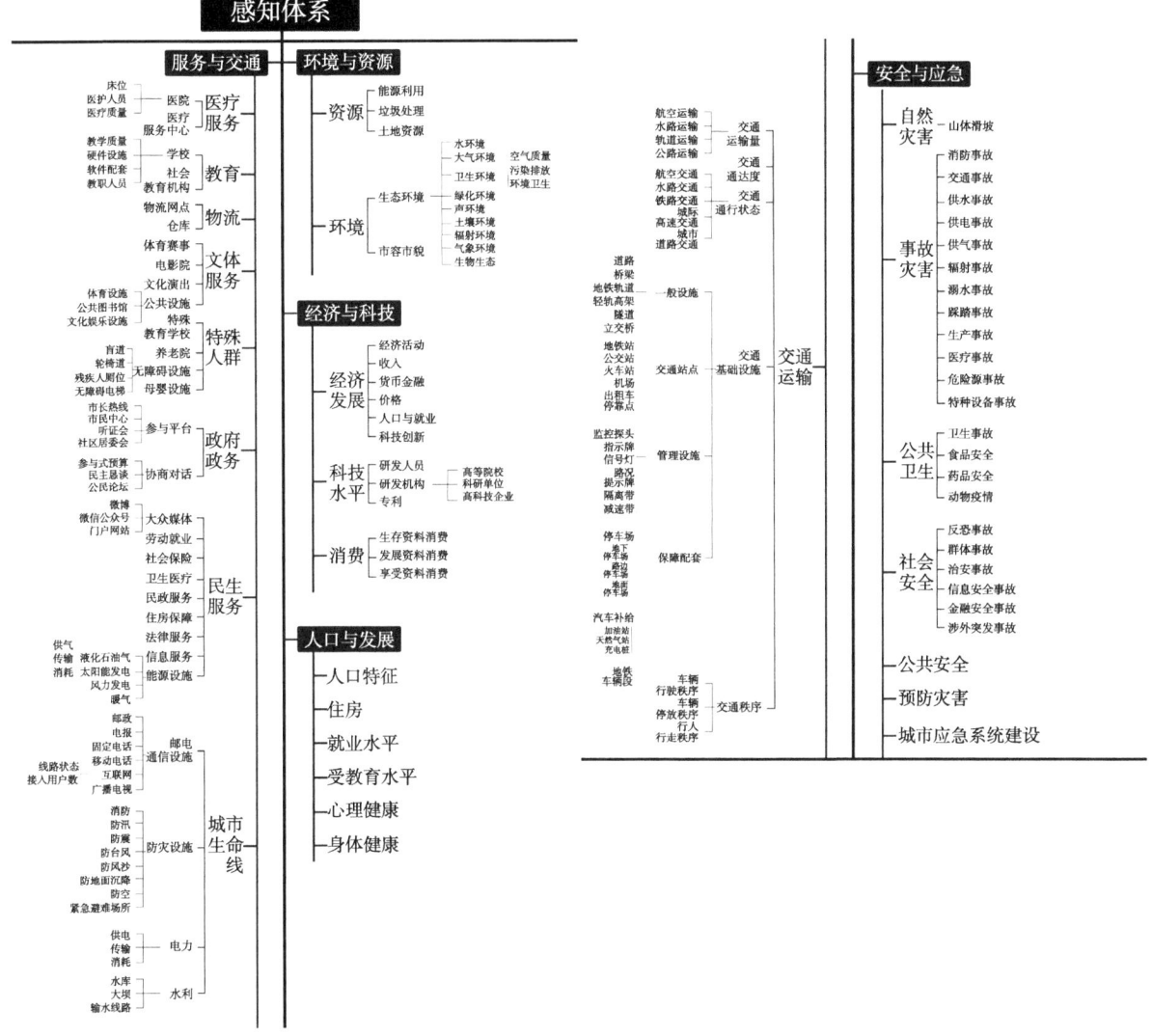

图 5-7　城市的感知体系

在图 5-7 的基础上，我们进一步梳理出城市的感知指标与数据体系，见表 5-3。

城市感知指标与数据体系　　　　　　　　　　　　　　　　　表 5-3

一级指标	二级指标	三级指标	数据资料来源
A 人口与发展	A1 人口特征	人口规模	人口普查数据；手机信令数据；城市监控探头感知数据；城市智能设备刷卡感知数据等
		人口结构	人口普查数据等
		居住人口密度	导航地图住宅 polygon（面）数据；红外热传感器感知数据；城市监控探头感知数据等
		人口分布昼夜比	腾讯、百度 LBS 人口数据；移动终端定位感知数据；城市用电传感器感知数据等
		老龄化程度	人口普查数据；基于面部识别技术的人群传感器感知数据等
		年龄结构	人口普查数据；统计局统计数据等
	A2 住房	人均住房面积	城市建设统计年鉴等
		房价指数	城市建设统计年鉴；基于大数据分析的房价网络传感器感知数据；城市统计局统计数据等

一级指标	二级指标	三级指标	数据资料来源
A 人口与发展	A3 就业水平	就业岗位密度	人口普查数据等；移动终端定位感知数据；岗位打卡传感器等感知数据等
		城市就业岗位空间分布与可达性	导航地图兴趣点数据（POIs）等
		通勤人口居住密度	导航地图 LBS 数据；百度热力图等
		通勤人口就业密度	导航地图 LBS 数据；百度热力图；城市监控探头感知数等
		人均收入	统计年鉴统计数据等
	A4 教育水平	平均教育水平	人口普查数据；问卷调查统计数据等
	A5 心理健康	幸福指数	基于人工智能技术的社交网站情绪数据采样；抽样调查数据等
	A6 身体健康	预期寿命	卫生健康委员会统计数据等
		新生儿死亡率	新生儿温室智能传感器感知数据等
		孕妇死亡率	医院医学传感器感知数据等
		健康指数	居民健康档案等
		人均运动时长	居民健康档案；运动大数据等
B 服务与交通	B1 基础设施服务	污水处理厂个数	导航地图中的兴趣点数据（POIs）等
		移动互联网渗透率	移动手机上网数据；电信基站感知数据等
		有效电话普及率	移动运营商手机信令数据；公众电话网和专用通信网感知数据等
		人均用电量	市水、电、气、暖费代收代缴服务点数据；相关电表感知数据等
		人均电网密度	国家电网数据等
		燃气管线密度、覆盖率	市政市容管理委员会数据等
		公厕质量	市管理委员会数据；公厕相应红外感应器感知数据等
		垃圾桶密度、分类细化程度	调查走访数据；物联网感知数据等
		加油站数量	高精度卫星感知数据等
		充电桩数量	导航地图中的兴趣点数据（POIs）等
	B2 医疗服务	各等级医院数量与服务半径	导航地图中的兴趣点数据（POIs）；实地走访统计数据等
		人均床位	卫生计生系统数据；医院床位微型传感器数据等
		人均医护人员比例	医院监控探头数据；医院打卡机等传感器传感数据等
		卫生服务中心数量	导航地图中兴趣点数据（POIs）；实地走访统计数据等
		医疗质量指标	卫生计生系统数据等
	B3 教育	九年义务教育学校数量及服务半径	导航地图中的兴趣点数据（POIs）；高度专用卫星感知数据；学校官网统计数据等
		人均教职人员数量	学校教务系统数据等
	B4 交通	道路长度、面积与人均道路面积	导航路网或 OSM（Open Street Map）数据等
		轨道交通建成的城市个数、线路长度与站点个数	导航地图中城市轨道线路数据；城市轨道相关传感器感知数据等
		公交出行率	移动运营商手机信令数据；公交站监控探头数据；公交设施 IC 卡刷卡数量感知数据等
		道路交叉口密度	导航路网或 OSM 数据；道路监控探头感知数据；高精度专用卫星感知数据等
		交通拥堵程度	四维的道路拥堵地图；移动终端定位系统感知数据等
		平均公共交通通勤距离与时间	移动运营商手机信令数据；导航地图用时感知数据等
		城市不同区域联系强度	出租车 GPS 数据等
		职住平衡指数	LBS（Location Based Service）人口数据等

一级指标	二级指标	三级指标	数据资料来源
B 服务与交通	B4 交通	步行、自行车交通系统建设规模	手机信令或百度、腾讯 LBS 定位数据；导航路网或 OSM 数据；共享单车微传感器感知数据等
	B5 物流	物流网点覆盖率	高度专用卫星传感数据等
		及时配送率	相关 APP 用户评价数据等
		物流监管安全率	物流公司相应运输工具上的微传感器感知数据等
		仓库面积利用率	仓库监控探头感知数据；基于人工智能的仓储感知体系数据等
	B6 文体服务	人均公共体育设施、公共图书馆及公益文化娱乐设施数量	导航地图中的兴趣点数据（POIs）；人口普查数据等
		文艺演出场次	各类票务 APP 感知数据等
		电影票房	电影票房数据库数据
		银幕数量	荧幕传感器统计感知数据等
		影院数量	票务 APP 数据；高精度专用卫星感知数据等
		体育赛事	票务网站数据等
		人均阅读量	电子书下载量感知数据以及实体书借阅、购买量感知数据等
		市属公园客流量	市文化和旅游局数据；公园相应监控感知数据；公园出、入园感知设备感知数据等
	B7 特殊人群	特殊教育学校数量	导航地图中的兴趣点数据（POIs）；政府城市规划数据等
		养老院人均床位	基于物联网数据的床位微传感器感知数据等
		无障碍设施配套率	市政部门数据；实地走访调查数据等
		盲道、残疾人厕位覆盖率	实地走访调查数据；厕所红外探头感知数据等
		婴儿椅覆盖率	走访调查数据；基于物联网技术的婴儿椅微传感器感知数据等
		母婴室覆盖率	母婴室监控探头感知数据；实地走访调查数据等
	B8 民政服务	政务群众满意度	调查问卷数据；各相关 APP 用户情感表达数据等
		舆情	社交媒体情绪采样数据；基于大数据技术的互联网网络舆情感知数据；基于面部识别的探头感知数据等
		政务办理效率	民政部门数据等
		人均墓地数量、面积	公墓陵园数据；高精度卫星感知数据等
		火化率	公墓陵园数据等
C 环境与资源	C1 土地资源	城市增长边界面积	夜间灯光遥感数据；高德或百度等导航地图中的兴趣点数据（POIs）
		城市增长边界范围内人类活动强度	夜间灯光遥感数据；微博、腾讯或百度 LBS 位置数据；出租车 GPS 数据；公交刷卡数据等
		城市开发合法率	城市土地开发证书数据；卫片执法数据等
		土地开发强度	导航地图中的公园绿地 polygon（面）数据；导航路网或 OSM 数据；房产网数据等
		乡镇街道办事处尺度、人口密度	人口普查数据；城市监控探头感知数据；IC 卡识别传感器感知数据等
		上一一年度城市扩张率	遥感数据等
	C2 生态绿化	城市建成区绿化覆盖率	导航地图中的兴趣点数据（POIs）；导航路网或 OSM 数据；绿化设施传感器感知数据等
		人均公园绿地面积	导航地图中的公园绿地 polygon（面）数据等
		城市建成区绿地率	导航地图中的兴趣点数据（POIs）及公园绿地 polygon（面）数据；导航路网或 OSM 数据等
		城市建成区公园绿地标准服务半径覆盖率	导航地图中公园绿地 polygon（面）数据；城市绿地监控探头感知数据等

一级指标	二级指标	三级指标	数据资料来源
C 环境与资源	C2 生态绿化	城市街道绿化率	导航地图中公园绿地的 polygon（面）数据；导航路网或 OSM 数据；城市街道监控探头感知数据等
	C3 市容市貌	广告牌数量	监控摄像头采样数据；广告牌传感器感知数据等
		违章停车数量	监控探头采样数据；交警设备传感器感知数据等
		地面清洁程度（地面垃圾）	监控探头采样数据；环卫工人感知数据等
	C4 水资源	人均用水量	相关水表传感器数据；水费代收代缴处统计数据等
		地下水位	水位传感器感知数据；声纳传感器感知数据等
		水库水位，蓄水量	水库传感器感知数据；高精度卫星感知数据；排水口传感器感知数据等
		多年平均径流量	水流量监测系统感知数据等
		饮用水水质	水质检测仪感知数据；城市水处理系统传感器数据等
	C5 垃圾处理	垃圾填埋场影响范围覆盖率	垃圾填埋场空间分布数据等
		垃圾填埋场影响敏感人群比例	乡镇街道尺度人口普查数据；网络舆情感知数据；实地调研统计数据等
		垃圾填埋场影响敏感单位比例	社交网络数据；导航地图中的兴趣点数据（POIs）等
		生活垃圾无害化处理率	垃圾处理器传感器感知数据；垃圾传感器感知数据等
	C6 空气质量	PM 2.5 超标天数	空气质量监测点监测数据等
		PM 2.5 人口暴露风险及敏感人群比例	空气质量监测点监测数据与大气气溶胶厚度（MODIS AOD）数据；手机信令数据等
		空气质量指数	城市气象局数据；空气质量检测移动终端感知数据等
	C7 生物多样性	生物多样性指数	野外监控探头感知数据；生物红外传感器感知数据等
		本地植物指数	人工调查感知数据等
	C8 能源利用	新能源汽车比例	工信部数据
	C9 环境卫生，污染排放	环境辐射指数	城市辐射相关传感器感知数据等
		噪声指数	城市分贝检测仪感知指数；移动终端分贝检测器感知数据等
D 经济与科技	D1 消费	店均网络交易额	各类商业 APP 感知数据；消费金额网络传感器感知数据等
		人均网络消费额	各类商业 APP 感知数据等
		商业设施空间密度、需求度及饱和程度	导航地图中的兴趣点数据（POIs）；微博位置数据等
		民众消费水平	城市统计局统计数据等
		商业活力	导航地图中的兴趣点数据（POIs）；各拥有点评功能的 APP 感知数据等
		便利店覆盖率	导航地图中的兴趣点数据（POIs）；各拥有点评功能的 APP 感知数据等
		社会消费品零售总额	市统计局数据
		人均可支配收入	市统计局数据
		基尼系数	市统计局数据
		GDP	市统计局数据
		社会消费品零售总额	市统计局数据
		城市经济增长率	市统计局数据
		消费物价指数（CPI）	市统计局数据
	D2 科技水平	专利数	城市知识产权局数据
		研发投入比重	城市科学技术委员会数据
		研发人员比例	城市科学技术委员会数据；城市高新企业打卡等传感器感知数据
		高科技企业占经济比重	城市科学技术委员会数据

一级指标	二级指标	三级指标	数据资料来源
D 经济与科技	D2 科技水平	高等院校、研发机构数量	高精度卫星感知数据
E 安全与应急	E1 公共安全	城市犯罪案件空间分布特征	公安局犯罪案件数据等
		犯罪率	公安局犯罪案件数据等
		刑事案件发生率	公安局犯罪案件数据等
		城市道路安全指数评价	导航地图中的路网数据；社交网络数据等
		交通事故数量	交管部门数据；交警设备传感器感知数据等
		酒驾查处数量	交管部门数据；交警设备传感器感知数据等
	E2 预防灾害	城市人均避难场所面积	城市安全规划中的避难场所数据等
		城市公共消防基础设施数量	导航地图中的兴趣点数据（POIs）等
		城市应急设施数量	导航地图中的兴趣点数据（POIs）等
	E3 救灾效果	预警准确度	市应急管理局统计数据等
		反应速度	市应急管理局统计数据等
		处理效果	市应急管理局统计数据等
		灾情处理覆盖度	应急处理设备感知数据等
		救灾物品调集	基于物联网技术的感知器感知数据等
		救灾物品分发	市应急管理局统计数据等
	E4 使用便利度	空间灵活性	市应急管理局统计数据等
		时间灵活性	市应急管理局统计数据等
		业务覆盖度	市应急管理局统计数据等
		异常灾情处理能力	市应急管理局统计数据等
		现场人员访问便利度	现场监控探头感知数据等
	E5 应急特点突出性	救援手段适用性	市应急管理局统计数据等
		损失减少率	市应急管理局统计数据等

第6章中会继续介绍这些常见的城市大数据采集的技术、设备与仪器。

5.2.2 城市大数据的属性与法则

城市领域的大数据应用除具有一般大数据的特征外，还有其自身独特的属性。下文从时空、绩效、流量三个方面加以介绍。

1. 城市大数据的时空属性与法则

城市时空大数据主要分为地理数据、轨迹数据、空间媒体数据。地理数据的特点是体量大、较规则化、变化缓慢。地理数据可以分为地图数据、遥感数据、大地基准数据。其中遥感数据又包括光学影像数据、雷达激光扫描数据等；大地基准数据包括时间基准数据、重力基准数据等。

轨迹数据是通过 GNSS、RFID 等测量手段以及网络签到等方法获得的用户活动数据，包括个人轨迹数据、群体轨迹数据、交通轨迹数据、物流数据等。其特点是数据体量大、信息碎片化、准确性低，可以用文本模式描述，有半结构化的轨迹数据，附带其他的用户信息和社会语义。

空间媒体数据包含空间位置与时间标记的数字化文字图像图形、声音、视频影像和动画等媒体数据。主要资料来源于移动社交网络、微博、微信等新兴互联网应用。数据资料来源混杂、非结构化为主，数据异构性大，实时性非常强。

与其他领域相比，用于城市研究的数据特别强调时空属性。对于结构化、非结构化的城市时空大数据，在使用前需要进行统一格式、统一时空基准和空间化。

首先是进行格式的统一。不同地理信息数据能够基本实现无损格式转换，对于无拓扑关系图形数据如CAD要能够转换至地理信息数据，并建立拓扑关系。格式统一后的地理信息数据应合并、自动接边，数据表格能够实现自动属性赋值。

其次是进行时空基准的统一。在统一空间基准后，对于多尺度矢量数据和多分辨率的影像数据，将其中更新后的大尺度静态地理数据快速及时进行地图综合，用综合的结果联动更新相应范围内中小比例尺数据，原来内容自动变成历史地理信息，以确保多尺度、多分辨率基础地理信息的时间一致性，实现时空基准的统一，让各种专题信息能够叠加集成在"一张图"上。

最后是对数据进行空间化。第一步，进行地名谱特征萃取。汇聚的众源大数据信息，有些带有空间位置坐标信息，经过统一时空基准后，即可匹配集成；部分自身没有空间坐标信息，但在属性项中蕴含了地名地址；还有一部分只是蕴含了一些地名基因，要结合中文分词和数据比对技术，通过基于语义和地理本体的统一认知，提取地名谱特征。第二步，进行空间匹配。对于具有空间位置坐标的信息内容，直接进行坐标匹配。根据识别萃取出的地名地址信息，建立含有地名标识的切分序列与逻辑组合关系，开展基于分词、本体和词语相似性的多种匹配，开发局部模糊匹配后的歧义消除方法，实现高效、精准、实用的地名地址匹配。第三步，依托时空信息基准，采用地名地址匹配的技术方法，将三域标识的信息内容在时空信息基准的立方体模型上定位寻址。特别是在立方体模型的空间位置轴，带有空间位置坐标的信息内容，通过坐标匹配后使用；蕴含地名地址的信息内容，通过地名地址匹配后使用；仅蕴含地名基因的信息内容，先萃取地名地址信息，再通过地名地址匹配后使用。

在已建的基础地理信息数据库基础上，通过数据扩充、添加三域标识以及数据重组，实现从静态地理信息数据到时空信息数据的升级；对于动态地理信息数据中的历史地理信息进行规范处理，同时扩充远景地理信息、实时位置信息、感知设备地址数据和实时感知及其解译信息等。

将结构化、非结构化的大数据，注入时间、空间和属性三域标识。时间标识注记了该数据的时效性，空间标识注记了空间特性，属性标识注记了隶属的领域、行业、主题等内容，以方便后续的空间大数据整理。

静态地理信息数据中的矢量数据应逐要素增添三域标识，影像数据应针对分库增添三域标识，三维数据应逐模型增添三域标识，地名地址数据应逐条增添三域标识，新型产品数据如视角三维、360°全景影像、立面街景、激光点云数据和倾斜摄影等应按类型增添三域标识。动态地理信息数据本身就带有时间标识，应注入空间和属性标识。

2. 城市大数据的绩效属性与法则

城市大数据可以分标量与流量，标量主要为前文所提及的空间客体与行为主体的特征数据。在分析标量数据时，我们要分清绩、效与结构的区别。在相关研究中，绩效指城市发展的结果和成效，与其相似的概念有实绩、效果、效应、效率、效益等。从语言学的角度来看，绩效包含了"绩"（实绩）和"效"（效率）。其中"绩"包括实绩、成绩、效果、效应等概念，反映的是对象目标在一定时期内呈现的结果。"效"包括效率、效益等概念，是反映目标在一定时期内考虑一定量的要素取得了多少效益，或取得一定量的结果耗费了多少要素投入。不同研究中，对绩效指标选取各有侧重。

对城市绩效估算的研究主要有两类：第一类是构建投入产出模型，并检测其能否较好地拟合城市的运行情况，此时一般需要假定效率的具体形式；另一类分析各样本城市在投入产出过程中是否具有效率，如用非参数法、参数法、半参数法等方法测算样本城市的效率（全要素生产率），此时效率是作为估算的结果存在。虽然两类研究对效率的处理方式不同，但都需要对投入与产出的经济实绩进行估算。

根据产出与投入，可以将经济实绩分为产出实绩与投入实绩。其中产出实绩一般用 GDP 表示。常见的投入实绩则主要有固定资本存量、劳动力或人力资本投入量。

实绩数据是衡量城市实绩（Performance）的指标，较常见的主要有要素总量指标、结构细分指标、综合总量指标、比较指标与负产出指标，指标类别、说明及其示例见表 5-4。

实绩类指标类别、说明及示例　　　　　　　　　表 5-4

类别	说明	分类	指标示例
要素总量实绩指标	单一方面的实绩	经济	GDP、固定资产投资、固定资本存量、社会消费品零售额、企业与品牌数量、外商直接投资
		人口	户籍人口、常住人口、实际服务人口、劳动人口、人力资本
		空间	建成区面积、夜间灯光数据
结构细分实绩指标	要素总量指标按结构进一步细分	经济	分产业规模
		人口	分行业就业人口
		空间	分类占地面积
综合总量实绩指标	多个方面实绩的综合		
相对实绩指标	考虑城市与区域内其他城市的相对实绩		市场占有率、区位熵、城市流强度、腹地
负产出指标	反映城市的负效应		交通堵塞、传染病风险

与"绩"指标只反映结果不同，"效"指标则是需要考虑取得这种结果的要素投入。根据考虑投入产出的数量将衡量城市效率（Efficiency）的研究分为单投入单产出、多投入单产出与多投入多产出。

对单投入单产出而言，如 GDP、工业总产值、主营业务收入等经济实绩通常被作为城市的经济产出，而固定资本投资、劳动人口、土地等则一般被作为投入。如将投资作为投入的资本收益率，将劳动力作为投入的人均 GDP、劳动生产率与比较劳动生产率，还有以土地作为投入的地均 GDP。

多投入单产出与多投入多产出都属于对全要素生产率（Total Factor Productivity，TFP）的研究，主要有非参数法、参数法与半参数法三种方法。非参数法不需要假定生产函数的形式，常见方法为数据包络分析（Data Envelopment Analysis，DEA）等；参数法需要假定生产函数的形式，包括随机前沿分析法（Stochastic Frontier Analysis，SFA）、索洛余值核算法（Solow Residual Value Method Analysis，SRA）等。

3. 城市大数据的流量属性与法则

与标量相比，流量反映为行为主体在空间客体上的移动，或者说坐标数据的变化。也可以视为空间客体之间的主体关系，如将区域间人流、物流、信息流、技术流等视为区域间的各种相互作用联系。

按照分析视角，区域联系可以分为宏观、中观、微观三个层面。按联系主体可以分为国家、次级区域、产业、政府、企业、居民等。宏观层面的研究以国家为主体；中观层面的研究以次级区域与产业为主体；微观层面的研究以政府、企业、居民等个体为主体。三个层面的联系具有紧密的关系。

政府作为区域与城市发展的决策者，对其之间关系与联系的研究涉及诸多方面，包括府际关系、城市竞合、政府博弈、城市联盟、区域一体化与区域协调（共生、协同、协作、分工），以及由其引起的区域共同管治（整合）、行政区划调整等领域。

企业作为产业的构成，其联系从中观上体现为产业及行业联系，涉及领域包括产业组织理论对市场结构的研究、产业发展中对产业关联及产业链的研究、管理学中对供应链的研究等。P. J. Taylor（2001）以城市是否有母公司与子公司的办公地点的角度提供了一种企业网络的研究方法，众多学者以此方法进行研究。该方法的缺点是以子母公司关系反映企业内部联系，对不同公司间复杂的合作、竞争与共生关系考虑不足。

在进行城市联系强度的估算时，学者们一般采用两种方法，一种是通过现实数据来反映城市间"真实"的联系，包括交通与信息流量、劳动力流动、承载联系的各种载体等。另一种是运用理论模型去衡量城市间"理论"的联系，包括引力模型、威尔逊模型等模型。[32] 对城市联系强度估算的相关方法见表 5-5。

城市联系强度估算的相关方法分类　　　　　　　　　　　　　　　　　　　　表 5-5

方法分类		具体方法与指标
现实数据法	关系流数据法	通勤流、交通流、通信流等
	替代数据法	交通基础设施、航线、总客运货运量（不含资料来源地与目的地）等
理论模型法		引力模型、威尔逊模型、阿隆索模型、口粒子扩散模型、神经空间相互作用模型、区域间投入产出模型、通达性模型、知识溢出模型等

流量数据具有方向性，比如反映两个区域间的人流，就有流出与流入之分。在研究时，有时会将流入与流出人流加重，以反映两个区域间的联系。此外，在分析流量时，如果采用网络分析，有些软件需要将纵表数据转为 OD 矩阵数据。

5.3 城市数据灯塔的"光"与"影"

凡事皆有利弊，一方面，随着更多个人、社群和社会的行为轨迹被数据化和结构化，随着各大数据平台的数据开放和资源整合，大数据将给国家、组织和个人带来前所未有的机会：从政府的精细化管理、组织的数据化运营到个人的数据化生存，"用数据说话"，建立理性思维和数据思维，将是未来社会的基本规则。另一方面，数据资产成为未来社会最核心的资产之一，任何政府、社会和个人都不能离开、忽视大数据，却面临着因大数据升级而带来的一系列问题：大数据收集和应用的边界在哪里？如何解决大数据的产权归属问题？如何处理大数据应用与个人隐私之间的矛盾？如何解决因大数据广泛应用而带来的数据鸿沟、数据贫困问题？这些问题犹如灯塔的"光"与"影"，如何趋利避害需要给予重视与关注。

5.3.1 大数据的便利 vs. 大数据的隐忧

大数据的应用无处不在，在金融、交通、零售、餐饮、电信、能源、环保、政务、安防、物流、医疗、体育、娱乐、家居等各行各业开始流行，对国民经济与社会发展起到了重要推动作用。对于个人而言，大数据的重要推动作用是如何产生的呢？我们看几个生活化的例子，常说人生四大喜，而四大喜也对应着四大悲。久旱逢甘霖没准备，比如干旱了很久，天降大雨，但是没有准备器皿，白白浪费了贵如油的雨水。他乡遇故知擦肩过，你和故知都出现在同一地点，距离很近，但却彼此不知情。如果有了大数据，就不怕出现这些情形。在久旱逢甘霖时，有了天气预报，就不怕没准备，可以通过大量气象数据的分析，预测一段时间的天气。他乡遇故知时，有了微信的共享实时位置，不会再出现无缘对面不相逢的尴尬。此外，在淘宝上购物、在豆瓣上选电影、在音乐软件上选歌曲、在新闻 APP 浏览新闻时，经常会遇到推荐功能。"喜欢这部电影的也喜欢""喜欢这首歌曲的也喜欢"，这其实就是基于大数据的相关计算形成的"内容定制＋悦读体验＋预测性报道"具有"精准营销"特征的新传媒形式。

笔者曾拍到的一张照片中，驾车人的驾驶舱里具有很多"装备"，如电风扇、MP4、手机、ETC、行车记录仪等。这些设备分别满足了司机不同层次的需求。首先，电风扇是来自工业时代的设备，满足的是最基本的身体需求；其次，MP4 是 21 世纪初电子时代的设备，满足的是基本娱乐需求；而 ETC、行车记录仪与电子导航地图是大数据时代的设备，满足的是大数据、物联网、云计算等提升工作效率的需求（图 5-8）。

电风扇：20 世纪 80 年代工业时代满足身体基本需求

MP4：21 世纪初电子时代满足基本娱乐需求

ETC/ 联网的行车记录仪 / 导航系统：21 世纪 20 年代大数据时代满足物联网下的效率需求

图 5-8　满足驾车人不同需求的设备

虽然大数据带来了诸多便利，但也存在隐忧。

首先，是引起广泛讨论的"大数据杀熟"现象。2017 年 12 月，一名网友通过微博讲述了自己的遭遇。他常年在某旅行网上预订一家价格在 380—400 元的酒店。偶然一次，前台告诉他，酒店的价格在淡季是 300 元上下。他使用朋友的账户在该旅行网进行查询，价格果然是 300 元，而使用自己的账号查询则显示还是 380 元。该事件引起轩然大波，"大数据杀熟"现象开始为人们所熟知，引起广大网民的共鸣与热议。与此相似的现象还出现在共享打车软件、机票订购、旅游、购物等多个网络平台。这种"大数据杀熟"的价格歧视现象背后是算法根据数据分析，对熟客进行特殊定价，目的是通过阶梯价格获取最大利益，与向特定用户推送优惠券有相似之处。

其次，大数据对社会资源分配的影响是未知的，是去中心化还是中心化，目前也尚无定论。虽然大数据的信息产生呈现扁平化与网络化，但在数据产生与传播的过程中也存在门槛和分配不均。数据作为一种新资源，是会减缓资源分配的不平等，还是会呈现乘数效应加速资源分配的不平等？这可能并不是一个简单的问题，关于这一点，会在第 6.1.1 节中进一步讨论。

最后，新技术在推动人类发展的同时，都会带来一定的社会文化隐忧。大数据也不例外，除了上述对路径依赖与锁定效应的哲学反思外，关于大数据可能产生的技术依赖、人工智能盛行下的责任认定规范缺失等，比如无人驾驶车辆事故认定等，都是人们难以忽视的问题。[33]

5.3.2 预测数据 vs. 锁定数据

小数据时代，人们对事物发展趋势的认识是根据经验，这种经验式的预测往往精准度较低，所谓"千金难买早知道"和"事后诸葛亮"就是这个意思。因为在信息不完全的情况下，人类社会的行为一直被认为与布朗运动相类似，缺乏规则，难以预测。

大数据来源于各类数据库、网站、流媒体、社交论坛、移动终端，拥有关于生产、市场和社会需求的海量的、整体的、实时的、多样化的、半结构化和非结构化的数据信息。虽然大数据在操作过程中不可避免地存在主观成分，但相较小数据而言，大数据具有客观性，其信度和效度都较高，从而能相对准确地认识到人、事、物的发展趋势，实现从"事后诸葛"到"事前预测"的转变。全球复杂网络学者巴拉巴西（Albert-László Barabási）在其著作《爆发：大数据时代预见未来的新思维》（Bursts: The Hidden Pattern Behind Everything We Do）中认为，人类 93% 的行为都是可以预测的。[34] 这种更加准确的预测可以为公共管理、经济金融等各种行业提供有力的工具。

洛杉矶警局通过对洛杉矶 80 年间发生的 1300 万起犯罪的历史案件进行分析，使区域内的盗窃犯罪、暴力犯罪与财产类犯罪分别下降了 33%、21% 与 12%。[35] 欧洲一家连锁烘焙店与 IBM 公司合作，从人流量、客户信息、气象信息中洞悉出，女性消费者在下雨天喜欢吃蛋糕，晴天则更中意潜艇堡（一种汉堡）、三明治。[36] 与之类似的，是我们耳熟能详的沃尔玛超市把尿不湿与啤酒放在一起的经典案例；还有塔吉特（Target）日用品超市通过分析女性客户购买记录，挖掘出 25 项与怀孕高度相关的商品，制作"怀孕预测"指数，"猜出"哪些女顾客是孕妇。

另一个经典的例子是美剧《纸牌屋》的翻拍。2013 年，美国网飞（Netflix）网站的工程师们发现，喜欢 BBC 剧、导演大卫·芬奇（David Fincher）和演员凯文·史派西（Kevin Spacey）三者之间的用户群体存在较大的重合度，由此推断，一部影片如果同时能满足这几个要素，就可能大卖。于是，他们花 1 亿美元，几乎是美国一般电视剧两倍的价钱，买下了早在 1990 年就播出的 BBC 电视剧《纸牌屋》的版权，并请来大卫·芬奇担任导演、凯文·史派西担当男主角进行翻拍。随后的结果，美剧迷们应该都知道，《纸牌屋》火遍了包括美国在内的四十多个国家，成为有史以来在 Netflix 网站上观看量最高的剧集。大数据开启了对影视产业的全面渗透。

如果只是用于娱乐，大家可能觉着"大数据"有点大材小用了。这里再讲一个运用大数据来左右美国总统选举信息战的案例。2012 年，奥巴马击败共和党候选人罗姆尼，成功连任美国总统。有人认为奥巴马的竞选宣传策略很好，通过对选民细分，来针对性地进行竞选宣传。对共和党而言，奥巴马的连任，是一个很痛的领悟，但同时也是一个启示。

2014 年，共和党资深人士班农与出资人墨瑟，共同出资 1500 万美元，成立了一家叫"剑桥分析"的机构，该机构为特朗普成功当选美国总统提供了帮助。剑桥分析通过 Facebook 发放了 160 万美元的红包，鼓励用户玩一个网络性格测试游戏。玩游戏的人可以获得一个 5 美元的红包。同时还要接受一个协议，该协议可以通过用户授权小程序获得其个人信息及其所联系的其他用户信息。通过 160 万美元的红包，剑桥分析获得了 32 万用户的信息，又关联获取了 8700 万 Facebook 用户信息，包括用户名、所在地、发帖、点赞等公开数据。对于玩家而言，这些数据本来就是公开的，因此觉得也无所谓。剑桥分析将 8700 万用户信息与美国商业市场 2.2 亿人的消费数据进行了协同，从而识别了用户的身份、性别、兴趣爱好、性格特点、职业专长、政治立场及观点倾向；然后给每个数据进行了标签化，建立心理画像、心理档案等；再进一步，对用户的希望点、恐惧点、共鸣点、兴奋点以及煽情点进行了数据挖掘。

通过数据协同，对用户从外到内的特征进行挖掘与聚类，并以此为依据进行了精准的竞选宣传。

比如推送一些鸡血的文章给义愤填膺的爱国者，告诉他们特朗普可以让美国再次伟大；而对于一些知识精英型用户，则推送一些"客观""理性""有深度"的分析，从而获得共鸣。对于支持特朗普或摇摆不定，也不愿捐款和出门投票的选民，就告诉他们当前特朗普面临的严峻形势，如果你不出门投票或者不捐款的话，那么希拉里上台后可能会带来惨痛的后果。对于民主党的支持者，则大量推送有关希拉里家族的负面信息，让选民们对希拉里产生失望情绪，从而转而支持共和党；对那些容易被情绪左右的选民，则推送各种耸人听闻的阴谋论，刺激与强化他们的情绪。

最终，特朗普成功当选美国总统，这被看作当年的"黑天鹅事件"之一。美国国会对此展开了调查，调查存在操纵选举的可能性。在特朗普公开的竞选支出明细中，特朗普团队先后支付给剑桥分析近 600 万美元。而剑桥分析在自己的主页上号称服务过五大洲的 100 多场选举，包括 2016 年英国的脱欧公投，这一事件也成为当年全球最大的"黑天鹅事件"。虽然在 2018 年 5 月，剑桥分析申请了破产，但其主导的两大"黑天鹅事件"，对世界产生了重大影响。

精准营销造成的严重后果可能是路径依赖与锁定效应。路径依赖（Path-Dependence）指在人类社会中，技术的演进或制度的变迁均具有类似于物理学中的惯性，一旦进入某一路径或通道，无论"好坏"，就会产生对该路径的依赖。大数据对消费者的精准广告推送，会对其需求进行"纠偏"或"限制"。也许是消费者的一次偶然搜索，却导致精准广告反复推送，甚至强化成一种终身的消费习惯。在未来，你可能不知道哪些是你"真正"想要的，哪些是算法推荐给你的。很多影视作品也在探讨此类问题，比如《少数派报告》《西部世界 III》。这些艺术作品的设问，是未来决定了现实的预测，还是对现实的预测决定了未来？也是对众多学者哲学思考的映射：对算法的盲目信任是否会禁锢人类社会发展的多元可能？

5.3.3 商业数据 vs. 公共数据

大数据让人类几乎可以对任何事物进行数字化，从而洞察其各维度、各部分的特征，并可以与其他事物进行组合，分析其之间的关系。因此，大数据对事物本身与其他事物之间关系的全新洞察，可促使新发现与新创意的出现。

现在我们来谈一下大数据的商业价值与公共价值。

一方面，在商业领域，数据本身就是具有价值的，催生了很多新经济业态的出现。比如共享经济，像"Airbnb""Uber""滴滴打车""小猪短租"等网络企业本身并没有汽车、房屋，却通过供需双方数据的匹配获得收益。在供需双方匹配的过程中实现对社会资源的优化配置。比如"货车帮"网站，平均每天的货运信息超过 500 万条，通过供需匹配，每天可以减少货车的空驶距离超过 1000 万公里，极大地节约了中国公路物流资源。

另一方面，在公共管理领域中，数据这一"生产因素"的作用就集中体现在政府具有全面系统地掌握社会发展信息并对其进行科学分析，从而产生有助于正确处理问题、有效防患未然、合理预测未来的决策的可能性上。大数据可以通过对海量数据的科学分析与协同，排除人为因素的生理局限与主观意识，提升政府效率与决策质量，大幅降低成本，有效控制政府规模。著名咨询公司麦肯锡研究报告显示，有效应用大数据可使政府部门的管理成本大幅下降，提升工作效能。美国医疗管理部门曾经测算，在应用大数据后，政府每年可节省超过 8% 的医疗卫生开支，获得 3000 多亿美元的潜在价值。通过对家庭用电数据的分析，美国不用逐家逐户排查，就能找出在家违法种植大麻的家庭。大数据也可能使欧盟每年的行政开支减少达到 15%—20%，创造 1500 亿—3000 亿欧元的新价值。[35] 在中国，咸阳市政府通过市民卡对应手机应用 APP，记录市民使用医疗服务的所有信息。通过分析市民去医院购药频率、购药数量与药品种类间的相关度等信息，以识别异常信息。比如某人去医院频次很高，每次购买大量药品，药品之间的相关度较小，那么这个人买药可能不是自用，而是贩卖。通过该系统，咸阳市发现重复参保人员 2633 人，骗保行为 57 例，一年为政府节省了 3000 万元。此外，在安全、扶贫等领域，大数据也有很大的用武之地。[37]

　　大数据在 2020 年新冠疫情的防控中，也发挥了重要作用。民众关心的问题很简单：谁是潜在的感染者？我有没有与感染者有过密切接触？我周围可能存在的潜在感染者有多少？我所在的小区是否安全？然而因为信息不对称与选择性效应的存在，这些关键问题难以被解答。经历了初期的数据调用、编制演绎与场景磨合之后，大数据作用得以体现。首先，各地政府在公布疫情数据时数据颗粒度越来越细，可视化越来越好，机器可读性也越来越强。其次，各类大数据企业也在行动。1 月 23 日，百度地图慧眼公司提供的百度迁徙数据向公众开放，为很多团队的工作提供了人流数据上的支撑，对各城市的防控、民众的风险认知引导起到了一定的作用。随后，百度公司、极海（GeoHey）公司等在地图上标识出发热门诊、领取口罩药店的 POI，并在各地政府公布社区尺度数据后也进行了城市社区层面的可视化。1 月 31 日，新型肺炎确诊患者同程查询工具上线，与之前用户需要一个个车次、航班翻找查询的图表相比，该工具可以通过输入自己乘坐的火车、飞机、公交班次来消除疑虑。2 月 8 日，国务院办公厅多部门联合开发的"密切接触者测量仪"上线，可以视为同程查询的进一步改进版，用户只需要输入"姓名＋身份证号"就可查询，使用更加便捷，上线不到 12 小时，就有 9000 多万次的累计查询，近 3 万的密切接触人员被成功识别（图 5-9）。

图 5-9　疫情期间丁香医生、回形针、钉钉的百度指数变化

资料来源：百度指数（http://index.baidu.com/）

通过手机定位追踪行程轨迹，就可以知道这个用户是不是来自疫区。一些省市政府在疫情初期，通过大数据比对排查来自疫情高发地区的人。如山东省政府1月22日召开新闻发布会时通报说，通过大数据比对排查出44327名来自武汉的人员名单，并推送给各市进行随访，落实居家隔离观察措施。这在很大程度上控制了疫情在属地内的二次扩散。

大数据不仅用于追踪人群，还可以帮助智能诊断。从统计看，新冠肺炎患者的初期核酸检测只有30%是阳性，因为是从口腔部来取样的，实际上口腔感染不算严重，肺部才严重。因此，还要根据肺部CT进行判断，面对几百张这样的CT片，一张张看是比较困难的，但利用大数据，我们可以用人工智能技术，把它还原成一个3D的肺，就比较容易看出有没有纤维化，有没有肺变形、毛玻璃状。同时，现在还可以根据医疗经验，开发出感染肺炎患者的CT影像大数据分析评价系统。这些CT片交给系统进行自动分析，过去可能要看5个多小时，现在几分钟就可以完成，有效地提高了医生的工作效率。

在优化医疗紧缺物资的生产组织和调度方面，大数据也起到了极为重要的作用。海尔开发的疫情医疗物资信息共享资源汇聚平台，一方面连接起780多家医院，另一方面连接起有需求的社区，以及能生产这些医疗物资的企业500多家，有效匹配需求5000多万件；另外，它的采购不限于中国，可以达到全球，所以实现了抗疫资源的精准对接。

5.3.4 孤立数据 vs. 协同数据

数据分析工作中经常提到一个关键词——全数据，即数据的全面性和协同性。孤立、静止、片段的数据无法发挥应有的价值，只有将众多孤立的数据串联协同，才能挖掘出数据的价值。杨东援认为由于并非专用定制，大数据所提供的证据往往是间接证据，单独依据某一项不能直接形成判断，需要构建相互支撑的证据链。有关间接证据在判断中的盖然性，可以通过图5-10来理解。比如通过IC卡数据中换乘识别来说明，一般我们采用两次刷卡记录的时间间隔来判断是否属于一次出行中的换乘，其中时间间隔判断阈值的确定就成了很大的问题，存在一个典型的不确定区间。由于不能简单地依托"间接证据"形成决断，因此需要形成比较完整的证据链，通过证据间互相印证，来保证判断的可靠性。在选举信息战的案例中，剑桥分析将8700万个用户信息与美国商业市场2.2亿人的消费数据进行了协同，从而左右了选举。与传统的煤炭、石油、金矿不同，只有使用和协同才能使大数据发挥隐含的价值。有专家预言，在不久的将来，大数据、小数据的界限或将被消除，取而代之的是"全数据"或"全量数据"，也就是所有数据。

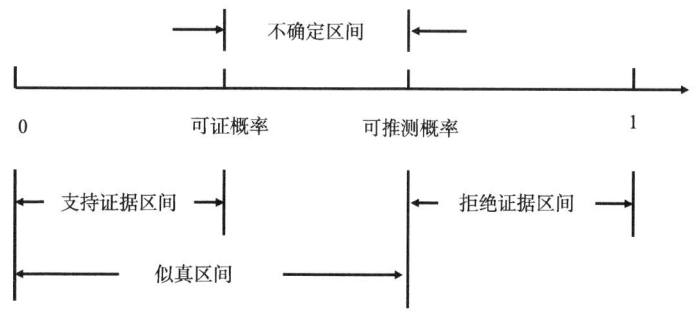

图5-10 证据的盖然性特征示意

但从目前来看，我国的数据难以协同和汇聚有以下几点原因。首先，我国"大数据"平台发展具有明显的分块分割属地化的特点，各地方政府、各数据公司纷纷建立基于自己属地的数据，建设大数据平台，除了发展水平参差不齐外，更重要的是相互之间难以协同。其次，数据作为一种资产，很多部门、机构、企业拥有大量数据，但在自己不知道如何发挥其价值之前，最优的决策是捂住数据，控制数据的流出，这在很大程度上影响数据之间的协同。技术只能决定一面，真正的大数据治理和智慧城市需要的协同，必须由权力来推动，与专业机构共享拓展数据的社会价值。最后，除了一些需要保护和涉密的信息，有些数据，如空气污染等敏感数据，政府公开的意愿较低。比如某地环保局就以"土壤污染数据是国家机密"为由，拒绝公开污染数据。有研究者指出，PM 2.5 数据的公布在技术和标准上都不存在问题，问题的关键在于官方是否愿意下决心去做。[38]

数据协同的关键之一在于数据的汇聚与匹配。在研究更为宏观的层面时，我们需要将细颗粒度客体的数据汇总为粗颗粒度客体的数据。如将工厂、楼宇的产值、税收汇总为园区的产值、税收，再将园区的汇总为区县、地市、区域、国家地区层面的数据，很多统计报告与年鉴中的结构性数据也是如此得来的。

需要强调的是，在数据进行汇聚的同时，微粒度变大，不可避免地会存在数据的损失。比如在对两个地区间公交数据进行联系时，将两个地区间一个时间段内所有公交车运营数据汇总，得到总班次、总人数、平均运行时间、运行方差、事故率等信息，但每个公交车的行驶轨迹、不同站的晚点时间等信息则被"丢弃"了。而不同思路也会影响数据汇聚结果，从而影响分析的结论。在计算产值时，是根据生产地还是注册地，抑或是产品的销售地？计算人口时，是根据常住地还是户籍地？从生产价值链的角度，产品从设计到生产再到销售，都存在价值增值，现有的单一按照生产地进行 GDP 的计算是否存在问题，都是值得思考的。

5.3.5 集合数据 vs. 隐私数据

技术永远无罪，但做事的人可能会犯错。前文曾说大数据的内涵与本质，其实就是将单体的无价值信息变为群体的有价值信息。这是大数据的集合产生的价值，但是也面临着数据隐私问题。对公共部门和企业来说，在确保数据安全的前提下，将数据转化为服务和产品，才能更加准确地对接人们的需求和期待，从而让数据更好地服务人类社会，不断提升人们的幸福感。

"你的全部数据，都在我的硬盘里。"在大数据全面接管人们生活的年代，大数据、算法与人工智能可能早已让用户"一丝不挂"。互联网初期，1993 年《纽约客》曾刊登了一则一只狗在上网的漫画，漫画标题是"在互联网上，没有人知道使用者是一条狗"。但在大数据时代，别人不但知道使用者是一条狗，而且对"是什么品种的狗、喜欢什么口味的狗粮以及喜欢到哪个购物网站买狗粮、喜欢在哪个公园散步"等信息，也都一清二楚。

2019 年 12 月 20 日，全国人大常委会法工委发言人岳仲明指出中国在 2020 年将制定个人信息保护法、数据安全法等，进一步规范大数据产业的发展。未来，大数据的关键还在于数据协同与数据脱敏。正如电影《匿名者》描述的那样，未来的生活可能更加便捷。在陌生的街边瞟一眼，警察通过眼睛就能分析整条街的所有信息，识别路人的身份；购物时自带虚拟实景的体验，更加便捷的付款方式，只需两个人通过眼睛互相确认身份就可以完成付款；人的眼睛已经联网，每个人的眼睛都是行走的"摄像头"；可以从被害者的视觉记录里锁定真凶，而不会说话的婴儿也可以作证。当然，人们在享受越来越便利的生活的同时，也面临着越来越多的风险。

与大数据伴随而来的还有版权保护与数据窃取问题。大数据意味着开放，但这种开放也需要版权的限定。网络具有易扩散传播特性，监管难度很大。伴随着自媒体的出现，新闻、信息的生产领域存在严重的窃取数据、偷载内容的侵权行为。比如大家熟知的"今日头条"事件，作为移动新闻客户端中的领跑者，它本身并不生产新闻，而是通过对其他新闻媒体的爬取收集、分解重组，并通过对受众社交网站数据、阅读习惯和偏好的分析，对受众进行有针对性的推送。2014年6月，《广州日报》《新京报》等传统媒体针对"今日头条"的新闻资料来源开展版权之争，并被国家版权局立案调查。[38]

5.3.6 真数据 vs. 伪数据

真实、有效、高质量的数据很大程度上决定了工作的质量。然而现实中数据污染问题却带来非常消极的影响。开放的环境、信息产生的扁平化、数据信息传递的迅速和传递性，极易造成大量的数据污染情况，即在数据生产和应用过程中包含了虚假、有害、无用无效的数据。数据污染包括数据失真、数据造假、数据超载。数据污染可能存在于数据生产和传播中的任一链条，其副作用是滋生大量的垃圾数据、虚假数据、错误数据，在占据大量储存资源的同时，对受众的接受理解形成干扰或误判。如何去伪存真是需要在大数据时代高度重视的一个命题。

第 **6** 章
范式转型：升维新城市研究

25 年前，以 CAD、Photoshop、3DS 等软件引领的电脑辅助设计浪潮开启了计算机设计的新篇章，规划界欢呼："数字化规划时代来临"，但事实验证，其并未取代传统意义的城市规划。15 年前，GIS 等 3S 集成技术渗透到城市规划的各个层面，规划界再次欢呼："智能规划时代来临"，似乎用 GIS 能够解决所有城市规划中的复杂问题，但再一次，事实验证并非如此。如同之前出现的 CAD、GIS 等新技术一样，大数据作为当下一种最前沿、最热门的技术，正在给城市规划领域带来一场变革。如何让这场变革真正生根发芽，真正关键的是规划师们能否以前瞻的视野、开放的态度、科学的精神去认识大数据时代的城市规划研究和实践绝不是单纯的技术集成，而是需从价值理性和工具理性两方面进行突破，推动新时期城市规划范式的真正创新。

如今我们面对一个高维复杂的城市系统，大数据为我们提供了丰富的、详细的、实时的信息，助力于城市学者更加全面、大尺度、精细化地研究各类城市问题，为城市科学的发展带来了新的机遇。但城市大数据是原理？是法则？是技术？是工具？是应用？每个人都会有自己不同的看法。但有一条根本原则：作数据的主人，而不是数据的奴隶。为此，城市研究需要寻求多维范式转型，才能以道明向，以法立本，以术立策，以器成事（图 6-1）。

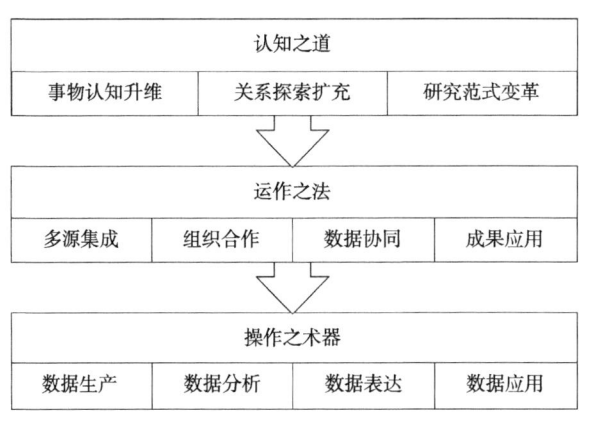

图 6-1　城市研究"道法术器"升维

6.1　新城市研究认知之道

道乃世界的本质规律，万事万物的底层原理。城市大数据的发展有利于使城市科学对城市发展规律之道的理解更加符合客观本质，但掌握了数据，并不一定就意味着掌握了"话语权"和"真理"。如何从复杂的数据中找到人们所需要的知识，去除掉影响人们判断的冗余信息与数据，需要人们多年的专业积累和人文素养，更需要人们在思维思想层面做到与时俱进。

思维活动是人类认识世界和改造世界过程中的重要科学活动，其由思维主体（比如人脑）采用思维工具进行处理信息与意识的活动，周边世界则为思维提供基本素材，从某种程度而言，思维是一种广义的计算。人脑对科学信息进行认识、概括、抽象、加工等活动可称为科学思维。根据认识与改造世界的不同方式，科学思维可以分为理论思维、实验思维、计算思维三种范式。其中，理论思维是通过推理和演绎，对事物进行抽象概况，发现其本质，并建立概念间的联系，又称逻辑思维，常见于数学等学科。试验思维是通过观察和试验对自然规律进行归纳，又称试验思维，常见于物理等学科。计算思维是通过设计、构造和实施算法解决特定问题，又称构造思维，常见于计算机等学科。中国工程院倪光南院士曾指出，理论思维、实验思维、计算思维三种范式均是通过已知规律发现新规律，而大数据则不同，其是在未知规律的情况下，通过对大数据进行计算发现规律及其作用。因此，大数据思维范式是不同于之前三种范式的存在，主要体现在事物认知转向、关系认知转向与理论重构三个方面。

6.1.1 事物认知升维

世界是什么？这是从人类文明开始即存在的基本问题，各种哲学流派你争我辩，莫衷一是。古希腊时代，先后产生了原子论、四大元素论、本原论、逻各斯论等。我们曾在第5章中提到过毕达哥拉斯学派提出"万物皆数"的观点，该观点在当时虽具有一定局限性。但在大数据时代，为人们看待世界的基本观点与方式提供了新的认知。万物皆数的思维方式逐步被人们所接受，通过对数据的观察和记录，大数据不仅可以再现真实世界，也可以探索其本质。

大数据对事物认知层面的重要转向，实质上是抛弃了原本简单的世界观，而转向了复杂性世界观，不再用个体、单维、静态、精准、封闭、代表的简单、有序、结构性的标准来认知事物，而是从一种整体、多维、动态、容错、开放、平等的复杂、无序、非结构的视角来认知事物。

首先，大数据改变了如何看待人本身的观点和方式，把人视为数据的集合。从最基本的微观遗传信息与细胞结构、中观层面的器官功能结构，和宏观的生命结构与外化的个体行为，人及其行为都可以通过一系列数据进行表征。当然，这种观点并不完全成立，因为人的基本思维意识与其宏观存在的完整性与主体性，是否能被孤立的数据解构，是一个难以回答的问题。但不可否认，大数据在很大程度上重塑了对人本身的看法。

其次，人类社会的经济与社会活动也可以通过一系列数据的集合和决策过程来表示。经济行为可视为从原材料的挖掘冶炼到设计、生产、运输、交易、交付、售后等的一系列过程，这些过程皆可表现为数据的集合；同样的，各种社会交际、组织活动、政府治理等，都是可以被观测、记录、储存、分析、优化、追溯与再现的。这将从根本上改变城市传统线性的、机械的运行状态，而具有了智慧生命体的动态循环特征，人们可以感知、观测、存储、分析、利用、再现表现为数据结合的各种活动，探索各种活动可能存在的积极与消极作用。[39]

1. 从模型实验到复杂世界

数据本身就是知识，特别在科学知识并不完善的时候。当理论知识不足以计算一定深度中海水的温度时，传感器会及时准确地告知该处的温度。当理论知识无法分离雨量和雪量时，卫星数据可以估计雪水的体量。[40] 当平面坐标系只有一个点的时候，我们不能确定线性函数的形式；当只有两个点的时候，我们不能确定二次函数的形式；而当有足够多点的时候，我们就能确定任何连续的函数。在部分科学领域，现有的理论知识仅仅能够研究实验室中的简单模型，对于复杂的真实世界却无能为力。

在大数据技术的支撑下，大数据可以使复杂的世界呈现在我们的面前。在这个意义上，数据的可观测性拓展了科学的研究对象，使之从实验室的简单模型走向了复杂的真实世界（图6-2）。[41]

正如图6-2所示，从我们对世界的科学认识建立在一个二元映射中，在复杂世界一侧，从物理系统到信息系统，再到社会系统，数据量越来越大，从小数据到大数据；而在模型实验一侧，从传统的数学模型，到仿真模型，再到人工模型，所归纳出的定律一般适用性越来越小，呈现出从大定律到小定律的特征。这反映出城市研究背后从解析系统到大型系统，再到复杂系统的趋"真"。而这一切非常清晰地告诉我们，面对城市这样的复杂系统，选择不同的层次构建模型，所获得的研究结论与真实世界之间的误差会有非常大的差异。

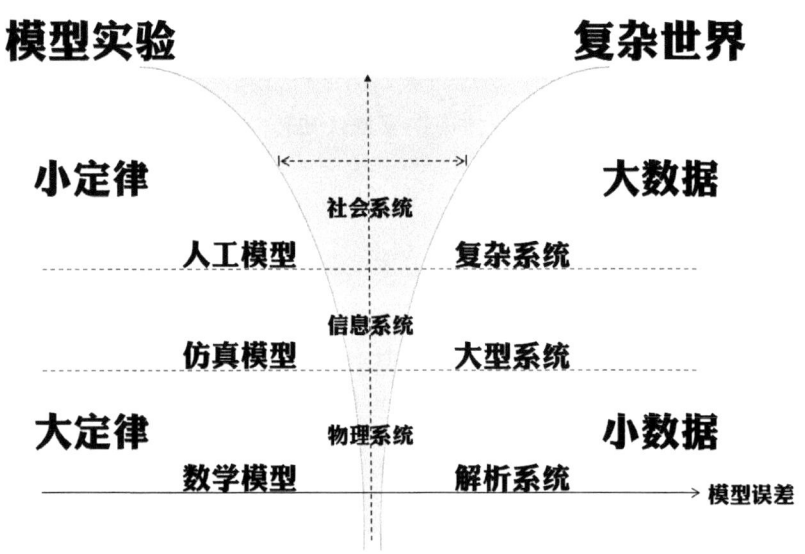

图 6-2　不同模型试验与复杂世界的模型误差

资料来源：王飞跃，王晓，袁勇，等.社会计算与计算社会：智慧社会的基础与必然.科学通报，2015，60：460–469.

2. 从局部抽样到整体全样

在大数据出现之前，人们对群体的认知通常采用抽样的方法，通过对主要数据或具有代表性的数据进行抽取，产生了统计学。为推测整体的某些特征，通过探寻事物数据整体与部分之间的内在联系，研究挖掘部分的某些特征。可以说采用抽样这种"以点概面"的方法是"生产力不足"的无奈之举，是因为数据不完全或者因为数据过于庞大而无法收集和处理，致使无法进行全面的研究和分析。随机采样的方法与统计学理论（概率论、假设检验等）虽无法帮助人们完全掌握数据的整体性，但在把握数据整体性方面仍有重大贡献。

当大数据被拆分为各个小部分样本数据时，就可能无法体现整体所具有的属性、特征和功能。因为在"抽样"的局部性认知路径下，除了可能存在的信度与效度不足问题外，一些细节甚至是更重要的数据资源往往会在分析认知过程中被忽略，犹如"盲人摸象""管中窥豹"，导致人们的认知结果存在局限性和片面性。大数据出现后，数据样本量得到扩充完善，甚至部分时候可获取全体数据，这将推动思维认知从片面数据进化为"全数据模型"。而全样本的特性在某种程度上也能够避免因个人经验的有限性、非理性、主观性而产生的干扰。[42]

3. 从低维投影到高维真实

在传统结构化数据基础上，城市大数据出现很多新的非结构数据源，包括文本、图片、视频等各种数据，只有汇集、融合、集成多方面的数据，才能更好地反映事物全貌。[43] 如同三维空间中的一段线段或形状，它在不同坐标轴上的投影长度与形状可能完全不同，只有综合三个维度的投影，才能全面地认识这条线段。[44] 观察图6-3中的三维物体，映射在墙上的二维投影呈现出手的形状，也就是按照二维条件的数据、常识、经验、直觉或凭传统的统计分析方法，就会认为事物是一只手，但是如果进行数据视角的升维，就会发现物体实际上是一只兔子。

图6-3 三维兔子的二维投影

资料来源：网络公开资料。

通过信息甄别系统，可以对比不同维度得到的直接和间接信息，从而进行信息验证，使信息的正确性得到保障。如在验证统计局的粮食产量时，就可以对地质、水文信息、光照等数据进行对比。在传统单维数据模式下，这种信息验证是很难实现的。而大数据的全样本分析就如同一个人同时将听觉、视觉、味觉和触觉结合起来，感知身边的每一瞬间，然后做出适当的反映，接收的感官信息越多，大脑做出的判断也越快、越准，身体做出的应对也越到位。同理，汇总的不同种类城市数据越多，获得的洞察力也越细致、越准确，而分析计算得出的结果也更能反映事物的真实情况与发展趋势。[36]

4. 从静态粗粒到动态微粒

数据具有时间维，传统的数据受制于采集方式的高成本与高难度，获得的时间序列数据多为多个时间点或多个时间段平均的比较静态数据，而非实时动态数据。这种结构化的数据，如各种统计年鉴、公报中的数据，时间点多以年份为单位，虽也有季度或月份数据，但样本粒度偏粗。

城市大数据的生成与采集技术，从被动转变为主动、自动，各种物联网传感器、手机等移动端设备都可产生连续的数据流，反映出人、事、物的动态、并行、实时的演变过程。同时在处理分析数据的过程中要借助一定的反馈机制，采用动态的、演化的认知路径与全景展示，使得建立在动态数据分析基础之上的发展预测不再受到传统静态性数据供给的束缚和限制。

5. 从机械精确到容错创新

对理论的验证可分为证实、证伪或难以验证三种，但在现实中，证实是学者们最乐于见到的。在小数据时代，人们害怕未知与反常，即便发现集体的无意识群体行为，也可能会将其标上无意义或非理性等标签，晾在一旁。

传统城市研究对数据的处理强调数据要有一个清楚明确的表征，这种准确性背后反映出的是人类对确定性的追求。准确性虽意味着确定，但也意味着简化与忽略，比如通过箱型图将超出上下边缘的数据称为异常值。真实世界是复杂的，这种简化剔除是一种主观化行为，可能使理论之树的主干得以保留，但也可能裁掉了尚未发现的理论创新花朵与果实，就像追求精准的经典力学在高速、微观领域的失效一样。

精确性与容错性在哲学上是一对具有反身性的概念，不存在绝对的精确性，而容错性是一种认识论的方法路径，并非仅仅是一种本体论立场上的态度选择。[45]"不怕一万就怕万一"，有时"万一"的疏漏对城市复杂巨系统也许就是致命的。与小数据相比，大数据允许不精确性、混杂性的包容，表现为一种容错思维，城市大数据的"巨量"特征意味着城市研究者必须接受数据的混杂性，这种混杂性并不是让研究者放弃精确性，而是不用再为此纠结[45]，因为无限的模糊所带来的聚焦成像会比有限的精确更准确，这正是大数据准确预测的核心所在。[43] 因此，借助于大数据技术，城市各方面数据的获取拓展了城市科学可分析与可预测范围，在不存在预设目标和理论模型的情况下，通过大数据分析挖掘，预测的准确性在大数据的容错机制下得以大大提升，体现出偶然与必然在非线性条件下的统一。

6. 从条块封闭到开放跨界

大数据体现出一种开放性思维，包括社会环境多元化、个性化发展趋势、认识主体的主观能动性提高、数据采集设备众多，呈现方式多样。开放性和可拓展性则决定了城市智能的迭代与升级，既是智能硬件和技术发展的必然趋势，也是城市智能化不断发展的前提条件。

开放性意味着公开一切事实或观察结果，保密、特权查阅的现象将不复存在，从传统的、局限的"单位利益优先"发展到现在的"平等共享"。就个体而言，普通民众在符合相关法律规定的前提下，可以通过互联网搜寻自己需要的数据。在确保隐私不受侵犯的法律和条例保障下，公民本人可以亲自授权，由第三方采集其信息并实现快速处理，为其提供个性化的数据服务。每个企业和社会组织可以用低廉的成本获取各种自然资源数据、产业经济数据、生活环境数据等，企业和社会组织不需要再付出政府已获数据的沉默成本，企业、社会组织和政府部门间权力"寻租"可能也在一定程度上被减少。就政府层面而言，信息资源是重要的行政资源，大数据应用的时代要求将促使政府从数据的垄断者向服务者转变。[46]

7. 从中心层级到平等网络

数据开放后，信息和每一个公民间的距离意味着平等，中间没有层级的过滤。数据的开放和流动，代表着知识和权利的开放和流动。对于知识生产而言，每个人都可以平等地为人类知识添砖加瓦，实现知识创造的平等性。认知视角的平等化得以实现，重塑了传统认知时期的等级与权威，结束了推崇精英论和英雄主义的时代，群众成为大数据时代的造就者，这实际上表现了一种"数据不问出处"的价值取向。人类认知的"去等级化"因大数据时代的到来得以实现。[47]

这里的数据平等性思维，主要反映了数据在知识生产中的转向，但与社会运行所需要的物质、人力资本、技术等资源一样，数据、知识、信息也是重要的资源，其分配也是一种社会资源的分配。因此，资源能否平等分配非常关键，需要充分关注如何化解在数据产生、数据获取与储存、数据挖掘与分析等环节所产生的不平等。

8. 从区位均衡到流量驱动

传统城市研究以规范性分析为思维方式。这种研究主要从经济区位选定的一些基本命题出发，演绎推理出结果。由于经济活动最佳区位是在一系列简化的假设条件下求得的，区位决策被认为具有所有经济学的知识并一味追求最大利润，其研究框架的实际应用受到一定的限制。大约在过去的20年间，城市科学的研究趋势逐渐由静态的、均衡的范式向一种动态演化的范式转变，并且开始应用复杂科学的理论和方法来研究和分析区域问题及其时空演化的内在规律，内容涉及城市和区域系统内不同层次上的结构和功能，以及在相应空间上的动态格局。城市与区域空间结构的演化被视为大量微观区位决策在时间维的累积和在空间维的集聚过程。

在传统城市研究中，行为主体的数据获取一般依附于空间客体，将"人"视为"囚禁"于某一空间客体的生产资源（如区域的就业人数）或消费力（区域的可支配收入）。曼纽尔·卡斯特（Manuel Castells）在《网络社会的崛起》一书中提出流动空间的概念，其含义是"不必地理邻接即可实现共享时间的社会实践的物质组织"，即共享时间的社会实践的物质组织，并认为流动空间是主导区域空间组织形式的决定性力量。[48]大数据的基础是信息化与万物互联，在此背景下，各种人流、物流、信息流等要素的流动性急速增强，流动成本减少，空间由静止、封闭的状态转向流动、共享。[49, 50]为此，通过各种位置信息服务与用户主动分享的数据，可以对主体的位置、行为、状态、情绪等数据有效识别，这使传统城市研究中的"自然人"转向具有各种需求、需要情感关怀并可以用脚投票的"社会人"，因此建立趋近于现实社会流动状态的流量驱动思维将十分关键。

6.1.2　关系探索扩充

1. 主客关系的转向

诺伯格－舒尔茨的《场所精神》区分了"场所"与"空间"，将"空间"总结为抽象物理意义上的区位划分，而"场所"则是由具体物质所组成的一个整体，可见场所是由行为主体与空间客体组成的，是人们生产、生活必须依托的，因此空间转而成为传统的社会物质表达。"场所"并非是独立存在，而是在多维空间下，由人、环境和建筑形成复杂的交织联系，衍生出具有特定记忆和情愫的、有意义、有价值的产物。[51] 由此得出，场所尽管区别于空间，但反映出了以空间为主的人地关系。

传统的城市研究把注意力聚焦于城市物质空间，包括对空间分布、形态、结构等方面的探讨，却忽略了活动空间（包括经济和社会活动空间）的重要作用。城市是由物质空间与活动空间共同组成的，两者互相补充、相互影响。城市物质空间不仅为居民的时空活动创造了空间载体，同时也对居民的时空活动造成影响。居民活动空间内部的路径、区域、边界、节点及中央活动区的具体状态，均会受到居民时空活动的控制。随着时间不断推移，其作用也不断发生改变，从而对调整和优化城市物质空间有着积极的作用。

大数据时代，居民活动被破碎化，而弹性却得到加强，在现实地理区域划分的"场所空间"和要素流支配的"流动空间"中，在二者的共同影响下，传统的城市物质空间形态和组织得以变化，以人为本的新人地关系成为新城市科学研究与智慧城市建设的重要理论支撑。在行为主体转向中，我们提到大数据背景下，行为主体从自然人向社会人转变。此外，空间客体对行为主体的活动限制作用越来越小，行为主体活动的时空灵活性、流动性日益增强。此外，大数据可以为研究城市物质和活动空间提供不可或缺的数据，从而精确快速地发现城市居民活动及其活动空间方面存在的问题，进而对现有城市物质空间进行改造。[52]

总的来说，城市大数据通过对人与地、人与物、人与人、物与物、物与地、地与地各种实时数据的感知、采集和传输，将更全面地刻画与影响人地关系，使其向人本、可持续、高质量的人地关系演变。

2. 事物关系的转向

在小数据时代，因果分析与相关分析都是存在的，相关关系探寻"是什么"的问题，而因果关系分析"为什么"的问题。[52] 传统城市科学研究认为相对于"是什么"的表象，"为什么"的机制更重要。由于因果关系从属于相关关系，因果必定相关，但相关未必因果，又或者相关可能存在共同的因或果。只有将对个体间的因果关系扩充为相关分析，才能更全面、更准确、更本质地把握群体现象。[53] 此外，因果关系假设法存在诸多弊端。除了可能存在的遗漏变量、样本偏误、联立性等问题外，更重要的是，如果只关注因果关系，许多看似无关实际有着复杂的、深层的和深埋的规律会因为理论假设而被遗漏，难以发现和进行研究。因此，由因果关系的线性思维扩充为相关关系的网状思维，通过对海量数据做统计性的搜索、比较、分类和聚类分析，发现变量的取值之间存在某种规律性，从中找到隐藏的关系网。[43] 相关关系引发的新思维模式不仅在城市研究领域帮助我们重新认知和解释城市，也改变了许多行业的行为方式以及思维方式，通过挖掘数据间的相关关系来达到提升生产与生活效率，优化生产与生活方式的目的。此外，小数据时代下，由于数据及计算能力欠缺，大多相关关系分析仅限于探索事物的线性关系。事实上，各种要素交汇、大量信息交融、多种空间或活动交叉，孕育出复杂的城市。城市研究者要掌握城市内部各系统或主体之间的关系、变化机制、运行趋势，必须经过复杂的分析，发现数据间的"非线性关系"，才能找出潜在的、有价值的问题，解决挑战。[52]

需要强调的是，城市大数据研究对相关关系的注重，并非是对事物因果关系的否定。基于大数据的相关分析是因果分析的基础和起点，因果分析是科学研究的全部目的，两者是相互统一的。正如之前提到的沃尔玛超市将尿不湿与啤酒放在一起销售的案例，沃尔玛并没有深究原因，而是直接将两个柜台放在一起，在减少顾客搜寻成本的同时提升了自身的货品销量。这并不妨碍后续对背后原因的探讨，通过观察识别分析用户特征，分析者发现同时购买尿不湿与啤酒的顾客特征——中年奶爸。因此，有学者认为大数据背景下新城市科学终将在描述性分析、相关性分析的热潮之后，进一步向因果分析跃迁。[42]

6.1.3 研究范式变革

美国科学哲学家托马斯·库恩（Thomas Samuel Kuhn）在其著作《科学革命的结构》中提出范式的概念，认为范式是指"特定的科学共同体从事某一类科学活动所必须遵循的公认的'模式'，它包括共有的世界观、基本理论、范例、方法、手段、标准等与科学研究有关的所有东西。"在库恩看来，范式是本体论、认识论和方法论的综合体，在每一个科学发展阶段，三者都有特殊的内在结构，而体现这种结构的模型即范式，在心理上形成科学家的共同信念。而大数据的兴起也正在推动一种新范式的浮现，2007 年，吉姆·格雷（Jim Gray）在其演讲"科学方法的革命"中提出将科学研究分为四类范式（Paradigm，某种必须遵循的规范或大家都在用的套路），依次为实验归纳、模型推演、仿真模拟和数据密集型科学发现（Data-Intensive Scientific Discovery），2009 年由托尼·埃（Tony Hey）等人主编，微软研究院出版了《第四范式：数据密集型的科学发现》（The Fourth Paradigm: Data-intensive Scientific Discovery）。

回归城市，信息革命带来城市主体、客体及其内在关系的巨大变化，大数据让人们在面对城市这样一个复杂巨系统时，获得了一个相对于以往从来没有过的、可以全链条贯通的观察、分析、诠释、解决问题的强有力工具。而要用好这个工具，需要充分用好用足大数据的多维价值，包括对数据的理解、定义、分析和阐释等；需要打破各专业领域细分研究的护城河分割，在多学科联合之下将数据的价值最大化。因此，大数据时代下城市研究范式的最大变革就是要从分割走向融合，从单一走向协同。实现大融合与大协同，建立一种符合信息革命与智能时代的高维思想认知，正是从分化范式到融合范式的范式转型精髓所在。主要体现在学科知识的交叉、多元方法的混合、探索思路的融合、研究类型的融汇与研究尺度的贯通五个方面（图6-4）。

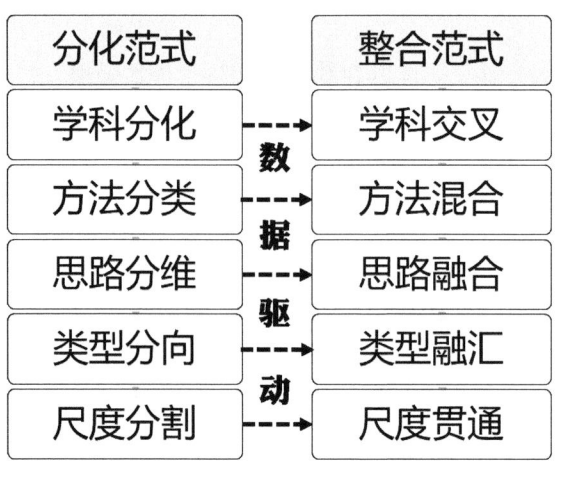

图6-4 大数据驱动研究范式变革

1.学科知识的交叉

城市是复杂的，也是多维的。城市科学研究涉及经济、社会、地理、环境、规划、管理、政治、信息科学等诸多学科。作为现代社会的鲜明特征，专业化程度的提高大大加强了人们认识自然和社会的能力，然而学科专业细分在提高研究效率和学术领域内的交流评估质量的同时，也导致了各学科各谋其政的不足。学科间的边界藩篱日益突出，研究者为获得深度，不得已放弃广度，个体在逐渐专业化的过程中损失了对城市整体的理解和控制，而且在学科边界间衍生出许多无人涉足的地带。城市科学横跨自然科学与社会科学两大领域，单一学科的理论与方法已难以发现和解释城市的发展规律。而大数据的出现，为城市科学领域各学科的融合提供了纽带，主要表现在两个方面：

一是自然科学与社会科学间的融合。大数据之"大"使得数据的性质发生显著变化，其数据的获取和分析，往往需要有别于传统社会科学训练的方法和工具，这为在计算机、人工智能和数理等领域具有专长的学者参与社会现象的分析甚至转型为社会科学家提供了机会。近年来，众多基于谷歌图书、维基百科和脸书、推特等大数据的语言学、经济学研究论文，大部分都有计算机和自然科学家参与。同时，大数据为社会科学提供了全新的研究对象，诸如"计算社会科学""应用计算科学""物理社会学"等学科纷纷出现。

二是自然科学与社会科学内部的融合。长期以来，在城市研究领域，受制于不用研究维度，自然科学的研究目的都各不相同。而对于社会科学，数据的使用和分析方法也都自成体系。例如，经济学分析多使用面板数据、时间序列数据；社会学分析多使用截面数据；人口学分析多使用普查数据等。尽管数据分析的方法和原理大同小异，但学科差异下的数据搜集和使用"各自为政"，降低了交流的效率。大数据的出现将有助于改善这一对话困境，可以预见将会有越来越多的跨学科和交叉学科研究出现。[42]

总之，以数据为核心，集合各学科领域专业人才，对城市大数据进行整合、分析和研究，形成一种"链式研究"的闭环体系，将最大限度地挖掘城市数据全生命周期的价值，为城乡规划、城市建设和城市管理等环节提供科学依据。

2.多元方法的混合

定量研究和定性研究是两种不同取向的研究方法范式，不同学术偏好的研究者们从本体论、认识论和方法论等各方面对两种范式的优点和局限进行了深刻剖析。一方面，定量研究作为一种科学化的中介手段，对实现社会现象对象化、客体化具有重要作用；另一方面，定性研究则可以突破自然科学的限制，把握行动主观意义。然而在城市科学研究中，针对究竟是工具理性更重要还是价值理性更重要这一关键问题，双方并没有达成一致的意见。陈云松等（2015）以谷歌图书2013年版语料库为数据资料来源，计算了"定量分析指数"，发现从20世纪50年代开始，定量研究和定性研究一直呈现出交替主导的局面。

大数据的出现使定性研究和定量研究之间出现了一个混合地带。大数据海量的数据规模和全新的数据特征使得两类研究在资料获得与分析方法方面逐步走向趋同，在某种程度上重构了定量研究与定性研究间的关系。对定性研究者而言，大数据对社会现象规律的发现是通过海量规模的样本实现的，既不需要用控制变量的方法来检验关联，又能避免定性方法在案例选择方面存在的样本偏差。大数据使定性研究的研究思维变得崭新却并不复杂，并且使得过去定量研究者所"垄断"的检索和数据描述等方法亦适用于定性研究。

对定量研究者而言，在探索变量间的因果关系所遭遇的最大困境在于反事实问题。囿于研究伦理的限制，研究者无法同时得到个体在受干预和不受干预两种情况下的状态，这就使得寻找用于解决反事实问题的控制变量变得愈发困难，从而导致在统计推断过程中遗漏变量。目前大数据定量分析方法一般可分为两个层次：一是描述和可视化大数据，二是从大数据中抽取出可以进行回归分析的变量进行传统的定量分析。前者能够在最大程度上展现大时空的规律性，后者能够将海量的数据结构化，并得出高质量的新数据。上述方法并非专门为回归分析而设计，尚不能完全解决反事实问题和遗漏变量偏误，但基于海量甚至全样本的数据性质，大数据的分析结论往往更具说服力。同时，大数据还拓展了定量研究者的关注视野，使他们的兴趣点从传统的定量分析向先前较少触及的文化、心理等领域转变，并开始在定量分析中重新审视"描述"的地位。

3. 探索思路的融合

大数据背景下，因果关系的线性思维向相关关系的网状思维转化，从探索思路上看，这种转变可以理解为模型驱动与数据驱动的融合。

随着自动式、主动式生成数据促成海量、复杂数据的高速产生，要想从高价值低密度的数据中获取新知，传统的数据适应算法的思维显然已经力有不逮。探索思路亟需从数据用于计算转向计算用于数据，摒弃传统的数据适应算法的思维（图6-5）。大数据分析没有采用传统的理论假说并验证的模型驱动型方法，而是数据探索型方法，从海量的数据中挖掘出潜在的模型，模型是结果而不是假设前提，不涉及基本原理知识，只是符合其相应的海量数据。新城市研究的探索思路将从模型驱动到数据驱动，未来则将呈现数据＋模型的双驱动模型。[54]

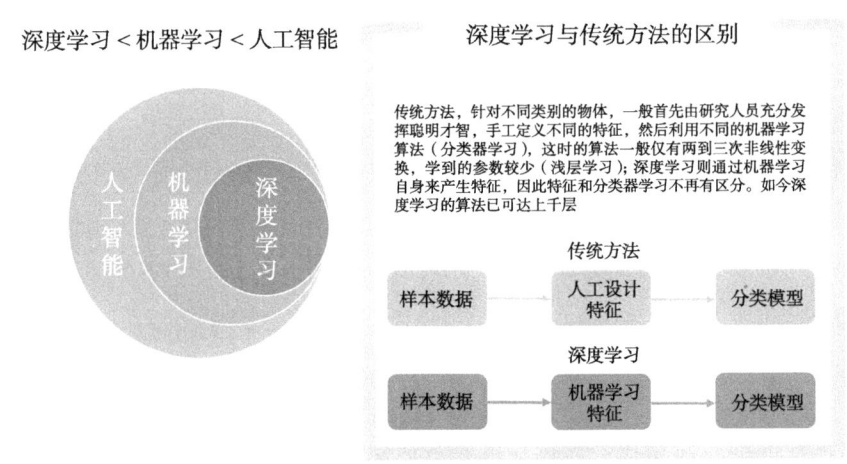

图6-5 深度学习与传统方法的区别

资料来源：艾瑞咨询研究院。

4. 研究类型的融汇

传统城市研究，从研究目的的角度来讲可分为基础研究与应用研究。经济合作与发展组织（Organization for Economic Cooperation and Development，OECD，2010）指出基础研究不以任何特定的应用或使用为目的，而是为了获得对现象基本原理和知识的理论性和试验性工作。[55] 可以看出，获取基本原理的新知识是基础研究的核心特征，与之不同的是，应用研究是为获得新知识而进行的创造性研究，它主要是针对某一特定的实际目的或目标。

以大数据分析为基础的新城市研究，使研究从复杂的理论与严密的模型中脱离出来，尝试用简单的方法与不同场景结合，一定程度减轻了基础研究与应用研究的隔阂。[41]

5. 研究尺度的贯通

以城市及更大空间尺度为基本研究单元的传统城市研究，对城市物质空间、经济空间及社会空间的宏观分析极为看重，为达到空间或要素资源的公平分配、经济与社会的高质量发展，寻找城市发展存在的问题和供求矛盾，对整体的空间或经济社会组织进行调整与改造。然而，囿于缺乏数据、计算能力不足、研究目标的制约，这些研究不仅在城市整体居民行为活动规律或模式方面较为缺乏，而且在居民个体行为偏好及形成机制方面也欠缺深入的探讨。其中，对居民空间利用效率及评价、经济活动集聚与分散特征、不同社会群体分布及诉求的掌握，需要以城市居民行为活动规律或模式的把握为基础，并补充对城市物质空间、经济及社会空间中非人要素分布规律的研究；对微观居民行为偏好的挖掘，则可以发现不同特征与个性的居民的多样性需求。

城市大数据的出现使得可以对不同区域或带有不同经济社会特征居民群体的行为与活动偏好进行有针对性的研究，从微观上，对居民行为及偏好的挖掘则可以对宏观层面各类城市现象的影响因素及形成机制进行补充解释或验证。[52] 这便为实现全尺度的综合研究，贯通宏微观层面的城市空间和经济现象、群体行为与微观层面的个体属性、个体活动与个体情感偏好等的充分融合创造了条件。

6.2 新城市研究运作之法

法乃法度与规则，乃不变之"道"调整出的模式，从数据本身来看，大数据对城市数据生产采集与传播的模式、作业模式、协同模式、业务数据模式进行重构。

6.2.1 多源集成之法

面向城市科学领域的大数据应用，应树立"大数据解决大问题"的总体原则，认识到城市主客体的复杂性，充分采集汇聚城市规划、建设、管理过程中各类多源信息，尽可能将最丰富的大数据信息与"立体的"城市信息进行深入的叠合研究。大数据时代，数据的产生与采集更加扁平开放，不再仅仅依靠于特殊主体与组织，而是由各种传感器、智能手机、芯片等自动产生的数据，预测到 2030 年，全球传感器数量将突破 100 万亿个。同时，消费者会通过各类自媒体主动产生大量数据。在此，我们有必要重点谈一下自媒体，自媒体（grassroots media，We Media）可分为广义的自媒体和狭义的自媒体，20 世纪末产生的广义自媒体除包括 BBS 个人专辑之外，还包括博客、微博等共享写作平台。如今的狭义自媒体指微信公众号、百度百家、搜狐、网易、腾讯和抖音等平台。与自媒体配套的是"流量"，2020 年 4 月 29 日，Facebook 发布的 2020 年第一季度财报中显示其日活跃用户人数为 23.6 亿，月活跃用户人数为 29.9 亿。而截至 2019 年年底，微信每月活跃用户数量也已经达到 12 亿。而作为中国活动场景分享平台的首席应用，《2019 年抖音数据报告》显示截至 2020 年 1 月 5 日其日活跃用户数已经突破 4 亿。这些社交媒体打破了传统时代的信息封闭与隔离状态。可以说，今天众人万物都能低成本、高效率的产生与传播数据。这种扁平化的信息产生与收集模式，为城市研究提供了崭新的空间。

6.2.2 组织合作之法

本质上，大数据作为一种升维后的思维方式，其为学界提供的新思维就是打破狭隘的学科视野，超越个体、超越行业、超越技术。未来，建立有核心无边界的大数据生态，团队合作、互联互通、打造平台将成为个人与组织在"互联网 +"时代发展的核心要义。为此，面向"人"、面向"城市"，探索适应大数据开放应用的城市科学研究的 PPP（Public-Private Partnership）模式（图 6-6）。

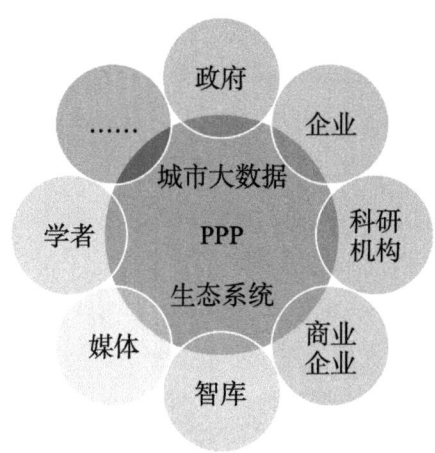

图 6-6 城市大数据 PPP 生态系统

与传统的有限研究团队作业模式相比，大数据背景下城市科学研究越来越多地采用一种开源众包、统筹参与的作业模式，形成协同创新的突出优势。从发起方式看，众包可分为供给侧发起众包和需求侧发起众包两种。其中，供给侧发起众包指资源供给方根据资源特点和潜在应用场景，按照"资源发布—需求方订阅—资源使用—计量（计费）"的模式发起众包；需求侧发起众包指资源需求方根据使用需求，按照"需求发布—供给方响应—定制处理（开发）—付费购买"的模式发起众包。与传统作业模式相比，众包模式在供给端可以物尽其用、人尽其用、数尽其用；在需求端可以满足真实、多样的社会需求，利用流动空间激活政府、企业、公众，在全社会范围内调用资源，高效率的实现作业，并使之前难以完成的任务通过分解，得以完成。从具体内容看，众包可分为数据众包与应用众包。其中数据众包指的是结合应用需求，重点针对城市公共数据、城市商业数据等数据的获取、处理进行众包。应用众包是指在平台提供基本应用和开发工具的支持下，众包开发满足时空信息专业应用需求的扩展应用，以及满足政府、企业和个人个性化需求的定制应用。

6.2.3 数据协同之法

首先是数据权属上的协同。当前智慧城市与大数据的发展仍然存在诸多"数据烟囱"与"数据孤岛"现象，很多数据因各地政府、各数据公司有各自的属地，区域与行业内的竞争关系使数据协同存在一定限制。为此，打通城市数据在机构、部门间流动断层的重要环节，构建高效数据平台，实现各研究机构与政府部门间数据的整合与共享，才能发挥大数据的价值。

其次是数据标准上的协同。大数据是多维的，也是异构的，既包括数量、图形这样的结构化数据，又包含文本、图像、视频、音频这样的非结构化数据。客观的数据间缺乏统一标准问题，提高了数据间协同的成本。为解决这些问题，需要统一政府数据传递、存储的平台和格式标准，保障不同地区和不同部门之间的数据在对接和转换上没有技术障碍，保障不同维度、不同类型的异构数据可以统一在一个框架之内进行抽取、匹配、融合，开展数据挖掘或机器学习。

最后是数据理念上的协同。如果说推动数据结构协同的关键在于技术，那么推动数据协同的根本则是理念认知。不同维度的数据协同可以绽放巨大的能力，在现实中有很多案例可以说明。科学家将气象数据与地理数据结合用于渔业作业，构建了一个流域模型，并用以预测北加利福尼亚海岸带水域的鱼类栖息地。气象数据包括加利福尼亚州内华达山脉丘陵区多年的平均降水量，数据资料来源于美国国家气候数据中心（National Climatic Data Center），地理数据包括当地相关小流域的年径流量，数据资料来源包括美国地质调查局（USGS）。[41] 而在城市领域，将智能交通系统、公安信息系统、医院信息系统进行协同，可以提升交通事故的处置与施救效率[56]；将城市人口数据、犯罪嫌疑人档案数据、案件卷宗数据、城市道路监控视频等多种数据进行协同，可用于城市安防。[57] 因此，消除各行各业对数据价值认知水平的差异差距，建立数据认识共识是推动城市大数据深入的关键所在。

6.3 新城市研究操作之术与器

道为根本，法为原则，术与器乃技巧与工具，主要为在城市科学的大数据分析领域的各种分析技术、算法、模型、软件、数据库、搜索引擎等。"数据信息链"反映从数据信息感知、数据信息表示与形成、数据推理、数据决策、数据执行与输出的一般过程。在这个过程中，数据信息是流动的载体，经历了"数据—信息—知识—智慧"的凝练。从数据分析的流程来看，可分为数据的生产、分析、表达和应用。其中数据的生产包括数据的采集、传输、储存、检索，数据的分析包括数据清洗和挖掘，数据的表达包括数据可视化和洞察，数据的应用包括数据在各种应用场景的产品开发（表6-1）。

城市大数据各环节中的术与器 　　　　　　　　　　　　　　　　　　　　　　表 6-1

环节	领域	术	器
数据生产	数据获取	二维码、面部识别、触摸屏控制、手势识别、AI 识物、GPS、RFID、基站定位等	摄像头、基因测序仪、红外感应器、超声波传感器、激光扫描器、气体感应器、手机基站、可穿戴设备、无人机、导航卫星、脑机接口技术、API 接口、网络爬虫、眼动仪
	数据溯源	区块链	
	数据传输	5G	
	数据储存	云储存	NoSQL、GFS、HDFS、SDBMS、YRAN
	数据检索	MapReduce、图像检索技术	Google Dataset Search、规划云
数据分析	传统分析	新经济地理模型、空间交互模型、空间均衡模型、元胞自动机、空间动态模型、空间句等	Excel、SAS、SPSS、Stata、Matlab、Arcgis、Qgis、Ucinet、Gephi、
	数据挖掘	聚类、分类、关联、预测、时序模式、偏差分析、异常检测等	R、Python、Flurry、Scikit-Learn、rapidminer、KNIME、Weka
	数据结构化与文本分析	ETL	ATLAS.ti、Nvivo、MAXQDA、CiteSpace、RefViz、HistCite、Vosviewer、Leydesdorff
	云计算	MapReduce、Hadoop Mahout、Spark、Tensor Flow、Caffe、CNTK、MXNet	Azure ML、MlaaS、Aliyun PAI、Jupyter Notebook
数据表达	数据可视化	信息图表、VR、AR	Auto CAD、Sketch Up、3Ds MAX、Rhinoceros、Revit、Excel、SPSS、stata、SAS、matlab、Arcgis、Qgis、Ucinet、Gephi、ATLAS.ti、Nvivo、MAXQDA、Python、R、DataV、Echarts、Sugar、TCV、BDP、镝 数、魔 镜、AntV、Mapbox、Circos、Many Eyes、D3.js、Splunk
数据应用	人机交互	各种智能交互模型	Modelur、Grasshopper、Vasari、Diva、Holodeck 模拟器、BIM、阿里 ET 城市大脑、谷歌 Sidewalk Labs、讯飞城市超脑、CityNext、Google Urbanism、IBM Watson、NVidia Metropolis、VlMOC Redwood City、Rain Watch
	综合平台		Google Earth Engine、地球大数据原型系统、CityEye、极海云、相数云、城市象限、Datamap

6.3.1 数据生产技术与工具

1.数据采集存储技术概述

关于数据采集，被动采集、主动采集以及自动采集都有众多新技术。

在被动与主动采集方面，二维码的出现使用户可以通过手机等便携设施方便地跳转至信息收集页面，面部识别可以快速识别身份，触摸屏控制、手势识别提升了信息采集的效率，基因测序仪等仪器则拓宽了数据获取的范围。

在自动采集信息方面，红外感应器、激光扫描器、气体感应器、超声波传感器等传感器、AI识物等技术可以识别人与物质等主体的特征数据，全球定位系统（Global Positioning System，GPS）、射频识别（Radio Frequency Identification，RFID）、基站定位则可以识别主体在空间客体中的移动（坐标数据及变化），眼动仪、智能手环等可穿戴设备则可进一步获取主体的其他行为与体征指标。

此外，通过系统日志、网络爬虫或者网站公开 API 来采集大数据。其中用于系统日志采集的工具常见的有 Hadoop Chukwa、Cloudera Flume、Facebook Scribe 和 LinkedIn Kafka 等。这些工具是分布式架构，满足每秒数百 MB 的日志数据采集和传输需求。而对于生产业务或学术研究，如涉及更高数据的保密性要求，可以通过与企业或者研究机构合作，使用特定系统接口等相关方式采集数据。目前处在研究或小范围实验阶段的脑机接口（BCI：Brain-Computer Interface；BMI：Brain-Machine Interface），未来将进一步打破对主体信息采集的信度、效度与效率，也为大数据研究提供了无限可能。

数据储存、格式化数据采用成熟的关系型数据库作为存储解决方案，半格式化数据采用 NoSQL 数据库来进行存储和管理[58]，文本数据采用 GFS、HDFS 等分布式文件系统来进行存储[59]，储存城市空间数据的空间数据库管理系统（Spatial Data Base Management System，SDBMS），利用 YRAN 实现资源的调度和管理。根据数据使用场景，可分为实时数据和非实时数据，对于实时数据首先采用内存数据库进行存储和管理，经处理后再进行持久化存储。城市日常管理中会产生海量数据，在储存时需要通过云存储和智能压缩算法。云存储通过虚拟化①、集群应用、网格、分布式文件系统，将众多存储单元通过网络协同起来，共同提供数据存储和业务访问功能，打破时间和空间上的诸多束缚。城市管理中空间和视频类的多媒体数据占用存储空间很大，可以通过去掉多媒体数据中的冗余数据，或按照一定算法重新组织数据来进行数据压缩，如图像中具有相同像素的绿地、河流等，视频中的静态背景等，从而减少数据存储空间。[57]

数据检索方面，传统快速数据检索的办法是建立数据库，将一条信息作为数据库中的一条记录，按信息的不同属性建立相应字段并予以赋值，再将这些记录进行排序、索引。对于复杂的信息还可以通过数据库之间的关联以便于信息检索。MapReduce②是较早出现的大规模数据处理的重要技术，被 Google 应用于搜索引擎的网页索引，从大体量异构数据中抽取数据特征/属性构造高维语义空间，建立相应的索引，从而实现对数据资源的有效组织和管理。在城市大数据中，有很多非结构数据难以通过数据库技术进行检索，比如在检索图片、监控视频时就需要基于内容的图像检索技术（Content Based Image Retrieval，CBIR）等技术，通过对视频进行镜头分割，对颜色、纹理、形状、对象等特征、动态行为（如翻墙、奔跑、聚集、跟踪等）、地理信息进行提取并建立索引，实现用户的快速检索（表6-2）。

---

① 虚拟化是指通过对互联网端虚拟资源（如服务器、存储空间、网络及内存）的数据进行统一管理，根据用户的需求进行差异化的分配和个性化的系统操作设定，满足资源的高效使用。

② MapReduce 出现于 2003 年，是一种编程模型，用于大规模数据集（大于1TB）的并行运算。

技术	当前主要技术	未来主要技术
采集（识别）技术	磁卡识别技术	RFID 标签识别技术
	条码识别技术	群智感知技术
	生物识别技术（指纹、虹膜）	生物识别技术（语音、生物体征）
	光学识别技术	射频识别技术
定位（测向）技术	雷达定位技术	无线传感器定位技术
	全球声纳定位技术	全球卫星定位技术
	基站定位技术	5G 基站定位技术
	普通蓝牙定位技术	蓝牙 BEACON 定位技术
	WiFi 定位技术	WiFi 精准定位技术
传输（转载）技术	光通信技术	新型光纤通信技术
	无线传输技术	基于 5G 网络的无线传输技术
	宽带传输技术	超宽带传输技术
	光纤通信传输技术	量子通信技术
储存（检索）技术	磁存储技术	磁光存储技术
	微缩存储技术	大数据库存储技术
	光盘存储技术	多技术复合存储技术
	人工检索	智能检索
	计算机网络系统检索	分布式系统检索
共享（融合）技术	共享程度低	利用大数据、物联网等技术，共享程度高

2. 数据搜索引擎与数据库

城市研究需要大量数据，可以通过数据集搜索引擎，及一些政府与商业数据库来获取。

国外比较常见的是各国政府的公开数据，如美国政府公开数据（https://www.data.gov/），该网站可以获取农业、气候、消费者、生态系统、教育、能源、金融、健康、地方政府、制造业、海上、海洋、公共安全、科学与研究等领域的 211264 个数据集。此外，还有非政府的公开数据集。Google 于 2018 年 9 月 5 日发布的免费搜索引擎 Dataset Search 中，Google 为数据集提供方制定了数据集的开放标准（schema.org），包括有关数据集的重要信息，如数据集的作者、发布时间、数据收集方式、使用数据的条款等，Google 通过这些信息分析同一数据集的不同版本，并找到可能描述或讨论这一数据集的出版物。该搜索引擎覆盖了政府、媒体、数据网站、在线图书馆、公开数据集、个人网站数据集和各种竞赛网站的数据集，因为支持中文检索，也可以找到一系列中文数据集。亚马逊公开数据（https://registry.opendata.aws/）则提供包括卫星遥感地图、地理信息、天气、生物等多方面的公开数据。

国内也提供了很多数据开放网站，如国家数据（http://data.stats.gov.cn/）、北京市政务数据资源网（http://www.bjdata.gov.cn/jkfb/index.htm）、上海市政府数据服务网（https://data.sh.gov.cn/）、天津市信息资源统一开放平台（https://data.tj.gov.cn/）、深圳市政府数据开放平台（http://opendata.sz.gov.cn/）、厦门市大数据开放平台（http://data.xm.gov.cn/）等。此外，还有一些研究机构，如北京大学开放研究数据平台（https://opendata.pku.edu.cn/dataverse/pku），提供的资料来源于北京大学中国调查数据资料库、北京大学健康老龄与发展研究中心、北京大学地理信息系统软件（Geosoft）实验室、北京可视化与可视分析研究组等多处来源。

3. 地理信息数据库与工具

对于城市研究，一些网站可以提供地图数据，如国家地球系统科学数据中心（http://www.geodata.cn/index.html）提供全国较大范围内的地质水文、自然景观、自然资源、遥感数据、天气等数据，适合于大尺度下的地球科学相关研究。中国科学院地理科学与资源研究所（http://www.resdc.cn/Default.aspx）提供了包括行政区划、自然地理分区、气象数据、POI、全球灯光、台风路径等地理、气象、水文数据。

此外，很多业界标杆公司为城市研究者提供各种数据。城市数据师手册（www.dashuju123.com）、规划云（www.guihuayun.com）、199IT大数据导航（http://hao.199it.com/）、BCL北京城市实验室（www.beijingcitylab.com）、水经注（http://www.rivermap.cn/）、小O地图科技（http://gis9.com/Index.html）、脉策数据的地图工具（https://www.metrodata.cn/metrodatateam）等网站为城市研究者提供了很多城市空间数据。如城市数据师手册整合了政府机构、数据新闻、数据交易、开放数据、网络数据、API聚合、指数研究、交通数据、矢量数据、企业数据、在线地图、可视化等方面的城市数据类网站。研究者可以通过规划云的地图分析图底图（http://guihuayun.com/maps/index.php）轻松获取世界范围内的底图。截至2020年5月，199IT大数据导航上线了3500多款数据工具。

目前比较常见的地图下载软件主要有LSV地图影像下载器（http://www.locaspace.cn/LSV.jsp）、Bigemap地图下载器（http://www.bigemap.com/）、Osm地图下载（https://www.openstreetmap.org）等。

4. API接口与网络爬虫

除互联网公司提供数据搜索引擎与数据库，通过网络采集数据也是城市研究者获取数据的重要渠道，主要方式包括通过网站公开API（Application Programming Interface，应用程序编程接口）、网络爬虫等方式，将网站上非结构化的数据抽取出来，采用结构化的方法统一储存在本地，支持图片、音频、视频、文字等多种形式的素材采集。

其中，API是一些预先定义的函数，可以提供应用程序开发人员在无需访问源码的条件下，基于某软件或硬件访问一组程序的能力，或能够理解程序内部工作机制的细节。API显示了一种云计算背景下的数据资源、分析方法和计算能力。通过API接口的操作是一个双向过程，在开发人员访问程序的同时，API服务商也会收集开发人员的信息。

很多国内外互联网公司都为第三方开发人员提供了API接口，如百度统计（https://tongji.baidu.com/web/welcome/login）、淘宝开放平台（https://open.taobao.com/）、腾讯开发平台（https://open.tencent.com/）、腾讯移动分析（https://mta.qq.com/）、新浪微博API（http://open.weibo.com/wiki/微博API）等，可以用于分析应用使用统计、网站统计、用户画像等方面。

当前在城市研究领域，可以通过Google、Bing、OpenStreetMap等国外电子地图与百度、高德、腾讯地图等国内电子地图的API获取街景图片。根据图片的尺寸、经纬度坐标、全景角度等信息，通过全景静态图API请求参数自动在网站爬取图片链接，可以实现定位、标记、地图、导航（公交/驾车/步行）、POI位置搜索、周边检索、地理编码及逆地理编码、实时路况等丰富功能，并返回相应的图片数据，从而为研究提供大量的街景图片。

除从电子地图直接获取街景外，还有一些网站提供了街景方面的数据。比如城市街景图片（https://www.cityscapes-dataset.com/）提供多座城市、多种类别的街景语义分割结果。CBCL Street Scenes场景数据（http://cbcl.mit.edu/software-datasets/streetscenes/）则提供了马萨诸塞州波士顿市使用DSC-F717相机拍摄的照片，并对图片中的汽车、行人、自行车、建筑物、树木、天空、道路、人行道、店铺9类物体进行手工标注。Mapillary Vistas Dataset（https://www.mapillary.com/dataset/vistas?pKey=aFWuj_

m4nGoq3-tDz5KAqQ）提供了6大洲152类共计25000张高分辨率已进行语义分割的图片。

网络爬虫作为一种计算机程序，可以在网络上通过一定的规则不断地获取数据。目前常见的爬虫分为分布式网络爬虫工具（Nutch）、Java网络爬虫工具（Crawler4j、WebMagic、WebCollector）、非Java网络爬虫工具（Scrapy）三种。一般而言，其步骤是根据URL获取数据流，对数据流进行解析，获得有用的数据，最后将有用的数据进行合理的储存。

爬虫适用于各种网站，除了电商、UGC、OTA等网站外，还可以获取百度指数（http://index.baidu.com/v2/index.html#/）、微指数、爱奇艺指数（http://index.iqiyi.com/）等指数数据，这些指数数据可用于关键词搜索、监测网络舆论动向、了解不同区域的主体对不同事物的偏好差异、不同区域主体间的相互关注度等。

目前较为常见的智能爬虫软件包括火车采集器（http://www.locoy.com/）、八爪鱼（https://www.bazhuayu.com/）、后羿采集器（http://www.houyicaiji.com/）、前嗅大数据（http://www.forenose.com/）等，这些采集器各有千秋，比较智能，有一些模板，使用门槛较低，缺点是不够灵活，数据爬取的范围也有限。Excel也可以获取网页中表格型的数据。

除了采用智能爬虫软件外，采用python语言（https://www.python.org/）、R（https://www.r-project.org/）语言来爬取数据，使用范围最广，此外还有C++、Java、Rust、Go、Julia等。这些语言作为编程的基础，贯穿了数据获取、数据分析、数据可视化完整的城市研究流程，在下文的数据分析技术与工具中进一步介绍。

6.3.2 数据分析技术与工具

数据并不等于知识，不能简单地去加工和处理，也不仅是依靠数理模型去发现问题。如何从复杂的数据中找到人们需要的知识，去除影响人们判断的冗余信息与数据，需要进行数据的初步处理，包括数据审计、数据清洗、数据变换、数据集成、脱敏、归约和数据标注等。城市大数据因涉及地理实体、影像、高程模型、三维模型、地名地址、新型测绘产品和流式数据等多种形式，还需统一格式、一致性处理，并对数据进行特征数据、空间维度、时间维度的标识。

1. 城市研究的分析方法与模型

在城市数据处理方面，传统数据分析多采用汇总、聚类、因子分析等统计方法和图表加以处理及可视化展示，从数据中直接提取信息。

在研究模型方面，城市研究涉及众多学科，有不同学科发展脉络与各种模型。20世纪50年代中期出现的城市模型（Urban Modelling）在对城市系统进行抽象概念的基础上，用数字来表达城市空间的现象与过程。迈克尔·巴蒂（Michael Batty）通过兼具城市理论和计算机算法双重属性的数学模型来描述和预测城市形态。到20世纪60—70年代，是定量城市研究与城市模型研究的黄金时期，出现了以劳瑞模型、阿隆索地租模型为代表的空间交互（Spatial Interaction）模型以及土地与交通交互（LUTI）模型，以MEPLAN模型和TRANUS模型为代表的空间均衡模型（Spatial Equilibrium Models），以元胞自动机模型（CA：Cellular Automata）、基于主体建模（ABM：Agent-based Modelling）、空间非均衡模型为代表的空间动态模型，涉及图论、拓扑分析的空间句法（http://www.spacesyntax.net/）等。[60]

2. 城市大数据挖掘技术与软件

1995年，法雅德（Fayyad）提出了数据挖掘概念及其描述（descriptive）与预测（predictive）的两个基本目标。其中，对数据挖掘的描述也被某些学者称作数据分析，是一个从大量的、随机的、不完整的数据中整理归纳出知识的过程，这些信息往往是潜在的，并具有一定规律。描述的目的是期望通过海量数据分析寻找潜在模式（pattern），在此基础上探索模型和规律。目前，大数据方法中的模式（pattern）与模型（model）在国际上并没有作明确的区分。Jiawei Han（2012）等人编写《数据挖掘：概念与技术》这一教材时，在定义数据挖掘上使用了"模式"一词，而对于分类这一具体技术则使用了"模型"一词。[61] 沃尔夫冈·皮埃奇（Wolfgang Pietsch，2013）则认为大数据的目标即在海量数据中探索潜在的模型。[62]

大数据挖掘的主要技术和手段主要有聚类分析（cluster analysis）、分类（classification）、关联分析（association analysis）、预测、时序模式、偏差分析、异常检测（anomaly detection）、相似度计算等。

聚类分析包括划分方法（partitioning）、层次方法（hierarchical method）、基于密度的方法（density-based method）以及基于网格的方法（grid-based method）等几类基本算法。它根据属性的相似性对数据进行分类，把海量数据划分为彼此间很不相似的多个簇（cluster），每个簇都是在某种属性上高度相似的对象集合，各自具有不同的意义。

分类包括决策树（decision tree）、基于规则的分类器（rule-based classifier）、人工神经网络（ANN）、支持向量机（support vector machine）以及朴素贝叶斯等具体方法。为了描述和预测某些规则，分类需要找出与之对应的概念描述。在分类中，往往需要通过分析数据形成一个分类模型（classification model），该模型能够使自变量和因变量对应起来，从而进行自变量的分类。

关联分析是探索海量数据中存在意义的数据关系的方法，它的根本目的是发现存在于数据库变量之间的某种规律，包括简单关联、时序关联和因果关联等。一般而言，数据关系包括频繁项集和关联规则（association rule），其中频繁项集往往能够通过 Apriori 这一基本算法发现，而关联规则是一种特殊的频繁项集，它能够满足数据间的最小支持度阈值与最小置信度阈值。关联挖掘是在大型数据集中寻找潜在的、容易引发人们兴趣的关联，它在数据挖掘中应用最早、范围最广泛，活跃于医疗、保险、交通运输等城市研究的众多领域。关联挖掘的代表性案例包括经典的"购物篮分析"，这是一种通过客户购买记录中的各种商品来确定交叉销售方案的模式，吸引人们对数据挖掘进行进一步的研究和应用。

预测是在数据模型的基础上估算数据在未来的变化，这些数据模型往往需要依据历史数据构建，具有一定的规律性。时序模式即根据时间序列，确定重复发生率较高的模式。偏差分析是对不同数据进行比对后，寻找观察值和参照值之间的差别。大数据挖掘项目具有一定的生命周期，具体包括业务理解、数据理解、数据准备、建立模型、模型评估和实施部署六个阶段，根据操作者的需要可以进行前后调整。异常检测主要应用于欺诈检测、医疗处理、公共安全、工业损毁检测、图像处理、传感器监视以及入侵检测等领域。在异常检测中，往往需要通过大量的数据分析，分辨出目标对象中的离群点（outlier），即寻找其行为与预期对象间迥异之处的过程。

在传统城市研究中，常用软件包括 SPSS（https://www.ibm.com/analytics/spss-statistics-software）、stata（https://www.stata.com/products/）、SAS、Matlab 等。这些软件特点各异，经济学、管理学的学者多采用这些软件进行统计学分析运算、数据挖掘、预测分析和决策支持等。城市分析涉及空间维度，Arcgis（https://www.esri.com/zh-cn/arcgis/about-arcgis/overview）、Qgis（https://www.qgis.org/en/site/）等 GIS 软件是空间数据处理与分析的基本工具，可以创建、共享和使用智能地图，编译地理信息，创建和管理地理数据库，使用空间分析解决问题。此外，还有用于数据转换的 FME（http://www.fme-china.com/），用于网络分析的 Ucinet、Gephi（https://gephi.org/），用于质性分析的 ATLAS.ti、Nvivo、MAXQDA。

与传统的结构化数据相比，城市大数据涉及的多为半结构化数据和非结构化数据，其数据处理相对复杂，主要采用 R 语言、Python、Flurry，以及用于机器学习、分类与预测的 Weka、rapidminer、KNIME、Scikit-Learn，其中 R、Scikit-Learn、Weka 等具有开源免费的特点。[63]

R 语言常见于统计分析与绘图,是由奥克兰大学的罗伯特·杰特曼（Robert Gentleman）和罗斯·伊哈卡（Ross Ihaka）编制的统计软件包，为用户提供了丰富的统计和分析功能，常被用于处理大数据环境下的海量数据。[64] 与其他数据处理手段相比，R 语言的优势在其功能上体现得尤为明显。用户可以在 R 语言中调用森罗万象的函数指令，来进行包括广义回归分析、风险分析、矩阵计算、抽样检验在内的操作，或是读取经由 SAS、SPSS、Stata、Matlab 等软件处理后的数据。同时，用户还可以通过开发并安装扩展包，来进一步探索 R 语言的更多可能性。

Python 语言表述清晰，易于阅读，常用于文本挖掘、日志统计分析、社交网络分析等，不仅支持目前的主流操作系统，也能够支持移动应用。Python 语言拥有包含大量科学数据分析的算法库，其中不乏被广泛应用于机器学习和数据挖掘的 Scikit-Learn 等算法，并且内部储存的良好学习资源也能够支持 Python 语言对库进行反复改良。Python 的网络爬虫及 R 的 RCurl 包、Rweibo 包等都可以对非结构性数据进行分析处理，常用于进行网络数据和文本挖掘。[65]

Flurry 针对移动应用用户数据的统计而开发，具备移动应用的构建、用户偏好的分析和数据智能分析推送等功能，是在移动应用数据统计方面位居前列的统计工具。它适用的移动应用数量超过 36 万个，能够支持包括 iPhone、iPad、Android、Windows Phone、JavaME 和 BlackBerry 终端平台的数据分析。Weka 数据挖掘平台以 Java 语言为基础开发，是大量数据预处理和机器学习算法的集成，为用户展现出可视化、拖拽式的分析流程设计界面。然而，在大数据背景下，这些软件系统存在先天性不足。它们最初都被设计成单机运行模式，无法处理基于分布式存储的大数据，并且无法有效支持深度学习技术。[66] 除此之外，在国内外还存在着其他移动应用统计分析工具 / 平台，包括 TaikingData、Cobub Razor 等（李超等，2017）。

另一方面，文化、声音、图像、视频等非结构化的数据，需要通过 ETL 的形式进行数据的结构化，即通过萃取（extract）、转置（transform）和加载（load）的方法。[44] 对于文本分析，形成了知识计量学、科学计量学等研究领域。主要分析软件包括 CiteSpace、RefViz、HistCite、Vosviewer、Leydesdorff 等，这些软件可以对文献、情报等形式的文本数据进行挖掘、串联分析、聚类、可视化等分析。

例如在城市街景图像分析方面，上海城诗信息科技有限公司开发的 CityFace（https://www.cityface.tech/login）影像大数据分析平台，不仅可以完成街景图片的云端储存，还能采用图像处理算法和人工智能深度学习完成对多种街景要素的分析计算，不仅包括对道路的流量、类型、断面、质量、标线、隔离设施、标牌、绿视率、植被类型、垃圾与垃圾桶、滨水特征与水体类型、摊贩、广告牌、城市店招、建筑年代、街道开阔度、视野率、农村住宅等要素的识别与计算，还包括公众对街道色彩、天际线、风貌特色等因素产生的宜居、安全、美感、富裕、活跃、压抑和无聊的主观感知，并最终返回移动端供用户使用（图 6-7）。

3. 云计算框架与软件

云储存与云计算都是基于云的分布式，如果将云储存理解为众多存储单元的网络协同，云计算就是众多计算内存的网络协同。

在分布式环境下，开源社区提供的大数据分析软件成为主流，之前提及的 MapReduce 不仅被应用于搜索引擎的网页索引，也被广泛地应用于大数据集计算模型、框架，很多后续的框架也是基于其先分开、再汇聚的思维方式。Hadoop Mahout、Spark MLlib 是其中的典型代表，研究人员借助于 Hadoop、Spark 框架，解决了分布式并行挖掘问题，并提供了典型的机器学习算法和模型。MapReduce 出现时间较早，对实时性要求不高的分析任务可以采用 MapReduce 计算框架和 Mahout 相结合的方案进行分析计算，对实时性要求很高的任务可以采用 Spark 生态系统作为解决方案。[67]

图 6-7 CityFace 的城市店招识别示意

资料来源：CityFace 城室科技。

近年来，诸如 Tensor Flow、Caffe、CNTK、MXNet 等一批开源深度学习框架开始涌现，由于支持分布式计算和异构计算，被大量用于构建及训练深度神经网络模型。但是，这些开源软件的学习曲线陡峭，需具备专业的编程开发和系统配置技能，因此尽管其能够提供丰富的算法库和高效的分布式计算平台，却仍不适用于科学家团队。

越来越多的领先云平台厂商将发展重心放在"机器学习即服务"（machine learning as a service，MLaaS）这一趋势上，借由云平台为用户提供大数据智能分析，这俨然成为大型公有云平台须具备的基本功能。微软 Azure 云平台就开发了 Azure Machine Learning（Azure ML）服务，它不仅能够帮助用户进行机器学习分析，还结合大量通用机器学习分析算法，为数据科学家用户提供交互式的图形化开发界面。[68] 除此之外，Aliyun PAI 等也具有与之相似的功能。由于这些系统往往仅支持某种特定开发语言和应用程序编程接口（API），用户在使用过程中会遇见平台锁定（lock-in）问题，无法按照自身需要扩充算法库。大数据智能分析服务并非只能由公有云厂商提供，部分科学家团队通过在公有云或私有云中部署具有"浏览器/服务器"架构模式的交互式分析软件，也成功创造出简化版本的 MLaaS，为这项技术的发展提供了更多可能性。其中具有代表性的例子包括 Jupyter Notebook，这款交互式分析软件支持"浏览器/服务器"架构，允许用户通过浏览器编辑运行多种编程语言，或是在服务器端进行数据处理、数值模拟、统计建模、机器学习以及可视化等一系列操作。

6.3.3 数据表达技术与工具

在城市研究中，有效展示数据结果也是关键一环。如何以简洁、清晰的方式展现数据间的内在关系，及其与所代表现象间的结构关系，创造出便于受众理解的数据展示方法，是研究者不得不面临的挑战。大数据时代的数据表达与展示主要以可视化的方式进行，可视化可以帮助非专业受众更好地理解研究者的思路，快速得到某一问题的答案，解决诸如信息过饱和、信息可靠性不足以及信息透明度缺失等问题，并能准确提出自己的想法。全民参与，不仅要求人人是数据与意见的生产者，同时也意味着人人是大数据的理解和分析者，只有理解才能更好地表达，因此，数据可视化对群体智慧的展现有重要作用。

1. 数据可视化的技术

数据可视化直接展现了信息背后的规律，通过图形和图像处理、计算机视觉以及用户界面等手段的运用，对立体、表面、属性和动画进行建模和表达，从不同方面诠释海量信息、概念，将它们用一种视觉化的形式呈现在用户面前。我们常说文不如字，字不如表，表不如图，相对于表格，图呈现的信息更加直观明确。因为人眼其实是一个巨量数据信号输入并行处理器，数据信号的带宽最高可达100MB/秒，具有很强的模式识别能力。此外，人眼对可视符号的感知速度比数字和文本快多个数量级，且大量的视觉信息处理发生在潜意识阶段。因此，视觉是人获取信息非常重要的渠道，人们从外界接收的各种信息中有 80% 以上是通过视觉获得的，而在人脑中有超过 50% 的功能都用于视觉感知。[69]

比如可以对比一下表 6-3 与图 6-8。在表 6-3 中包含了大量数据，大家很难快速捕捉到数据之间的关系。而在图 6-8 中，通过转换成相应的散点图，帮助我们快速识别出变量 A 与其他 4 组变量的关系。因此，在表 6-3 中很难抓住的特征，在图 6-8 通过图形对数据进行可视化，被快速地捕捉到。

表格形式呈现的变量关系				表 6-3
变量 A	变量 B	变量 C	变量 D	变量 E
1	0.93	9.00	0.97	8.98
2	1.98	7.90	1.96	7.92
3	2.99	6.99	2.99	6.95
4	3.90	5.92	3.93	5.95
5	4.93	4.99	5.00	5.00
6	5.98	3.95	3.90	5.92
7	7.00	2.95	2.97	6.95
8	7.92	1.91	1.92	7.96
9	8.94	0.94	0.96	9.00

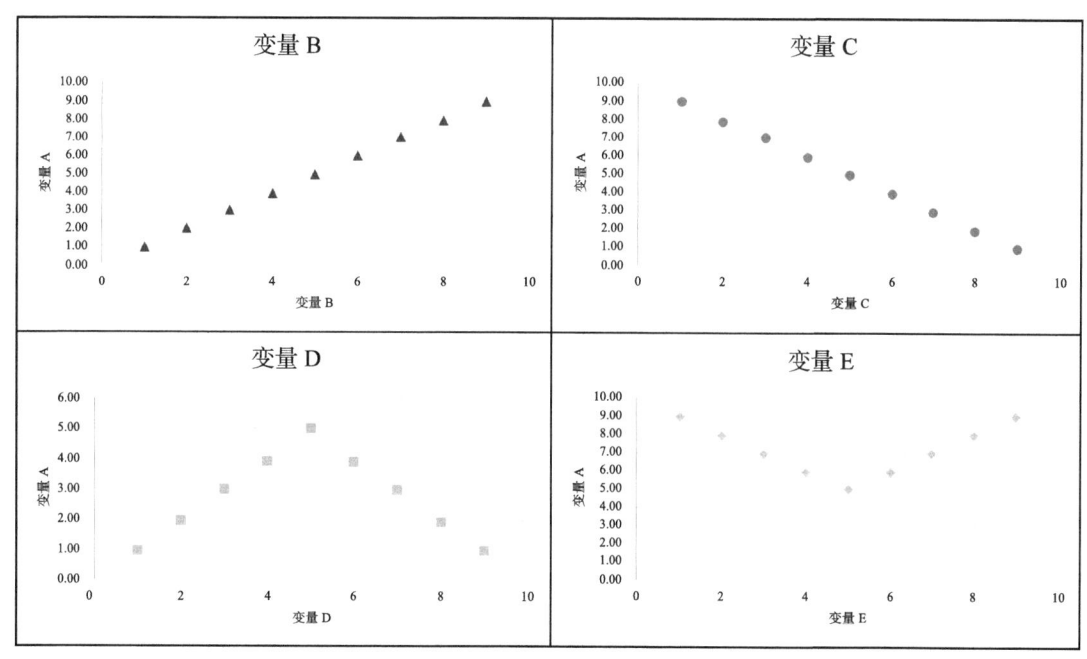

图 6-8　散点图形式呈现的变量关系

数据可视化大多指狭义的数据可视化以及部分信息可视化。根据数据类型和性质的差异，经常分为以下几种类型：（1）统计数据可视化：用于对统计数据进行展示、分析，一般都是以数据库表的形式提供，常见的有 HighCharts、ECharts、G2、Chart.js、FineBI，等等；（2）关系数据可视化：主要表现为节点和边的关系，比如流程图、网络图、UML图、力导图等。常见的关系可视化类库有mxGraph、JointJS、GoJS、G6等；（3）地理空间数据可视化：常见类库如Leaflet、Turf、Polymaps，等等。还有时间序列数据可视化（如timeline）、文本数据可视化（如worldcloud），等等。

在此，常见的信息图表包括折线图、柱状图、饼状图、散点图、地图等（图6-9），分别适用于反映不同的信息，可以根据不同需求来选择使用（表6-4，图6-10）。

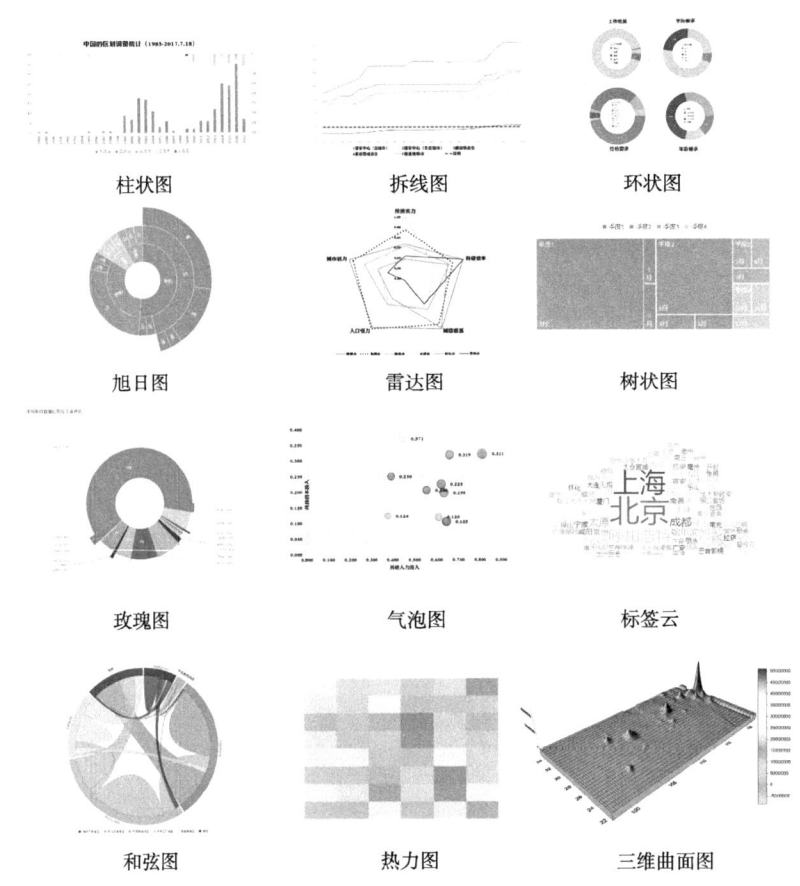

柱状图　　拆线图　　环状图
旭日图　　雷达图　　树状图
玫瑰图　　气泡图　　标签云
和弦图　　热力图　　三维曲面图

图6-9　主要图表举例（见书后彩图）

不同类型的信息图表及反映信息　　　　　　　　　　　　　　　　表6-4

主类	次类	反映信息
折线图	折线图	用于反映和时间相关的数据变化（趋势）
	面积图	用于反映主次之间的基于时间的对比
柱状图	柱状图	分类项目的数量比较，也可能反映趋势
	条形图	分类项目的数量比较
	环状条形图	分类项目的数量比较，更反映分类项目之间的数量关系
	南丁格尔玫瑰图	以夸张的形势来表示分类项目的数量比较
饼状图	饼状图	反映分类数据所占比例
	旭日图	表示比例对比的同时，也表示层级关系
	树状图	表示比例，可以多层级
散点图	散点图	反映相关性和分布关系，两个变量

主类	次类	反映信息
散点图	气泡图	反映相关性和分布关系，三个变量
	带线散点	趋势线
地图	地图	反映空间信息
其他	股价图、直方图、瀑布图、雷达图	

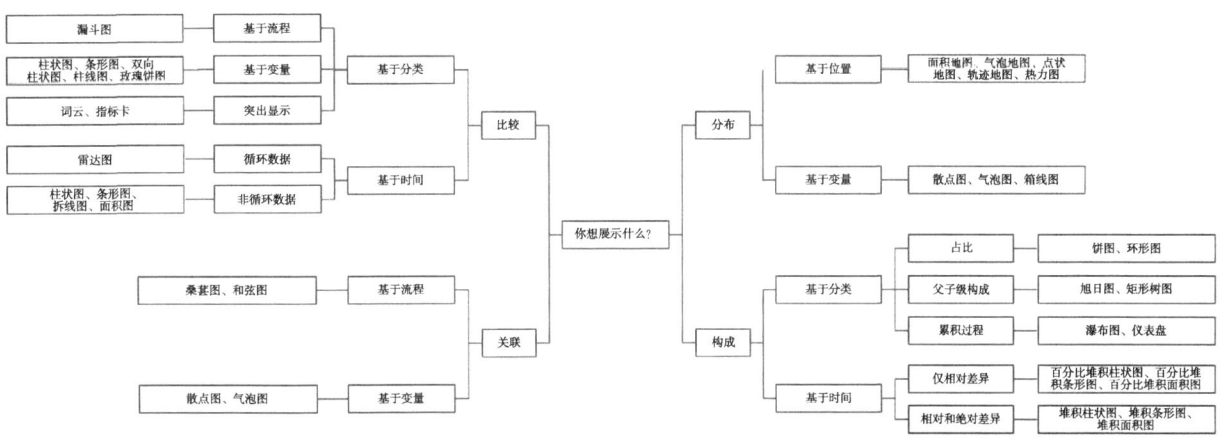

图 6-10　根据不同需求选择

资料来源：依据网络公开资料绘制。

数据可视化可以视为一种知识再生产方式，能帮助受众迅速了解研究者的观点和思路，研究者以图形、时间序列、地图、流、矩阵、网络、层次和信息图形为基本元素，通过元素间的多种组合来表达自己对海量信息和数据的理解，进而解释较为宏大和抽象的理论问题。

应用跨空间图表研究文化和社会变迁的经典案例来自美国 Wanted Analytics 公司。这家公司在提供的城市数据分布图的基础上，结合行业需求和地理位置，展现了美国各地区工作数量、工资水平、人才供应、平均招聘时间以及招聘比例等数据，总结出美国前二十名大数据人才市场的信息。MacCandless 在研究政治倾向图谱的过程中，尝试将各种政治倾向与图表融合，展现出政治是如何从政府渗透到社会、文化中，在对家庭和个人产生影响后，又反过来影响其自身，形成一个循环。这一研究充分体现出可视化不仅是在数字中，在概念中也发挥着重要作用。可以预想，传统的数据展示形式终会被城市数据的可视化完全取代，充满温度和美感的数据时代即将到来。[42]

2. 城市数据表达工具与软件

在城市数据表达工具与软件方面，一直有采用计算机辅助设计技术（2D/3D Computer Aided Design）进行建模的传统。在计算机辅助技术（CAD）的帮助下，传统的徒手绘图逐渐被淘汰，城市规划、土木工程、建筑学等相关领域开始应用计算机软件来辅助制图，这一转变无疑具有里程碑式的历史意义。二维模型曾一度成为城市建模软件的主流，1982 年开发出的通用平台软件 Auto CAD，能够承担二维空间的各种复杂图形的绘制工作。[70] 直至今日，在经历 40 年的发展后，它仍然得到大多数人的认可。20 世纪 90 年代后，三维建模工具开始进入公众视野，普遍使用的包括 Sketch Up、3Ds MAX、Rhinoceros、Revit 等。三维建模工具在几何图形和体量测量上的精确度较高，在设计方案空间形态模拟上的直观性较好，种种卓越表现使其逐渐成为城市规划与设计不可或缺的技术手段。希尔德（Shiode）根据模型所涵盖的几何信息内容的高低，对 2001 年以前城市三维模型技术的发展历程进行整理和归类。他进一步探索了各种建模技术的适用范围，并在此基础上提出城市建模技术的 6 种类型，包括二维数字地图和航拍图像技术、基于实景图片的实时渲染技术、建筑街区体块建模技术、包含材质贴图的街区建模技术、建筑细部和屋顶形态建模技术、全体量化建模技术共六类几何信息复杂程度不同的数字建模技术。根据这六种类型的发展演变，他总结出建模技术的发展趋势：逐步走向复杂几何模型的实时渲染，进而实现三维模型的可视化[71]，来对复杂的城市系统进行智能仿真，从而构建起复杂的城市空间形态。[72]但它的局限性也相当明显，作为图形处理工具的 CAD 只能用于描绘并展示设计方案及推敲空间形态，却不能真正应用城市模型，无法为用户提供空间及属性数据的处理、分析等进一步的功能。[73]

除 Auto CAD、GIS 软件外，之前我们提到的 Excel、SPSS、Stata、SAS、Matlab 等计量分析软件，Arcgis、Qgis 等 GIS 软件，Ucinet、Gephi 等网络分析软件，ATLAS.ti、Nvivo、MAXQDA 等质性分析软件都可以进行不同类别的信息图表绘制。在 Python 中，提供大量可以用于数据可视化的库，在统计学分析方面，有如 Seaborn、plot3D、Plotly 等可以绘制绝大多数统计图表；在地理数据方面，Python 也提供如 folium、cartopy、geopandas、pyecharts 等功能强大、绘图精美的库。对于 R 语言，也有功能强大的作图软件包 ggplot2，可以制作一系列规范的统计图。

此外，还有很多专门进行数据可视化的软件与在线平台，如阿里巴巴集团的 DataV（https://www.aliyun.com/product/bigdata/datav）、百度的 Echarts（https://echarts.apache.org，https://vis.baidu.com/）与 Sugar（https://cloud.baidu.com/product/sugar.html）、腾讯的腾讯云图 TCV（https://cloud.tencent.com/product/tcv）、Tableau（https://www.tableau.com）、BDP（https://me.bdp.cn/home.html）、镝数（https://dycharts.com/appv2/#/pages/home/index）、魔镜（http://www.moojnn.com/）、蚂蚁金服 AntV（https://antv.vision/zh）、Mapbox（https://www.mapbox.com/）、Circos、Many Eyes、D3.js、Splunk。这些在线平台提供众多的信息图形模板，多采用拖拽式，并提供可供展示的仪表板，有些还支持多种数据资料来源配置与数据实时同步更新，可以适用于多种屏幕终端。

6.3.4 数据应用技术与工具

数据分析的目的是为了数据应用，数据应用的基础是数据分析。与数据分析相比，数据应用需要具备数据安全的基础，其发展主要体现为数据安全、基于云计算的云—端应用模式以及更加注重人机交互性的智能城市建设。

1. 数据安全

由于互联网的开放性和多元化，各类重要和敏感的数据存在被蠕虫、病毒、木马侵袭和非法盗用的风险，极大影响了网络数据系统的安全与稳定。为确保网络环境的安全有序，有效保护用户个人利益和隐私，网络数据的获取和运用必须严格遵照特定的程序和方法，而信息安全管理技术也是智慧城市建设与城市大数据发展过程中无法忽视的重要环节之一。

目前，我国的信息安全技术处于较高水平，但随着大数据相关技术的进一步发展，智慧城市的建设还将面临诸多挑战，为了保障数据的真实有效，防止非法盗用，信息安全技术水平仍待进一步提高。

2. 云—端应用模式

与传统产品开发不同，城市大数据的产品开发以数据为核心，具有多样性、层次性和增值性等特征。得益于大数据、云计算、物联网等技术的发展，及智能终端的普及，云—端应用模式在智慧城市的多个领域，如智能交通、智慧医疗、智能家居、城市应急管理等方面存在广大的发展空间。凭借其强运算能力、突破服务的空间限制，云—端应用模式可以在获取信息、上传云端、进行同步计算、完成反馈的同时，对智能终端进行控制。[74]

3. 人机交互与智能城市

在大数据背景下，城市治理更注重群体智慧，更加强调交互性，也被称为城市智能交互技术（Urban Responsive Model）。

在城市规划领域的反馈模型应用方面，2007年，蒋云良等提出一种动态的交互式GIS景观模型，可以实时、动态地对景观规划和评价两个过程进行互动操作。[75] 为将人的活动与城市空间相联系，需要建立"人—机""干预—后果"的反馈模型。张林军提出一个初步的智能交互模型，根据形成的路网结构自动调整地块面积的能耗。[76] 2016年后，通过在城市模型输入端的信息改变，调整模型算法，使传统城市静态模型向动态模型转变。

在软件方面，智能交互模型主要是依靠城市三维建模软件与工具。如Sketch Up上的Modelur插件，可以通过动态反馈的方式控制容积率、建筑密度等建设指标，以便规划师可以把握整体的建设水平。此外，还有诸如Rhino（犀牛）建模软件的Grasshopper、风压模拟Vasari和日照模拟Diva等基于参数化设计的交互插件，有研究者可以通过运用这些插件优化生态评价指标。还有学者输入一个初始城市的参数，如目标地块面积范围、公园比例、道路节点的目标距离以及插入角参数、建筑高度和建筑后退导则，计算机则根据参数迅速迭代产生城市空间形态并输出每个建筑立面的阳光暴露比例、地块到达公园的距离、地块容积率等结果，还可以通过可视化的形式比较不同方案的优劣，并给出输入参数的合理区间，计算最优结果。[77] 在城市规划治理中应用虚拟现实，不仅能让市民对规划与治理方案进行实时感知，优化规划流程和质量，也可以通过训练提升人工智能，诸如NVIDIA的Holodeck模拟器的自我学习、沉浸式对话、众包、协作、价值判断与预测力。[78]

学者们认为，城市智能规划的前提是城市信息模型（CIM: City Information Model）。吉尔于2011年在土木工程领域常见的建筑信息模型（BIM: Building Information Model）的基础上，结合GIS技术，提出城市级CIM模型。[59] 在此基础上，吴志强院士提出城市智能信息模型（City Intelligent Model）的概念，为城市信息模型赋予了智能目标，反映的是从城市大数据分析的技术层面向人机互动的跃升，体现了人本主义，以及人与城市智能的和谐统一。[79]

城市已经被视为人类发明的最大智能硬件与人工智能的试验场。在软件与平台建设方面，由同济大学高密度人居环境研究中心主导研发的，为世博会专门设计的全信息智能模型，是我国早期在城市规划领域对智能规划技术的实践。[80] 2017年，由吴志强院士与班联数字城市信息技术有限公司软件合作研发的城市智能信息平台的试验系统发布，该平台可以在三维仿真模型中记录城市的时空数据，并可以对日照、风环境、交通可达性、公共服务设施覆盖率等关键信息进行实时计算等功能。阿里的ET城市大脑、谷歌的Sidewalk Labs与Google Urbanism、讯飞的城市超脑、IBM Watson、NVIDIA Metropolis、Microsoft的CityNext和Rain Watch等城市分析平台，在城市交通、城市管理、智慧社区等方面进行试验。阿里巴巴城市智能化运营管理平台（https://iot.aliyun.com/city）以物联网、云计算、大数据、空间地理信息技术为依托，为智能城市管理提供可持续、全方位的智能监测管理。如基于云计算基础架构的城市大脑交通智能引擎技术，可以提供市区级的统一停车管理服务系统；智能井盖、智能垃圾桶、智能路灯等智能城市基础设施，不仅可以实现自主智能运维、故障识别和异常评估，还能节约能源，提高科学决策水平。

6.3.5 综合型城市研究操作平台

从数据生产到数据分析，再到数据表达、数据应用是完整的操作流程，一些平台也具有从数据采集、分析、表达、应用的完整流程。

Google 开发的 Google Earth Engine 允许用户对大量全球尺度地球科学资料（尤其是卫星数据）进行在线分析与可视化处理。它为相关领域的科学家团队提供了长时序近地卫星数据，协助科研团队进行在线数据处理和分析，获得一批有显示度的卓越研究成果。[63] 2019 年 11 月，在北京开幕的中国数字地球大会上，我国科学家发布集数据存储、管理、信息挖掘于一体的地球大数据原型系统，可为全球用户提供具有唯一标识规范化的地球大数据，将成为驱动科学发现和决策支持的重要科学平台。此前，该系统已在联合国 2030 年可持续发展目标、数字"一带一路"、全景美丽中国等方面展开应用。可以看出，包括 Google Earth Engine、地球大数据原型系统在内的地球大数据分析系统，通过特定领域海量数据、云端分布式并行计算、在线挖据分析算法库、地图即时展现等特点，未来将是新城市科学的智能分析软件的重要组成部分。

在城市领域，北京极海纵横信息技术有限公司的极海云（https://geohey.com/）一站式地理云平台为用户提供海量地理数据、基于机器学习的位置挖掘和地图可视化，帮助用户构建商业分析、广告投放、城市监测、规划布局等独特竞争力。私有云平台针对政企客户可一键式部署，为政府机构、金融、教育、地产、广告、零售、O2O 等行业提供地理大数据服务。极海云向用户开放亿万级数量的公共数据，共计 20 多个大类 160 多个小类，涵盖行政区划、交通、人口、POI 等基础数据，以及零售、医疗、地产、餐饮等行业数据，其中最快的以小时为单位进行更新。在此基础上，用户可以通过极海云平台进行数据编辑，并提供缓冲区分析、格网统计、区域统计、核密度估计、获取中心点、生成 OD 线、反距离加权插值、均值中心、等时圈 / 等距圈分析、莫兰指数、点要素核密度估计、数据裁剪、生成三角网、泰森多边形、方向分布等 24 种地理信息经典分析模型，简单交互即可完成复杂空间计算，零门槛实现地理数据的信息挖掘。在数据表达方面，极海云支持饼图、柱图、折线图、雷达图、玫瑰图、散点图、分段图、单值图、热点图、气泡图、流体场、普通地图、三维地图等图表，并可以将多种类型输出成果同时添加到仪表盘，支持二维码、链接一键分享。另外，极海云还有无人机影像拼接功能，可快速、全自动、高精度地进行影像拼接，无需专业知识、人工干预，即可将千张影像拼接为精确的二维遥感地图（图 6-11）。

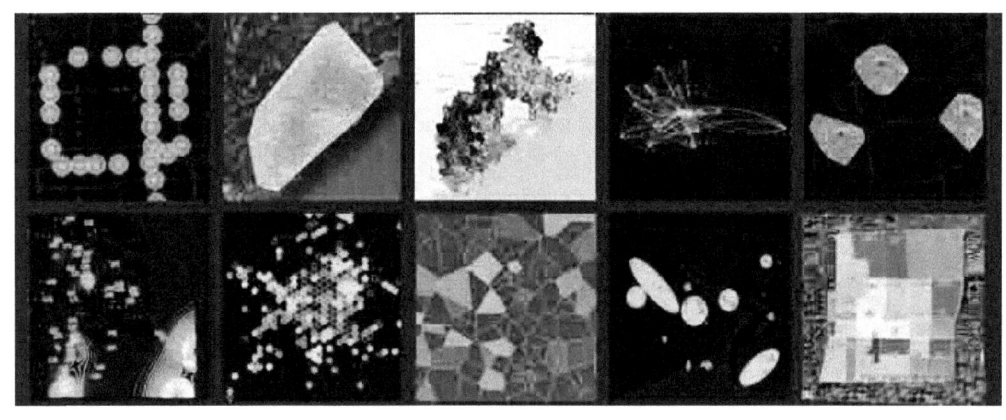

图 6-11　极海云提供的分析模型（见书后彩图）

资料来源：极海云

北京相数科技有限公司的相数云（https://www.dataojo.com/docloud/）也是一站式时空大数据应用平台软件，可为政府、企业和科研机构的大数据研究和应用，提供全流程的支撑服务，打造专业、高效、实用的数据中台和集数据接入、管理、分析、可视化于一体的一站式 SaaS（Software-as-a-Service，软件即服务）平台。相数云平台的共享数据服务，可以共享的数据有超过 16 个大类、100 多个子类，涵盖基础地理数据、手机信令数据、企业工商数据、社交舆情数据、实时路况数据、环境数据、气象数据、新能源汽车数据、停车数据，并基于时空及地理网格，融合处理产生海量高附加值的衍生数据，有着覆盖范围广、动态更新的特点。相数云数据汇聚管理服务，支持用户多格式、多类型的数据上传管理，支持数据库、数据服务的动态连接。支持用户数据资源目录的建立、管理，让用户把数据变成数据资产。相数云的数据计算分析包含常用的大数据算法模型和时空计算模型，通过哈勃（Hubble）时空大数据、RAE 实时计算等引擎，简单交互即可实现复杂的模型计算。相数云基于最新的深度学习开源框架，为生态合作伙伴提供相关算法和分布式计算的支持服务，支持生态合作伙伴基于相数云提供的增值数据服务及基础技术环境快速针对相关业务场景开发出智能分类、预测服务。相数云提供指标模型的构建框架，便于用户基于业务场景，将大数据转化为可实时度量和动态监控的指标体系，能够支持城市运行监测、城市体检、业务运营监控等业务场景指标体系的快速构建。其数据可视化服务可以提供图表可视化探索，地图可视化探索，多维聚合、钻取、关联分析等可视化服务，并实现可视化大屏、PC 端、移动端多个终端的展示，可实现百万甚至亿级的点、线、面数据的实时动态渲染。

北京城市象限科技有限公司（http://www.urbanxyz.com/chan-pin.html）开发了一系列程序与工具，涵盖数据生产、分析、表达、应用等多个流程环节（表 6-5）。

城市象限开发的不同环节的大数据工具与功能 表 6-5

流程	象限	功能	说明
数据采集	猫眼	社区观测	微信小程序简单拍照，轻松搞定数人、数车。深度学习图像和视频数据，人、车、绿视率、天空占比等指标迅速产出
	蝠音	城市智能感知监测	在社区布设物联网传感器，获取区域内不同时刻的人流信息，结合完整社区研究体系，持续监测社区活力
数据分析	蜂巢	多源城市数据管理	抓取不同类型、资料来源的开放数据，按照城市体检指标体系，通过融合建模算法入库管理，并对现有数据汇总提取，输出数据成果，为各业务系统提供数据支撑
数据表达	海豚	城市体检监测	对标准的城市指标进行分析和可视化呈现，每项指标均有专题图和图表，从城市、区县、街道、社区等维度监测城市体征
	孔雀	城市大数据可视化	时空大数据可视化工具，支持多源数据的集成发布，灵活的可视化配置，时空数据的三维展示，无代码的大屏搭建
数据应用	云雀	社区调查	公众使用微信小程序，对身边的公共服务提出合理建议。缺少设施可以提议新建，对不合理设施可以进行吐槽，对便利设施可以点赞
	谛听	城市管理提升优化	集成 12345 市民服务热线、网格巡查、云雀象限等多源城市问题上报数据，构建神经网络语言模型进行时空分析，提供街道精细化治理建议
	梦鱼	反馈交互	城市街道设计工具，基于 AR 技术的设计方案在实景中模拟显示，可实现设计方案投票征集等活动
	旱獭	公共服务智能优化	依据社区生活圈，对政府主导型和市场主导型的 28 类公共服务指标进行评测，通过新增开口、道路、公服设施产生完整的优化方案
	智能体	多代理人仿真模拟	基于多代理人模拟技术，对公共空间的使用情景进行模拟和预测，可用于对设计方案的对比、评估与空间改造的提升效能预测

资料来源：根据 http://www.urbanxyz.com/chan-pin.html 的说明整理。

脉策科技（MetroDataTech）开发的 Datamap（https://www.metrodata.cn/datamap）能够连接不同类型的数据和数据库，用于多类型数据的处理、管理、分析，并可以方便地制作可视化图表、可视化地图，以及搭建自定义的数据大屏和数据工作台。Datamap 在团队协作及与 office 系列软件的衔接方面，也有很好的表现。城室科技（https://www.citorytech.com/）专注视觉处理与地理信息的交叉领域，深耕 AI+GIS 垂直领域的数据采集、算法研发及场景应用，提供工业视觉、公众感知、道路交通、城市建设、生态环境、智慧摄影等方面的算法集市，并提供 Cityeye 拍照调研小程序、Cityface 城市影像大数据平台、Selectbot 互联网数据收集管理器、Markbot 图像数据收集管理器等大批量低成本数据采集工具，形成集图片影像采集、标定数据收集、算法研发、数据分析为一体的视觉采集分析一站式解决方案。

6.4 智慧城市规划框架构建

智慧城市可以解析为"智""慧""城""市"四大内涵。其中，"智"是脑力，是城市智慧的源泉，是智城建设的技术、架构和数据基础；"慧"是心性，是以"智"为基础，通过运营、平台、技术和数据获得思想认知与规律洞察，从而对城市的不同终端、场景、行业、生态进行前瞻性赋能；"城"是躯干，是一个综合性的平台，包括物理基础平台和数字基础平台，物理基础平台承接城市内部的楼宇建筑、道路、管廊、市政设施等实体，数字基础平台为智慧城市的海量数据提供存储、计算和应用的实体基础；"市"是血液，带动城市系统整体健康发展经济及产业，四大内涵彼此紧密联系，共同推动城市的智慧化进程。

基于前文第 1、2、3、4 章对信息文明、信息化浪潮、ICT 技术变革以及数字孪生的演进梳理与趋势洞察，结合第 5、6 章对城市大数据的分析及其引发的城市科学研究范式转型思考，本书在此提出面向智慧城市规划的分析框架，即智城之识：多维画像认知；智城之诊：精准体征研判；智城之绘：循律以流定形；智城之营：人本场景驱动；智城之治：众创众智众惠；智城之脑：智慧平台构建。通过"识→诊→绘→营→治→脑"层层递进，环环相扣，构建智能时代城市规划的基本逻辑与流程，统领后续各章案例研究（图 6-12）。

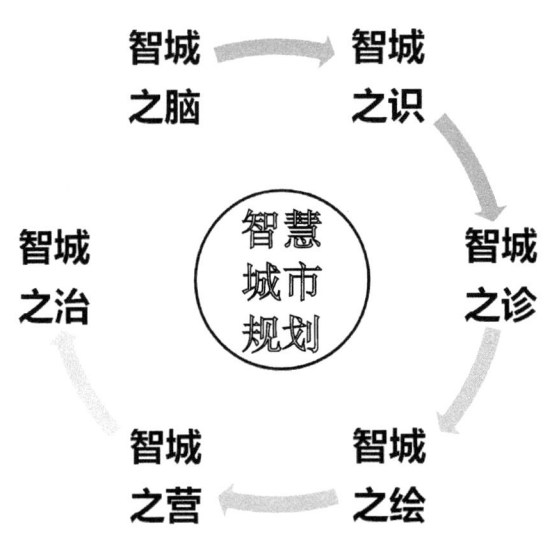

图 6-12　智慧城市规划的基本流程框架

任何一门科学中的研究问题都可以分为两类：一类是描述现象，通常称为"描述性研究"，是一门科学发展的基础；另一类是探讨现象发生的原因和过程，称为"解释性研究"，是一门科学成熟的标志。"描述性研究"在揭示因果关系的探索过程中是最基础的步骤，可以说，任何因果关系的确定，无不始于描述性研究。美国地理学家哈特向（R.Hartshorne）在其著作《地理学性质的透视》一书中曾论述了10个问题，并由此提出地理学是描述和解释作为人类世界的地球各地方之间变异特性的科学。城市作为人类社会最为重要的一种地理创造物，对其展开规划以及进行前期研究必然也会符合地理学研究这一基本逻辑。开展城市认知研究是一项描述主客体性质的工作，是城市研究者建立对事物的系统认识，并开启城市规划各种工作的前提和基础。

7.1 智城之识的系统分析认知

从外部特征获得对事物的认识是人类建立信息认知的第一步，与前文信息的生产相呼应，关系着进入脑中信息的数量与质量。所以描述性研究是科学研究中非常基础但是非常关键的一种类型。从城市研究中描述性研究的发展演变来看，其过去只能基于有限数据或有限指标进行分析刻画，现在可以利用多样的、新型的数据，开展更全面、精细的研究对象画像认知。这将助力城市规划从定性描述向定量评价的转变，以及从单一经济视角向综合考虑经济、社会、环境、形态和功能的多元化视角转变，并由此出现了很多城市定量模型（Urban Evaluation Model）。

吉尔等（Gil et al.）总结了21世纪以来的城市定量评价中计算机辅助技术与地理信息系统存在的不足，认为在研究中需要将城市空间与空间相关分析相结合。莫雷罗（Morello）认为判断城市设计是否可持续的方法之一，是综合采用人、可达性、环境、能源使用和城市形态五个方面的指标来架构评价模型，从而建立适用于城市设计方案的评价模型。普拉里（Puerari）从城市形态、城市新陈代谢、城市舒适度、生态系统、可达性和复杂性六个方面建立了综合的分析模型，比较了真实项目中不同方案的利弊，并对方案进行了优化。

城市动态模拟技术（Urban Dynamic Simulation）是一种重点考虑城市的动态发展过程及内部要素之间互动关系的技术。反馈控制理论与计算机仿真技术则为该项技术的发展与应用奠定了方法基础。[81]由弗雷思特（J. W. Forester）在1950年提出的系统动力学模式，最早应用于经济与产业领域，后被引入城市发展领域。[82]系统动力学在研究预测长期和周期性城市问题的同时，也逐渐暴露出由于历史样本量巨大而导致微观问题解决不适当，以及难以匹配城市空间和要素的关系等弊端。为了解决传统的系统动力学微观应对不足的问题，在2007年，迈克尔·巴蒂提出元胞自动机理论，该理论通过模拟元胞生长过程，分析城市空间形态与肌理的演变，并在此基础上构建出城市智能生长模型。[83, 84] 2010 年后，ESRI 公司开发出程序化建模技术（Procedural Modeling Technique,PMT），该技术可以通过调节参数来控制城市形态。2008 年，龙瀛采用元胞自动机和 Logistic 回归方法两种技术分析了北京市城市空间扩展。[85] 随后，龙瀛等学者又总结了包含元胞自动机、基于主体建模和传统微观模拟三种自下而上的微观模型在内的精细化主流建模方法[86]，进一步优化了城市动态模拟技术的实用性，更好地解决了微观应对问题。

在软件和语言方面，由于传统城市研究中心更多地使用结构化数据，因此多采用 Excel、SAS、SPSS、Stata、Matlab 等传统分析软件对数据进行处理。其中，SPSS 多用于管理学，擅长横截面数据的分析。Stata 多用于经济学对面板数据的研究，具有能通过 do 文件重复实现运算过程、运算速度快等优点。Matlab 则提供了用于算法开发、数据可视化、数据分析以及数值计算的高级编程语言和交互式环境，在对数学要求比较高的学科中应用广泛。

本章案例以城市不同尺度、不同层面为切入点，从国家城镇化地区、城市群层面，到都市圈层面，再到城市层面，直至区县、街镇层面，力求能从宏观到微观尺度全面展示大数据应用经验（表 7-1）。这些研究虽然由不同学者完成，但是彼此之间存在着紧密的联系，能够充分体现出城市区域研究思路的脉络关联，反映出智能城市规划研究并非是各部分的简单拼凑，而是一个完整的科学系统。

序号	研究问题	尺度	数据类型	数据来源	术（模型、技术、算法等）	器（软件）
	智城之识涉及案例的研究问题、尺度、数据类型、具体数据来源、采用的术与器					表 7-1
1	国家城镇化分区	国家	主体坐标数据变化聚合	百度迁徙数据	PageRank、Infomap	
2	中国城市群分区	城市群	主体坐标数据变化聚合	百度迁徙数据	k 壳分解算法	
3	都市圈极限通勤	都市圈	客体特征数据		指标体系	
4	城市建成区	城市	客体特征数据	夜间灯光数据	经验阈值法、突变检测法、统计数据比较法、较高分辨率影像数据空间比较法	ENVI、Visual Studio 2008、ArcObjects 组件、C# 语言
5	城市新区	城市			基地地形模拟、土方填挖分析、用地选择评价、区域交通模拟、风环境模拟、日照模拟分析	GIS、transcad CFD、众智软件
6	城市商业区活力	城市	客体坐标数据	POI		GIS
7	城市街道步行指数	街道	客体坐标数据	POI	步行指数	

7.2 国家城镇化分区画像案例

7.2.1 案例简介

本案例由文章《基于百度大数据的全国城市重要性评价和城镇化分区划定》总结凝练而成，由百度地图开放平台业务部的阚长城、中国城市规划设计研究院学术信息中心的马琦伟共同完成。[87]

7.2.2 研究目的

该研究通过百度迁徙大数据，评估城市的重要性，分析了城镇化的分区发展情况。在此基础上，该研究对城市发展绩效进行了评价，对城市发展定位进行了优化，制定了城市发展战略，厘清了区域城镇化格局，为国家层面的城镇化发展分区引导提供策略基础。

7.2.3 研究基本原理

1. 基于 PageRank 算法的全国各城市中心性评价方法

从网络的视角看，一个城市的中心性反映了其在整个城镇体系网络中的地位和重要性。该研究使用 PageRank 算法（网页排名算法）来度量城市的中心性。PageRank 算法由谷歌公司的两位创始人佩奇（Larry Page）和布林（Sergey Brin）共同提出，原用于评价网页的重要性，近年来被广泛地应用于复杂网络理论的各个领域。从城镇网络的角度来看，PageRank 算法的思想主要有两点：第一，如果一个城市与很多其他城市存在频繁的人口迁徙的话，说明这个城市比较重要，则其 PageRank 值也会相对较高；第二，如果一个城市与另一个 PageRank 值很高的城市之间存在强度较大的人口迁徙，那么该城市的 PageRank 值也会相应提高（图 7-1）。

图 7-1 PageRank 算法示意

资料来源：由案例提供者完成，https://www.cnblogs.com/rubinorth/p/5799848.htm。

相比于其他网络算法，PageRank 算法的计算结果更符合人们对中心性的定义，即中心城市应当是既辐射其周边的大量城市，又与其他中心城市联系紧密的关键节点。

2. 基于 Infomap 算法的全国城镇化发展分区划分方法

城镇体系研究中的另一个重要研究内容是划分城镇化发展分区。将全国划分为若干个城镇化发展分区，有助于深入探讨城镇化发展路径的地域性差异，并进一步有针对性地颁布和施行调控政策。

从人口迁徙的角度来看，城镇化发展分区划分的标准是：如果分区内部具有密集的人口迁徙，一体化的程度高，则分区之间相对独立。案例采用了 Infomap 算法落实这一标准。Infomap 算法以复杂网络理论和通信理论为基础，用于识别复杂网络社群。其基本思想是寻找一种最优的社群划分方式，使用于描述整个网络结构的信息量最小。为了实现这种思想，Infomap 算法的策略是使社群尽量紧密，社群之间的信息传递尽量简洁。如果把人口迁徙看作城市之间传递的信息，那么 Infomap 算法的基本思想与城镇化发展分区划分的要求是较为一致的，表明该算法可以满足研究的需要。

7.2.4 研究指标与数据来源

为捕捉瞬息万变的城镇化动态格局，规划和决策中必须引入高精度的动态数据。百度迁徙大数据是一类典型的动态大数据，其实时性和高覆盖度保障了其能相对真实地反映我国城镇化中的内在特征。本案例使用了百度迁徙大数据[①]，主要研究了我国城镇化动态格局中城市中心性和城镇化分区两个特征。

考虑到迁徙目的的差异性，该研究将人口迁徙分为短期人口迁徙和常住人口迁徙两类。短期人口迁徙是以商务、旅游、探亲等为目的的迁徙，其外出时间一般不太长，事后仍返回原居住城市；常住人口迁徙则是以异地迁居、求学、务工等为目的的迁徙，将长时间驻留在迁徙目的地。短期人口迁徙和常住人口迁徙反映了城镇化中的不同特征，因此本案例分别从这两个视角出发来考察城市的中心性和城镇化分区。

---

① 由于台湾省、海南省和南海列岛部分地区数据缺失，故对上述地区的分析暂未列入该研究。

7.2.5 研究方法、模型与过程

第一，是基于短期和常住人口迁徙的城市中心性评价。使用 PageRank 算法，基于 2017 年全国短期人口流动数据与常住人口流动数据，对全国各地级市的中心性进行计算，并根据 HT-index 方法将其分为 5 个级别（表 7-2）。

基于短期人口流动与常住人口流动的中心性排名和空间分布流动   表 7-2

短期人口流动				常住人口流动			
排名	城市	PageRank 值	等级值	排名	城市	PageRank 值	等级值
1	北京市	0.0263	5	1	上海市	0.0178	5
2	广州市	0.0225	5	2	东莞市	0.0175	5
3	深圳市	0.0179	5	3	北京市	0.0244	5
4	上海市	0.0168	5	4	广州市	0.0202	5
5	成都市	0.0168	5	5	深圳市	0.0212	5
6	西安市	0.0146	4	6	佛山市	0.0110	4
7	东莞市	0.0129	4	7	成都市	0.0139	4
8	郑州市	0.0129	4	8	苏州市	0.0149	4
9	佛山市	0.0121	4	9	郑州市	0.0115	4
10	苏州市	0.0114	4	10	重庆市	0.0110	4

资料来源：由案例提供者完成。

第二，是基于短期和常住人口迁徙的城市分区。使用 Infomap 算法，基于 2017 年全国短期人口流动数据，将全国划分为 25 个分区。由于两种迁徙的目的和模式不同，因此基于常住人口迁徙的分区结果和基于短期人口迁徙的分区结果存在相当大的不同。短期人口迁徙以商务、旅游、探亲等为主要目的，更多反映的是各城市之间的经济社会联系强度。受自然地形地貌对短期人口流动的自然阻隔，以及现阶段省级行政边界对道路交通、市政设施、公共服务设施等各项要素配置的较强引导和限定作用，省内经济社会联系强度往往相对较大，因此，省行政边界与基于短期人口迁徙的城镇化分区边界重合度较高。而常住人口迁徙则更多反映区域中心城市的人口吸引力。一般来说，受空间距离和地形地貌的影响，这种吸引力主要作用于行政边界内部，但当该中心城市的就业市场规模、公共服务水平等指标远高于周边地区时，其影响力很有可能跨越行政边界。

第三，是基于常住人口迁徙的城镇化分区及城市中心性分级。在一个或数个强大的"人口磁极"吸引下，出现了许多由若干省份和地区组成的城镇化分区。

7.2.6 研究结论

基于百度人口迁徙大数据，使用 PageRank 算法和 Infomap 算法，可以解析我国城镇体系动态网络中的一些内在特征。

首先，从全国各城市的中心性上看，我国各城市网络有以下特征：第一，北京、上海、成都、广州和深圳是全国人口城镇化中的关键节点。这些城市的人口吞吐量极大，且与全国各城市存在广泛的联系，其重要性可见一斑；第二，东部地区和中西部地区的城镇化模式存在不同。东部沿海地区在人口迁徙方面呈现"带状绵延"模式，即在北京、上海、广州和深圳 4 极引领之下，东部沿海城市的中

心性等级值普遍在2级以上，整体上形成东部地区的人口城镇化发展带。而中西部地区则呈现"节点带动"模式，表现为绝大部分城市的中心性比较低，有少量城市中心性较强，这部分城市最终成为区域城镇化增长极。

其次，从城市分区上看，基于2017年全国短期人口流动数据，全国城镇化发展分区有以下特点：第一，城镇化发展分区的边界与省行政边界基本吻合；第二，京津冀、长三角、珠三角和成渝四大城市群的发育程度较高，城镇化发展分区已超越行政边界，区域一体化态势比较明显。

最后，从基于常住人口迁徙的城镇化分区及城市中心性分级的分析中，可以总结出我国城市在城市分区和中心性两个方面有如下特征：在城市的中心性评估方面，北京、上海、成都、广州和深圳五个城市是全国人口城镇化中的关键节点。在我国城镇化空间模式上，东南沿海地区的"带状绵延"模式与内陆地区的"节点带动"模式并存；在城镇化发展分区方面，基于短期人口迁徙的分区划分和基于常住人口迁徙的分区划分结果存在较大差异。基于短期人口迁徙的分区边界与省域行政边界基本一致，反映城市经济社会与行政管理之间的内在联系。基于常住人口迁徙的分区边界往往由多个省市组成，形成了区域中心城市的人口城镇化腹地。

7.3 中国城市群分区画像案例

7.3.1 案例简介

本案例由文章《基于短期人口流动数据的全国城市群识别研究》总结凝练而成，由百度地图开放平台业务部的阚长城、中国城市规划设计研究院学术信息中心的马琦伟共同完成。[87]

7.3.2 研究目的

该研究以百度地图慧眼提供的人口短期流动数据为基础，借助复杂网络理论，从人口流动的角度探讨我国城市群的识别。

7.3.3 研究基本原理

从短期人口流动角度出发，划定城市群主要遵循以下三个原则。原则一，城市群内部联系强度足够大，使得城市群中的各城市具有较强的互动性，形成一个整体。原则二，城市群内各城市须在空间上邻近。空间上距离很大的城市（如北京和上海），即便联系强度很大，也不应划入同一城市群。原则三，城市群内各城市可以不一定在空间上直接接壤。空间距离不远且联系强度足够大的城市，即使中间隔有其他城市，也应认为属于同一城市群。

在上述三个原则中，原则二与原则三是一对矛盾。为协调两者，该研究引入一种新的算法，即基于距离阻尼的k壳（K-shell）分解算法（图7-2）。

k壳分解算法是一种在复杂网络理论中识别核心团块的简单有效的方法。如果暂且将全国各城市之间的短期人口流动所构成的复杂网络视为一棵树或一颗洋葱，将城市群视为树的主干或洋葱的芯，那么k壳分解算法实质上执行的是

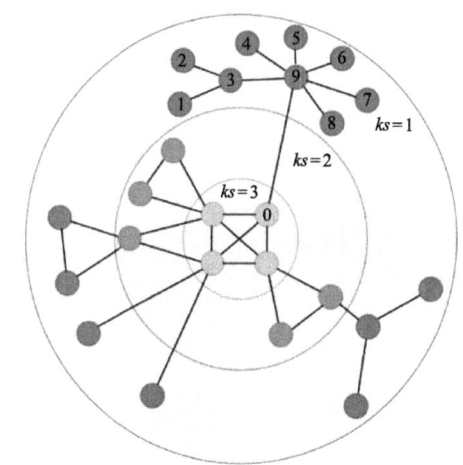

图7-2 k壳分解算法示意

资料来源：由案例提供者完成。

一个"剪树枝"或"剥洋葱皮"的工作。在每一次计算中剔除迁徙规模低于网络均值的联系,从而构成一个新的简化后的网络。然后重复上述过程,直至城市群的出现。图 7-2 中 *ks* 表示边缘节点的 K-shell 值。

根据图 7-3 所示,城市人口出入强度呈现出近似幂律分布的特征。因此在分解 k 壳时,最好能保持这一内在特征,以使得 k 壳算法产生的每一层壳与核的人口出入强度之和仍能呈现幂律分布。

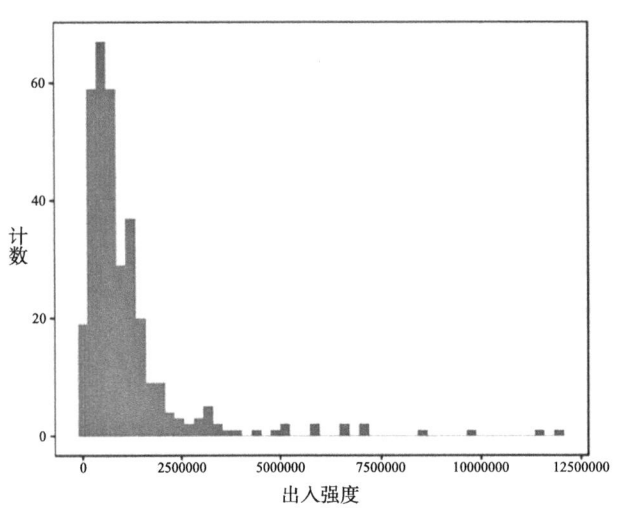

图 7-3　按城市统计的人口出入强度直方图

资料来源:由案例提供者完成。

为了满足上述需求,可以使用均值来分割数据,即头尾分割法(head-tail breaking)。由于幂律分布是帕累托分布,具有"长尾"特征,因此在这种分布中,均值以上部分谓之"主体",其重要性也相对更强。因此,用 k 壳分解方法反复提取城镇网络的"主体",则可以得到城镇网络体系中最为重要的部分——城市群,其结果自然也符合城镇体系的内禀特征,从而达到维持幂律分布的目的。

考虑前文所述的城市群识别原则,其后两条之间存在一定矛盾。为了解决这一矛盾,可以构造一个基于距离的阻尼函数。该函数的含义为:空间距离越远,阻力值越大,对两城市之间人口流动总量的折损越多。通过这个函数,可以重新计算城市之间的加权迁徙强度。

7.3.4　研究指标与数据来源

该研究以百度地图慧眼提供的人口短期流动数据为基础,借助复杂网络理论,从人口流动的角度探讨我国城市群的识别。

7.3.5　研究结论

该研究应用基于距离阻尼的 k 壳分解算法对全国城市群进行识别(表 7-3),并将城市群识别的结果与《全国城镇体系规划(2006—2020 年)》中的规划布局进行比对,发现规划所确立的我国城镇体系空间结构已基本成形。东部沿海发展带持续强化,京津冀城市群、长三角城市群和珠三角城市群三大城市群趋于成熟。广大中部和西南部地区崛起态势明显,不仅武汉城市群、成渝城市群等"老牌"城市群势头不减,中原城市群、长株潭城市群、黔中城市群等新兴城市群的发展也已初见成效。

城市群	所属城市
京津冀城市群	北京市、廊坊市、天津市、保定市、沧州市、石家庄市、邢台市、邯郸市
哈长—辽中城市群	哈尔滨市、绥化市、长春市、四平市、铁岭市、沈阳市、抚顺市
太原城市群	太原市、忻州市、晋中市
中原城市群	郑州市、洛阳市、新乡市、焦作市、许昌市、开封市
山东城市群	济南市、滨州市、淄博市、泰安市
长三角城市群	上海市、南京市、杭州市、嘉兴市、湖州市、绍兴市、南通市、苏州市、无锡市、常州市、镇江市、扬州市
江淮城市群	合肥市、滁州市、六安市
淮北城市群	宿州市、淮北市
武汉城市群	武汉市、黄冈市、孝感市、鄂州市、咸宁市
长株潭城市群	长沙市、株洲市、湘潭市、岳阳市、益阳市
海峡西岸城市群	福州市、厦门市、泉州市、漳州市、宁德市、潮州市、汕头市、揭阳市
珠三角城市群	广州市、深圳市、东莞市、中山市、珠海市、佛山市、江门市、肇庆市、清远市、惠州市、香港特别行政区、澳门特别行政区
北部湾城市群	南宁市、崇左市、来宾市、柳州市
关中城市群	西安市、渭南市、咸阳市
宁夏沿黄城市群	银川市、石嘴山市、吴忠市
乌昌石城市群	乌鲁木齐市、昌吉市、石河子市（县级市）、五家渠市（县级市）
兰西城市群	西宁市、海东地区市、兰州市
成渝城市群	成都市、绵阳市、德阳市、资阳市、眉山市、乐山市
滇中城市群	昆明市、曲靖市、玉溪市
黔中城市群	贵阳市、安顺市、黔南布依族苗族自治州

资料来源：由案例提供者完成。

但有一类城市，它们身处城市群之中，却尚未完全融入，与周边地区的人口交流尚不足够频繁，显得"特立独行"，其中以山西省阳泉市和山东省莱芜市最为典型。山东半岛城市群和呼包鄂榆城市群在近年来的各级各类城镇体系规划中曝光率都很高，但从研究的分析结果来看，两者都尚未真正成形。

该研究还注意到，还有一些城市群在2006年版全国城镇体系规划中并未重点提出，但经过多年发展，已初步成形，成为新型城镇化中的"生力军"。该类城市群的典型代表是兰西城市群和黔中城市群。

7.4 都市圈极限通勤画像案例

7.4.1 案例简介

本案例由《中国都市圈极限通勤研究》一书总结提炼完成，由华夏幸福产业研究院的顾强等人共同完成。[88]

7.4.2 研究目的

该研究基于联通手机信令数据，分析了中国最具代表性的北京、上海、广州、深圳、杭州、郑州、武汉、南京、合肥、成都十大都市圈中，通勤时间最长的10%的人群分布及特征，并基于多源数据构建了都市圈区域综合发展潜力评价体系。案例旨在通过分析都市圈内极限通勤人群的区域分布及通勤流向，厘清都市圈区域内部的经济联系和经济空间分布，识别都市圈的空间结构，寻找都市圈的边界，洞察都市圈的空间布局问题，研判不同区域的未来发展潜力，为都市圈"微中心"建设提供强大支撑。

7.4.3 研究基本原理

极限通勤代表了区域内就业人员所能达到的最长距离，一定程度上说明了区域内就业人员是否跨越行政边界以及跨越多远的边界进行就业，有利于识别都市圈的发展边界，同时侧面反映出都市圈的发展阶段。

通过研究极限通勤人员的通勤路线和通勤流向，以及全天不同时段的人口活动热力，能够判别该区域的就业空间结构和住宅空间结构，以及产城融合情况、区域之间的联系情况，从而识别都市圈的边界，洞察都市圈的空间布局问题。

而从人口分布、交流可达性、产业发展水平、城市功能设施分布以及土地指标等方面的网格表现进行的区域评价，有助于判断都市圈内各地块的发展潜力，为"微中心"的布局和打造提供决策支撑。

7.4.4 研究指标与数据来源

通勤数据来源于联通手机信令数据，区域发展潜力评价委托清华同衡研究分析。相关指标如下：

（1）通勤特征：包括平均通勤时间、平均通勤距离、极限通勤平均时间、极限通勤平均距离、极限通勤的年龄构成。

（2）通勤流向：OD 图，即从家（起始点）到工作地（终点）的路线图。

（3）区域发展潜力综合评价（表 7-4）。

区域发展潜力综合评价指标　　　　　　　　　　　　　　　　　　表 7-4

序号	领域	指标
1	人口	人口规模网格分布（2015 年常住人口数量）
		人口增速网格分析（2005—2015 年年均人口增速）
		人口年龄结构（青壮年人口占比）网格分析
		人口出行活跃度网格分析
		人口状况综合评价
2	交通	高速可达性（距高速出口距离）网格分析
		铁路可达性（距火车站点距离）网格分析
		国道、县道、省道密度网格分析
		交通可达性综合评价
3	产业	企业总数量网格分析
		重点产业数量占比网格分析
		重点产业发展空间
		专利数量网格分析
		产业发展综合评价
4	城市功能	公共服务设施网格分布
		金融商业服务设施网格分布
		大专院校、科研机构网格分布
		混合熵网格分布
		城市功能综合评价

序号	领域	指标
5	地价房价	住宅地价网格分布
		商业办公地价网格分布
		工业地价网格分布
		房屋成交价网格分布
		地价综合评价
6	综合评价	综合人口、交通、地价、产业、POI 的综合潜力评价

资料来源：由案例提供者完成。

7.4.5　研究过程

（1）分析通勤特征：通过各都市圈的极限通勤距离、通勤时间、通勤年龄结构等数据勾勒区域的基本发展特征。

（2）研判都市圈发展结构：通过各区域 24 小时内不同时间段人口热力图以及极限通勤人群的居住地、工作地分布情况，识别该都市圈的空间结构，将其分为中心辐射团块、多中心组团、轴带型组团三类。

（3）识别都市圈发展边界和阶段：通过分析极限通勤人群的分布情况及对区域之间的通勤联系进行研判，将都市圈的发展阶段分为"强核""外溢""布网"等不同阶段。

（4）评价都市圈不同区域发展潜力：在 2 小时等时圈的都市圈研究范围内，进行 5 公里网格化研究。基于网格分析技术流程，结合人口、交通、产业、城市功能、地价等多源数据，分别从五大要素门类对网格发展水平进行评价。

7.4.6　研究结论

根据研究，发现以下结论：

第一，经济能级与极限通勤时间和距离基本成正比。案例研究的十大城市的平均极限通勤时间为 74.1 分钟，时间最短的是郑州和合肥，为 59 分钟。北京、上海的平均极限通勤时间位居十大城市之首。在不同通勤时间人口数量梯度差方面，北京、上海、广州三个城市不同时间段通勤人数的梯度差较大，反映出三个城市人口流动差异较大。在不同通勤时间人口占比梯度差方面，北京和上海短时间通勤者所占比例较低，职住不平衡现象较为突出。

在通勤距离方面，研究结果显示，无论是平均通勤距离指标、极限通勤人群通勤距离分界点，还是极限通勤人群平均通勤距离指标，北京都分别以 11 公里、21.8 公里和 31.4 公里，全部位居十大城市之首（图 7-4）。此外，四个一线城市极限通勤人群平均通勤距离都超过 20 公里，排名顺序依次为：北京（31.4 公里）、上海（26.6 公里）、广州（24.8 公里）、深圳（24.7 公里）。

通过对不同城市的极限通勤人群平均通勤距离和 GDP 进行聚类分析，可以发现，城市经济能级的大小与平均极限通勤距离基本成正比，即城市能级越大，人们对极限通勤距离的耐受度就越高。十大城市平均通勤距离和 GDP 的相关系数为 0.56，而极限通勤人群和普通人群通勤距离断裂点与 GDP 的相关系数为 0.73，极限通勤人群平均通勤距离与 GDP 的相关系数为 0.69。此外，城市通勤距离与城市轨道交通运营里程、建成区面积均同样具有较强的相关性。

第二，极限通勤分布视角下区域形态呈"中心辐射团块""多中心组团"和"轴带型组团"三种类型。其中，北京、成都、郑州、合肥呈典型的中心辐射团块的空间结构，上海和深圳的城市空间结构呈多中心组团式布局，广州、杭州、南京、武汉呈轴带型组团的空间形态。

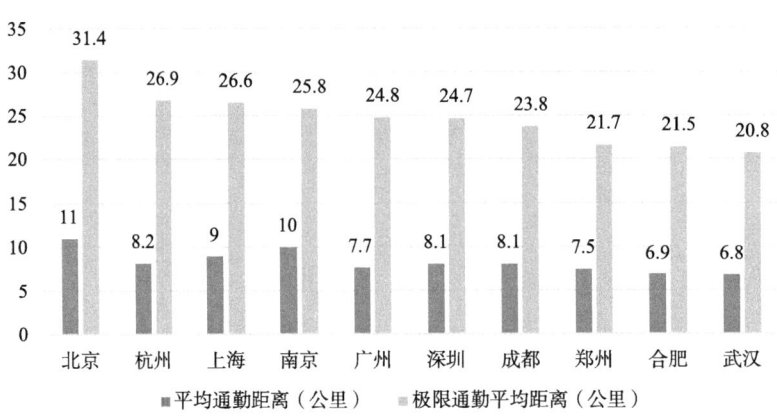

图 7-4　十大城市平均通勤距离

资料来源：由案例提供者完成。

第三，不同都市圈发展处于"强核""外溢"和"布网"不同阶段。北上广深四个一线城市已经从"外溢"阶段开始逐步转向"布网"阶段，杭州、南京与武汉已经步入"外溢"发展阶段，而成都、合肥与郑州虽然对周边区域有一定的辐射效应，但仍然处于"强核"发展阶段。

第四，都市圈区域发展潜力受交通廊道、地形地貌、产业基础等条件的综合影响。依据基于人口、空间、产业等维度构建的都市圈区域发展潜力评价指标结果，可以看出多数都市圈中心辐射格局明显，越靠近核心区域，接受辐射越快，区域发展潜力越大。同时，廊道对区域潜力的影响较大，人口、产业均沿廊道聚集。因此，如果某一区域处于廊道的延伸处，则更容易接受辐射外溢，成为高潜力区域。而产业作为一个区域发展的灵魂，那些基于历史条件和行政等级等因素形成的本地产业基础也能够对区域发展潜力产生重要促进作用。

第五，构建多级城市体系是大都市圈建设的理想范式，打造微中心是提升"职住平衡"的重要举措。由于就业岗位的中心集聚和人口外围增长将进一步加剧职住分离，在未来很长一段时间内，我国城市的通勤圈仍将继续外扩，进入都市圈发展时代。从大多数大都市的发展格局来看，随着人口和城市的发展，使城市由单中心结构发展为多中心结构，同时打造多个集产业、商业、居住为一体的都市微中心，是提升都市"职住平衡"度的重要举措。大城市周边的中小城市，特别是县及县级市，还存在经济基础薄弱、产城相互割裂等问题。资金、技术、能力等多方面的短板导致县域创新资源要素集聚难，难以吸引高层次创新人才，无法形成都市圈大动脉上的微中心。为此，目前应加快区域经济由要素驱动向创新驱动的转型升级，打造培育出能够壮大新动能的载体，并以此为依托，探索并实现地方的品质驱动型发展路径。以地方品质提升人才聚集，使人才来驱动创新，由创新提升地方竞争力，从而形成一个个可以实现自我造血功能的微中心，并不断成长为具备辐射能力的新中心。

7.5　城市建成区画像案例

7.5.1　案例简介

本案例由文章《基于夜间灯光数据的城市建成区提取方法评价与应用》总结凝练而成，由华东师范大学地理信息科学教育部重点实验室的舒松、余柏蒗、吴建平，以及美国辛辛那提大学地理系的刘红星等人共同完成。[89]

7.5.2 研究目的

该研究评估了城市的重要性，了解了城镇化的分区发展情况，进而评价了城市发展绩效，为优化城市发展定位、明确城市发展战略、了解区域城镇化格局、制定城镇化分区引导策略奠定基础。

7.5.3 研究基本原理

城市功能区是实现城市职能的载体，集中地反映了城市的特性，是现代城市存在的一种形式。城市功能区的形成过程就是产业或者城市功能要素在特定的城市空间集聚的过程，这个过程与城市政府对城市的定位和城市功能布局有着直接的关系。

城市功能区主要有以下四个特点。

首先，城市功能区是城市功能的载体。城市在形成过程中往往是由多个功能区有机结合而成的，因此城市的功能就是所有功能区的集合体现。在城市的发展过程中，每个功能区通过利用自身独特的资源禀赋优势，实现自己主要承担的功能，促进城市多元化的发展，完善和提高城市功能。

其次，城市功能区具有明显的集聚效应。集聚效应主要来源于企业的外部经济和范围经济。正因为集聚能降低城市各个主体的运行成本，提高运营效率，所以产业组织或产业群在地域上的聚集构成了城市空间的结构形态。城市的集聚功能主要表现在如下几个方面：一是重要的资源转换中心，将城市资源转换成各种产品、货物和信息知识产品；二是价值增值中心，在资源要素的转换过程中，创造出新的价值，实现 1+1>2 的双赢效果；三是物流集散和流转中心；四是资金配置中心；五是信息交换处理中心；六是人才集聚中心。而城市功能区的集聚效应就是吸收各种社会资源，并将其进行高效化处理和利用，从而在相对有限的地域空间创造出巨大的经济价值。

再次，城市功能区通常具有较强的辐射扩散能力，相关区域、相关产业都会受其影响。功能区的辐射扩散功能在于：一是扩张自身市场性权利的作用范围；二是构筑更大空间的集聚协作体系；三是扩散功能区的优势，如技术、管理、观念、资金等能力，向周边地区渗透，带动周边地区发展。但这种扩散能力的大小也是有差别的，与行政区和居住区等非经济功能区相比，产业区、商务区等经济功能区具有更强的辐射扩散能力，在推动周边地区经济、社会的演化与发展方面有着更加突出的贡献。

最后，城市功能区具有较高的社会经济效益。城市经济功能区的主导产业通常能带来较高的经济效益，而且具有多层次、长产业链的特征。经济功能区是城市核心竞争力的现实表现，是城市经济发展的动力源泉。功能区的分布布局可以推动城市的经济发展，提高社会经济效益。

国内外的研究表明，现有的基本城市内部空间结构模式主要有三种：同心圆模式、扇形模式、多核心模式。

对夜间灯光的识别方法很多，案例采用的方法主要有以下三种。

第一是突变检测法。在夜间灯光图像中，真实的城市区域应该保持其几何形状的完整性。灰度值越大，此地被探测到的频率越高，属于城市区域的概率也就越大。在逐渐增大分割阈值的过程中，代表城市区域的多边形斑块沿着边缘逐渐缩小，当分割阈值达到某一个点时，多边形斑块区域不再沿着边缘缩小，而是从内部破碎，分裂为很多较小的多边形斑块，代表着城市区域的多边形周长的突然增加。这个点即为提取该城市区域的阈值点（图 7–5）。

第二是统计数据比较法。此方法由何春阳等提出，有两个基本假设：第一，由政府发布的统计数据能较为准确地反映城市建成区的真实面积；第二，在上一个时期 DMSP/OLS 遥感图像中的城市建成区斑块可以保留到下一个时期的图像中。

具体过程为：首先设定动态阈值，采用二分法的思路，不断改变此阈值，计算每个动态阈值下城市建成区的面积。同时计算此面积与政府发布统计数据的绝对差值，直至阈值达到某一个点时，其绝对差值同时小于此阈值前一个和后一个灰度值下的绝对差值。该研究根据上述原理，在 Visual Studio 2008 平台上借助于 ArcObjects 组件和 C# 语言实现了该算法。通过对上海市 2003 年的夜间灯光数据进行处理，得到的最佳阈值为 52。

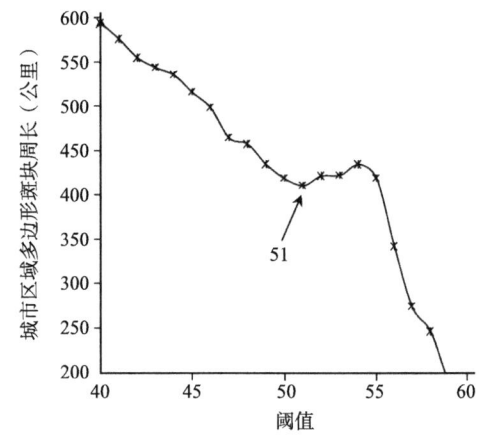

图7-5　不同阈值分割所获得的斑块周长变化

资料来源：由案例提供者完成。

第三是较高分辨率影像数据空间比较法。利用分辨率较高的 Landsat TM 影像作为辅助数据实现 DMSP/OLS 稳定灯光图像中城市建成区的提取。基本假设为：相对于 DMSP/OLS 夜间灯光数据 1 公里的空间分辨率，从 30 米高分辨率的 TM 影像中提取的城市建成区即是真实的城市区域，可作为提取夜间灯光数据中城市建成区的标准，以获得可用于夜间灯光数据的最佳阈值。根据以上原理，该研究将该方法的实现过程细化为如下三步：首先，对 TM 影像进行最大似然分类，并将分类结果合并为城市与非城市两种类型；其次，以分类结果图为基础，勾绘城市区域作为掩膜，提取夜间灯光数据；最后，做出所提取夜间灯光数据图像的灰度直方图，以像元数激增的灰度值为分割阈值。

7.5.4　研究指标与数据来源

夜间灯光数据来源于美国国家海洋和大气管理局（National Oceanic and Atmospheric Administration，NOAA）下属的国家地球物理数据中心（National Geophysical Data Center，NGDC）。所用的上海市城市建成区面积数据主要来源于由住房和城乡建设部计划财务与外事司负责编撰的《中国城市建设统计年鉴》。其统计的城市建成区范围包括分类中的居住用地、公共设施用地、工业用地、仓储用地、对外交通用地、道路广场用地、市政设施用地、绿地和特殊用地九大类，不包括水域和其他用地。

7.5.5　研究结论

根据以上方法，该研究利用 ENVI 软件完成了对上海市 2003 年 TM 影像城市建成区的监督分类和合并处理，并在此基础上通过勾绘城市建成区（不包括崇明岛区域）作为掩膜，提取出夜间灯光数据中上海市的城市建成区。所提取图像各灰度值的像元频率分布曲线如图 7-6（a）。可以看出，以 TM 影像掩膜提取的灯光图像中，从灰度值 54 开始，像元数量急剧增加。以灰度值为横轴，绘制像元数的累计百分比曲线图 7-6（b）。可以看出，灰度值 54 处于曲线的转折点，且灰度值大于 54 的像元数占总像元数的 80% 以上。因此，在本案例中，将灰度值 54 作为提取城市建成区时的最佳阈值。

用以上四种方法对 2003 年灯光数据进行提取的阈值分别是 50、51、52 和 54，再以此阈值分别对上海市 2000 年和 2006 年夜间灯光图像进行城市建成区的提取。然后计算 2000 年、2003 年与 2006 年提取区域面积，并与政府发布的城市建成区面积统计数据进行比较，结果如表 7-5 所示。

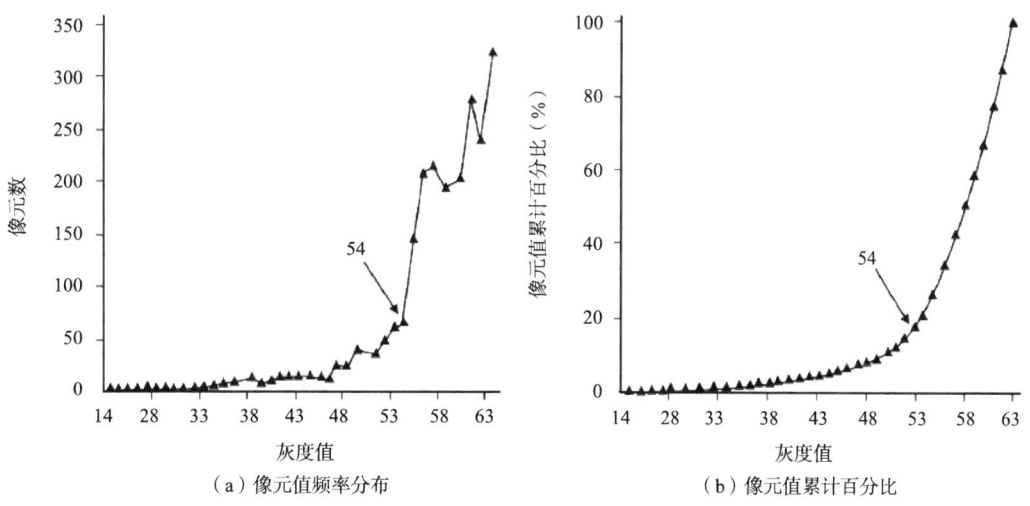

（a）像元值频率分布　　　　　　　　　　　（b）像元值累计百分比

图 7-6　掩膜后的夜间灯光数据像元值累计百分比和频率分布

资料来源：由案例提供者完成。

基于 2003 年分割阈值提取 2000 年、2003 年和 2006 年上海市城市建成区结果　　　　表 7-5

方法	2000 年（统计：1680.84 平方公里）		2003 年（统计：1824.56 平方公里）		2006 年（统计：2429 平方公里）	
	提取（平方公里）	绝对 / 相对误差（%）	提取（平方公里）	绝对 / 相对误差（%）	提取（平方公里）	绝对 / 相对误差（%）
经验阈值法	1102.4	−578.4/−34	1918.5	93.9/5.1	2314.1	−114.9/−4.7
突变检测法	1035.4	−645.5/−38	1863.5	38.9/2.1	2167.9	−261.1/−10.7
统计数据比较法	964.5	−716.3/−42	1800.2	−24.4/−1.3	2008.9	−420.1/−17.3
TM 影像数据比较法	813.8	−867/−52	1618.6	−205.9/−11.2	1583.9	−845.1/−34.8
平均误差		−701.8/−41		−24.374/−1.3		−410.3/−16.9

资料来源：由案例提供者完成。

　　从研究方法来看，由表 7-5 中 2003 年的数据可知，通过四种处理方法对夜间灯光数据进行提取的结果中，统计数据比较法所产生的绝对与相对误差最小，分别为 −24.4 与 −1.3%；其次为突变检测法，稍大于统计数据比较法的误差，绝对与相对误差分别为 38.9 与 2.1%；误差最大者为 TM 影像数据比较法，其绝对与相对误差达到了 −205.9 与 −11.2%。因此，本案例中夜间灯光数据提取结果的精确度最高者为统计数据比较法，其次为突变检测法，最后为经验阈值法，精确度最低的为 TM 影像数据比较法。

　　从研究的不同年份来看，2003 年夜间灯光数据提取的误差最小，绝对与相对误差最小为 −24.4 与 −1.3%，最大为 −205.9 与 −11.2%，其平均绝对与相对误差分别为 −24.4 与 −1.3%，显著小于 2000 年和 2006 年的平均误差；其中 2000 年为 −701.8 与 −41%，2006 年为 −410.3 与 −16.9%。在 2000 年和 2006 年夜间灯光数据的提取结果中，相对误差最高可达 50%，其中 2000 年普遍高于 30%，2006 年普遍高于 10%。由前文可知，用于 2000 年和 2006 年夜间灯光数据的分割阈值来源于 2003 年的数据，且两年提取结果的误差均显著大于 2003 年，普遍在 10%、30% 以上，最高甚至可以达到 50% 以上，已经不能有效地反映城市建设用地的规模大小。因此，从一年夜间灯光数据中获取的分割阈值并不能有效地用于同一系列中其他年份的灯光数据中，即在同一时间系列的夜间灯光稳定图像数据中，分割阈值不存在通用性。

7.6 城市新区画像案例

7.6.1 案例简介

该案例由文章《城市规划设计中计算机模拟技术的遴选与运用——以武汉新区四新生态新城"方岛"区域城市设计为例》总结凝练而成，由华东建筑设计研究总院城市规划院的叶锺楠完成。[90]

7.6.2 研究目的

由于计算机模拟技术在城市规划设计领域内存在很多优势，近年来国内外的相关研究和运用呈现出持续增长的趋势，然而从现有的大量实践来看，由于规划设计工作本身的复杂性，以及技术对接存在一定难度，计算机模拟技术在规划设计实践中的运用往往存在以下问题：

第一，对模拟技术的使用过于泛化，在规划设计中缺乏对不同模拟技术的需求分析和针对性遴选，不加选择地采用所有掌握的模拟技术，导致不得不进行一些不必要的全方位分析；第二，未能良好对接模拟技术与规划设计，难以灵活地运用适当的技术模拟需要研究的城市问题或要素；第三，模拟与规划设计脱节，对模拟技术的运用流于形式，或仅限于对规划要素的客观描述，缺乏进一步的评价和解决方案。

该研究结合项目实践案例，探索优化和解决上述问题的方案。尝试基于计算机模拟技术的技术特征和适用范围，结合规划设计项目本身的特点和需求，针对最关键的要素和最需要模拟的环节，运用计算机技术对其进行模拟，从而避免资源的浪费，同时也避免了过量信息对规划设计造成的干扰。

7.6.3 研究基本原理

在进行规划时，对于计算机模拟技术的遴选主要围绕上述策略和设计特征展开。而选择的依据主要有以下两大标准：一是在内容上要针对规划设计中最需要运用的核心策略或最需要表达的重要内容进行处理；二是在研究方法上要采取确实有必要进行的模拟和量化的方法进行分析，同时还可以借助计算机模拟技术让设计实现内容上的较大提升。在规划开展的过程中，经过比较和选择，案例最终采用基于 GIS 技术的基地地形模拟、土方填挖分析、用地选择评价，及基于 transcad 的区域交通模拟、基于 CFD 技术的风环境模拟、基于众智软件的日照模拟分析等计算机模拟技术。

7.6.4 研究方法、模型与过程

1. 地形模拟及土方填挖分析

方岛区域中部为低洼湿地，与外围部分高度差可达 3—7 米，整个基地现状地形呈现四周高、中间低的盆形格局，对场地设计，水系景观等均具有重大影响。该规划方案中，设想通过在基地中部设置标高较低的景观生态谷，使得在保留该区域生态文脉的同时大幅减少场地设计的填方量。同时，充分考虑不同功能和强度的用地以及生态景观的布局与地形的结合，因地制宜开发土地，最大程度上减少对原有地形的破坏和对土方的需求。

考虑到基地地形的复杂性和生态谷策略的特殊性，该规划引入基于 GIS 的地形高程模拟和填挖方分析两项技术来辅助方岛区域的地形改造设计。

地形高程模拟技术是首先对方岛区域地块用地大小进行预判，并根据此预判确定用地研究基本单元的适宜尺度为 5 米 × 5 米的网格，然后按照该基本单元的划分，利用地形数据生成 GIS 高程、坡度、坡向栅格数据图（图 7-7，图 7-8），然后进一步将各类功能和空间布局的地形要求与 GIS 生成的栅格数据进行叠加分析。

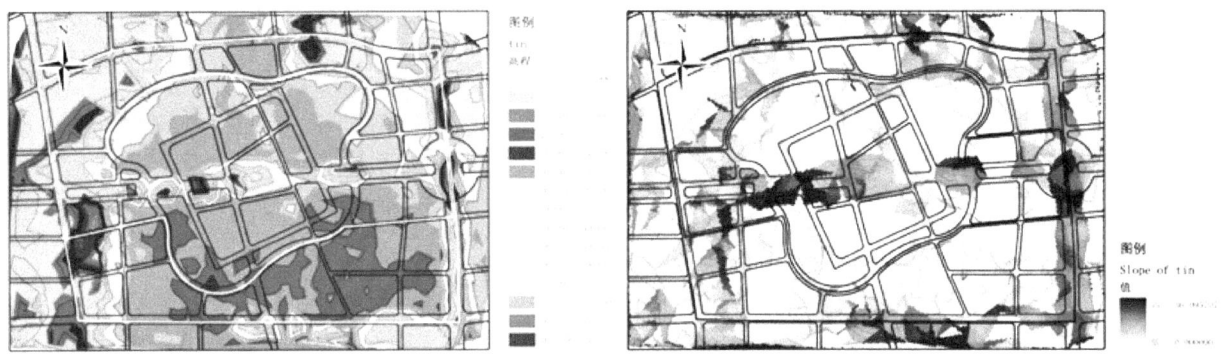

图7-7　基地高程分析与坡度分析（见书后彩图）

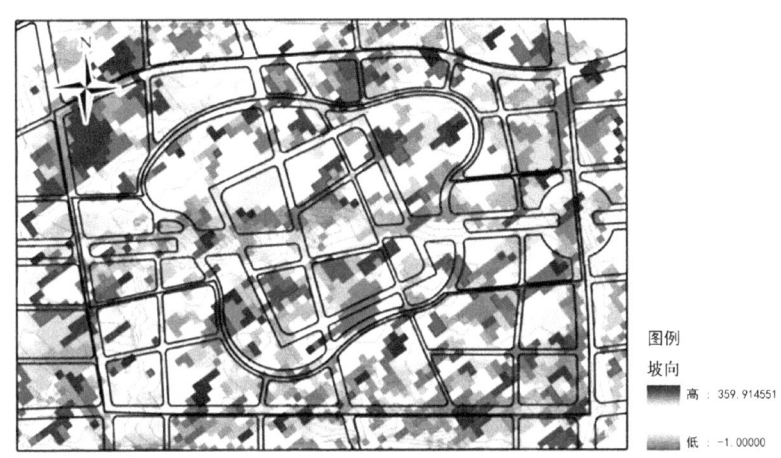

图7-8　基地坡向分析（见书后彩图）

2. 用地选择评价

方岛区域内规划用地类型多样，公共设施用地和居住用地并存，影响不同用地在岛区内选址和组合的要素较多，相互关系较为复杂，单纯依靠经验对多种用地在岛区内的布局和组合进行判断有一定的难度。

因此，该规划根据项目特点，选择道路交通条件、滨水生态景观、地形情况、与轨道交通站距离、与岛区出入口距离等较为重要且相对容易量化的要素作为主要依据，评判不同性质用地在方岛区域内的布局情况。利用 GIS 软件的栅格分析功能，将上述要素数据栅格化后按不同的权重分配进行叠加分析，可以得到不同地块适建性和经济性的评价（图7-9）。在评价结论的基础上，结合不同功能用地的规模目标以及对参评要素总分和分项得分的需求，就可以得到基于上述要素的用地布局初步方案。

3. 路网交通模拟

上位规划所确定的方岛区域路

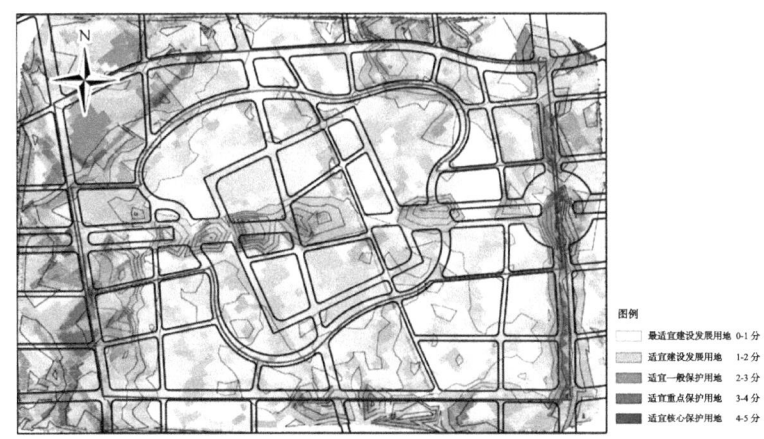

图7-9　用地选择综合评价（见书后彩图）

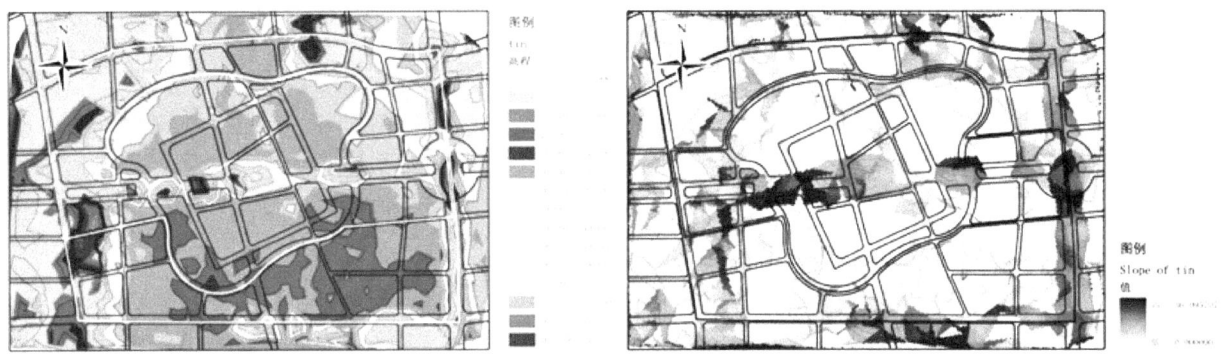

网体系特色鲜明，具有较强标志性，但也给区域交通的组织带来一定的挑战。对于其中的旋转形和曲线形路网，交通承载能力相对较弱，并且难以凭借经验判断这些路网未来的交通情况，需要依靠定量分析的帮助进行后续决策。

该规划将整个交通研究范围划分为79个交通小区，在此基础上借助交通分析软件来模拟上位规划中路网的服务水平。同时，在形态特殊的路网中计算出通行能力薄弱点的分布情况，为路网交通的优化提供了重要参考。此外，该规划还在路网交通模拟评价的基础上，结合交通模型的分析提出交通保护圈设置、局部路网调整、交通静稳化措施、尽端路设置、桥梁性质调整、公交引导开发等六项交通优化措施。为了验证这些措施的优化效果，对于各项措施的效用也均借助交通模拟技术进行了量化分析（图7-10）。

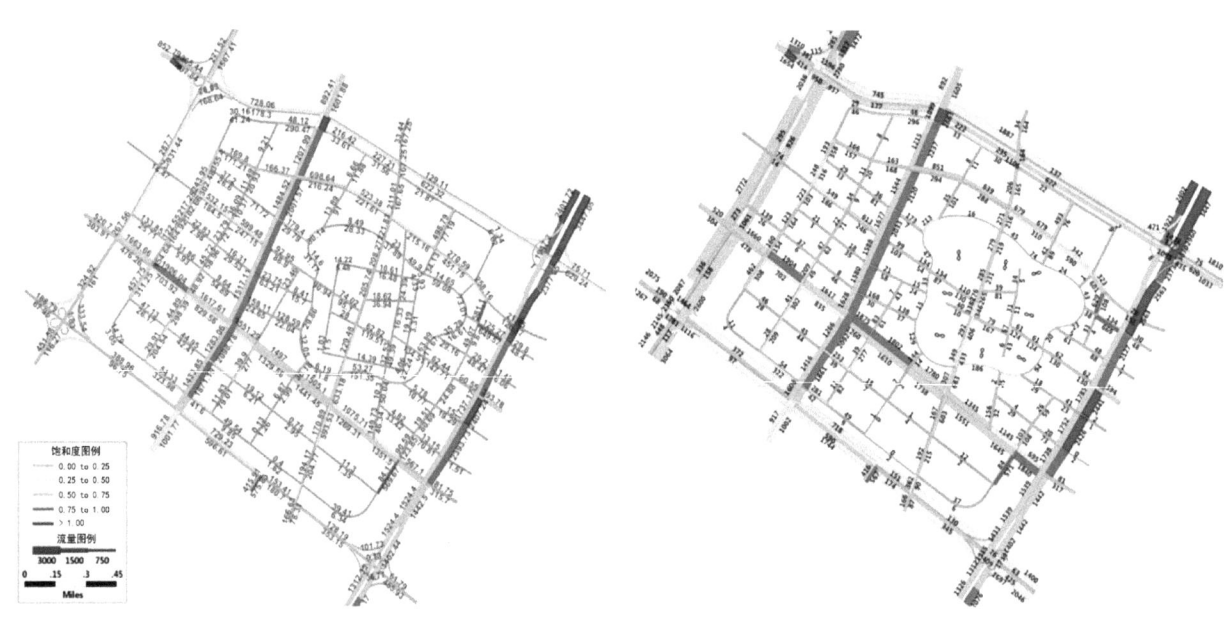

图7-10　上位规划路网交通模拟与规划方案路网交通模拟（见书后彩图）

4. 风环境模拟

根据规划目标，方岛岛区主要由围绕生态谷的公共建筑群和临湖的开放式社区组成，在空间氛围上体现出很强的公共特征和慢行特征，室外人群活动和公共活动较多，对地面舒适度要求极高。而为了实现更高的地面舒适度，最重要的一项措施就是改善地面室外风环境。为了在方岛岛区营造良好的地面风环境，该规划引入CFD软件，根据武汉地区风象特征（图7-11），对方岛岛区不同季节下各个地块的地面风环境进行模拟，通过量化的方式分析气流在不同地块内的分布情况（图7-12）。

在CFD数值模拟结果的基础上，进一步使用地块平均风速、强风区面积比、静风区面积比、地块风速离散度等指标来对各地块的地面风环境进行综合评价和打分。同时，针对地面风环境不适宜的地段，通过塔楼体量转移、建筑底层架空、裙楼优化设计、增加防风设施、局部绿化植被五项措施来对局部风环境进行改善和优化。使方岛岛区在夏季能够与周边的凤凰湖水系形成良好的空气流通环境，在冬季时能够成为兼具避免冷风直接吹进城市和社区功能的重要城市活动场所。

5. 日照模拟

为解决方岛区域住区功能需求和空间开放特征之间的矛盾，该规划在岛区范围内采用与方岛创意文化主题相一致，以SOHO公寓、青年社区、酒店式公寓为主要居住形式，与小型创意工坊、商业休

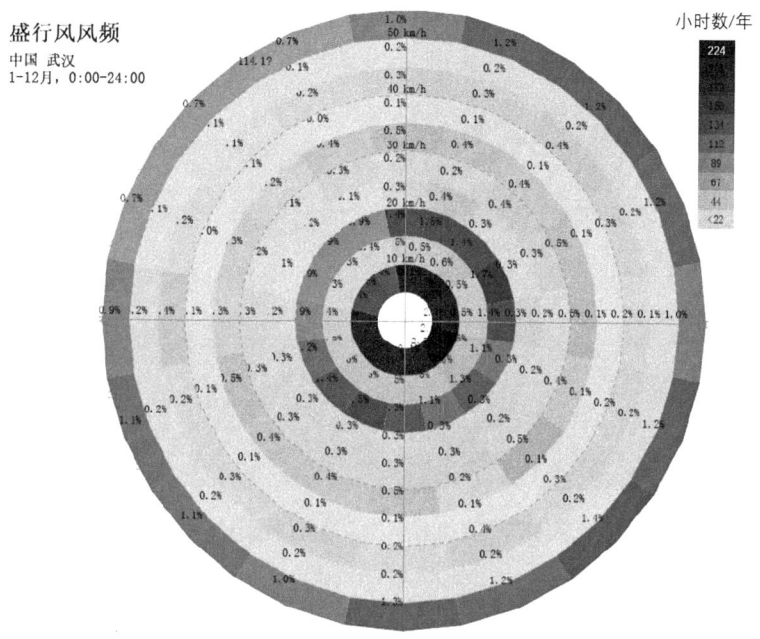

图 7-11 武汉城市风象特征

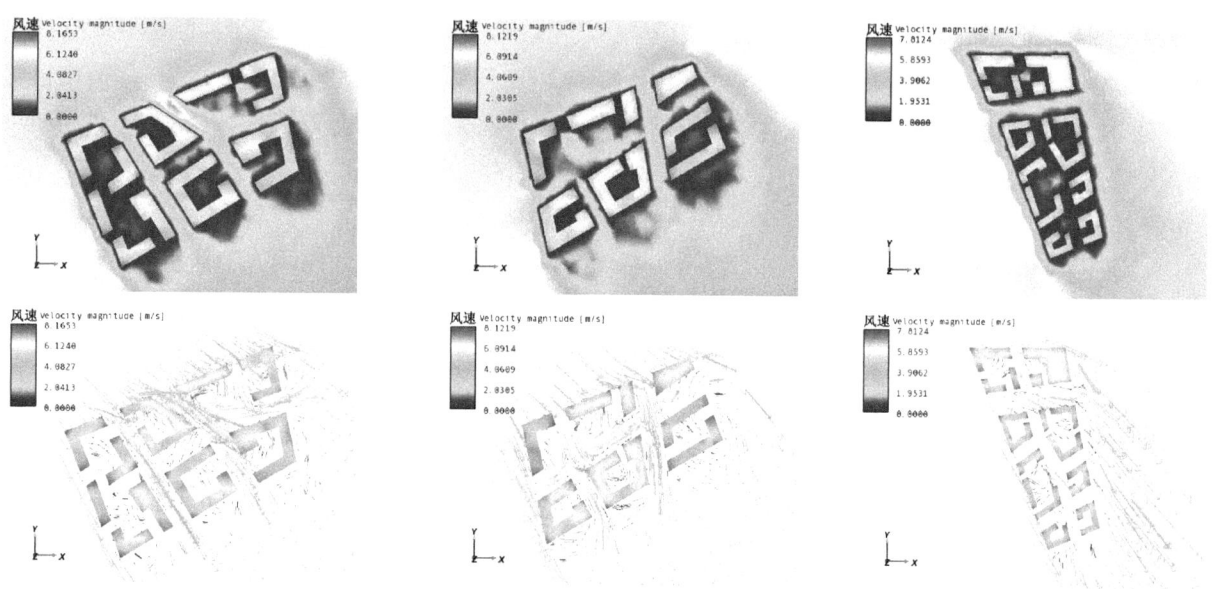

图 7-12 方岛区域部分地块风环境模拟（见书后彩图）

闲设施密切结合的综合型开放式社区。结合国内外相关案例，社区采用围合性较强的街坊式社区形式，建筑朝向比较多元。其中，根据建筑日照情况确定公共建筑与住宅建筑的分布。

　　规划引入修建性详细规划中常用的日照分析软件，根据武汉全年日照特点，对方岛岛区的住宅社区在不同的高度进行日照分析（图 7-13），将分析的结果分为日照情况良好、较好和不足三类。其中在日照良好区域主要安排常规住宅，日照情况较好部分主要安排公寓类住宅，日照不能符合规范要求的部分和大部分底层部分主要安排商业设施、创意办公和休闲设施。

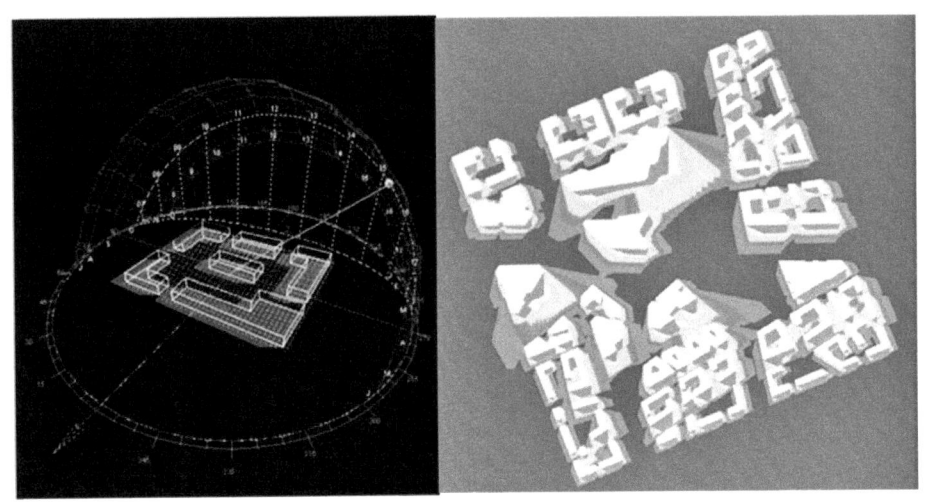

图 7-13 武汉日照高度曲面与方岛岛区日照分析（见书后彩图）

7.6.5 研究结论发现

根据对方岛区域的基地现状、上位规划和发展条件的研究，发现了方岛区域发展和规划面临的三个最核心的问题：交通问题、生态问题和功能问题。经过研究和分析，针对这三个问题，该规划提出了缓街漫城、低碳绿城和创意兴城三项总体策略，并在城市功能和空间设计中提出了与总体策略密切相关的六个城市设计特征，分别为：生态幽谷、站岛一体、高架环廊、低碳设计、多元社区和环湖绿道（图 7-14）。

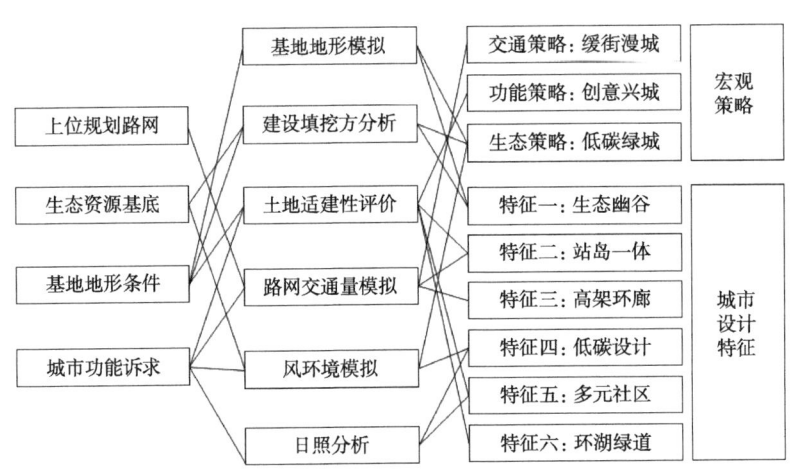

图 7-14 计算机模拟技术遴选框架

该方案历经数轮评选淘汰，在参加方岛区域的城市设计国际方案征集的 55 家国内外设计机构中脱颖而出，获得中标第一名，并最终经过专家论证和公众参与，被确定为实施方案（图 7-15，图 7-16）。该方案能够最终入选并成为实施方案，其中一个重要原因就是其在编制中实现了对先进技术的合理运用，得到了评审专家的一致认可。

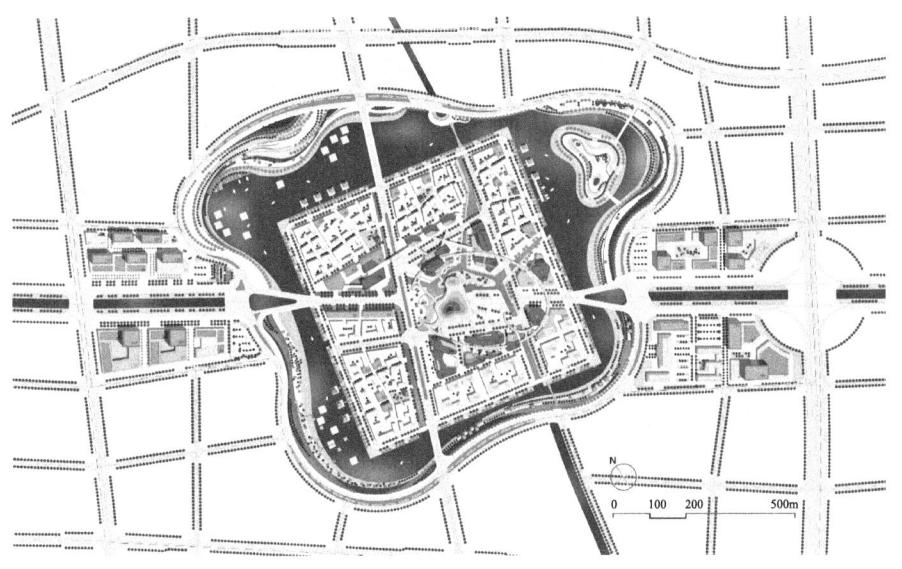

图7-15 方岛区域城市设计华东院方案总平面

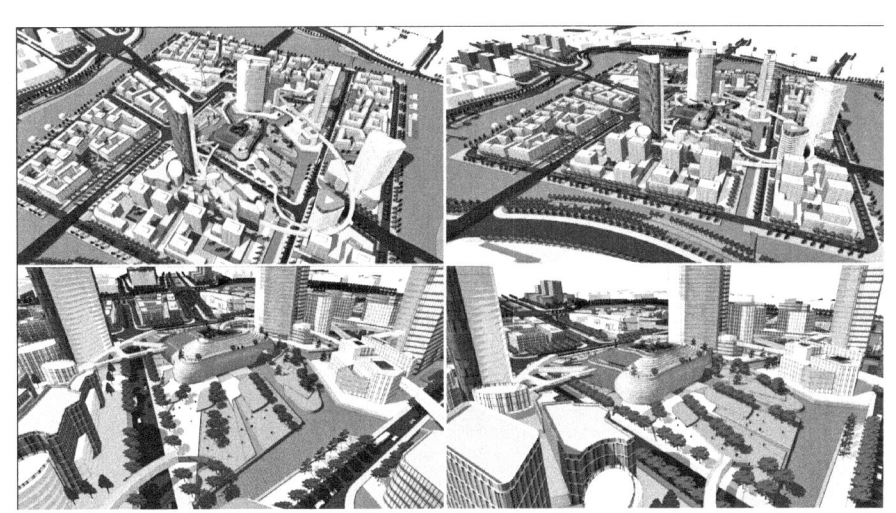

图7-16 方岛区域城市设计华东院方案各角度透视

结合城市空间营造和模拟技术两者的基础特征，以及武汉新区方岛区域城市设计项目中对计算机模拟技术的探索来看，适当的模拟技术对于城市空间的营造和优化具有积极作用，但需要注意以下问题：

首先，基于项目特点和项目目标，对需要量化分析和最能体现模拟技术效用的关键环节进行预判，选择适宜的计算机模拟技术；

其次，对各个系统的模拟结合实际情况，赋予尽量真实的模拟环境，使输出的数据能够或经处理后能较直接地反映核心问题；

再次，计算机模拟应采用合理的技术路线，在输出较精确模拟结果的同时，便于分析影响模拟结果的各项要素及其影响程度；

随后，针对影响模拟结果的各项要素变量，提出调整和优化的规划设计策略和手法，通过改变影响要素进而优化城市系统；

最后，根据优化策略调整计算机模拟的环境参数，并通过新环境下的模拟来验证该空间设计策略的效用。

7.7 城市商业区活力画像案例

7.7.1 案例简介

该案例由文章《POI 在城市规划研究中的应用探索》总结凝练而成，由江苏省城市规划设计研究院的索超完成。[91]

7.7.2 研究目的

研究采用采集自百度地图的 POI 数据，通过提炼数据的特征，对城市商业活力区与区域服务供给进行识别。

7.7.3 研究基本原理

研究通过百度地图的 POI 数据对其在城市规划分析中的特征进行提炼，尝试着提出了三种可能的应用方向。第一种为利用 POI 自身密度表征，描绘城市各类功能分布，并提取出城市空间结构与中心体系；第二种为利用 POI 数据与其他要素的相关性，描绘城市人口的空间密度分布状况；第三种为对 POI 进行分类赋值，从而实现对城市活力、设施品质、设施配置公平性进行评价。

7.7.4 研究指标与数据来源

通过对百度地图 POI 的梳理统计，将所有 POI 数据划分为 17 个大类，每个大类中又包含若干小类（表 7-6）。因此，在对某种类别的 POI 数据进行提取时，还可以快速、直观地得出此种功能在城市中的分布状况。百度 POI 数据由于录入过程相对客观，并且根据实际建设情况实时变动，因此在城市空间中的分布与现状基本吻合，保证了数据的准确性，被人们广泛应用于各种规划分析中。

百度 POI 类别一览 表 7-6

大类	小类
公司企业	园区、公司、农林园艺、厂矿
房地产	住宅区、写字楼
美食	中餐厅、外国餐厅、小吃快餐店、咖啡厅、茶座、蛋糕甜品店、酒吧
汽车服务	汽车销售、汽车维修、汽车租赁、汽车美容
休闲娱乐	KTV、歌舞厅、游戏场所、网吧、洗浴按摩、电影院、剧院、度假村、农家院
运动健身	体育场馆、健身中心
购物	商铺、集市、便利店、超市、购物中心、家电数码、家居建材
生活服务	售票处、物流公司、通信营业厅、邮局、公用事业、照相馆、图文快印店、宠物服务、彩票销售点、殡葬服务、家政服务、洗衣店、报刊亭、公共厕所
医疗	综合医院、专科医院、诊所、急救中心、疾控中心、药店、体检机构、疗养院
酒店	星级酒店、快捷酒店
旅游景点	公园、动物园、植物园、水族馆、游乐园、风景区、文物古迹、教堂
政府机构	各级政府、行政单位、党派团体、公检法机构、涉外机构
文化传媒	新闻出版、展览馆、美术馆、文化宫、艺术团体、广播电视、新闻出版
教育培训	高等院校、中学、小学、幼儿园、培训机构、科研机构、图书馆、科技馆
交通设施	飞机场、火车站、长途汽车站、港口、公交车站、收费站、服务区、加油加气站
金融	银行、ATM 机、典当行、投资理财
丽人	美容、美发、美甲、美体

资料来源：由案例提供者完成。

7.7.5　研究方法、模型与过程

1. 大众点评数据分析

案例将 POI 数据与大众点评网的评论数据匹配，匹配的内容包括总体评分、分项评分、图片数、评论数、收藏数、签到数等。这些评论数据主要集中在美食类、娱乐类和购物类，其密度的高低可以反映城市主要商圈的区位，能够相对客观地对比各商圈之间的设施活力和质量，为规划策略提供依据。

以淮安市为例，在 POI 数据中提取出美食类、娱乐类和购物类的 POI，然后对分别代表相应设施的活力值与品质值的大众点评评论数与评分值进行核密度估计。从中可以明显看出淮海广场与万达广场附近为城市活力中心地带。2008 年以来，金鹰、新亚、雨润、茂业等大量高质量综合体相继入驻，市级商业中心地位不断强化。同时，餐饮、娱乐、购物功能存在一定外溢，在万达广场附近也有丰惠、力保等综合体建设，已经形成新的市级活力中心。但万达广场距离淮海广场不足 2 公里，中心功能的分化在空间上并不明显（图 7-17）。

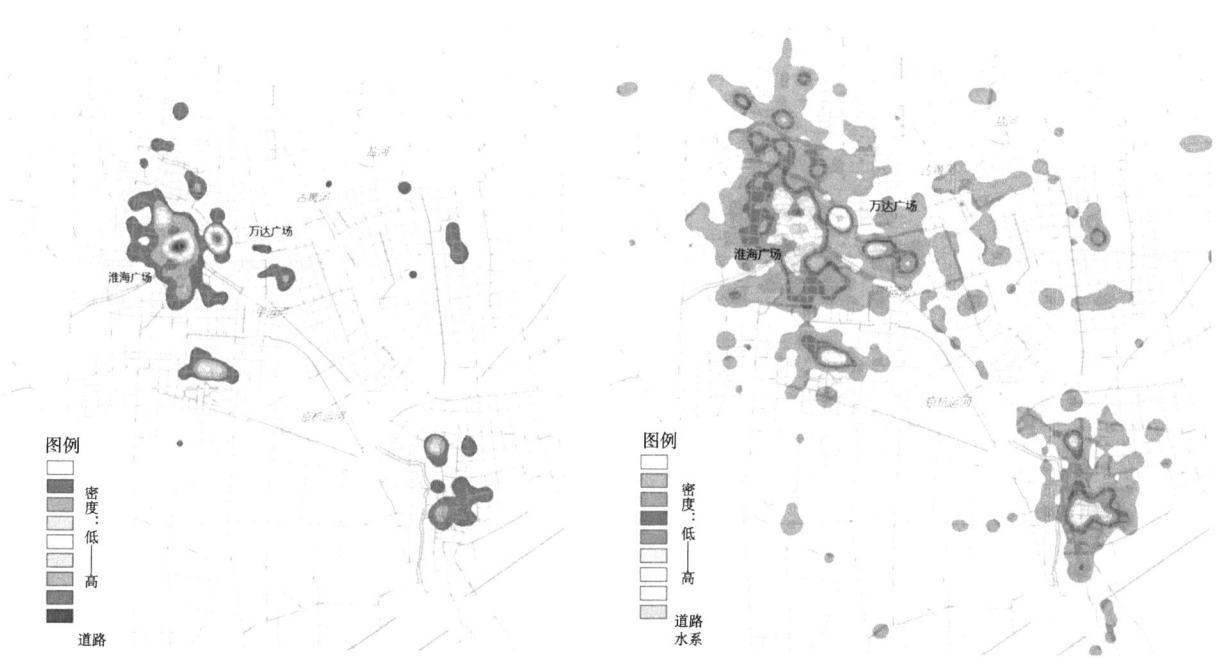

图 7-17　淮安市公共服务功能单元活力与品质分布（见书后彩图）

资料来源：由案例提供者完成。

2. 设施配置评价研究

城市公共服务设施是城市社会性服务业的载体，是指呈点状分布并服务于社会大众的教育、医疗、文体及商业等城市社会性基础设施。城市公共服务设施本质上属于公共物品的范畴，其本质属性决定了城市公共服务设施应当实现分布上的空间公平，同时这也是社会公平的理论延伸。在 POI 的数据类型中，城市公共服务设施的分类与分级已经相对全面，因此可以通过建立可达性模型对其进行空间公平性的分析评价。

对城市公共服务设施空间进行可达性度量是分析其空间公平性的基础。1958 年，斯图尔斯（Stewart）和沃恩茨（Warntz）最早提出空间可达性的测算公式，他们认为，可达性即为研究对象吸引力指数与空间隔离的函数，是构建 GIS 环境下不同观测对象相互作用潜力和空间相互影响计算模型的基础。由

于城市层面下对各类公共服务设施主要为分级布点规划，因此在模型构建时，只需确定设施的类型、等级与位置即可，而不需精确到设施规模与具体服务能力。因此，该研究基于城市层面需求与数据特征，构建了城市公共服务设施公平性计算模型，公式为：

$$E_{ij(k)} = P_{j(k)} \times S_{ij}^{-a} \tag{7-1}$$

式中，$E_{ij(k)}$ 是指公共服务设施 $j(k)$ 相对社区 i 的空间公平值；k 是所有公共服务设施中第 k 类设施；$j(k)$ 是指第 k 类设施中的第 j 个公共服务设施；$P_{j(k)} = P/Q(k)$，$P_{j(k)}$ 为此公共服务设施应当服务的人口数；P 为中心城区常住人口规模；$Q(k)$ 为中心城区所有此类设施数量，由于服务范围的不同，可将设施分为市级、区级、片区级三类；S_{ij} 是指公共服务设施与社区间的空间隔离，以街道网络距离表示；a 为空间隔离参数，取值范围为 1—2。

据此计算出城市内各社区对各类、各级设施的空间公平值后，对所有社区点上的公共服务设施空间公平值进行加总，得到综合公平指数，并在 arcgis 10.3 中采用空间插值法对结果进行可视化处理，得到公共服务设施综合公平性的空间分布情况（图 7-18）。采用 POI 进行设施空间公平性分析的优势在于，它既包含了综合医院、体育馆、文化馆等市级大型设施，也包括了卫生服务中心、健身中心、中小学等区级小型设施，同时还能够考虑到便利店、餐厅、洗衣店等微型公共服务设施，使得分析结果更具客观性。

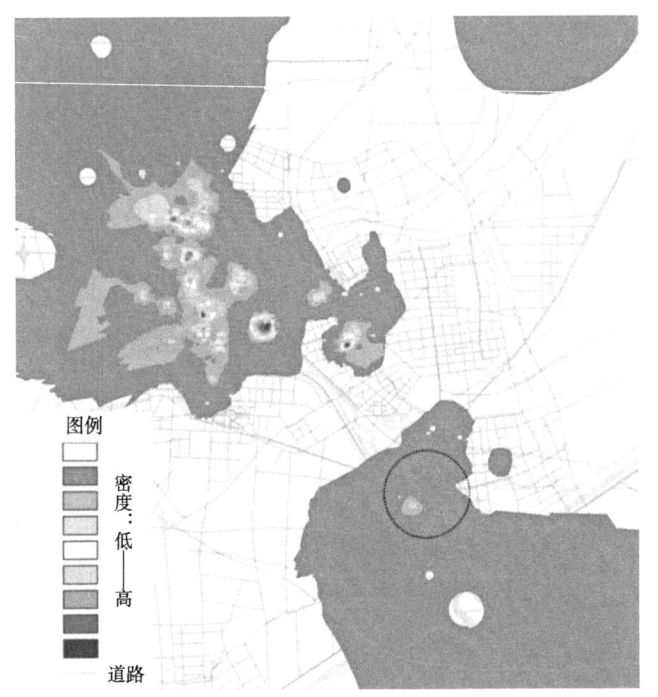

图 7-18　淮安市公共服务设施综合公平性空间分布（见书后彩图）

资料来源：由案例提供者完成。

7.7.6　研究结论

作为一种开源的地图信息数据，POI 扩展了在城市研究中矢量空间信息的来源，它为城市研究者提供了另一种方法，使人们能够在用地现状图之外，用另一种角度认知城市。尤其是在城市规划工作开展的前期，使用 POI 能够对一个城市的整体形态、空间结构、功能分布等基本特征进行快速描绘，并与用地现状图进行叠加校对，得到更为准确的城市功能发展情况。此外，在区域层面上，POI 也适于多个城市之间的比较，如企业总量、设施密度等，有利于对城市发展的优劣势形成更多维的判断。

7.8　城市街道步行指数画像案例

7.8.1　案例简介

该案例由文章《中国主要城市街道步行指数的大规模测度》总结凝练而成，由清华大学建筑学院的龙瀛和赵健婷、河南财经政法大学资源与环境学院的李双金、成都市规划设计研究院周垠以及北京市测绘设计研究院许留记共同完成。[92]

7.8.2　研究目的

该研究借鉴并优化了步行指数（Walk Score）的计算方法，测度中国 287 座主要城市（地级及以上等级）70 余万条街道的步行指数。

7.8.3　研究基本原理

该研究尝试用 287 个地级及以上中国城市的街道为研究对象，采用大模型范式，借用优化后的步行指数计算方法，阐述中国城市系统中街道可步行性的分布及规律。考虑到步行指数在步行设施考虑方面的缺失，本案例中街道可步行性的大规模测度研究，主要考虑的是街道诱发步行活动的概率，而非具体每个街道步行设施的数量。结合每条街道所在区域的人口密度和所计算的步行指数，该研究可以推测出每条街道的步行流量。

7.8.4　研究指标与数据来源

该研究数据主要包括中心城道路网、城市设施分布、城市中心城区边界范围和中心点及乡镇街道办事处人口密度等数据。

（1）中心城道路网数据源于 2014 年的测绘数据，并经过制图综合与拓扑处理，简化为拓扑无误的道路中心，共计 769407 条街道。

（2）城市设施分布数据是运用网络爬虫的方法，爬取某大型地图网站的 2014 年 POI 数据，共包括 24 大类 869 小类。并参照步行指数设施分类标准进行本土化，挑选 POI 数据并将其重新分成 9 大类，如学校、书店、公园等。

（3）城市的中心城区范围不同于行政边界范围，其定义为行政范围内最大的集中城镇建设用地范围。本案例根据中国土地利用分布图，并结合 2010 年遥感影像图，通过半自动的方法识别出全国 287 个城市的中心城边界范围。

（4）本案例中，将城市中心点定义为每个城市的行政中心，而非几何中心，例如将天安门定义为北京的中心。本案例通过人工识别的方法，找到每个城市的中心点位置。

（5）乡镇街道办事处人口密度数据来自 2010 年第六次人口普查。

7.8.5　研究方法、模型与过程

1.功能设施权重设置

该研究参照步行指数的设施分类与权重赋值的方法，将部分设施本土化，比如将咖啡店和茶馆划为一类，使日常设施的选取尽量更全面地满足居民生活日常需求。该研究构建设施包含九类，参考步行指数及设施重要性设置权重，具体如表7-7。

设施分类及权重 表7-7

设施分类	权重	设施分类	权重	设施分类	权重
杂货店	3	咖啡店、茶馆	2	学校	1
餐馆、酒吧	3	银行	1	书店	1
商店	2	公园	1	娱乐场所	1

资料来源：由案例提供者完成。

2. 距离衰减函数

距离衰减是一种地理现象，表示物体间的相互作用随着距离的增加而减小。该研究在考虑距离衰减规律的基础上，采用分段函数的形式来设置可达范围和衰减系数。按照标准步行速度80米/分钟计算，5分钟可以到达的范围为400米，20分钟可到达范围为1600米，30分钟可到达2400米。参考已有研究，该研究对衰减系数的设置为：400米距离内设施服务无衰减，400—800米距离范围内衰减系数为0.9，800—1200米距离范围内衰减系数为0.55，1200—1600米距离范围内衰减系数为0.25，1600—2400米距离范围内衰减系数为0.08，剩余的距离超过2400米的则不考虑服务水平（图7-19）。

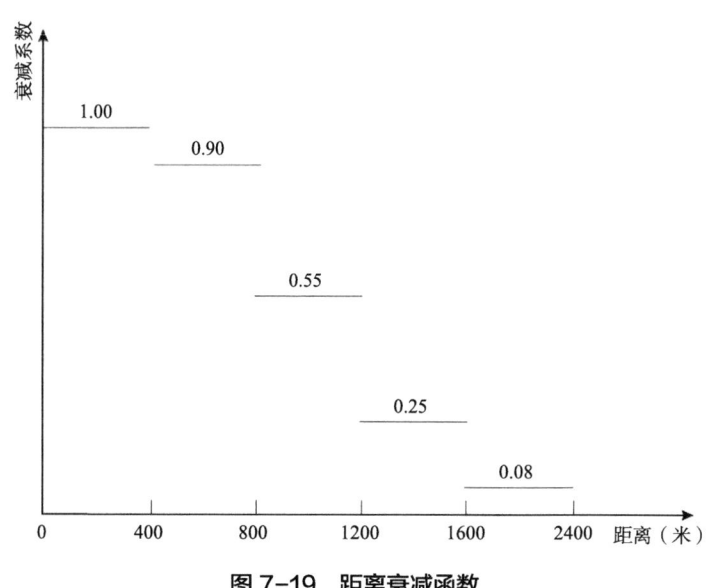

图7-19 距离衰减函数

资料来源：由案例提供者完成。

3. 步行指数

根据所研究街道空间位置寻找其2400米范围内的不同种类设施，并赋予相应权重，然后根据距离衰减规律对其进行权重衰减，最后将各类设施的权重相加，从而得到步行指数，公式为：

$$WS = \sum_{i=1}^{m,n} (W_i + S_{i,j} + DD_j) 100/15 \tag{7-2}$$

式中 WS 为步行指数；W_i 代表某类设施的影响权重；j 表示不同类型的设施；i 表示不同的步行距离；$S_{i,j}$ 表示某类设施和步行距离的服务范围；DD_j 表示设施的距离衰减系数。

4. 街道属性指标

功能混合度是衡量一个区域内功能设施的多样性，此处借鉴信息熵的计算方法，其公式为：

$$FH = -\sum_{i=1}^{n}(p_i \times \ln p_i) \tag{7-3}$$

式中 p_i 表示每个街道沿途 i 类型的设施占总体设施的比例；n 表示该街段 POI 的类别数，各类 POI 均做归一化处理。功能密度即衡量功能设施的密集程度，以街道两侧各 60 米缓冲区内单位面积的 POI 数量（个 / 平方公里）来表示。交叉路口密度表示以每条街道的几何中心点为中心，以 0.5 公里为搜索半径范围内单位面积的交叉路口数量（个 / 平方公里）。距离城市中心的距离是采用 ArcGIS 的 Spatial Join 工具计算出的街道中心与街道所在城市中心点的距离。

5. 皮尔逊相关系数

该研究分析了街道步行指数与街道交叉路口密度、人口密度、功能密度、城市等级及离城市中心点距离等各街道属性两两之间的皮尔逊（Pearson）相关性，并利用皮尔逊相关系数反映街道步行指数与街道属性之间的相互作用关系。具体计算公式为：

$$r = \frac{\sum_{i=1,\,j=1}^{n}[(x_i-\overline{x})(y_i-\overline{y})]}{\sqrt{\sum_{i=1}^{n}(x_i-\overline{x})^2}\sqrt{\sum_{j=1}^{n}(y_i-\overline{y})^2}} \tag{7-4}$$

式中，r 表示皮尔逊相关系数；x_i 表示样本集 X 中的第 i 个样本；$\overline{x}$ 表示样本集 X 的平均值；y_i 表示样本集 Y 的第 j 个样本；$\overline{y}$ 表示样本集 Y 的平均值。若 $r>0$，表明街道步行指数与街道属性之间互为正相关关系；若 $r<0$，则表明街道步行指数与街道属性之间互为负相关关系。

7.8.6 研究结论

该研究利用街道功能设施和距离衰减函数计算了中国 287 个城市、70 余万条街道的步行指数，并且分别从街道和城市两个尺度对步行指数进行了多维度分析。

从街道尺度来看，全国街道可步行性较好，但存在极化现象。大型综合发展型城市例如郑州、西安、青岛、武汉的满分街道较多，高分街道呈片状分布；而一些以工业为核心产业的城市则分布着较多的零分街道。步行指数与各影响因素中的相关性分析结果中，与交叉路口密度之间的正相关性最强，即交叉路口密度越高，步行指数也越高。这也不难解释为什么在老城区或小街区地区能够看到更多的行人。同时，步行指数与功能混合度也有很强的正相关性，即一条街道的功能混合度越高，该街道就越适宜步行。如果采用生活化的语言，可以理解为，相对于那些功能单调的街道，业态和设施更加丰富的街道更能吸引行人光顾。这两个相关性判断的结果可作为促进步行发展相关策略制定的重要依据之一。

从城市尺度来看，该研究发现，有些西南部和东部沿海城市，不仅平均步行指数高于华北和西北地区的城市，而且步行指数的标准差也低于华北和西北地区的城市，也就是说前者的可步行性普遍水平较高且发展均衡。而一些华北和西北地区城市，不仅步行指数平均值略低，而且标准差也较大，意味着城市整体的可步行性有限，其水平在各街道间也存在较大差异。从城市级别来看，省会和副省级城市的平均步行指数水平相当，略高于直辖市和地级市。虽然直辖市和地级市的平均步行指数相差不多，但是由于地级市参与比较的城市很多，所以城市平均指数的分布较为分散，其可步行性发展水平十分不均衡，无法一概而论。

第 8 章
智城之诊：精准体征研判

城市诊断是运用城市研究和实践中归纳总结出的规律、理论和经验，对具体城市的运行状态进行剖析，找出问题并探寻问题产生原因的一项工作。城市诊断是城市规划体系的一门应用型分支，是规划实践中城市问题判断和规划策略制定的前提。从以往城市规划学科的发展来看，一方面，凡是具备问题导向的规划都绕不开诊断问题，许多含有城市诊断的思想和方法一直都存在于现代城市规划的理论和实践中，而在当前规划工作中常见的现状分析、规划评估、城市体检、"双评价"等环节中也都体现出了诊断思想；另一方面，对城市的各种问题和城市病的诊断分析虽然一直存在，但是其并没有作为专业术语专门提出，而城市诊断的具体思想、方法体系和技术手段也缺乏统一认识和系统构建。

因此，对城市诊断的理论和方法模式的梳理，对于规划的学科发展具有重要意义。特别是在大数据和新城市科学的背景下，各种新型数据在城市领域广泛使用，为城市问题的诊断提供了前所未有的信息支撑，在解决了长期以来在城市问题量化分析中存在的数据困惑问题的同时，也对城市诊断从经验判断向数据理性转变提出了迫切要求。

8.1 智城之诊的传承与发展

8.1.1 "城市诊断"的背景与需求

1. "城市病"日益涌现

随着现代城市的快速发展，城市的规模和复杂程度与日俱增，同时城市中的各种复杂问题、城市病也大量涌现，严重影响着城市的健康发展。几乎所有的发达国家，都曾遭受城市病的困扰。现代城市规划在很大程度上就是伴随着城市病而诞生的，而准确地识别城市病是城市治理的重要前提。城市病种类多，内容复杂，表现形式多样，有些容易判断，有些则难以识别。此外，受到体制的影响，我国的城市病除了具有与其他国家的城市病相同的诱因之外，还受到中央地方关系、干部选拔机制、政绩考核体系、土地制度、财税体制、规划体制等多方面的影响，从而形成了独特的体制性成因和相应的表现形式。为此，建立一套涵盖城市病的现象、分类、本质及成因的科学识别和诊断体系能够有效帮助我国对城市病问题进行认识和防治。

2. 现有规划理论与实践的衔接不足

从我国乃至全世界的规划工作来看，规划理论和实践应用依然存在较为明显的脱节，这不仅制约了规划的科学性和有效性，也困扰着城市规划行业的发展。[93] 许多规划从业人员在学生时代学习了大量的原理以及地理学、生态学、建筑学、经济学等众多相关科学知识，但在工作后面临具体问题时却完全找不到有效的理论武器；城市的决策者们更是常常只把规划视作为了实现一个个零散目的而采用的工具，他们既不了解规划理论体系，也不重视城市发展规律。这种情况产生的背后既有规划理论创新的惰性化等因素[94]，也包括了实践层面上盲目追求新理念、不注重理论本土化、矫枉过正等原因。[95]此外，还有两个因素在很大程度上造成了城市规划理论和实践之间的裂隙：

第一，数据工具存在不足。理论本身来自具体的个体在大量案例和样本基础上的经验总结。对于城市规划理论而言，其相应的样本范围就是自城市出现以来所有城市的发展情况。但是，城市发展情况的综合性非常强，复杂度也非常高。在传统的数据环境下，很难对城市发展情况进行全方位的精确描述。究其原因，一是因为理论建立的基础存在数量和精度上的先天不足，影响了理论自身的科学性；二是在应用理论开展实践的过程中，具体的个案和一般规律之间缺乏足够的量化可比性，导致了理论对实践指导的不充分。

第二，诊断体系缺失。如何运用普遍规律来认识具体事物是需要相应的方法体系支撑的。比如，一个学习了大量病理学和生物学知识的人，如果没有掌握诊断学的工作方法就很难直接对具体病人进行临床诊断。而城市规划恰恰缺少运用一种通过理论知识所蕴藏的一般规律来解释具体的城市现象，并指导规划策略制定的方法体系。

3. 大数据对城市研究、规划和治理的影响

自 21 世纪以来，一个大规模生产、应用和共享数据的时代已经开启，在各行各业，与大数据结合以使生产效率迅速提高的现象不胜枚举。大数据的意义已经不仅仅局限于其信息意义本身，而是成为人们获得新认知、创造新价值的源泉，同时还是改变组织机构、市场以及政府与公民关系的新方法，对整个人类社会的各个方面都产生了重要影响。

大数据与城市研究、规划和治理之间有着很高的契合度。一方面，城市规划需要借助大数据对城市产生更深入的理解和认识，从城市宏观整体结构到居民个体活动都是城市规划师调研和探索的对象。以往相应的数据信息主要依赖实地调研和统计数据等，这些数据具有更新速度慢、精度低、获取成本高昂等缺点，而大数据的自动获取、实时更新等特点极大地改善了城市规划和研究的数据条件。另一方面，城市又是大数据极其重要的应用场景，描述城市内部系统关系的复杂模型能够使大数据的应用价值最大化。同时，从应用需求的角度，城市规划提出的新数据的获取、储存、处理和分析需求，对大数据的发展起到引导和促进的作用。

8.1.2　城市诊断的传承与创新

城市诊断是一项运用城市基础理论和城市发展规律对具体的城市或区域进行认知的工作和方法体系。从城市规划的发展来看，理想导向和问题导向是两大主要模式。一般而言，问题导向的规划编制过程中都存在大量诊断思维的运用。从这层意义上看，与城市诊断有关的许多思想和方法一直存在于现代城市规划的理论和实践中，但由于一直受到数据支撑等方面的限制而无法形成完整的系统，因而没有作为专业名词被专门提出。在大数据背景下，城市诊断的体系和概念更加明晰，其意义主要表现为用诊断思想方法对城市的运行状态和发展前景进行科学分析研究，判断城市发展健康情况，寻找城市面临的主要挑战和问题，并探索城市问题产生的原因，从而为城市政策和规划制定提供依据和指导，提升城市规划的客观性和科学性。

8.1.3　新城市科学背景下城市诊断的意义

1. 应对城市系统复杂性的需要

城市是一个高度复杂的系统，详细地认知城市和剖析城市问题是一项极具挑战的任务。目前，我

国的城市研究和规划编制多为目标导向，多是一种偏重于实现某项规划目标的途径设计，规划目标则多来自较为主观的经验判断或相关领导人的意志，而对于城市运行情况的客观分析和问题诊断则远远不足。大部分规划以套路化、形式化的"现状分析"草草应对。这种情况的产生有多种原因。首先，是由于体制问题导致的城市政府和规划主管部门领导重视政绩而忽视规划自身的科学性和合理性。其次，是由于城市问题的错综复杂，很难在时间和人员有限的条件下，对城市各系统进行详细调研和剖析。基于此，有必要引入城市诊断思想方法和工作机制，帮助城市规划的编制人员和管理人员更深入、细致和准确地认识城市运行状态，找出城市问题，为规划目标和规划策略的制定提供科学依据。

城市诊断应对城市系统复杂性的意义主要包括三方面：

第一，城市诊断思想方法和学科系统的建立，能够为城市规划师提供在城市现象中寻找问题本质的知识体系和技术方法，弥补城市理论和规划实践之间的断层，帮助规划工作者更快、更精准地在观察城市的过程中发现关键问题并找到其背后的原因。

第二，城市诊断作为独立的工作体系，有助于将传统城市规划编制中混为一谈的"诊断"和"治疗"两个过程加以区分。这既能促进专业细分，将各个系统的诊断工作交由更为专业的人员来完成，减轻规划人员在交通、生态、经济、大数据等相关领域的知识技能压力，又能减轻规划策略制定的工作量，缩短规划方案制作的时间。此外，还能避免各类各级规划在现状分析和问题研究上存在的重复工作问题。

第三，作为城市规划的前置条件和指导依据，对城市诊断的明确可以对规划编制和管理部门起到约束作用，降低主观因素在策略制定和决策过程中的影响。

2. 完善城市规划转型的需要

我国传统规划管理和实践偏重于规划决策和实施效果，但是对寻找问题、诊断问题、解决问题的过程却相对缺乏关注。同时，领导干部、规划管理和编制人员心中都存在或多或少的"最终蓝图"思维，但这种封闭系统式的规划被证明有相当的不可靠性。[96] 事实上，对于一个完整的规划行为而言，调研、诊断、决策、评估、反馈等多个环节同等重要，只有给予足够的重视和投入，才能保证规划工作对城市发展起到应有的作用。引入城市诊断并将其作为一项独立的工作看待，能够将问题的分析和策略的制定分成两个阶段进行，这有利于提升问题判断的准确性，强化规划过程的客观性和合理性，推动我国城市规划由结果和目标导向向问题和过程导向转变。

3. 应对存量规划趋势的需要

存量规划是通过城市更新等途径对城市建成区的空间和用地进行优化调整的规划，如土地整备与拆迁安置规划、历史街区保护规划、园区产业升级规划、城市更新改造规划、基础设施提升规划、环境综合整治规划等。随着我国城镇化进程的推进和土地利用模式的改革，城市新增用地空间日益减少，城市原有的空间需要优化调整以适应新的发展需求，原有的粗放型城镇化模式向高品质可持续的发展模式转变。我国的城镇化逐渐走向存量时代，存量规划在城市发展中的作用日益显著。

从规划的客体来看，存量规划面对的是已经形成的城市系统及其背后错综复杂的利益关系。相对于传统的增量规划，存量规划在物质空间、公共设施、利益协调、环境风貌等各方面面临的问题都要复杂得多。从规划编制和实施来看，存量规划编制的主导方由规划设计单位向规划管理部门转移，规划内容由规划图纸向城市政策转变。存量规划中的规划管理部门就像一个物业管理公司，需要去了解和发现业主的需求，并制定相应的管理条例，提供服务，改进设施，提升城市品质。在存量背景下的城市更新实践中，已经出现不少失败的案例。对于城市现有症状的认识不足，对于问题原因的判断失准，对于现存各系统需求的忽视等原因，都会导致城市更新发展出现问题，造成对城市系统及城市文脉的破坏，甚至引起严重的社会矛盾等。而相比之下，有些较为成功的地区规划，以问题诊断和解决为导向，采用慢改造、微更新、针灸式、社区参与等方法，针对不同的问题采用不同的解决方法，取得的效果往往要好得多。

8.1.4 城市体征诊断的主要挑战

1. 判断逻辑和标准制定

从"诊断"一词的构词来看，"诊"是运用各种手段对目标进行分析和研究的过程，而"断"则是在分析研究的基础上形成的认识和判断。从两者的关系来看，"诊"是手段，而"断"才是目的。因而，无论是医学上的诊断，还是企业诊断或者诊断学在各个领域内的延伸，对于对象运行状态是否正常良好的判断都是非常重要的环节。判断的作出必须基于相应的参照标准，而参照标准的制定需要以大量对象的样本数据作为依据，是从个体上升到标准的过程（normal-norm）。从这个意义上来讲，孤立的单一对象是无法进行诊断的，诊断从比较中来。虽然所有的诊断对象尽管均为独一无二的个体，但在一定条件下都是可比的。这也是临床医学诊断的重要判断逻辑，对于城市诊断而言亦是如此。

城市规划工作一直以来都需要对城市的状态进行分析和研究，从古代建城的堪舆测绘到今天规划文本常见的现状分析，都属于这一范畴。但是这一类的分析尚不符合"诊断"的逻辑，也没有达到"诊断"的标准。一个重要原因就是传统的研究往往是针对城市自身的孤立分析，或者仅在有限的范围内进行横向对比就得出结论，缺乏大范围、深层次、定量化、成系统的比较和在此基础上的标准构筑。从样本比较到标准制定的过程来看，每一个单个样本在其特殊性、正常性和健康性等方面都具有很大的不确定性。因此，在一般情况下，用来对比的样本量越大，形成的标准则越客观，具有的参考意义也越强。临床医学诊断的标准体系，例如人体的体温、心率、血压等，都是在成千上万样本监测的基础上形成的，因此具有很高的可信度。相比之下，过去传统数据环境下的城市研究和规划受到数据条件和信息传递技术的限制，对于城市运行状态的量化手段十分有限，更缺乏在城市问题判断中可以作为参考的标准体系，这也是诊断思维及其判断逻辑在城市规划领域内一直以来所面临的重要挑战。

2. 主体问题

从构成城市诊断体系的各项要素来看，诊断的主体是影响城市诊断的最关键要素之一。在我国目前的城市规划体系内，尚没有明确的城市诊断工作主体，大部分城市政府及规划管理部门对于城市诊断工作既缺少必要的了解和重视，也缺乏组织和管理这项工作的积极性。相应的城市数据搜集、解读、综合分析、问题发掘等实际工作主要由城市规划编制单位根据实际规划项目的编制需要组织开展。一方面，作为规划的组织方，政府部门对规划的预期更加偏重其工具作用和实施效果，而对规划目标和策略制定的科学依据缺乏重视，导致规划编制单位往往忙于探索领导意志的实现途径，对城市现状和问题的诊断则流于形式；另一方面，问题诊断和目标策略制定这两项工作由同一家诊断机构主体完成，容易受个人主观因素的影响，从而导致问题的判断带有目标倾向而失去客观性。因此，政府部门在城市诊断中的缺位、规划编制单位在城市诊断工作中的重视度和方法体系上的不足，以及第三方诊断机构的缺失，是目前我国城市诊断工作在主体上面临的主要问题。

3. 动力问题

城市诊断动力不足问题的根源在于实事求是精神和规划理性思想在相关领域的不足。这种不足首先是在城市政府层面，只有充分认识到坚实调研、理性分析、"先诊断后治疗"、"对症下药"等工作思路对城市健康发展的重大意义，才能够逐步建立和完善相应的体制建设、考核机制和法规制度。中国地大人多，各地政府的思想认识和执政能力并不均衡，大量城市还处在"人治"向"法治"转型的过程之中，规划工作受领导个人意志影响较大，往往以目标主导过程，导致问题分析和诊断不受重视。

同时，从规划编制单位以及其他城市诊断主体来看，拉力与推力都存在缺失。缺乏拉力是因为政府及市场对这项工作的认可和相应的激励机制不足，而缺乏推力则是因为主体自身对城市发展的永续理性思想和问题诊断方法体系的认识不够深刻。

8.1.5 城市诊断的未来发展

1. 新数据的进一步挖掘和利用

在2012—2017年，大数据及其相关方法在城市研究和城市规划领域内发生了爆发式的增长，大量城市规划师和学者开始使用大数据工具对城市开展前所未有的研究，并惊叹于大数据给城市研究者带来的全新视角。但是另一方面，无论是和整个大数据时代的技术洪流相比，还是从认识城市这个复杂巨系统的需要来看，目前所有探索和实践都仅仅是迈出第一步而已。

至今为止，大数据对城市规划的运用大部分集中在宏观层面。其中很重要的原因是尝试使用大数据研究城市的人群，没有能力为规划设计专门相关的实验，也无法进行专门的数据采集和挖掘工作。城市研究工作更多是借用来自网络和其他产业的数据，这些数据更多的是反映城市空间、土地使用以及城市活动的整体情况。而城市诊断和规划设计中还需要大量的中微观数据，这些中微观数据对城市空间环境和生活品质提升至关重要。因此，需要大量专门为城市规划设计应用而设置的传感器等数据采集系统。但目前来看，一线规划编制单位的实践中缺少基础资金铺垫和精密数据设计，进行数据技术探索的多是一些青年研究人员，进行的研究和实践会受到数据供给条件的限制，而有项目条件和资金能力的企业又往往缺少实验装置的设计和为城市研究开发专门系统的动力。因此，城市诊断未来发展中的一个重要环节就是更加充分地发现和挖掘数据以及相应的分析研究方法，并与实践相结合，为规划设计创造从数据收集到分析运用的完整技术链。

2. 从现状诊断到方案诊断

中国古代医书有"圣人不治已病治未病，不治已乱治未乱"的思想，城市诊断亦是如此。从更好地指导城市健康发展的角度来看，城市诊断不仅仅需要诊断城市今天存在的问题，更需要诊断城市未来5年、10年将会出现的病症，需要根据现行的城市规划策略、城市未来将会发展成的情形以及可能发生的问题（图8-1）进行诊断。诊断技术已经从城市分析进阶到城市推演的层面，这不仅需要掌握城市发展的规律，需要对城市自然状态下的发展趋势进行判断，还需要了解不同的干涉手段对城市发展进程的影响，进而预判城市在不同规划干涉条件下的发展情景和困难，从而"防病于未患"，这也是城市诊断未来发展的一个重要趋势。

图 8-1　城市诊断与方案诊断

3. 基于人工智能的诊断

在传统的医学诊断领域，人工智能已经展现出其广阔的前景。在大部分传统的临床诊断中，医生的诊断时间只有几分钟。在这个过程中，如果采用传统的方法，医生能够获取的信息极其有限，同时医生脑海里的医学知识和相似病例也绝不可能是全面的，这些局限在很大程度上会影响诊断的准确性。相比之下，基于大数据和算法的人工智能对掌握患者信息、医学知识和病例储备以及判断的稳定性方面则具有显著的优势。2011年，IBM的超级计算机"沃森"在诊断类的抢答节目中战胜两位挑战者。同年，美国旧金山开了一家由计算机担任药剂师的药店，第一年开出的处方就超过200万张，犯错率为0，这远远低于人类药剂师1.7%的处方错误率。

对于城市诊断而言，也存在同样的情况。城市作为一个具有生命特征的巨大系统，其复杂程度相较人体有过之而无不及。城市规划师作为城市诊断的"主治医师"，对于城市各功能系统、各历史阶段，以及各阶层需求的相关信息了解不可能做到充分，对现有的城市问题解决方法、技术手段和相似城市案例的储备也相对有限。而人工智能所具有的高度分析能力、严密推理能力、敏感反馈改进能力、快速决策能力等优势使得人工智能非常适合用于规划工作，必然会对城市规划及城市运行管理产生巨大影响。[96] 相比于单纯的大数据，人工智能具备了发掘城市发展规律的能力，能够从感知城市向认知城市，乃至预测城市发展转变。[97] 因而，基于大数据和算法的人工智能能够比城市规划师做出更为精准和快速的初步城市判断。

事实上，国内外的城市研究领域已经出现不少借助计算机算法和人工智能进行城市研究的实践尝试，包括基于图像分析算法的城市街道风貌评价、基于卫星影像识别的城市增长边界研究、基于深度学习的城市用地推演等。而对于如何把新技术和城市诊断的框架相结合，形成新一代的城市诊断模型和思想方法体系，还需要进一步的探索和研究。2017 年 7 月，国务院印发的《新一代人工智能发展规划》提出"以人工智能推进城市规划、建设、管理、运营全生命周期智能化"，将城市规划和研究领域内的人工智能攻关上升到国家战略高度，也为基于人工智能的城市诊断推进创造坚实基础。从未来发展来看，人工智能向着群体智能、多媒体智能和人机共智技术的多方向进化，将发育出对城市感知、认识、分析、模拟和决策的全新技术可能。

当然，在可预见的时间内，城市诊断与人工智能的结合并不意味着专业人员需求的大幅降低。事实上，人工智能的技术发展还处在兴起阶段，属于高速发展、尚未稳定的技术，人工智能目前的主要优势还是在于数据搜集、症状匹配和初步判断，而更具有创意性和决策性的工作还是需要在专业人员的控制下完成，人类智能和人工智能如何更好地在城市的认知和诊断领域内协同共生，也是未来城市诊断研究面临的重大课题。

8.2 城市流动性诊断案例

8.2.1 案例简介

本案例由文章《城市流动性的量化与诊断——基于网络地图数据和可达性模型的方法研究》总结凝练而成，由华东建筑设计研究总院城市规划院叶锺楠完成。[98]

8.2.2 研究目的

本案例利用互联网数据和算法程序，提出覆盖城市所有节点两两之间可达关系的城市流动性标准模型，并在此基础上建立以城市中心、最近商业中心、最近公园以及对外交通设施节点为参照的参照系模型。以上海市中心城区为例，运用参照系模型和网络地图数据对城市的整体流动性以及其空间布局情况进行分析诊断，揭示上海中心城区在整体可达性上存在的内高外低、东西差异、指状放射等结构特征，并指出在城市流动性上需要改进的主要节点。

8.2.3 研究基本原理

诊断学源自医学概念，是运用医学基本理论、基本知识和基本技能对疾病进行诊断的一门学科。除了在临床医学上的应用，诊断思想已被广泛应用于其他许多专业领域，有的甚至形成了完整的学科体系，例如将医学诊断中的基本逻辑思想和方法，推广到工程技术中，便形成工程诊断学；应用到企业经营状态识别判断中，便形成企业诊断学，等等。

对于城市而言，精准的城市诊断是剖析城市病和城市问题的科学手段，更是制定有效规划策略的重要前提。根据城市系统的组成特点，城市诊断一般可以分为城市的协调控制力诊断、流动性诊断、环境诊断、供给诊断、公共服务诊断、空间文化诊断、社会意识诊断以及群落关系诊断等多个系统。其中，城市流动性诊断的主要对象是城市物质交换和新陈代谢的状态；广义的城市流动性可以包括城市中所有人员、车辆、物品、信息、财富等的流动状态；而大部分城市诊断的实践中，一般以城市交通网络的通畅性和便捷程度来衡量城市的流动性。

从现代的诊断学发展来看，对诊断对象身体状况进行量化描述是一项重要的发展趋势，大量健康指标体系的建立以及相应测量仪器、量化手段的应用大大加强了诊断的精确性。对于城市而言，城市健康状态的量化研究同样是现代城市诊断的关键技术。在城市诊断所涉及的各个系统中，以城市交通为主要对象的城市流动性诊断由于其量化特征明显、数据获取便利等特点，近几十年来一直是城市各系统中量化研究成果最为丰富、应用最为广泛的一项。而随着大数据时代的到来，新的数据类型及其处理技术的诞生为城市流动性研究提供了新的视角和方法，使得城市流动性诊断在整体性和动态实时性等方面具有显著的提升空间。

城市内部某一个特征节点与另一个节点之间的交通网络布局以及交通工具的可选择性决定了它们之间流动的时间成本。该特定节点与城市内其他所有节点之间流动所需时间成本的集合构成了该节点的可达性，而城市内所有节点可达性的集合则构成了城市的整体流动性。因此，可以用城市内各个节点可达性的总和或均值来衡量城市的整体流动性。

8.2.4 研究指标与数据来源

指标体系的建立及其量化是现代诊断学的基础，现代城市研究体系中已有大量描述城市交通的指标。在此基础上，本研究结合当今大数据时代和移动互联网时代的信息背景，提出针对城市整体流动性的交通源诊断指标、绩效诊断指标和子系统诊断指标。

其中，交通源诊断指标主要指城市交通的产生和吸引情况，具体包括职住平衡情况、设施分布情况等。绩效指标主要从使用者的角度出发，对城市交通系统的服务效果进行诊断，具体包括时间成本、经济成本和舒适度成本等三大类别，而子系统指标主要以构成城市交通系统的各个组成部分为考察对象，对交通系统的软、硬件构成进行诊断，具体包括慢行交通指标、公共交通指标、轨道交通指标、出租车指标、小汽车指标等类别。绩效指标主要显示"流"数据，城市交通系统的实际运行情况；而子系统指标主要显示"形"的状态，包括路网、交通工具、交通设施等各种能够影响到绩效指标的要素在总量供给和空间分配等方面的情况。从城市交通系统规划和设计的角度来看，绩效指标描述的是目标，而支撑指标描述的是手段。城市交通系统诊断的过程一是要通过绩效指标来诊断城市交通的运行是否健康；二是要通过诊断和调整支撑指标来优化绩效指标，实现城市交通良好的流动性。

时间成本、经济成本和舒适度成本这三类绩效指标直接反映了城市的流动性，它们对流动性的影响程度取决于出行者、出行目的、出行环境等。在今天的城市，特别是大城市的社会经济环境下，时间成本对城市流动效率的反映更为直观。基于这一考虑，该研究以时间成本作为主要因素建立量化模型。

该研究以百度地图提供的交通查询为基础，通过自行开发的数据获取程序，实现点到点之间交通时耗的批量获取、权重赋值和城市内各节点流动性评价，进而合成上海市中心城区的总体流动性分布数据。

8.2.5　研究方法、模型与过程

1. 标准模型

为了对城市的流动性建立更加整体、动态、系统化的认识，该研究尝试以传统潜能模型为基础，利用互联网大数据和算法程序，建立城市整体流动性的计算模型，其公式为：

$$F = \sum_{i=1}^{n} A_i = \sum_{i=1}^{n} \sum_{j=1}^{n} \frac{R_{ij}}{C_{ij}^b} \tag{8-1}$$

式中，F 为城市整体流动性；A_i 为目标节点 i 的可达性；R_{ij} 为节点 j 与目标节点 i 之间的吸引力；C_{ij} 为目标节点 i 与节点 j 之间的交通成本；b 为距离摩擦系数；j=1，2，3，…，n；n 为节点个数。

该模型优点在于覆盖了所有节点两两之间的流动关系，具有很强的整体性和精确性。其不足之处在于涉及大量参数设置和运算工作，对于数据获取、生成以及运算工具的依赖度较高，适用于数据成熟、面积较小的研究对象。

2. 参照系模型

对于城市中的某一特定节点而言，与其有着高联系度的节点数量相对于整个城市的节点数量而言是十分有限的，相对于这些高联系度的点，其他大部分点对它的吸引力极小，相应的流动意愿亦小。因此，研究尝试仅用城市中吸引力最强的部分节点建立参照系来计算目标节点的可达性，并由此建立城市流动性的参照系模型，其公式为：

$$F = \sum_{i=1}^{n} A_i = \sum_{i=1}^{n} \sum_{j=1}^{n} \frac{(w_1 R_1 + w_2 R_2 + w_3 R_3 + w_4 R_4)}{(\alpha s_{ij}^b + \beta t_{ij}^c)/(\alpha + \beta)} \tag{8-2}$$

式中，F 为城市整体流动性；A_i 为目标节点 i 的可达性；w_1、w_2、w_3、w_4 为参照点类型判断系数；w_1 对应是否市级中心，若判断为是则 $w_1=1$，反之则 $w_1=0$；w_2、w_3、w_4 分别对应最近商业中心、最近公园设施和对外交通枢纽；R_1、R_2、R_3、R_4 则为不同类别参照点的吸引力（参照权重）；s_{ij} 为从目标点 i 到参照点 j 的公共交通时间成本；t_{ij} 为从目标点 i 到参照点 j 的小汽车交通时间成本；b、c 为距离摩擦系数；α 为公共交通时间权重系数；β 为小汽车交通时间权重系数。

该模型的优点在于大大简化了参数设置和运算量，加强了其在实际案例中应用的可行性。但同时要注意的是，参照系的选择会对模型的诊断结果产生较大影响。在该研究中，出于对城市大部分节点和人群的日常流动需求的考虑，主要采用城市中心、最近商业中心、最近公园以及各对外交通设施来建立参照系（图8-2），并在计算时间成本时，同时考虑小汽车和公共交通两种交通方式的时耗。

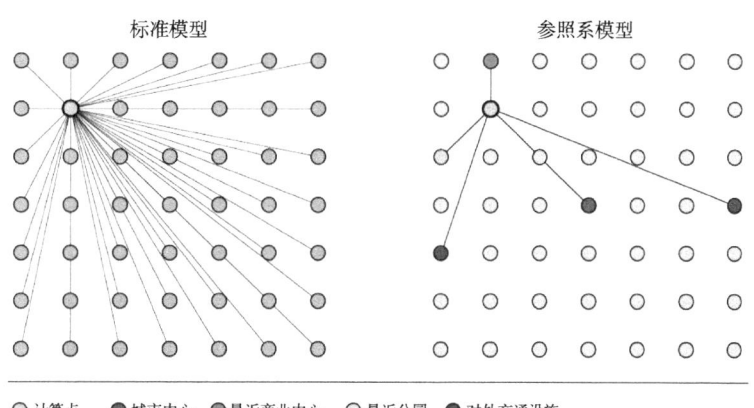

图 8-2　标准模型与参照系模型的计算方式（见书后彩图）

8.2.6 研究结论

为获取上海中心城区的总体城市流动性分布情况，研究使用 R 语言在中心城区范围内随机选择 18000 个目标 POI，经过坐标去重后对这些点相对于上文中所建立的参照体系的可达性进行计算和评价，最后依靠 GIS 插值完成城市总体流动性分布的诊断（图 8-3）。在各目标 POI 的可达性评价过程中，对采取公共交通方式的可达性和小汽车方式的可达性分别进行计算，并在此基础上计算可达性的综合评分。考虑到公共交通主导的趋势和需求，对公交可达性给予了较高权重。

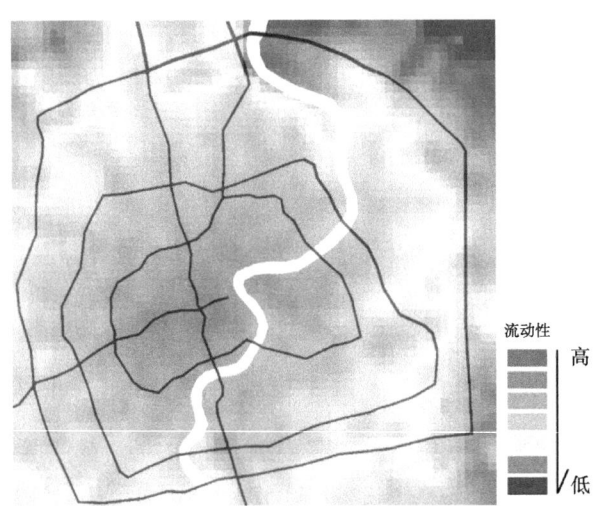

图 8-3　上海中心城区流动性整体情况（见书后彩图）

从图 8-3 可以看到，上海中心城区的城市流动性整体呈现出内高外低的趋势，从市中心向外，随着距离参照体系的整体距离增加以及路网、交通设施等供给的下降，流动成本逐渐增加，流动性逐渐降低。同时，整体流动性还呈现出指状放射的特征，由内向外沿地铁线形成多条"高流动性走廊"。可见，在大城市中，轨道交通对于其周边地区流动性的改善具有显著作用。此外，浦西地区的整体流动性明显高于浦东；浦东除陆家嘴、世纪大道及滨江地区外，其他地区的流动性仍有较大的提升空间，这反映出尽管浦东近二十年来发展迅速，但目前浦西的整体区位和交通资源仍优于浦东。

从上海中心城区各个重要节点来看，流动性相比同类地区较为不足的主要节点包括：内环以内的塘桥地区、上海新国际博览中心地区、平凉路地区；内中环间的锦江乐园地区、东郊宾馆地区、北蔡地区、南张江地区；中外环间的大场公园地区、铁城路地区、滨江森林公园地区、高东生态园地区、孙桥地区。

8.3　城市交通拥堵诊断案例

8.3.1　案例简介

本案例由文章《基于开放拥堵指数数据的区域交通拥堵特征分析》总结凝练而成，由上海市城市规划设计研究院邹伟完成。[99]

8.3.2　研究目的

该研究基于道路交通指数大数据，从全局均值分析、分区域时长分析及拥堵微观特征分析等角度对上海市外环内的交通拥堵状况开展多维特征分析。该研究给出的相关交通拥堵特点形成原因及改善建议，可以为区域交通规划提供参考。

8.3.3　研究指标与数据来源

该研究使用的道路交通指数数据来自市交通委公开的道路交通运行数据，可以计算上海市外环内交通拥堵特点，用以分析主城区内各个区域的交通拥堵分布特征情况。道路交通指数是用量化方法表达道路交通运行拥堵程度，该指数反映了一定范围内道路的平均车速和人们对道路交通拥堵程度的感受，其数值为0—100。数值越大，表明道路交通越拥堵；数值越小，表明交通越畅通。此外，依据相关给定文件，研究通过矢量数字化等手段，划定了上海市主城区交通拥堵特征研究的研究区域，便于分析讨论使用。

研究所用的道路交通指数数据总量接近300万条，时间跨度超过8个月。该数据按10分钟的间隔周期对68个区域进行数据获取，从而记录了各个区域的道路交通拥堵情况。通过考虑该数据的时间周期和空间分布特点，采用适当的分析方法，可以有效地解析上海市主城区交通拥堵宏观特征。

8.3.4　研究方法、模型与过程

基于上海市外环内交通出行在工作日（周一至周五）及休息日（周六、周日）的显著差异，研究以工作日和休息日作为两大主要的对照类别，开展上海市主城区68个区域道路交通指数数据的清洗、整理、分析及出图等工作。

研究使用SQL查询语言等手段获得研究区68个区域的动态分布均值，并以此为基础，继续进行三项特征分析：（1）全局均值分析；（2）分区域时长分析；（3）拥堵微观特征分析。结合已有交通拥堵指数研究基础及相关资料（上海市交通委员会，2015），对交通拥堵指数进行划分。划分为"畅通"（0—30）、"较畅通"（30—40）、"拥堵"（40—70）和"堵塞"（70—100）四种拥堵程度等级。

8.3.5　研究结论发现

1. 全局均值分析

该研究以工作日、休息日为区别，依据道路交通指数数据分别计算上海市主城区68个区域在工作日和休息日的全局平均值，并采用数值阈值分类标准的颜色进行标识显示。

就工作日的均值分布而言，从总体分布情况来看，全年主城区的交通拥堵总体情况均在"畅通"及"较畅通"的状态内，部分区域部分时间段处于"拥堵"状态，而处于"堵塞"状态的区域则没有。

从空间分布上来看，上海市主城区道路交通拥堵情况呈现几个特征：第一，以南北高架与东西高架的交点为中心，交通拥堵情况由内向外减缓，缓解程度各有不同；第二，浦西整体拥堵状况明显比浦东严重，浦西区域大部分处于"较畅通"状态，其中更有处于"拥堵"状态的静安寺、瑞金医院、五官科医院、新天地等区域；而浦东均处在"畅通"状态，显著异于浦西的交通拥堵情况；第三，浦西拥堵状况表现出东西方向性，包括从西面的龙柏、漕河泾等区域向东延续至黄浦江边的杨树浦区域等，"较畅通"状态区域呈现"东西连片"的分布特点，而南北方向则呈零星分布，"畅通"与"较畅通"区域交错。

从具体区域拥堵状况而言，"拥堵"状态区域主要位于内环内，包括静安寺、瑞金医院、五官科医院、新天地4个区域，占总数的6%；"较畅通"状态的区域则主要位于浦西的中环内及中环边的区域，包括徐家汇、中山公园、曹家渡、人民广场等26个区域，占总数的38%；而"畅通"状态的区域则位于浦西的外环内边上、黄浦江边以及整个浦东，占总数的56%。

就休息日均值而言,主城区交通拥堵状况大部分处于"畅通"状态,较少区域位于"较畅通"状态,个别区域处于"拥堵"状态。从空间分布来看,上海市主城区交通拥堵状况依然以南北高架和东西高架的交点为中心向四周减缓,其中东西方向拥堵状况较南北方向严重,浦西较浦东更为严重。从具体区域拥堵状况而言,"拥堵"状态区域为瑞金医院区域,占总数的1%;"较畅通"状态的区域则主要位于内环内及部分中环边上,包括静安寺、中山公园、上海影城、五官科医院、曹家渡、南京西路商圈、新天地、闸北公园、共和新村9个区域,占总数的13%;而"畅通"状态的区域则位于主城区大部分区域,占总数的86%。

结合工作日与休息日总体均值分布可知,工作日与休息日均呈现"以南北高架和东西高架的交点为中心向四周减缓""东西方向拥堵状况高于南北方向"和"浦西高于浦东"三个共性;将两者对比来看,工作日交通拥堵状况显著严重于休息日的状况,且空间分布上的特点更加显著。

2. 分区域时长分析

为进一步分析上海市外环内交通拥堵区域分布特点,该研究以南北高架和东西高架作为轴,将上海市外环内区域划分为8个大区(以区块中心的位置为准),并按工作日及休息日分别对各个大区分类汇总交通拥堵指数的均值、"畅通"状态时长及"较畅通"状态时长情况进行分类汇总(图8-4)。

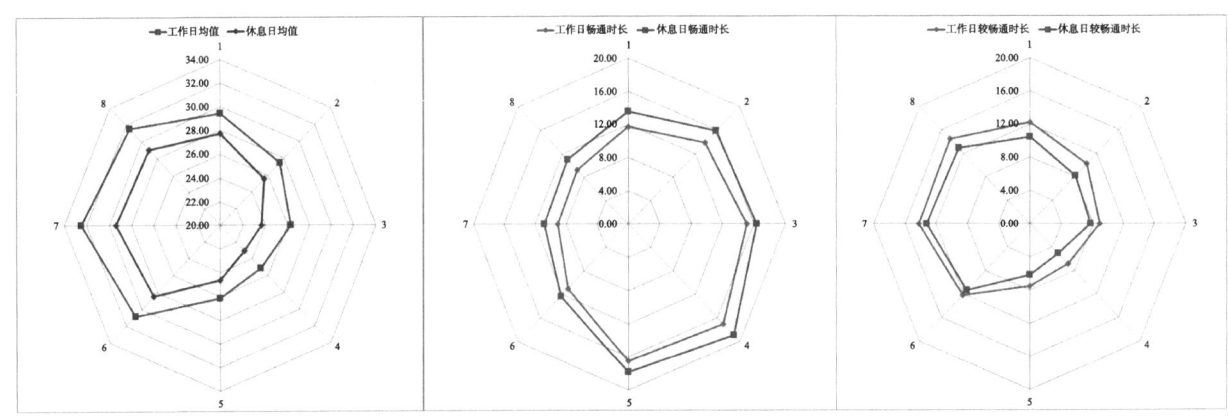

图8-4　上海市外环内8个大区交通拥堵指数的均值、"畅通"状态时长及"较畅通"状态时长结果(见书后彩图)

资料来源:由案例提供者完成。

就交通拥堵指数均值分布情况而言,东西高架方向交通拥堵数值高于南北高架方向,尤其是东西高架方向的6区、7区和8区均值数值显著偏高,其在工作日和休息日的数值差距较大,说明东西方向区域的交通通行承载量偏高。

就交通拥堵指数的"畅通"时长和"较畅通"时长情况而言,位于浦东的大区(3区、4区、5区)交通拥堵时长普遍低于位于浦西的大区(1区、2区、6区、7区和8区),表明浦东区域交通拥堵状况优于浦西区域。此外,在工作日及休息日的"畅通"时长变化具有均一特点,数值差异同步;而在工作日及休息日的"较畅通"时长在东西高架方向的6区、7区数值变化较小,表明浦西东西高架方向在工作日和休息日均承担较大的交通通行量。

结合区域划分及交通拥堵数据统计结果可知,浦西区域交通拥堵较浦东严重,其中东西高架方向两侧区域承担着较大的交通通行量,致使该区域在工作日及休息日的数值差异较小。

3. 拥堵微观特征分析

针对上海市外环内交通拥堵的微观特征,该研究以静安寺区域为例,利用SQL工具分类汇总该区域各个时间点的交通拥堵数值均值，并进一步计算该区域的工作日（周一至周五）和休息日（周六和周日）各天数值趋势及离差波动结果（图8-5）。

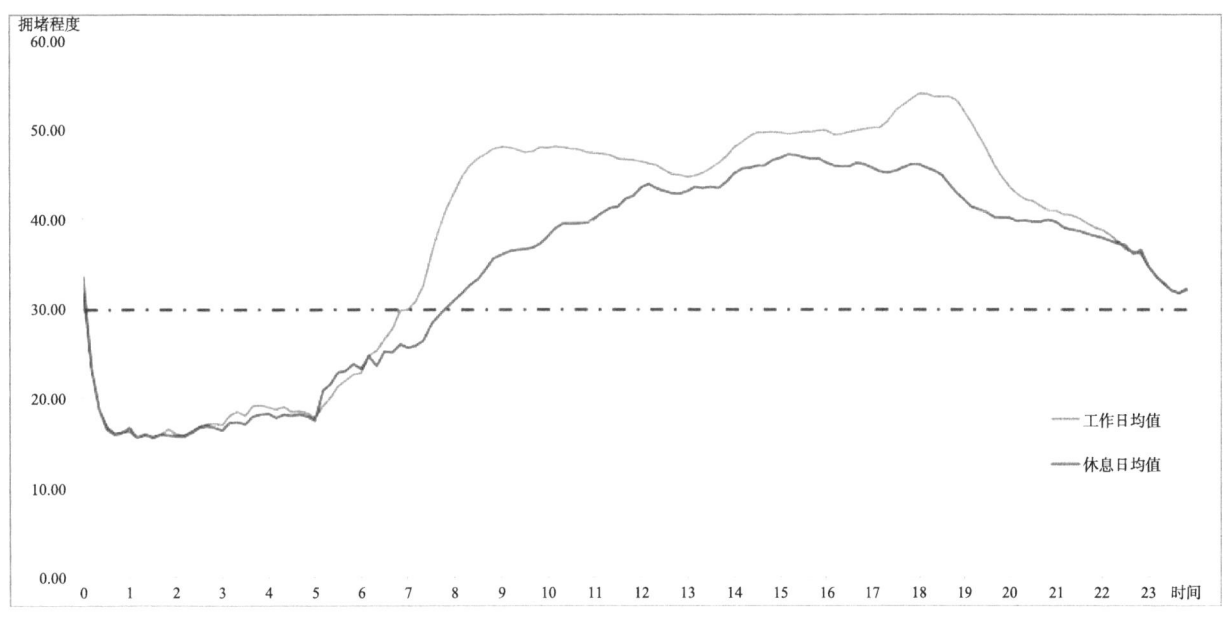

图8-5　静安寺区域工作日及休息日数值分布结果（见书后彩图）

资料来源：由案例提供者完成。

就静安寺区域工作日及休息日的均值趋势而言，工作日的交通拥堵状况在06：40左右进入"较畅通"状态，并一直持续到夜间，在凌晨左右恢复到"畅通"状态，其中部分时间达到"拥堵"状态，整体呈现出"早晚高峰"的双峰特点；而休息日的交通拥堵状况则在07：50左右进入"较畅通"状态，较工作日晚了1个多小时，并在15：10左右达到峰值，整体呈现单峰特点，大部分交通拥堵数值低于工作日（图8-6，图8-7）。

就静安寺区域工作日和休息日各天数值趋势及离差波动结果而言，各天的数值变化趋势较为一致，整体数值波动性较小，呈现日间及晚间数据变化浮动平稳、早间数据变化浮动较大的特点。工作日早间（00：30至06：00）数据变化浮动较大，考虑可能为特殊需求出行、特殊道路作业等因素导致道路使用情况出现较大差别；日间及晚间（06：00至次日00：30）数据变化浮动平稳，尤其是在07：40左右数值波动最小，主要是由于正常工作期间车流量稳定，数据变化平稳。而休息日同样，早间（00：40至05：00）数据变化浮动较大，日间及晚间（05：00至次日00：40）数据浮动平稳。

综合静安寺区域工作日及休息日均值趋势、各天数值趋势及离差波动可知，静安寺区域呈现工作日早晚高峰、休息日单峰的特点，全周各天数值波动呈现"日晚间数据变化浮动平稳、早间数据变化浮动较大"的特征。

8.4　城市宜人街道诊断案例

8.4.1　案例简介

本案例由城室科技（注册名：上海城诗信息科技有限公司）自主研发的"城市街道视觉指标体系"中的"全国城市街道宜人指数排行榜""全国城市街道绿视率排行榜"等内容总结凝练而成，由城室科技的邵金鑫、易红杜、姜男、张然然、张帷重、武雅芝等人完成。

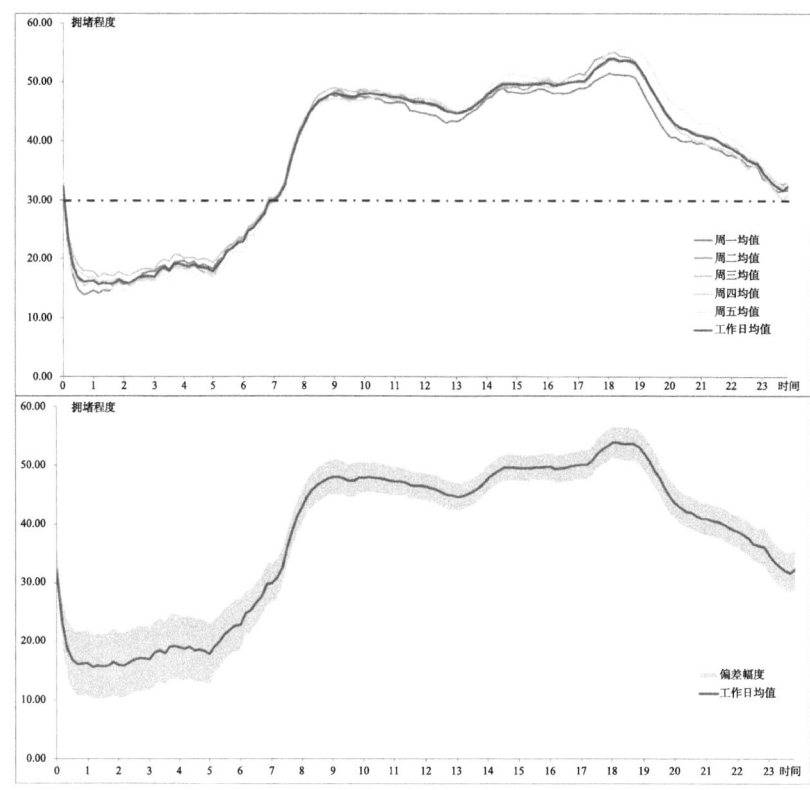

图 8-6　静安寺区域工作日各天数值趋势及离差波动结果

资料来源: 由案例提供者完成。

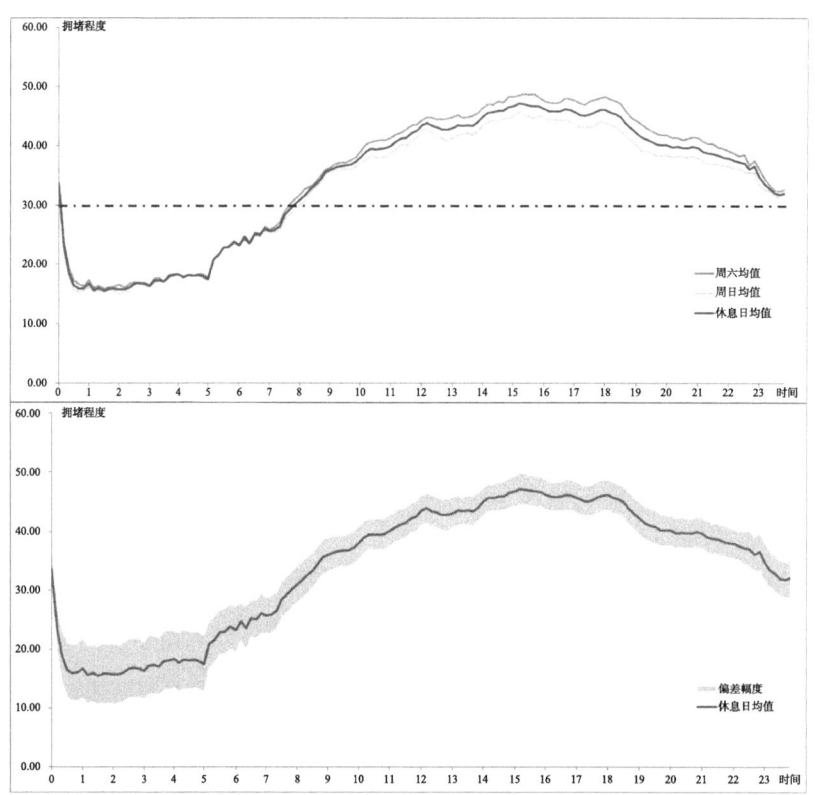

图 8-7　静安寺区域休息日各天数值趋势及离差波动结果

资料来源: 由案例提供者完成。

8.4.2 研究目的

传统城市大数据分析大多基于经过加工和转译的"熟数据"，如文本和数值。这类数据虽然使用方便，获得渠道广泛，但保真度及再挖掘价值较低。对于城市这类高度复杂的混合体，以城市街景影像数据为代表的原始信息更丰富的"生数据"在城市规划实践与研究中有着巨大的应用潜力。

基于街景影像数据与人工智能图像识别技术，该案例从主观与客观两个维度出发，评估全国范围内250多个城市的街道空间品质，并进行城市间的横向比较与城市内部的纵向分析。该案例以城市街道影像这类"生数据"作为主要数据源，以人工智能图像识别为主要技术，突破已有的城市大数据分析方法，探索城市街道空间分析的新模式。同时，通过对全国大量城市进行大范围分析比对，对各城市的街道空间进行基于感知的评价与分析。

8.4.3 研究基本原理

研究旨在通过机器学习的方法，并结合街景大数据及公众参与，从城市街道空间品质的角度对全国大量城市进行评估与分析。

第一，以人为本的评估体系促进城市街道的品质提升。随着城市建设的变革，城市街道的公共空间属性愈加受到重视，"道路到街道""机动车通行空间到步行生活空间"的转变目标对街道空间品质提出更高的要求。该研究利用更接近人类视角的街景影像数据，通过人工智能技术模拟人们对街道的视觉体验与感知，尝试建立以人为本的街道空间评估体系，作为城市空间更新的依据、城市建设成效评估的数据支持及城市问题诊断的新方法。

第二，基于街景大数据的视觉指标反映城市空间的客观特征。在常用规划指标中，与绿量相关的绿地率、绿化覆盖率、绿容积率大多从区域规划的宏观角度出发，计算"绿"在平面维度上与土地面积的关系。而从生态宜居的角度来看，引入街道视野率指标中的绿视率，来量化人在城市中的感知体验以及评价步行空间质量是更合理的。一种经典的绿视率计算方法是通过对街景照片的逐像素统计进而计算绿像素在总像素中的占比，但该方法受采集时间、位置及角度的影响较大。因而该研究通过建立基于机器学习的绿视率识别方法，使机器学习绿化植被的视觉特征，在计算出图像的绿化率的同时也能识别出灌木、乔木、花卉等不同植被类型。

第三，基于人工智能算法的感知模型模拟对城市空间的主观体验。复杂的街道系统会对人产生多维度的影响，而高度结构化的指标体系几乎无法实现对复杂系统的拆解分析。深度学习图像分类技术则提供了模拟人类感知体验的可能。该技术可以通过大量采集公众对街景图片宜人程度的打分评价，研究开发一套基于人工智能的街景图片影像宜人指数评估算法。

8.4.4 研究指标与数据来源

该研究从人的体验与认知出发，从客观和主观两个维度分别选定绿视率与宜人度，对城市街道空间进行评估。主要数据涉及街景影像、感知数据、空间地理信息数据等。

研究指标中主观维度主要选取宜人度，用以量化城市街道给人们带来的宜人感受。相比城市街道的其他空间物理属性，人的感受更能直接反映街道空间的公共性及空间质量。与高度结构化的评估体系相比，人工智能模型拟合的街道宜人指数可以更准确地反映人们对街道空间的感受。客观维度的指标选取绿视率，用以评估城市街道的空间绿化效果。与绿化覆盖率、绿地率及绿容积率等从鸟瞰视角出发的指标不同的是，绿视率更注重人视角和空间维度，与心理感知联系紧密。

该案例在两个主要指标之下，加入二者与其他相关指标的联系与比较，形成多角度的复合评价体系（图8-8）。

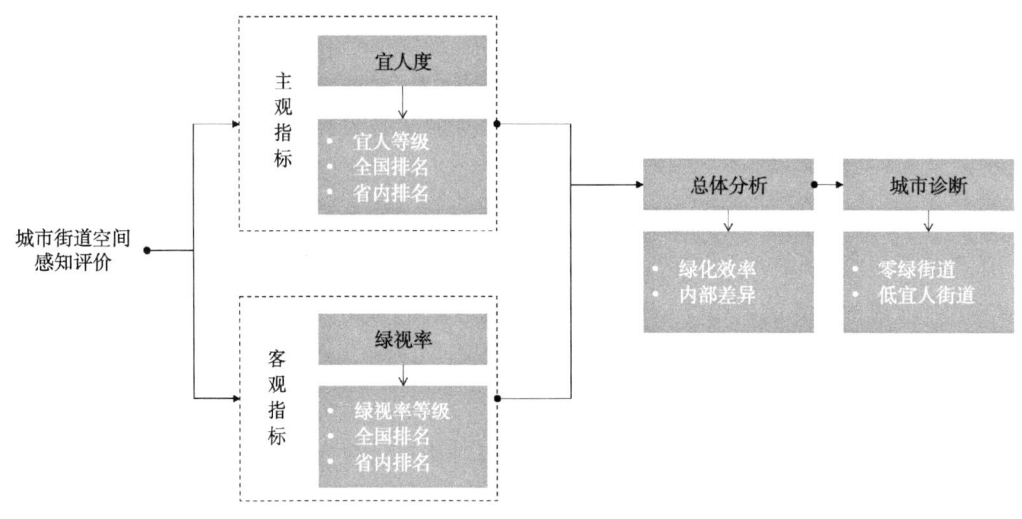

图8-8　项目研究框架

资料来源：由案例提供者完成。

该案例的数据来源主要为街景影像大数据、公众感知数据及政府统计数据。其中街景影像大数据为从地图服务商处获取的免费街景图。该案例在腾讯地图中每隔50米取一次街景，在各个城市取样完成后，筛选出建成区内的街景数据，为避免数据代表性不足，筛去街景数据较少的城市。公众感知数据是通过开发小程序来进行公众感知偏好调查，获取公众对街景影像的感知数据。政府统计数据包括住房与城乡建设部及各省市统计局统计年鉴中各城市的GDP、绿化覆盖率及绿地率统计数据、中国气象局统计数据、国务院及发改委批复的城市群数据等。

8.4.5　研究方法、模型与过程

1. 人工智能技术框架

人工智能技术框架主要用于对绿视率指标的识别量化以及人对街道感知的机器模拟。该项目基于神经网络算法，实现了大规模且快速的图像语义分割以及图像多分类，在整个研究方法模型中起到奠定基础的作用。

第一，通过语义分割模型识别植被。在进行街道"绿视率"研究时，首先对采集到的数据集进行不同植被类型的标定分类，利用标定完成的训练集进行识别模型的训练。接着通过训练完成的卷积神经网络（CNN）模型对需要测试的街景图片进行特征识别，对街景中的"绿"进行不同植被类型的判断，进而得出像素层级上的语义分割结果。最后计算所有类型的植被像素总量在画面像素量中的占比，得出街道绿视率（图8-9）。

第二，通过神经网络分类器模拟感知。为准确地量化街道的宜人程度，该案例开发了公众参与小程序，分别面向专家与公众，获得其对街道图像的感知评价。获取的感知评价数据通过神经网络分类器训练出能够为街景图像自动评分的分类模型。最后对各个城市的街景进行自动评分，得出每张街道图片的街道宜人度指数（图8-10）。

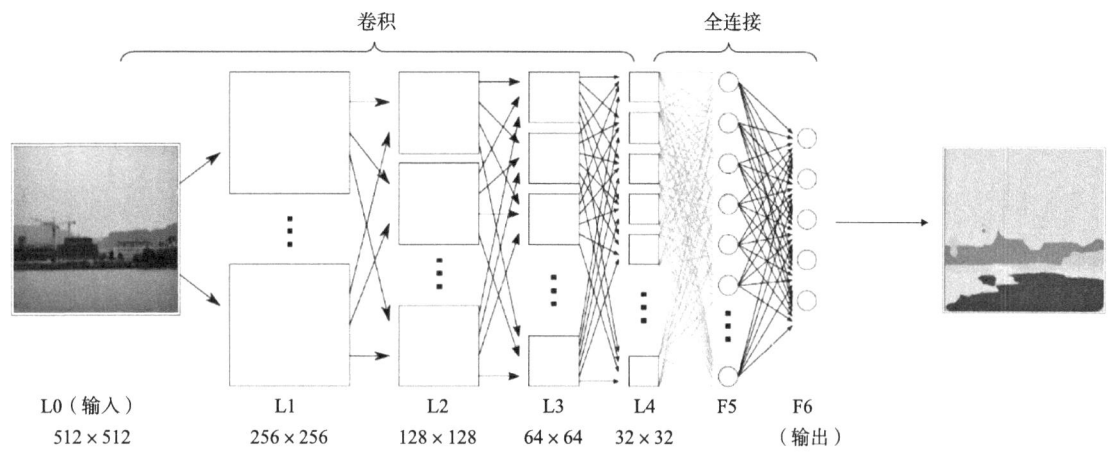

卷积　　　　　　　　　　　全连接

L0（输入）　　　L1　　　　　L2　　　　L3　　　L4　　F5　F6
512×512　　　256×256　　128×128　　64×64　　32×32　　（输出）

图 8-9　用于识别街道绿视率的语义分割模型原理示意

资料来源：由案例提供者完成。

专家打分界面

公众打分界面

图 8-10　基于公众参与的感知评价小程序

资料来源：由案例提供者完成。

2. 城市总体分析

在综合评价出各个城市的街道绿视率以及街道宜人度之后，对各城市总体情况进行评估分析及横向比较，与其他指标进行叠加分析，探索各个城市每项指标的得分原因。

第一，绿视率及宜人指数总体分布。将城市街道绿视率以及街道宜人指数综合评分由高到低排列，形成城市绿视率及宜人指数分布列表；将各个城市的绿视率及街道宜人指数叠合到全国地图上，构成全国尺度下的街道绿视率及宜人指数分布图。

根据城市排名及全国分布图，可以获得全国城市的宜人度、绿视率分级情况及其在区位上的分布规律。通过分析可知，高宜人度城市共有 60 个，主要分布在东南沿海地区及东北三省；而绿视率超过 25% 的高绿视率城市则零散分布在中部地区和沿海地区，受气候影响不大，可见其与城市建设情况相关性更高（图 8-11）。

第二，各省前三名与省会城市比较分析。将各省各指标排名前三名的城市与省会城市的绿视率及宜人度进行比较，并引入相关指标，如 GDP、绿视率、绿化覆盖率等。通过此种方式以各省省会为基准，对各省内部的情况进行比较分析，一方面可以定位省会城市的城市空间品质在省内的水平，另一方面可以发掘街道空间品质良好的非省会城市，作为未来省内相关产业发展的新热土（图 8-12）。

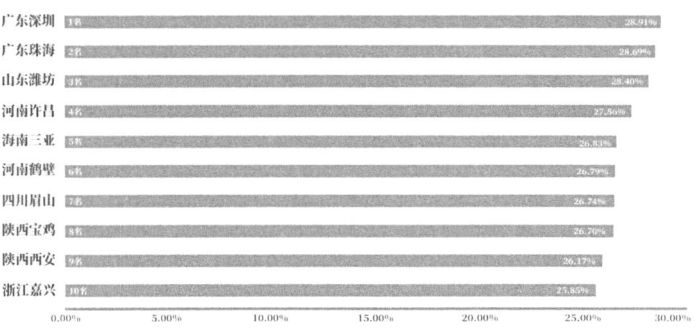

绿视率前10名城市

CitoryTech 城室科技 2019.6

城市	排名	绿视率
广东深圳	1名	28.91%
广东珠海	2名	28.69%
山东潍坊	3名	28.40%
河南许昌	4名	27.56%
海南三亚	5名	26.83%
河南鹤壁	6名	26.79%
四川眉山	7名	26.74%
陕西宝鸡	8名	26.70%
陕西西安	9名	26.17%
浙江嘉兴	10名	25.85%

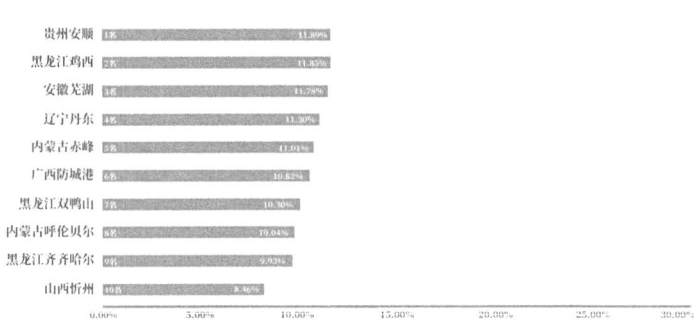

绿视率后10名城市

CitoryTech 城室科技 2019.6

城市	排名	绿视率
贵州安顺	1名	11.89%
黑龙江鸡西	2名	11.85%
安徽芜湖	3名	11.78%
辽宁丹东	4名	11.30%
内蒙古赤峰	5名	11.04%
广西防城港	6名	10.82%
黑龙江双鸭山	7名	10.30%
内蒙古呼伦贝尔	8名	10.04%
黑龙江齐齐哈尔	9名	9.93%
山西忻州	10名	8.46%

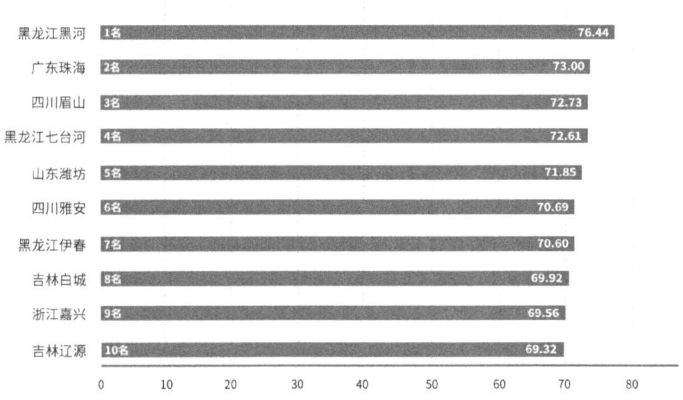

宜人指数前10名城市

CitoryTech 2019.5

城市	排名	宜人指数
黑龙江黑河	1名	76.44
广东珠海	2名	73.00
四川眉山	3名	72.73
黑龙江七台河	4名	72.61
山东潍坊	5名	71.85
四川雅安	6名	70.69
黑龙江伊春	7名	70.60
吉林白城	8名	69.92
浙江嘉兴	9名	69.56
吉林辽源	10名	69.32

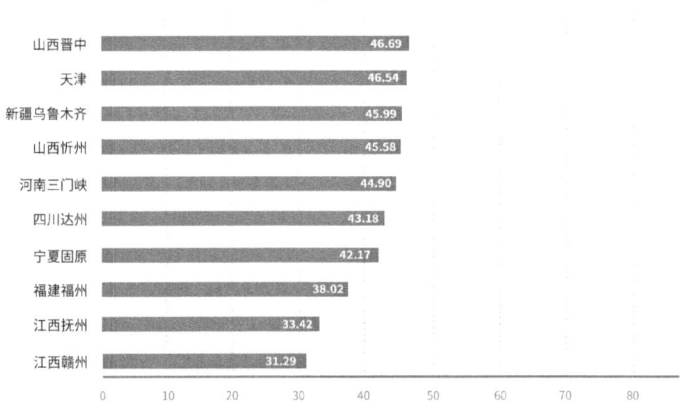

宜人指数后10名城市

CitoryTech 2019.5

城市	宜人指数
山西晋中	46.69
天津	46.54
新疆乌鲁木齐	45.99
山西忻州	45.58
河南三门峡	44.90
四川达州	43.18
宁夏固原	42.17
福建福州	38.02
江西抚州	33.42
江西赣州	31.29

图 8-11　全国城市绿视率及宜人度排名

资料来源：由案例提供者完成。

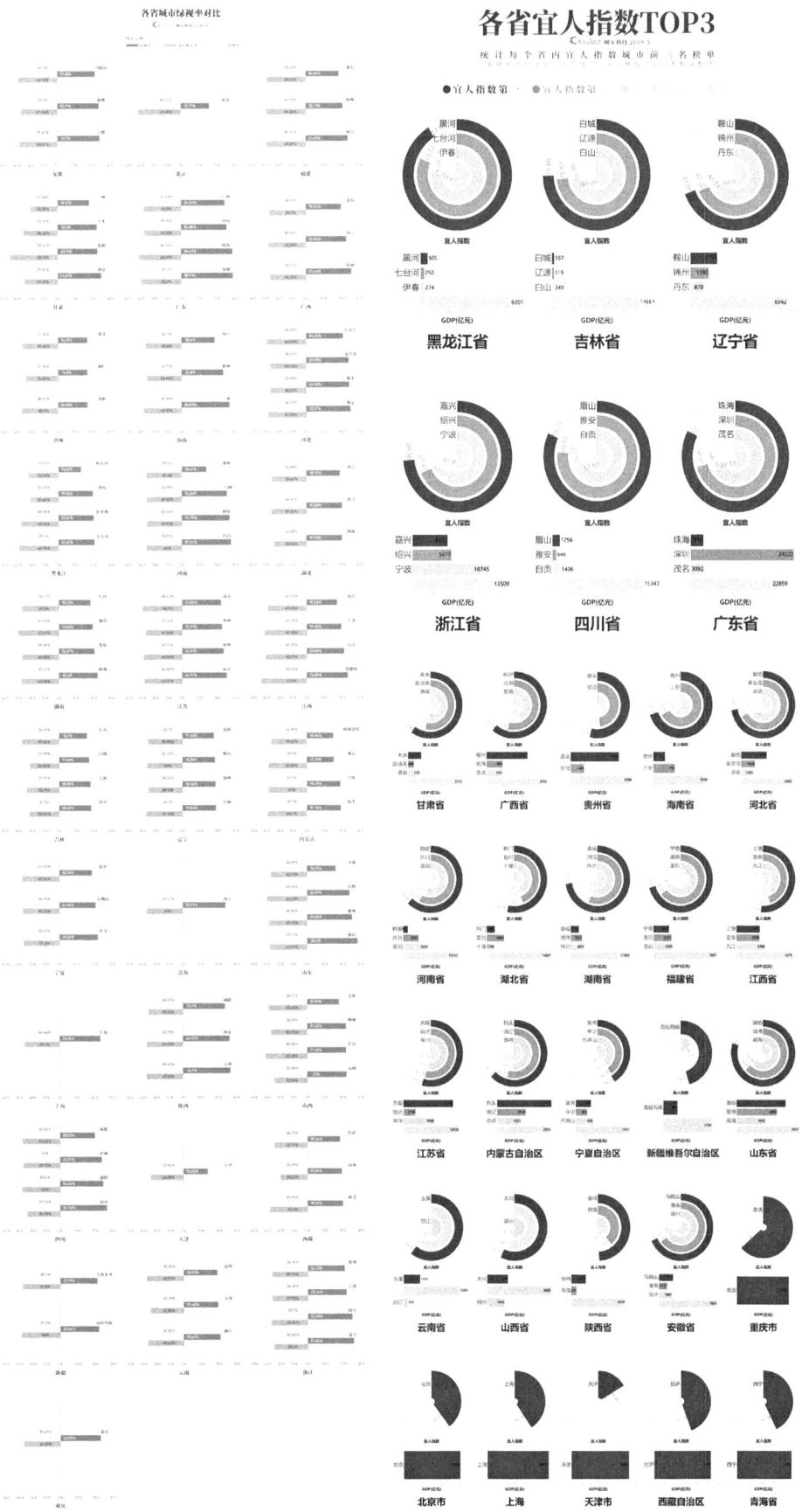

图8-12　各省前三名城市及省会城市比较分析（见书后彩图）

资料来源：由案例提供者完成。

第三，指标间的叠加分析。单一评价指标的高低较难对一个城市的街道系统做出较为全面的描述与评估。因此，该案例在街道宜人指标中引入城市内部的差异程度；在绿视率指标中引入绿化率，通过两个变量之间的对应分析来对不同城市做出更为准确的类型划分，从而发现与总结城市街道建设中存在的问题。

一方面，针对城市绿化出现的问题，引入绿化效率概念。通过分析比重点城市两个指标的情况，可知绿化覆盖率高的城市看起来不一定最"绿"，过宽的道路也会让"绿"看起来更少。绿视率除了反映绿量外，也反映了绿化与道路的比例关系，可以更好地在传统指标之外评估街道空间的质量。以两项指标"双高"的深圳为例，可说明城市的绿化效率较好，而较高的绿化率也能被公众较好地感知。

另一方面，针对不同城市宜人度的分布特点，加入差异程度的概念。为得到更为全面的城市宜人程度，通过对城市宜人指数评分的内部差异度做出分类，筛选出"宜人度高—差异度低"的城市作为整体最优的类别（图 8-13）。

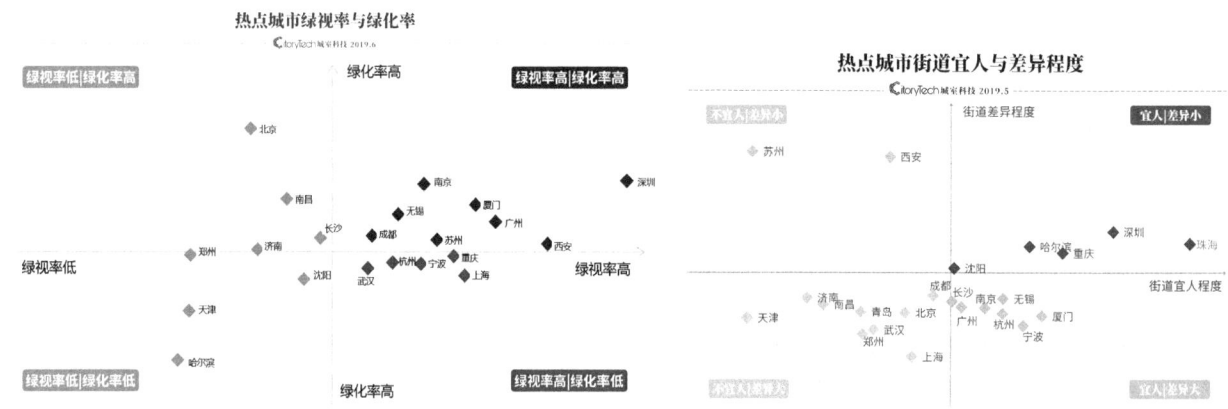

图 8-13　绿视率—绿化覆盖率、宜人度—差异度指标叠加分析（见书后彩图）

资料来源：由案例提供者完成。

3. 重点城市的深入分析

将一线城市、省会城市、互联网关注度较高的热门城市进行横向比较，并分析城市内部街道的指标分布情况，进行精细化评估与诊断。

第一，城市内部分布情况。将重点城市内部街道的绿视率及宜人度情况进行统计，对各城市绿视率及宜人度高中低的占比及分布进行进一步分析。同时结合相关指标对各重点城市进行比较分析，探讨可能的规律与原因。

北京市的传统指标如绿地率和绿化覆盖率高于"北上广深"中的其他三座城市，而绿视率排在最后。分析北京街道绿视率分布情况，可知绿视率低的街道占比超过 50%，表明北京市的绿化建设侧重提升绿地规模，可能忽略街道空间的绿化质量，因此景观视觉感知体验较差（图 8-14）。

根据绿视率及宜人度指标情况，可筛选出指标值较高的区域作为城市更新的相关示范区域，或作为相关项目选址的参考。

第二，城市指标的关联分析。对各重点城市的绿视率及宜人度进行横向比较分析，并加入相关指标如绿化覆盖率、绿地率、GDP、天视率等进行进一步分析。如在探究为何深圳宜人度指数高时，可以发现深圳的街道绿视率高达 27.4%，而天视率则为四个城市中最低的 13.7%。与之相对的、宜居指数最低的北京则在四个一线城市中拥有最高的天视率和最低的绿视率，这也在很大程度上影响了人们在街道上的宜人体验（图 8-15）。

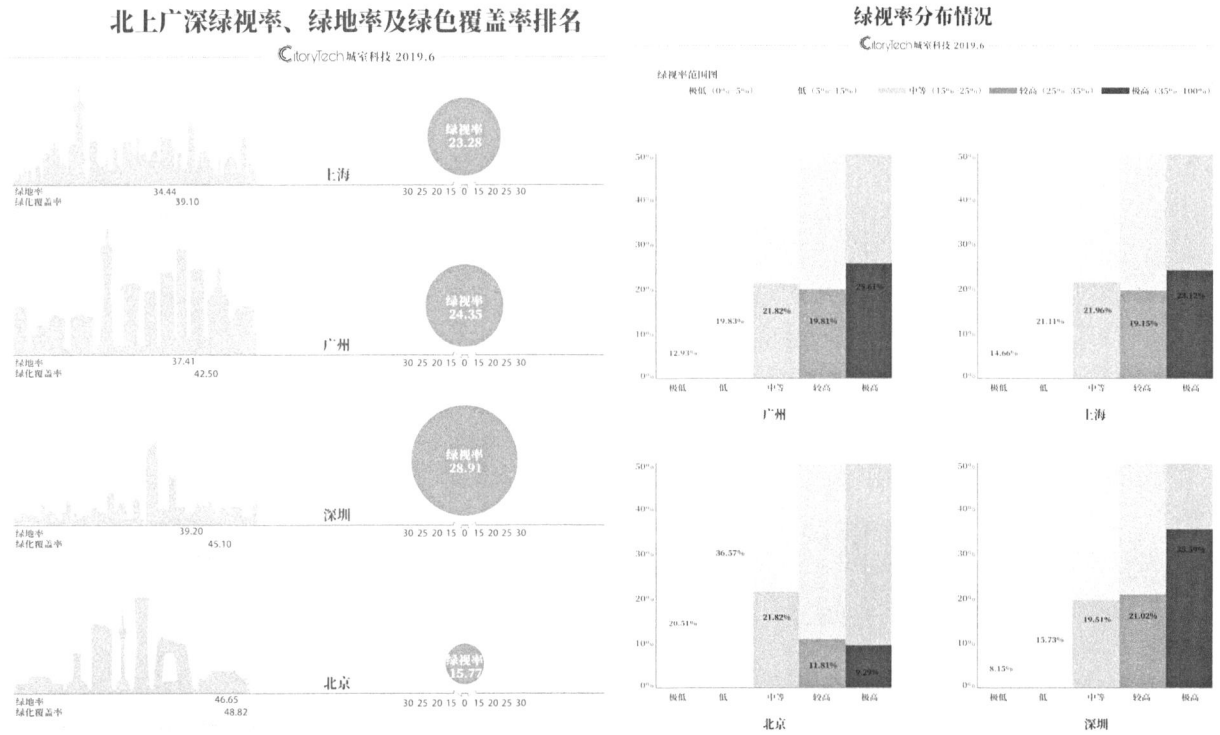

图 8-14　一线城市绿视率分布及相关指标分析

资料来源：由案例提供者完成。

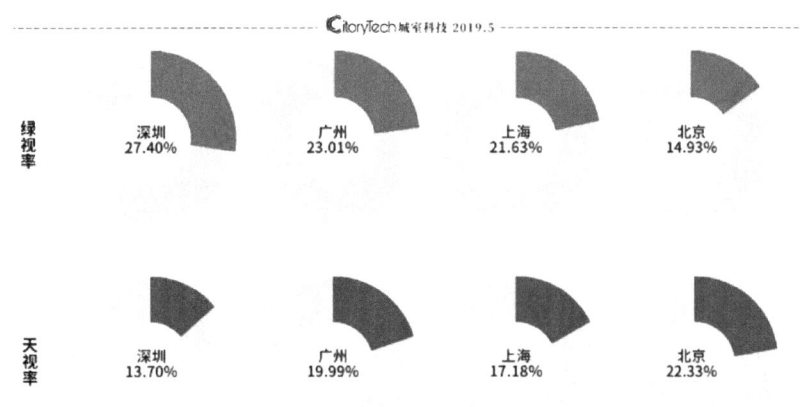

图 8-15　一线城市宜人度关联指标分析

资料来源：由案例提供者完成。

第三，城市诊断：零绿视率区域、低宜人度街道识别。在重点城市内的街道上，筛选绿视率为零及宜人度较低的点在地图上进行可视化（图 8-16，图 8-17），其结果可以用于对城市消极空间的识别，发掘城市空间更新的潜在区域，或用于对城市绿化空间的精细化筛选和实时监测，甚至作为影响因素，参与骑行、步行路线的方案选择。

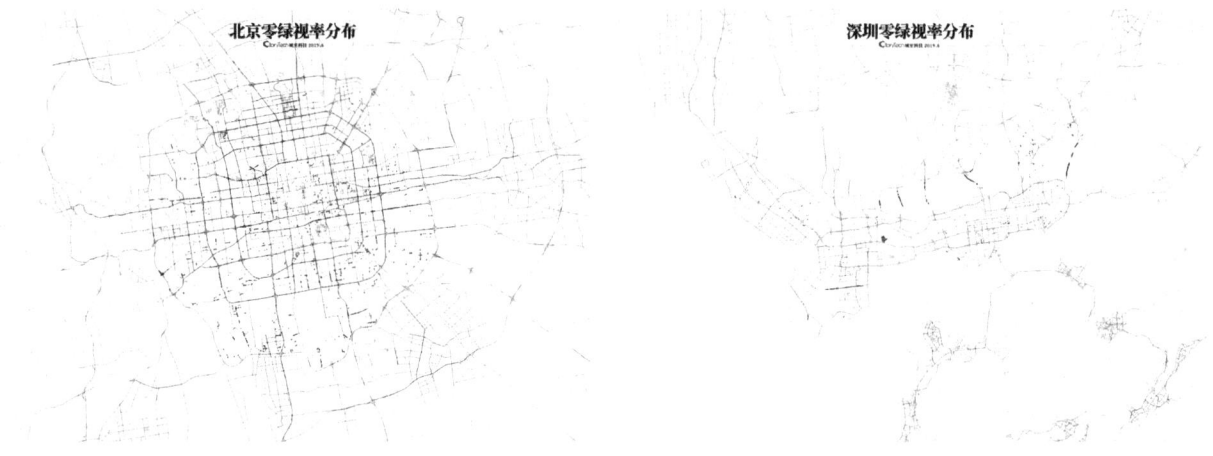

图 8-16　重点城市零绿视率区域识别

资料来源：由案例提供者完成。

图 8-17　重点城市零绿视率街景提取

资料来源：由案例提供者完成。

8.4.6　研究结论

该研究以人的感知体验为切入点，基于城市街景图片影像大数据分析，提出城市街道的绿视率及宜人度评估方法，即基于机器学习的绿视率识别方法和基于人工智能的街景图片影像宜人指数评估算法。基于 250 多个城市的 2000 多万街景图片数据，研究项目计算了这些城市的宜人度及绿视率，为城市街道空间质量的评价研究提供了新的视角与方法。

8.5 城市街道品质诊断案例

8.5.1 案例简介

本案例由文章《特大城市中心区街道空间品质的测度——以北京二、三环和上海内环为例》总结凝练而成，由清华大学建筑学院龙瀛、唐婧娴完成。[100]

8.5.2 研究目的

为进一步深化已有的街道空间品质研究，刻画目前特大城市街道环境品质的水平，该研究提出街道空间品质评价的新思路，选择北京、上海城市中心区的街道空间进行实证研究，开展定量评价和对比，以检验整合"尺度与精度"的街道空间品质量化评价方法是否可行，并识别当下街道品质特征，为特大城市的宜居性提升、城市绿色转型提供支撑。

8.5.3 研究基本原理

为改进职住平衡测算传统方法，研究提出密度函数估计法，以通勤距离为自变量，居住密度为因变量，建立密度估计函数，用交通调查资料校核函数的参数，从工作岗位估计职工的居住密度并与实际居住密度相比较，利用两者的偏差描述职住分离状况。

8.5.4 研究指标与数据来源

该研究拟描述特大城市中心区的街道空间品质，故选择典型城市北京和上海的中心区街道为样本。同时，两城市的规模和总人口接近。考虑到北京旧城空间的特殊性，不具有典型的特大城市中心区特征，故选取北京中心区二环至三环内所包含的街道，覆盖面积达 95.9 平方公里，街道共 27021 条；上海城市中心区则选择城市内环所包含的街道，覆盖面积达 114 平方公里，街道共 33649 条。在两座城市中各选取 500 条街道，作为评价对象。

研究所用数据包括街道位置数据、街景图片数据、开放数据和区位特征数据四类。其中，街道位置数据是根据北京、上海环路边界截取街道数据，利用数据清洗排除立交、高架、快速路、隧道、地道、环岛等仅供机动车使用的线路，将余下街道生成中点坐标，再采用随机筛选的方法，从两组数据中各获得 500 个点位，作为研究街道的位置数据。品质评价所用数据为动态街景图像，来自腾讯街景地图。根据北京和上海中心城区的街道位置数据，在街景地图中截取 2016 年最新的街景图片。每个位置选择平视视角的四个方位，形成图片数据集，共 4000 张图片。

8.5.5 研究方法、模型与过程

该研究构建的街道品质评价思路如图 8-18。研究对街道品质的评价包括要素客观构成分析和使用者主观评价两个层次。

根据影响街道品质的要素类别及可分割获得的要素类别，该研究选取绿视率、街道开敞度、界面围合度、机动化程度四个指标从客观角度识别街道的品质。绿化对街道品质的贡献已经有大量的佐证。街道开敞度将会影响光线。界面硬化率主要体现在街道的围合性上，围合度较好的街道给人以舒适感。而机动化程度则会对街道品质产生负向影响，以车行为主、人车混行的街道将会给使用者带来不安全的感受，汽车产生的噪声及空气污染将大大降低街道的舒适性。此外，还有很多会对街道品质造成影响的原因，比如连续的步行道、充足的设施（座椅、遮蔽物等）布置等，但因为暂时无法实现精确识别，故暂时不予考虑。评价时，以树木占比作为该点位的绿视率（%），以天空比率衡量街道的开敞度（%），以建筑物、柱体、树木的总和作为界面围合度（%），以车行道路、汽车比重减去人行铺装的比例作为机动化程度指标（%），另外计算行人、自行车出现率（%）和汽车出现率（%）作为辅助指标。评价完全依据客观分割得到的比例数据。

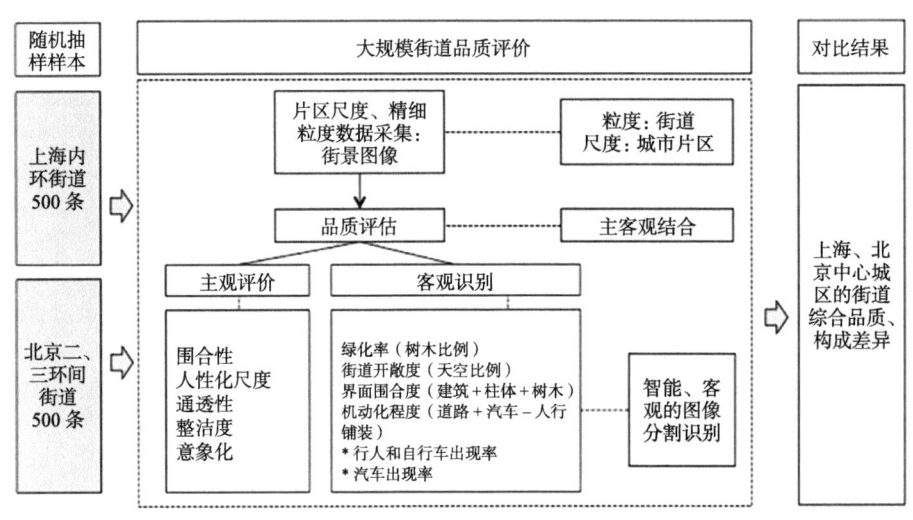

图 8-18 研究框架

资料来源：由案例提供者完成。

主观评价的五项指标，每项等级均分为"低—高"，得分为 0 或 1，总分最高分为 5，最低分为 0。评分者将综合考虑街道的尺度、色彩、体量、舒适性、愉悦度、安全性、便捷性。主观评价采用细化的指标体系，可以降低不客观程度。需要指出的是，主观评价的围合度与界面的围合度有一定的重复性，机动化程度、街道开敞度、绿化率将综合影响意象化水平，机动化程度与人性化尺度相关，而通透性会受绿化率、街道开敞度的影响。

在客观分析和主观评价完成后，该研究将对北京和上海两个城市的测量结果进行对比分析，描述街道空间综合品质、街道构成的差异。

8.5.6 研究结论

1. 北京中心城区

第一，要素客观构成分析。北京街道空间的平均绿视率为 20.5%，绿化水平一般，街道开敞度为 11.83%，界面围合度为 50.11%，综合评价认为街道的尺度较大。其机动化程度高（15.73%），行人和自行车的出现率（1.6%）远低于汽车的出现率（9%）。从空间分布上看，中心区北部的绿化情况较好，而西南侧、正南侧、东南方向的绿化情况有待改善和提升，朝阳区北侧和海淀区二、三环区域的街道围合度均较好，机动化程度高的街道基本集中于城市主干道，大尺度的主干道剖面细分和软化是北京街道环境改善的重要挑战，下文中将通过与上海的对比来发现问题（图 8-19）。

第二，使用者主观评价。根据北京二、三环之间街道每一项得分的详细统计（表 8-1），品质最差的 0 分街道并不多见，但 1 分和 2 分的街道占 47%，总分为 4 分或 5 分的街道数量仅占 20.6%。从五项指标对得分的贡献率来看，整洁度、围合度、人性化尺度、通透性、意象化的贡献度依次降低。由此可以看出，意象化和通透性是当前街道品质的主要瓶颈。从纵向看，围合度平均分为 0.71，人性化

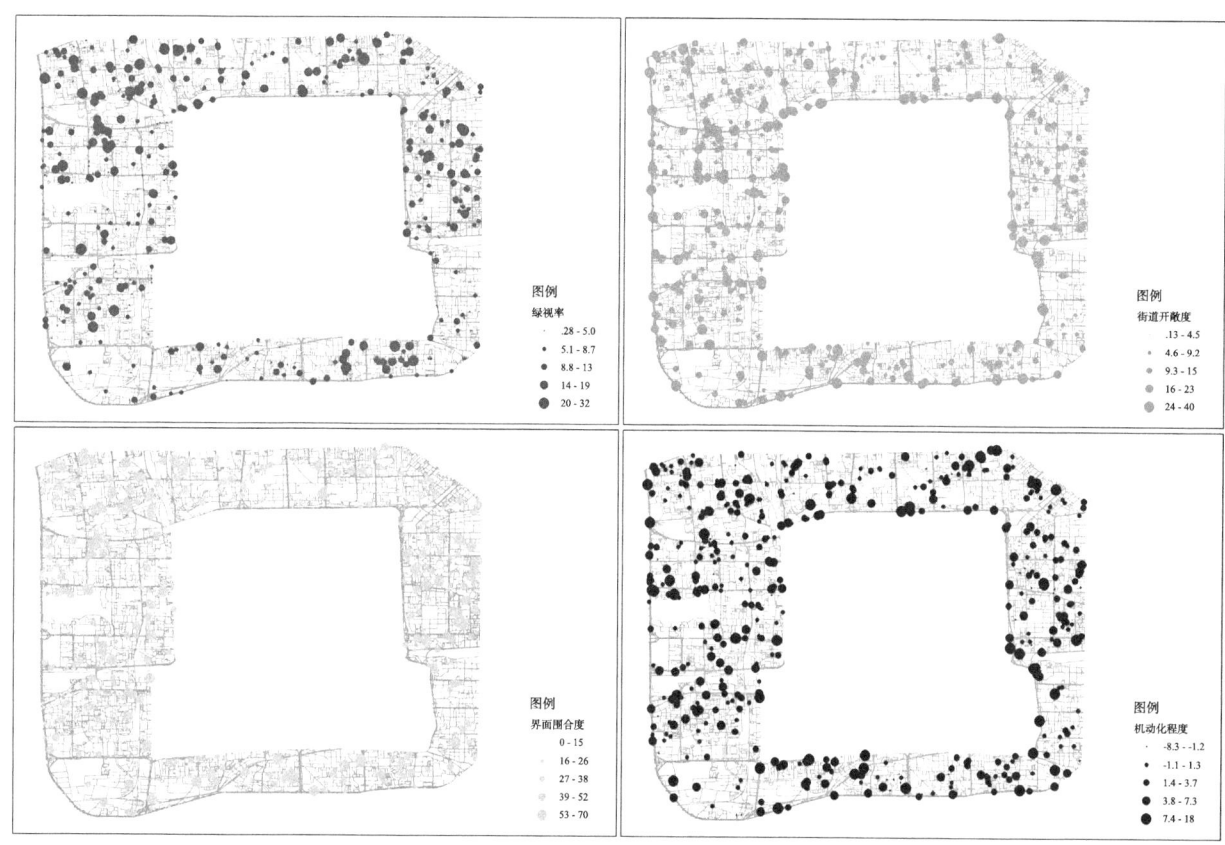

图 8-19 北京二、三环间街道样本的空间构成

资料来源：由案例提供者完成。

尺度平均分为 0.59，通透性得分 0.49，整洁度得分 0.67，意象化得分最低，为 0.2，总平均分为 2.67，标准差为 1.09。总体来看，北京大部分街道缺少可识别性和可认知度，通透性较差，约有一半的街道尺度不够宜人，街道整洁性相对较好，街道空间品质仍有待改善。

北京二、三环主观评价统计 表 8-1

得分占总量比	总分	围合度	人性化尺度	通透性	整洁度	意象化
0.6%	0	0	0	0	0	0
12%	1	16.7%	6.7%	18.3%	58.3%	0
35%	2	62.9%	46.3%	37.1%	53.7%	1.7%
31.8%	3	88.1%	72.3%	55.3%	68.6%	18.9%
13.8%	4	91.3%	91.3%	72.5%	92.8%	53.6%
6.8%	5	100%	100%	100%	100%	100%

资料来源：由案例提供者完成。

选取 0—5 分的典型场景识别出北京的典型街道（图 8-20）。0 分典型街道为尺度大，整洁度低，缺少街道可识别度，围合度差的一类，使用者不愿意在此驻足或活动，亟待改善和提升；1 分典型街道的整洁度好，但街道尺度较宽，适宜车行，空间意象化一般，可识别度和差异性小，缺少自行车道、步行道、必备的步行设施和荫蔽物，此类街道进行品质提升时，可着重考虑增加慢行系统区域；2 分典型街道的街道尺度较小，围合度较好，人行车行混合，设施配备不齐全且缺乏设计组织，改善时可配备多样化的服

得分	得分项	典型街道示意
0	—	
1	整洁度	
2	整洁度、围合度	
3	整洁度、围合度、人性化尺度	
4	整洁度、围合度、人性化尺度、通透性	
5	整洁度、围合度、人性化尺度、通透性、意象化	

图 8-20　北京 0—5 分典型街道举例

资料来源：由案例提供者完成。

务设施，增加植被形式和精细化围合分割；3 分典型街道的整洁度好，街道尺度小，适于步行和开展公共活动，但街道两侧的商业界面通透性不足，剖面中特色要素较少，街道的活力中等；4 分典型街道拥有 3 分典型街道的特征，同时商业界面的通透性更优，部分树荫隐蔽与商业界面交织，部分剖面包含特色要素，如拥有拱廊、花池、座椅、茶座等，但数量较少，街道的活力较好；5 分典型街道属于较完整的街道形式，尺度宜人，并包含特色要素，便于使用者使用和识别，但 5 分街道仍有进一步细化和提升的空间。

2. 上海中心城区

第一，要素客观构成分析。上海街道样本的空间构成特点如图 8-21。上海街道空间的平均绿视率为 25%，绿化水平高于北京 5 个百分点，比率分布集中在 0—35% 范围内且较为均匀；街道开敞度为 7.86%，界面围合度为 57.67%。配合界面围合度的指标解释，街道开敞度明显偏低，应该是绿化遮挡、建筑物围合的缘故。从结果分布来看，上海的围合度更加集中，大部分集中在 40%—80%；机动化程度为 11.43%，其峰值、平均值均小于北京，虽然上海的自行车和行人出现率也并不高（1.91%），与汽车出现率（7.1%）相比还是比较少，但情况明显好于北京，机动化相关的数据反映出两城市共有的车行主导特征（图 8-22）。从分布来看，上海中心区的绿化水平、围合度水平分布均匀，静安、卢湾、黄浦、长宁、虹口、杨浦六区的开敞程度低，围合度高，与之为租界老区有着密切关系；而浦东的开敞度明显高于其他区域，街道的尺度也更大一些。

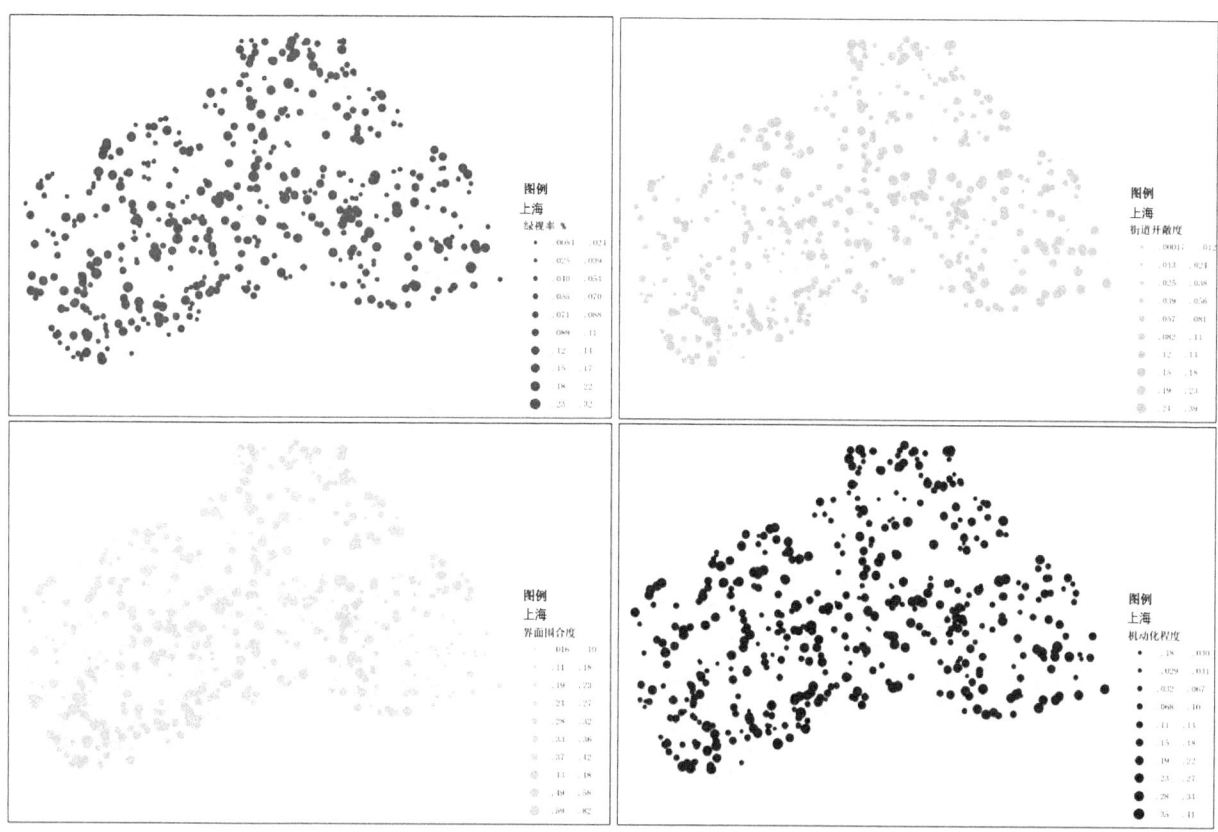

图 8-21　上海内环街道样本的空间构成

资料来源：由案例提供者完成。

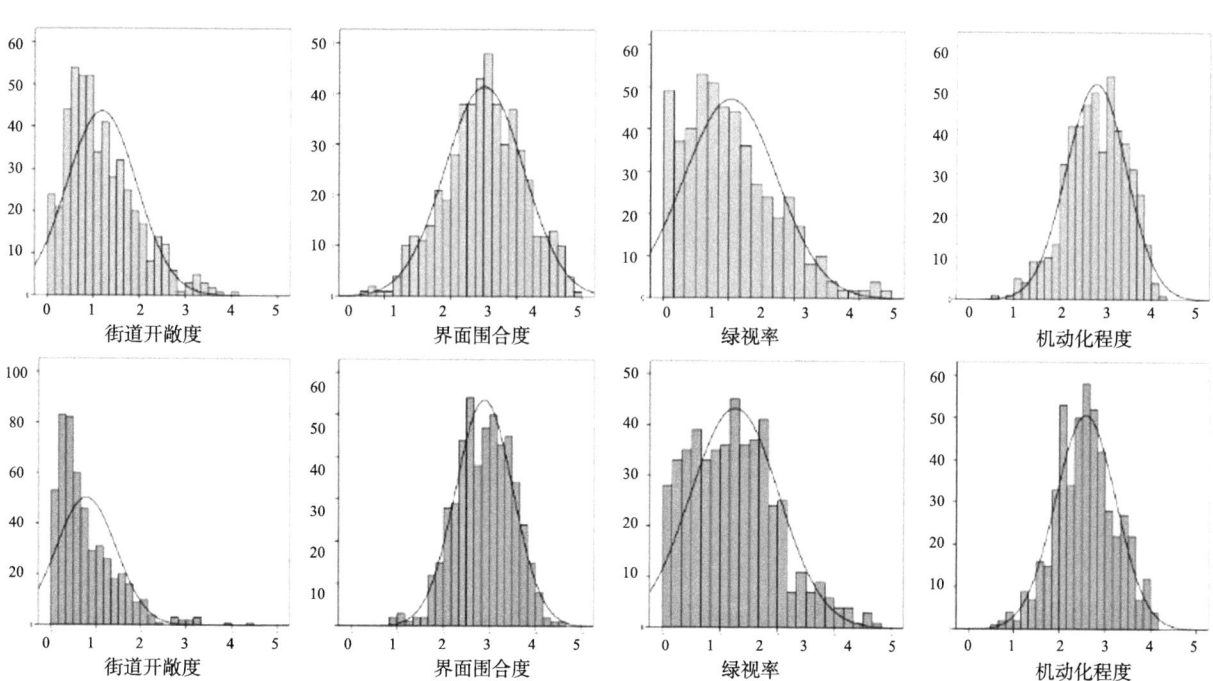

图 8-22　北京（浅色）和上海（深色）的街道开敞度、界面围合度、绿视率、机动化程度分布直方图

资料来源：由案例提供者完成。

第二，使用者主观评价。上海内环的街道，没有得分为 0 的街道；总分为 4 分或 5 分的街道数量占 41.8%，是北京的 2 倍；1 分和 2 分街道占比 28.2%，低于北京 18.8 个百分点。不难发现，上海街道的总体品质优于北京，低分值街道的通透性、围合度优势明显，高分值街道的总量占比多。上海街道围合度平均分为 0.78，人性化尺度平均分 0.67，通透性得分 0.61，整洁度得分 0.84，意象化得分 0.32，总平均分为 3.22，高出北京 0.55 分（表 8-2）。上海街道的整洁度较好，空间围合感强，近三分之二的街道尺度较好，但仍存在一定量尺度较大、通透性不好的街道。另外，空间意象化也有待进一步改进，只有少数街道拥有很强的可识别性和差异性，这对进一步的精细化设计提出了要求。

上海内城主观评价统计 表 8-2

得分占总量比	总分	围合度	人性化尺度	通透性	整洁度	意象化
8%	1	35%	7.5%	0	62.5%	0
20.2%	2	42.6%	35.6%	52.5%	69.3%	2%
30%	3	88.7%	66%	54.7%	78.7%	13.3%
25.6%	4	93.75%	93%	69.5%	97.7%	46.9%
16.2%	5	100%	100%	100%	100%	100%

资料来源：由案例提供者完成。

通过评分结果总结，识别出上海不同分值的典型街道特征：1 分典型街道只有整洁度较好；2 分典型街道整洁度好，商业界面的通透性强，尺度略大，设施不够齐全；3 分典型街道多为尺度较小，整洁度高且围合感强的街道，路旁配备一定的休憩设施；4 分和 5 分典型街道的尺度小，绿化水平高，尺度宜人，且底层界面的通透性强，适合使用者出行及开展公共活动，道路断面的划分完整，5 分典型街道的特色更加突出，容易识别和记忆。总体来看，上海街道的提升要点主要在于设施补齐和意象提升（图 8-23，图 8-24）。

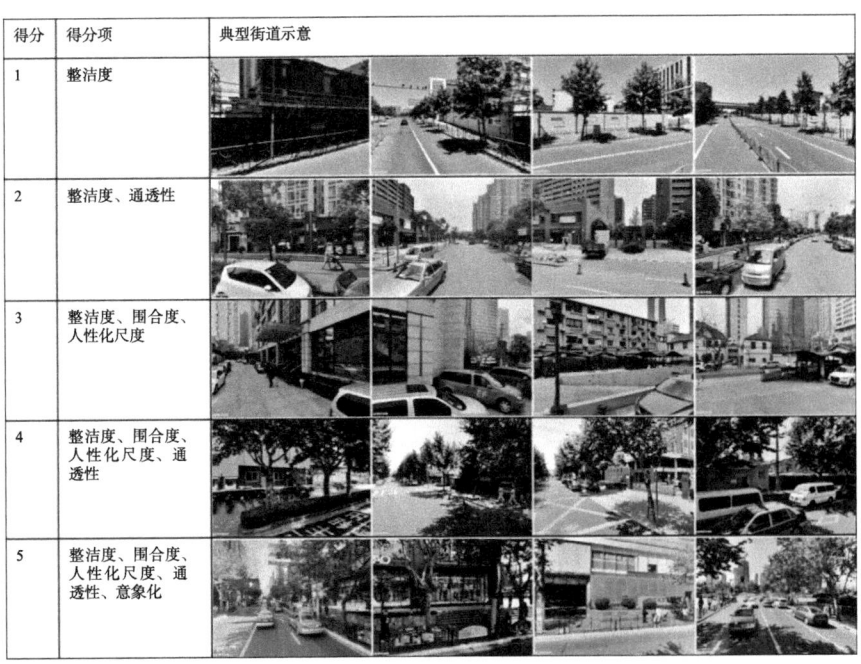

图 8-23 上海 1-5 分典型街道举例

资料来源：由案例提供者完成。

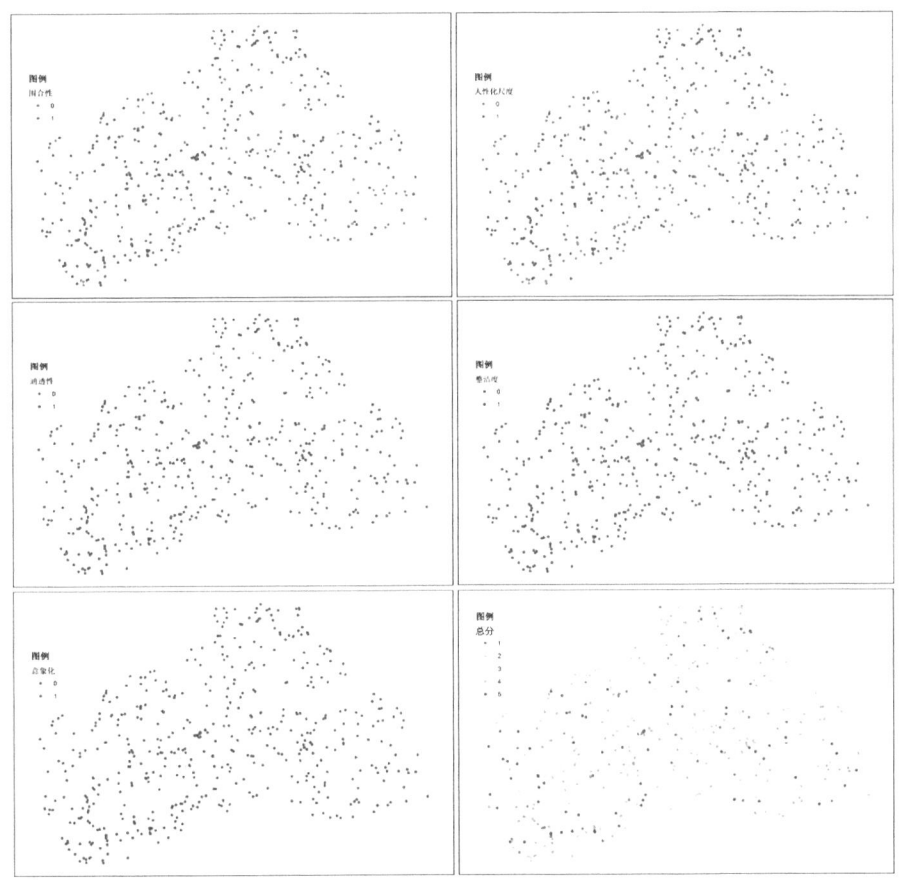

图 8-24　上海街道样本主观评分结果空间分布

资料来源：由案例提供者完成。

8.6　城市风貌意象诊断案例

8.6.1　案例简介

本案例由文章《"绿城"特色风貌意象模糊，南宁急需精细提升品质》总结凝练而成，该文章由中央财经大学城市管理系王伟完成。

8.6.2　研究目的

城市意象分析是现代城市空间结构研究的方法之一，相比于传统的土地功能分区等城市研究方法，其更重视个人或群体对城市空间环境的感知，能够掌握城市居民通过对空间和社会活动的体验和感知获得的主观感受和评价，可以避免传统的城市规划和设计对人的地位和作用不够重视的弊端，从而使城市规划与设计更人性化。

8.6.3　研究基本原理

城市意象有五个关键要素：道路、边界、区域、节点、标志物，它们充分展示了城市的重要性和可变性，同样是人们可见、可忆、可感的源泉。该研究以南宁主城区为对象，研究范围涉及青秀区、兴宁区、江南区等多个行政区。以调查研究得到的 90 个城市特色要素作为搜索关键词进行切入分析，批量抓取数据信息，并通过空间表达和空间分析的系统化思路和技术路线，将网络数据进行可视化表达与叠加，以实现城市节点、线性、面域之间的可意象性量化比较，从而描摹出基于公众认知的南宁城市形态结构特征。

8.6.4 研究指标与数据来源

基于公众认知，选取与南宁城市物质空间有关的节点、线性、面域要素等作为关键词，例如标志节点、道路街巷、山丘河流、城市公园及其他特色地区，共计五类82个城市意向关键词（表8-3），并通过百度搜索引擎获得关键词搜索次数作为指标数据。

南宁城市特色要素关键词及词频数据列表

表 8-3

都市意象			文化意象			
主要道路热度			特色地区热度		标志节点热度	
东葛路	3,600,000	壮锦大道	955,000	悦荟万达广场	3,260,000	南宁大桥	3,850,000
安吉大道	3,340,000	唐山路	918,000	步行街	2,970,000	金湖广场	2,550,000
大学东路	3,070,000	望州路	826,000	南宁动物园	2,750,000	广西体育中心	2,400,000
民族大道	3,020,000	邕武路	808,000	中山路美食街	2,690,000	南宁科技馆	2,380,000
白沙大道	2,710,000	长堽路	793,000	金湖广场	2,550,000	国际会展中心	2,310,000
星光大道	2,520,000	建政路	740,000	万象城	2,410,000	民族广场	1,090,000
民主路	2,480,000	友爱路	731,000	水街	2,380,000	地王大厦	1,030,000
中华路	2,440,000	南湖隧道	615,000	海底世界	1,940,000		
鲁班路	2,330,000	秀厢大道	611,000	航洋国际城	1,590,000		
新民路	2,300,000	园湖路	603,000	加勒比水世界	1,119,000		
金湖路	2,270,000	大学西路	556,000	广西药用植物园	989,000		
白沙大道	2,130,000	佛子岭路	516,000	民族文物苑	347,500		
北湖路	2,000,000	竹溪立交	472,000	花花大世界	248,000		
科园大道	1,840,000	望州南路	417,000	景观意象			
长湖路	1,790,000	南梧路	319,000	山丘水系热度		城市公园热度	
仙葫大道	1,540,000	衡阳路	286,000	湖南	3,680,000	凤岭儿童公园	2,380,000
五象大道	1,510,000	凤岭立交	28,000	邕江	3,110,000	南湖公园	2,210,000
双拥路	1,330,000	农院路	254,000	青秀山	2,710,000	人民公园	1,860,000
明秀路	1,220,000	葫芦鼎大桥	164,000	相思湖	2,180,000	五象湖公园	1,430,000
桃源路	1,190,000	江南大道	37,600	五象湖	1,600,000	狮山公园	721,000
七星路	1,150,000	青竹立交	17,300	良凤江	1,110,000	金花茶公园	463,000
星湖路	1,070,000	竹岭立交	9,630	民歌湖	840,000	石门森林公园	457,000
玉洞大道	960,000	麻村路	7,910	白龙湖	420,000	相思湖公园	414,000

8.6.5 研究结论

1.南宁核心区道路意象分析

南宁市区道路网络格局受历史影响，由老城区逐步向外围延伸，整体布局呈"方格网＋放射状"格局。中环以内道路形态以方格状为主体，以外区域由中心区向外放射，并与对外辐射的公路网络相衔接，这与目前南宁市的城市格局相一致。同时，受到铁路分隔、邕江分割，以及被火车站和人民公园阻挡等因素的影响，南宁市道路网在形态上并不完整，呈自由式分布，除少数几条道路外，大部分道路都短而曲折，出现很多不规整的街坊、丁字交叉口和畸形交叉口。

首先是道路意象集中于快速环道内，且东西向道路占主体。处于可意象性第一层级的东葛路、大学东路和民族大道均位于快速环道内，且均为东西向，辅之以南北向的安吉大道和白沙大道，是南宁市道路意象的主体。可意象性第二层级中，东西向的白沙大道、那洪大道、中华路以及南北向的新民路、科园大道、南建路组成南宁道路意象的主要框架。

其次，道路意象空间分布不均衡，主要集中在邕江以北，且呈现出以大学东路和民族大道为中心集中连片的态势。邕江以南的道路意象相对薄弱，仅有白沙大道、那洪大道和南建路等几条主要道路，其他区域则呈现空白状态。

同时不难发现，民族大道在意象程度高等级道路中占主导地位。从形态上看，民族大道在道路系统中的主导地位是独一无二的。民族大道与东葛路、新民路、南建路、白沙大道等几条重要道路连接，向西形成连片态势。而且，民族大道沿线分布着许多易识别的节点：开敞的交叉路口、重要的建筑（如区人民大会堂）、宽阔的活动中心（如民族广场）、繁华的商业中心（如航洋国际城）等。但民族大道也存在着设计上的不足，最突出的就是民族大道与朝阳路、共和路、江北大道形成的复杂岔路口造成了视觉混乱。

2. 南宁市文化意象研究

高度可识别的标志应具备以下条件：与环境背景有着明显的对比；细部足够丰富，能吸引观察者的注意；远处观望能够清晰可见。南宁市只有少数几个零星分布于城市空间中的要素能满足这些标准并成为地市级标志物。如果能够建立具有连续性的一系列标志物，并且保证连接这些特色标志场所的渠道是流畅的，这样人们在城市中移动时就能不断被这些标志物吸引，有利于城市形象的塑造以及城市意象的形成。

首先，文化意象主要分布在朝阳路与民族大道两侧。文化意象范围比较小，在空间分布上主要沿朝阳路及民族大道布局。悦荟万达广场、美食街、步行街、金湖广场、动物园集中分布于朝阳路两侧，万象城、科技馆、凤岭儿童公园集中分布在民族大道两侧，还有一片集中区域位于南宁大桥和体育中心，共同组成了南宁市的文化意象。

其次，朝阳路沿线标志物多兼具商业与休闲用途。分布在朝阳路沿线的标志物悦荟万达广场、步行街、美食街、五象大道等节点，既能满足居民的娱乐需求，同时也能满足购物需求。悦荟万达广场由民生路、朝阳路、共和路及民主路合拥而成，拥有230多家国内外知名品牌的商铺，是广西目前规模最大，集购物、休闲娱乐、餐饮为一体的商业广场。

最后，民族大道沿线标志物各具特色。民族大道沿线的标志物有凤岭儿童公园、万象城和科技馆，这些标志物都拥有自己的特色，能够让居民形成其他标志物无法代替的印象。儿童公园与科技馆的受众大多数为孩子和家长们，多以家庭为单位出游，这些群体在城市中占据相当重要的地位。这些标志物因为无可替代以及受众面广等原因在众多文化意象中脱颖而出。

3. 南宁市景观意象研究

南宁市的景观意象多源于自然景观，比如贯穿全市的邕江就提供了很多可意象的元素，并且天然地将南宁市分为南北两个区，对于两区的发展也起到很重要的作用。除此以外，凭借青秀山、南湖、相思湖等自然元素，南宁市建立了大小不一的公园，这些山丘水系以及主题公园共同构成了南宁市景观意象。

第一，交通便捷的公园和广场组成活动性意象。公园和广场是人们活动的聚集点。青秀山和南湖公园是居民可意象性最高的两个景观,同时也是居民满意度最高的景观。两个景观的共同特征是绿化好、环境优美、空间开阔、交通便利、娱乐设施完善,这些特征都有利于加深景观在居民与游客心目中的印象。这些意象就像城市的"绿斑",给城市增加自然绿色元素,降低城市空间单调性。

第二,城市公园分布不均衡,多数集中在城市东部。南宁市的城市公园分布不均衡,大体上东部较多,且多分布在邕江的两侧,如南湖公园、青秀山等。而在城市的西部,热度较高的只有相思湖一处,且处于快速环道以外。这一方面与自然景观的天然因素有关,另一方面,人口的密度高低也导致了城市公园分布的形态与发展的状况,人口稠密地区对于公园的需求更大,也就促成了更多公园的设立。

第三,人造的城市公园多依托自然的山丘水系。南宁市的城市公园大多依托天然的山丘水系建设,如南湖公园、凤岭儿童公园、青秀山和相思湖等。这些公园因为天然景观的存在,对于城市管理者而言建设难度较低;对于居民而言,吸引力又大于纯人造公园,优美的自然景观吸引很多居民前来此地休闲散步。但城市公园对于自然景观的依赖,会限制人造公园的建设,这使得公园只能在特定的区域设立,可能会影响城市的总体布局。

8.7 居民出行特征诊断案例

8.7.1 案例简介

本案例由文章《北京核心区联通用户出行特征分析》总结凝练而成,由北京城市规划设计研究院张宇、张晓东,以及智慧足迹数据科技有限公司的荣冲、冯永恒共同完成。[101]

8.7.2 研究目的

北京城市核心区是北京城市总体规划中构建"一核一主一副、两轴多点一区"的城市空间结构中最为重要的区域。这个区域今天生活着什么人,他们的生活状态、出行特征如何,从"人"的视角出发是构建核心区及其未来发展的关键。课题组基于联通手机用户的脱敏全样本空间集聚数据,从核心区的联通用户群体出发,通过大数据分析试图窥探这里人们的生活与出行状态,为未来的规划提供更为可靠的依据。

8.7.3 研究基本原理

手机信令数据主要包括用户 ID、TimeStamp、Longitude、Latitude、EventID 等字段。其中,用户 ID 为手机用户的唯一标识码,能唯一地标识用户;TimeStamp 表示手机信令的发生时间;Longitude 和 Latitude 共同描述手机用户的位置,分别为用户的经度和纬度;EventID 表示事件类型。

事件类型按照触发手机信令数据的方式对信令数据进行如下区分:主动事件(主叫、被叫、短信、开关机等)和被动事件(位置区切换、定时扫描等)。其划分依据为该信令产生过程是否由手机用户发起的对手机进行操作的主观行为。主叫、被叫、短信和开关机动作属于手机用户对手机发起的主观行为,而位置区切换、定时扫描则是通信网络系统根据客户位置变化而定时更新手机用户的位置信息,不需要手机用户对手机进行任何操作。

信令数据与工参数据关联,才能确切地把握用户的时空行为信息。原因在于信令数据中只是记录了用户的 ID、信令事件触发的时间,以及当时用户所使用的基站编号,等等,而不对应具体的经纬度。但在基站工参信息中,蕴含了基站的编号,以及基站的经纬度信息,相比于信令数据产生的频率,工参数据的更新要缓慢得多，主要在维修、新增等情况下进行更新。工参信息主要由运营商在设置基站时通过实测的方式获得。为减小由于基站工参老旧导致的误差，所搜集的基站参数信息时段应与搜集信令的时段相对应，通过基站编号将信令事件与空间位置经纬度关联起来，最终获得完整可用的记录。

手机信令数据具有采样率高、覆盖面广、置信度高等优点，能反映出行需求空间分布上巨大规模人群的出行产生、出行分布、出行方式分担、出行交通分配等指标。

中国联通整合全国2.68亿移动用户在国内31省级行政区范围内生成的各种主被动信令事件数据，以及海外用户漫入国内的信令数据，融合联通用户属性信息、互联网行为偏好信息，通过先进的智慧足迹大数据处理平台进行深度加工。通过智慧足迹大数据处理平台，采集手机原始信令数据和手机网络基础数据，利用匿名、聚合、外推的网络数据，进行过滤、分析、计算，经过高度自动化和深度降噪处理，能够快速提供有价值的位置和轨迹洞察服务，更好地反映出全量人口的特征与移动模式。中国联通全网信令数据规模每日达670亿条，日采集信令文件（压缩后）约为15TB。

智慧足迹数据科技有限公司依托于中国联通的全网数据，其拥有的手机信令数据具有以下特点：数据类型全，具有中国联通全量手机用户全部主动、被动事件类型数据；样本量大，联通31省全量移动用户信令数据集中；与GPS、统计数据等相比，底层原始数据直接追溯到自然人；时间上具有连续性，用户手机全生命周期时间连续；空间上具有完整性，用户手机全生命周期在全国范围内的空间完整；更新速度快，主动信令实时发生实时采集，被动信令不超过半小时自动采集；无感知采集，不被用户感知，真实记录相关时间、位置。

8.7.4 研究指标与数据来源

该案例分析采用的主要是智慧足迹数据科技有限公司提供的联通用户脱敏后且经过扩样分析后得到的数据。仅代表相应用户在特定数据处理方法下的统计特征，若与其他数据口径有所出入，待后续查核校正。

智慧足迹（SmartSteps）产品，是由智慧足迹数据科技有限公司提供的，基于手机信令产生区域性群体人群位置标签和属性标签数据的大数据处理模型和平台的总称。智慧足迹产品将手机信令加工成时空标签，反映人的空间活动，从而研其踪而知其人。通过匿名、聚合、外推的大数据能力，帮助政府精准服务、精确决策、精细分析，帮助企业挖掘潜客、选址营销、业务创新。

智慧足迹跑出的手机信令数据的时空标签可以高效地计算用户的驻留、出行、轨迹、交通与偏好，具备极高的性价比。其中，驻留方面包含工作、居住、休闲、常驻兴趣区域的驻留时长、次数等54个字段；出行方面包括本地及异地出行相关的出行时刻、出行时长、出行目的、出行距离、出行方式、出行天数等48个字段；用户基础属性方面包括性别、年龄、手机品牌、话费情况、通话时长、使用流量等27个字段；用户偏好属性包括上网浏览信息所属的各层级分类等3000个字段。

8.7.5 研究方法、模型与过程

第一，认识核心区。根据《北京城市总体规划（2016—2035年）》，北京核心区由东城区与西城区构成，总面积约92.4平方公里，根据统计年鉴数据可知，两区常住人口总量约为207.1万人，在册从业人员总量约为205.7万人。两区人口和就业密度均超过2万人/平方公里，属于人口稠密地区。同时，核心区承载着国家行政中心的主要职能，也是北京市金融、医疗、旅游、基础教育等资源最为集中的区域（图8-25）。

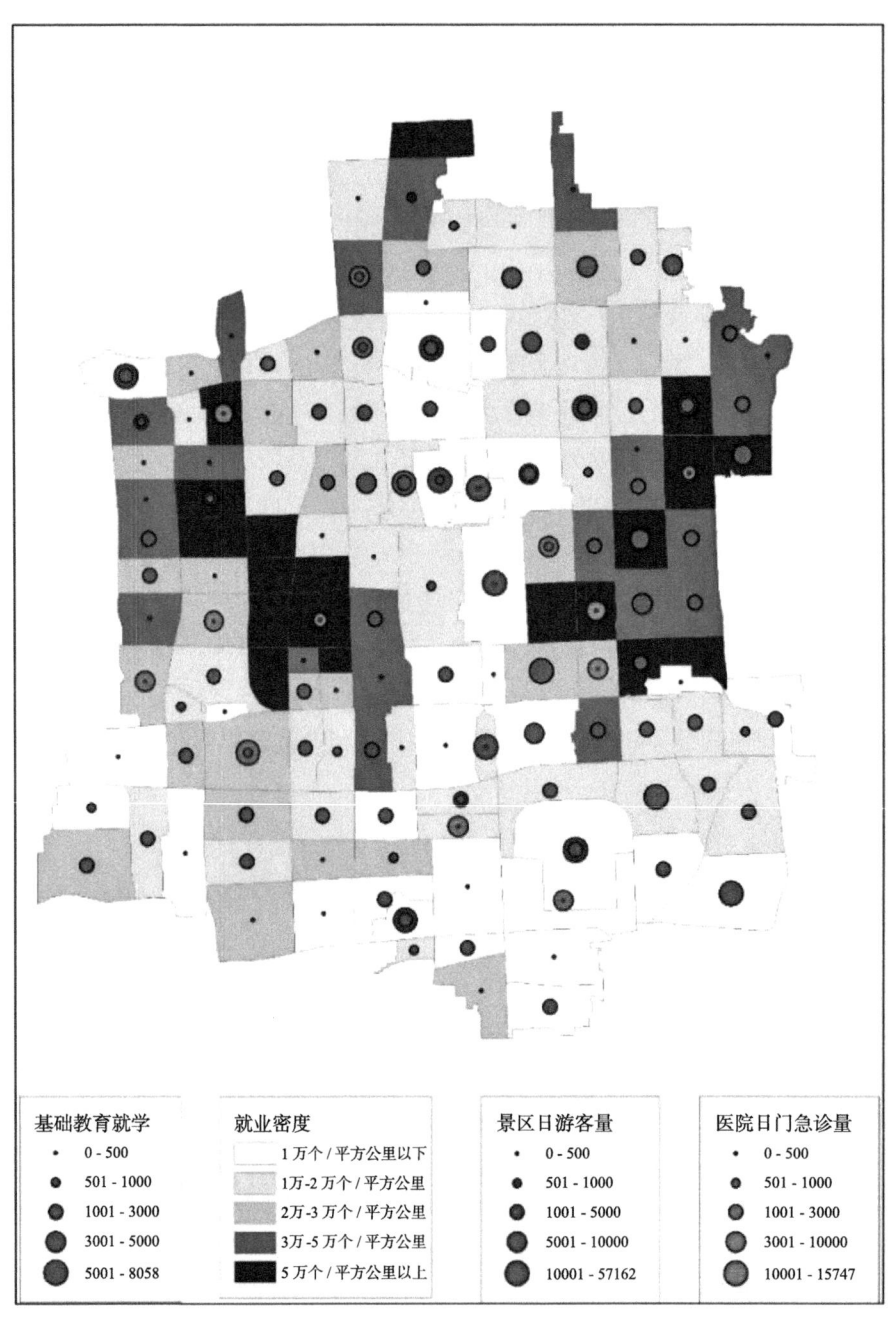

基础教育就学	就业密度	景区日游客量	医院日门急诊量
· 0 - 500	□ 1 万个 / 平方公里以下	· 0 - 500	· 0 - 500
· 501 - 1000	□ 1万-2万个 / 平方公里	· 501 - 1000	· 501 - 1000
● 1001 - 3000	□ 2万-3万个 / 平方公里	● 1001 - 5000	● 1001 - 3000
● 3001 - 5000	■ 3万-5万个 / 平方公里	● 5001 - 10000	● 3001 - 10000
● 5001 - 8058	■ 5 万个 / 平方公里以上	● 10001 - 57162	● 10001 - 15747

图 8-25 核心区就业、基础教育、旅游、医疗资源（见书后彩图）

资料来源：由案例提供者完成。

第二，使用 2018 年 6 月某一周北京核心区联通用户识别出的数据，经过扩样进行分析得到核心区一周相关总出行量约 4160 万人次（出行地与到达地中至少有一端位于核心区的出行人）。高峰日（周四）出行量约 655 万人次，其中常住人口出行量 543 万人次，流动人口出行量 112 万人次。对于不同人群而言，流动人口的一周各日相关出行量基本稳定在 110 万人次左右，常住人口则在周末出行较少，尤其周日仅为 334 万人次，约为周高峰日出行的 60% 左右（图 8-26）。

第三，对内部出行与外部出行的比例进行分析，发现核心区内部出行占总出行的 40%，对外出行占 60%（表 8-4）。常住人口在工作日、周末的出行内外比例基本相当，而流动人口则是平日里的对外出行比重较周末略高。

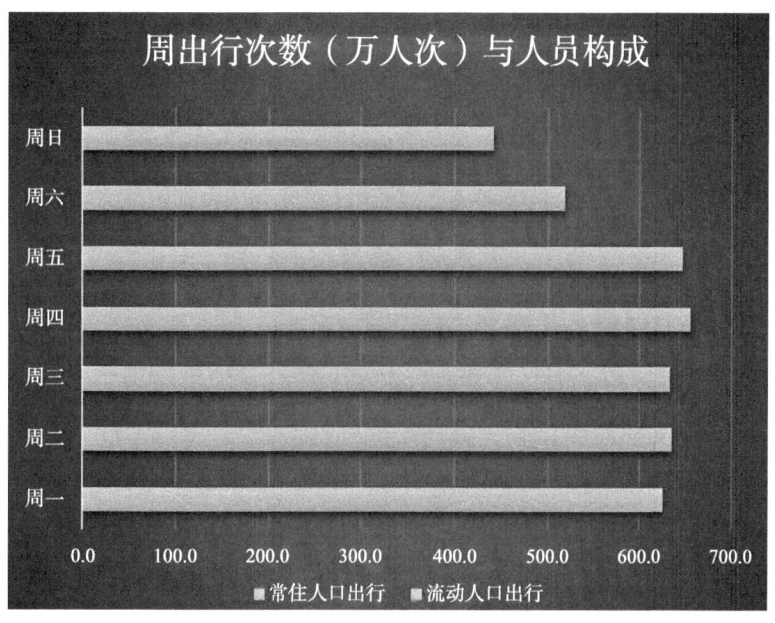

图 8-26　核心区相关出行量一周分布（见书后彩图）

资料来源：由案例提供者完成。

	男性		女性	
工作日与周末不同性别人群内外出行比例 表 8-4				
	对外出行	内部出行	对外出行	内部出行
工作日	49%	34%	10%	7%
周末	46%	31%	13%	10%

资料来源：由案例提供者完成。

　　第四，分析核心区常住人口昼夜比。总体而言，识别出的核心区昼间常住人口约 271 万，夜间常住人口约 200 万，总体昼夜人口比约 1.36∶1（昼间人口为识别出白天在核心区的人口，夜间人口为识别出夜晚在核心区的人口）。其中，识别出的适龄劳动力人口昼间约 214 万[1]，夜间约 151 万，昼夜比约 1.41∶1；识别出的离退休人口昼间约 22 万，夜间约 21 万，昼夜比约 1.1∶1；识别出的学龄人口昼间约 6.9 万，夜间约 5.6 万，昼夜比约 1.2∶1[2]（表 8-5）。

　　对比昼夜常住人口的总量可知，核心区夜间人口仅为昼间人口的 74%。从不同类别人群分析可见，适龄劳动力的昼夜差异最大，其次为学生，离退休人口则相对平衡。未识别类型人口是未能通过手机号码识别出人群类型的用户（图 8-27）。

核心区识别人口结构					表 8-5
	昼间人口（万人）	夜间人口（万人）	昼夜人口（万人）	夜间/昼间	昼夜/昼间	昼夜/夜间
总人口	270.8	199.7	162.2	74%	60%	81%
适龄劳动力	214.0	151.3	120.1	71%	56%	79%
学生	6.9	5.6	5.0	82%	73%	89%

①　略高于统计年鉴在册从业人员总数，这可能是因为识别出了未在册就业人员。

②　由于学龄人口拥有手机的比例较低，因此从识别出的人口构成比例来看，学龄人口较统计年鉴偏低。

	昼间人口（万人）	夜间人口（万人）	昼夜人口（万人）	夜间/昼间	昼夜/昼间	昼夜/夜间
离退休人口	22.2	20.9	19.0	94%	86%	91%
未识别类型	27.8	21.8	18.1	79%	65%	83%

资料来源：由案例提供者完成。

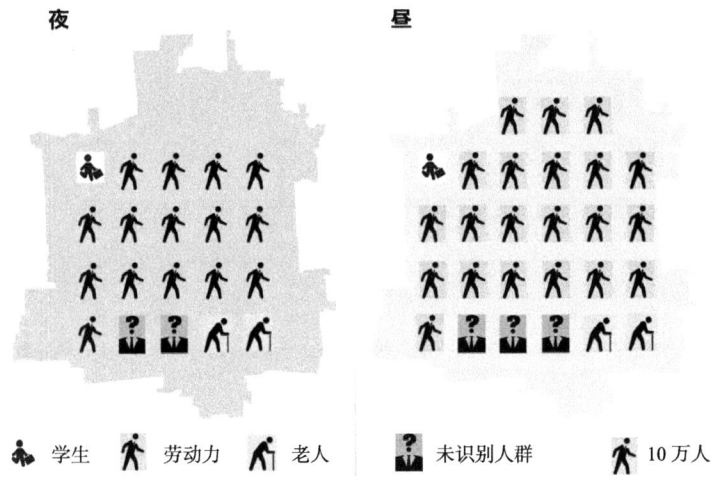

图 8-27　核心区常住人口不同人群昼夜人口分布

资料来源：由案例提供者完成。

第五，平日昼间人口出行频率更高，周末夜间人口活动范围更广。上述识别人口的平日及周末出行率、出行距离与时耗见表 8-6、表 8-7。在表 8-6 中，昼间人口总体出行率、平均出行距离和出行时耗均高于夜间人口；在平均通勤时耗和通学时耗上，夜间人口仅为昼间人口的 2/3。在表 8-7 中，平均出行强度比平日均有下降；对于出行距离而言，夜间人口整体呈现增长趋势，而昼间人口整体呈现下降趋势。两类人群的出行时耗总体相似。

核心区识别人口平日出行特征汇总　　　　表 8-6

	昼间人口出行率（%）	夜间人口出行率（%）	昼间人口平均出行距离（km）	夜间人口平均出行距离（km）	昼间人口平均出行时耗（分钟）	夜间人口平均出行时耗（分钟）
总人口	2.0	1.7	10.3	7.7	29.7	22.5
适龄劳动力	2.0	1.8	10.5	7.8	29.9	21.7
学生	1.3	1.1	9.1	6.8	25.6	17.4
离退休人口	1.3	1.2	8.5	7.2	25.9	21.4
未识别类型	1.9	1.6	9.2	8.0	29.4	22.5

资料来源：由案例提供者完成。

核心区识别人口周末出行特征汇总　　　　表 8-7

	昼间人口出行率（%）	夜间人口出行率（%）	昼间人口平均出行距离（km）	夜间人口平均出行距离（km）	昼间人口平均出行时耗（分钟）	夜间人口平均出行时耗（分钟）
总人口	1.4	1.4	8.8	10.0	22.7	23.7
适龄劳动力	1.5	1.4	9.0	10.1	23.3	23.1
学生	1.3	1.1	9.4	8.0	21.9	18.2

	昼间人口出行率（%）	夜间人口出行率（%）	昼间人口平均出行距离（km）	夜间人口平均出行距离（km）	昼间人口平均出行时耗（分钟）	夜间人口平均出行时耗（分钟）
离退休人口	1.1	1.0	7.8	9.7	21.5	23.1
未识别类型	1.4	1.3	7.6	10.2	18.3	29.8

资料来源：由案例提供者完成。

第六，分析核心区昼间常住人口分布。从联通用户识别出的昼间人口分布可见，分布的总体趋势以就业人口分布为主导（图8-28）。就业人口主要分布在西二环金融街区域、东二环朝阳门附近及长安街北侧的王府井、东单附近（图8-29）。学生主要分布则与中小学区位较吻合（图8-30）。而离退休人群的昼间分布则以居住区和景区附近较为集中（图8-31）。在图8-28至图8-31中，以颜色深浅代表人口密度。

图 8-28　核心区昼间全人口分布

资料来源：由案例提供者完成。

图 8-29　核心区昼间适龄工作人口分布

资料来源：由案例提供者完成。

图 8-30　核心区昼间就学人口分布

资料来源：由案例提供者完成。

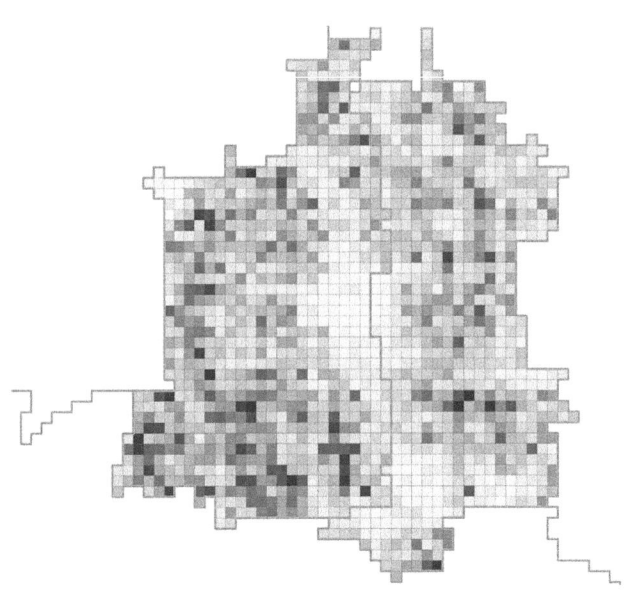

图 8-31　核心区昼间离退休人口分布

资料来源：由案例提供者完成。

　　总体而言，昼间核心区人口分布呈现南北两侧贴边高强度分布，中间区域由于使用功能、高度控制及公园绿地的分布，常住人口密度相对较低。这样的分布状态也加剧了东西二环等南北向通道的交通压力。

　　第七，分析核心区昼间常住人口夜间分布。由昼间核心区人口的夜间分布可见，核心区的昼间人口中有 60% 夜间依然在核心区内（图 8-32）。由识别的不同人群可见，核心区昼间适龄劳动力中仅有46% 夜间在核心区内（图 8-33），核心区昼间学生则有 75% 夜间在核心区内（图 8-34），核心区昼间离退休人口则有 87% 夜间在核心区内（图 8-35，表 8-8）。图 8-32 至图 8-35 中数字代表昼间不同类型的人口夜间分布的百分比。

图 8-32　核心区昼间全人口夜间分布

资料来源：由案例提供者完成。

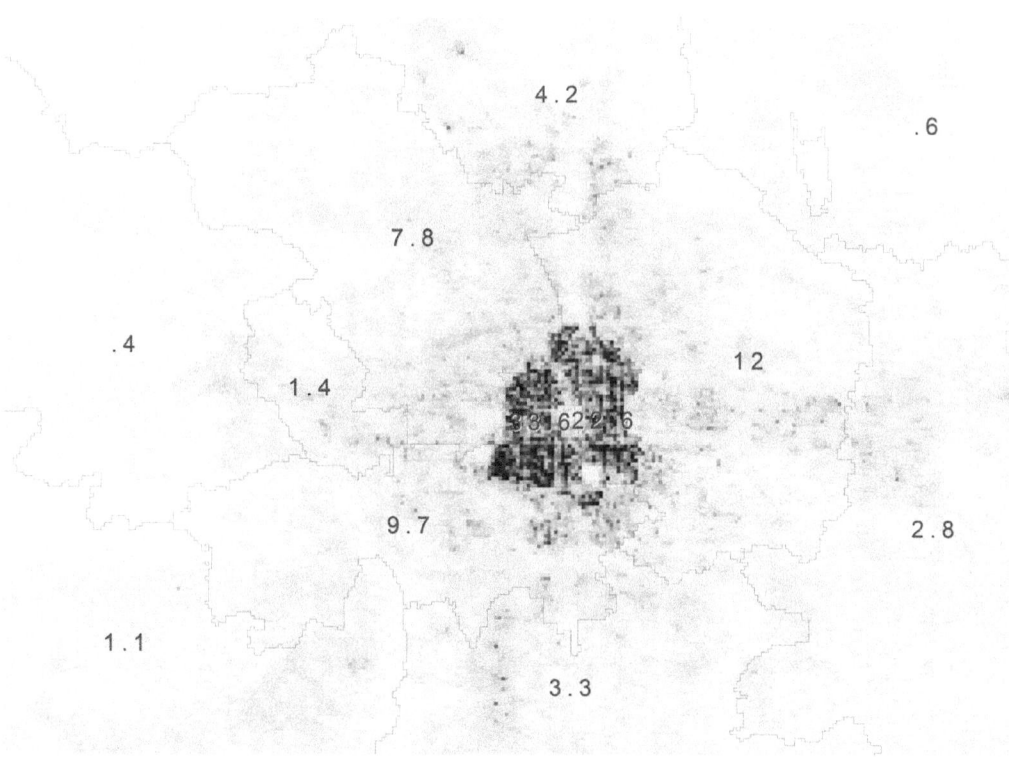

图 8-33　核心区昼间适龄工作人口夜间分布

资料来源：由案例提供者完成。

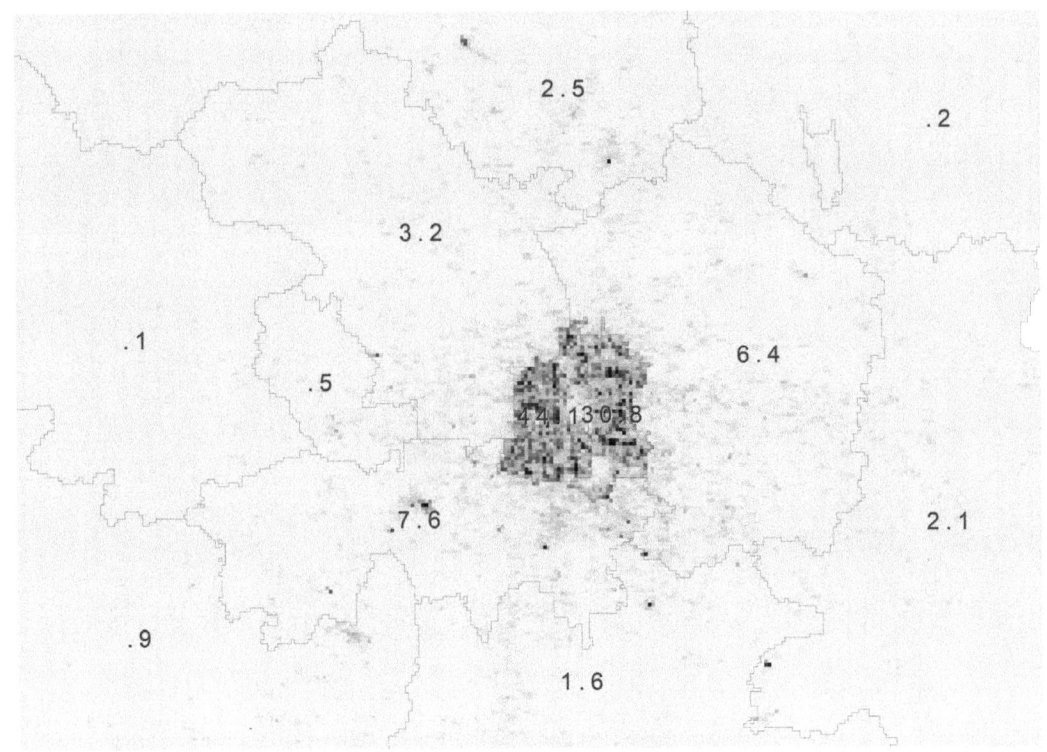

图8-34　核心区昼间就学人口夜间分布

资料来源：由案例提供者完成。

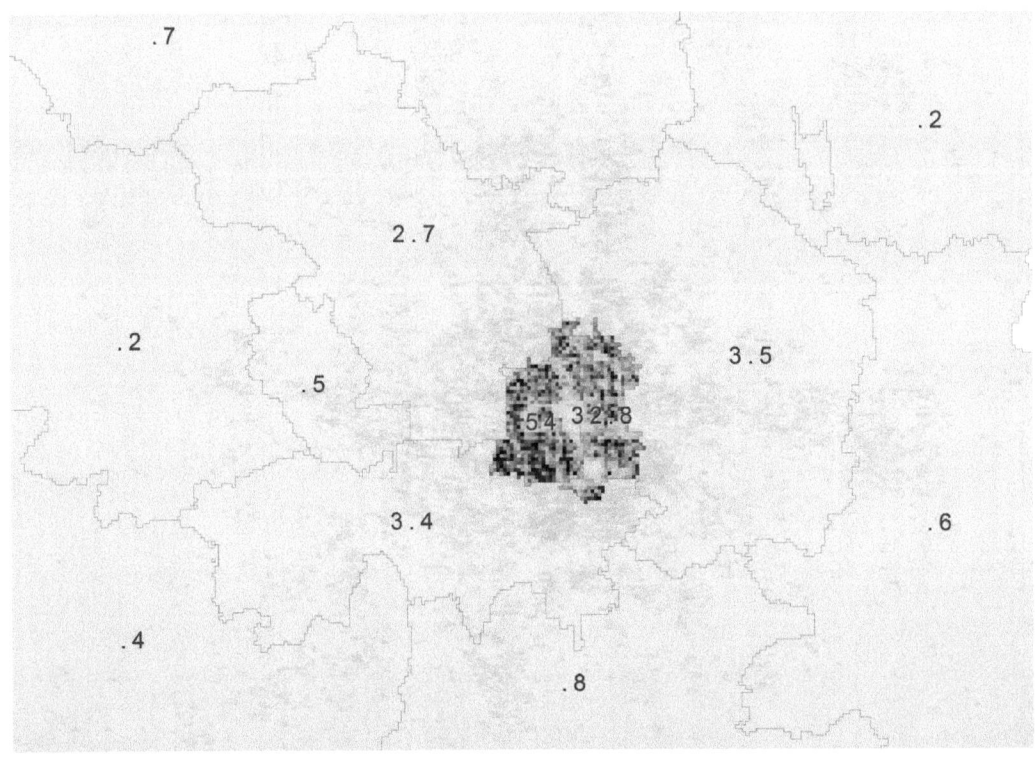

图8-35　核心区昼间离退休人口夜间分布

资料来源：由案例提供者完成。

昼间人口夜间分布主要区域汇总　　　　　　　　　　　　　　　　表 8-8

区域	总人口比例（%）	就业人口比例（%）	就学人口比例（%）	离退休人口比例（%）
核心区内	60	56	75	87
朝阳区	11	12	6	4
海淀区	7	8	3	3
丰台区	9	10	8	3
其他区域	13	14	8	3

资料来源：由案例提供者完成。

根据上述分析可知，北京核心区的向心通勤压力最大。同时，虽然北京已实施基础教育区内的平衡政策，但目前阶段，在核心区就学的学生仍然有 1/4 住在核心区外。

第八，分析昼间常住人口出行时段分布。由昼间核心区不同人群的工作日出行时段分布可见，适龄就学人口（STU）的出行早高峰出现最早，在 06：00—07：00。适龄劳动力和退休人口出行早高峰均出现在 07：00—08：00。退休人口（RTD）和适龄就学人口出行晚高峰出现在 17：00—18：00，适龄劳动力（WKR）出行晚高峰则出现在 18：00—19：00。同时，适龄就学人口在 21：00—22：00还出现一个晚二高峰，推测其原因为有部分的辅导课在放学后进行（图 8-36）。

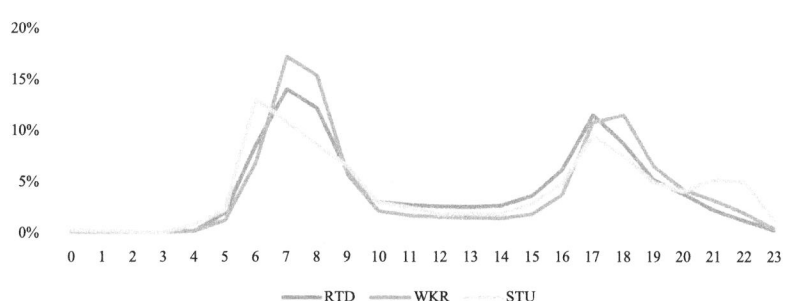

图 8-36　昼间核心区不同人群工作日出行时段分布（见书后彩图）

资料来源：由案例提供者完成。

由昼间核心区不同人群的周末出行时段分布可见，各类人群的出行依然呈现出早晚高峰的特征。只是峰值比工作日较为和缓，而且在早晚高峰间的出行比例比平日有明显提升（图 8-37）。

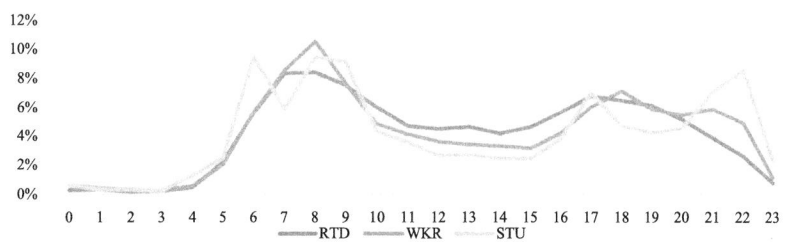

图 8-37　昼间核心区不同人群周末出行时段分布（见书后彩图）

资料来源：由案例提供者完成。

由夜间核心区不同人群的工作日出行时段分布可见，整体早高峰时段均出现在 08：00—09：00，相较昼间人口均有相应的错后。晚高峰均出现在 17：00—18：00，相较昼间劳动人口有 1 小时的提前（图 8-38）。总体而言，这是因为住在核心区里的人员的通勤距离较短，从而在路上的时间更从容。

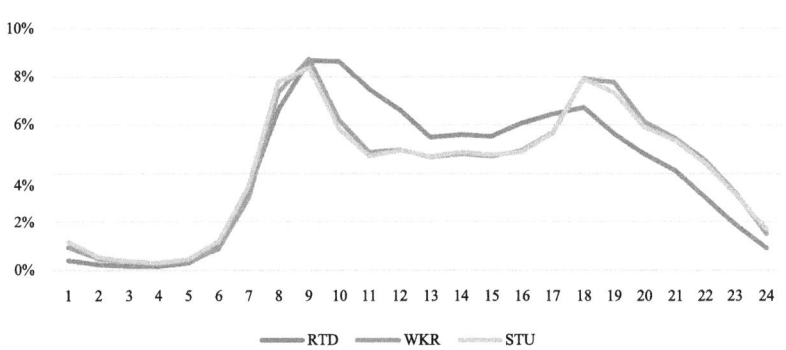

图 8-38　夜间核心区不同人群工作日出行时段分布（见书后彩图）
资料来源：由案例提供者完成。

由夜间核心区不同人群在周末的出行时段分布可见，其整体呈现出的假日特征较为明显，基本在 10∶00 左右到达高峰，而后缓慢下降，且三类人群的特征较为相似（图 8-39）。

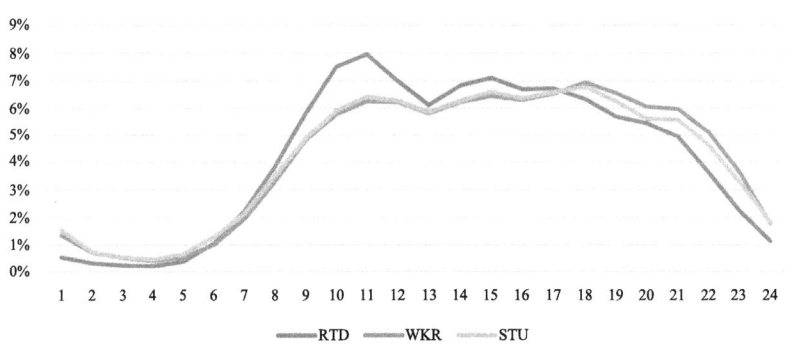

图 8-39　夜间核心区不同人群周末出行时段分布（见书后彩图）
资料来源：由案例提供者完成。

8.7.6　研究结论

通过上述数据分析，初步得到对核心区的认知总结如下：

第一，流动人口相关出行占比高，其出行特征与常住人口有一定差别，应加强针对性的出行设施服务。

第二，由常住人口昼夜分布可见，通勤人口的职住不均衡现象最为突出，通学人口也存在一定的不均衡现象。在后续核心区功能疏解优化的过程中，应该继续从职住结构上调节不均衡局面。

第三，根据不同类型核心区常住人口的夜间分布，提升周边行政区，尤其是丰台区的教育水平和就业机会也将有助于核心区功能的疏解。

第四，从出行时间分布可见，通勤人口平日的早高峰时段占比突出，同时离退休人口的早高峰叠加效应较明显。可通过进一步加强调峰措施，在时间上缓解核心区的早高峰交通压力。

8.8 职住空间关系诊断案例

8.8.1 案例简介

本案例由文章《利用手机数据分析上海市域的职住空间关系——若干结论和讨论》总结凝练而成，该文章由同济大学建筑与城市规划学院钮心毅、丁亮共同完成。[102]

8.8.2 研究目的

通过测算上海市域居民的通勤指标，列出中心城及郊区新城职住空间关系的若干分析结论，并对如何优化市域空间结构、改善居民职住过度分离展开进一步的扩大讨论。

8.8.3 研究基本原理

居民的居住、就业空间关系能通过通勤指标直接体现出来。以通勤指标作为衡量标准，通过分析上海中心城与周边区域、中心城与郊区新城之间的通勤联系紧密程度，就能衡量上海市域的居住、就业空间分离程度。

8.8.4 研究指标与数据来源

手机信令作为大数据的一种，是典型的时空位置大数据，在规划行业正得到越来越广泛的应用。城市是人口集中的地方，也是手机用户集中的地方，根据手机信令和城市规划的原理，凡是涉及居民在时空上的移动和分布，使用手机大数据都可以准确分析出来。这正好为规划、交通以及城市管理等各个方面的定量分析提供数据帮助。与其他大数据相比，其具有全样本、实时性、动态化、无群体性差别等方面的优势，与城市规划领域更加贴合。该研究在上海中心城区的通勤范围内，以人口普查、经济普查为主要基础资料，手机信令数据作为辅助资料。

8.8.5 研究方法、模型与过程

该研究采用手机信令数据来计算居民通勤行为，用以分析上海市域居民的居住、就业空间的分离程度。选用上海移动的 2G 手机信令数据，在连续两周的 10 个工作日内，计算手机用户在同一空间位置周边重复出现的概率，用来识别居民的居住地和就业地。其中，如夜间在同一空间位置周边重复出现概率大于 60%，则识别为居民的居住地；如日间在同一空间位置周边重复出现概率大于 60%，则识别为居民的就业地。在上海全市域范围内，从 2011 年连续两周的手机信令数据中，约有 849 万居民被同时识别出了就业地和居住地，同时通过计算，得出这些居民的通勤数据。采用上述方法识别出的居民中，包括了有固定工作地的就业者、学生、退休和居家人士等。

以此为基础，继续进行两项分析。第一项是上海中心城的通勤区范围分析。通过分析中心城内就业居民的夜间居住地空间分布和中心城内居住居民的日间工作地空间分布，用来确定上海中心城的紧密通勤范围。第二项是郊区新城与中心城的职住空间关系分析。通过分析居住在各个郊区新城的居民中前往中心城内通勤的比例，以及居住在中心城内在各个郊区新城就业的居民比例，来确定中心城与郊区新城之间通勤的居民所占比例。

8.8.6 研究结论

1.中心城通勤区分析结果

第一，计算市域和中心城居民的通勤距离。将能同时识别出居住地和就业地居民的通勤距离进行

汇总,如图 8-40 所示,以横轴表示通勤距离(米),以纵轴表示通勤人数(人),每个散点即表示某一通勤距离的人数。计算得到市域居民的平均通勤距离约为 3800 米,通勤距离中位数约为 1300 米。大部分居民(通勤距离前 75% 的居民)通勤距离在 4600 米内,通勤距离大于 10000 米的远距离通勤者仅占 11% 左右。日间在中心城内就业的居民平均通勤距离约为 4300 米,通勤距离中位数约为 1700 米,其中 75% 的居民通勤距离在 6400 米内,通勤距离大于 10000 米的远距离通勤者仅占 14% 左右。夜间在中心城内居住的居民,上述指标分别约为 4200 米、1400 米、5800 米和 12%。由于上述通勤指标是以手机信令数据测算出来的,故该研究得出的通勤距离均指两个移动通信基站之间的直线距离。上述数据说明在中心城居住的居民通勤距离高于全市平均水平,在中心城内就业的居民通勤距离又更长一些。总体来看,通勤距离小于 10000 米的短距离通勤者所占比例远大于长距离通勤者,数量约为后者的 6—8 倍。

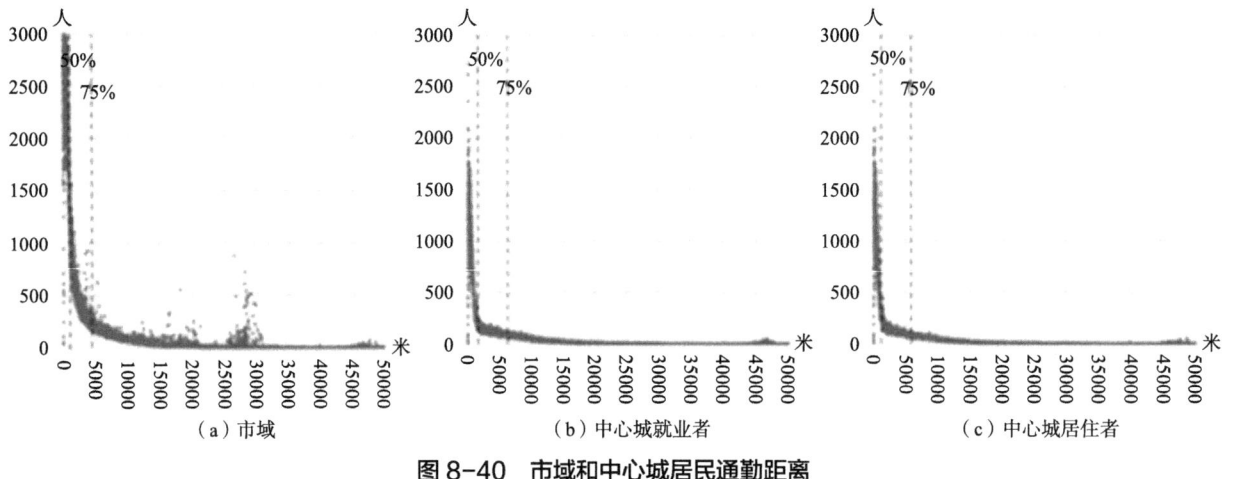

图 8-40　市域和中心城居民通勤距离

(仅表示通勤距离在 50000 米内、通勤人数在 3000 人内的部分)

资料来源:由案例提供者完成。

第二,获得中心城的通勤区范围。根据中心城就业者的居住地空间分布特征,分别计算得到中心城就业者的通勤范围,96.7% 的就业者在该范围内居住,仅有 3.3% 的就业者在范围外居住。同样,根据中心城居住者的就业地空间分布特征,计算得到中心城居住者的通勤范围,96.2% 的居住者在该范围内就业,仅有 3.8% 的居住者在该范围外就业。在中心城就业的居民通勤范围主要位于中心城以北的宝山新城、以西的虹桥商务区、以南的闵行新城,以及与浦西外环线相交的曹路镇、康桥镇等地区,面积约为 1028 平方公里。在中心城居住的居民通勤范围与之相似,只是涉及虹桥商务区、闵行区的范围有所缩小,面积约为 910 平方公里。分别计算中心城就业者通勤范围和居住者通勤范围在每个街道中的面积比值,若超过 30% 则将该街道在中心城以外部分纳入中心城的通勤区,综合后共有 31 个街道纳入通勤区(表 8-9),面积约 1240 平方公里。其主要由外环线向北、西、西南方向拓展:向北拓展约 5 公里,已将宝山新城全部纳入通勤区;向西、西南拓展约 10 公里,已将闵行新城的大部分地区纳入通勤区;向南、向东拓展较少,仅将与外环线相交的街道纳入其中。在 1240 平方公里的中心城通勤区范围内,约 97% 的居民实现了职住平衡。从通勤区以外,经过长途通勤进入中心城就业的居民占中心城内通勤者的比例仅为 3%。

行政区	街道	行政区	街道
徐汇区	华泾镇	浦东新区	康桥镇
普陀区	桃浦镇		三林镇
长宁区	程家桥街道		张江镇
	新泾镇		金桥出口加工区
松江区	九亭镇		唐镇
嘉定区	真新街道		曹路镇
	江桥镇		高东镇
	南翔镇		高桥镇
闵行区	江川路街道	青浦区	徐泾镇
	莘庄工业区	宝山区	顾村镇
	颛桥镇		友谊街道
	莘庄镇		杨行镇
	梅陇镇		吴淞镇街道
	七宝镇		宝山城市工业园区
	新虹街道		大场镇
	华漕镇		

资料来源：由案例提供者完成。

2. 郊区新城职住空间的分析结果

为减小退休和居家人士等对职住空间关系分析的影响，在同时识别出就业地和居住地的 849 万居民中，排除了通勤距离为 0 的居民，得到市域内 534 万居民通勤数据。通勤距离为 0 是由于此类居民识别出的就业地和居住地均处于同一基站范围，可能是居家或退休人士。使用排除 0 值后的 534 万居民的通勤数据，计算郊区新城内就业者、居住者的通勤距离，进而分别计算郊区新城就业者居住地、居住者就业地的分布比例。

第一，郊区新城居民的通勤距离分析。郊区新城居民也符合以短距离通勤为主，长距离通勤者占少数的规律。除金山新城和临港新城外，其余 7 个新城的居民平均通勤距离都在 5000 米以内。远郊的金山新城和临港新城平均通勤距离稍大，这与远郊的长距离通勤者的通勤距离较大有一定关系。从前 75% 的居民通勤距离来看，除宝山新城和闵行新城外，其余 7 个新城的前 75% 居民通勤距离值均小于 5500 米。紧邻中心城的宝山新城、闵行新城的数值稍大，但也小于 7600 米。宝山新城、闵行新城紧邻中心城，短途通勤者的通勤距离反而变大，说明这两个新城总体通勤距离较大，甚至大于中心城的平均值（图 8-41）。

第二，郊区新城的职住空间分析。将各个郊区新城内居民的通勤去向划分为至中心城、本新城内、其他地区三类，所得的结果见表 8-10 所示。各个郊区新城中，多数居民均在本新城内通勤。在各新城内居住者中，本新城内通勤比例均高于 61.8%；在各新城内就业者中，本新城内通勤比例均高于 75.8%。本新城内通勤比例在 3 个通勤去向中所占比例最大。除宝山新城、闵行新城外，嘉定、青浦、松江、金山、奉贤、临港、城桥 7 个郊区新城与中心城之间的通勤联系并不十分紧密，至中心城通勤比例均在 5% 以下。宝山新城、闵行新城居民往来中心城通勤比例最大。在宝山新城居住者中，前往中心城通勤比例占到 25.3%，宝山新城内就业者中，来自中心城通勤的比例为 16.0%。在闵行新城居住者中，前往中心城通勤比例占到 19.0%，闵行新城内就业者中，来自中心城通勤的比例为 9.0%。由

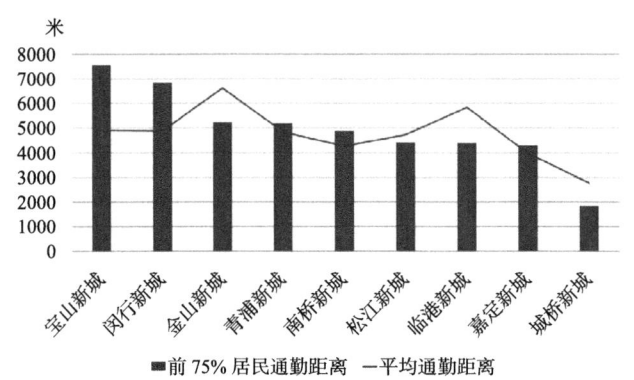

图 8-41 郊区新城居民通勤距离

资料来源: 由案例提供者完成。

此可见，居住在新城内前往中心城通勤的比例高于住在中心城内前往新城通勤的比例。联系上一节关于通勤距离的结论，在紧邻中心城的宝山新城、闵行新城，不仅通勤距离长，而且往来中心城内通勤比例高，职住空间分离情况相对突出。就业地、居住地均在新城范围内的居民，占该新城通勤居民比例如表 8-10 所示。这些居民在新城范围内实现了职住平衡。除宝山新城、南桥新城外，其余各个新城职住平衡比例均在 60% 以上。宝山新城的比例为 51.6%，主要原因是宝山新城往来中心城通勤比例较高。南桥新城的比例为 56.1%，主要原因是往来中心城外、自身新城范围以外其他地区通勤比例较高。

郊区新城的职住空间评价（15 分钟生活圈）（单位：%）   表 8-10

新城	新城内居住者前往通勤去向比例			新城内就业者通勤来源比例			在本新城范围内职住平衡比例
	本新城内	中心城	其他地区	本新城内	中心城	其他地区	
宝山新城	61.80	25.30	12.90	75.80	16.00	8.20	51.60
嘉定新城	85.30	2.90	11.80	83.60	5.00	11.40	73.10
新桥新城	90.00	0.10	10.00	89.90	0.10	10.00	81.70
南桥新城	74.00	1.20	24.80	69.90	1.80	28.30	56.10
金山新城	76.20	4.90	19.00	84.80	2.50	12.70	67.10
临港新城	92.80	0.50	6.70	86.60	3.40	10.00	81.10
青浦新城	81.30	1.50	17.20	76.20	2.50	21.40	64.80
松江新城	87.00	2.00	11.00	84.10	1.80	14.10	74.70
闵行新城	73.40	19.00	7.60	81.40	9.10	9.60	62.80

资料来源: 由案例提供者完成。

8.9 公共服务供需诊断案例

8.9.1 案例简介

该案例由文章《基于市民需求特征与 POI 布局的功能设施空间效率识别研究——以上海市街镇为例》凝练而成，由上海商学院吴培培与上海师范大学旅游学院朱小川共同完成。

8.9.2 研究目的

在《上海市城市总体规划（2017—2035 年）》中，进一步明确以生活圈作为提升城市生活品质、建设卓越全球城市的重要载体和手段。对生活圈的研究与规划编制工作，一定程度改变了之前"自上而下"进行公共功能设施布局的不足。

但较为遗憾的是，作为居民居住需求研究的空间落地与延续的生活圈研究，其已有研究未从居民异质性居住需求出发将区域异质化，而是将聚集不同特征居民的空间视为同质，且在其功能设施上制定的供给标准也是同质的，从而使生活圈"以人为本"的理念被打折扣。对于少数从通勤、居住环境等角度切入居民居住需求的研究，或未涉及细分人群的不同特征对其行为的影响，或只涉及某一人群的行为分析，或只关注某一居住功能要素的分析，缺少对居民公共功能设施的异质性需求问题所进行的较为全面与系统的分析，且未与公共功能设施供给一体化与资源优化配置相结合。因此，该研究从市民需求特征出发，从供需是否匹配的角度，对上海市公共功能设施效率进行评价，并对其调整方向与力度给出建议。

8.9.3 研究基本原理

该研究进行城市分街镇的公共服务供需匹配评估。通过问卷调查获取不同特征（性别、年龄、人均收入、家庭常住人口）的上海市民的居住需求，并通过上海市各区的居民特征获取上海市分区功能设施偏好，结合通过POI获取的上海市分区功能设施供给，将分区公共服务供给与需求进行匹配，进行不同街镇的公共服务匹配度评价。并以此作为进行分区功能设施效率评价及优化的依据，使分区功能设施布局的改变具有空间帕累托效率（图8-42）。

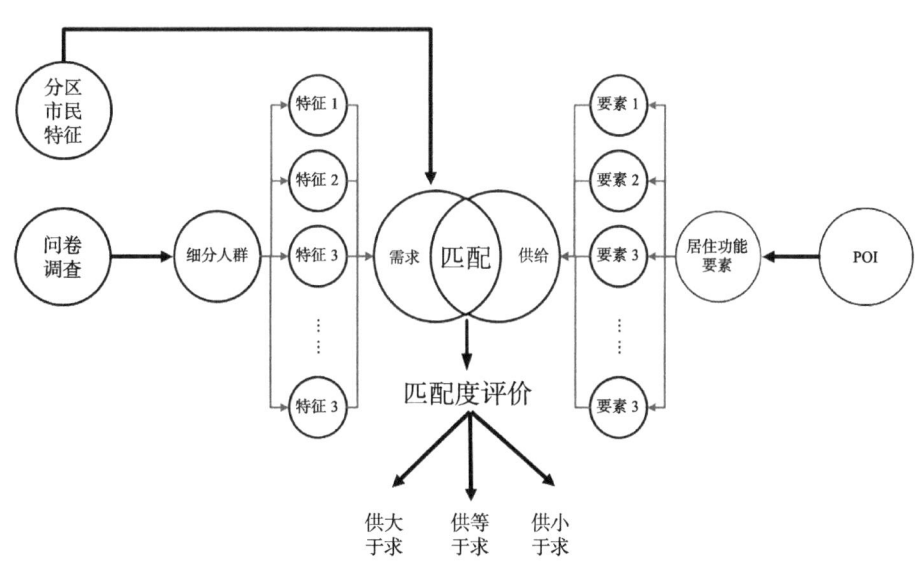

图 8-42 细分人群与居住功能要素匹配度评价

资料来源：由案例提供者完成。

8.9.4 研究指标与数据来源

1. 基于 POI 的城市公共服务供给

相较于传统的公共功能设施的识别方法，POI 具有获取全、更新快、粒度细、便于空间与动态分析等优点，能较好地支撑生活圈的研究。该研究通过百度地图获取约 630000 个 POI，并在此基础上对不同功能的 POI 数据进行分类汇总，计算出上海市分区县与分街道 / 镇的 POI 数量（表 8-11）。

上海市各区	商业设施	医院诊所	初等学校	体育文娱	合计
宝山	24401	1171	2066	2156	29794
崇明	4365	416	496	1217	6494
奉贤	12446	811	1151	1392	15800
虹口	21962	799	1485	1111	25357
黄浦	26235	1004	2235	1965	31439
嘉定	23844	959	1777	1901	28481
金山	7726	536	658	840	9760
静安	33517	1328	2729	1894	39468
闵行	43972	1556	3600	3425	52553
浦东	99743	3834	8136	6762	118475
普陀	27543	1123	2085	1453	32204
青浦	12912	692	942	1409	15955
松江	25056	1122	2190	2635	31003
徐汇	31681	1312	4118	2130	39241
杨浦	27096	1225	3076	1709	33106
长宁	24101	1082	1933	1576	28692

2. 基于问卷调查的城市公共服务需求

研究通过问卷获取居民的效用函数，运用序数排列法，更好地调查出消费者的偏好，防止出现同一消费者效用来源偏好程度接近而不便分析的问题。按照一般效用函数的形式，研究给出居住效用函数的形式为：

$$U = U(Q_i) = \prod_{i=1}^{n=5} q_i^{p_i} \tag{8-3}$$

式（8-3）中，U 为居民的居住效用，q_i（$i=1, \cdots, 5$）分别为居民对商业设施、医院诊所、初等学校、公园绿地、体育文娱设施等功能设施功能的消费量。p_i（$i=1, \cdots, 5$）分别为居民对上述 5 种功能设施的需求（偏好），且 $\Sigma_{i=1}^{1} p_i = 1$。将式（8-3）两边进行求对数，可得式（8-4）。

$$\ln U = \sum_{i=1}^{n=5} \ln q_i \cdot p_i \tag{8-4}$$

假设每位消费者都能知晓自己对各种功能设施需求的排序，且能诚实作答，那么，若在调查中消费者认为功能 1 比功能 2 更重要，即说明 $p_1 > p_2$。在此基础上，还可以得到某一类个体特征（单属性）的消费者群体（如女性）或某几类自然属性（多属性）的消费者群体（如大于 55 岁收入较低的独居男性）的效用函数。该研究对实地调研回收的 1830 份问卷与网络调查回收的 280 份问卷进行信效度分析，得到有效问卷 2015 份。

8.9.5 研究方法、模型与过程

对不同特征居民的功能设施偏好进行分析。根据细分人群的属性与对商业设施的偏好的偏相关分析，发现有 4 个属性变量与 5 个功能设施偏好变量间存在显著的偏相关关系。其中，性别与商业设施功能偏好、初等学校设施偏好有显著的偏相关关系，说明相比男性，女性对商业设施与初等学校设施

偏好更高。年龄与医院诊所设施与体育文娱设施偏好有显著的偏相关关系，说明年龄越大的居民对医院的偏好更高，年龄越小的居民对体育文娱的偏好更高。家庭人均收入与商业设施偏好、公园绿地设施偏好、体育文娱设施偏好有显著的偏相关关系，说明收入越高的居民对商业设施、体育文娱设施的偏好越高，对公园绿地的偏好较低。家庭常住人口数与初等学校设施偏好有显著的偏相关关系，说明家庭常住人口数越多的居民对初等学校的偏好越高。具体数据分析结果见表8-12。

细分人群与质量优先度的偏相关关系与显著性　　　表8-12

	商业设施	医院诊所	初等学校	公园绿地	体育文娱
性别	0.261***	−0.12	0.319*	−0.107	−0.207
年龄	−0.013	0.562***	−0.32	0.129	−0.356***
人均收入	0.265* **	0.305	0.264	−0.287	0.311*
家庭常住人口数	−0.509	−0.052	0.628***	−0.17	−0.236

注：*** 为 P 值（显著性）小于 0.005；** 为 P 值（显著性）小于 0.010；* 为 P 值（显著性）小于 0.05。

在得出上海市不同特征居民对各功能设施需求的基础上，依据上海市各区居民总体特征与人口数量，获取上海市各区对各功能设施的总需求（表8-13）。

上海市各区县对4种功能设施的人均需求与总需求　　　表8-13

区县	商业设施		医院诊所		初等学校		体育文娱	
	人均	总需求	人均	总需求	人均	总需求	人均	总需求
宝山	0.68	130.36	0.97	185.55	0.84	160.10	0.64	122.32
崇明	0.59	41.31	1.00	70.37	0.81	57.18	0.53	37.03
奉贤	0.61	65.84	0.96	104.33	0.85	92.49	0.55	59.77
虹口	0.86	73.43	0.99	84.77	0.87	73.89	0.84	71.74
黄浦	1.00	85.25	0.99	84.30	0.87	73.89	1.00	85.25
嘉定	0.67	98.30	0.97	143.04	0.86	126.55	0.62	91.35
金山	0.67	48.72	0.97	71.07	1.00	73.24	0.62	45.17
静安	0.93	23.00	0.99	24.45	0.87	21.43	0.92	22.76
闵行	0.85	206.75	0.94	228.99	0.84	203.78	0.83	202.05
浦东	0.99	497.00	0.96	482.96	0.86	432.26	0.98	496.59
普陀	0.76	97.33	0.99	127.93	0.84	110.23	0.72	92.79
青浦	0.63	67.92	0.97	104.50	0.90	97.08	0.58	62.23
松江	0.69	108.53	0.94	148.86	0.89	141.06	0.64	101.61
徐汇	0.92	99.71	0.97	104.90	0.85	92.27	0.91	98.38
杨浦	0.77	101.49	0.98	129.13	0.86	112.96	0.74	97.33
长宁	0.88	60.81	0.97	67.01	0.85	58.72	0.86	59.58

根据上海市分街镇对不同功能设施的需求与供给的分析，该研究估算了各街镇不同设施在空间供给效率上的损失情况，具体计算公式如下：

$$R_{iz} = \frac{2 \cdot (Sik - Dik)}{Dik + Sik} \tag{8-5}$$

式（8-5）中，Dik 为 i 街镇 k 功能的需求，也即空间帕累托最优时 k 功能设施在 i 街镇布局的比例；Sik 为现实中 i 街镇 k 功能设施的供给，也即在 i 街镇布局的比例。R_{iz} 为反映 k 功能在 i 街镇的空间供给效率损失指数，若 $R_{iz}=0$，则 k 功能设施在 i 街镇布局空间效率最大；当 $R_{iz}>0$ 时，说明现实中 k 功能在 i 街镇的布局量多于空间帕累托最优状态时的布局量，即供大于求，可称为功能空间膨胀；当 $R_{iz}<0$ 时，说明现实中 k 功能在 i 街镇的布局量少于空间帕累托最优状态时的布局量，即供小于求，可称为功能空间缺失。R_{iz} 的绝对值越大，k 功能在 i 街镇布局的空间效率损失越大。

在此基础上分析上海市各街镇功能设施空间效率，空间效率的计算公式为：

$$SE_{iz} = \frac{\sum_{z}^{4} |R_{iz}|}{8} \tag{8-6}$$

受篇幅所限，这里只列出上海市空间效率排行前十名与后十名的街镇。根据计算结果可知，上海市空间效率排行前十名的街镇分别为普陀区真如镇、浦东新区金杨新村街道、浦东新区金桥镇、闵行区古美街道、黄浦区老西门街道、浦东新区川沙新镇、青浦区夏阳街道、浦东新区浦兴路街道、普陀区长征镇、虹口区凉城新村街道。上海市空间效率排行后十名为长宁区新华路街道、徐汇区湖南路街道、徐汇区天平路街道、闵行区华漕镇、闵行区马桥镇、松江区车墩镇、徐汇区徐家汇街道、静安区南京西路街道、静安区静安寺街道、崇明区东平林场。其中，崇明区东平林场由于商业与医院设施极度缺乏，综合效率仅为 0.033。

最后，根据各街镇教育、商业、文体和医疗设施的供需水平，可以将其分为 16 种，由于不存在商业与教育膨胀，而文体和医疗不足的街镇，故实际分为 15 种，见表 8-14。

上海市各区县各功能的空间效率损失指数 表 8-14

		教育膨胀	教育膨胀	教育不足	教育不足
		文体膨胀	文体不足	文体膨胀	文体不足
商业膨胀	医疗膨胀	*	老西门街道、东明路街道、南码头路街道、浦兴路街道、彭浦镇、芷江西路街道	夏阳街道、程家桥街道	凉城新村街道、长征镇、北新泾街道
	医疗不足	海湾镇	—	小东门街道	大场镇、江桥镇、新虹街道、高行镇、桃浦镇、宜川路街道、北站街道
商业不足	医疗膨胀	*	金杨新村街道、长桥街道	陈家镇、港沿镇、横沙乡、庙镇、新河镇、南桥镇、四团镇、廊下镇、山阳镇、张堰镇、古美街道、真如镇	江湾镇街道、漕泾镇、枫泾镇、沪东新村街道、泥城镇、书院镇、万祥镇、祝桥镇、宝山路街道、彭浦新村街道
	医疗不足	东平林场、康健新村街道	吴泾镇、张江镇	淞南镇、上实现代农业园区、竖新镇、庄行镇、真新街道、吕巷镇、老港镇、白鹤镇、金泽镇、朱家角镇、泖港镇、佘山镇	*

*4 类功能设施均膨胀的有堡镇、广中路街道、嘉兴路街道、欧阳路街道、曲阳路街道、四川北路街道、提篮桥街道、半淞园路街道、打浦桥街道、淮海中路街道、南京东路街道、瑞金二路街道、外滩街道、五里桥街道、豫园街道、嘉定镇街道、新成路街道、曹家渡街道、江宁路街道、静安寺街道、南京西路街道、虹桥镇、莘庄镇、惠南镇、金桥镇、陆家嘴街道、上钢新村街道、塘桥街道、潍坊新村街道、周家渡街道、周浦镇、曹杨新村街道、长风新村街道、长寿路街道、方松街道、岳阳街道、中山街道、漕河泾街道、枫林路街道、湖南路街道、龙华街道、天平路街道、田林街道、斜土路街道、徐家汇街道、大桥街道、定海路街道、江浦路街道、控江路街道、四平路街道、五角场街道、五角场镇、新江湾城街道、延吉新村街道、殷行街道、长白新村街道、大宁路街道、共和新路街道、临汾路街道、天目西路街道、虹桥街道、华阳路街道、江苏路街道、天山路街道、仙霞新村街道、新泾镇、周家桥街道；商业设施不足，其他 3 类设施膨胀的有高境镇、吴淞街道、友谊路街道、张庙街道、城桥镇、东平镇、港西镇、建设镇、绿华镇、三星镇、向化镇、中兴镇、菊园新区管委会、石化街道、朱泾镇、石门二路街道、江川路街道、大团镇、花木街道、申港街道、洋泾街道、甘泉路街道、虹梅路街道、凌云路街道、平凉路街道、新华路街道；4 类功能设施均不足的有顾村镇、罗店镇、罗泾镇、庙行镇、杨行镇、月浦镇、新村乡、新海镇、长兴镇、奉城镇、金汇镇、青村镇、柘林镇、安亭镇、华亭镇、马陆镇、南翔镇、外冈镇、徐行镇、金山卫镇、亭林镇、华漕镇、马桥镇、梅陇镇、浦江镇、七宝镇、莘庄工业区、颛桥镇、北蔡镇、曹路镇、川沙新镇、高东镇、高桥镇、航头镇、合庆镇、康桥镇、六灶镇、芦潮港镇、三林镇、唐镇、新场镇、宣桥镇、石泉路街道、华新镇、练塘镇、香花桥街道、徐泾镇、盈浦街道、赵巷镇、重固镇、车墩镇、洞泾镇、九亭镇、石湖荡镇、泗泾镇、小昆山镇、新浜镇、新桥镇、叶榭镇、永丰街道、华泾镇。

8.9.6 研究结论

研究分析了上海市分区及分街镇的人口属性及分布情况，进而推测各街镇居民对功能设施功能的偏好，计算出上海市功能设施布局空间在帕累托最优时的设施布局比例。随后通过 POI 获取上海市分街镇的功能设施供给情况，将其与上海市功能设施布局的实际比例进行对比，并以空间效率损失指数来反映上海市各街镇空间效率的损失情况。通过分析，研究得出如下主要结论：

首先，在功能设施的偏好上，从总体来看，上海市居民对设施及提供功能的偏好依次为医院诊所、初等学校、公园绿地、商业设施、体育文娱设施；不同属性个体对设施的需求偏好存在差异，其中女性相较于男性，对商业设施与初等学校设施偏好更高；年龄越高对医院诊所设施偏好更高，年龄越小则对体育文娱的偏好更高；家庭人均收入越高，对休闲娱乐设施偏好越高，而对公园绿地的偏好较低；家庭常住人口数越多，对初等学校偏好越高。

在功能设施的供给方面，上海各区域之间的分布不均衡。商业设施主要集中于徐家汇、黄浦区、闵行区和浦东新区的相关街道，而医疗资源主要集中于浦东新区、闵行区、宝山区和奉贤区的相关街道，初等学校资源主要集中于浦东新区、杨浦区、徐汇区、闵行区、松江区、奉贤区和宝山区的相关街道，体育文娱资源主要分布于徐家汇、杨浦区、浦东新区、闵行区、松江区、浦东新区等相关街道。由此可以看出，徐汇区、杨浦区、闵行区和浦东新区在功能设施的供给上相对比较充足，而崇明区在各类功能设施资源的供给上都存在着短缺的情况。

最后，根据上海市街镇空间效率的分析结果，该研究认为，上海市在商业设施、医疗设施、教育设施、体育文娱设施的空间布局上，各区及各街镇均存在着空间无效现象，功能膨胀和功能缺失现象较为普遍。根据各街镇四种设施的供需水平可将其分为 15 种类型。

政府采取相应的政策措施，对区域之间进行不同设施供给与布局的调整，将有助于提高整体空间效率，达到空间帕累托最优。基于分析结论，案例提出以下两点建议：

其一，在进行公共功能设施布局优化时，应以片区功能设施的供给效率为依据提出优化配置策略。若片区的供给效率越大，说明其调整量越少，反之，则越多。政府要突出重点，空间效率损失最为严重的崇明、黄浦、嘉定、徐汇等区的多个街镇应作为布局优化的核心。

其二，在优化方向上，若片区的某功能空间膨胀，则应减少该资源的供给或增加居民，反之，则应增加该资源的供给或疏解居民。具体根据各区县不同的情况，对各区功能设施布局进行合理规划和指导。在方法选择上，要综合考虑搬迁成本与重建成本，选择合适的布局优化方法。

8.10 城市公园绩效诊断案例

8.10.1 案例简介

该案例由文章《基于腾讯位置数据的公共空间绩效分析与服务优化——以京沪城市公园大数据分析为例》凝练而成，由上海市城市规划设计研究院信息中心刘淼完成。

8.10.2 研究目的

城市公园不仅具有构成城市生态、景观的物质功能，也承担着满足市民身心放松、回归自然和促进社会交往需求的重要社会功能，例如纽约中央公园、伦敦海德公园都已成为其所在城市的重要象征。在新数据环境下，为更好地动态评估和刻画城市公园功能，该研究基于腾讯位置大数据中人群"用脚投票"的时空行为数据，进行了面向公共服务设施的"监测—评估—维护"机制支撑的诊断分析。

8.10.3 研究基本原理

该研究的研究思路可以从指标体系的构建维度进行说明。首先，对不同类型的城市公园进行分析。其次，对城市公园空间利用绩效进行分析。再次，根据不同日期，区分了工作日与周末。然后，对城市公园的服务匹配性进行分析。此外，还对城市公园服务区域工作人口和居住人口进行提取。同时，利用访客规模、访客中外地游客比例、访客居住距离中位数（周末）、微信朋友圈热度等数据分析了城市公园的服务热力图。最后，分析了城市公园内部配套设施的情况（表 8-15）。

围绕基础数据的指标体系构建方案　　　　　　　　　表 8-15

序号	评价维度	指标	含义
1	公园利用效率	工作日人数	访客规模
		工作日人数 / 面积比	利用效率
		周末人数	访客规模
		周末人数 / 面积比	利用效率
2	区域互动性 / 服务功能	2 公里内居住 / 工作者人数 / 占比	服务区域偏向
3	受欢迎程度或名声	2 公里外前往公园的人数 / 占比	受欢迎程度
		50% 分位出行距离	表示辐射范围
		外省市前往公园的人数 / 占比	表示外地游客
		微信朋友圈签到数	网络热度
4	配套设施	咖啡、便利店、厕所等 POI 设施	服务功能
5	区域互动呈现	访客居住地、工作地分布	访客服务情况

资料来源：由案例提供者完成。

8.10.4 研究指标与数据来源

第一，日期选择。综合考虑气温、气象、空气质量等因素以及计算量，确定北京的研究时段为 2016 年 4 月 5 日—4 月 25 日，上海的研究时段为 2016 年 3 月 23 日—3 月 29 日、4 月 8 日—4 月 14 日（图 8-43）。

第二，公园选择。参照城市公园系统组成中不同层级公园类型特点，依据公园规模、区位、资源特征、活动主题与特色，将公园分为郊野、主题、中心、社区四种类型，以求与公园服务级别系统相呼应。在对象城市中，每类公园选择两个代表性公园作为研究对象（表 8-16）。

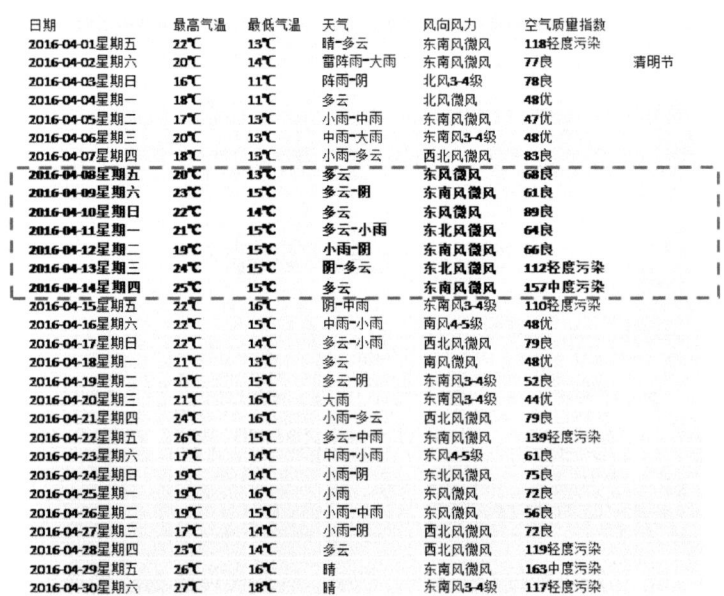

图 8-43　2016 年上海历史气象、气候、空气质量情况

资料来源：由案例提供者完成。

案例城市公园类型划分及代表性公园选取

表 8-16

分类	特点	北京	上海
郊野型	面积较大,位于城郊	南海子郊野公园 绿堤公园 古塔公园	上海辰山植物园 顾村公园 吴淞炮台湾地森林公园
主题型	面积较大,具有综合性或特色主题	朝阳公园/奥林匹克森林公园 颐和园/玉渊潭公园 陶然亭公园/北京植物园	静安雕塑公园 上海植物园 闵行体育公园
中心型	面积较小,位于就业或公共中心	华泰保险绿地 CBD历史文化公园 中关村广场公园	静安公园/大宁灵石公园 陆家嘴中心绿地/世纪公园 人民公园/新虹桥中心花园 徐家汇公园/延中绿地
社区型	面积较小,临近社区	康庄公园 北小河公园 马甸公园 万寿公园	不夜城绿地公园/虹桥公园 交通公园/岭南公园 彭浦公园/三泉公园 西康公园/襄阳公园 闸北公园

资料来源:由案例提供者完成。

第三,边界划定。考虑到腾讯地图位置服务的定位精度约为22.5米,地块边界划定时需要注意以下要点:首先是退界,沿道路边界向地块内部退界,目的是避免定位25米精度可能对道路上通过性行人的干扰。其次要排除地下干扰,根据地下道路、地铁等设施进行分割。部分公园里面有市政道路、地下道路或者地铁穿过,为避免这些定位信息造成的数据干扰,需要沿道路分割地块,同时也要注意一定的退界。最后要对地块进行单独提取分析,地块里面会有些典型的博物馆、运动场等,需要提取并进行单独的特性分析。

8.10.5 研究方法、模型与过程

1.游客特性分析

第一,通过外地游客比例进行公园的外向度分析。外地游客到访率呈现较为明显的"三高"趋势,即上海比北京公园的到访率高,大型公园比小型公园的到访率高,具备自然资源与明显活动特征的公园比以日常服务为主要功能的公园到访率高(图8-44)。

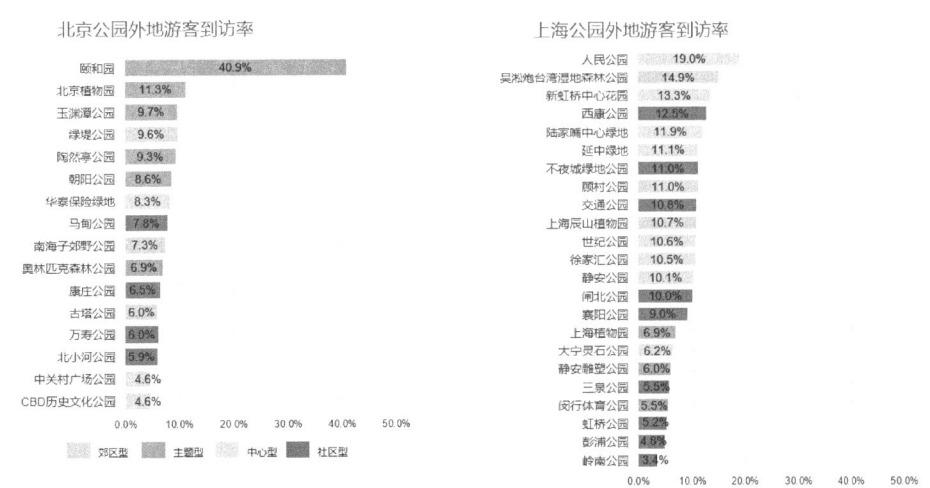

图8-44 北京、上海公园外地游客到访率情况(见书后彩图)

资料来源:由案例提供者完成。

第二，通过访客类别进行公园与区域的互动性分析。通过世纪公园与顾村公园的对比来看，世纪公园的位置和面积稀缺性更类似纽约中央公园，但因为其收费的性质，主要服务于游客；此外，工作者占比明显高于居住者占比的公园的区位基本位于中心城区或就业中心。通过对区域访客来源热力图的分析可以有助于慢行系统的设计优化与改善（图 8-45）。

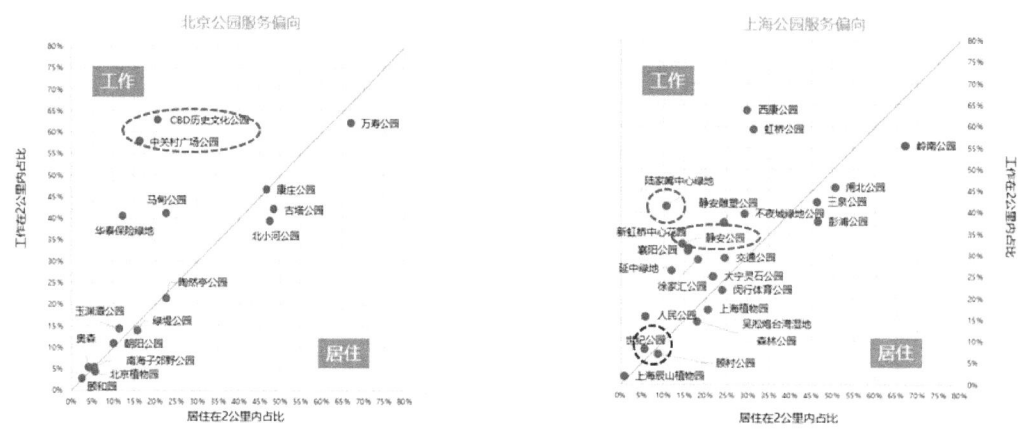

图 8-45　北京、上海公园服务区域工作 / 居住人口比例情况

资料来源：由案例提供者完成。

2. 空间特征分析

第一，空间绩效的强度分析。将公园单位面积的游客量定义为游客对公园的使用强度。不论工作日还是周末，位于中心城区与就业中心的京沪中心型公园的使用强度均远高于其他类型，这也从侧面体现出这些区域用地的集约性。从城市对比来看，上海基本都高于北京，这可能和上海的空间布局相对更紧凑、交通便捷性等较好有关。世纪公园的区位非常好，类似纽约市的中央公园，但由于收费等原因，使其强度明显偏低。

第二，工作日与周末波动的弹性分析。旅游属性强的郊野、主题公园等在周末增幅明显，如奥林匹克公园、上海辰山植物园、顾村公园等。从就业中心公园来看，京沪之间则有较大分化。周末，北京就业中心公园的使用强度降幅较大，而上海则比较稳定。初步判断是由于上海就业中心的功能相对更加复合，如人民公园、静安公园所在的人民广场、静安寺是上海中心城就业、商业、文化等复合中心，且均有便捷的轨道连接。另外，上海的陆家嘴中心绿地较为例外，其在周末时使用强度下降较多（图 8-46）。

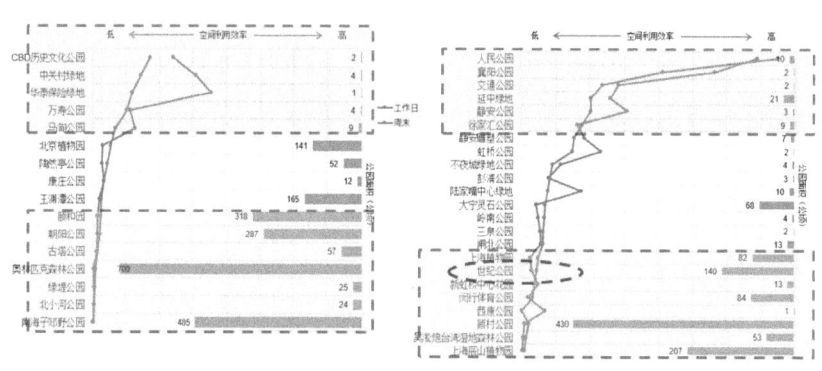

图 8-46　北京和上海的空间利用效率（见书后彩图）

资料来源：由案例提供者完成。

3.设施匹配性分析

根据前述的工作日与周末客流波动情况，基于地图 POI 信息，结合公园内部配套设施进行进一步分析，可以得到表 8-17。总的来看，上海公园内部配套设施更为丰富。例外的是陆家嘴中心绿地，相对于其所服务的周边大量商务、工作人士，其休闲、服务设施设置得相对较少。

公园内部配套服务设施情况   表 8-17

城市	名单	便利店	休闲美食	运动健身	公厕	游乐场	文化展览
上海	陆家嘴中心绿地				3		1
	静安公园	2	8	1	3	1	
	人民公园	2	14	2	6	1	2
	徐家汇公园	1	2	1	4		1
北京	CBD 历史文化公园						1
	华泰保险绿地						1
	中关村绿地		3		1		

资料来源：由案例提供者完成。

8.10.6 研究结论

本研究以统筹规划、全周期公园节事管理、城市功能空间联动、游客行为特征等视角，对公园的定位与类型进行时空系统分析，对城市公园的整体性规划、运营、管理方面提出了优化建议。

第一，要重视城市公园与所在区域功能的联动。城市公园是主要承载城市游憩功能的空间系统，为使其更好地提升居民生活品质，需与城市其他功能进行合理联动发展。城市公园需要与其他公共服务设施联动，并与城市用地性质紧密结合。在规划上，要使城市公园与周边用地功能相匹配；在配套上，要特别注重城市公园与交通、休闲等配套设施；在管理上，要注重城市公园的收费、开放措施、活动举办等。

第二，要根据游客行为区分公园类型，进行时空统筹规划。从满足居民游憩需求、全周期为居民各类生活服务的角度来看，城市公园是一个整体的时空系统。因此需要基于游客使用对公园类型进行精准定位，构建一个与居民城市游憩生活相呼应的公园系统，提升其精准服务的效率。

该研究依据公园区位和规模、到访人群来源等数据，将城市公园划分为郊野、主题、中心、社区四个等级。四个等级的城市公园具有规模由大到小，自然资源种类由丰富到一般，区位由偏远到中心的趋势。这种趋势也同时对应了城市居民接近自然环境机会的由大至小，游憩活动类型由多样到单一，对公园的使用频率由低至高的规律。针对游客对公园使用的规律，可以将公园提供的时空服务资源进行统筹规划，对公园进行全周期的行为管理与优化。针对不同类型公园，结合其在空间分布、时间变化、与访客需求匹配等方面的空间绩效评估，为各类城市公园的服务管理优化持续提供发展建议。

第 *9* 章
智城之绘：循律以流定形

"以流定形"的城市形态营造思想并非凭空而造。事实上，城市研究和规划者对城市中流动要素的关注和研究由来已久，无论是地理学中的古典区位论还是《马丘比丘宪章》对机械功能主义的反思，都体现了研究人员对城市空间形态背后各种"流"的重视。而大数据时代带来的海量信息颠覆了传统的规划数据环境，为城市规划师观察和研究城市中的"流"、探索城市发展规律、建立数字化决策提供了前所未有的良好环境。在这样的背景下，城市形态的塑造完成了从传统的"以形定流"到如今的"以流定形"的方法更新乃至范式转变，为实现技术理性突破提供了极大的现实可能。

9.1 智城之绘的以流定形思想渊源

9.1.1 城市中的"流"

从来源看，城市中的"流"可以分为自然要素流和人工流。自然要素流主要指自然界原有要素的流动，包括风、水、热、光等环境流，动植物群落在城市中的流动一般也属于自然要素流；而人工流则是人工制造的要素的流动，包括交通流、信息流、经济流、能源流等。一般而言，自然流的运行状态决定了城市的生态基础、环境品质和宜居程度，而人工流的运行状态则体现了经济发展状况、公共服务质量和城市活力程度。

而从感知特征来看，"流"可以分为有形流与无形流。有形流可以被直接观察到，如车流、人流、水流等；而无形流不易被人的视觉直接捕捉，如空气流、信息流、经济流、能源流等。对于城市而言，无形流与有形流同样重要，甚至自信息时代以来，城市中无形流的数量和类别比有形流增长得更快。相比于有形流，城市研究者对无形流的考察、量化和规律总结更需要新技术的支撑。

此外，也有学者根据流动方式对城市中的"流"进行分类。1972 年，海格特参考物理学中三种热传递的方式，把城市中要素的流动分为对流、传导和辐射三类：第一类主要指物和人的移动，如产品、原材料的运输，邮件的输送以及人的移动等；第二类是指各种各样的交易过程，其特点是通过具体的物质流（如货币流）来实现；第三类则是指信息的流动和创新的扩散等，这类流动几乎不需要依托具体的空间就可以在两个节点之间产生。

物理意义上的流是指流体在外力（如重力、离心力、压力差等）作用下产生的宏观运动，一般情况下，流的形成由流体、网络和外力等催生。对于城市"流"而言，流体即人、车、货、风、水、电等流动要素本身，网络则是流体的承载物。对于具体的某一类城市"流"而言，它们一般只与城市中特定部分的"形"要素发生直接关联，就像车流只会在道路范围内流动，天然气的流动也不会超出管网的范围一样。承载和支持其流动的那部分"形"的要素便构成了相应的网络。城市中的网络和"流"

是对应的，两者相互依存，互为一枚硬币的正反两面。城市中的流体本身可能是无形的，但相应的网络却往往是有形的、具象的和物质化的，其在支撑流体流动的同时，也对流动的范围起着限制作用。外力是使各种要素流动起来的动力，作用于城市"流"的外力既可以是物理意义上的力，也可以是经济意义或社会意义上的"力"。同时，作用于城市"流"的外力还包括原始外力和干预外力两类，原始外力是指流体自身的基础需求，如水往低处流、产业向运输成本低的区位集聚、人对于街道活力的偏好等，这些属于规划者需要探究的城市发展客观规律的范畴；而干预外力则是从城市管理和规划的角度出发，为使城市的"流"达到某种状态而施加的各种政策、规划等干预手段。

9.1.2 "以流定形"的规划思想方法

对于城市规划而言，城市空间和用地，即"形"，是规划者控制和干预的主要对象。世界上大部分国家都有自身的城市用地分类标准和规划控制原则。城市规划通过改变城市用地的使用性质、开发强度和其他建设控制要求，对城市的"形"进行塑造和改变。相比之下，规划手段往往无法直接作用于"流"，而需要借助对"形"的干预来间接影响城市中的各种"流"。在这一背景下，根据城市规划工作中对"形—流"关系的不同认知和判断，可以将其分为两种不同的思想方法：

第一种，以"形"作为城市规划的终极服务对象，将形态学、政治形象、空间序列甚至平面图案视作推敲城市形态的基础，而使城市中的"流"作为城市形态的附属品，从而对"流"的特征和需求的关注十分有限。这一方法绵延数千年，无论是中国古代的规划思想"匠人营国，方九里，旁三门……国中九经九纬，经涂九轨"，还是近代西方城市如巴黎、华盛顿等的规划历史，对此都有着充分的描述（图9-1）。直至今日，国内外大量的城市规划工作对于"形"本身的关注依旧远高于对"流"的关注。

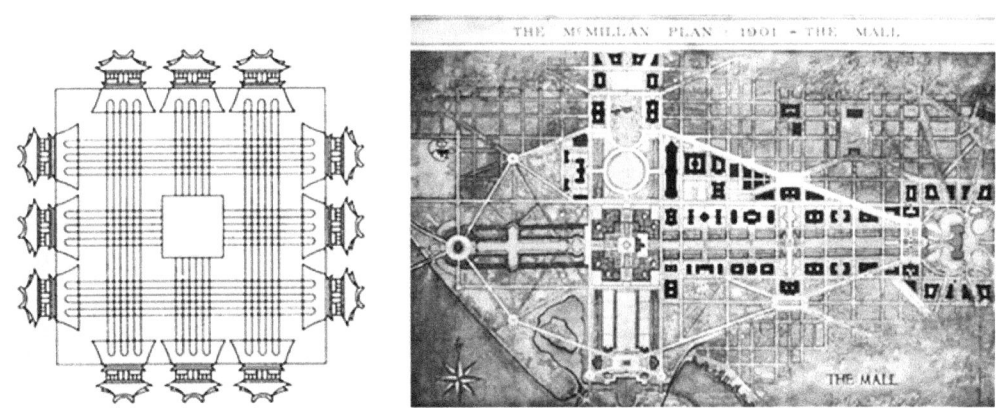

图9-1 《周礼·考工记·匠人营国》中的城市平面规划（左）及华盛顿城市规划（右）

资料来源：《周礼·考工记·匠人营国》与华盛顿城市规划相关资料

第二种方法尽管也以城市的"形"作为管理和干预的主要对象，但这种方法同时也认为，相比于"形"，城市中"流"的顺利运行才是更深层次的规划目标。这种思想将城市更多地作为生命体看待，将城市中的"流"与自然界的水流、空气流等无意识的流加以区分，强调前者是具有特殊生命力、流动意愿和价值标准的流，而其中意愿和标准的本源则来自城市中人的需求。城市的"形"一旦符合了城市中的人对于各种要素流动的需要，一些城市病就会消退，城市的"流"会更加顺畅，整个城市的生命力就会更加旺盛，达到"通则不痛"的状态。因此，城市规划的工作是要通过干预空间，让城市的"形"更好地符合要素流动的需求，以保证城市内各种"流"的健康流动。

这两种不同的思想方法分别呈现出"以形定流"和"以流定形"的特点。前者绵延千年,影响至今;而后者近百年来才萌芽显现,其更体现出对人的重视,接近城市运行的本质。可以说,以流定型的思想一方面是社会民主进步的产物,另一方面随着认知科学技术的发展而逐渐成熟。

9.1.3 "以流定形"规划方法的渊源

1. 古典区位理论与城市空间结构模型

早在19—20世纪,于德国形成的古典区位理论(杜能的农业区位论、韦伯的工业区位论、克里斯塔勒的中心地理论,以及廖什的市场区位理论)就已经体现出人们对"流"在城市结构乃至城镇体系的形成中所起作用的深刻理解,而城市空间结构的三大经典模型(伯吉斯的同心圆模型、霍伊特的扇形模型,以及哈里斯和厄尔曼的多核心模型)更是对"流要素"引发的产业空间布局与地域格局变化给予了直观具体的呈现。从关注的流类别来看,古典区位论和城市空间结构模型更多地考虑了以运输为主的交通流和以地租为主的经济流对城市的综合作用。即使在今天看来,这两种人工流依然是最基础和根本的城市流要素。

2. 现代主义与后现代主义

1933年《雅典宪章》的问世,奠定了现代主义思想在当时城市规划领域的统治地位,由此也诞生了功能理性思想。这种思想一方面极大改善了传统城市规划过度关注图案化和几何秩序的弊病,但从另一方面来看,它对城市的认识更多地停留在物质空间本身,而对空间内发生的一切则缺乏关注。从"以流定形"的角度看来,现代主义有意从科学、理性的角度出发,对城市的"形"进行安排,但是对于城市中的"流"则既缺少充分关注的意愿,又缺乏研究和观察的技术手段,更没有认识到"形—流"关系对城市空间布局的决定性意义。这也导致《雅典宪章》中的思想很快便受到质疑。20世纪60年代,简·雅各布斯的《美国大城市的死与生》更是以女性感性细腻的视角揭示了城市中无处不在的活动及其生命力,在批判了现代主义的同时,也引燃了城市规划领域的后现代主义思潮,引发了大量的争论、反思和实践,从而推动了《马丘比丘宪章》的诞生。

可以说,相比之下,后现代主义的一大进步就是认识到城市的复杂性和多元性并不是仅仅依靠城市形态要素本身就可以解释的,形态背后的各种"活动",也就是"流"更加重要,是城市生命力的关键所在。但是,当时的后现代主义虽然看到了城市形态表面下的动态复杂性,却受到工具和技术的限制,从而无法对其所关注的人流、物流、经济流等流的流动规律进行更深入的探索。因此,后现代主义虽然提出问题却常常无法解答问题,在一定程度上表现出混乱性和不确定性,甚至让城市规划工作者感到迷茫,其中许多问题直至今日仍难以解决。但是在城市内部的空间层面和人的尺度上,后现代主义毕竟把对城市形态背后流动的关注推到了台前,为城市"形—流"关系的研究和"以流定形"规划方法的发展奠定了重要基础。

3. 系统规划论

20世纪中叶,随着当时建模技术、数学科学以及计算机科学的发展,系统理论曾在城市规划领域风靡一时。城市被当作一个复杂系统来看待——分析该系统各要素之间的相互关系,并运用数学模型来量化和模拟这种关系,进而了解该系统的运行规律——被认为是城市研究和规划中最为科学的道路,数学、建模、计算机成为当时许多规划师追捧的技术。

尽管系统规划论很快就引发西方规划界的批判和反思,但系统理论所带来的基于数据量化的理性思想却对城市规划产生了深远的影响,也为城市"流"的量化提供了一定的技术基础。根据尼格尔·泰勒的描述,20世纪60年代的年轻规划师满怀激情地运用着系统理论,并对规划理论的发展怀抱无比乐观的心态。今天城市规划领域的大数据热潮在很大程度上可以说是彼时情景的再现。[103]

4. 流动空间理论

在第6章中我们曾经提到，"流动空间"（space of flow）包括非物质的虚拟空间、用以支撑的节点与核心以及占支配地位的管理经营三个层次。之所以单独将社会中的各种流动及其支撑系统抽离出来作为一个整体来研究，是因为"流动空间"的思想方法首先就强调了"以流定形"，正如卡斯特本人在《网络社会的崛起》中所描述的："流动不仅仅是社会组织里的一种要素，还是一种支配人们经济、政治与生活过程的表现方式。处于社会支配地位的物质，应该承担起支撑这些流动，同时让这些流动相互接合的职责。"

当然，"流动空间"理论不仅仅观察到城市中无处不在的"流"，而且还认识到某些要素的流动（如信息、经济）甚至不是很需要传统物质空间（地方空间）的支撑，但是这些要素的流动却会对物质空间之间的交互甚至其本身的布局产生重要的影响。近20年来，国内外城市研究人员也进行了大量"流动空间"视角下的研究，揭示了各种"流"对传统地方空间乃至区域、世界格局的影响。从城市规划的角度来看，规划者不仅仅需要考虑这些"流"的影响，更需要深思随着社会网络化进程的加快，传统空间与虚拟空间之间的关系转变以及城市空间在此背景下的进化方向。

5. 城市生命特征理论

从生命特征视角来看，人们对城市的认识经历了"机械体""有机体""生命体"的一系列变化。20世纪以来，生物学在微观领域的研究发展给予了宏观生命以新的解释，其对于生命现象的解释和研究方法也为城市研究领域提供了一种认识城市的新视角。许多国内外学者在这一视角下对城市进行了再认识和新研究，如朱勍（2008）在实践观察和经验分析的基础上，尝试运用生物学中的生命理论来解释城市发展、突变、更新、衰亡和进化等现象，提出"城市具有生命特征"和"城市具有生命力"的论点。[104]

事实上，早在20世纪初，格迪斯（Patrick Geddes）、沙里宁（Eliel Saarinen）等就已经提出把城市作为机体来看待的观点，其后的许多城市研究者也往往会有意无意地把城市与生物有机体进行比较或类比。城市现象与生命现象有很多相似之处，如城市内部的组织运转、对外界刺激的应激反应现象等，就与生物的生命活动极为相似。[104]而内部各组成部分之间的要素流动，也是城市和生命体极为相似的一处特征，以人体为例，不同的系统（如神经系统、血液循环系统、内分泌系统、消化系统等）承担着保障不同物质和信息流动的职责，作为维持人类生命的存在，这些"网络"和"流"与城市中的道路、排水、通信、地铁等网络及其分别承载的人流、物流、信息流有着很高的相似度。事实上，城市网络系统中各种"流"的活动一旦中止，城市也就失去了生命。

6."和谐城市"规划理论

在"以流定形"的视角下，对"流"的种类判断和性质评价是一个关键问题。一方面，"流"的自然流向和规律值得探索；另一方面，空间的形态是否应该充分满足自然态"流"的需求，城市的"流"本身是否需要或者需要怎样的干预也需要进一步探究。

吴志强于2014年提出的"和谐城市"规划理论模型较好地解释了这一问题。[105]该理论认为城市规划的主要目标是在保证自然、社会和时间三方面尽可能同步、平衡发展的基础上提升城市人的空间需求层级。这一理论提出"城市人的空间欲望"是自然态"流"最基础和原始的势能，以及三大平衡关系指明的"流"需要被干预的原因和需要进行干预的方向，促进了城市规划理论与实践的发展。

9.1.4 新城市科学背景下"以流定形"的方法探索

现代城市普遍面临的问题在很大程度上也是源自城市"形"与"流"间的不协调，比如交通拥堵、城市热岛、空气污染等现象的产生，很大一部分原因就在于城市的交通网络、风廊道、有害物处理和排放系统未能满足"流"的需要，或者未能引导流动要素向健康的方向流动，从而产生了错流、乱流，或者形成了郁结、梗阻，最后形成了"不通则痛"的结果。因此，认清城市中各种"流"的状况，并通过塑造、调整相应的物质载体来对不同的"流"加以疏解和引导，是预防与治理城市问题的关键所在。

过去，由于描述、量化和分析城市的必要数据信息不足，从而难以构建起有效的城市诊断体系。在现实中，由于大城市、特大城市的系统庞大，结构复杂，城市问题也相对较多，以至于许多人把城市病简单地视为城市扩张后规模不断增长的必然结果，这其实是对城市病的症状和成因缺乏深入研究的表现。

随着大数据时代的到来，无处不在的海量数据开启了城市研究者观察城市"流"的全新视角，为城市规划者探索城市规律、进行理性决策提供了历史性的工具支持。城市规划师"压抑已久"的数据渴望在很大程度上得到了满足，从近年来各专业网络媒体所发布的研究成果中可以看到，自 2010 年以来，基于大数据的城市研究大量涌现（图 9-2），在各个尺度和层面上为城市规划方法向"以流定形"的转变奠定了基础。

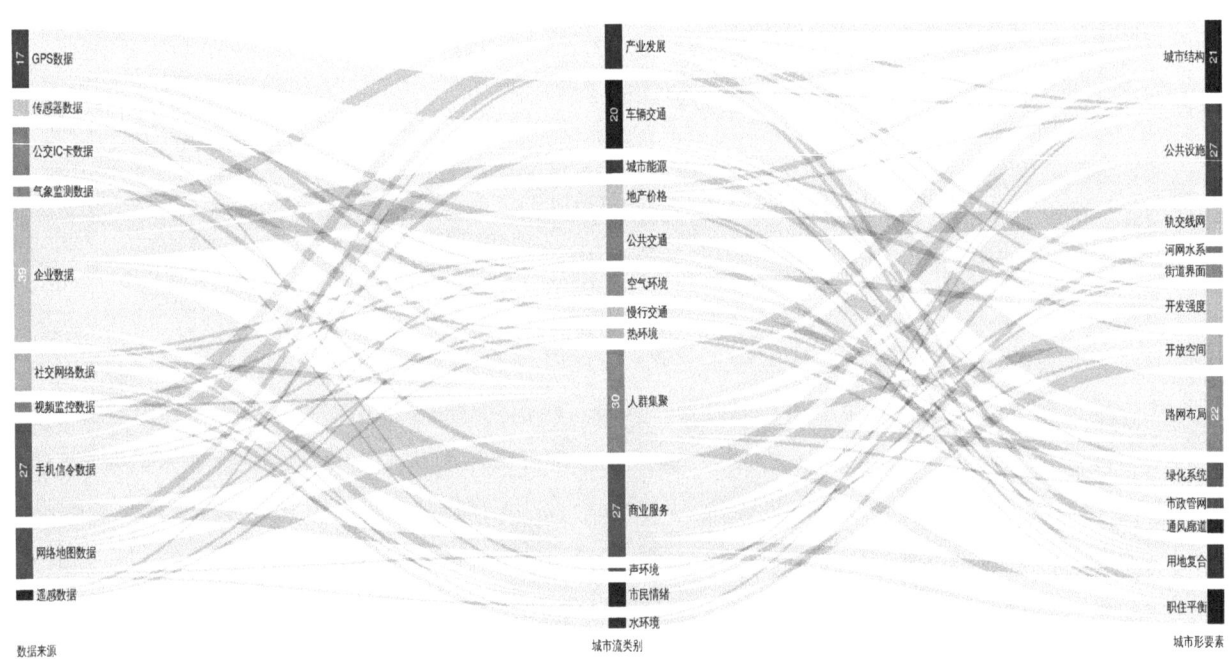

图 9-2　基于 138 篇专业网络媒体发布的大数据与城市形、流要素的关系

9.2　区域网络资本流案例

9.2.1　案例简介

本案例由文章《中国三大城市群产业投资网络演化研究》总结凝练而成，该文章由中央财经大学政府管理学院城市管理系王伟、张常明，以及首都经贸大学特大城市研究院王梦茹共同完成。[106]

9.2.2　研究目的

该案例以城市间的资本互投作为指示产业联系的表征，运用社会网络分析工具刻画 2005 年与 2014 年两个年份京津冀、长三角和珠三角三大城市群的产业网络特征，研判三大城市群发展的内生演化动力与网络关系图式，辨析三大城市群在建设成为世界级城市群过程中所应遵循的努力方向和优化路径，为丰富我国城市群发展理论与实践贡献有价值的创新性知识。

9.2.3　研究基本原理

研究主要采用两种方法：

（1）社会网络分析方法（SNA），包含以下三种分析：网络可视化分析，用以观察城市群产业的网络空间形态；网络密度分析，用以判断城市群产业网络的发育程度；网络中心度分析，用以识别城市群中各节点城市的"地位"。

（2）ArcGis分析，用以分析城市群产业网络的空间特征。

9.2.4　研究指标与数据来源

研究数据来源于量子数聚工场大数据公司提供的2005年和2014年的城市间行业资本互投数据。此处，资本互投指一个城市对另一个城市某一个行业的投资总额。研究选择制造业、批发零售业、交通运输仓储和邮政行业、金融业、信息传输和信息软件服务行业、科学研究和技术服务行业等关键性行业进行分析。

9.2.5　研究方法、模型与过程

研究从中心数量、中心度、网络密度、空间形态、先导动力五个方面对三大城市群产业投资网络的演化特征进行归纳（表9-1），并对三大城市群的内在关系进行特征识别，提出京津冀单核辐射轮轴型网络、长三角三角协同蛛网型网络、珠三角双核联动星系型网络三大核心关系图式（图9-3）。

城市群	中心数量	中心度	网络密度	空间形态	先导动力	关系图式
京津冀	北京	对外辐射	较低，网络呈发射状	北京处于中心枢纽位置，向周边辐射	信息技术服务业	单核辐射轮轴型
长三角	上海、杭州、南京；宁波、苏州	兼具辐射和集聚	高，网络化特征明显	多中心呈三角分布，网络格局明显	科学研究服务业	三角协同蛛网型
珠三角	广州、深圳	兼具辐射和集聚	较低，网络组团化	围绕广州和深圳的近域合作组团多	信息技术服务业	双核联动星系型

三大城市群网络发育特征　　　　　　　　　　　　　　　表9-1

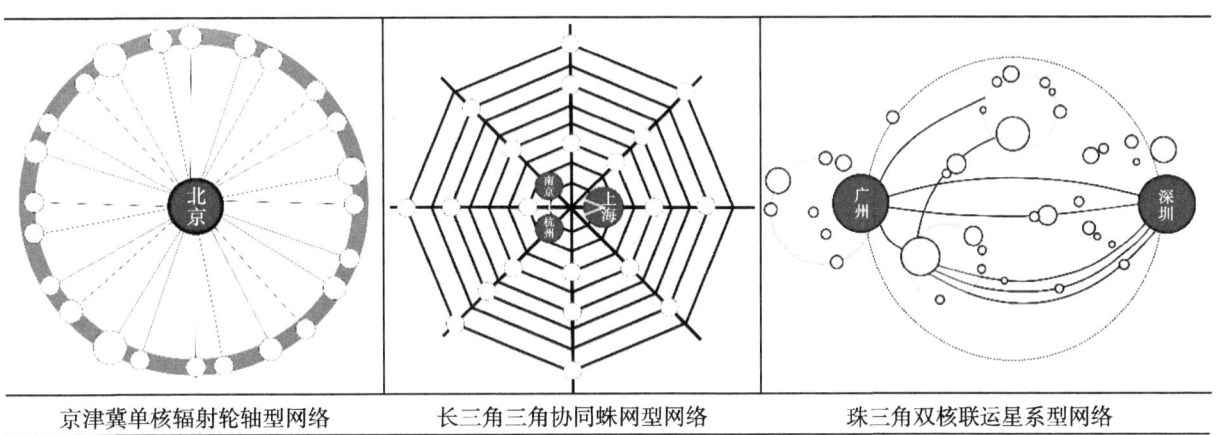

京津冀单核辐射轮轴型网络　　　　长三角三角协同蛛网型网络　　　　珠三角双核联运星系型网络

图9-3　中国三大城市群网络关系图式类型

1. 京津冀：单核辐射轮轴型网络

在京津冀城市群中，北京处于绝对的优势地位，掌控着交通、科学研究、金融、信息技术等资源。整个城市群发展呈现单核辐射轮轴型网络特征，即由数量众多的中小城市围绕一座核心城市形成网络，而核心城市在集群中起到支配作用，中小城市则成为配套城市，高度依赖于大而强的核心城市。轮轴型网络发育演进的根源在于区域产业的价值链环节不断地深入分解，众多中小城市基于自己专业的业务能力，通过分包核心城市比较薄弱的产业环节，与核心城市共同支持整个产业的运行发展，从而发育出轮轴型网络。目前京津冀单核辐射轮轴型网络中外围城市彼此之间呈现出弱联系，网络联系路径的选择十分有限，网络相对脆弱。

2. 长三角：三角协同蛛网型网络

长三角城市群中上海、南京和杭州形成良好的三角联系结构，在这一核心三角的带动下，长三角地区呈现出层级清晰、分工有序、"社交圈"全面的城市间网络结构。对此，可以用蛛网型网络来描述长三角城市群的这一结构：蛛网内总是存在着非常少的一个或几个位居领导地位的核心城市，以及位于不同的节点位置、用以辅助核心城市集成最终产品的多个专业化协力城市，因此网络中容易形成包含多条连续"链"路径的价值循环系统。核心城市就如同一只蜘蛛游刃有余地行走于相互连结的网架中，且总能从区域的网络中吸取生存和发展的能量。从前文分析可以看到，上海、南京和杭州等中心城市在长三角产业网络中起到辐射带动和资源整合作用，而其他协力城市在细密的产业链分工基础上相互合作，产生专业化效应和协作效应。

3. 珠三角：双核联动星系型网络

珠三角城市群发展呈现出双核联动星系型网络特征，即围绕广州和深圳形成"广州+"和"深圳+"两个大组团，以及以佛山、清远、东莞和珠海为节点形成若干小组团，呈现出"中心+组团"的星系型特征。而这与珠三角地区所存在的全球化产业嵌入、本土产业集群孵化和区域内产业转移三种发展路径具有很强相关性，全球化产业嵌入作为一种触媒，而产业集群作为一种协作网络制度以实现对外来要素的消化、转化，进而又对产业的区域内转移产生内生的决定作用。从目前珠三角产业的投资特征来看，其中存在两个类型：一种是空间邻近的产业投资，一种是空间不连续的产业投资。空间邻近的产业投资在投资过程中的空间和时间上是连续的，不会出现空间盲区，但会产生一定问题，如离核心区较远的外围区接收产业投资的速度较慢。空间不连续的产业投资有利于使距离高梯度地区较远的欠发达地区接收来自中心城市的产业，促进欠发达地区的发展。但它也存在一定局限：一部分地区会成为空间上的盲区，不利于区域内部的均衡发展。这就对珠三角网络中局部繁荣与整体共赢的平衡治理提出了更高要求。

9.2.6 研究结论

无论何种城市群，都是一类城镇化阶段产物，同时又是一个巨大而复杂的市场，群内不同城市受市场规律影响所形成的分工协作关系对于城市群而言至关重要。在初期，决定城市群能否有效形成的关键是群内不同城市之间紧密的价值联系能否顺利形成；形成之后，决定其能否健康发展的关键是规划者能否处理好不同城市之间的价值联系。产业网络作为城市群网络关系中的核心，决定着群内城市之间的价值关系，决定着群内城市的行为取向和行为方式，进而决定着整个城市群的集合效能与活力。

该案例从产业投资网络的角度展开分析，从市场视角寻求我国城市群内在关系的实证支持。未来，笔者希望对城市群网络多方位、多层次、多尺度、多要素的复杂关系展开进一步的深入研究，为能够进行科学的、动态的网络关系协调治理，也为保障我国城市群战略的可持续发展提供支撑。

9.3 区域网络信息流案例

9.3.1 案例简介

本案例由文章《信息流视角下长三角城市群网络特征研究》总结凝练而成，由中央财经大学城市管理系王伟，以及王雅姝、叶舒共同完成。[107]

9.3.2 研究目的

该案例以百度指数的用户关注度数据为基础，建构基于百度信息流的城市网络，并进一步研究其在层级分布、空间组织等方面的时空变化特征。同时，与已有对长三角城市群城市网络结构的研究进行对比，揭示长三角城市网络在信息时代的新特征，为长三角城市群的发展提供借鉴与指导。

9.3.3 研究基本原理

该案例研究方法借鉴彼得·泰勒（Peter Taylor）于2004年提出的世界城市网络的研究方法。

首先通过百度指数搜索，构建长三角城市群内两座城市之间的百度用户关注度数据矩阵。其次，利用百度用户关注度数值的乘积对两座城市间的信息流强度进行表征，其公式为：

$$R = A_b \times B_a \tag{9-1}$$

式（9-1）中，R 为 A、B 城市间的信息流强度；A_b 为城市 A 在城市 B 中的百度用户关注度数值；B_a 为城市 A 在城市 B 中的百度用户关注度数值。各个城市的信息流总量用该城市与长三角城市群内其他所有城市之间的信息流强度之和表征，公式为：

$$N = \sum_{i=1}^{k} R_i \tag{9-2}$$

式（9-2）中，N 为长三角各个城市的信息流总量。

各个城市的相对关注度用该城市的信息流总量与长三角城市群内信息流总量最高城市的信息流量之比表征，公式为：

$$P = \frac{N_i}{N_h} \tag{9-3}$$

式（9-3）中，P 为 i 城市的相对关注度；N_i 为 i 城市的信息流总量；N_h 为长三角城市群内拥有最大信息流总量的城市所对应的最大信息流总量。在以上计算的基础上，模拟构建出长三角城市群基于百度信息流的城市网络。

9.3.4 研究指标与数据来源

该案例利用百度指数网站的查询功能，通过将研究范围内的各城市名称作为关键词依次进行搜索，分别获取2012年、2014年、2016年长三角城市群内城市两两之间的百度用户关注度数据，作为基础数据进行科学研究。

9.3.5 研究方法、模型与过程

1.长三角城市群百度信息流流量变化

在长三角城市群内，各城市的信息流流量与城市群信息流总量在五年内的变化趋势均为先大幅增加，

后小幅下降。长江三角洲区域信息流总量由 2012 年的 6577300 增加到 2014 年的 25041276，再由 2014 年的 25041276 下降到 2015 年的 21653420。2014 年相对于 2012 年增加 280.7%，2016 年相对于 2014 年减少 13.5%，但是相对于 2012 年仍然增加 229.2%，总体呈上升趋势（图 9-4）。长三角城市群内部城市间的信息联系呈现出日益紧密的态势，体现了信息流量迅猛发展的成果。

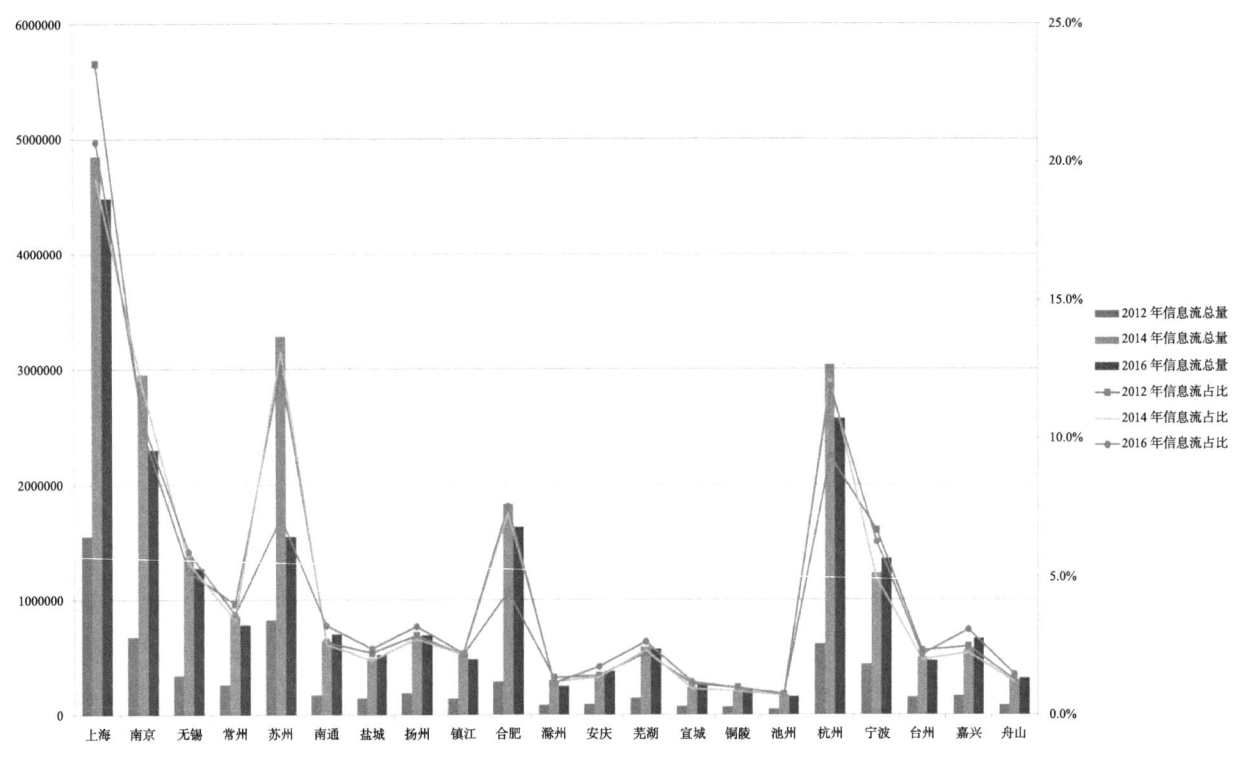

图 9-4　长三角城市群各城市百度信息流总量及比例变化（见书后彩图）

2. 长三角城市群网络层级特征

为刻画长三角城市群网络的层级特征，研究将区域内各城市在 2012 年、2014 年、2016 年的信息流总量数据分别录入 SPSS 软件，对相似值进行最恰当的分组，使分组达到各组内的差异最小化与各组间的差异最大化，最后得到这三年长三角城市网络层级分布与各层级城市信息流总量占比变化及变异系数（标准差与平均数之商）变化情况。

从结果中可以看出，2012 年到 2016 年长三角城市群层级结构变化较大。第一层级的城市（如上海）没有发生改变，第二、三层级的城市发生较大变化，第四层级的城市变化幅度较小，除无锡和合肥由第四层级上升为第三层级外，其他城市仅在内部排名上产生变化。在 2012 年至 2014 年，杭州、南京和苏州的差距逐渐缩小，上升为第二层级；到 2016 年，杭州和南京已经超越苏州，并与后者拉开一段距离。合肥和无锡在 2012 年至 2014 年跳出第四层级，上升为第三层级，其中合肥势头强劲，在 2016 年超越宁波和渐露颓势的苏州，在第三层级城市中排名第一。苏州在 2014 年至 2016 年间，由第二层级落到第三层级。

2012 年至 2016 年间，在长三角城市群城市排位方面，靠后的城市变化不是很大，排名仅在前后一名间浮动；中间靠前的城市中，无锡和合肥的名次上升幅度较大；靠前的城市中，苏州排名略有下降，杭州、南京则表现为上升。

9.3.6 研究结论

该案例借助百度指数的用户关注度数据，分别构建 2012 年、2014 年、2016 年长三角城市群基于百度信息流的城市网络。研究主要得到以下结论：

首先，基于百度指数的长三角城市网络层级特征较为明显，具体表现为上海市列第一层级，苏浙皖的中心城市列第二层级，其余城市分属第三、四层级。从发展演变的角度展望，第二、三层级发展势头迅猛，导致第一层级以下的层间差异逐年缩小，整体在未来呈现均衡化的趋势。

其次，长三角城市群城市之间的信息联系整体上呈现出日渐紧密的趋势，但是城市网络发育不够均衡，外围城市信息联系强度普遍较弱，强联系的覆盖范围仍为几座中心城市。

最后，根据百度信息流数据研究得到的城市网络结构与传统研究结论相差无几，仅由于侧重点不同而在局部网络结构上有所差异。可见，互联网对城市网络的影响并不足以打破传统的城市网络格局。区位优势明显、经济发展水平高的城市，在信息流城市网络中仍旧占据着关键节点。当然，信息技术在一定程度上确实压缩了空间距离，为受传统因素制约的城市带来了新的发展机遇，各城市可充分利用这一优势助力提升所在城市群的网络层级。

百度指数作为一种以大众搜索为基础的城市间关联性数据，虽然能够成为描绘城市网络结构的一种手段，但也存在自身的局限性。它仅能搜集互联网覆盖区域的用户数据，因此只能局部反映城市之间的整体信息流强度，而不能对此做出精准描述。因此，在未来的研究中需继续研究基于信息流的城市网络格局的新数据与新方法，探索更加精确的城市网络空间格局的研究成果。

9.4 区域网络高铁人流案例

9.4.1 案例简介

本案例由文章《基于高铁余票的客流行为特征及其效应分析——以沪宁沿线高铁站点为例》总结凝练而成，由江苏省城市规划设计研究院韦胜、张小辉共同完成。[108]

9.4.2 研究目的

该案例基于高铁余票信息建立上下净客流量模型。研究以沪宁沿线高铁站点为例，分析高铁客流在区域和城市两个层面上的行为特征，进而分析站点区位与客流量对周边地区的影响以及站点与中心城区的关系。

9.4.3 研究指标与数据来源

12306 网站能够提供高铁余票信息的查询，从中可以快速获取 2 个高铁站点间在某个时间点的余票量。

9.4.4 研究方法、模型与过程

首先，研究通过网络抓取技术，收集研究区内每日所有站点间抓取时间点与所剩余票量的关系，这有助于探索一天内、一周内高铁客流量的变化情况。其次，由于余票量无法代表出发站与到达站间实际的出行客流数，所以无法形成出行的 OD 矩阵。为此，研究建立了一个基于余票信息的上下净客流量模型，以更深层次地研究客流行为特征。其中，上下净客流量的值用 ΔP 表示，即某班列车在某

个站点产生的上客流和下客流之间的差值。模型算法的核心是：基于余票信息的第二和第三个特点可知，根据一班列车中连续且相邻的 3 个停靠站点，可以查询到 2 次相邻站点间的余票数，分别记为 P_1 和 P_2，则 P_1 减去 P_2 的差值便是上述 3 个站点中间站点的上下净客流量 ΔP，且 ΔP 产生的时间点（记为 t）是中间站点的发车时间。以 t 为横轴，ΔP 为纵轴，即可研究一个高铁站点一天内在两个运行方向上的上下净客流量规律，如图 9-5 所示。

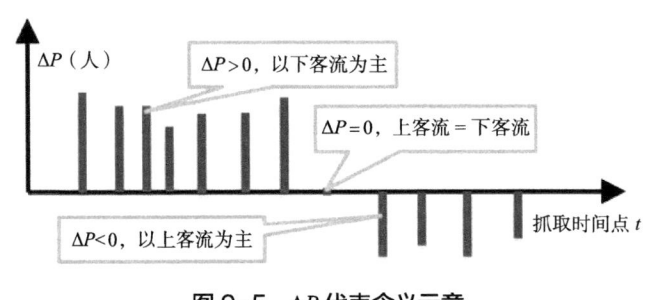

图 9-5 ΔP 代表含义示意

资料来源：由案例提供者完成。

ΔP 的具体含义为：如果 $\Delta P > 0$，则表示在某站点下车人数大于上车人数，即以下客流为主；如果 $\Delta P < 0$，则表示在某站点下车人数小于上车人数，即以上客流为主；如果 $\Delta P = 0$，则表示在某站点下车人数等于上车人数。

9.4.5 研究结论

1. 区域客流行为特征分析

第一，"周末效应"分析。研究通过对南京至上海方向的高铁余票量统计（图 9-6），发现一周内周末余票最低，说明相对于工作日而言，周末的客流出行量更大。这从侧面反映出高铁对于旅游业的

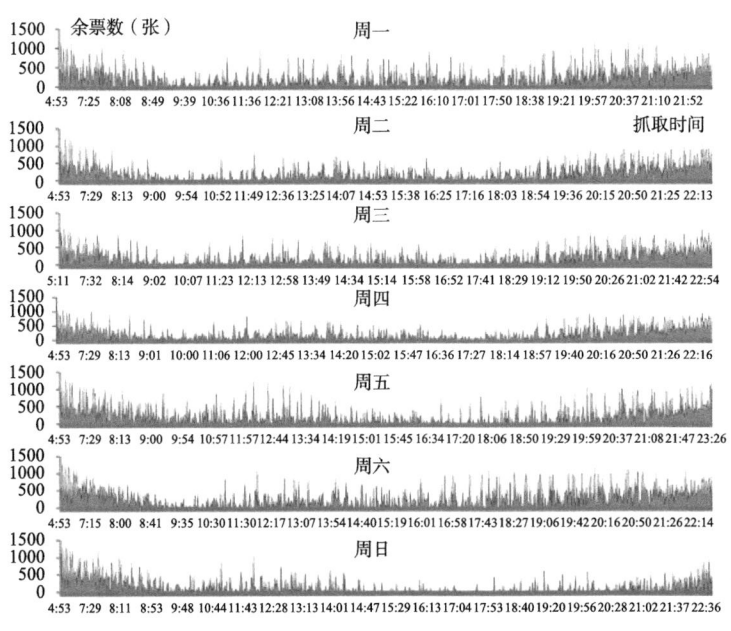

图 9-6 一周内抓取时间点与余票量的关系（南京—上海）

资料来源：由案例提供者完成。

发展可能具有较强的推动作用,因为使用高铁出行与"快达慢游"的旅游出行要求较为吻合。根据对旅游城市高铁通车前后游客数量的抽样调查进行对比分析后可知,大多数旅游城市在高铁通车后游客量明显增长,佐证了这一效应。

第二,"一日活动圈"分析。研究对沪宁沿线城市的高铁站点进行工作日单日内的 ΔP 变化情况统计分析,发现对于处于城市中心且占所在城市所有列车停靠班次总数一半以上的高铁站点,存在着如下规律:以昆山南站为例,其在南京至上海方向的上午时间段主要表现为 $\Delta P < 0$,但在相反高铁运行方向的下午或晚上时间段主要表现为 $\Delta P > 0$(图 9-7),也就是说,在上海强有力的城市吸引力下,可能存在一定数量的通过沪宁线进行单日往返的旅客。尽管这并非是针对个人活动轨迹的跟踪分析,但仍然可以趋势性地得出相关结论:高铁压缩了时空距离,使得商务出行更加方便,也加强了沪宁沿线城市间的经济和人员交流,即以中心城市为目的地的一日往返出行特征显著,形成"一日活动圈"。

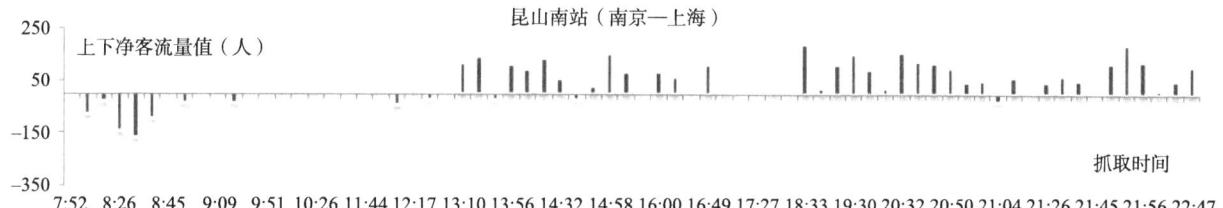

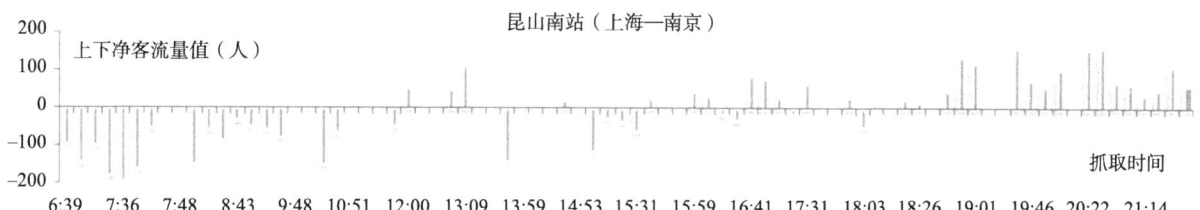

图 9-7 昆山南站一天内上下净客流量值变化情况

资料来源:由案例提供者完成。

2. 城市客流行为特征分析

第一,客流行为特征分析。研究通过对沪宁沿线城市高铁站点的 ΔP 分析,发现一天中一个城市内不同高铁站点的上下净客流量值变化规律不同。以苏州市 4 个高铁站点在 2014 年 7 月 23 日的 ΔP 值为例:苏州站地处城市中心,单日内以上客流或者下客流为主的情况交叉出现,且停靠列车班次非常密集,占当日苏州市所有高铁停靠车次总数的一半以上,记为"城市中心站",意为地处城市中心,且承载了所在城市主要高铁客流量的站点;苏州北站地处城市外围地区,单日内在南京至上海方向基本以下客流为主,在上海至南京方向基本以上客流为主,且净客流量值较大,同时停靠列车班次较多,体现出由北京前往长三角地区、由沪宁地区往北京方向的长距离出行特征,记为"外部门户站",意为连接沪宁外部的交通枢纽,即具有跨区域性质的站点;苏州园区站地处苏州的重要板块——苏州园区中,单日内在南京至上海方向基本以上客流为主,在上海至南京方向基本以下客流为主,显示出以上海与南京之间客流为主的特征,记为"内部分流站",意为分担城市高铁客流压力,提高了站点周边地区交通可达性的站点(图 9-8);苏州新区站位于苏州城市边缘地区,由于停靠班次在两个交通运输方向上共有 4 班,故 ΔP 时空规律不明显,说明此站点对苏州客流的影响力非常小,且辐射范围非常有限,记为"地区一般站"，意为只针对特定较小区域，且带动周边发展能力较弱的站点。将沪宁沿线高铁站点（由于在此次程序设计中无法计算出某个班次首尾站点的 ΔP 值，故未将南京站、南京南站、上海站及上海虹桥站考虑在内）按照上述客流行为特征进行归类（表9-2）。

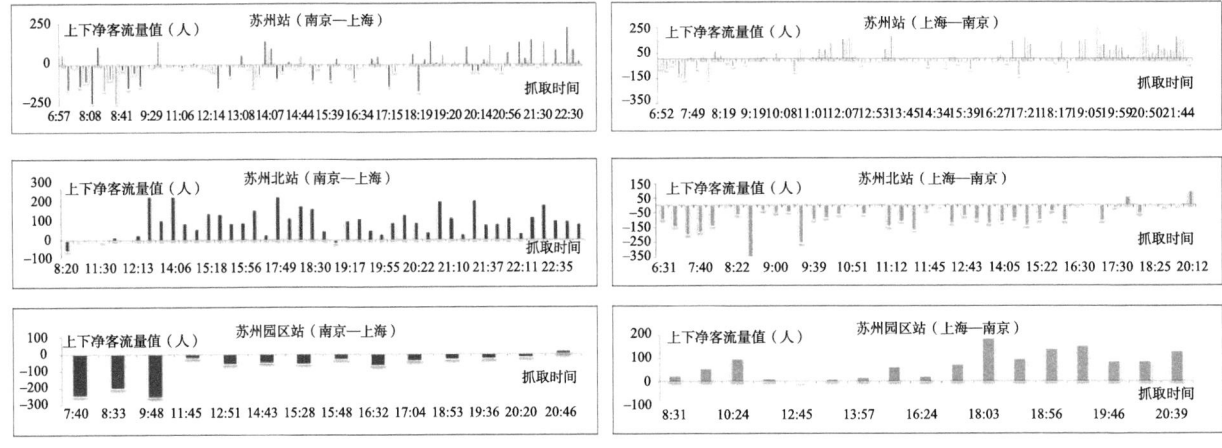

图9-8 苏州站、苏州北站及苏州园区站的上下净客流量在一天内的分布特点

资料来源：由案例提供者完成。

沪宁沿线高铁站点分类 表9-2

站点类别	站点名称
城市中心站	苏州站、无锡站、常州站、昆山南站、镇江站、丹阳站
外部门户站	苏州北站、无锡东站、常州北站、镇江南站、丹阳北站
内部分流站	苏州新区站、无锡新区站、惠山站、戚墅堰站
地区一般站	苏州新区站、安亭北站、宝华山站、花桥站、仙林站、阳澄湖站等

资料来源：由案例提供者完成。

第二，对城市的影响分析。为探究客流行为特征对城市的影响，研究从站点区位与客流量的关系、对周边地区影响以及与中心城区的关系三个方面进行具体分析。

对于城市中心站而言，此类站点一般是由城市老火车站改造升级或者临近选址而成，主要承担沪宁城际出行任务，虽然其与北京之间的列车车次较少，但停靠车次却非常多，客流量大。此类站点的发展优势在于其位于城市中心的地理位置，周边交通相对便利，在城市居住人群中的辐射范围大，有利于住宿、餐饮、商务办公等与快速交通出行相关的产业发展。但它同时也存在着市中心及周边地块功能更新与转换难度较大的问题。如昆山南站周边原先发展有大片工业用地，在高铁时代下就需要重新考虑站点地区的统筹规划和改造升级。而站点对中心城区的作用，在现阶段更多体现在大幅提高城市居民的出行可达性上，促进了高铁站点与城市各片区快速交通网的建设，其潜在的效应将随着站点地区的开发或更新逐步显露出来。

对于外部门户站而言，此类站点主要为新建站点，承担京沪高铁出行功能，停靠车次较多，且具有一定的客流规模。但其缺点在于站点周边人气不足，原有的功能（如居住、工业等）地块与高铁站点发展不相匹配。从客流行为特征来看，站点更多发挥了对外交通门户的作用，上下客流在站点周边活动的概率较小。总体而言，目前此类站点对周边发展带动力较弱。但考虑到未来城市的发展，在沪宁沿线此类站点的周边可能会逐步形成具有一定规模的商务、居住等用地，从而使站点逐步提升其在沪宁城际通行中的功能，进而提高与周边互动发展的实效。由于距城市核心区较远，一般有快速交通与此类站点相连，且长三角与京津冀地区联系性较强，能够促进快速交通沿线地区的发展。随着城市规模的扩张，外部门户站有可能发展为城市中心站。

对于内部分流站而言，此类站点一般处于城市中某个具有一定规模的地区，承担了沪宁城际出行功能，且具有一定的停靠车次和客流量。高铁站点建设之前存在的较多用地与新建的此类站点关系不强，二者互动性较弱。根据客流行为特征分析，站点对于周边人群的高铁出行吸引力较强，从而产生了对城际高铁客流的分流作用，在一定程度上避免了交通拥堵，并提高了站点周边地区的城际出行可达性。此类站点便利了其周边地区人群的沪宁城际出行，但未来仍需要对站点周边地区用地功能进行调整，提升其与站点互动发展的能力。站点往往与城市中某一地区联系较为紧密，同时也存在一定数量与中心城区的交通客流，因此需要考虑其与所在地区和中心城区的交通组织关系。

对于地区一般站而言，此类站点多为新建站，承担了沪宁城际出行功能，停靠车次和客流量极少；其对周边发展影响力较弱，仅能实现对少部分周边人群出行可达性的提升；同时距中心城区较远，二者关系较弱。目前这类站点在城市中发挥的作用极其有限，有些站点并没有达到建设初期所设想的目标，如阳澄湖站对旅游促进的实际效果就不够明显。但基于城市发展的角度，城市规划应更加关注这些小站在城市中作用的提升，避免现有资源的浪费。再如仙林站周边多为大学，居住人数较多，但平时高铁实际出行需求很小。从规划的角度看，高铁对旅游、商务的促进作用主要通过城市中心站和外部门户站实现，而地区一般站的设置应慎之又慎（图9-9）。

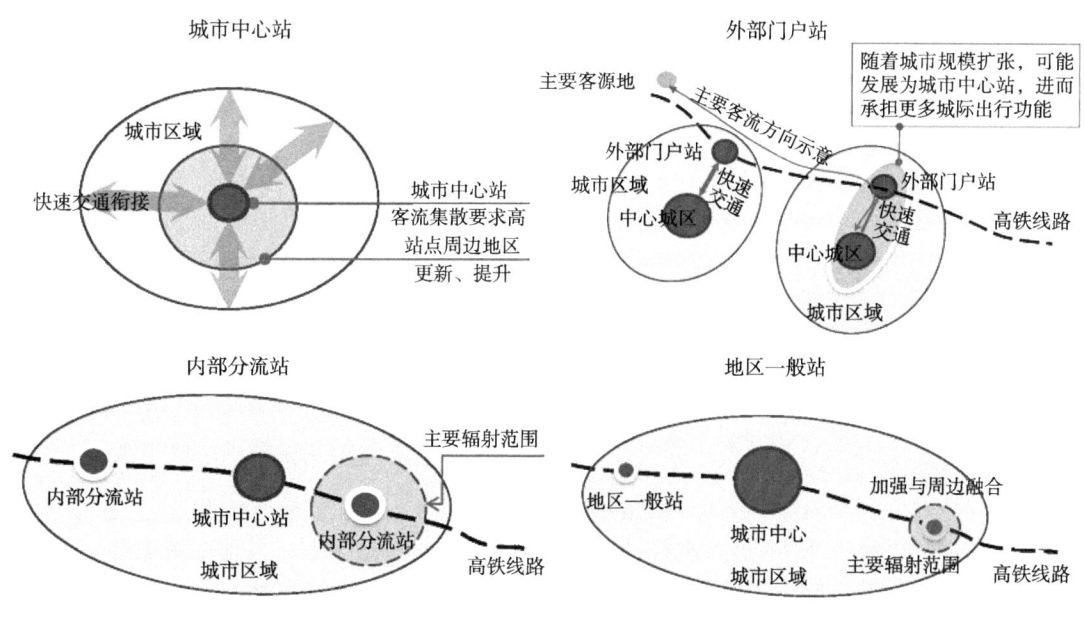

图9-9　客流行为特征对城市的影响分析示意

资料来源：由案例提供者完成。

9.5　同城化的流分析案例

9.5.1　案例简介

本案例由文章《西咸同城化发展格局特征与空间应对》总结凝练而成，由西安建筑科技大学建筑学院郑晓伟、惠倩共同完成。[109]

9.5.2 研究目的

本研究以西咸同城化为研究对象，以手机信令数据为主要数据源，通过计算跨区域人流联系强度来判定城市间的网络关联水平，测度西咸同城化发展的水平和空间格局，并在此基础上提出咸阳未来融入西安发展的动力路径以及空间应对策略，探索实现网络化背景下西咸同城化的可持续健康发展。

9.5.3 研究基本原理

首先对手机用户的常住地进行识别（连续21个工作日中有15个工作日以上的夜间被同一基站定位），其次对手机用户在单日内跨区域（或网格）出行的目的地进行识别（单日内出行的最远空间单元为目的地），最后计算出每个空间单元日均出行的手机用户总数量，并根据常住人口和用户比例进行扩样，以扩样后的城市单日出行总频次和吸引总频次的平均值表征城市联系强度，在此基础上分别建立三种尺度的跨区域联系强度矩阵。

9.5.4 研究指标与数据来源

由于手机信令数据可以反映城市间的人口流动情况，在西安和咸阳之间的跨区域人口流动就构成了人口出行的联系网络。研究采用的手机信令数据为国内某运营商2017年9月连续30日（21个工作日、9个休息日）的用户出行数据，包含了三种精度范围：西安和咸阳（包含杨凌农业技术开发区）两市行政辖区范围内所有的县（区）域单元（共计27个）、乡镇（街道办事处）单元（共计332个）和1公里×1公里精度的网格单元。

9.5.5 研究方法、模型与过程

1. 空间结构呈现扁平化发展趋势

在不断完善的信息技术和交通网络作用下，基于传统"位序—规模"分布的区域内城市空间结构特征正逐渐弱化，特别是大都市区内的空间结构不断呈现出由"等级化、秩序化"向"网络化、扁平化"发展与演化的趋势，城市在网络中对资源的集聚和扩散也不再局限于城市规模、经济实力与交通区位等因素。在这样的背景下，研究者需要重新认识西咸市域范围内不同等级与规模的城市在区域城市网络中的地位，从而对城市网络体系的现状发育水平进行综合判断。

研究以跨县（区）域空间单元人流联系为基础，建立西咸市域层面城市间的网络关联，并对各空间单元的联系强度进行计算。结果表明联系强度较高的城市主要集中在西咸中心城区。其所在的行政区范围内，联系强度总和为877.8万人次，占市域总和的85.8%，这证明了目前西咸中心城区仍然是同城化发展的主要动力。与此同时，研究还发现部分县级行政单元的联系强度占常住人口的比重高于市域平均水平。例如，咸阳市礼泉县的比重为35.3%，乾县的比重为24.3%，泾阳县的比重为30.5%。这在一定程度上可以反映出这些城市在网络中的地位已经不受城市规模的影响，而是能够凭借自身的区位优势和产业基础与周边城市发生紧密联系，并作为门户型网络节点城市融入西咸同城化发展的框架中，最终与西咸中心城区共同构成扁平化与网络化的城市空间结构体系。此外，外围地区的彬县和杨凌区同样也具有较高的联系强度，体现出其对腹地具有一定影响和控制能力，可以承担未来西咸市域次级增长中心的职能。

2. 跨区域人口流动影响下的行政区边界模糊化

已有研究表明，信息化背景下的城市影响力开始相互重叠，已经没有明显的实体空间边界，导致

原本以领土范围为基础的管治模式受到挑战。区别于传统中心地理论中的"腹地"，"网络腹地"不受地理和行政边界约束，具有空间上的重叠和嵌套性。在城市网络中，每个城市都有自身的网络腹地，并与腹地中的城市保持着较强的网络关联。因此，打破传统行政边界的限制，依据网络联系强度来界定城市腹地的范围，是跨区域要素流动影响下划分中心城区势力范围的最佳方式之一。

基于上述分析，研究将进一步通过城市联系强度来界定同城化背景下西咸各中心城区的腹地，并在此基础上判明两个城市的势力影响范围与行政边界的空间匹配关系。其中具体的界定方法是：在县（区）与空间单元层面统计、筛选西咸市域内每个城市与西安、咸阳中心城区所在空间单元的总联系强度，选取每个城市与两个中心城区联系强度中的最高者，若其强度值达到中心城区所在空间单元联系强度值总和的60%以上，则将该城市界定为与之发生联系的中心城区的发展腹地；若其联系强度未达到总和的60%，则认为该城市属于西安和咸阳的腹地争夺区，对于争夺区而言，可以通过更为具体的网络联系强度来识别与该城市关系更为密切的地区。

通过对西安、咸阳中心城区腹地的识别可以发现，咸阳市的三原县和泾阳县进入西安中心城区的发展腹地中，乾县在作为西安和咸阳两个中心城区的腹地争夺区的同时也体现出与西安较强的关联水平，导致咸阳市域的行政边界大于其实际能够"控制和影响"的范围边界，从中反映出跨区域要素流动影响下西咸行政区边界的模糊化。同时，研究还发现，咸阳市域北部和西部的彬县和杨凌区在因自身联系强度较高而体现出一定控制力的同时，也进入西安和咸阳两个中心城区的腹地争夺区当中。随着西咸一体化的深入推进，这两个城市未来可以被视作西咸核心区的"飞地型"增长极，从而带动外围地区的发展。

3. 中心城区边缘出行密度空间分异

为进一步分析西咸中心城区对其外围人流吸引的空间分布特征，研究以332个乡镇（街道办事处）为空间单元，对西安中心城区与咸阳市间的人流进行统计。结果发现，西安中心城区对咸阳市域范围内的人流吸引量占咸阳市域出行总量的67.2%，说明咸阳市人口流动的目的地主要集中在西安中心城区；从空间分布看，除咸阳中心城区外，西安中心城区对三原县、泾阳县、乾县、彬县和兴平市等咸阳市域内县域中心城市也存在着较强的吸引力，并呈现出明显的"边缘圈层＋外围散点"式空间分布特征。咸阳中心城区对西安市域范围内的人流吸引量占西安市域出行总量的81.5%，但主要集中在未央、莲湖和雁塔三个区，在空间上呈现明显的集中式分布特点，与西安中心城区相比空间分异明显。其主要原因在于这些地区与咸阳中心城区的空间距离最为临近，交通联系相对便捷，是目前西安与咸阳中心城区关联最为紧密的区域。

以上特征表明，虽然西咸中心城区之间存在较为紧密的空间联系，同城化发展水平相对较高，但在更大地域范围内城市间的联系水平仍有待提升。一方面，目前咸阳中心城区对西安的吸引能力和吸引范围仍然存在不足，未来应不断通过产业转型与调整进一步实现与西安的差异化发展，从而吸引更大范围内的人口流动以提升同城化水平；另一方面，西安中心城区对咸阳市的辐射影响范围更大，已突破中心城区的空间范围，对外围地区的控制力在不断加强。因此，应通过交通体系建设，尽快将咸阳中心城区外围地区纳入西咸城市网络核心，并在此基础上培育新的空间增长极，这是未来西咸同城化深入发展的重要手段。

4. 外围地区发展的廊道承载效应明显

一般而言，可以利用网格精度的手机信令数据，并通过计算人流出行密度对区域发展廊道进行识别。研究以1公里×1公里网格精度的手机信令数据为数据源，以单日平均人流频次为权重系数，以800米为搜索半径，在ArcGIS环境下采用核密度分析法分析西咸市域范围内跨区域出行的人口出发地密度分布。结果发现，外围地区中出行密度较高地区与区域内的几条高速公路存在着高度重叠性。

由此，研究进一步对各条廊道所经过的乡镇（街道办事处）空间单元的人流出行密度进行统计，并计算出每条廊道单位长度所能够承载的出行密度。从整体上看，西咸外围地区中出行密度较高的区域全部集中在沿连霍高速、福银高速、西延高速与京昆高速的 4 条发展廊道上，并以西咸中心城区为中心呈"米"字形轴向延伸。其中单位长度承载出行密度最高的为连霍高速廊道，它也是西咸未来同城化发展在区域层面所依托的一条最为重要的横向通道；同时，福银高速廊道不仅是连接西咸市域内最多县（区）域单元的纵向通道，也是承载人流出行总量最高的发展廊道。此外，作为连接西咸中心城区外围城市间的城际环线，西咸北环线目前已经形成一个相对高密度的出行圈，未来对西咸中心城区边缘城市的横向联系作用亦不可忽视。

9.5.6 研究结论

信息化和互联网时代的西咸同城化发展在空间结构、组织方式和作用机制等方面都发生了巨大变化，在内外部动力共同作用下呈现出空间结构扁平化、行政管辖边界模糊化、中心城区边缘出行密度空间分异以及外围地区发展的廊道承载效应明显等趋势。基于以上特征，研究从职能分工和空间重组两个层面提出未来西咸同城化发展的空间应对策略：在职能分工上，通过资源整合形成西咸中心城区高等级生产性服务要素与外围制造业合理分工的产业布局体系，实现区域范围内的产业分工和优势互补；在空间重组上，研究提出"极核强化、网络嵌入、廊道拓展"的多中心网络化结构，对西咸市域整体和中心城区两个层面的空间组织进行重构，使其能够适应网络化时代对城市区域空间结构的新要求。

9.6 城市中心体系的流分析案例

9.6.1 案例简介

本案例由文章《上海中心城就业中心体系测度——基于手机信令数据的研究》总结凝练而成，由同济大学建筑与城市规划学院钮心毅、丁亮、宋小冬共同完成。[110]

9.6.2 研究目的

利用手机信令数据识别上海市域内手机用户的工作地和居住地，获取就业者的通勤数据，测度上海中心城的就业中心体系。

9.6.3 研究基本原理

就业中心识别一般以就业密度为依据。就业中心能级测度一般有就业规模（总量、密度）和功能联系（通勤、信息）两个方向。近年来出现的移动定位大数据（如手机数据、出租车 GPS 数据、公交刷卡数据等）实时记录了用户的时空轨迹，通过分析可从中获取人流密度或通勤联系等数据。手机信令数据实时记录了手机用户在经历发生通话、收发短信、切换基站、位置更新等事件时手机连接的基站位置，通过分析手机用户的时空轨迹，可获取用户的通勤信息作为就业中心体系研究的基础数据。

9.6.4 研究指标与数据来源

该研究采用上海移动在 2011 年连续 5 个普通工作日的手机信令数据，包括经加密的唯一用户识别号（匿名编号，不涉及个人信息）、信令类型、信令发生的时间、信令发生时手机连接的基站等内容。

在市域范围内，平均每天会产生约 1700 万用户的约 8 亿条信令数据记录，这些数据通过 5.9 万个基站（中心城内约 2.7 万个基站，平均每个基站的信号覆盖面积约 2.5 公顷）对手机用户进行空间定位，其空间单元精度远高于街道（中心城涉及 116 个街道，平均每个街道面积约 830 公顷）。考虑到就业存在多种规律，对城市空间的使用情况随时间而不同，从而使就业中心在不同时间形成了不同的中心体系。为简化研究，该研究的研究对象仅限于由最普遍的 8 小时工作制、有固定工作地的就业者集聚形成的就业中心。研究依据以下规律处理数据：选取工作日的典型工作时间 10：00、11：00、14：00、15：00、16：00 为识别工作地的特征时间点。若某一手机用户每天至少有 3 个时间点在同一基站或附近 1000 米内的基站，就将该基站识别为该日该用户的工作地，若连续 5 个工作日中至少有 3 个代表工作地的基站位置相同或在附近 1000 米内，就将该基站识别为该用户的工作地。夜间选取休息时间 00：00、01：00、02：00、03：00、04：00 为识别居住地的特征时间点，用同样的方法识别出代表用户居住地的基站。最终从约 1700 万常住用户（在 5 个工作日中至少出现过 3 次的用户）中识别出约 1296 万用户的工作地和约 1239 万用户的居住地。其中能同时识别出工作地和居住地的用户约有 1002 万，识别率约 59%。识别结果中有约 322 万用户的通勤距离是 0 米（工作地和居住地代表的基站相同），这部分用户有可能是日夜都位于同一地点的退休人员、家庭主妇等，也有可能是日夜都位于同一基站覆盖范围内的就业者。考虑到这类就业者中有 64.6% 位于中心城外，经权衡后最终使用通勤距离大于 0 米的约 680 万（其中中心城约 326 万）用户的通勤数据作为研究对象。以全市 1252 万的就业岗位估计，抽样率约为 54.3%。为检验上述识别方法的准确率，原作者以中心城 116 个街道为空间单元，检验全国第六次人口普查常住人口和用手机信令数据识别出的全部居住人口之间的线性相关性。经计算，两者呈正相关，并通过 99% 的置信区间检验，相关系数为 0.84，属极强相关。因此，用该方法识别的居住地基本能反映出真实的居住空间分布。而关于工作地识别准确率的检验则因经济普查原始数据的不公开，现阶段尚无法实现。考虑到该研究仅面向在固定工作地停留 8 小时的就业者，其在工作地的时空轨迹特征与居住地较相似，故用居住地识别方法识别出的工作地也应能基本反映就业者真实的工作空间分布情况。

9.6.5 研究方法、模型与过程

1. 就业中心识别

将从手机信令数据中获取的就业者通勤数据按代表工作地的基站汇总（表 9-3），得到每个基站关联的就业人数。但现实中就业者并非完全位于基站所在位置，而是位于基站可覆盖范围内的某一地点。为模拟真实的就业者密度分布情况，在 ArcGIS 10.2 中以 800 米为搜索半径进行核密度分析，将每个基站连接的就业人数分摊到 200 米 × 200 米的栅格中，每个栅格的属性值便代表该栅格的就业密度。

用户通勤数据 表 9-3

用户编号	代表工作地的基站编号	代表工作地的基站经度	代表工作地的基站纬度	代表居住地的基站编号	代表居住地的基站经度	代表居住地的基站纬度	通勤距离（米）
1	633962××	121.59××	31.21××	633439××	121.63××	31.20××	3828.798
2	617533××	121.12××	30.99××	617532××	121.12××	30.99××	725.2021
3	615008××	121.38××	31.16××	615012××	121.36××	31.16××	2655.077
……	……	……	……	……	……	……	……

资料来源：由案例提供者完成；原始匿名用户编号已用 1，2，3，…，n 的唯一 ID 号代替；基站编号和经纬度末三位隐去，以"×"表示。

在确定核密度分析的搜索半径时，着重考虑以下两个方面：首先，根据 Becker 等的研究，将基站连接的就业人数转换为就业密度时需要考虑每个基站的覆盖范围，而选取 Morristown 一个基站的覆盖范围，以约 2.6 平方公里（半径 910 米）折算就业密度较为合理。基站覆盖范围受信号塔高度、信号发射强度、地形和建筑物遮挡等因素影响，每个城市互不相同，同一城市内不同地区可能也会存在较大差异。上海中心城内基站覆盖半径约 500—1000 米（部分基站覆盖范围重叠），部分地区基站间距小于 500 米。若搜索半径小于 500 米，则核密度分析结果中会出现较多密度未覆盖地区，与现实情况不符。其次，核密度分析采用二次核函数在搜索半径内以核曲线上的纵轴（核表面）值来分配密度，每个栅格的密度为叠加在栅格上的所有点的核表面值之和。增大搜索半径虽然会使栅格叠加更多点的核表面值，但计算每个核表面值时除以的面积更大，因此半径变化不会使计算结果发生很大变化，而更大的半径会得到更加概化的输出栅格，适合更大的分析尺度。考虑到研究尺度为中心城（南北长约 26 公里，东西宽约 28 公里），在此基础上还需要对更小尺度的就业中心进行分析，故搜索半径取 800 米较合适。随后，根据 ArcGIS 提供的自然间断点分级法（Natural Breaks），将就业密度值分为 5 个等级显示（该方法可达到组间差异最大，组内差异最小的效果）。利用自然间断点分级法的特点，将就业密度数值较高的栅格分别划入一级、二级密度分组；同时使用局部 Moran's I 指数，以反距离法表达空间关系，取800 米距离阈值，在 1% 显著性水平下选出就业密度的高值聚类区。根据以就业密度判断就业中心的方法，将位于高值聚类区、密度等级高于二级、面积不小于 19 公顷的地区识别为就业中心，得到内环内的就业中心呈面状集聚的特征分布。根据一级密度分布情况、对就业中心的传统认知以及《上海市中心城分区规划（2004 年）》（下文简称分区规划）中确定的公共中心及其范围，将这些中心再分为陆家嘴、徐家汇、南京西路等 13 个中心，与内环外的新曹杨高新技术园区、虹桥涉外贸易中心等 6 个中心共同构成上海中心城就业中心体系。这些就业中心以只占中心城 7.7% 的面积集聚了 33.8% 的就业岗位。从空间分布来看，这些就业中心呈现出较显著的弱多中心体系。各中心主要分布在地铁 2 号线两侧，在浦西内环内集聚形成就业集聚区，其中包括 11 个就业中心，面积达 42.6 平方公里，而浦西内环以北和浦东内环以外无符合识别条件的就业中心。与分区规划相比，规划确定的市级主中心已经基本形成，范围远远超过规划。市级副中心只有徐家汇建设成形，真如、江湾—五角场和花木尚无可识别的就业中心。曹安、新曹杨高新技术园区、曹杨路、虹桥临空经济园区、漕河泾经济技术园区则是规划之外新形成的就业中心。

2. 就业中心能级测度

根据研究综述，可利用就业规模和功能联系测度就业中心能级。该研究分别选用就业密度和考虑空间权重的通勤联系对其加以测度。某中心的就业密度越高，说明该中心单位面积对就业者的吸引力越强，相应的就业密度视角的能级也越高。某中心与就业者居住密度高的地区的通勤联系越紧密，说明该中心对更多就业者的就业和居住空间选择产生了影响，其空间影响力越强，相应的通勤联系视角的能级也越高。

第一，就业密度视角的能级分析。图 9-10 中各中心的就业密度如表 9-4 所示，将就业密度以极小化方法做标准化处理（各中心的就业密度除以最高密度中心的密度值），得到就业密度视角的能级。为便于比较，再用自然间断点分级法将能级分为高、中、低 3 个等级，分别表示一级中心、二级中心、三级中心。各中心的等级呈圈层状分布，由中心（人民广场）向外递减（图 9-11），表明从就业密度来看，就业中心形成了主中心（一级中心）强大的弱多中心体系。一级中心基本符合传统认知，即集中于人民广场附近，二级中心则位于一级中心外围。一级、二级中心基本是分区规划确定的中心，而三级中心多为新兴中心，基本位于中心城西部外环线周边，与人民广场距离较远且面积较小。

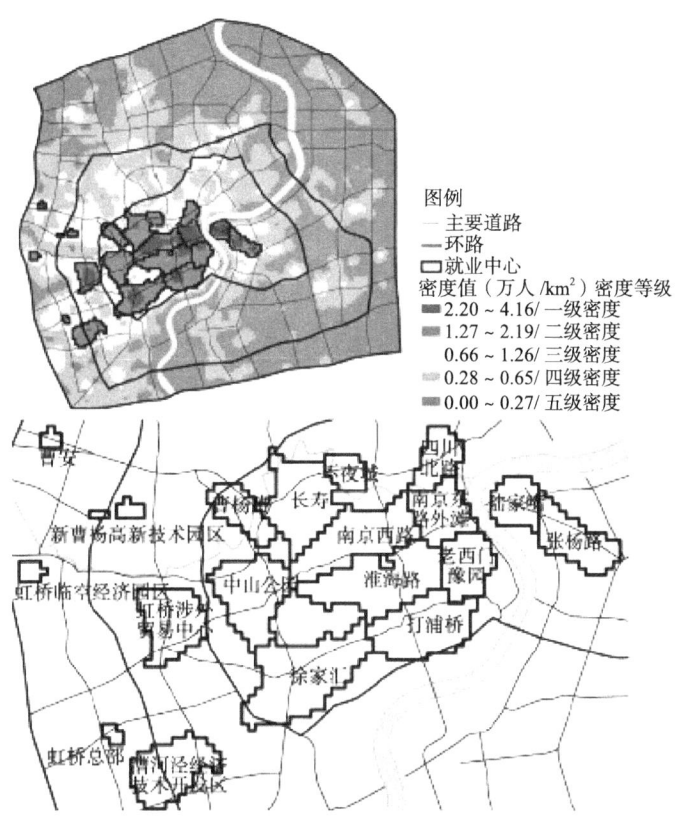

图 9-10　上海中心城就业密度及就业中心（见书后彩图）

资料来源：由案例提供者完成。

上海中心城各中心就业密度（万人／平方公里）　　表 9-4

名称	就业密度	名称	就业密度	名称	就业密度
曹安	1.15	中山公园	1.43	打浦桥	1.77
虹桥总部	1.18	四川北路	1.49	老西门豫园	1.8
虹桥临空经济园区	1.21	长寿	1.57	淮海路	1.84
新曹杨高新技术园区	1.22	张杨路	1.58	陆家嘴	1.85
曹杨路	1.31	徐家汇	1.6	南京西路	2.07
不夜城	1.41	虹桥涉外贸易中心	1.64	南京东路外滩	2.42
漕河泾经济技术开发区	1.42				

就业密度指能同时识别出工作地和居住地的用户的就业密度，并不代表真实的就业密度。

资料来源：由案例提供者完成。

　　第二，通勤联系视角的能级分析。将就业者按其工作地所在的就业中心分类，并将代表居住地的基站以 800 米为半径做核密度分析，生成 200 米 × 200 米的栅格密度图，表示各中心就业者居住密度分布。根据 Vasanen 提出的与居住人口多的地区通勤联系越紧密，功能联系强度越大的方法，以栅格为单元计算各就业中心与所有就业者居住密度分布的最小二乘法直线决定系数（R^2），若某中心的 R^2 越大，则说明两者分布的一致性越高，该中心与就业者居住密度高的地区间通勤联系越强。图 9-12 是上述测度方法的示意，SC1 中心的就业者居住密度分布与所有就业者居住密度分布的一致性明显比 SC2 中心高，从而表明 SC1 中心与就业者居住密度越高的地区间通勤联系越强，其能级也越高。

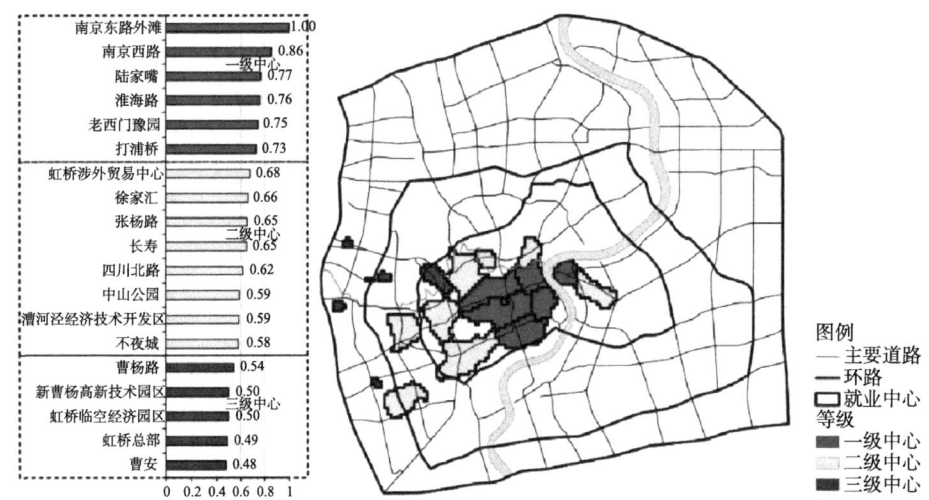

图 9-11　上海中心城就业密度视角的就业中心能级和等级（见书后彩图）

资料来源：由案例提供者完成。

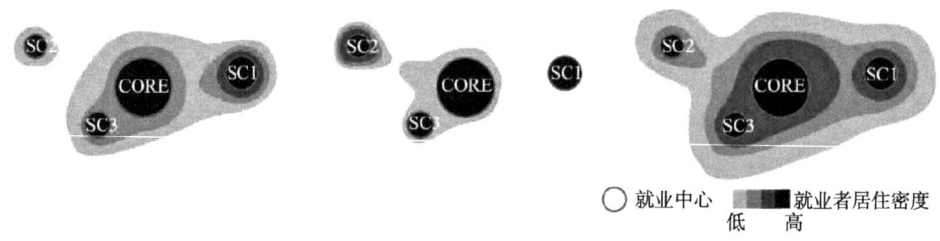

（a）SC1 中心就业者居住密度分布　（b）SC2 中心就业者居住密度分布　（c）所有就业者居住密度分布

图 9-12　上海中心城通勤联系视角的能级测度方法示意

资料来源：由案例提供者完成。

图 9-13 为南京西路和曹安的 R^2 计算结果。每个散点表示中心城内的一个栅格，横坐标表示就业中心的就业者居住密度在各栅格上的值，纵坐标表示所有就业者居住密度在各栅格上的值。若某一中心就业者的居住密度与所有就业者居住密度分布一致，散点应分布在一条直线上，R^2 为 1。但现实中并不存在这种情况，因此，只要在所有就业者居住密度高的栅格中，该中心的就业者居住密度也较高，即 R^2 越高，越趋近于 1。根据计算，R^2 值最大的南京西路为 0.2627，最小的曹安为 0.0129（表 9-5）。

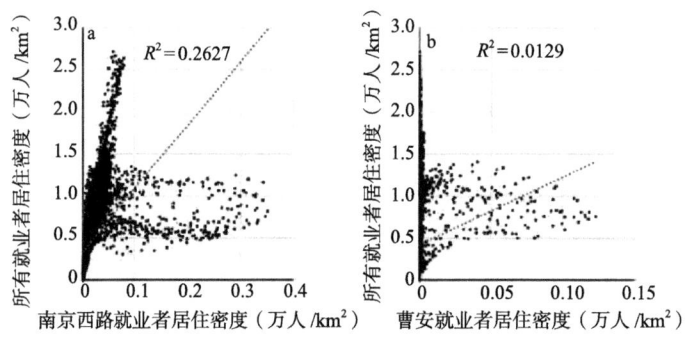

图 9-13　上海中心城两个典型中心 R^2 计算结果

就业者居住密度指能同时识别出工作地和居住地的用户的居住密度，并不代表真实的居住密度。

资料来源：由案例提供者完成。

上海中心城各中心的拟合优度 表 9-5

名称	拟合优度	名称	拟合优度	名称	拟合优度
南京西路	0.263	四川北路	0.023	中山公园	0.108
徐家汇	0.127	南京东路 / 外滩	0.211	张杨路	0.059
虹桥涉外贸易中心	0.105	漕河泾经济技术开发区	0.109	曹安	0.013
虹桥临空经济园区	0.052	曹杨路	0.087	陆家嘴	0.172
淮海路	0.216	虹桥总部	0.013	长寿	0.107
老西门豫园	0.115	打浦桥	0.184		
不夜城	0.088	新曹杨高新技术园区	0.053		

资料来源：由案例提供者完成。

这一结果说明南京西路的就业者居住密度分布与所有就业者居住密度分布的一致性高于曹安。其余 17 个就业中心的 R^2 如表 9-5 所示。将各中心的 R^2 标准化后得到通勤联系视角的能级，用自然间断点分级法将其分为 3 个等级。其中，部分中心的能级发生变化（图 9-14）：老西门豫园从一级降为二级，四川北路、张杨路从二级降为三级，曹杨路从三级升为二级。但总体上，各中心的等级同样呈现出由中心向外圈层递减的规律，一级中心仍然集中在人民广场附近。这表明从通勤联系来看，就业中心依然表现为主中心强大的弱多中心体系。

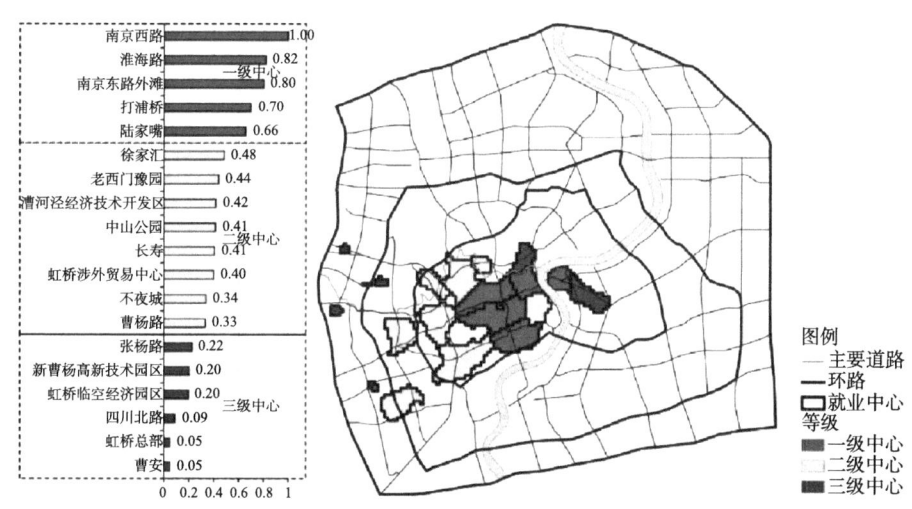

图 9-14 上海中心城通勤联系视角的就业中心能级和等级（见书后彩图）

资料来源：由案例提供者完成。

第三，两个视角的能级比较分析。就业密度视角的能级表征了各中心单位面积对就业者的吸引力大小，通勤联系视角的能级表征了各中心对空间的影响力强弱，两者呈线性正相关（通过 99% 置信区间检验，相关系数 0.85，属极强相关）。这表明吸引力越大的中心，空间影响力一般也越强（图 9-15）。为比较两个视角下就业中心发展的均衡程度，研究计算了各中心能级的标准差。其中，就业密度视角下上海中心城就业中心能级的标准差为 0.14，通勤联系视角下能级的标准差为 0.27，表明从通勤联系来看，各中心发展较不均衡。以往受数据制约，判断就业中心能级的依据多为就业密度，即通过直观的密度表征能级大小。但通过对通勤联系视角的能级测度发现：（1）依据就业密度，各中心对就业者的吸引力差异不大，能级最高的南京东路外滩和最低的曹安也仅相差 1.1 倍。但依据通勤联系，各中心对空间的影响力却呈现出较大差异，能级最高的南京西路和最低的曹安相差达19倍。这种现象可能是由于区位和交通条件造成的。例如，南京西路位于城市中心地区，有4条地铁线穿越、3个地铁站点，其能在上海全市范围内吸引就业者前来就业，且其主要腹地位于静安区、虹口区等就业者居住密度较高的地区；而曹安位于中心城西部，尚无地铁线，仅能从周边就业者居住密度相对较低的地区吸引就业者。

（2）整体而言，就业密度越高的中心通勤联系一般也越强，但依然存在例外，即部分传统认知上能级较高的中心与其他地区的通勤联系实际较弱。如张杨路、长寿、四川北路的就业密度高于漕河泾经济技术开发区和中山公园，但从通勤联系上来看恰恰相反，四川北路的能级远低于中山公园，只有后者的1/5。从区位和交通条件来看，中山公园和四川北路差异不大，四川北路的交通条件甚至更好。由此推测，四川北路的能级较低可能与其就业岗位类型有关。中山公园有较多生产性服务业岗位（IT、设计等），对就业者学历、专业能力的要求较高，故就业者来自全市范围；相比而言，拥有较多消费性服务业岗位的四川北路对就业者的要求不高，就业者多来自周边地区。

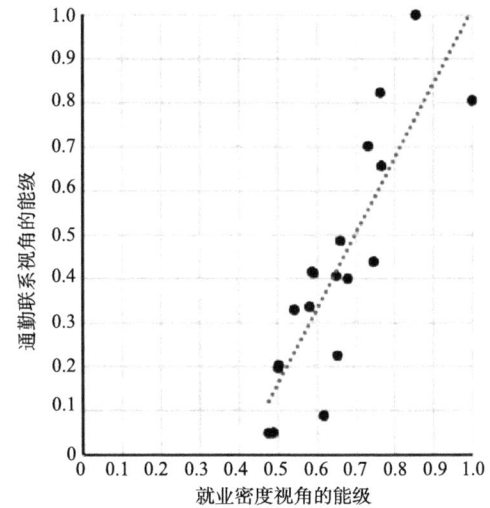

图9-15　上海中心城就业密度和通勤联系视角的能级比较

资料来源：由案例提供者完成。

第四，就业中心综合能级分析。就业密度和通勤联系视角的能级虽然呈显著的线性正相关关系，但两者不一定完全一致，就业密度高的中心通勤联系有可能相对较弱。因此，就业中心的能级需要从就业密度和通勤联系两方面共同测度，只有就业密度高且通勤联系强的中心才能被认为具有较高能级，故以两者能级的乘积来表示综合能级（下文若无说明，能级均指综合能级）：综合能级 = 就业密度视角的能级 × 通勤联系视角的能级。经计算，南京西路、南京东路外滩等5个中心属于一级中心，老西门豫园、徐家汇等8个中心属于二级中心，张杨路、新曹杨高新技术园区等6个中心属于三级中心（图9-16）。

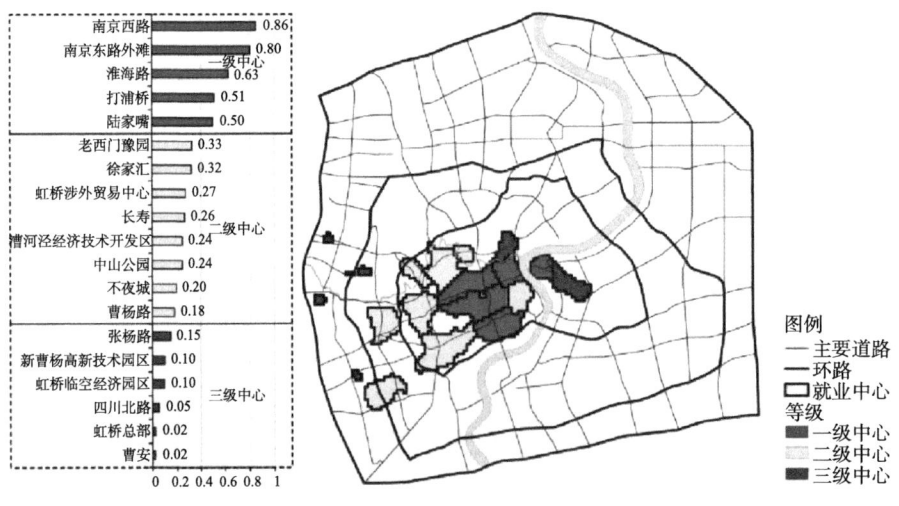

图9-16　上海中心城就业中心能级和等级（见书后彩图）

资料来源：由案例提供者完成。

9.6.6 研究结论

针对以往就业中心体系研究缺少较小空间单元就业者通勤数据的问题，本研究利用手机信令数据从约1700万常住用户中获取了约680万用户的就业通勤数据，其中中心城326万用户的通勤数据可通过2.7万个基站进行空间定位，无论是样本量（就业者抽样率54.3%）还是空间单元精度（中心城平均每个基站单元面积约2.5公顷）均远高于传统调查、统计数据。在此基础上研究进一步使用就业密度识别就业中心，并分别用就业密度和通勤联系测度就业中心能级，用各中心就业者居住地分布划分腹地，用就业者居住密度占比划分势力范围。研究发现：上海中心城就业岗位主要集聚在地铁2号线两侧，浦西内环以北和浦东内环以外无高密度就业集聚区；就业中心的等级呈圈层状由中心向外递减，呈主中心强大的弱多中心体系；陆家嘴、南京东路外滩等传统认知上的就业中心的就业密度普遍较高，与其他地区的通勤联系较强，吸引和辐射范围也较大；相比于就业密度，各中心与其他地区的通勤联系差异更加显著；能级越高的中心，职住平衡比例不一定越低，职住平衡与职住功能混合度间的关系更大，其中混合度越高职住越平衡；缺少就业中心的浦西内环以北和浦东内环以外地区是多个就业中心的势力范围交替区。

9.7 城市商圈的流分析案例

9.7.1 案例简介

本案例由文章《重庆五大商圈吸引范围研究》总结凝练而成，由重庆市交通规划研究院高志刚、唐晓勇等人共同完成。

9.7.2 研究目的

利用大数据揭示商圈运行规律，分析吸引人群的特征，识别商圈势力范围，评估商圈的现状发展水平以及服务范围与规划预期的吻合程度，可以为各商圈提档升级提供参考，也可以为新区商业中心规划提供借鉴。

9.7.3 研究指标与数据来源

研究使用的数据包括大众点评POI数据、手机信令数据、社会车辆OBD数据、轨道闸机IC刷卡数据、建筑数据。其中，通过爬虫抓取互联网开放数据（大众点评），从而提取重庆主城区商圈商户的POI数据，并针对所有商户的地理位置信息建立空间数据库（图9-17，图9-18）。研究共采集主城商业商户POI数据23万个，其中餐饮6.7万个，娱乐购物9.1万个，宾馆服务0.7万个，金融保险0.7万个，

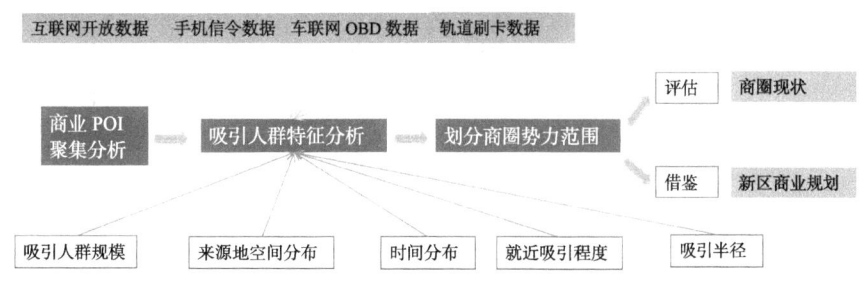

图9-17 主城商业设施空间聚集分析数据基础示意

资料来源：由案例提供者完成。

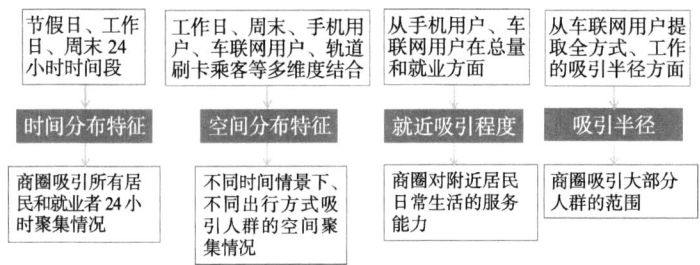

图 9-18　五大商圈吸引人群特征分析数据基础示意

资料来源：由案例提供者完成。

生活服务 5.7 万个。手机信令数据来源于 2017 年 4 月 17—23 日间的重庆移动用户手机信令数据，市场占有率约 75%。车联网数据为 2017 年 3 月 21—28 日间的重庆社会车辆 OBD 数据。轨道闸机 IC 刷卡数据为 2016 年 12 月 19—25 日连续一周的重庆市主城区轨道闸机刷卡数据。

9.7.4　研究方法、模型与过程

1. 主城区商业设施空间聚集分析

首先，基于各类商业设施的商户数、评论数综合得出每个商业大类设施的热度评分值。其次，采用主成分分析法对主城区五类商业设施的空间聚集度进行分析（图 9-19），并得到各类商业设施的影响权重。最后，对五类商业设施展开核密度分析，以影响权重为权值，对五类商业设施密度分布进行空间处理并分级（得分值 0—30），得到主城区全部商业设施的密度分布。

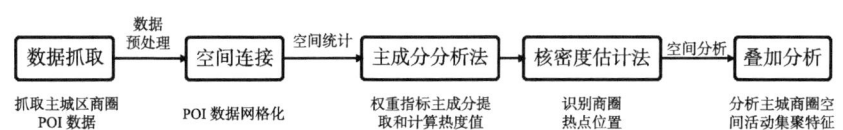

图 9-19　主城区商业设施空间聚集分析方法示意

资料来源：由案例提供者完成。

2. 五大商圈吸引人群空间分布特性分析

首先，筛选各商圈所吸引的人、车、轨道出站客流；其次，反向追踪每个手机用户的出行起点、轨道乘客的上车站、私家车辆的出行起点；最后，结合所吸引人流的来源地与城市干道、轨道站点、河流、城市用地性质等多种城市要素，分析商圈吸引人群的分布特征。

3. 五大商圈势力范围与主导势力范围划分

首先，将主城划分为 124 个基本空间单元，分别统计五大商圈对每个单元的吸引量（总吸引量、就业吸引量）。取吸引量最大的商圈，将该空间单元归入其势力范围，从而划分出五大商圈的势力范围。其次，根据排名第一的吸引量占比与排名第二的吸引量占比差值，划分各商圈的主导势力范围及争夺区，差值大于或等于 0.25 的为主导势力范围，小于 0.25 的为争夺区。

9.7.5　研究结论

1. 主城各类商业设施聚类结果

总体上看，当下主城区商业集聚程度呈现明显的"多中心"分布特征，主要活跃商圈都聚集在内

环以内，新区建设相对分散，所规划的市级商业副中心建设不完善，未形成规模。这大致体现在以下两个方面：首先，娱乐购物类商业聚集度最高；其次，重庆北站区域的主导商业类型是住宿服务，呈现明显的专业化发展特征（重庆北站住宿服务类商业聚集度仅次于观音桥、解放碑、南坪商圈）。从空间分布上看，娱乐购物、餐饮和生活服务类主要聚集在发展比较成熟的五大商圈，同时在大坪龙湖时代天街、石桥铺和两路等新兴区域聚集发展，说明娱乐购物、餐饮和生活服务作为居民日常的基本生活需求，发展速度较为同步（图 9-20）。

除总体规划中定义的商业中心外，石桥铺、大坪和两路片区的餐饮、娱乐购物和生活服务空间聚类得分与现有市级商业副中心相当，组团中心发展势头超过规划的市级商业副中心，同时也超过规划预期（图 9-21）。

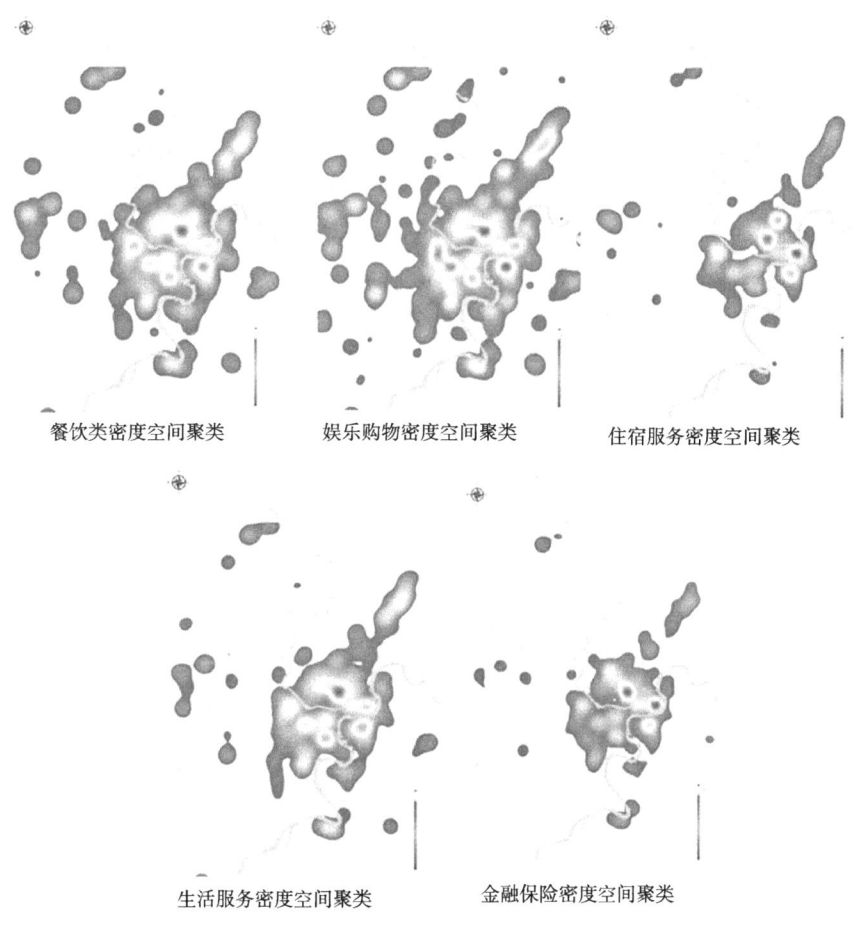

餐饮类密度空间聚类　　　　娱乐购物密度空间聚类　　　　住宿服务密度空间聚类

生活服务密度空间聚类　　　　金融保险密度空间聚类

图 9-20　主城区各类商业设施聚类结果

资料来源：由案例提供者完成。

2. 五大商圈吸引人群空间分布特征

解放碑商圈吸引范围分布较广，其中商圈周边区域（临江门及渝中半岛其他区域）人群吸引量最大。而大坪、观音桥、五里店、南坪周边区域吸引量也较为明显。除此之外，茶园地区吸引量也较大，日均达 2000 人次，说明轨道 6 号线大大降低了茶园与解放碑间的空间分隔，拓展了商圈的腹地；观音桥商圈吸引范围分布较广，范围覆盖嘉陵江以北广大区域；南坪商圈吸引范围较小，主要集中在商圈及周边区域，对茶园及渝中半岛也有一定吸引力；杨家坪和沙坪坝商圈吸引范围较小，主要集中在商

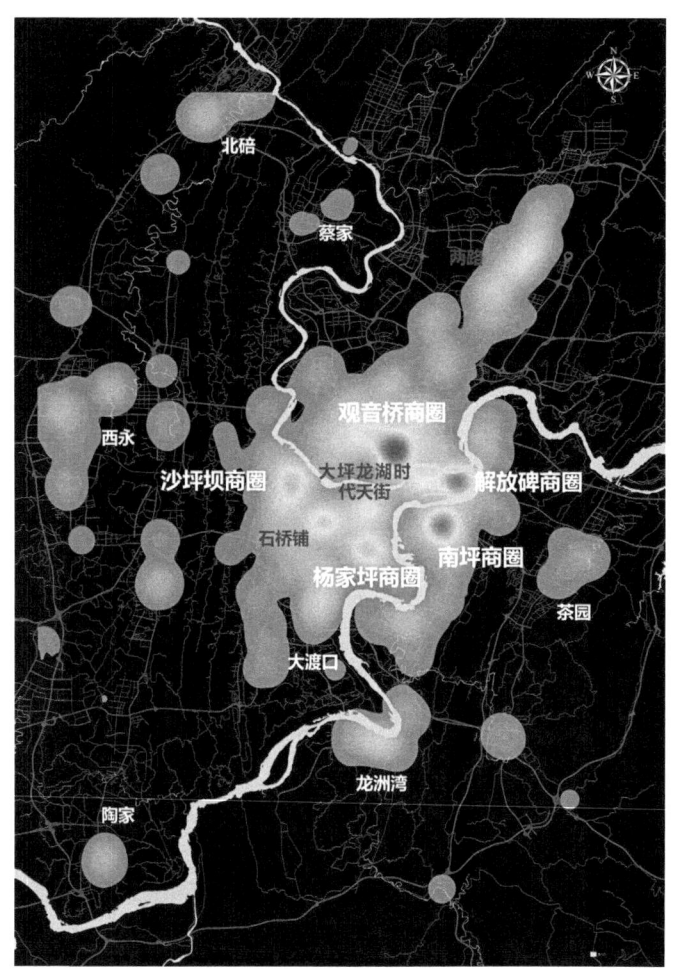

图 9-21　主城区商圈空间聚集分布

资料来源：由案例提供者完成。

圈及周边区域。

3. 五大商圈势力范围识别结果

总体来看，各商圈势力范围主要集中在自身及周边，观音桥、南坪、杨家坪和沙坪坝各自服务主城东西南北四个方向，且均受长江、嘉陵江的分隔。观音桥势力范围主要分布在嘉陵江以北区域以及洋人街、化龙桥；解放碑势力范围主要包括渝中半岛及江北嘴；南坪商圈势力范围主要分布在南岸、茶园、巴南；沙坪坝商圈势力范围包括沙坪坝东部城区、西永大学城，以及华岩片区；杨家坪商圈势力范围包括杨家坪、大渡口及白市驿、西彭、李家沱（花溪）（图 9-22）。

4. 商圈主导势力范围及争夺区划分结果

观音桥商圈主导势力范围最大，渝中区处于五大商圈的几何中心，同时受五大商圈吸引，成为商圈争夺区。解放碑商圈主导势力范围较小，面临周边商圈的挑战，特别是嘉陵江与长江的临江地带，目前已经成为观音桥与南坪的势力范围（图 9-23）。

对比各商圈的势力范围和主导势力范围分布，可以发现：鸳鸯、悦来、两路属于观音桥商圈的主导势力范围，但不属于就业主导势力范围，这说明其居民选择观音桥作为重要的休闲购物地而非就业地；反之也表明北部区域大型商业设施不足。大石坝、石马河和盘溪片区为观音桥和沙坪坝的争夺区，但在就业方面，观音桥仍然占主导地位。

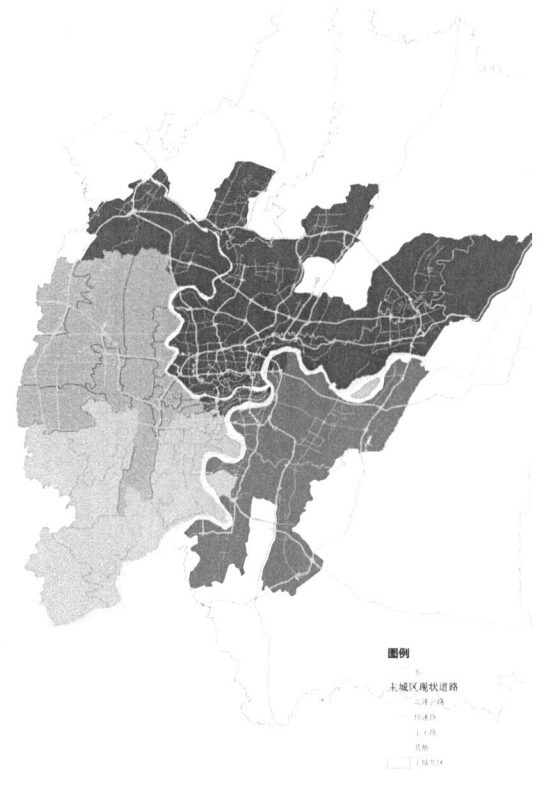

图 9-22　基于手机数据识别的势力范围（见书后彩图）

资料来源：由案例提供者完成。

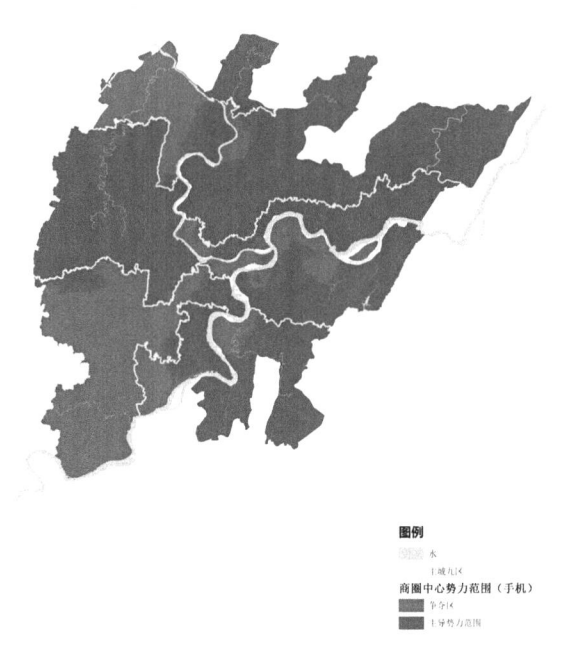

图 9-23　五大商圈中心全方式主导势力范围（见书后彩图）

资料来源：由案例提供者完成。

9.8 社区生活圈的流分析案例（I）

9.8.1 案例简介

本案例由文章《基于居民行为特征的社区生活圈边界测度方法探索——以江苏省宜兴市为例》总结凝练而成，由江苏省城市规划设计研究院索超、蒋金亮共同完成。[111]

9.8.2 研究目的

该研究基于自行车刷卡数据，分析各位置点之间的实际联系程度，并与城市用地、设施布局相结合，构建宜兴中心城区公共服务设施空间网络体系。研究以此为依据，并结合实际道路网与水系，划定宜兴"10分钟生活圈"。

9.8.3 研究基本原理

"生活圈"实质上是居民通勤、购物等日常行为在空间上的反映。传统的规划分析方法从设施的空间覆盖范围入手，得出理论上较为合理的生活圈范围，但在居民的实际活动流线上缺乏考虑，导致理论范围与实际需求间往往存在一定错位。该研究采用大数据分析方法，精确刻画居民在城市空间内的行为流线，得到各设施点的实际使用频率与服务覆盖范围。该研究提出的"10分钟生活圈"包括自行车与步行两种方式，分别对应"城市生活圈"与"日常生活圈"两种类型。规划采用GIS分析，运用网络分析方法中的位置分配模型，将各自行车租借点作为服务提供点，以等级分析结果作为权重；同时将各居住小区地块作为服务需求点，并配置路径最短的合理公共服务设施集聚点。

9.8.4 研究指标与数据来源

在数据选取中，采用公共自行车刷卡数据，使用原因如下：

第一，使用慢行交通方式出行是宜居城市建设的目标导向；

第二，宜兴公共自行车能够基本覆盖中心城区的居住社区，样本空间覆盖范围较为全面。以公共自行车站点为中心、500米为半径划定覆盖范围，其对中心城区范围内居住用地建筑面积的覆盖率达70%，其中宜城73.6%、丁蜀56.8%（图9-24）。

第三，宜兴公共自行车运行时间已达三年，居民对公共自行车接受程度较高，部分人群已经形成使用公共自行车出行的交通习惯，利用公共自行车数据可以在一定程度上反映居民日常出行特征。宜兴公共自行车服务系统于2012年12月正式启用，采取"统筹规划、市场运作、服务外包、政府监督"的模式，遵循方便市民"出行、购物、办事"和"结合居民小区、企业事业单位、公交站点、商业网点、旅游景点"的目标要求，广泛听取市民意见，进行

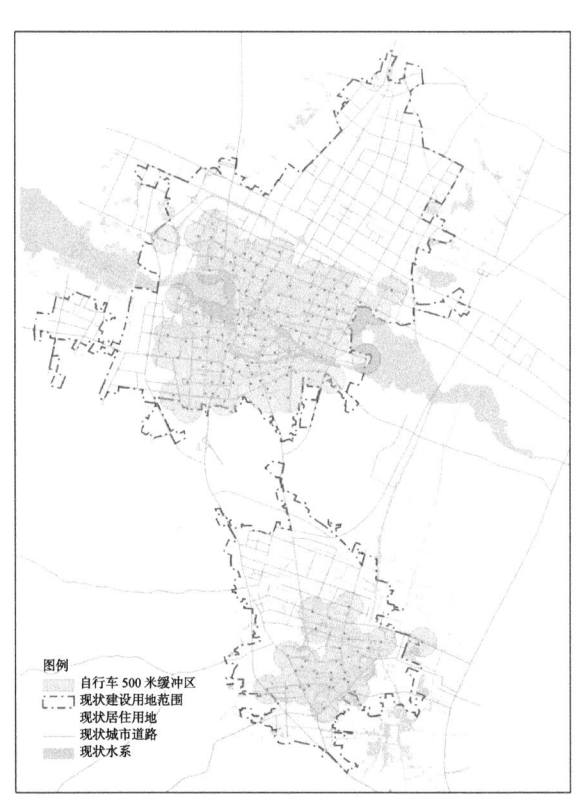

图9-24 宜兴中心城区自行车租借点500米覆盖半径
（见书后彩图）

资料来源：由案例提供者完成。

站点规划设置和建设。其一期工程布设站点 50 个、锁柱 1500 个、自行车 1200 辆；在启动运营的第二个月，自行车的车辆平均周转率达到 7 次 / 车 / 天，运行质效在同等规模城市中名列前茅。通过三年的不断建设和完善，目前宜兴公共自行车站点已达 171 个，自行车利用总量达到 2.84 万次 / 日。

根据对宜兴中心城区交通出行量的测算，宜兴居民每日平均出行 2.5 次，其中慢行交通方式占 55%。以公共自行车服务系统主要覆盖的区域（包括宜城、丁蜀、新街）为研究对象可知，居民出行总量为 66 万次 / 日，公共自行车出行量占慢行出行总量的 4.3%，这可以从一定程度上反映居民日常出行特征。

9.8.5　研究方法、模型与过程

1. 功能节点的吸引力分析

第一，联系强度分析。居民通过自行车进行 / 产生的每一次出行，实质上都是以自行车作为媒介，在出发地功能与目的地功能间形成一次联系。因此，每一个自行车租借点（以下简称站点）都代表其所在地块的一种或多种城市功能，通过对站点之间实际联系的分析，可以反映站点所在区域内各类设施对居民的吸引力。

该研究对两两站点间的公共自行车刷卡数据进行统计，构建所有站点间的吸引力矩阵，提取每个站点中最高、次高及第三高的吸引力值，生成站点间连线，连线宽度即为两站点间的居民实际出行次数。

第二，吸引等级分析。研究根据上述计算结果，对所有站点进行吸引等级划分。每个站点的吸引站点数量越多、综合吸引总量数值越大，说明站点所代表设施的吸引力越高。规划通过对自行车站点间联系强度与联系总量的计算，基于设施点吸引等级划分标准，将所有站点划分为四级，以此代表将此自行车点作为目的地的人流活动强度。

2. 城市生活圈范围划定

第一，配置原则。为使公共服务设施点在市区范围能够兼顾公平和效率原则进行统筹设置，网络分析采用"最大化人流量"分配方法进行位置分配（图 9-25）。在假定请求权重因设施点与请求点间距离的增加而减少的前提下，将设施点确定在能够将尽可能多的请求权重分配给设施点的位置。

"最大化人流量"在假定请求权重随距离的增加而减少的前提下，将设施定位在能够将尽可能多的请求权重分配给设施点的位置。在此图形中，以饼图方式表示的请求点显示了设施点所争取到的请求比例。"最大化人流量"假定人们到达设施点所需行进的距离越远，就越不可能去利用它。这一假定的具体反映就是分配给设施点的请求数量会随距离的增加而减少。

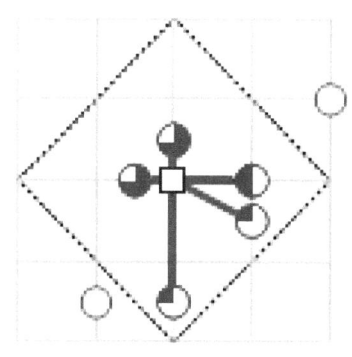

图 9-25　"最大化人流量"分配原则示意

资料来源：由案例提供者完成。

第二，配置思路。根据上述设施配置思路，采用 ArcGIS 网络分析方法。首先根据路网构建网络数据集，将自行车速度设置为 12 公里 / 小时，步行速度设置为 6 公里 / 小时，并选择自行车租借点作为公共服务提供点，以上述等级分析结果作为权重；其次以居住用地地块质心作为居住点，以各地块的建筑面积替代人口数量，通过上述"最大化人流量"配置方法，确定 10 分钟出行距离，并设置服务中心数量，最后通过模型计算出服务中心位置，找到对应的居住地块。

9.8.6 研究结论

1.联系强度分析结果

宜城已经形成较为完善的城市功能网络，汽车客运总站、太滆广场、城东大润发、劝业广场—锦绣菜场沿线、环科园农工商超市、谢桥菜场等几个节点表现出明显的吸引力，且对其他站点的辐射范围均在 700—1500 米范围内。同时，几个较大的居住社区则成为主要的出发地，如欣阳苑、逸品尚东、新盛花园、西花园三村等。而丁蜀则表现为单中心集聚的城市功能结构，其站点联系基本发生在中心与外围之间，而在白宕菜场与东贤菜场一线形成明显的吸引力中心（图 9-26）。

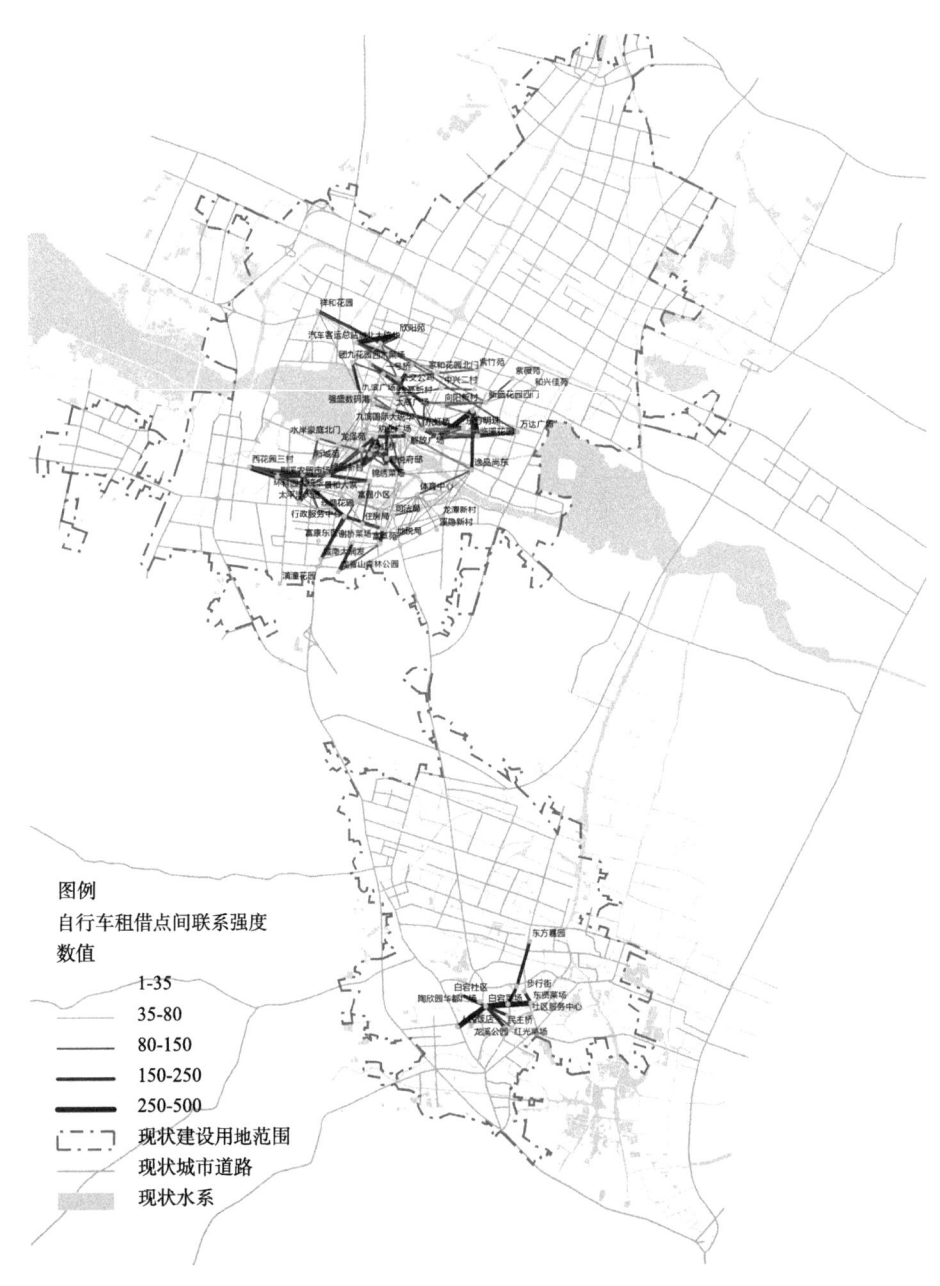

图 9-26 宜兴中心城区自行车租借点间联系强度分析

资料来源：由案例提供者完成。

2. 吸引等级分析结果

根据分析结果，其中一级中心 12 个，均位于宜城内，分别为：九滨广场、新盛花园、大统华、劝业广场、文化广场、东虹桥、逸品尚东、绿园新村、锦绣菜场、环科园农工商超市、宜城街道、富卓苑。丁蜀自行车使用量总体较小，最高等级点为二级中心——白宕菜场。设施点吸引等级将作为核心要素，在生活圈划定过程中给予重点考虑（表 9-6，图 9-27）。

设施点吸引等级划分标准　　　　　　　　　　　　　　　　　　　　　　　表 9-6

中心等级	吸引站点数量	吸引总量
一级中心	>10 个	>10000 次
二级中心	6—10 个	6000—10000 次
三级中心	3—5 个	2000—6000 次
四级中心	—	<2000 次

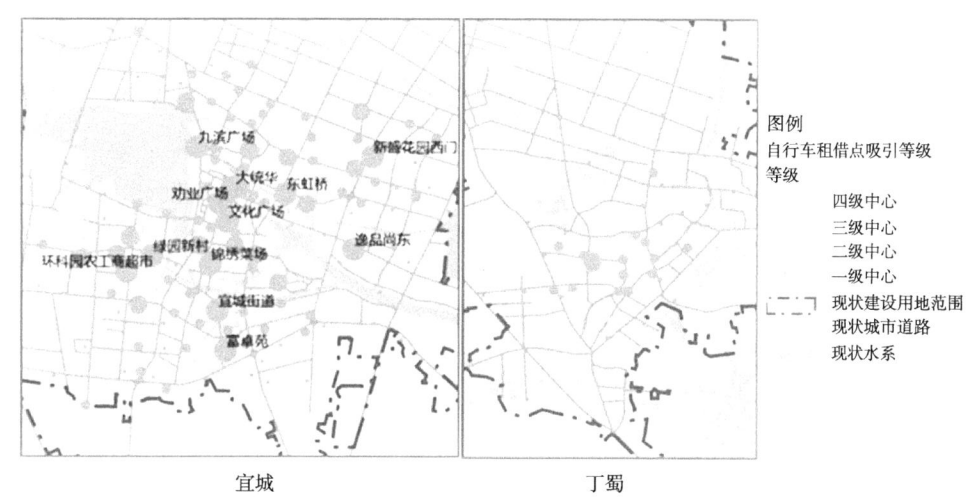

图 9-27　宜兴中心城区自行车租借点吸引等级分析

资料来源：由案例提供者完成。

3. 中心点提取结果

根据前文所述配置思路，分别计算骑自行车 10 分钟、步行 10 分钟下的服务中心数量，从而找出相应的空间分布。在骑自行车 10 分钟距离下，设置服务中心 11 个，其中宜城 8 个、丁蜀 3 个；在步行 10 分钟距离下，设置服务中心 30 个，其中宜城 22 个、丁蜀 8 个（图 9-28）。

4. "10 分钟生活圈"范围划定

根据服务中心总量与分布，创建泰森多边形，划分出各服务中心的理论覆盖范围。在此基础上，根据实际道路与水系分割情况，同时考虑设施分布现状，对理论覆盖范围进行部分修正，得到生活圈实际覆盖范围。

第一，城市生活圈范围划定。修正后的宜兴中心城区城市生活圈共 11 个，覆盖总范围 96.3 平方公里，平均每个生活圈覆盖面积 8.8 平方公里，平均出行距离 950 米，自行车出行时间 5 分钟；最远出行距离为 2900 米，自行车出行时间 15 分钟。屺亭、新街、新庄街道的原镇区未计算在内（图 9-29）。

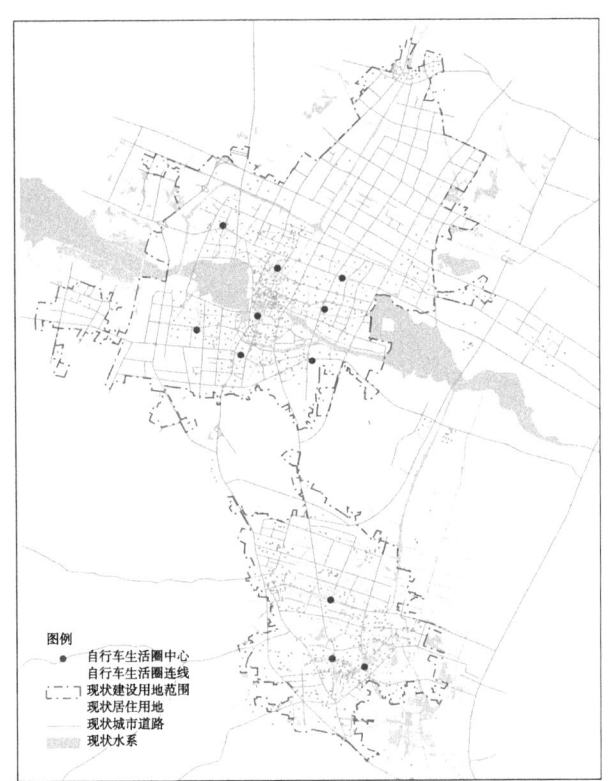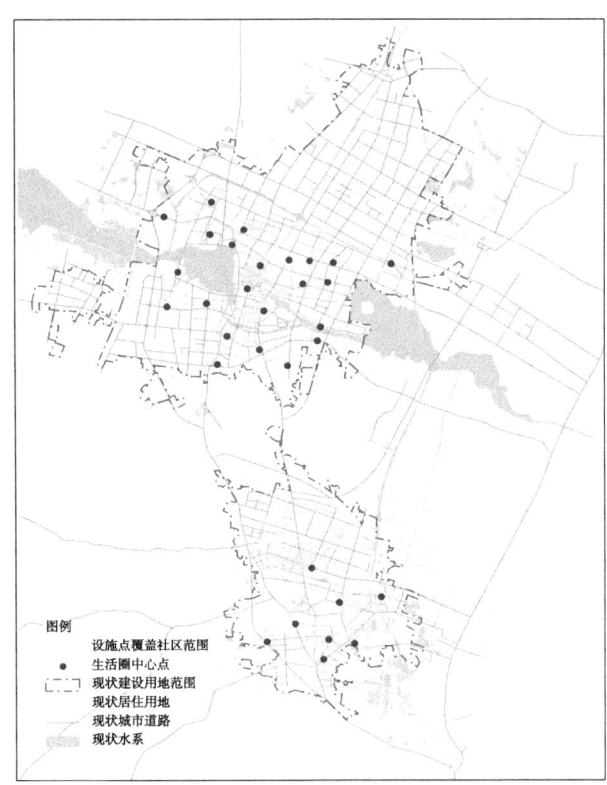

图 9-28 宜兴中心城区"10分钟生活圈"中心分布（见书后彩图）

资料来源：由案例提供者完成。

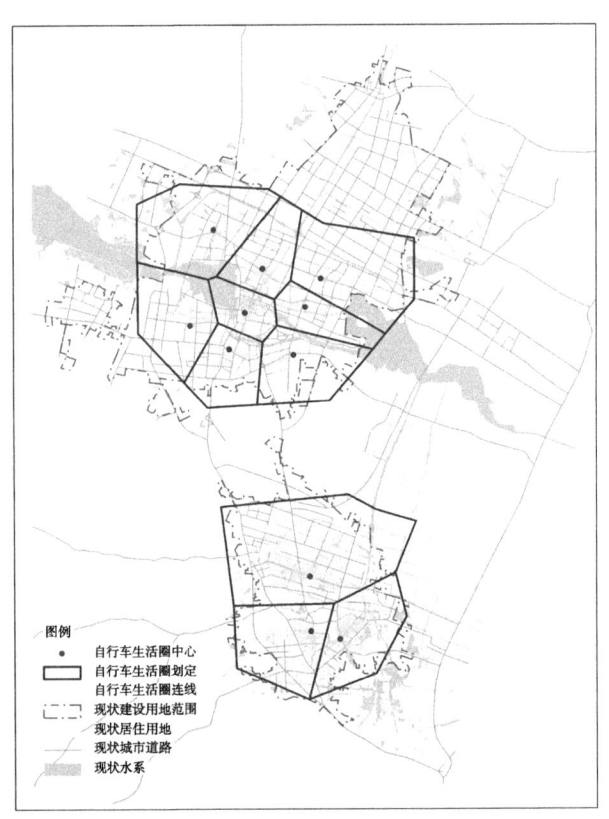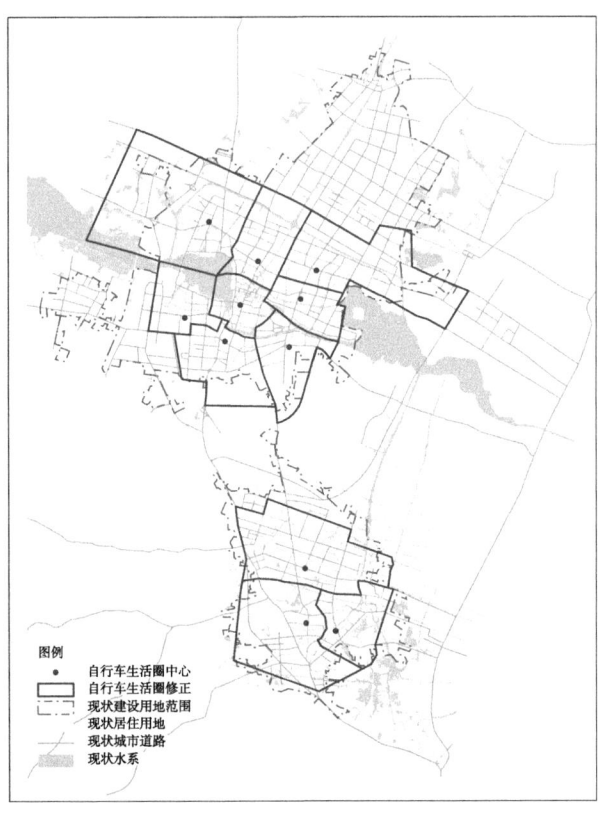

图 9-29 城市生活圈理论范围划定与实际范围修正（见书后彩图）

资料来源：由案例提供者完成。

第二，日常生活圈范围划定。修正后的宜兴中心城区日常生活圈共 31 个，覆盖范围 88.7 平方公里，平均每个生活圈覆盖 3 平方公里，平均半径 700 米，步行出行时间 7 分钟；最长出行距离为 2200 米，最长步行出行时间达 22 分钟。这一区域位于丁蜀西北侧，其出行上的不便是由于工业与居住交错布局，居住用地过于分散而造成的。圯亭、新街、新庄街道的原镇区未计算在内（图 9-30）。

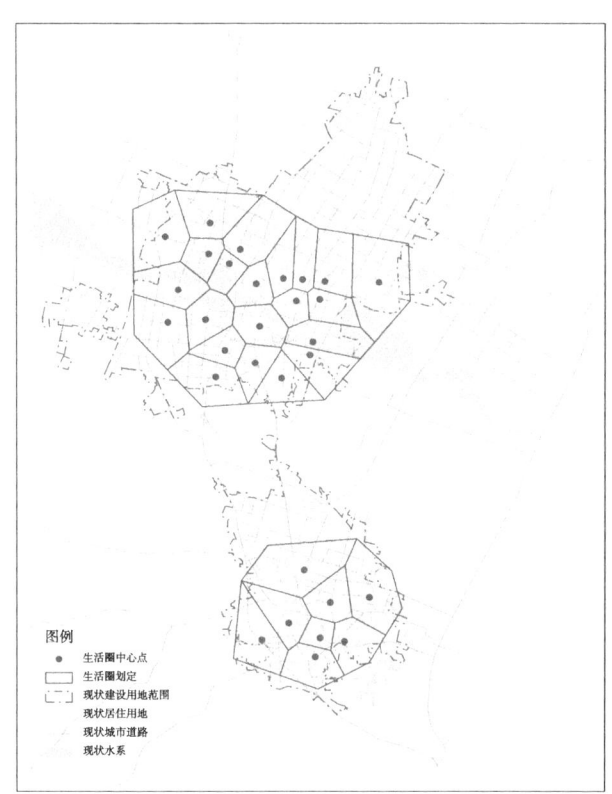 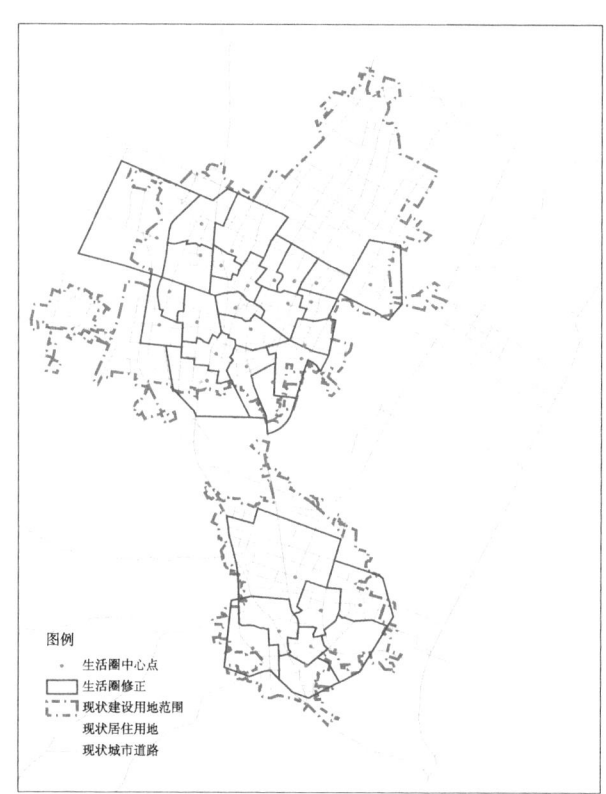

图 9-30　日常生活圈理论范围划定与实际范围修正（见书后彩图）

资料来源：由案例提供者完成。

9.9　社区生活圈的流分析案例（Ⅱ）

9.9.1　案例简介

本案例由文章《基于城市诊断思想方法的社区更新规划》总结凝练而成，由华东建筑设计研究总院城市规划院叶锺楠、美国康奈尔大学韦寒雪完成。

9.9.2　研究目的

该研究以北京石景山区八角社区为主要研究和规划对象，基于以流定形的思想方法，在传统调研和城市体检的基础上运用多源数据对社区的人群集聚、业态更替、设施使用等"流"要素进行特征分析，发掘并量化分析社区发展的主要诉求及其在设施供给、公共空间和人群活动等方面的主要问题，为社区更新策略的制定及实施路径的设计提供有效指导。

9.9.3　研究基本原理

社区更新的对象通常是已经运行十多年乃至数十年的既有社区，和新社区的发展相比，它们尽管在设施、空间、环境、风貌等方面逐渐老化，但其活跃的人群活动、丰富的历史数据和明确的发展诉求也为地区的规划和发展奠定了良好的基础。因此，对社区运行过程中各种"流"的剖析与诊断能够帮助规划者更好地认识社区的状态与需求、把握社区和城市整体的关系以及内部各要素之间的关联情况，帮助社区制定更新的规划，更好地"对症下药"，制定精准的策略来切实改善人民的居住环境和生活品质。

9.9.4　研究指标与数据来源

根据社区的主要功能，研究针对生活系统的相应指标开展检查，具体包括基于城市活力诊断模型的社区活力检查以及基于人群集聚、公共设施供给、公共空间使用以及社区活动组织参与等四项主要指标的检查，同时在指标基本数据的基础上，对其时空变化进行更深入的分析。研究主要用到的数据除问卷数据以及实地调研数据等传统数据外，还包括网络地图热力数据、POI数据、视频监控数据等多源大数据。

9.9.5　研究方法、模型与过程

1. 人群流动与集聚

研究采用腾讯"宜出行"提供的热力数据对八角社区进行人群集聚检查。主要的检查内容包括地区全天的人群集聚规模、密度，以及人群集聚情况在一天中的变化。该研究在对该热力图数据进行矢量化的基础上，计算了全天人群集聚度的平均值，并将相应的集聚度分为7个等级，赋值0.35—11.5，其中热值越高的等级代表越高的人群密度。八角社区的总体单日平均热值为3.70，在与国内同类地区的比较中属于中等水平，考虑到社区管理和规划策略制定的最小单位，研究依据道路、产权、物业管理等因素将整个规划范围划分为5个地块单元，根据每个单元的面积和不同时段的热力数据对各单元的分时段人口集聚规模进行计算。

2. 公共设施运行与供给

研究以高德地图的POI数据为基础，对地区的公共设施供给情况进行检查，并重点关注公共服务供给的规模和丰富度。其中公共服务供给规模通过统计数据点周边100米范围内特定POI数量得到，供给丰富度通过对相应范围的POI类别进行信息熵计算得到，研究在两者的基础上建立公共服务供给水平复合指标，以更直接地反映地区公共服务供给的总体情况。从中可以发现，八角社区范围内4类设施的总量为56个，基于类别的信息熵为1.78，总体公共服务设施供给水平为6.75，在与同类地区的比较中处于中等偏低水平。从具体的POI类型来看，地区商业类和社区类服务供给情况较好，休闲类设施数量略有不足，而公共停车设施则存在较明显的不足（图9-31）。

3. 公共空间使用

地区公共空间使用情况主要通过各地块单元户外活动的人数和持续时间进行量化，项目采用社区视频数据整理和实地观察调研相结合的方式，首先计算地区公共空间总体使用强度。结果显示，经无量纲化处理后的全日平均值为36.7，在与同类地区的比较中属于中等偏低水平，这反映地区的公共空间使用活跃度不高。

此外，该研究进一步对八角社区及周边各个地块单元整日不同时段内的公共空间使用情况进行跟踪，并根据公共空间的使用强度和时段对地块单元进行聚类。从中可以看到，各地块在公共空间使用的活跃时间上主要分为3类情况，一是早上和晚上活跃度较高，白天（工作时段）活跃度较低；二是白天（工作时段）活跃度较高，早晚活跃度较低；三是整体活跃度较为稳定。而在增加使用强度的分

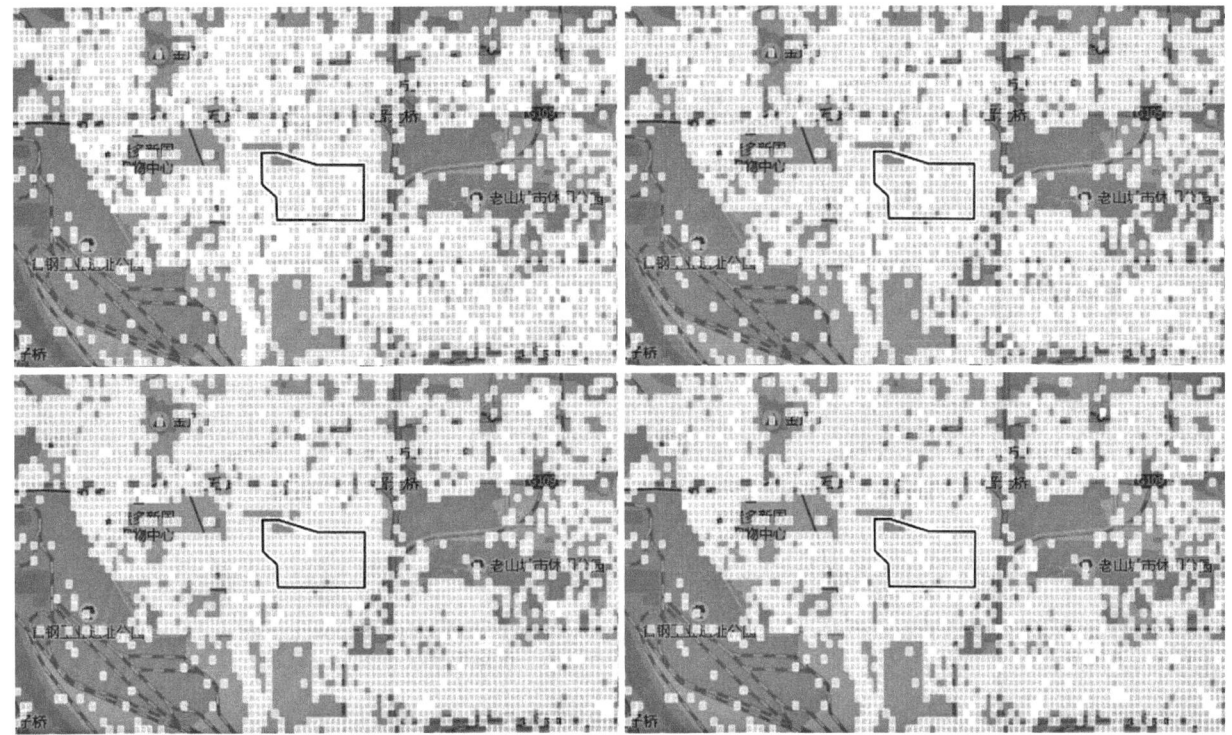

图 9-31　主要类型设施供给水平

（左上为商业设施，右上为社区服务设施，左下为停车设施，右下为休闲设施）

类后，总计可以将结果分为 8 类，基地范围内主要包括其中的 4 类，从面积上来看，早晚活跃型和白天活跃型几乎各占一半。

从基于多源数据对八角社区生活系统的检查来看，地区总体活力不足，但人群集聚规模较为正常，而公共服务供给水平、公共空间使用强度和社区活动参与度三项指标与同类地区相比则存在不同程度的偏低（表 9-7）。这反映出此地区的居住人口和工作人口基数合理，但在设施配置、空间营造和活动组织等方面的不足影响了社区的活力和生活品质，从而造成大量居住人群或是不愿意出门活动，或是选择去较远的地方使用公共设施来开展社区活动的现象。

八角社区生活系统运行情况　　　　　　　　　　　　　　　　　　　　　　　　表 9-7

一级指标	数据	参考	二级指标	数据	参考	三级指标	数据	参考
社区活力	27.5↓	32—42	人群集聚度（单日均值）	3.7→	30—50	空间离散度（标准差）	4.6↑	3.0—4.0
						时间离散度（标准差）	3.9↑	2.6—3.3
			公共服务供给水平	6.7↓	8—16	设施数量（归一化个数）	9↓	10—20
						设施丰富度（熵值）	1.7↓	2.1—3.6
			公共空间使用强度	1.4↓	2—6	使用效率（人次 × 小时 / 平方米）	25→	19—38
						使用持续度（%）	29↓	21—50
			社区活动参与度	38↓	50—100	活动规模（人次 × 小时）	97↓	130—520
						活动多样性（熵值）	1.4↓	2.5—6.1

9.9.6 研究结论

根据对社区运行状态的诊断分析，八角社区在更新规划中应制定"局部激活，以点带面"、15分钟生活圈和社区公共空间扩容优化等策略，以求集中力量解决最关键和迫切的问题，用最小的资源和代价来实现地区更新的目标。

1. 策略一：局部激活，以点带面

地区在硬件配置上的主要问题在于公共空间和服务设施的不足，而公共空间和设施的不足在很大程度上是由大量地面停车挤占空间并破坏了该地区的室外景观环境而造成的。此外，从社区过去若干年对这一问题的解决过程来看，过于平均的资源投入方式会造成效果的局限和分散，一方面无法引起社区使用者和管理者的注意，另一方面也违背了人气和活力需要集聚的原则。因此，本轮更新以"局部激活，以点带面"为发展策略，利用拆除八角西街和八角路交叉口烂尾楼留下的空地，以打造"城市绿阶"形式的社区中心这一策略，形成社区地标，提升社区关注度和地区居民的信心。更重要的是，此策略通过充分挖掘地下空间和屋顶空间的潜力，实现社会停车、餐饮、休闲、社区管理和公共绿地的一体化打造，在有限的空间内解决尽量多的问题，同时吸收社区现有大部分地面停车，为社区的后续发展创造空间和条件（图9-32）。

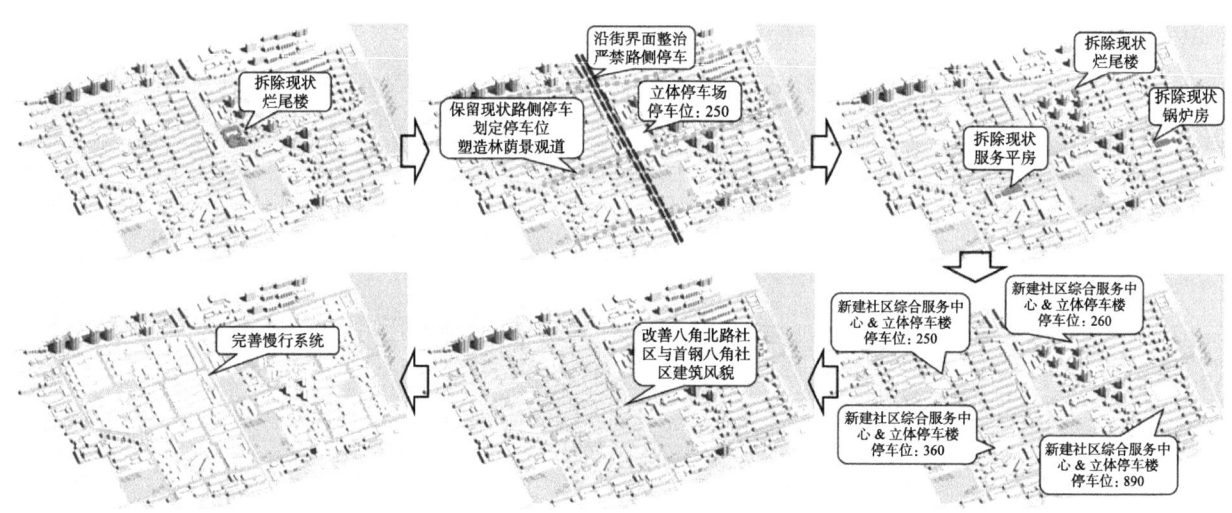

图9-32 社区更新行动计划

2. 策略二：打造15分钟社区生活圈

"15分钟社区生活圈"指在居民居住地的15分钟步行可达范围内，配备居民生活所需的基本服务功能与公共活动空间，形成安全、友好、舒适的社会基本生活平台。八角社区更新规划引入这一概念，以作为解决地区城市诊断中所暴露出来的部分公共服务供给欠缺和质量不足问题的策略。该策略对于教育、医疗、养老等非商业类设施以15分钟步行距离进行覆盖度计算（图9-33），并在此基础上对缺失的设施进行补充；对于餐饮、茶座、超市、文化等商业类设施则根据城市问诊、体检和生活系统检查的结果首先进行不同时段内社区活动的需求推演，并在此基础上提出相应设施的补充原则、空间支撑和政策引导措施。

3. 策略三：社区公共空间扩容优化

针对地区公共空间在规模、品质上的不足，更新规划对地区范围内现有的公共空间和可利用空间进行细致的梳理，并在此基础上制定社区公共空间的扩容和优化方案。规划遵循以社区居民的使用需

图 9-33 社区及周边公共服务设施规划

（自左至右依次为幼儿园、中小学、医疗设施、养老设施、文化设施）

求为主导和充分利用现状资源的原则，避免大拆大建，以精准提升、微更新和精细化管理的方式对地区的公共空间进行提升。主要方式包括：（1）对街道两侧的地面机动车和非机动车停放、闲置杂物堆放和品质较低的景观花坛等进行整治，打造具有休憩、运动和室外茶座功能的柔性空间；（2）拆除社区内部分违章建筑和消极绿化空间，对现有的非机动车棚、废弃供热站等进行梳理和改造，并植入健身设施、小型球场、小型餐饮、图书室、活动室等功能，形成明确的社区内部活动中心（图 9-34）；（3）对楼栋间距空间进行精细改造和微更新，完善非机动车停放、生活垃圾临时放置和邻里交流设施。

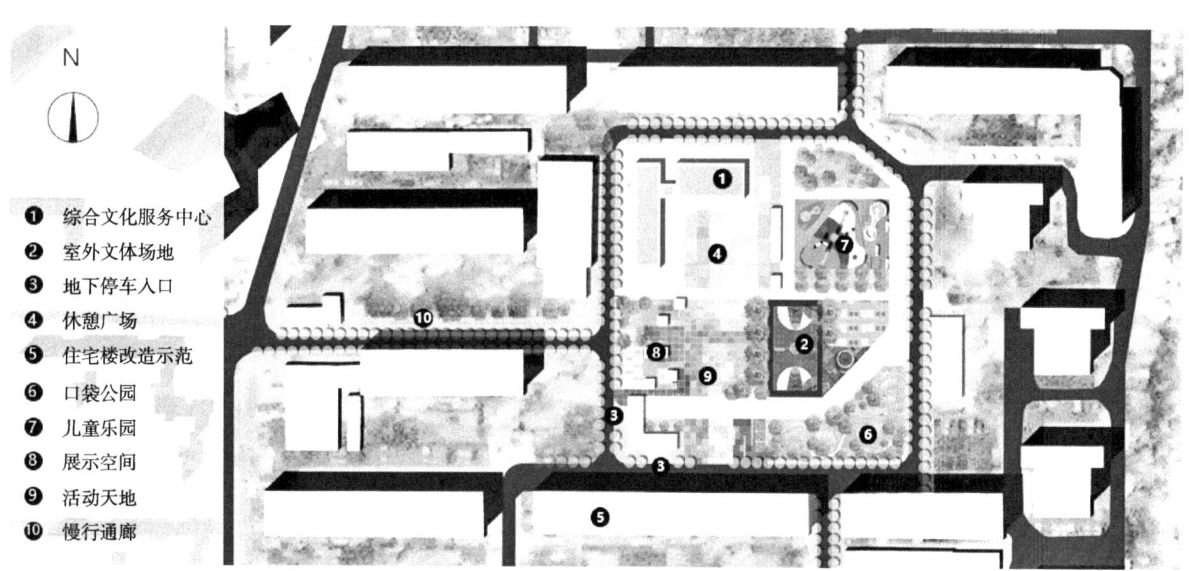

① 综合文化服务中心
② 室外文体场地
③ 地下停车入口
④ 休憩广场
⑤ 住宅楼改造示范
⑥ 口袋公园
⑦ 儿童乐园
⑧ 展示空间
⑨ 活动天地
⑩ 慢行通廊

图 9-34 社区内部活动中心设计总平面

9.10 城市轨道站点的流分析案例

9.10.1 案例简介

本案例由重庆市中心城区轨道站步行便捷性提升规划成果总结凝练而成，由重庆市交通规划研究院高志刚、唐晓勇等共同完成。

9.10.2 研究目的

重庆是典型的山地城市，受山水分隔及地形起伏影响，城市道路资源紧张，穿山、过江断面均是城市交通瓶颈。重庆市政府长期坚持以轨道交通引领城市发展格局，大力推进轨道交通建设，轨道交通运营里程已经从2010年的不足20千米增长到2020年的344千米。然而，重庆轨道交通的密度和万人拥有率与北京、广州相当，但客流强度仅有0.91万人次/（千米·日），与北上广1.5—1.7万人次/（千米·日）的客流强度相比，存在近1倍的差距。为此，通过近十万份的网络问卷调查，研究发现轨道车站两端步行路线与环境不便是市民不选择轨道交通方式出行的主要原因。针对这一问题，重庆市交通规划研究院利用平台交通大数据，研发轨道车站步行便捷性评价方法及自动评估工具，对中心城区现状站点进行了全面评估，精准定位了问题点，并通过试点站示范的方式走通了优化改善的技术路线，提出全面改善轨道车站步行便捷性的建议。

9.10.3 研究基本原理

案例以重庆市交通综合信息平台为基础，拓展建设了轨道步行可达性监测评估工具。

工具的基础包括一套空间数据、一个可达性算法和一套评价指标。

（1）空间数据：指轨道车站周边1.5公里范围的可步行空间，其中既考虑了重庆地形高差影响，也考虑了坡度、信号灯交叉口对步行速度的折减；

（2）可达性算法：用于自动搜索以轨道出入口为起点，800米或10分钟可达的位置和区域；

（3）评价指标：核心指标是轨道车站服务面积占比、绕行面积占比，此外还有针对地块到轨道站点的步行可达指标：步行时间、步行距离、绕行系数。

工具实现的功能包括：自动计算地块到轨道站点的步行可达指标；自动计算轨道车站的步行服务指标；自动通过图示渲染展示评估结果。

工具既能评估现状情况，也能评估改善方案；既能用于精准发现现状问题，也能辅助优化方案编制。

9.10.4 研究指标与数据来源

案例选取服务面积占比、绕行面积占比两项核心指标来评价轨道车站步行便捷性。

（1）服务面积占比

服务面积占比是指以轨道出入口为起点、步行10分钟以内真实可达的地块总面积与以轨道出入口为圆心、800米[①]半径范围内的地块总面积的比值，如图9-35所示，即图中绿色地块总面积与蓝色及绿色地块面积之和的比值。用于反映轨道站点实际服务范围与理想服务范围之间的差距。

（2）绕行面积占比

绕行面积占比是指理想服务范围[②]内，绕行严重的地块[③]总面积与理想服务范围内的地块总面积的比值，如图9-36所示，即图中绕行系数超过1.4的地块总面积与图中地块总面积的比值。用于反映地块到轨道站的绕行严重程度。

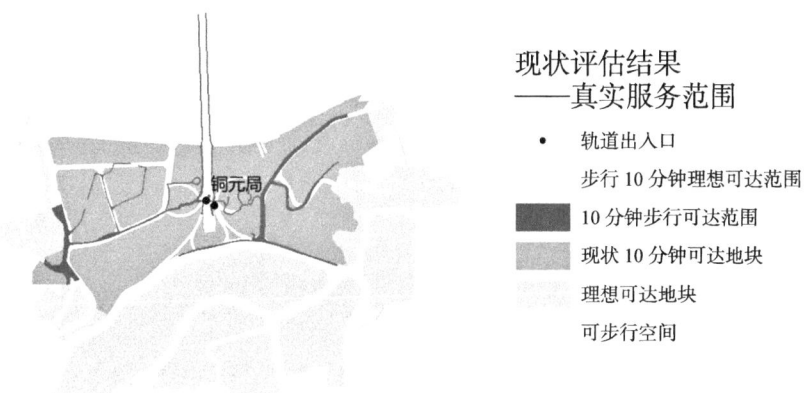

图 9-35　服务面积占比示意（见书后彩图）

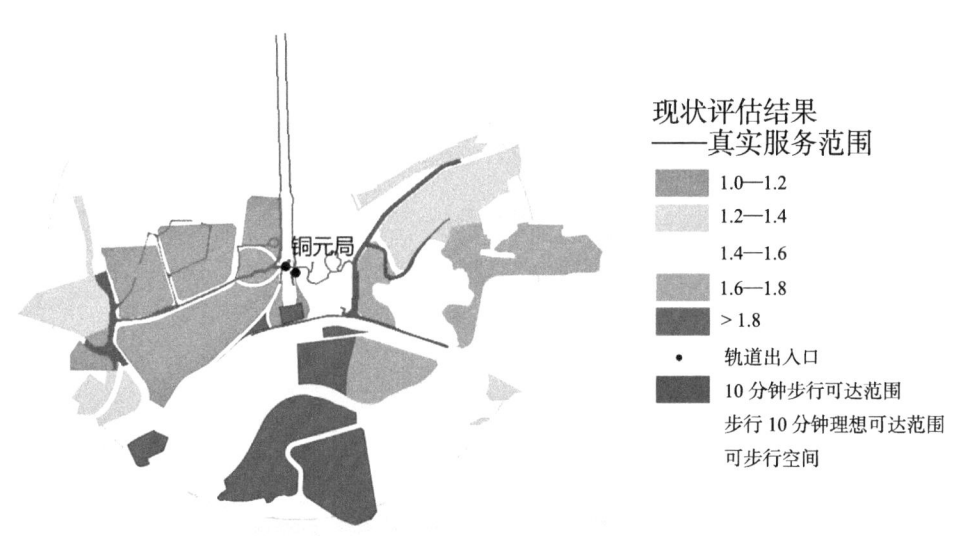

图 9-36　绕行面积占比示意（见书后彩图）

服务面积占比侧重于评估轨道车站步行服务范围的大小，绕行面积占比侧重于评估轨道车站步行服务质量的好坏。

9.10.5　研究方法、模型与过程

以重庆九龙坡区谢家湾轨道车站为例，介绍步行便捷性提升工作过程。具体包括四个步骤：现状评估、现场踏勘、方案编制、方案评估（图 9-37）。

（1）现状评估

通过现状评估发现，谢家湾站步行 10 分钟的服务面积为 1.20 平方公里，服务面积占比仅有 58.8%，绕行严重的用地面积为 0.36 平方公里，绕行面积占比高达 17.4%。从评估图中可以看出，谢家湾站东北角地块到轨道车站绕行严重，步行 10 分钟不可达（图 9-38，图 9-39）。

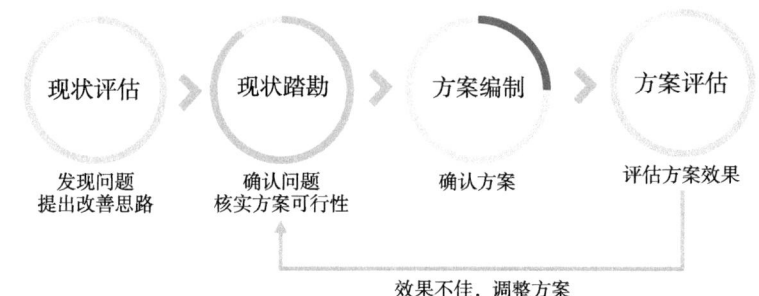

图9-37 步行便捷性提升实践流程

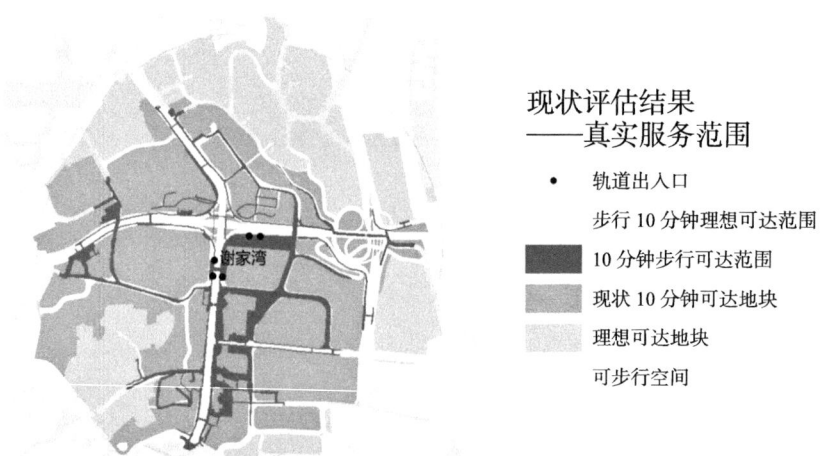

图9-38 谢家湾站服务面积占比评估结果（见书后彩图）

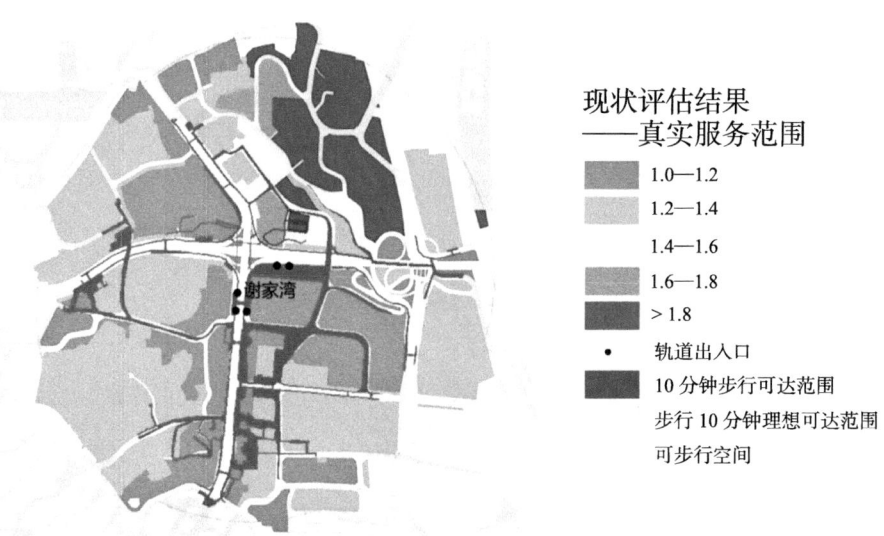

图9-39 谢家湾站绕行面积占比评估结果（见书后彩图）

（2）现场踏勘

通过现场踏勘发现，轨道车站与东北角用地之间受两道崖线阻隔，有50米的地形高差，且中间缺少克服高差的步行设施，导致东北角小区居民需要步行1.5公里前往轨道车站，其中绕行距离超过1公里且多为爬坡道路（图9-40）。

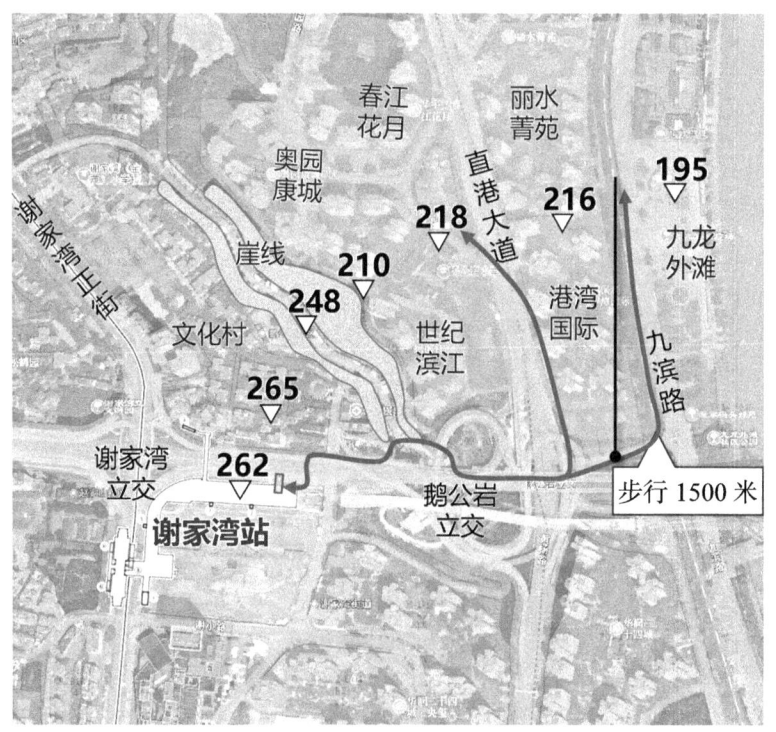

图 9-40 谢家湾站步行问题分析

利用手机信令监测发现，谢家湾站东北角约 4.4 万居民受地形高差影响，轨道交通出行不便。

（3）方案编制

综合现状评估和现场踏勘结果，优化思路即是结合客流需求的主方向，构建连通谢家湾站与东北角用地的直接式步行通道，同时兼顾工程可行性和造价（图 9-41，图 9-42）。

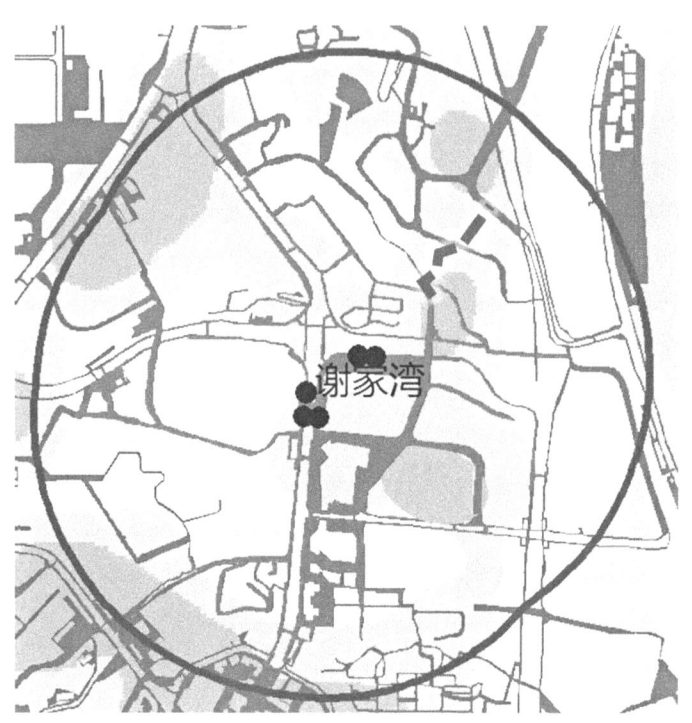

图 9-41 优化方案思路（底图为人口图）

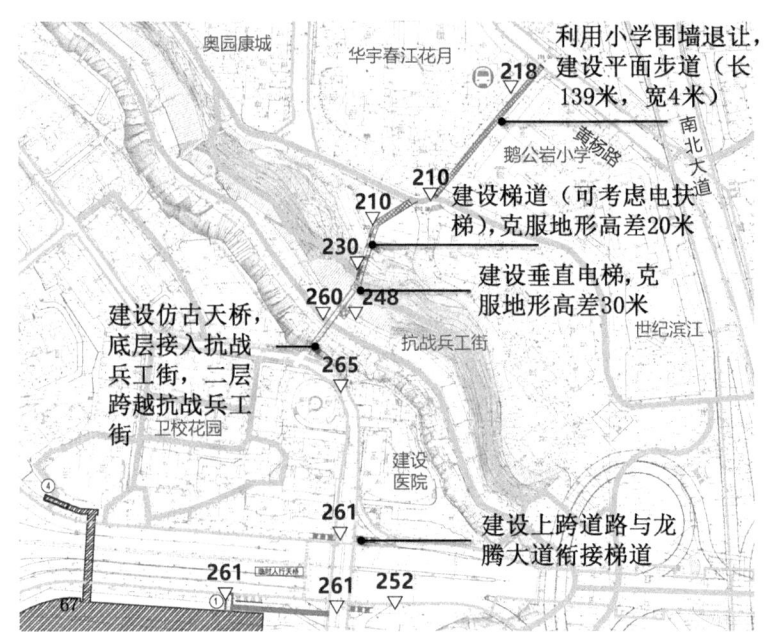

图 9-42　优化方案

（4）方案评估

使用自动评估工具对方案效果进行评价。站点服务面积占比从 58.8% 提升到 63.6%，提升了 4.8 个百分点，绕行面积占比从 17.4% 下降至 13.1%，下降了 4.3 个百分点，东北侧小区黄家码头社区住户约 4.4 万人，前往轨道车站步行距离缩短近 1 公里，步行时间缩短 20 分钟（图 9-43，图 9-44）。

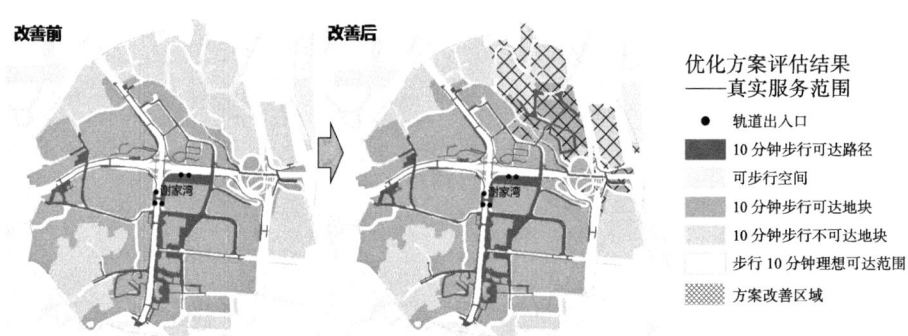

图 9-43　服务范围改善效果评价（见书后彩图）

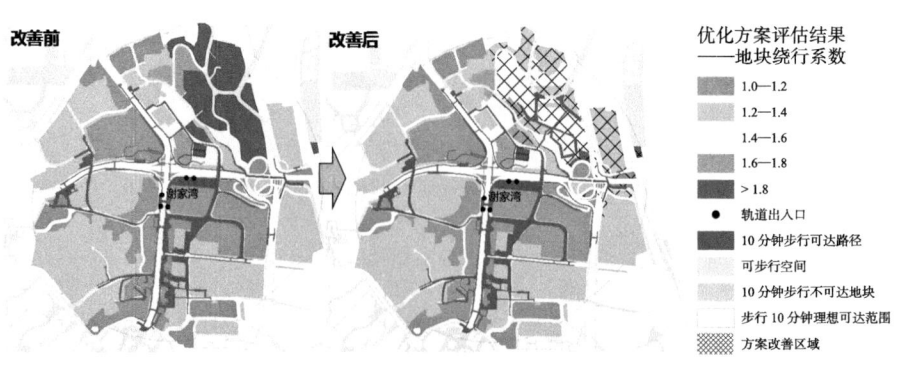

图 9-44　绕行情况改善效果评价（见书后彩图）

9.10.6　研究结论

重庆市中心城区轨道车站步行便捷性提升规划工作对现状 167 个轨道车站进行了全面评估及现场踏勘。评估结果显示：重庆中心城区轨道站服务面积占比仅为 63.3%，总体偏小，约有 65 万人在轨道车站 800 米覆盖范围内，但 10 分钟走不到轨道车站；绕行面积占比 15.9%，约 38 万人前往轨道车站绕行距离超过直线距离的 40%（图 9-45）。

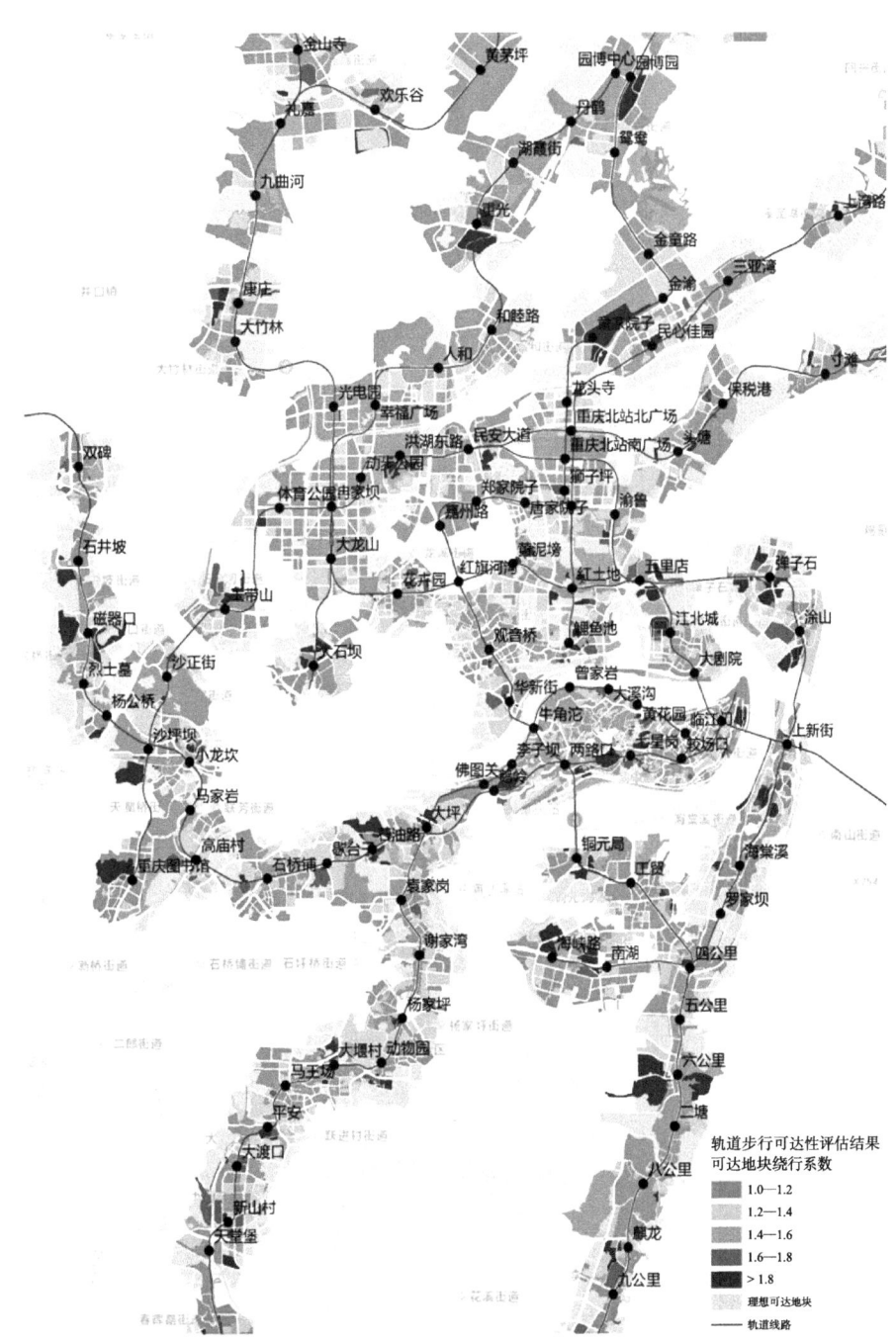

图 9-45　现状轨道车站步行可达性评估结果（见书后彩图）

对存在步行便捷性问题且具备改善条件的 63 个轨道车站编制了优化提升方案（图 9-46）。

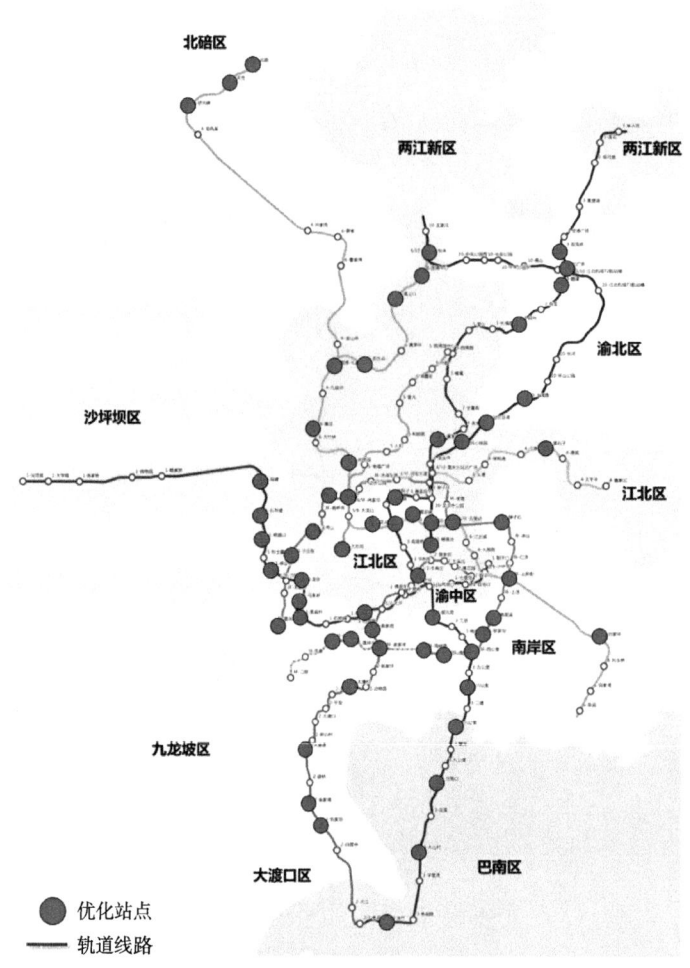

图 9-46　本次优化站点分布

　　将轨道车站 800 米范围内，步行 10 分钟服务面积占比由 63.9% 提升至 68.2%，绕行地块面积占比由 28.6% 降低至 24.8%；优化后，约 76.9 万人步行前往轨道车站更便捷。参照轨道车站周边人口现状出行方式，预计受益人口共节约时间约 2.4 万小时／日。

第 10 章

智城之营：人本场景驱动

　　"场景"一词来源于英语词汇"scene, scenario"。从"场景"在电影中的应用来看，它是指在一定的时空内发生的由一定的任务行动或人物关系所构成的具体生活画面，包括侧重功能满足的"场所环境"和侧重价值判断的"行为景观"。2013 年，特里·克拉克在《场景理论》中探讨了城市场景的功能及其对城市发展的作用。从城市演进趋势看，场景是具有价值导向、文化风格、美学特征、行为符号的城市空间；从生活方式变迁看，场景是一个地方生活方式、价值观念等社会特征的集中呈现，涉及消费、体验、符号、价值观与生活方式等文化意涵。随着城市发展和生活变迁，空间设施与文化、价值观、生活方式等融合叠加创造出的各具特色的"场景"，正在重新定义城市经济、生活等行为活动。场景营造对社区发展产生的影响已经超过了传统要素。

　　场景和场景营造是相辅相成的，场景营造有助于实现场景的功能。场景既是文化认同也是价值判断，场景营造有利于以地域文化为纽带引发人们的情感共鸣、引导公众行为，对个体价值观念、价值选择产生积极影响；场景既是消费空间也是生产要素，场景营造有助于推动空间设施与美好生活精准匹配，激发"生活＋体验＋社群"新业态、新模式、新体验，激活社区空间动力，对先进生产要素产生强大聚集力，进一步刺激消费行为、拉动经济增长；场景既是生活方式选择也是个人价值选择，不同场景蕴含特定的价值取向，塑造着不同的社会生活方式，人们选择一座城市、一个社区作为工作生活的地方，实际上也是一种场景意向和价值取向。

　　因此，有别于工业时代以生产为导向的城市建构，未来城市更注重在生活导向下以场景营造为基底进行城市形态重塑。作为多维度场景的有机集合，未来城市不仅以其舒适的空间品质形塑着市民的社会生活，更以其独特的文化风格和美学特征影响着城市的发展方向。城市形态重塑的关键，一是要遵循人本逻辑原则，二是遵循活力导向原则。遵循人本逻辑原则是指，从满足人民群众美好生活需要出发，以人的体验感和满意度作为根本参照，始终坚持以人为本的价值依归，全方位构建和重塑更加宜人的高品质生活场景，从而提升城市对人的吸引力。遵循活力导向原则是指，由于场景营造的深层次意义表达，是在丰富的空间维系中密切串联人与人之间的经济联系和社会联系，使之最终迸发形成具有蓬勃生机的城市创造力，因此，场景营造必须从增进人的联系和交流出发，营造更有利于释放创造天性的场景土壤。

10.1　智城之营的大数据应用场景价值

　　今天，一个大规模生产、应用和共享数据的时代已经开启，在各行各业，与大数据结合而实现生产效率迅速提高的现象不胜枚举。大数据的意义已经不仅仅局限于其信息意义本身，而是已经成为人们获得新认知，创造新价值的源泉，同时还是改变组织机构、市场以及政府与公民关系的新方法，可以说对整个人类社会的各个方面都产生了重要的影响。数据本身并不能直接发挥作用，只有当数据能够被利用并且具有一定可塑性时，它才能改变人类的工作与生活流程并带来积极的影响。如果对数据加以分析，那么这部分数据就变成了信息，进而形成了一种能够产生相应情境和明智决策的知识（图 10-1）。随着大数据及相关技术的发展，人们讨论的焦点始终集中在三个层面。一是在新的数据源几乎时时都在涌现的情况下，有多少不同

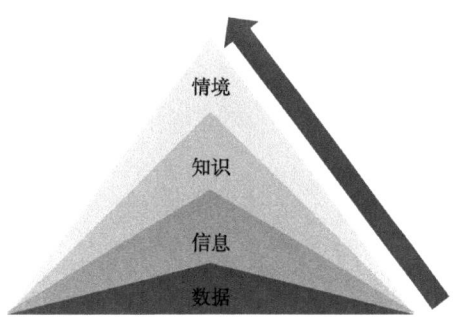

图 10-1　知识产生情境和明智的决策

类型的大数据可以被使用；二是有多少更好地发掘和处理数据的方法；三是大数据及其相关技术有多少应用场景。英国学者舍恩伯格在《大数据时代——生活、工作与思维的大变革》一书中根据大数据的价值链，把大数据公司分为三类：基于数据本身的公司、基于技能的公司以及基于思维的公司。这种划分也正是对应了上述的三个层面。

随着全球范围内商业、资本和市场在社会发展中所起的作用日益显著，新技术的价值转化周期预期也越来越短。因而，当今社会对大数据及其相关技术的应用场景也给予了越来越多的关注。能否及时地找到发挥价值的应用场景，将成为一类数据或者技术在这个快节奏的社会中能否继续存在和发展的关键。

从近年来大数据应用的专业领域看，主要包括政务管理、商业营销、物流交通、基础设施、制造业提升、生物医疗、金融、服务业等行业。城市大数据是大数据的重要组成，其应用涵盖政务（城市治理）、基建（城市规划与城市建设）、服务业（公共服务设施）等多个领域，对现代城市发展和品质提升起着至关重要的作用（图 10-2）。

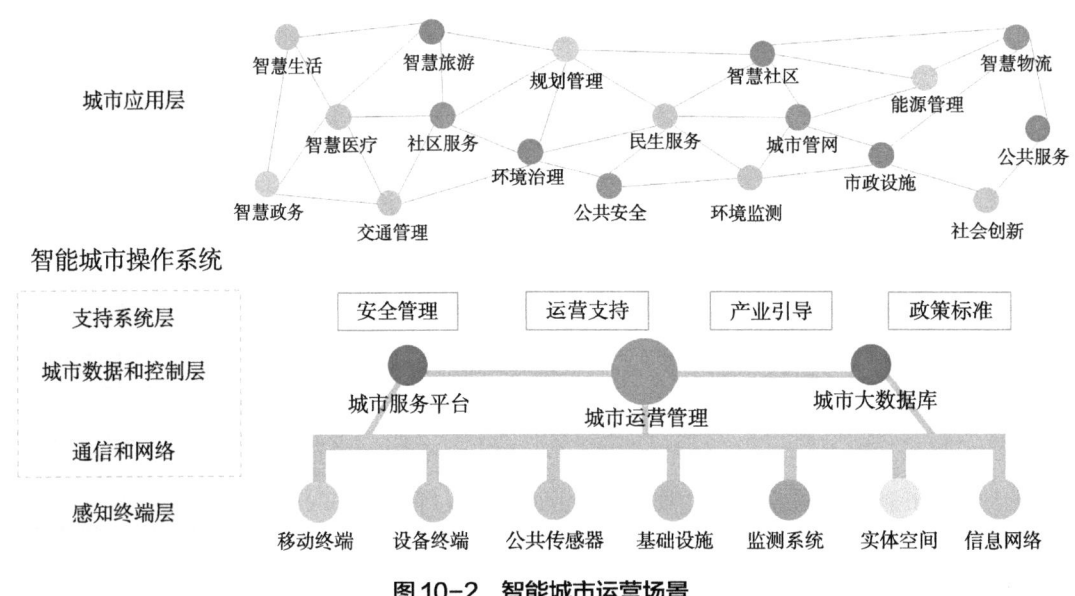

图 10-2　智能城市运营场景

从近年来城市大数据的具体应用场景来看，比较热门的有公共安全、生活消费、产业发展、交通和用地布局、基础设施、生态环境和公共服务这 7 类场景，每一项都包括一系列的具体应用子场景。

10.1.1 公共安全

城市的公共安全是城市为其居民的生命和财产所提供的基本保障，也是城市具有吸引力的重要前提。为了在公共卫生、犯罪事件、自然灾害等状况下维持秩序、消除影响，城市自开始存在以来，就做出了巨大努力。随着新技术时代的到来，以大数据、人工智能等为代表的新技术为城市公共安全的维持带来巨大变革，为城市环境中居住的人类提供更可靠的安全保障。

以 2020 年蔓延全球的 COVID-19 疫情期间的公共卫生干预为例，世界上许多城市在疾病感染者活动轨迹追踪、密切接触者排查工作中使用个体时空大数据，及时高效地实现了可能感染者的隔离和检测，对控制疫情蔓延起到关键性作用。

大数据背景下，通过对移动终端数据、互联网数据、社交软件数据等数据的全方位利用，增强了城市治安的监管。利用大数据研究城市治安问题，获取的信息样本量大，速度快，可靠性高，能够充分提高城市对应急事件与犯罪问题的及时处理与管控能力。近年来，欧美国家通过手机 GPS 定位数据、社交媒体信息众包等对城市治安进行实时监控和预警，并依靠数字化信息技术，帮助突发事件中的居民脱离危险。例如，意大利的"危机可视化"项目，就是通过在罗马和米兰收集社交媒体数据，分析城市居民对政治事件与公共活动的看法与情绪，从而识别出可能发生的城市群体性事件，降低大型公共活动风险。电子围栏技术（Geofence）也是城市数字化应急管理的重要手段之一，该技术被广泛应用于在线签到系统、电子票据服务等领域。在城市危机管理中，可通过电子围栏技术监测手机终端数据，监控特定城市区域人口流向与密度。例如，新加坡建立的风险评估与环向扫描系统（RAHS），就能够通过对电子邮件往来、电话、网络搜索记录、航空和酒店信息、信用卡交易信息、医疗记录等大量数据进行监测，分析 Facebook、Twitter 等社交软件数据，来应对社会突发事件与预防恐怖袭击。

10.1.2 生活消费

生活消费领域由于其成熟的商业化水平和直接的高附加值，成为大数据应用最多、转化最快的场景之一。特别是在网络端，客户行为画像、风险评估、广告精准推荐等几乎已经成为每个人生活中的日常体验。

在城市规划和治理场景下，传统的规划工作通常对商业中心体系的分级采用"三级"指标，对商业设施空间布局及规模设定更依赖于经验判断。尽管"指标规划法"可以程序化、规范化地编制规划，有着简单高效的优势，但由于统一的标准并不能反映不同城市的实际情况，其规划方案的针对性较弱。此外，"经验规划法"主要依靠个人或者团队的经验，结合常理，应用套路来编制方案。这种方法虽然通常可以定性地把握大体趋势，但结果的质量往往过于依赖规划人员的经验、对问题的把握程度以及分析能力，因此规划成果可靠程度以及细致程度的不确定性较大，规划实践过程中往往忽略了商品的供给与消费者的需求、商业中心与消费者之间的互动关系，而这些实际上恰恰是影响城市商业空间发展的重要因素。

大数据及其相关技术的发展在很大程度上弥补了城市商业规划和布局存在的不足，其在生活消费场景下的应用主要包括城市的商业规模测算、商业体系布局、商圈定位、文旅活动组织等。在如今几乎无纸质货币的环境下，银行卡以及各种网络支付软件的消费数据能够高效地对整个城市中市民的消费水平、消费习惯和消费需求进行统计和评估，从而描绘出整个城市的总体和细分商业规模，并为城市规划中商业用地的规模和布局制定提供重要的决策依据。如果将这部分数据与个体时空数据相结合，还能够对不同商圈消费人群的居住位置进行定位，进一步描绘出不同商圈的实际服务范围和人数。

10.1.3　产业发展

产业是一个城市经济发展的基础，产业的类型是决定一个城市性质、类型的重要因素。近年来，大数据已经渗透到产业革命的各个层面。工业生产方面，通过移动互联网平台、物联网传感器等带来的被动感知、高速连接和分布式计算的各类生产制造数据正在逐渐和全球工业系统深度融合，实现产品全过程的诊断预测、物联分析、供应链优化和精准营销等功能，促进了工业生产在研发、生产、运营和管理方式上的深刻变革。农业生产方面，在生产决策环节，大数据带来的变革主要体现为根据历史数据和网络需求调研，预测一定时间内地区农产品的供需关系，合理安排农业生产和流通；在耕种环节，主要体现为利用 GPS 数据、遥感数据、传感监控数据和农机运行数据等来精确把握和诊断生产情况，提升生产效率和抗风险性。

从城市总体层面来看，大数据和相关技术的合理应用将在城市的产业选择、规模控制、空间布局、招商策略等层面带来革命性的提升。全国乃至全球范围内的产业链数据、企业运行数据能够帮助城市更好地认识自己在区域、全国和全球产业体系内的地位，认清自身的优劣势所在，精准地选择主导产业并打造上下游产业链，预估和推演不同产业发展路径下的城市经济发展情况；卫星遥感、航拍数据、城市交通数据能够有效地指导具体产业用地的选择、规范产业园区的开发建设，把最适宜的城市用地给最合适的企业；人均 / 地均产出数据、城市经济流向数据、产业人才流动数据、企业创新数据等的动态采集和分析能够帮助城市实时了解自身产业经济的运行情况，诊断和预判产业发展中的问题，以便及时调整产业发展战略、更新企业管理规范、优化产业招商和人才吸引政策。

10.1.4　交通和用地布局

对城市空间的统筹安排是城市规划的核心职能，无论是对城市道路网络、土地开发还是三维形象的规划，都经历了从经验主导的定性化安排向理性主导的定量化、精细化控制发展的过程。以直接影响城市路网布局决策的交通拥堵研究为例，传统的交通拥堵研究数据是人工测速和信号排队数据，这种方式尽管针对性较强，但由于数据采集成本高、空间和时间的覆盖性低，越来越不能够适应现代化大流量、复杂网络背景下的交通拥堵情况判断需求。大数据背景下，城市交通运行分析和拥堵识别有了许多新的数据形式，如道路视频监控数据、浮动车乃至全样本的车辆 GPS 数据、手机信令数据、网络 LBS 数据、导航服务数据等，不仅可以反馈车辆在不同路段上的行驶速度，甚至还可以提前预知车辆将行经的路线，从而有助于对城市路网中可能发生的拥堵情况进行一定程度的预测。

在开发建设用地的布局方面，大数据和人工智能的应用近年来已经在多个方面有了实践案例，包括通过高分辨率的遥感数据监测城市建设用地、发掘城市用地的增长规律、管控城市用地的开发建设；通过手机信令数据、网络应用人口热力数据、POI 数据等来识别城市的空间结构、发展规模和功能分布，从而评估以往用地规划的实施效果，推测现有规划对城市用地布局的影响；通过二手房交易和房屋租赁网站的挂牌、交易数据来对城市土地价值进行评估，为新增土地出让、旧城改造时序、大型设施选址等提供依据，等等。

此外，在交通和用地的互动层面，新的数据也为城市交通和用地布局提供了更精细化的评估手段：将交通导航的网络计算和 POI 数据相结合能够对城市不同地段的区位、可达性进行更精确的量化评估；基于手机信令、公交刷卡、车辆 GPS 数据的近全样本 OD 分析能够更准确地判断城市中的职住平衡情况，为城市未来商业办公和住宅的空间选择提供重要的参考依据。

10.1.5 基础设施

基础设施系统是城市良好运行的保障，也是城市物质、能源流动的网络载体，其主要构成包括能源系统、物质系统、水系统等，各个系统的顺畅运行保证了城市整体的健康稳定。而及时获得基础设施各系统的运行信息，对其进行分析、诊断、优化和提升则是保证城市基础设施系统良好运行的关键。

城市能源系统的良好运作主要反映在两个方面：一是城市能源的使用效率，即城市系统整体能量输入与其经济、物质产出的比例，具体的衡量指标包括人均能耗、地均能耗、单位 GDP 能耗等；二是城市能源的构成结构，即不同种类的能源在城市使用能源总量中的比重，若可再生能源、清洁能源所占的比例越高，则意味着城市的能源系统越健康。至于数据来源方面，目前微观层面的能源使用效率数据来自整个能源网络节点和终端的流量设备，宏观层面的能源使用效率数据和城市能源构成数据主要来自城市能源供应企业的运营数据。

城市物质系统运行情况包括物质的流动速度、运载能力、运行稳定性等指标。大数据时代背景下，流动速度和运行稳定性指标可以通过运输工具的 GPS 数据、乘客的手机位置数据等进行量化，运载能力可以通过货物电子标签进行数据量化。同时需要注意的是，城市中的现实流动情况往往不等于物质循环系统的流动能力上限，近几年普及的网络地图交通时耗预测功能所提供的模拟数据为城市物质循环系统流动能力的诊断提供了实时易获取的数据工具，基于网络地图数据的城市流动性诊断模型可以帮助人们对城市物质循环系统的运行情况进行精确动态的监测、检查和诊断。

水资源系统运行的重要评价标准是城市用水效率，即城市总体摄入的用水量和排水量的比例。在地球水资源缺乏的今天，城市生命体的用水效率是其可持续发展能力的重要体现，排出水量占摄入水量的比例越低，意味着城市对水资源的利用效率越高。通过城市供水部门和污水处理部门所记录的城市用水排水数据可以计算和监控城市整体的用水效率。此外，在大数据和物联网技术的支持下，整个城市给水排水、中水管网中的传感器数据可以更精确地分析水资源在不同地段、不同时间段的使用效率。

10.1.6 生态环境

从全球城市化的历史来看，城市发展的过程往往伴随着生态环境问题的产生。生态环境问题的识别和度量取决于人类活动对环境的影响程度以及生态环境本身的承受能力，具体包括人类活动对环境的影响强度、人类活动作用于环境的时间长短，以及生态环境本身对外来影响（或作用力）的缓冲、调节、恢复能力，还有质量状况等内容。

传统生态环境场景下的研究数据，主要来源于环境监控数据、城市统计年鉴数据等。生态环境问题的研究和应对不仅需要气温、降水、废水排放、垃圾处理、粉尘等数据，还需借助经济、人口、社会、资源等多方面统计数据，来更为准确地研究城市与生态环境的关系问题。但由于环境监测点位置与数量的限制，以及城市统计数据的时间滞后性，基于传统数据来研究和处理生态环境问题在认知的覆盖面、准确性和实时性方面仍有所欠缺。

依靠大数据和数字化技术研究分析环境污染能够大大丰富数据的层次性，提高数据的覆盖面、可获取性和量化精确程度，目前的生态环境场景中常用到的新型数据包括卫星遥感数据、数字地图街景数据、手机信令数据、社交软件数据、网络交通数据、人群热力图等。卫星遥感数据能够动态地对大范围的城市大气情况、温度情况等进行监控、分析和比较，实时调整城市的应对策略。手机信令数据、人群热力图等通过市民的实时位置了解城市人口分布与流动，从而研究人口与城市热岛、粉尘等环境问题的关系。而车辆 GPS 数据、LBS 数据等，多用于研究与城市车辆使用密切相关的城市大气污染问题，车辆过于集中的区域，一般雾霾等空气污染问题更为严重。社交软件数据、互联网数据则主要用于了解和分析居民对城市污染的记录、举报、情绪等。利用大数据研究城市污染问题，在空间和时间上能更明晰地反映在人口影响下生态环境问题的分布与持续时间，使得环境政策的制定更具科学性与可靠性。另外，通过大数据实现污染数据的可视化，可以有效提升城市居民对环境污染问题关注甚至举报的积极性，鼓励公众理性参与城市环境治理。

10.1.7 公共服务

城市基本公共服务包括与民生密切相关的医疗卫生、基础教育、福利保障、环境保护、公共交通等。一般而言，根据对城市公共服务的评价来源，可将城市公共服务评价分为主、客观两种。主观评价是指使用城市公共服务的居民从便利性、公平性等角度进行的综合评价；客观评价则是通过对地区政府在公共服务上的财政投入、人口、公共服务提供的数量与空间分布等客观指标来衡量公共服务供给水平。

而在城市公共服务对传统数据的利用方面，根据公共服务的种类，统计不同城市区域的人口与教育、文化、医疗等设施数量、财政预算和支出情况等，进而以万人指标或千人指标衡量和控制公共服务的供给。但随着城市和区域的发展，服务设施的商业化、区域及城市人口流动、人户分离等现象日益普遍，传统的数据模式越来越难以真实地获取服务设施的数量和使用情况，以及服务人群情况。

依托大数据的智能化城市规划和治理，能有效改善城市公共服务设施供给不足或水平低下的问题。大数据背景下的数据来源包括 POI 数据、互联网数据、实时导航数据等。建设信息化、数据化、智能化的城市公共服务体系，可以反映当下城市运行状况，并为未来的公共服务设施规划布局提供预测参考。相比传统数据和方法而言，大数据获取信息量更大、更精确、时效性更强，并能够实现多区域公共服务供给水平的对比研究。

此外，通过搜索引擎数据、社交媒体数据、网站点评数据等非结构化的大数据，还可以挖掘城市居民对不同种类公共服务资源的需求与偏好，提高公共服务设施规划布置的合理性。

10.2 城市公共安全场景案例

10.2.1 案例简介

该案例由文章《大数据助力城市危险品管理》总结凝练而成，由北京航空航天大学的王静远、陈超、吴俊杰、熊璋共同完成。

10.2.2 研究目的

汽油、化工原料、毒害物质等危险化学品的运输与存储安全是城市公共安全领域备受关注的研究课题。长久以来，由于危险品存储与运输不当而造成的城市安全事故层出不穷。频发的事故与惨痛的教训反映出城市危险品安全问题的解决迫在眉睫。同时，该问题的解决也面临着诸多问题和挑战，例如，如何寻找城市中由于危险品的不合理规划导致的危险区域？如何得知造成城市区域危险的原因？如何预测危险的发生？针对这些问题，北京航空航天大学计算机学院和经济管理学院的合作团队研发的 Dangerous Goods Eyes（DGeye）系统，从大数据的角度为这些问题的解决提供了新的视角。

10.2.3 研究基本原理

如果我们只考虑危险品车辆而不考虑人口的分布，会因绝大多数危险品车辆都分布在城市外围，就简单地认为城市中心区域不存在严重的危险品运输风险，从而留下了许多安全隐患。因此在考虑该问题时需要对两种数据进行融合。

数据融合的主要挑战是两类数据在尺度上的异构性。北京的总人口超过 2000 万，但是危险品车辆的总数不超过 1000 辆，如果直接将两种数据进行融合，危险品车辆的信息会完全淹没在巨量的人口数据当中。为解决这一问题，DGeye 使用马氏距离将两种数据进行尺度归一化。在计算区域得分时，使用人口和危险品数量在马氏距离空间上的乘积作为该区域的风险评分（Risk Score），如图 10-3 所示：

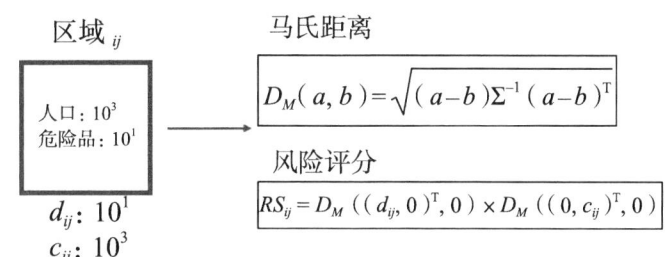

图 10-3 使用马氏距离的数据归一化

资料来源：由案例提供者完成。

图中 d_{ij} 表示区域 $_{ij}$ 的危险品运输量（在数据中为 10^1 量级），c_{ij} 表示区域 $_{ij}$ 的人口数量（在数据中为 10^3 量级）。$D_M(a, b)$ 表示向量 a，b 之间的马氏距离（Mahalanobis distance）其中 a，b 表示数据集中的两个样本，每个样本由若干维度的特征组成。Σ^{-1} 为样本集的协方差矩阵，矩阵中的非对角线元素表示对应行列特征之间的协方差，对角线元素表示某一维特征的方差。RS_{ij} 表示区域 ij 的风险评分。

当一个区域的风险评分高于某个阈值时，系统就认为该区域是一个风险区域（Risky Zone）。

10.2.4 研究指标与数据来源

DGeye 系统的数据来源由危险品运输车辆轨迹和手机信令数据两部分构成。首先是危险品车辆的轨迹数据。2010 年 7 月，国务院印发《关于进一步加强企业安全生产工作的通知》，要求自 2011 年 8 月 1 日起，所有新出厂的危险品运输车辆均需安装北斗卫星定位装置。定位数据由地方交通管理部门进行分级收集管理，并接入交通部运营平台，从而实现对全国危险品车辆位置的实时管理。

然而只了解危险品车辆的位置并不能完全满足城市危险品管理的需求。DGeye 系统除了需要知道危险品在哪里，还需要了解"人"在哪里。手机信令数据就是 DGeye 系统的第二个主要数据来源。手机信令数据是一种记录手机和基站之间信号连接次数的数据，具有不记名、不含隐私信息的特点，能够统计城市中手机用户的数量。

DGeye 系统使用栅格化方法，将城市地图划分为 500 米 ×500 米的正方形区域，并对每一个区域内的危险品车辆数据和手机用户所代表的人口数据进行统计。具体而言，在该文章中使用 2015 年 1 月的数据，分析北京和天津两座城市中人口数量的分布和危险品车辆的分布情况。

10.2.5 研究方法、模型与过程

1.危险模式挖掘

风险区域并不能完全表达一个城市的风险分布，因为其仅能反映偶尔发生且持续时间较短的风险

事件。为了进一步发现那些稳定且频繁发生的风险，该研究提出了一种 Apriori-like 算法，以此来挖掘城市中风险区域的时空模式。该算法的主要功能是帮助人们发现城市中"空间上相邻"（co-location）、"时间上频繁"（co-occurrence）的风险区域组合（图 10-4）。

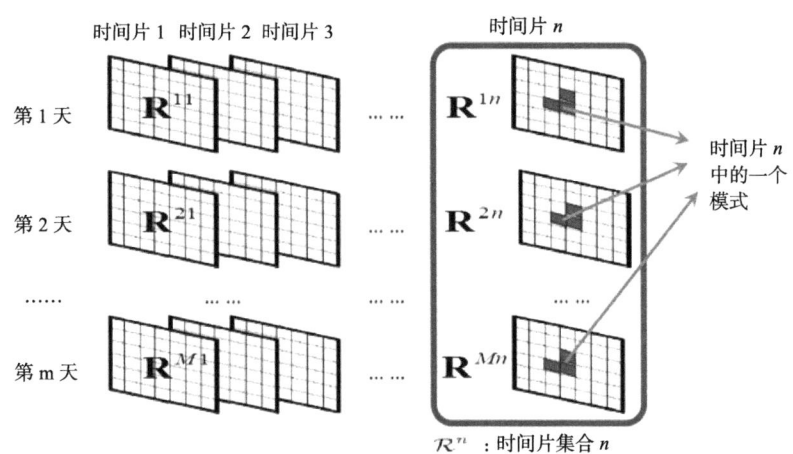

图 10-4　识别风险区域组合的 Apriori-like 算法

资料来源：由案例提供者完成。

通过 Apriori-like 算法，DGeye 系统能够提取出一个稳定的城市风险模式。通过对比北京和天津两座城市的风险模式可以看出，北京和天津的风险模式在空间和时间分布上均有不同之处。从空间分布来看，北京较大规模的风险模式集中在城市中心区域，而天津较大规模的风险模式则集中在天津港区。这种差异反映出两座城市具有不同的危险品运输需求。即北京的危险品需求多以加油站、餐饮燃气等民用燃料为主，运输车辆需要穿行市区，因此在市中心形成连片的风险模式；而天津的危险品需求主要是天津港的危险化学品进出口，因此风险模式集中在天津港区。

而从时间分布来看，如图 10-5 所示，北京的危险品需求内在驱动力为市民的生活需求，因此风险模式的时间分布和市民作息高度相关，具有很强的节律性；而天津的危险品需求为进出口工业需求，由于港口能够进行三班倒的连续运营，因此天津的风险模式在时间上的分布比较均匀。

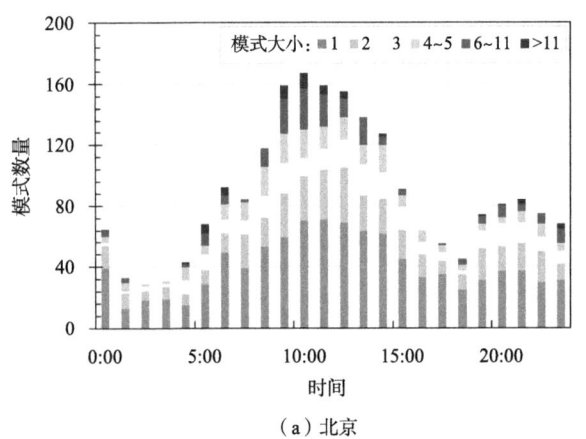

（a）北京

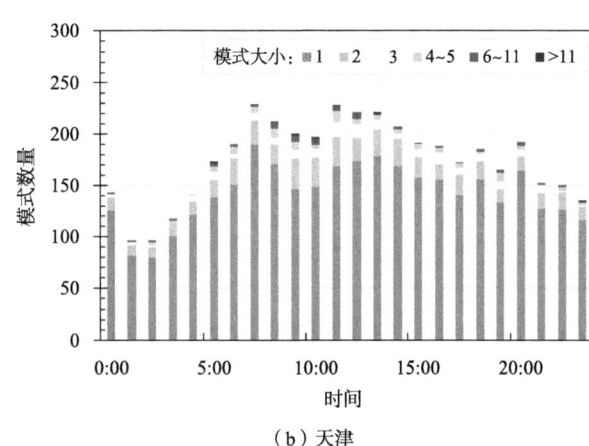

（b）天津

图 10-5　京津两市的风险模式时间分布（见书后彩图）

资料来源：由案例提供者完成。

2. 风险模式依赖网络

在同一个城市中，各个风险模式之间存在着很强的因果依赖关系。例如，由于加油站、餐馆等危险品运输目的地的存在，城市道路上往往因此而产生一定的风险模式。为便于城市管理部门对风险模式进行治理，需要进一步地分析风险模式之间的依赖关系。

如图10-6所示，该研究构建了一个模式之间的依赖网络，该网络中每一个节点代表一个危险模式，当一辆危险品运输车从A模式经过并驶向B模式时，则在A到B模式之间构建一条边，并对边的权重加1。

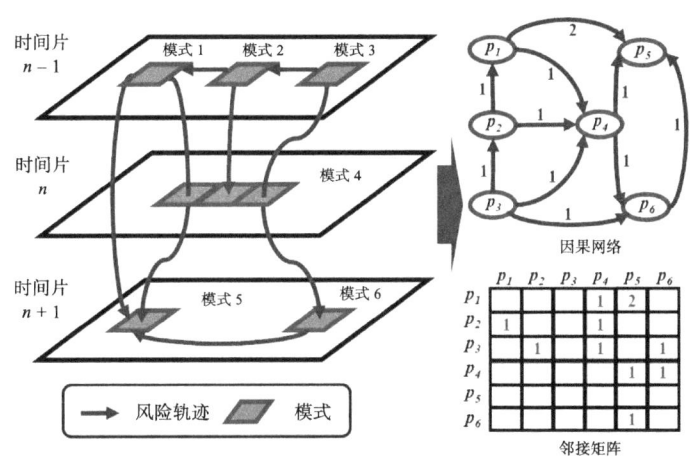

图10-6 模式间的依赖网络

资料来源：由案例提供者完成。

以此方法构建出的网络，假设$P_x \rightarrow P_y$有一条边，那么可以认为区域P_y是危险品的下一个目的地，P_y（或其下游节点）对危险品的需求导致了区域P_x的风险，因此也将该网络称为风险模式的因果依赖网络。

基于风险模式的因果依赖网络，使用带重启动的随机游走算法（Random Walk with Restart），对风险模式进行重要性排名。图10-7是排名获得的两个例子。

图10-7（a）为北京市的风险模式区域排名，其中红色的模式为排名第一的风险模式。该模式覆盖了北京市东四北大街和建国门内大街的一片区域。由于该区域是北京主要的休闲和娱乐区，著名的"簋街"特色小吃一条街就在这里，火锅、烤鱼、麻辣小龙虾等特色餐饮吸引了众多的食客（人口密度大）。同时，众多餐馆对煤气罐等危险货物的需求导致该区域危险品和人口聚集高度重合，形成了危险品安

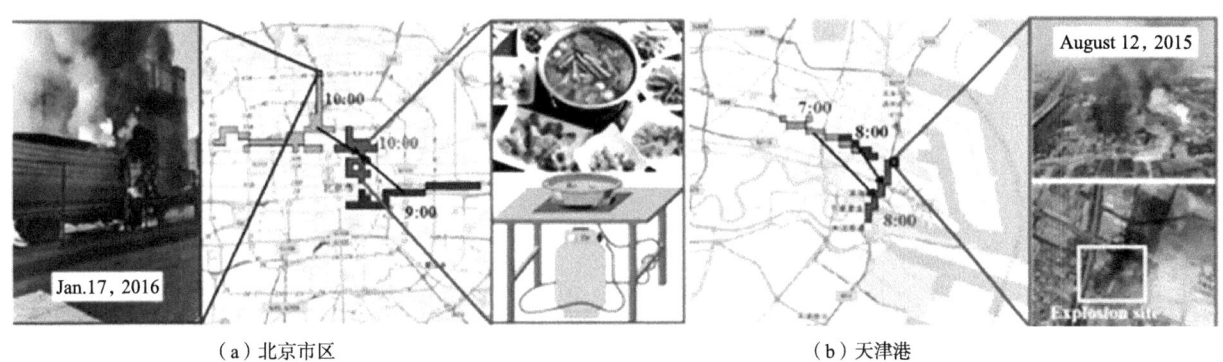

（a）北京市区　　　　　　　　　　　　　　　（b）天津港

图10-7 风险模式排名案例分析

资料来源：由案例提供者完成。

全风险。图（a）中绿色和蓝色的两个模式是因果依赖网络中依赖于红色区域的两个主要模式。可以看出，这两个模式覆盖了从市区外到达红色区域的几条主干道路。红色区域对于危险品的迫切需求，导致这两个区域发生了危险品运输风险。2016年1月17日，一辆液化气运输车在绿色区域发生了燃烧事故，其目的地就是红色区域的特色餐馆。

由于该研究使用的是历史数据，因此也可以看到天津爆炸案发生前的风险排名情况。根据图10-7（b），可以发现当时天津市排名第一的风险模式覆盖了一条沿着天津港的南北走向主干道，该道路直接和天津港码头的内部铁路相连。而由该模式引起的两个模式又覆盖了一条通往码头的东西主干道路，该道路穿过了天津滨海新区人口密度较高的城市中心。东西道路和南北道路的交叉点，就是天津滨海新区爆炸事故的爆炸点。

此外，基于因果依赖网络，研究提出基于Expectation-Maximization（EM）算法的贝叶斯模型，该模式能够以当前一小时的风险模式分布来预测未来一小时的风险模式分布。由于该因果依赖网络能够很好地建模出各模式之间的因果依赖关系，因此获得了非常好的预测效果。

10.2.6　研究结论

该案例提出一个新型系统Dgeye，用于城市危险品风险检查和预测。其重点技术在于危险模式的挖掘、Apriori-like算法以及因果网络的构建和应用。危险模式揭示了历史数据中京津两市危险品管理风险的时空分布规律。基于因果依赖网络的应用，能够对城市管理部门的城市危险品治理和城市安全改造提供一定的指导意义。

10.3　城市卫生防疫场景案例

10.3.1　案例简介

本案例由文章《城市空间特征对流行病传播的影响》总结凝练而成，由华东建筑设计研究总院城市规划院叶锺楠完成。

10.3.2　研究目的

2019年年底以来，新型冠状病毒（COVID-19）感染的肺炎在全球多地先后暴发，感染数以千万计的人群，震惊世界的同时，也引发了又一轮关于城市规模和密度的思考。

怎样的规模和密度才是城市发展的最优解？城市究竟应该走向高度集聚的繁华大都市还是适度分散的宜居小城镇？这些问题一直以来都是城市规划和研究领域争议的热点。对于这些问题，从经济、产业、生态、生活等不同的视角往往可以得到不同的结论。而新型冠状病毒疫情的全球暴发，似乎给争议的天平上"小规模、低密度"一侧增加了一颗砝码。

在直觉上，人人都能感受到大城市高密度、高集聚的环境是疾病传播的温床，但城市的密度和规模等空间特征具体是如何影响流行病传播的呢？为了解决这个问题，该研究通过构建以社群单元节点和长短程连接组成的城市空间网络，并采用基于智能体的建模技术，对不同规模、密度和空间结构的理想城市单元进行了大量模拟，考察了三者对疫情持续时间以及最终感染人数的影响，之后还以新冠疫情期间的武汉主城区为例，进一步对模型进行了模拟、分析和验证。

考虑到现实生活中，城市政府与人群个体会采取各自相应的防治措施来应对疾病传播。因此，该案例还在模型中增加了对不同类型公共卫生干预措施的模拟，以考察在充足的公共卫生干预下，流行病在不同特征的城市空间中是怎样传播的。

10.3.3　研究基本原理

基于智能体的建模方法（Agent-Based Modeling，ABM）是分布式人工智能的一种，其运作方式是建立一系列有自主分析和决策能力的智能体（agent），并通过这些智能体的行为和互动来模拟真实世界的运行（Uri Wilensky&William Rand，2016）。ABM在模拟复杂系统方面具有独特优势，在社会研究、宏观经济、系统控制、军事和城市研究等领域均有广泛应用。

流行病在城市中传播的过程是一个由传播要素（疾病）、大量自主性主体（人）和他们的交互行为综合作用下的结果，具有典型的复杂系统的特征，传统的观察和研究方法很难对其运行规律进行量化和总结。而基于智能体的模型，则能够通过对主体及其交互活动的分布式模拟，来实现对疫情整体传播和扩散情况的描述和预测（图10-8）。

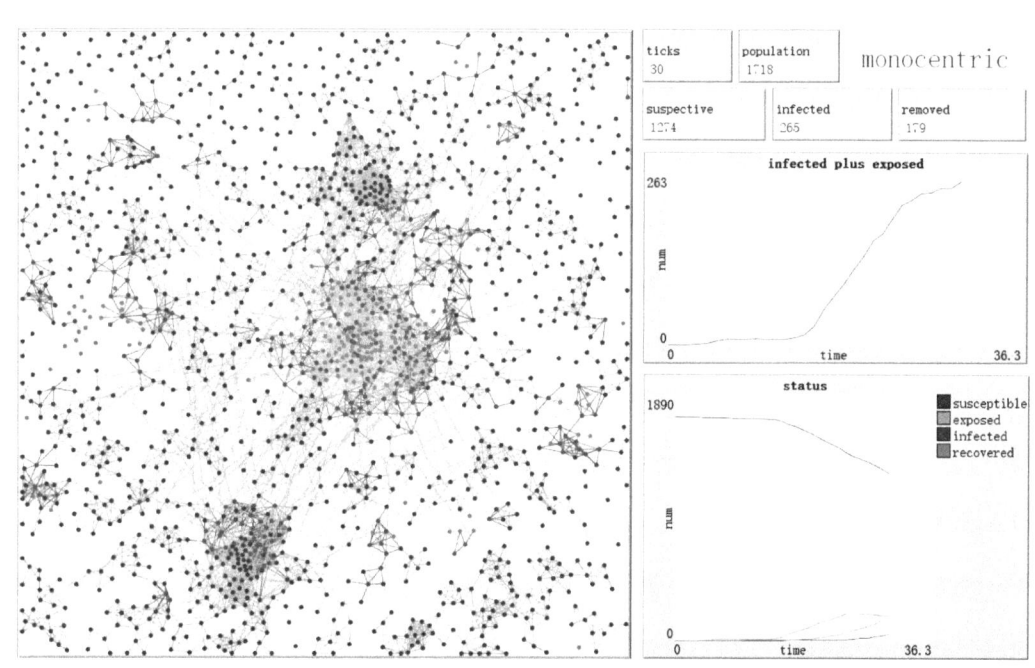

图10-8　网络构建及疫情扩散的单次模拟过程（见书后彩图）

10.3.4　研究指标与数据来源

人们通常用"大城市"来指代市区面积大、人口多、高度集聚的城市，但严格来讲，"规模"和"密度"是两个不同的概念。为此，该案例对不同规模和密度条件下的理想社群单元网络分别进行了控制变量模拟。其中"规模组"在控制密度（单位空间节点数量）不变的条件下比较了20组数据，"密度组"在控制规模（网络总体尺度）不变的条件下比较了16组数据。

考虑到不同的城市空间结构可能会对流行病的传播产生较为显著的影响，该研究还引入了第三组变量，即空间结构，具体包括单中心、多中心和均质分布三种结构。

为进一步考察公共卫生干预措施对不同空间特征中流行病传播的影响，该研究在模型中增加了前文所述各类干预措施的量化表达，对每一个变量组合都进行了无公共卫生干预和有公共卫生干预两种不同情景下的模拟，结合规模、密度和空间结构的不同组合，总共形成216组输入条件。

由于流行病的传播在数量上和方向上都具有随机性，单次模拟结果不具有代表性，因此针对每一组输入条件均进行了 500 次约束条件下的随机模拟，模拟总次数为 10800 次，每组条件的模拟结果经清洗后产生 460—495 组有效数据，最终以平均持续时间 T 和最终感染节点占总节点的平均比例 I 来描述每组条件下的疫情传播情况（图 10-9，图 10-10，图 10-11）。

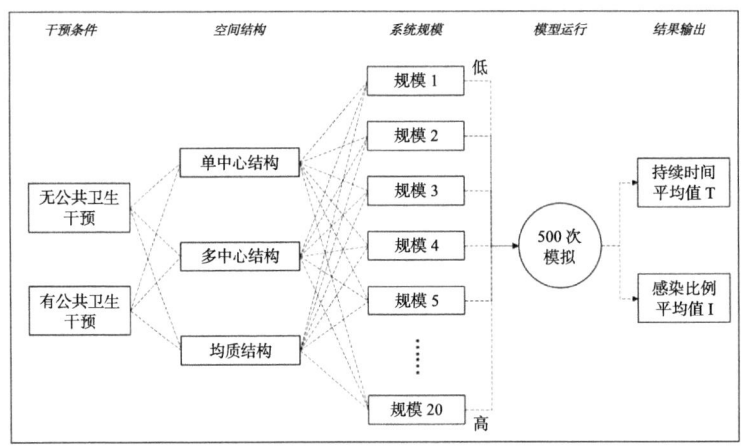

图 10-9 "规模组"模拟过程框架

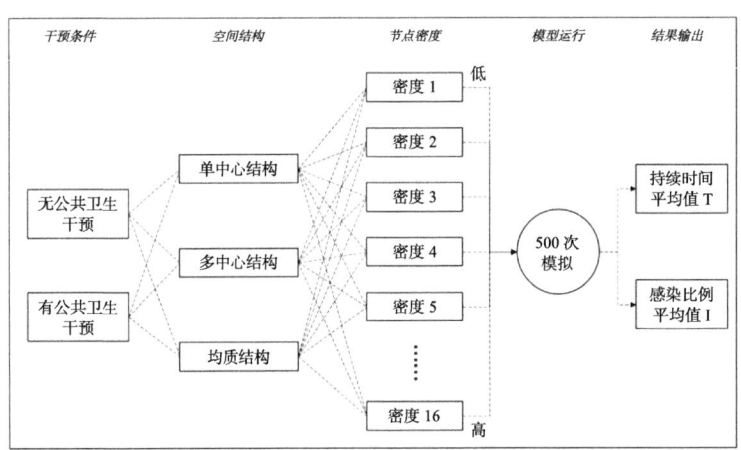

图 10-10 "密度组"模拟过程框架

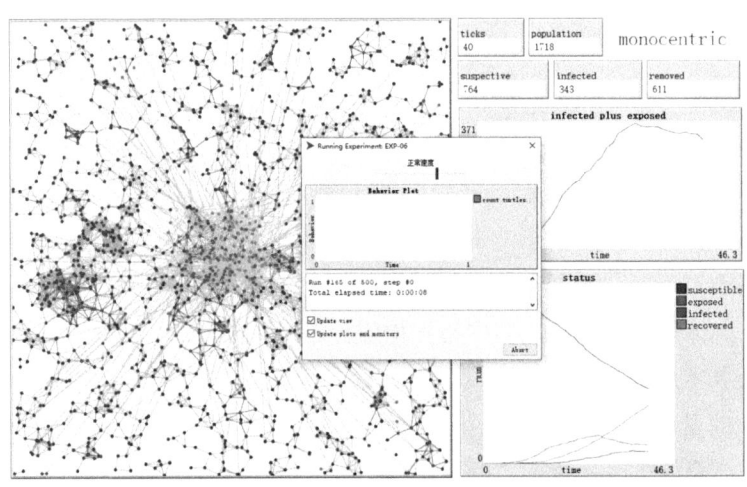

图 10-11 单情景的 500 次模拟过程（见书后彩图）

10.3.5 研究方法、模型与过程

1. 节点：社群单元

从对象单元来看，传染病传播模型的构建思路可以分为单一群体方法、微观个体方法和复合群体方法。单一群体方法是将具有共同特征的人群视为一个整体，考察不同特征人群之间的交互，最常见的有以 SIR 模型为代表的各种仓室模型。微观个体方法是以单个个体为模拟对象，在最大程度上体现个体的异质性。复合群体方法则介于上述两者之间，通过建立一系列的社群单元来代表在地理或社会关系等方面具有同质性的各类群体，通过网络实现社群单元之间的交互。

单一群体方法一般难以体现空间特征，而微观个体方法多用于小尺度研究，其表达的细节在城市整体尺度上意义不大。因此本研究主要采用复合群体方法，根据地理相近原则建立社群单元。一个社群单元可以代表街坊、社区、楼宇或家庭，每个社群单元即为网络的一个节点，通过社群单元的数量和分布来表达城市的密度和空间结构。在城市总体尺度上观察和分析模型时，把每个社群单元节点内部的互动和疾病传播情况简化为一组动力学方程或者一个概率常数。

2. 网络：短程连接和长程连接

传播动力学研究通常以复杂网络为基础来开展，常见的复杂网络包括随机网络（random network）、无标度网络（scale-free network）、小世界网络（small-world network）等，一般认为人类社交网络具有无标度网络的特征，地理空间更接近小世界网络的结构（Melanie Mitchell, 2009）。为此，该研究以小世界网络为基础，通过建立短程和长程两种连接，实现节点之间的交互。短程连接在节点周围一定距离随机建立，用来模拟城市个体在社区影响范围内（如 15 分钟生活圈等）的日常活动；长程连接则建立在外围节点和中心节点之间，用以模拟城市个体的工作通勤以及较为大型的消费休闲活动。为使模型更符合城市空间结构特点，在建立长程连接时增加偏好依附法则，以增大其连接到城市中心或邻近副中心的概率。

3. 传播机制：基于 SEIR 分类的网络传播

模型对疾病特征的表达以本次新型冠状病毒感染的肺炎（COVID-19）为基础，体现出传染性、潜伏性、自限性等特征，采用流行病常用预测模型 SEIR 模型的分类方法，将节点的感染状态分为易感（Susceptible）、潜伏（Exposed）、感染（Infective）、退出（Removal）四类，基本再生数 R_0 取 2.68。

在模型中，疾病沿着两种不同的连接在节点之间传播。处于潜伏期和感染期的节点与易感节点的每一次交互都有一定概率将疾病传染给后者，长程连接和短程连接拥有不同的传染率 β_l 和 β_s，γ 为感染者具有的康复概率，潜伏期中位数 e 取 4.8 天，疾病在潜伏期具有传染性。

4. 公共卫生干预：各类防控措施的表达

从本次新型冠状病毒疫情来看，政府主要采取的防控措施主要包括三类。第一类是宣传教育类，主要包括疫情的及时通报和防护方法的普及，目的是引导市民调整个体行为（如佩戴口罩、减少聚会等）；第二类是监测类，主要包括在社区、公共设施和交通枢纽等地区进行体征指标监测（如体温测量），要求市民定期上报健康状况等；第三类是隔离控制类，包括关闭城际交通、隔离疑似患者、小区封闭管理等。隔离控制具有显著的防控效果，但相应的经济和社会成本也比较高。

从模型表达来看，宣传教育类措施主要起到减少人际接触和降低传染概率的作用；监测类措施主要起到提前发现病患，缩短病毒潜伏时间，加快感染者退出传播的作用；隔离控制类措施的主要作用在于使节点间的长程连接和短程连接失效或减效，从而减少传染途径。不同类型干预措施的合理组合，能够高效地抑制流行病的传播扩散（图 10-12，图 10-13）。

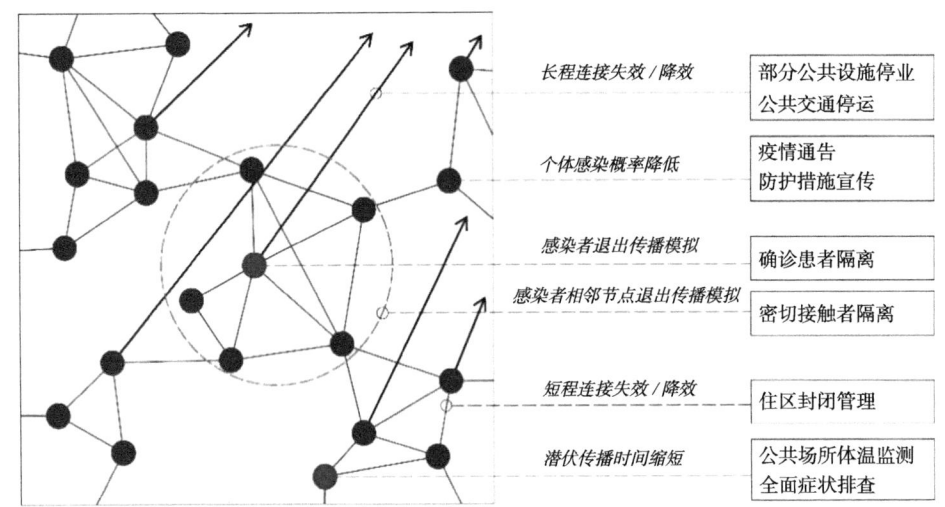

图10-12　公共卫生干预措施在模型中的效果（见书后彩图）

资料来源：由案例提供者完成。

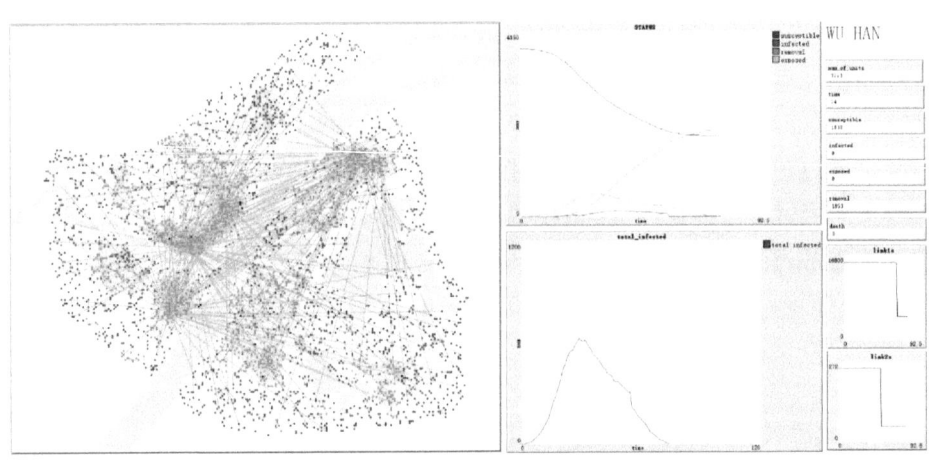

图10-13　武汉主城区疫情传播模拟（见书后彩图）

资料来源：由案例提供者完成。

10.3.6　研究结论

第一，基于智能体和复杂网络的模型能够在一定程度上对城市流行病传播进行预测。在该案例中，基于智能体的城市流行病传播社群单元模型，能够在表现城市空间结构的复杂网络上，模拟流行病的自然传播过程以及公共卫生干预措施的实施效果，在预测疫情持续时间、感染节点总数及其空间分布方面拥有较高的精确度。与传统的流行病动力学模型相比，该模型的优势在于考虑了城市空间特征对疾病传播的影响，并且能够预测疫情扩散的空间分布。不足之处在于没有对社群单元内部传播的微观表达，在预测感染人群的具体人数时精确度有限。

第二，城市的"大小"不是影响流行病传播强度的核心因素，"密度"才是。在密度不变的情况下，城市规模并不会对流行病的传播强度造成明显的影响，但随着城市密度的增加，疫情中感染节点的比例将有显著提升。其具体影响程度与城市空间结构有关，但总体都呈现增量递减的增长趋势。对于多中心和单中心网络，密度对疫情的持续时间影响较小，但对均质网络中的疫情持续时间有较明显的影响，并且随着城市密度的增加，其持续时间是逐渐递减并收敛的。

第三，强大的公共卫生和城市治理，是人们安心"享用"大都市"集聚红利"的重要保障。公共卫生干预措施对抑制城市中的流行病传播具有显著作用，及时、充分的防治措施不仅能大幅降低疫情中感染的节点比例，并且还能有效降低城市密度与疫情暴发强度的关联性。且干预措施介入的时间越早，作用越显著。这也再一次验证了一个常常被忽略的事实：城市的治理能力，和区位、水资源、生态容量等都一样，是决定一个城市发展规模和集聚强度的重要因素。

10.4 城市环境健康场景案例

10.4.1 案例简介

该案例由文章《自我防护投资将拉大中国城市居民群体之间的污染暴露差距》总结凝练而成，文章由上海财经大学孙聪、美国南加利福尼亚大学马修·卡恩和清华大学郑思齐共同完成。

10.4.2 研究目的

该案例基于较为独特的互联网商品购买数据进行实证分析，结果发现人们在空气污染达到一定级别后会显著增加对口罩和空气净化器的消费。其中，随着污染程度的提高，收入更高的居民更可能购买空气净化器这种价格较高且防护效果更好的商品。这一实证分析结果意味着，空气污染将会影响未来中国城市居民生活质量差距的变化趋势。

10.4.3 研究基本原理

本研究利用商品购买数据，分析当城市环境宜居性水平下降时（具体表现在空气污染问题），城市居民家庭是如何通过私人环境保护品的消费来应对的。该研究还采集了淘宝和天猫平台商品在线交易的汇总信息以及分消费层级用户的交易信息，并对私人投资行为进行实证分析。同时，使用城市层面的数据来分析面对政府划定和公布的空气污染等级信息时，人们是否会以自我保护行为来对其作出响应。

10.4.4 研究指标与数据来源

近年来，越来越多的中国城市居民选择网络购物，这为研究提供了一个独特的线上商品交易数据集。作为全国最大的电子商务企业，阿里巴巴集团运营着全国最大的在线商品交易平台，该平台上有数以亿计的活跃用户。据统计，2013 年该平台在全国 C2C、B2C 线上交易份额中占比分别高达 90% 和 57%。iResearch 报告显示，2012 年 1—11 月淘宝平台（含天猫）累计销售额超过 1 万亿元，相当于当年全国零售商品总额的 5.4%。由于价格低廉、样式丰富、运费较低，越来越多的消费者通过淘宝平台购买日常生活用品。因此，本研究使用的核心数据来自淘宝平台在城市层面的自我防护品成交记录。根据淘宝平台的统计，2013 年中国消费者购买防雾霾口罩的花费总额达到 8.7 亿元，线上交易次数则达到 450 万次。尽管"数字鸿沟"理论认为穷人线上购物的可能性相对较低，但在中国的实际情况是中低收入的群体因为网上价格低于实体店而会倾向于在淘宝平台购物。但同时也必须认识到，收入很低的群体以及年龄较大的群体由于不会使用计算机或连接网络，因而不在淘宝平台购物，这部分群体的需求和购买行为在本研究中难以考虑。

为了掌握市场消费者购物情况和趋势，阿里巴巴集团在 2011 年底推出了免费数据分享平台——"淘宝指数"，该指数记录了全国分城市各类商品成交量经指数化的数值。经咨询淘宝指数团队负责人，该指数与实际成交量之间是恒定的线性关系。因此，本研究直接利用成交指数作为变量引入模型，而不会影响模型中关键变量的系数估计结果。

本研究采集的逐日淘宝指数研究期为 2013 年 11 月 1 日至 2014 年 1 月 31 日，这三个月是全国范围内空气污染最为严重的时段。例如，2013 年 12 月长江三角洲地区曾遭受十年内最严重的雾霾影响，同期北京和石家庄也连续出现过多次重度污染天气。淘宝指数产品按照消费者的消费商品层级将其划分为低消费层级（0—25% 分位点之间）、中等消费层级（25%—75% 分位点之间）和高消费层级（高于 75% 分位点），将各分组消费者的成交指数在月度汇总得到细分群体的淘宝指数。为了比较不同群体自我防护品消费的差异性，本研究还采集了从 2013 年 4 月至 2014 年 4 月期间，不同细分群体的月度淘宝指数。该消费层级基本能够体现不同消费者收入水平的差异，后续分析将按消费者的收入分组来表述。此外，还需要说明的是，"淘宝指数"产品并不提供每日细分群体的商品成交指数数据。

空气污染数据以及相对应的污染等级数据来源为环境保护部，由环境保护部各小时监测数据汇总得到逐日 PM 2.5 浓度和月度平均 PM 2.5 浓度。对于空气污染等级，环境保护部发布了《环境空气质量标准》GB 3095—2012，该标准详细列出了不同等级对应的空气质量指数以及不同污染物的浓度范围，并将空气质量指数划分为六个等级（优、良、轻度污染、中度污染、重度污染、严重污染），更加直观地显示出城市空气污染程度。Fu 等人（2014）详细列出了这些污染等级对应的污染物浓度范围。[112] 随着移动互联网的快速发展，民众可以通过手机应用程序实时获得空气质量等级信息。在美国，这些信息的发布在很大程度上会影响居民家庭自我防护性投资[113]，因此本研究也对政府发布的污染等级信息产生的额外影响进行了识别。此外，本研究还从 TuTiempo.net 发布的世界范围内各监测点的历史气象记录中获取部分数据，包含每日平均气温、湿度、风速以及是否有雨、雪、雾天气等，作为控制变量的气象因素。

近年来，中国环境保护部在全国范围内建立起 PM 2.5 监测网络，使民众能够更加便利地获得上述信息。而且，当前官方公布的 PM 2.5 浓度数据的可信度已经被公众认可。

表 10-1 中列出了实证分析所涉及的主要变量定义及其描述性统计。其中，气象、国家法定节假日等控制变量的描述性统计并未列出。

变量定义与描述性统计　　　　　　　　　　　　　　　　　　　　表 10-1

变量名称	变量定义	均值（标准差）	
		逐日数据	月度数据
PM 2.5	PM 2.5 浓度（$\mu g/m^3$）	96.34（70.64）	66.22（33.01）
Mask	"口罩"的淘宝成交指数	51.50（223.8）	216.4（869.3）
Filter	"空气净化器"的淘宝成交指数	6.285（20.66）	35.30（85.82）
Sock	"袜子"的淘宝成交指数	77.71（160.3）	621.0（967.8）
Towel	"毛巾"的淘宝成交指数	24.66（52.09）	212.3（300.2）
污染等级哑元变量			
Excellent	1＝空气质量为"优"；0＝其他	0.068（0.252）	—
Good	1＝空气质量为"良"；0＝其他	0.366（0.482）	—
Lightly polluted	1＝空气质量为"轻度污染"；0＝其他	0.273（0.445）	—
Moderately polluted	1＝空气质量为"中度污染"；0＝其他	0.139（0.346）	—
Heavily polluted	1＝空气质量为"重度污染"；0＝其他	0.114（0.318）	—
Severely polluted	1＝空气质量为"严重污染"；0＝其他	0.040（0.196）	—

变量名称	变量定义	均值（标准差）	
		逐日数据	月度数据
收入（消费层级）分组哑元变量			
Low income	1 = 低收入（消费层级）; 0 = 其他	—	0.333（0.472）
Middle income	1 = 中等收入（消费层级）; 0 = 其他	—	0.333（0.472）
High income	1 = 高收入（消费层级）; 0 = 其他	—	0.333（0.472）

资料来源：由案例提供者完成。

10.4.5 研究方法、模型与过程

基于线上商品交易数据，本研究提出了以下两个假设。

假设 1：随着污染水平的提高，人们会购买更多的口罩和空气净化器。上述自我保护品的个人消费行为会受到政府发布的空气污染分级信息的影响，也会受到室外实际 PM 2.5 浓度水平的影响。但是，人们在其他商品的消费方面并不会因空气污染分级信息和实际 PM 2.5 浓度而变化。

假设 2：与收入（消费层级）较低的群体相比，收入（消费层级）较高的群体在污染程度提高相同水平时会购买更多的自我防护品。

公式（10-1）为检验假设 1 的回归模型形式，将利用分城市逐日数据对其进行实证分析。

$$Q_{it} = \alpha_0 + \alpha_1 \cdot ln(PM_{it}) + \alpha_2 \cdot A_{it} + \alpha_3 \cdot X_{it} + \alpha_4 \cdot T_t + \alpha_5 \cdot C_i + \varepsilon_{it} \tag{10-1}$$

式中下标 i 和 t 分别表示城市和日期。Q_{it} 为口罩、空气净化器交易的淘宝指数；PM_{it} 为城市当日 PM 2.5 浓度的平均值。四个表示污染等级哑元变量组成的向量组表示为 A_{it}，并将空气质量较好（"优"和"良"）的日子作为默认组。X_{it} 是一系列控制变量，包括气象因素以及国家节假日等。此外，T_t 和 C_i 分别为时间趋势项和城市固定效应，分别控制线上购物随时间的变化趋势和城市层面难以观测的其他因素。ε_{it} 是随机误差项。回归分析中的标准差在城市层面聚类。

由于淘宝成交指数是数值型变量，因此在回归时采用计数模型进行分析。实证分析部分首先利用负二项回归和泊松伪最大似然（PPML）回归方法进行估计。甘马雷斯等（Guimaraes et al.）指出 PPML 回归方法能够得到与条件 Logit 模型一致的参数估计结果。[114] 同时，部分城市口罩或空气净化器成交量不一定每天都有，因此成交指数中存在许多零值。对此，本研究借鉴已有研究的方法，进一步采用零膨胀计数模型对公式（10-1）进行回归分析[115]，并结合 Vuong 检验的结果判断零膨胀计数模型回归分析的适用性。[116]

检验假设 2 的实证回归模型如公式（10-2）所示，这部分将利用城市居民分组的月度数据进行实证分析。

$$Q_{ijt} = \beta_0 + \beta_1 \cdot ln(PM_{it}) + \beta_2 \cdot ln(PM_{it}) \cdot MI_i + \beta_3 \cdot ln(PM_{it}) \cdot HI_i \\ + \beta_4 \cdot MI_{ij} + \beta_5 \cdot HI_j + \beta_6 \cdot W_{it} + \beta_7 \cdot T_t + \beta_8 \cdot C_i + v_{ijt} \tag{10-2}$$

月度淘宝指数中对不同收入（消费层级）分组的成交指数进行划分，在公式（10-2）中的下标 j 与 t 分别表示收入组别和对应月度。被解释变量 Q_{ijt} 表示城市 i 在月度中收入分组为 j 的消费者购买某商品合计的成交指数。W_{it} 是月度气象变量，包括月均气温、月均湿度、月均风速以及雨雪雾天气发生率。PM 与收入分组哑元变量的交叉项系数 β_2（或 β_3）反映中等收入群体（或高收入群体）相对低收入群

体对污染响应的差异性。*MI* 与 *HI* 分别为中等收入与高收入的收入均值。同时，系数 β_4（或 β_5）则表示中等收入群体（或高收入群体）相对低收入群体在商品消费方面成交指数在绝对水平上的差别。v_{ijt} 为随机扰动项。在实证回归分析部分，除了计数模型外，还将模型的被解释变量替换为对数形式并采用 OLS 回归估计，可以得到不同群体之间对 PM 2.5 变化的响应弹性差异。

如果其他商品的成交量也会随着污染程度的加重而增多，那么上述分析中自我防护品消费变化就不能完全解释为对污染的响应。为此，本研究还设计安慰剂实验进一步检验研究假设，选择网购日用品中的袜子和毛巾作为比照。具体而言，将被解释变量替换为袜子或毛巾的淘宝成交指数后，可以预计该指数不会随 PM 2.5 浓度的变化而发生改变。

10.4.6 研究结论

中国城市的环境问题日益引起社会各界的广泛关注。严重的空气污染不仅会降低居民的生活质量，还会对健康、知识等人力资本造成负面影响。在公共环境质量短期难以显著改善的现实背景下，居民通过各种私人的自我防护行为降低自身在空气污染环境中的暴露程度。在给定各城市的环境宜居性水平（以空气质量为代表）下，人们一方面可以通过选择居住在更加清洁的城市或者城市内更加清洁的区位，以及购买包含空气净化功能的绿色住宅来躲避污染，并为此支付更高的居住成本。另一方面，人们也可以通过减少室外活动时间、在室外戴口罩等来抵御空气污染，以及使用有效的空气净化器来改善空气质量。其中，购买自我防护品可视为一种人力资本投资，且高收入群体在环境宜居性大幅下降时更有可能增加这方面的投资。上述行为在高收入群体和低收入群体之间可能存在明显差别。

基于淘宝成交指数这一独特的网络购物数据，该案例对中国城市居民在空气污染时对口罩和空气净化器两类典型防护品的消费行为进行分析，并且验证对政府公布的空气污染等级信息以及实际的污染物浓度的响应，以此来体现居民对城市环境宜居性的需求。实证分析结果显示，相对于空气质量为"优"和"良"（AQI 不超过 100）的日子，当污染等级达到"重度污染"和"严重污染"时，口罩成交量分别提高到 2.9 倍和 7.2 倍，空气净化器成交量分别提高到 1.6 倍和 3.0 倍。在控制污染等级变量后，随着 PM 2.5 浓度的上升，人们仍然会增加口罩和空气净化器的消费，说明存在着居民对空气污染的直接感知。

进一步分析发现，上述自我防护品的消费弹性存在明显的群体间差异。高收入群体对空气污染更为敏感，自我防护品（特别是成本更高且过滤效果更好的空气净化器）消费量随着污染浓度的提高增加得更多（弹性更大）。中等收入与高收入消费者随污染变化而购买空气净化器的响应弹性在 0.2 左右，低收入群体对空气净化器这一防护品的消费不会随空气污染浓度变化而发生显著变化。为排除空气污染影响居民消费行为本身产生的影响，该案例利用袜子和毛巾两种商品消费作为对照进行安慰剂检验，结果没有发现这两类商品消费与空气污染之间具有显著相关关系。

由此可见，自我防护品消费这一抵御空气污染的私人行为显著存在，并具有群体间差异，严重的空气污染将会加剧城市居民健康的不均等，低收入群体因更少的自我防护（污染暴露程度更高）而面临更大的健康风险。收入差距对不同群体间享受环境宜居性的差异及其对健康差距的进一步影响仍然是重要研究问题之一。后续研究可以设计自然实验，随机选取不同收入居民提供相应的污染信息来观察其行为变化。此外，还可以通过随机发放口罩或空气净化器的购买补贴来分析不同群体之间在应对环境宜居性水平下降时自我防护品消费方面的差别。此类研究能够为分析在居民环境宜居性需求的驱动下，信息与价格两类因素对不同收入群体自我防护行为影响的研究提供定量依据。

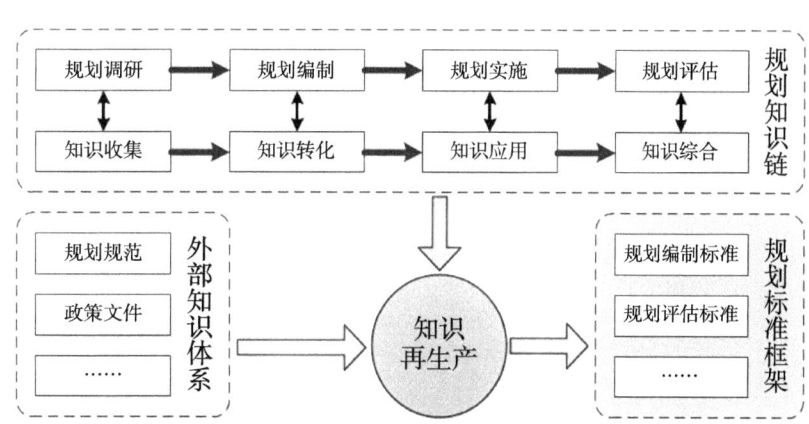

10.5 城市商圈更新场景案例

10.5.1 案例简介

该案例由文章《城市更新中的商圈定位与发展策略优化——以中环百联商圈更新为例》总结凝练而成，由上海市城市规划设计研究院信息中心刘淼完成。

10.5.2 研究目的

基于定量化城市商圈分析要求，以网络地图时间数据、腾讯定位数据、大众点评数据、POI数据等为基础，构建城市商圈的辐射力、吸引力、向心力、竞争力等多个现状维度指标。在知识再生产情境下，该研究依据城市更新规程及地方规划院所的已有规划资源成果等，建立城市商圈更新评估标准框架，深度刻画中环百联商圈定量发展现状，形成有效的城市商圈更新评估路径方案。

10.5.3 研究基本原理

知识管理是对知识资源进行组织、利用和再生产的过程，是对包括可编码知识和隐含经验类知识在内的全部知识进行连续管理的过程。知识再生产作为知识管理流程中的重要环节之一，是对旧有知识资源进行深度挖掘与创新，并结合新时期环境变化及要求，形成再生知识的流程。基于当前城市规划领域成熟的计量方法应用成果，结合城市规划知识成果体系，依托知识再生产方法，构建"知识再生产"情景下城市规划标准框架（图10-14）。

图 10-14 "知识再生产"情景下城市规划标准框架构建流程

资料来源：由案例提供者完成。

10.5.4 研究指标与数据来源

针对新时期城市更新中的商圈更新规划问题，在"知识再生产"情境下，可以构建合理成熟的城市商圈更新专项规划标准框架，并依托定量化数据分析方法，指导并建立定量分析下的城市商圈更新调研编制评估工作框架（图10-15）。

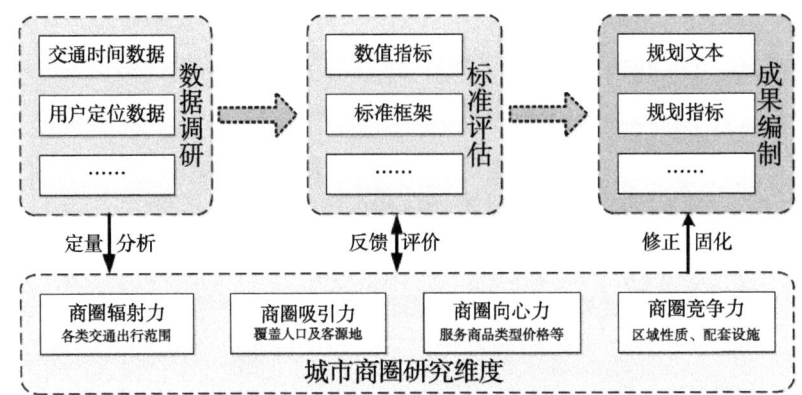

图 10-15 定量分析下的城市商圈更新调研编制评估工作框架

资料来源：由案例提供者完成。

10.5.5 研究方法、模型与过程

1. 商圈辐射力

在常规的出行方式下，商圈所能覆盖的辐射范围即为商圈辐射力，交通通行优劣状况将直接影响商圈辐射范围的大小。中环百联商圈位于上海西北中环路和京沪高速（沪蓉高速）的交接处，具备显著的交通出行优势。基于网络地图的开放 API 接口，该研究获取了中环百联商圈至周边区域的步行、骑行、驾车、公交等方式的通行时间，勾画出商圈周边不同交通方式的辐射范围，以此表征中环百联商圈的辐射能级（图 10-16）。

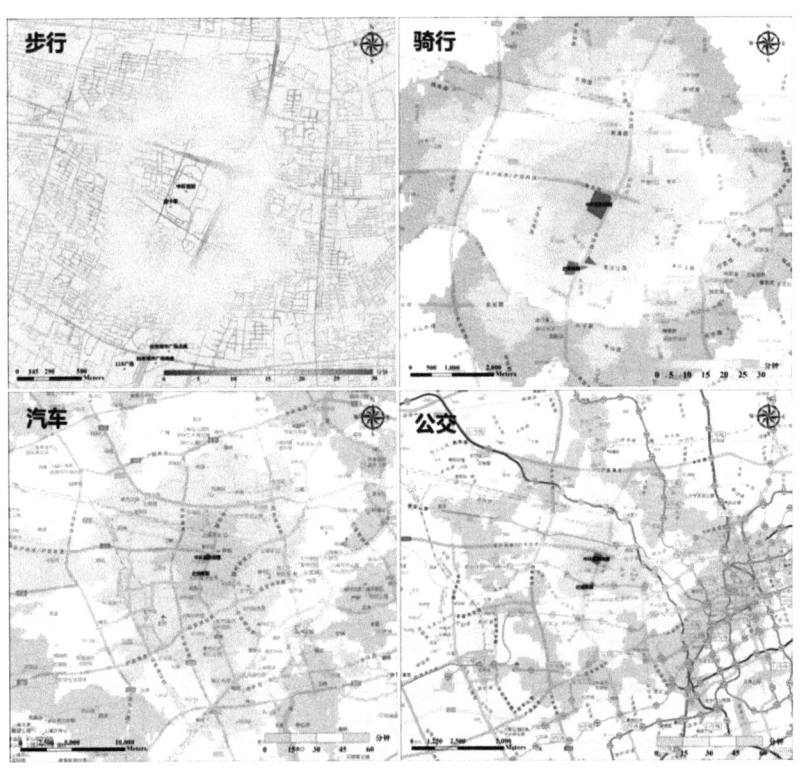

图 10-16 中环百联商圈至周边区域的步行、骑行、驾车、公交等方式的辐射范围分布（见书后彩图）

资料来源：由案例提供者完成。

首先是步行，沿中环路和京沪高速向四周延伸，半小时步行时间将覆盖周边 6 平方公里的范围。在 30 分钟的步行区域内，商圈辐射范围以中环路和京沪高速（沪蓉高速）为轴，向四周延伸扩散，尤以中环路沿线辐射最为明显，整体呈现"南北向椭圆分布"的特点。其中，步行最远处位于中环路——金沙江路附近，与中环百联商圈的直线距离为 1.75 公里。而最近辐射位置则在京沪高速（沪蓉高速）沿线的武宁路朝阳河附近，受中环路和京沪高速（沪蓉高速）高架交接及周边的河流水系分布影响所致，其与商圈的直线距离仅 0.87 公里。

其次是骑行，南部交通干线存在屏障效应影响，半小时骑行时间能够覆盖周边 66 平方公里的范围。从 30 分钟骑行分布来看，在 20 分钟时间圈内，中环百联商圈的骑行辐射整体呈现"四周环形放射扩展"。而在 20 分钟以上的骑行辐射范围，数条交通干线对其骑行通行存在较大的屏障效应影响。如东侧的内环线和西侧的外环线，延缓了骑行 5 分钟等时圈范围的扩展，加剧了等时圈分布的不均衡性；南侧的苏州河和北侧的沪宁铁路线，造成了骑行通行的单点辐射现象，其可通行区域主要分布于桥梁、跨铁路桥等区域，对骑行出行的影响较为显著。

再次是驾车，G2、S5、中环西南段等形成空间快速扩展区，半小时覆盖周边 430 平方公里。从驾车辐射分布来看，道路网的布局特点对中环百联商圈的驾车辐射具有显著的影响特征。首先是 15—30 分钟驾车辐射分布，北部的沪宜公路（G204）、沪嘉高速（S5），西部的京沪高速（G2），南部的中环路西南段，对驾车出行范围形成显著的空间扩展效果；尤其是浦东三林东区域，因中环线及南北高架的存在，形成了时空跃移现象。其次是中环百联东部及北部近黄浦江区域，因河流阻隔及交通干线的缺失，驾车辐射范围有限，与"西部、南部的显著辐射影响"形成鲜明对比。

最后是公交，由于缺少地铁站线，带动辐射范围有限，半小时覆盖周边 16 平方公里。中环百联商圈在公共交通方面并不具备优势，尤其是在地铁出行方面，其位于地铁 11 号线和 13 号线之间，公共交通受限较为严重。该区域缺少南北向地铁站线换乘，依附于较远的 11 号线及 13 号线，在地铁出行方面仅在 45 分钟时间圈区域提供了一定的公交出行辐射范围影响，但这些影响较为有限。在中环百联出行的较远距离段，并没有产生显著的带动辐射作用。而在 60 分钟时间圈范围，7 号线、2 号线等则形成了明显的辐射带动效应，不过就时间距离比来看，其效率性较低，居民在此处选择地铁出行的可能性较低（图 10-17）。

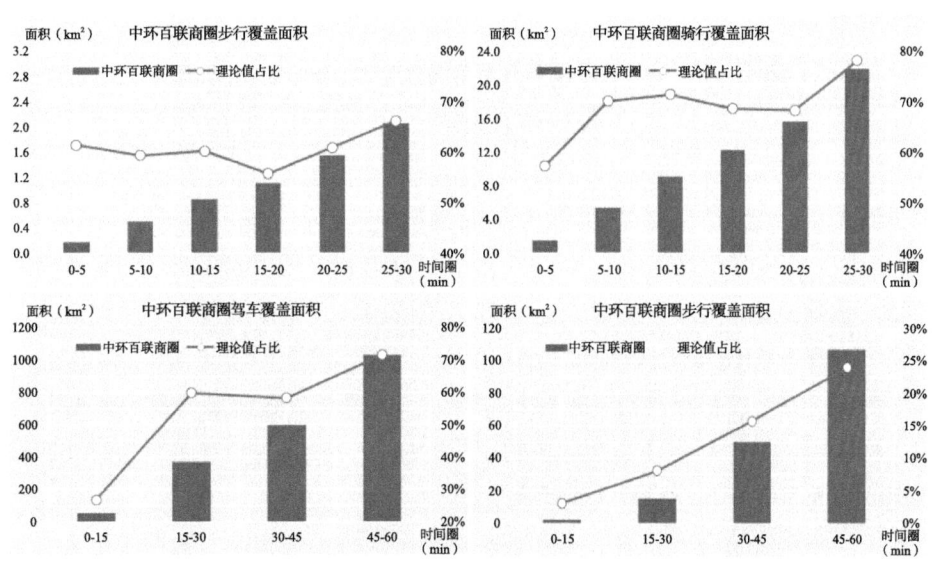

图 10-17　步行、骑行、驾车、公交等四种方式的辐射覆盖面积

资料来源：由案例提供者完成。

2. 商圈吸引力

商圈吸引力是商圈功能定位、能级水平的重要指标之一，尤其是通过对商圈吸引人口的客源地进行研究，能有效地为商圈的战略发展及目标制定提供依据。研究基于6月中环百联商圈客源的腾讯位置数据，对中环百联商圈实际客流的分布特征及行为方式进行探索（腾讯位置数据抽样数约占调研区域实际人数的30%—40%，研究中涉及的人数均为腾讯位置数据中采集的人数，实际人数可进行等比例换算获得）。

第一，客源来源分布。长征街道、真光镇、真如镇为服务区域，超过七成客源分布在商圈7公里范围内。中环百联商圈客源分布遍及上海各区县，其中尤以普陀区为主要客源地。从客源分布的大域来看，客源集中在中环百联周边的长征街道东北部（金沙江路以北）、真光镇街道南部（沪宁线以南）、真如镇街道西南部（大渡河路以西），高值客源覆盖范围近100平方公里，外部辐射至江桥等局部区域；从客源分布的细节来看，中环百联的最高值客源群体包括其周边的祥和家园、真南新村、金沙嘉年华园、真源居住区、真光新村等多处大型人口居住小区，充实了该区域的生活、休闲、娱乐等配套服务（图10-18）。

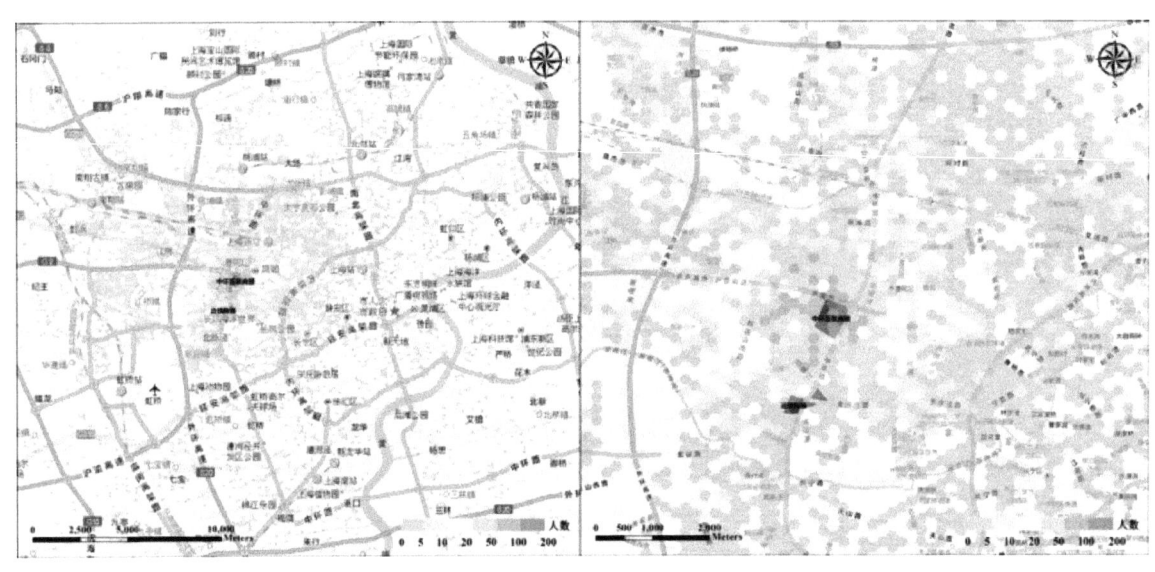

图10-18 中环百联商圈6月客源来源地分布（见书后彩图）

资料来源：由案例提供者完成。

此外，根据客源居住地与中环百联商圈的直线距离统计，在距离1公里、3公里、5公里、7公里和10公里的范围内，其客源比例依次为19%、52%、65%、75%和83%；至15公里处，已覆盖到90%的客源总数。也就是说，在中环百联周边5公里范围内，其服务的客源数超过总人数的五成，为其主要的服务客源对象（图10-19）。

第二，客流时间分布。客流极高值出现在每周四、周五两天，客流显著聚集在13点至15点和19点两个时间段。根据客流在中环百联商圈区域的定位时间，该研究以小时、天为时间粒度，描绘并刻画中环百联商圈的每周客流分布及每日客流动向曲线。

从一周中每天的平均客流分布来看，中环百联商圈平均每天的客流人数在3万人左右，其中最高值为周四的3.7万人，最低值为周日的2.4万人，整体客流分布在周四、周五处于较高值，而在周六、周日期间则降至较低值，尤其是周日，为一周的最低值。从这一特点来看，中环百联商圈的客流应以

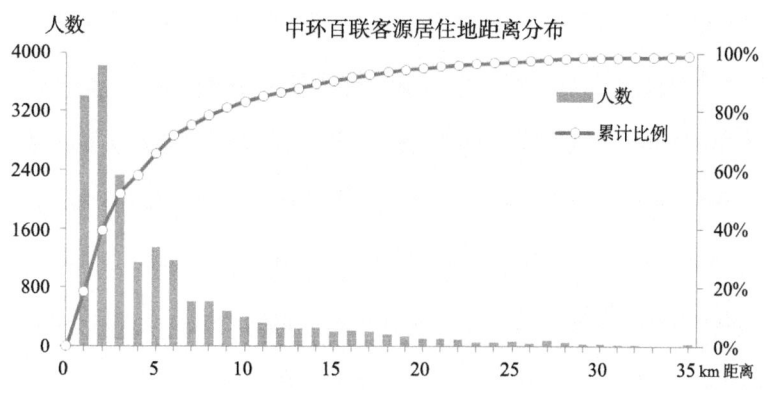

图 10-19 中环百联商圈 6 月客源居住地直线距离分布

资料来源：由案例提供者完成。

本地周边人员为主，在工作日期间有部分外来从业人员促使商圈客流上升明显，而至周末则回归本地客流，商圈客流降至最低值（图 10-20）。

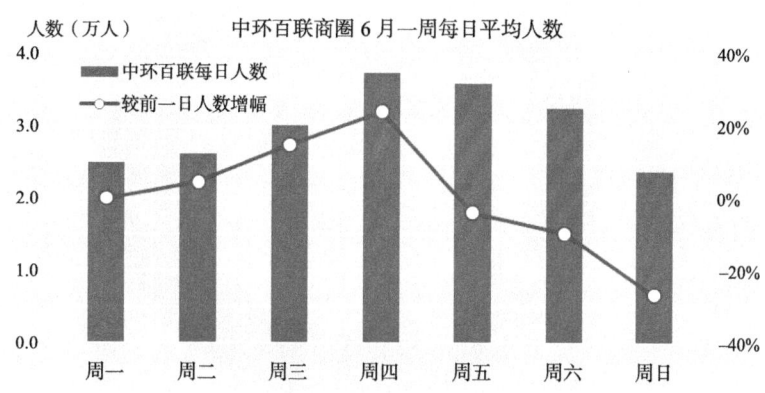

图 10-20 中环百联商圈 6 月一周每日平均客流人数分布

资料来源：由案例提供者完成。

从一天中逐小时客流分布细节来看，一天的客流集中在 10 点至 21 点间，周中平均客流为 4790 人，周末平均客流为 4560 人。周中的一天客流极高值出现在 13 点至 15 点和 19 点，达 6000 人。其中晚间 19 点的客流高值是晚间客流集聚的重要时间节点，可作为商圈重要活动的时间参照。而周末商圈的客流时间分布则相对稳定，没有明显的客流短时集聚及离开情况，从侧面也反映出中环百联商圈与常规以节假日外来人流为主的商圈在吸引力方面的显著不同（图 10-21）。

3. 商圈向心力

为满足服务客源需求，商圈依照客源性质情况，制定了相应商品的类型、价格、款式等商业结构，形成独有的商圈向心力，提供商圈商业服务。中环百联商圈中的购物广场，作为主要的综合性商业场所，广泛涵盖了百货、餐饮、娱乐、休闲、文化等各类业态，具有较强的商圈向心力。

基于大众点评数据，该研究划分了 KTV、爱车、宠物、景点、购物、丽人、美食、生活服务、医疗健康、休闲娱乐、运动健身等 11 项一级大类以及 300 多项二级类别的服务设施点，汇总不同一级大类的数量，刻画出中环百联商圈业态构成及区域业态比重情况（图 10-22）。

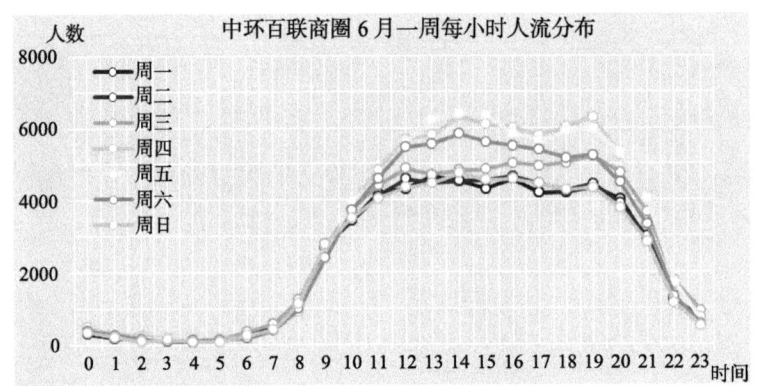

图 10-21 中环百联商圈 6 月一天每小时平均客流人数分布（见书后彩图）

资料来源：由案例提供者完成。

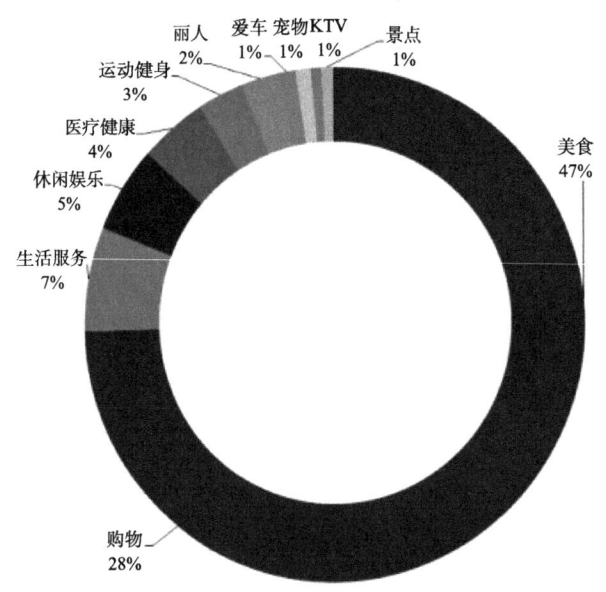

图 10-22 百联中环购物广场业态比例

资料来源：由案例提供者完成。

中环百联商圈的购物广场，以快消购物为主要营收内容。在购物广场众多的服务中，美食服务占到近五成的比例，是占比最大的服务形式。其次为购物服务，也占到近三成。其他如生活服务、休闲娱乐、医疗健康等多种服务也分布其中，所含服务种类较为多样。

中环百联商圈所在区域为梅川路真光路商业街，该研究统计了中环百联商圈商业服务在该商业街区域内的服务引力能级（其中，数值空缺超过 60% 的指标未计入在内，如"均价"等），结果如表 10-2 所示。

中环百联商圈各类商业服务评价数值汇总 表 10-2

一级大类	中环百联商圈				梅川路真光路商业街（含中环百联商圈）				占比
	产品评分	环境评分	服务评分	点评数	产品评分	环境评分	服务评分	点评数	
KTV	8.7	8.5	8.6	794.5	7.8	7.7	7.8	312.3	18%
爱车	6.9	6.9	6.9	57.0	6.7	6.8	6.7	16.4	12%

一级大类	中环百联商圈				梅川路真光路商业街（含中环百联商圈）				占比
	产品评分	环境评分	服务评分	点评数	产品评分	环境评分	服务评分	点评数	
宠物	7.6	7.6	7.5	9.7	7.4	7.4	7.4	8.7	36%
购物	4.2	4.2	4.1	18.0	3.7	3.7	3.7	19.4	41%
景点	6.9	6.7	7.1	43.0	5.4	5.3	5.5	32.3	21%
丽人	8.0	8.0	8.0	100.3	6.2	6.3	6.3	55.1	18%
美食	6.5	6.5	6.4	483.8	5.9	5.8	5.8	287.8	40%
生活服务	7.2	7.2	7.1	14.4	6.7	6.8	6.7	4.9	17%
休闲娱乐	7.7	7.7	7.7	345.6	5.9	5.9	5.9	122.2	32%
医疗健康	6.5	6.6	6.5	17.3	7.3	7.2	7.3	3.3	58%
运动健身	5.2	5.3	5.2	100.0	5.8	5.7	5.7	46.3	27%
总计	5.9	5.9	5.8	327.8	5.4	5.3	5.3	177.3	35%

资料来源：由案例提供者完成。

中环百联商圈的商业服务产品超过600个（家），占梅川路真光路商业街（含中环百联商圈）总商铺数量的三分之一，为该区域商业服务的重要集中地。在12个一级大类中，中环百联商圈的商业服务种类主要为"宠物""购物""美食""休闲娱乐""医疗健康"等，占比均超过30%，为普陀中环区域的主要服务来源。而"爱车""景点""生活服务"占比则相对较低，中环百联商圈在这些方面的职能偏低，未提供相关服务定位。

此外，中环百联商圈的商业服务水平（产品评分、环境评分、服务评分等）相较于梅川路真光路商业街区域而言，整体具有高值表现。除"医疗健康"和"运动健身"等之外，其余各类商业服务的服务评价均高于区域平均值，提供了区域内较高水平的商业服务。

4. 商圈竞争力

城市商圈的竞争力主要体现在其地理位置、区域性质及周边环境等方面，这些因素影响着城市商圈的空间选址、战略筹划、发展定位等高级规划体系。根据土地使用现状及安居客居住小区数据，该研究获取了中环百联商圈周边的主要商业商务区以及周边居住小区的房价、年限、车位等指标，并对中环百联商圈的竞争力从区位态势和周边居住环境两方面展开分析（图10-23）。

第一，区位态势分析。周边遍布高等级规划，南部近铁商圈组团集聚、竞争激烈。中环百联商圈位于普陀区长征社区东北部，地处中环线和京沪高速交汇处，其3公里范围内布局着多处高等级规划区域或商务区。从区域规划定位来看，其周边被真如副中心、长风商务区和桃浦智慧城包围，存在着显著的竞争态势：真如作为城市副中心，规划能级高；长风商务区环境品质高，发展日趋成熟；桃浦在十三五期间规划为转型发展的领头羊。这些高等级规划区域沿中环呈哑铃状展开空间布局，彼此间缺少明显的联系渠道，因此无法使中环百联商圈及周边形成足够的区域发展凝聚力。而从城市商圈功能来看，中环百联商圈南端汇集了绿洲中环中心、近铁城市广场、商贸、科技区块等，这些区域在功能定位上有一定的互补性，且空间距离上更具备集聚特点，与更南部的长风商务区构成大型组团，而将中环百联区域阻隔开，减弱相互间的空间联系，限制中环百联商圈在该区域的商业服务辐射。

第二，周边居住环境分析。小区环境成熟，消费人群固定，以成熟家庭式为主。根据居住小区数据显示，中环百联商圈周边1公里范围内，覆盖了区域内的大多数高价大盘，包括祥和家园、祥和名邸、安居朝阳园等，均价已超过7万/平方米；周边范围扩展到长征、真光、真如等区域，其中小区建成年

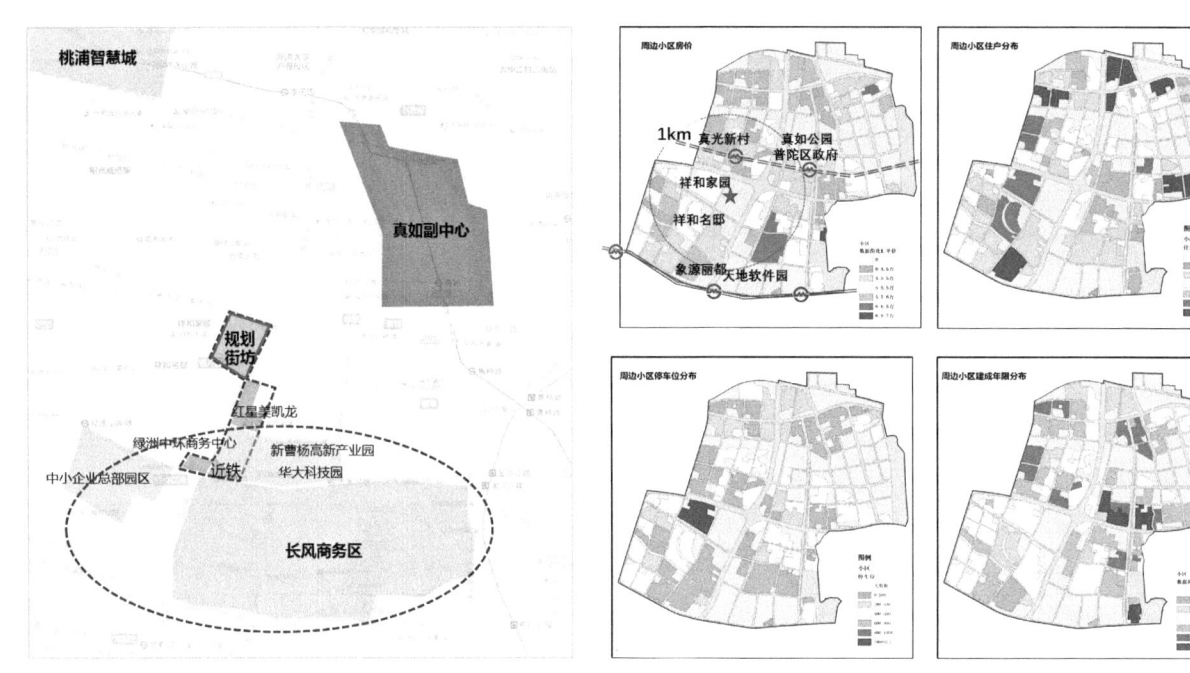

图 10-23　中环百联商圈周边主要商务区分布与周边居住环境（见书后彩图）

资料来源：由案例提供者完成。

份以 1990—2005 为主，小区平均建成年限在 15 年以上，这表明周边区域的小区均已是稳定成熟小区，短期内无法实现大型拆建活动。鉴于中环百联商圈周边小区均价及建成年限，服务区域内的人员结构相对稳定，商圈的服务对象以成熟小区、完整家庭为主，其消费能力相对较高，印证了商圈现状服务类型和现状业绩。但区域内的青年群体比例则相对较低，当前以中青年为主的网络化服务体系难以在中环百联商圈大范围实施，这使得中环百联商圈的转型定位方向受限严重。

10.5.6　研究结论

在定量化城市商圈更新分析要求下，研究以网络地图时间数据、腾讯定位数据、大众点评数据、POI 数据等为基础，构建城市商圈的辐射力、吸引力、向心力、竞争力等多个发展现状维度指标，并按照知识再生产情境的城市商圈更新评估标准框架，深度刻画了中环百联商圈发展现状，形成了有效的城市商圈更新评估路径方案。

在整个研究过程中，城市商圈的定量化分析不仅是更新工作的基础部分，还是下一步更新工作的重要研判依据。基于此，构建一套合理有效的城市商圈更新评估标准框架，有助于更好地剖析城市商圈更新工作要点，辅助城市商圈更新决策能力。该研究中使用的基于知识再生产情景的城市商圈更新评估标准框架，虽然已经更贴近已有客观更新成果，但依然存在部分人为拟定的指标数值，需要在下一步工作中深入研判。

10.6　城市公园服务场景案例

10.6.1　案例简介

该案例由文章《基于位置大数据的公园绿地空间分布绩效评价——以武汉市大型公园绿地为例》总结凝练而成，由武汉大学城市设计学院的牛强、王烨、夏源、吴昊、汤曦等人共同完成。[117]

10.6.2 研究目的

研究通过 Web Mapping API 接口获取特定时间段到公园的各类出行方式的出行时间数据,并基于此数据分时段、分出行方式计算可达性和有效服务比。这种方法更加贴近真实情况,省去了繁琐的模型构建过程。以武汉市主城区大型公园绿地的空间分布为例进行研究,发现武汉市公园可达性较差的街道可划分为绿地缺失型、绿地不足型、交通阻隔型三类,据此提出了针对性的改善措施与建议,为今后的规划和建设提供一定决策依据。

10.6.3 研究基本原理

对于某一研究单元,其有效服务比的计算公式为:

$$P_e = \frac{S_e}{S - S_p - S_w} \tag{10-3}$$

式(10-3)中,P_e 为有效服务比;S_e 为公园的有效服务面积,指公共设施的服务范围;S 为研究单元内公园的面积;S_p 为公园中绿地的面积;S_w 为公园中水域的面积。传统的服务范围计算方式是用服务半径所环绕的面积来代表,各国政府对于公园绿地的服务半径(面积)都有比较明确的标准。例如,英国政府要求自然绿地离居民生活地的距离和规模下限分别为 300 米和 2 公顷、2 公里和 20 公顷、5 公里和 100 公顷、10 公里和 500 公顷。该案例根据居民到达公园的时间可达性来判断服务范围,例如将步行 20 分钟到达公园的区域当作公园的有效服务范围,这样比用服务半径来计算更能反映居民到达公园的真实情形和感受。

10.6.4 研究指标与数据来源

街道数据来源于武汉市街道行政区划图。按照此图,在 ArcGIS 平台中绘制街道边界,共获得 92 个街道,作为该案例的基本评价单元。

公园绿地数据来源于《武汉市总体规划》和《武汉市主要公园绿地资源目录》。根据公园规划级别、面积大小以及实际建成情况,选取武汉主城区及附近的 78 个主要公园。包含东湖风景区、中科院植物园等专项公园;中山公园、解放公园等市级公园,以及洪山广场、汉阳公园等大型区级公园。

可达性计算的出发点数据来源于基于 ArcGIS 的渔网功能,将研究区域划分为 500 米 × 500 米栅格的交点,剔除公园及水域等不可达区域,获得 2238 个出发点。

可达性计算的目的地点即各个公园的出入口,利用实际踏勘结合网络查询的方法,查询大型公园的出入口坐标,获得 159 个目的地点(图 10-24)。

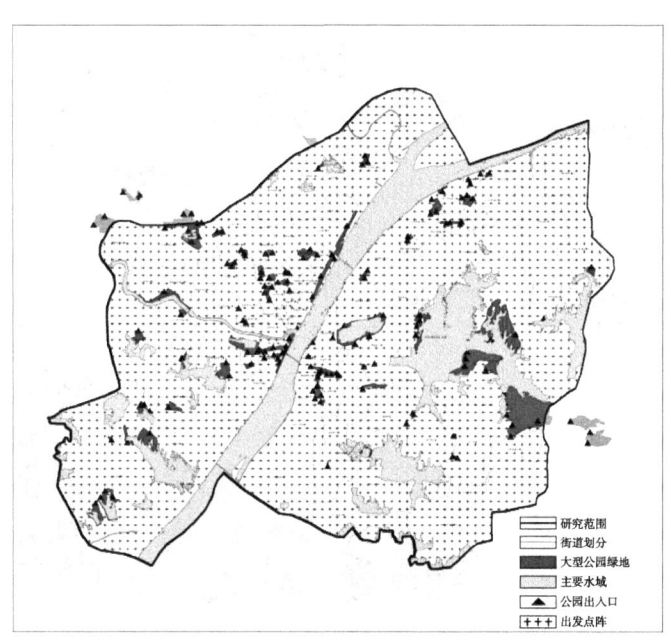

图 10-24 武汉市主城区大型公园绿地分布

资料来源:由案例提供者完成。

10.6.5 研究方法、模型与过程

1. 最小成本时间获取

高德地图可以为用户提供从一点到另一点的最短路径规划，其中涵盖了不同交通方式的选择和出行时间的估计（表10-3），并可按用户需求将各类信息通过API导出。该案例通过高德地图API批量获取同一时段研究区域内2238个出发点到159个公园入口的耗时。对每一个出发点来说，其到159个公园入口耗时最少的时间即为该出发点获得公园的最小成本。

高德 Web Mapping API 步行模式导航信息列表 表 10-3

名称	含义	规则说明
origin	起点坐标	
destination	终点坐标	
distance	每段线路步行距离	单位：米
duration	步行预计时间	单位：秒
steps	步行路段列表	
instruction	此段路的行走介绍	
road	路的名字	
distance	此段路的距离	
duration	此段路预计消耗时间	单位：秒
polyline	此段路的坐标	
action	步行主要动作	
assistant action	步行辅助动作	

资料来源：由案例提供者完成。

考虑到人们日常生活中使用公园的习惯，将公园可达性和有效服务范围细分为3种出行方式、2种时段。

3种出行方式指的是分别记录步行、驾车以及公交出行3种方式的数据。其中，驾车与公交出行均选择最快捷线路，公交出行中包含地铁等轨道交通出行。

2种时段指的是由于步行受到交通情况影响很小，因此仅驾车出行和公交出行记录2种时段数据。工作日连续记录2017年5月15日—5月19日一周内，周一至周五19点的数据，取平均值作为其最小成本；周末连续记录2017年5月8日—5月28日三周内，每周六至周日10点、19点数据，取平均值作为其最小成本。

2. 公园绿地可达性评价

将各出发点到达公园的最短时间成本作为衡量可达性的指标。基于上一步获取的研究区域点阵的最小成本数据，利用ArcMap空间插值，生成整个研究区域的公园绿地可达性评价栅格图，并将可达性分为四个等级进行评价。其中，步行可达性划分为小于10分钟、10—20分钟、20—30分钟、30分钟以上4类；公交可达性划分为15分钟以内、15—30分钟、30—60分钟、60分钟以上4类；小汽车可达性划分为15分钟以内、15—30分钟、30—60分钟、60分钟以上4类。

3. 公园有效服务范围判断

对于每个出发点，可以计算其到最近公园的出行时间；反过来，对于每个公园而言，也可以计算

每个点到达该公园所需用时。该研究按交通方式区分，将到达公园用时步行 20 分钟以内或公交 30 分钟以内或者小汽车 15 分钟以内的点的集合，作为公园的有效服务范围。

4. 有效服务比计算与评价

对作为评价单元的 92 个街道，分别计算有效服务面积，然后根据公式（10-3）计算有效服务比。最终可得到武汉市绿地整体的有效服务比和 92 个街道各自的有效服务比。

10.6.6 研究结论

公园绿地对城市品质和居民生活水平的提升具有重要意义，而公园绿地的空间分布对其服务水平有决定性作用。本研究运用 Web Mapping API 数据进行公园绿地的空间分布绩效评价，省去了传统分析中构建路网信息的繁琐过程。同时，借助网络地图公司的位置大数据信息协同考虑不同时段、不同交通方式的真实城市公共绿地使用情况。通过对武汉市主城区大型公园绿地的空间分布进行分时段、分方式的评价，发现武汉市主城区大型公园绿地的空间分布呈现出一定极化特征。核心圈层虽然公园绿地较多，整体可达性较好，服务水平较高，但仍有部分街道由于交通的阻隔而较难享受公共绿地资源。而边缘圈层绿地较少，步行可达性较差，但由于交通阻隔的限制较少，采用小汽车以及公交出行的方式能有所弥补。这些结论都对今后有针对性地进行公园绿地规划建设具有一定实践意义。

该研究是在互联网地图上的位置大数据平台支持下，对于公园绿地空间分布绩效评价的一次尝试。方法简单易操作，完全可以广泛推广应用于各城市的公服设施可达性研究与交通分析。但研究方法仍存在一些不足：由于位置大数据的实时性以及其本身存在的偏差，会对研究造成一些误差；主城区 500 米 ×500 米精度的点阵划分对于可达性的计算有所影响；未加入对城市居民空间分布的分析，而在使用效能评价上有所欠缺。后续将在此基础上继续完善该研究方法，并基于该方法探讨在城市规划中应用的框架体系。

10.7 城市众创空间场景案例

10.7.1 案例简介

本案例由文章《基于 POI 数据的北京众创空间发展区域优势度评价研究》凝练而成，由中央财经大学城市管理系王伟、冯羽共同完成。[118]

10.7.2 研究目的

该案例通过对北京众创空间建设区域发展环境的评价，一方面透析了众创空间与城市关键创新要素的联系，另一方面探索了众创空间发展区域的优势度评价与优先级划分，助力城市创新生态系统的构建与完善。

10.7.3 研究基本原理

"大众创业，万众创新"引领的双创工作成为国家战略，众创空间成为城市创新生态系统中的重要载体。北京作为国家首都，担负着我国创新引领的职责，其众创空间在快速发展的同时也面临一系列挑战。该研究提出了三元空间协同认知框架，构建了"三区联动"分析模式，并导入 POI 大数据为支撑，运用热力度图、叠置分析等技术对北京众创空间联动效应以及发展环境进行多维测评，识别得到三级优先发展区域。最后，基于测评结果提出空间联动、主体联动、机制联动和政策联动的优化提升战略。

10.7.4 研究指标与数据来源

该案例研究以百度地图 API 中的各类评价要素位置信息作为数据来源，首先抓取北京市大学校区、科技公司和住宅区，以及邮局、公共自行车和报刊亭的百度 POI 数据，其次对数据进行地址解析得到其地理坐标，最后在此基础上经坐标校正后导入 ArcGIS 转化为 GIS 数据，通过 GIS 软件和 GeoHey 网站对数据进行可视化处理，转化为可进行分析的空间数据。

10.7.5 研究方法、模型与过程

研究过程主要分为四个步骤。第一步，对三区资源及基础服务设施的分布情况进行初步评价，通过 GIS 软件制作散点图。第二步，通过 GeoHey 绘制大学校区、住宅区和科技公司的热力度图，得到存在聚集效应的区域，并将其标注为聚集区。然后根据热力度的辐射范围对聚集区的半径进行识别。第三步，将三区资源分布图两两叠加，评价资源叠加契合程度。第四步，进行区域优势度识别，即根据三区资源契合程度高低将区域识别划分为三级优势区（图 10-25）。

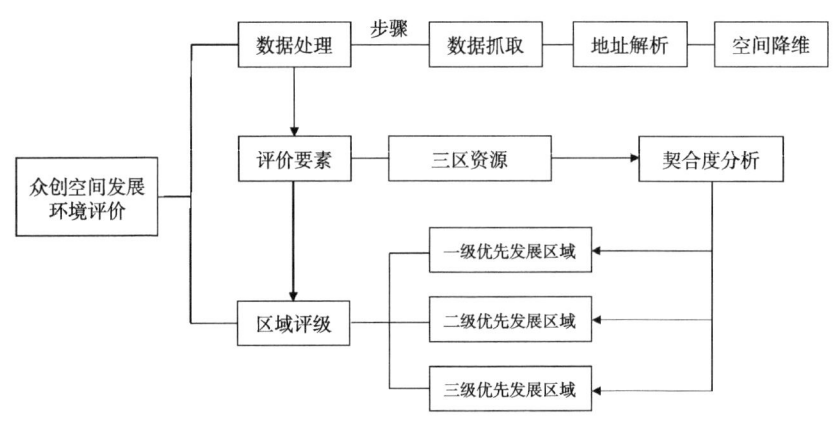

图 10-25 研究工作技术路线

资料来源：由案例提供者完成。

10.7.6 研究结论

1. 契合度分析与评价

为增加可视性并得到三区资源辐射能力的契合度，研究分别将三区资源进行两两叠加。现有资源辐射能力的契合度将极大影响众创空间的发展潜力，契合度越高，规模与功能越匹配，推动众创空间发展的成本便越低，资源共享效应与递增效应将会更明显。

如图 10-26 所示，高校资源与科技资源的叠加效果较好。由于提倡"产学研"的结合发展，科技公司与大学校区的分布往往有着极高的嵌合度，它们将成为众创空间发展的最大推动力。但此效果只存在于城六区，城郊的大学校区周围并未存在大量科技公司作为支持。社区作为生活服务的供给，对高校和科技园区均起着巨大的作用（图 10-27，图 10-28）。目前看来，北京市的社区环抱着高校和科技园区，但密度分配不均，仍存在社区资源缺失与过度密集的现象。社区的过度密集以及分布错位将会导致人口的大量聚集，从而增加交通压力，进而削弱其辐射能力。而社区的资源缺失将进一步影响周围的其他聚集区，从而导致其他聚集区辐射能力的下降。

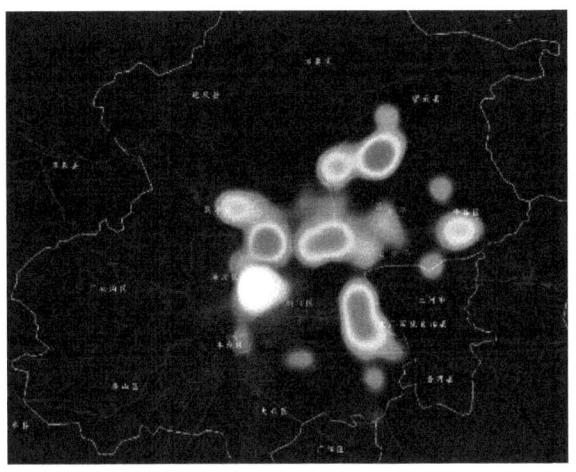

图 10-26　大学与科技园区的资源叠加效应

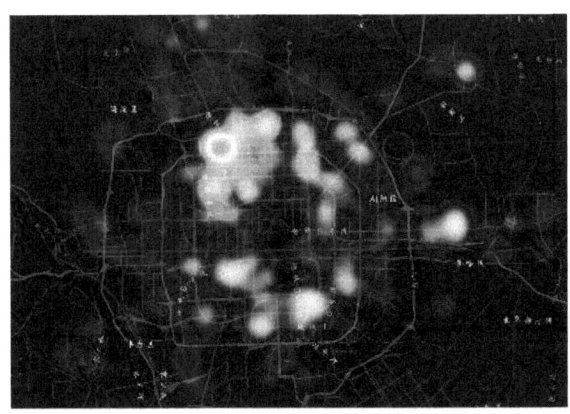

图 10-27　大学与社区的资源叠加效应

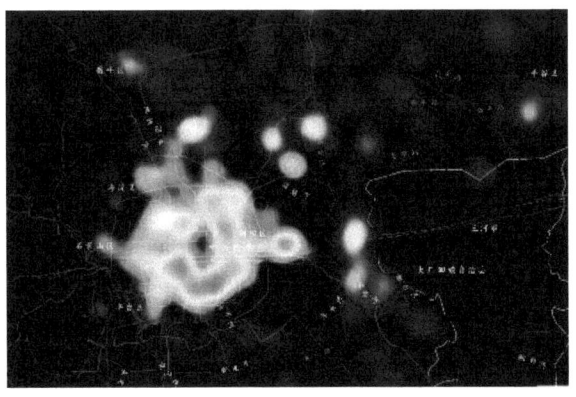

图 10-28　科技园区与社区的资源叠加效应

　　综上所述，社区作为基础服务的供给，与大学校区和科技园区契合度较低。而大学校区与科技园区的契合度较高。

　　2. 区域优势度划分

　　研究将大学校区、社区和科技园区的辐射范围进行叠加，以两区资源融合作为门槛，对北京市进行优先区域评级。

首先，选出三区辐射范围交界或交叉的部分作为有利于众创空间发展的一级优势区。该区域同时具有科研活力、技术支持、生活服务等优秀资源，可为众创空间生态系统持续补充能量。如图10-29所示，五角星的部分是研究得到的一级优势区，分别位于朝阳区部分区域、靠近海淀区中关村科技园区的部分区域以及西城区部分区域。

其次，研究通过绿色虚线圈获得二级优势区，这些二级优势区将可能成为成熟的创业公司转移的目的地。研究结果显示，二级优势区中三区资源存在融合现象，但融合程度不高，故而被选定作为第二级优先发展的目标。

最后，研究识别出两个三级优势区，这两个区域仅仅有两区资源融合。这说明该区域并不完全适合众创空间的发展，仍需要补充高校资源，该区域具有较高的可塑性与较大的提升空间。

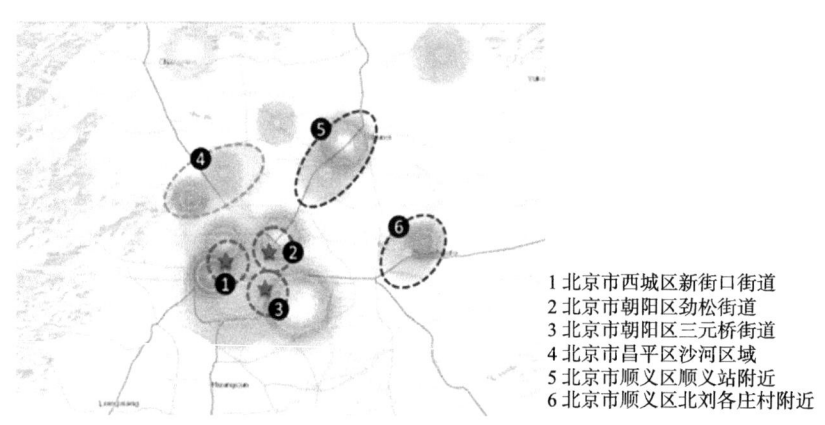

1 北京市西城区新街口街道
2 北京市朝阳区劲松街道
3 北京市朝阳区三元桥街道
4 北京市昌平区沙河区域
5 北京市顺义区顺义站附近
6 北京市顺义区北刘各庄村附近

图10-29　北京市众创空间发展三级优势区域识别

10.8　城市精准招商场景案例

10.8.1　案例简介

该案例由文章《基于大数据方法的城市创新生态格局评价研究——以苏州市为例》与《量子数聚大数据精准招商方案》总结凝练而成，由量子数聚科技有限公司常亚敏、宋仲伟共同完成。[119]

10.8.2　研究目的

首先，该研究着眼于企业申请专利数据，将基于细粒度的企业数据和专利数据之间进行关联，并通过企业的空间信息实现相应专利的空间分析。从微观的角度分析长三角的重要创新城市苏州市的企业创新特征，并利用景观生态学的分析方法，分析城市内部创新生态格局。

其次，该研究还关注了政府的招商引资行为，作为地方政府拉动经济增长的新动力，是产业结构转型升级的突破点。纵观我国各地招商工作，传统招商手段仍占主导地位，招商对象的范围、招商效率以及招商策略有待进一步提升。

10.8.3　研究基本原理

在进行创新活动的空间研究方面，现有的研究在分析区域创新差异时，多采用宏观手段，基于相关部门发布的统计结果进行省际或地市之间的创新实力评价及空间差异分析，或采用专利数据中的邮政编码信息实现专利数据的空间化。这些研究的结果表明，创新的空间聚集特征明显。

而相比于传统招商手段，大数据精准招商在有效扩大招商视野、精准定位招商目标等方面有着无可比拟的优势。它能够根据地方招商部门的实际产业诉求快速精准地匹配合适、优质的项目或企业，在使得招商引资更加精准的同时，也规避了一些未来可能出现的风险。

10.8.4　研究指标与数据来源

该研究所用数据来自企业公示系统的企业基本信息、地理信息数据库、专利库数据库，共涉及苏州市历史企业总量 859335 户。企业基本信息包括企业名称、注册地址、行业信息等工商注册信息。地理信息数据库为企业的空间坐标，是通过将企业的注册地址编译为地理坐标得到的。专利数据包含专利基本信息、专利权人信息等。使用 PLSQL 数据库将企业数据与专利数据进行关联，得到截至 2017 年年末苏州市企业申请专利数量的统计结果，并将企业的地理位置看作专利的空间坐标。

大数据精准招商着眼于区域招商局及主管部门，从招商引资全业务流程入手，依托全国范围内的海量企业数据，将地方招商政策中的招商条件转化为平台上行业、地区、企业规模、企业年龄、风险等级、资本、技术等搜索限定条件，通过挖掘区域现有重点企业与潜在目标企业之间的深层次联系，直达目标企业核心圈层，帮助招商部门精准获取招商资源，快速、精准定位目标企业，提高招商成功率和工作效率，确保招商效果。

10.8.5　研究方法、模型与过程

将苏州市地图进行网格化处理，利用 Patch Analyst 插件将苏州市矢量地图切分为面积为 1 平方公里的六边形网格，并统计网格内申请专利的企业数量及申请专利总数。

按照网格的专利数量及专利密度，采用几何分割法，将网格分为无专利、低密度、较低密度、中等密度、较高密度、高密度六种类型。同时，为进一步进行景观指数分析，将网格矢量图转换为栅格图层，临近的相同类型网格合并为斑块。

使用 FragStats 软件计算的主要景观指数计算公式和含义如表 10-4 所示。

景观指数计算公式及含义　　10-4

景观指数	计算公式	公式释义
斑块面积 CA/ 公顷	$CA=\sum_{j=1}^{n}a_{ij}/10000$	某一斑块类型中所有斑块的面积之和
斑块类型个数 NP	$NP=n_i$	景观中某一斑块类型的斑块总个数
斑块面积百分比 PLAND	$PLAND=\sum_{j=1}^{n}a_{ij}/A\times100$	某一斑块类型的总面积占整个景观面积的百分比
最大斑块指数 LPI	$LPI=max_{j=1}^{n}(a_{ij})/A\times100$	某一斑块类型中的最大斑块占据整个景观类型面积的比例
斑块密度 PD/（块 /100 公顷）	$PD=\frac{n_i}{A}\times10000\times100$	100 公顷面积中某一斑块类型的数量
平均斑块面积 MPA/ 公顷	$MPA=\frac{\sum_{j=1}^{n}a_{ij}}{10000}/n_i$	在斑块级别上等于某一斑块类型的总面积除以该类型的斑块数目
平均最小距离 MNN/ 米	$MNN=\sum_{j=1}^{n}h_{ij}/10000$	斑块级别上等于从斑块 ij 到同类型斑块的最近距离之和除以具有最近距离的斑块总数

景观指数	计算公式	公式释义
聚集度 AI	$AI = \left[\dfrac{g_{ij}}{max \rightarrow g_{ij}} \right] \times 100$	

资料来源：由案例提供者完成。i 表示景观类型的种类，取值为 1，2，…，n；j 表示某种景观类型的斑块序号，取值为 1，2，…，n；a_{ij} 表示第 i 种景观类型中第 j 个斑块的面积；h_{ij} 为从斑块 ij 到它最近的同类型斑块之间的距离；n_i 表示景观类型 i 所包括的斑块数量；g_{ij} 为随机选择的两个相邻小斑块属于类型 i 与 j 的概率；p_i 为景观中斑块类型 i 的面积比重；A 为景观总面积；N 为斑块总数。

在进行招商分析时，招商前期应全面审视区域经济状况，着力于分析优势特色产业以及选择招商目标区域。对区域产业结构及产业增长情况进行分析，助力政府识别优劣势产业，以及未来可以重点发展支持的产业。结合本地优劣势产业及未来重点发展的产业方向，通过针对性的招商引资，有效促进本地产业结构优化和经济持续发展。通过城市间的资本流动，直观审视区域吸收的资本来源、资本额、资本所属产业等信息，进而帮助政府明确招商目标行业和招商目标区域。

在招商中期，提供快速、精准的优企查询和推荐服务，并对拟招目标提供基于大数据的企业评估、企业深度背景调查等服务。以 CETT 模型为基础，实现企业标签精细化、条件筛选快捷化、优质企业推送自动化。基于全国全量 5400 万家企业的静态数据与动态信息，从资本、企业、技术、人才四大维度挖掘优质特征，同时聚焦热点行业和区域，挖掘创新活跃度高、对外辐射强的企业，精准捕获优质目标。

在招商后期，提供基于大数据的企业动态监控服务。以全量全景企业数据为基础，嵌入企业风险预警模型，通过对目标企业的发展扩张、知识产权、荣誉资质、商业贸易、违法违规、企业变更、社会舆情等指标进行监测，实现全方位动态监控企业发展变化，为招商部门监管待落地或已落地项目或企业提供有价值的信息，为政府领导提供决策服务。

通过监测目标企业群体发展扩张、知识产权、荣誉资质、商业贸易、违法违规、企业变更、社会舆情等信息变动情况，同时嵌入企业风险预警模型，全方位动态监控企业发展变化。

10.8.6 研究结论

当前，创新城市建设与众创空间建设在我国日益受到重视。但是在创新生态系统当中，仅仅有优良的"种子"还不够，还需要有土壤、阳光、雨露和园丁精心呵护等条件的系统性营造。对政府来说，就是要当好"园丁"，营造更加适宜的"气候"，提供更加肥沃的"土壤"，集聚更多更优的"种子"，让创新的激情竞相迸发，让一棵棵创新的树苗茁壮成长。

江苏构建创新生态系统并非"零起点"，从"首吃螃蟹"的乡镇企业，到发展外向型经济中的"自费开发区"，再到在全国较早实施创新驱动战略，创新已成为江苏经济最具标识度、最能凸显区域特质的关键词。近年来，江苏一直遵循创新生态体系的成长规律，致力于打造属于江苏自己的"创新热带雨林"。而该案例的研究思路也可以应用到更多城市的创新空间建设评价中，进而形成更完善成熟的一套方法与路径，具体实施方法主要有以下两点：

第一，依托全量全景的企业数据资源优势，为用户有效拓展招商视野，改变传统招商观念，面向广大优质中小企业招商，着力培育未来能代表园区的品牌企业。此外，还可以将招商视野进一步拓展至以人才为目标招商、以技术为目标招商等。

第二，切入招商引资全业务工作环节，提供一站式精准招商服务，包括招商前期的产业分析，招商中期的招商目标精准定位、背景调查等，以及招商后期对拟招企业和企业落地后的风险综合评估与动态监控。

10.9 区域旅游市场场景案例

10.9.1 案例简介

该案例由文章《长三角旅游网络特征与机理研究——基于腾讯人流数据、社会网络分析与旅游客流模型》总结凝练而成，由上海商学院吴培培和上海师范大学旅游学院朱小川、刘慧敏共同完成。

10.9.2 研究目的

始于1982年的长三角一体化，至今已走过30多年的历程。30年来，长三角城市群已经成为中国经济最具活力、开放程度最高、创新能力最强、吸纳外来人口最多的区域。这里经济发达，生态环境优良，旅游资源丰富，拥有多处世界自然遗产、世界文化遗产及自然保护区，以2.2%的国土面积集聚了11%的总人口，贡献了19%的经济总量（2016年）。2018年11月5日，习近平主席宣布支持长江三角洲区域一体化发展并将其上升为国家战略。在区域旅游一体化方面，2017年12月16日，长三角旅游合作第七次联席会议中推出《推进长三角区域旅游一体化发展2018年行动计划》。2018年11月25日，首届长三角三省一市旅游协会联席会议提出，要大力推动长三角旅游一体化合作发展，深入贯彻长三角一体化发展并上升为国家战略的重要指示精神。

就城市群旅游一体化而言，城市间旅游流现象的研究和预测是高质量一体化的重要组成部分，其产生机制与影响效应是应重点关注的问题。然而，相比于火热开展的长三角一体化中的产业发展与创新研究，长三角旅游一体化研究却相对较少。基于此，本课题以2016年长三角旅游客流数据为例，构建长三角旅游客流网络，对长三角城市群旅游客流的空间网络特征以及发展机理进行分析，并在此基础上提出区域旅游一体化发展对策，为城市群旅游一体化发展提供理论基础和科学依据。

10.9.3 研究基本原理

1. 社会网络分析

社会网络分析是社会学研究中一种重要的研究方法，"社会网络"指的是节点城市及其间关系的集合。也就是说，一个旅游客流网络是由多个节点城市和其余各节点城市之间的连线组成的集合。该案例基于腾讯人流数据对长三角旅游网络特征展开分析，在城市旅游网络中节点为长三角各节点城市，连线则代表着节点城市之间的现实旅游人流，旅游人流的连接是通过旅游的辐射作用而实现的。

在对区域城市间旅游客流吸引度进行研究的基础上，借助Ucinet软件探究社会网络的特征，所涉及的体系指标主要包括整体网络结构和个体节点结构两部分。其中，对整体网络结构借助网络密度、中心势、核心—边缘结构、凝聚子群的方法来进行分析，个体节点结构主要包含节点中心性和结构洞分析。通过对社会网络的分析，以及把握节点城市间的旅游人流联系，进而揭示了旅游网络的整合特征。该案例采用的各类社会网络分析方法的公式及释义如表10-5所示。

案例采用的社会网络分析计算方法与释义		表 10-5
分析方法	**释义**	**公式**
节点中心度（degree centrality）	衡量某城市与其他城市之间的旅游客流联系强度，反映的是城市在城市旅游客流网络的"地位"。在有向联系中，点入度为进入（指向）该城市的旅游客流，点出度为始于（指出）该城市的旅游客流	$\dfrac{m_i}{(n-1)}$
中介中心度（betweenness centrality）	通过测量网络内节点城市控制其他节点城市旅游资源的能力，也就是作为两节点间沟通桥梁的能力，经过节点的关系路径越多，则表明节点城市的中介中心性越强	

分析方法	释义	公式
接近中心度 （closeness centrality）	反映网络中节点城市不受其他城市控制的能力，描述的是网络中的一个节点城市与其他节点城市的旅游联系便捷度	
网络密度 （network density）	反映城市旅游网络内各个城市之间旅游客流联系的紧密程度	$\dfrac{\sum_i^n m_i}{n(n-1)}$
网络中心势 （network center of potential）	网络中心势衡量的是城市旅游网络内部参与联系的城市数量，与密度有一定相关性，其分子为网络中具有最高节点中心度的城市与其他城市节点中心度的差值之和，分母为最高节点中心度与最低节点中心度之差	$\dfrac{\sum_i^n dc_{\max}-dc_i}{dc_{\max}-dc_{\min}}$
凝聚子群 （cohesive subgroups）	由城市旅游网络内部部分联系相对较紧密，具有一定凝聚力的城市组成的集合	
核心—边缘结构（core/ periphery structure）	城市旅游网络中基于城市客流相互联系所形成的一种中心联系紧密、外围联系组件稀疏的空间结构，核心—边缘结构分析可以将城市网络内穿的城市划分为核心与边缘	
QAP （Quadratic Assignment Prodedure）	分析城市旅游网络之间的相关度大小	

2. 旅游引力模型

该案例通过构建旅游引力模型来拟合现实人流数据，并验证旅游引力模型对"五一"小长假前后长三角城市间旅游人流的适用性。引力模型最早使用于物理学领域，由杰弗逊（Jefferson）和齐普夫（Zipf）引入区域经济的分析之中，建立起分析与衡量城市之间经济联系的理论。20世纪90年代，国内学者王德忠最早使用引力模型，之后国内学者开始广泛应用引力模型对区域经济联系进行定量分析。在产业经济学研究领域中，朱小川等（2015）针对传统引力模型未考虑城市产业结构与产业间联系异质化问题，将城市分为多个产业集合，构建出更加符合现实的IIG模型。

在长三角区域旅游一体化的研究中，由于矢量数据缺失，相关研究多使用传统引力模型的方法，与现实有较大差距。传统引力模型将城市视为质点，对城市间旅游资源互补性考虑不足。此外，将城市与产业同质化的做法，使得该模型与现状并不相符。基于此，该案例通过对旅游发展理论与驱动要素进行分析，对传统引力模型进行改进，提出适合旅游客流分析的旅游引力模型。该模型将区域旅游客流影响因素与地理距离作为要素，来测度区域城市间旅游客流联系，以此体现不同城市间旅游客流的相互作用程度。具体做法为，将城市间旅游客流吸引程度设为，与目的地旅游资源与产品的声誉和数量、旅游资源与产品呈正相关，与两城市间地理距离的平方呈负相关的函数，公式如下：

$$Tf_{i,j}=TF\cdot\frac{Tr_i\cdot Tm_j}{dt_{i,j}}\tag{10-4}$$

式（10-4）中，$Tf_{i,j}$是旅游流（Tourism flow），综合体现了i城市对j城市的旅游吸引力；Tr_i是i城市旅游资源（Tourism resources）的声誉和数量，在该研究中以目的地的旅游收入以及途牛网上游客对目的地旅游资源的评论总数作为参考数据进行定量计算；Tm_j是j城市的旅游市场（Tourism market），该研究以客源地的收入水平与潜在游客数（两者乘积可用GDP替代）为定量数据进行计算；TF（Tourism friction）作为影响两城市间旅游吸引力的介质系数；$dt_{i,j}$表示i城市与j城市间的直线地理距离。

10.9.4　研究指标与数据来源

2019年长三角城市经济协调会的成功召开，通过了《关于吸纳蚌埠等7个城市加入长三角城市经济协调会的提案》，正式将安徽全部地级市纳入长三角一体化范畴中。为保证研究对象的全面性，案例以长江三角洲大范围中涉及的共160个市、县级地区作为研究对象。所采用的数据来源主要有：第一，腾讯数据平台提供的2016年"五一"小长假期间长三角各省地级市之间往返的旅游人次和出行方式等数据；第二，运用网络爬虫软件爬取去哪儿网得到的长三角旅游目的地各级景点的评论总分；第三，通过查阅长三角城市统计年鉴得到的160个客源地国民生产总值数据；第四，利用地理经纬度计算出的客源地与旅游地两地之间直线距离数据。

10.9.5 研究方法、模型与过程

1.城市间旅游流向一般分析

该案例首先对2016年长三角地区"五一"小长假前后不同时段人流的出行方式数据进行一般统计。根据统计结果可以看出，在不同时间段内，绝大多数市民在长三角区域内均选择汽车作为首要出行方式。由于长三角各城市间地域上的邻近性，因而选择乘坐飞机的方式往返于目的地和客源地之间的人占出行人口的比例极低。

基于统计结果描绘随时间变化而变化的人流出行方式数据的规律（图10-30），可以看出，周末选择汽车出行的人流量低于工作日乘坐汽车的人流量，说明相比于周末，工作日期间大多数市民利用汽车出行。根据城市居民节假日出游规律得出的经验分析可以得出，"五一"小长假初期前往目的地的人流相对较多，去程多，假期末返回旅游客源地的人流量相对较多，返程多。整体来看，"五一"期间选择各类出行方式的人流量明显增加，说明劳动节期间长三角城市群内旅游人口数量显著提高，游客们的出游意愿增强。

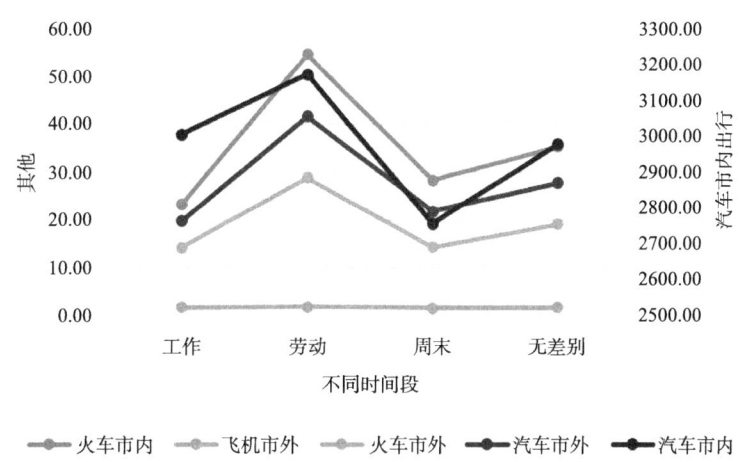

图10-30　长三角城市群"五一"小长假前后不同时段人流出行方式数据（见书后彩图）

在此基础上，对2016年"五一"小长假期间长三角城市群旅游客流空间流向分布和客流量进行分析。长三角城市群旅游客流网络主要包括以上海、南京、杭州和合肥四市构成的整体呈放射状的区域旅游客流走向。首先，从上海前往苏南地区和浙北地区的客流明显较多，而去往安徽省和浙江省其他地区的人流较少，说明旅游客流网络在一定程度上受到地理距离的影响。其次，由各省省会城市流出的人流大多数去往本省内部的其他目的地，表明如今长三角城市群旅游客流网络发展仍在很大程度上受限于行政区划的藩篱。

2.旅游客流网络结构特征

第一，整体网络密度和中心势分析。该案例通过借助 Ucinet 6.0/Transform 功能将长三角地区160个市县间2016年"五一"小长假期间旅游客流数据组成1个160×160的旅游客流指数矩阵，将多值

关系转换成二值关系矩阵，将1作为二分矩阵的断点值，使数据在时间和空间维度上更具可比性。将大于或等于1的旅游客流记为1，表示有关系；小于1的记为0，表示无关系。

运用Ucinet软件的网络密度分析得出，长三角城市群旅游客流网络密度值为0.991，表明旅游客流网络中城市联系非常紧密，城市间旅游资源和旅游市场的互补性较强，城市群旅游一体化发展有显著成果。

通过运用Ucinet软件中的中心势分析得出，旅游客流网络的中心势为3.68%，说明旅游网络发展的不均衡性较强，旅游客流主要由少数核心节点控制，大多数节点对少数核心节点有很高的依赖度。另外，网络的接近中心势为1.75%，说明那些在旅游客流网络中不易受外界地区旅游资源影响的节点城市，对整个网络发展的影响极为微弱，仍有大多数地区处于尚未开发旅游资源且交流可达性不强的状态。

由此可见，在旅游客流网络中，长三角地区城市群很大程度上被发展水平较高的少数节点控制，其余大多数发展水平较低的节点对少数节点依赖性较强，进而得出长三角地区城市间旅游发展水平差距悬殊的结论。

第二，凝聚子群分析。在二级层面上，旅游客流网络存在4个一级子群与8个二级子群（表10-6）。对各凝聚子群进行中心势、核心—边缘与中心度分析，分析结果表明，以永康市、武义县为核心的子群中心势相对较高，以南京市为中心的区域中心势相对较低。由此可以看出，中心势数值较低的子群中城市间旅游资源水平与市场吸引度差距较小（表10-7）。

长三角城市群旅游客流网络凝聚子群定量分析　　　　　　　　　　表 10-6

二级子群	三级子群	城市名称	中心势
第一子群	A	核心：东阳市、义乌市 边缘：安吉县、亳州市旌德县、景宁畲族自治县、靖江市、连云安吉县、诸暨市、湖州市、桐乡市、嵊州市、兰溪县、磐安县、常山县、海宁市、德清县、新昌县、浦江县、建德市、临安市、淳安县、江山市、广德县、衢州市、金华市、龙游县、桐庐县、绍兴市、开化县	9.38%
	B	核心：上海市、昆山市 边缘：奉化市、宁海县、太仓市、嘉兴市、象山县、三门县、慈溪市、杭州市、余姚市、崇明县、平湖市、海盐县、宁波市、舟山市、岱山县、天台县、嵊泗县	14.28%
第二子群	C	核心：瑞安市、温州市 边缘：平阳县、玉环县、乐清市、文成县、泰顺县、仙居县、温岭市、台州市、苍南县、临海市	15.13%
	D	核心：永康市、武义县 边缘：龙泉市、景宁畲族自治县、丽水市、庆元县、青田县、云和县、遂昌县、松阳县	16.41%
第三子群	E	核心：合肥市、长丰县 边缘：南陵县、黟县、祁门县、芜湖县、霍山县、宿松县、旌德县、安庆市、太湖县、黄山市、淮南市、舒城县、宣城市、巢湖市、池州市、宁国市、绩溪县、庐江县、枞阳县、定远县、金寨县、含山县、望江县、石台县、繁昌县、桐城市、无为县、铜陵市、芜湖市、桐城市、霍邱县、怀宁县、泾县、六安市、岳西县、青阳县、东至县	13.96%
	F	核心：阜阳市、蚌埠市、宿州市、萧县、淮北市 边缘：凤阳县、涡阳县、界首市、利辛县、泗县、亳州市、阜南县、凤台县、砀山县、蒙城县、颍上县、太和县、固镇县、灵璧县、五河县、临泉县	13.88%
第四子群	G	核心：苏州市、江阴市、南京市、常州市、无锡市 边缘：射阳县、高邮市、仪征市、溧阳市、东台市、启东市、扬中市、阜阳市、江阴市、兴化市、常熟市、南通市、靖江市、明光市、盐城市、如东县、泰兴市、滨海县、宜兴市、滁州市、建湖县、如皋市、泰州市、丹阳市、海安县、海门市、句容市、宝应县、马鞍山市、镇江市、郎溪县、扬州市、张家港市	8.79%
	H	核心：淮安市、宿迁市、邳州市、徐州市、连云港市、睢宁县 边缘：丰县、沛县、盱眙县、涟水县、灌南县、泗阳县、金湖县、响水县、沭阳县、泗洪县、灌云县、新沂市、东海县、天长市、洪泽县	11.11%

各子群中节点中心度最高的城市　　　　　　　　　　　　表 10-7

城市名称	所属子群	点入度	点出度
义乌市	A	10.937	11.390
上海市	B	15.667	15.854
温州市	C	20.379	20.699
南京市	D	19.535	19.845
徐州市	E	19.865	19.857
阜阳市	F	19.350	19.210
合肥市	G	9.189	9.175
永康市	H	14.533	14.548

3. 目的地资源和客源地市场分类

通过之前对长三角旅游目的地资源和客源地市场的分析，将长三角城市群包含的所有城市按照旅游景点总评论数和地区 GDP 大小划分为四类：目的地客源地流入、非目的地客源地流入、非目的地非客源地流入、目的地非客源地流入。其中总评论数大于或等于 80 个的为目的地，否则为非目的地。GDP 大于或等于 380 亿元的为客源地，否则为非客源地，具体类别地区对应表 10-8。

长三角城市群按照旅游资源和 GDP 分类的四类地区类别　　　　　　　表 10-8

	目的地（≥80）	非目的地（<80）
客源地 （≥380 亿元）	上海市、南京市、杭州市、苏州市、宁波市、常州市、无锡市、合肥市、徐州市、扬州市、绍兴市、南通市、淮安市、温州市、盐城市、泰州市、镇江市、芜湖市、台州市、连云港市、湖州市、嘉兴市、马鞍山市、舟山市、宿迁市、蚌埠市、金华市、肥西县、宿州市、肥东县、衢州市、长兴县、宁海县、阜阳市、六安市、嘉善县、安庆市、象山县、德清县、海盐县、泗洪县、长丰县、阜宁县、新昌县	昆山市、江阴市、张家港市、常熟市、宜兴市、太仓市、丹阳市、义乌市、诸暨市、海门市、余姚市、如皋市、温岭市、启东市、乐清市、泰兴市、邳州市、靖江市、溧阳市、瑞安市、海宁市、海安市、铜陵市、兴化市、如东县、东台市、桐乡市、沭阳县、沛县、淮南市、新沂市、仪征市、淮北市、高邮市、临海市、平湖市、永康市、东阳市、宝应县、扬中市、睢宁县、句容市、嵊州市、玉环市、建湖县、苍南县、射阳县、东海县、丰县、泗阳县、滨海县、涟水县
非客源地 （<380 亿元）	桐庐县、滁州市、亳州市、盱眙县、安吉县、灌云县、池州市、丽水市、宣城市、黄山市、庐江县、萧县、淳安县、岱山县、凤台县、颍上县、青田县、龙游县、天台县、缙云县、南陵县、枞阳县、广德县、仙居县、三门县、舒城县、凤阳县、霍山县、和县、歙县、寿县、潜山县、常山县、开化县、太湖县、嵊泗县、遂昌县、金寨县、松阳县、泾县、青阳县、磐安县、岳西县、泰顺县、休宁县、庆元县、绩溪县、云和县、祁门县、景宁畲族自治县、旌德县、黟县、石台县	平阳县、无为县、永嘉县、建德市、天长市、兰溪市、灌南县、当涂县、巢湖市、江山市、响水县、怀远县、宁国市、濉溪县、涡阳县、繁昌县、桐城市、金湖县、蒙城县、武义县、霍邱县、芜湖县、浦江县、太和县、怀宁县、利辛县、固镇县、灵璧县、五河县、砀山县、临泉县、泗县、定远县、宿松县、界首市、阜南县、东至县、来安县、含山县、明光市、全椒县、郎溪县、龙泉市、望江县、文成县

考虑到同一地区作为旅游客源地和目的地双属性的特点，该研究借助网络分析软件对长三角城市群绘制出桑葚图，如图 10-31 所示。可以看出，从旅游目的地流出的旅游客流，向四类客流流入地流动的数量最多，说明长三角城市群网络中作为旅游目的地的地方往往也可以作为旅游客源地，这些城市的旅游经济一般都相对发达，且对周边地区具有较强的旅游辐射效应和控制能力。

4. 旅游引力模型及对不同人流的拟合比较

借助旅游引力模型对工作日人流与现实中的"五一"小长假人流进行拟合，验证了旅游引力模型的适用性。利用旅游引力模型对 2016 年工作日期间和"五一"小长假期间的城市间人流分别进行回归拟合分析（表 10-9）。结果显示，2 个模型的整体 P 值均为 0.0000，各解释变量也均在 1% 的水平下显

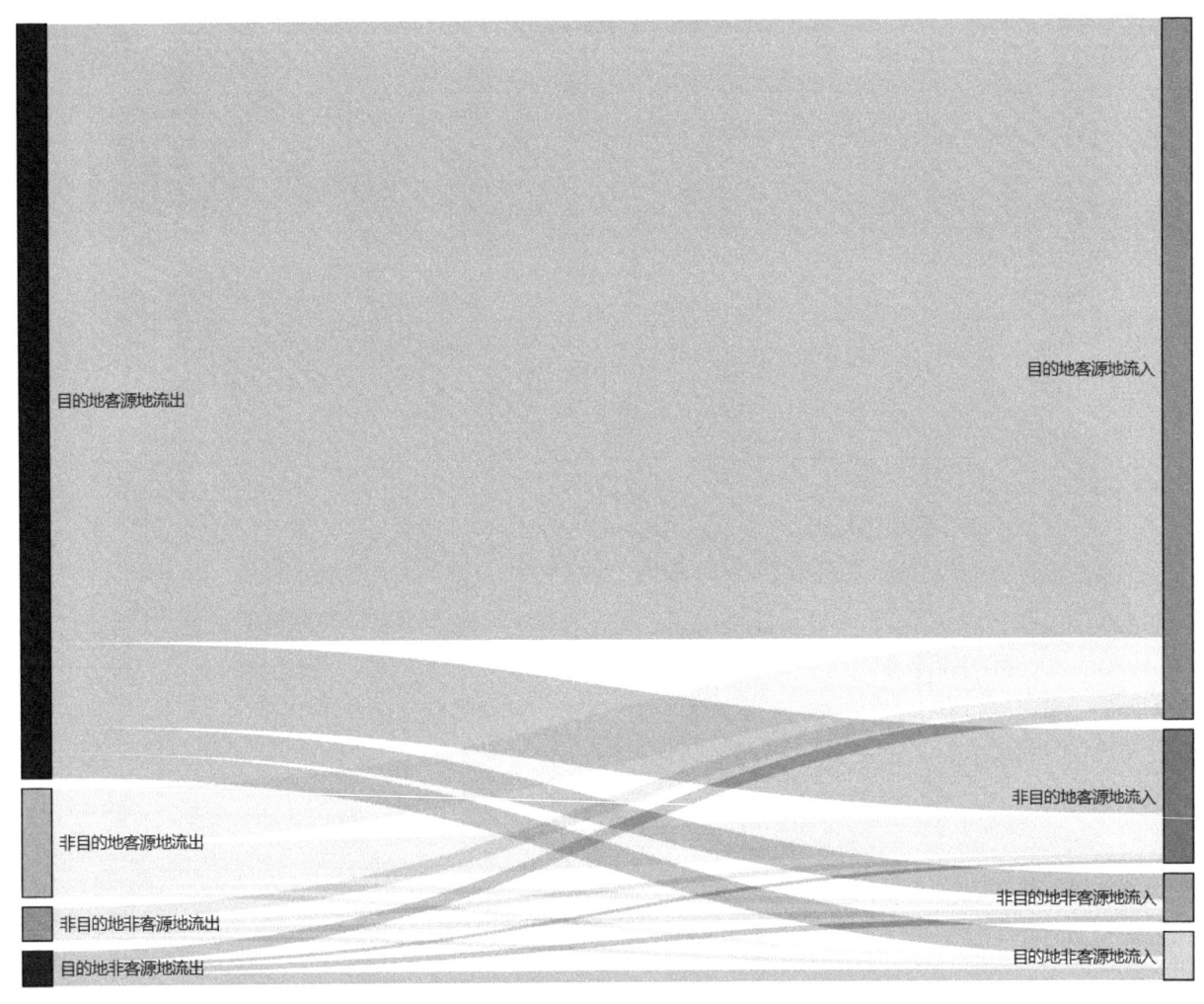

图 10-31 长三角城市群四类地区客流流入、流出

著，说明 2 个模型均具有一定的可信度。其中，旅游引力模型对工作日人流的拟合优度为 0.144，而对"五一"客流在进行了过滤工作人流的操作后，拟合优度提升至 0.200。说明该研究提出的旅游引力模型更符合"五一"小长假期间长三角城市群旅游客流数据的数量特征。

对 2016 年"五一"小长假前工作日与假期间长三角城市群旅游客流回归拟合　　　　表 10-9

解释变量 ＼ 被解释变量	"五一"客流	工作日人流
旅游引力	0.664***	0.457***
	（69.81）	57.29
_cons 常数	0.002***	0.001***
	（6.183）	（6.244）
样本数量 N	19557	19557
拟合优度 R^2	0.200	0.144
调整后的拟合优度	0.200	0.144
F 值	4833.61	3282.08
显著性（P 值）	0.0000	0.0000

注：*** 为 P 值（显著性）小于 0.005；** 为 P 值（显著性）小于 0.010；* 为 P 值（显著性）小于 0.05。

10.9.6　研究结论

该案例借用 2016 年"五一"小长假期间长三角城市群的 160 个市、区县的旅游客流数据，利用社会网络分析方法对其进行网络空间特征分析，最终得出以下结论。

第一，长三角城市群旅游客流网络整体密度较高，上海、杭州和南京三个城市的度数中心度和中介中心度始终位居前三名，与其他节点城市的旅游客流联系最为紧密。此外，苏州、宁波、无锡、合肥等城市也表现出较高的中心性，处于旅游客流网络的核心区域。这些城市旅游资源丰富，城市交通通达性较高，对周边城市而言旅游辐射效应较强，是未来推动长三角旅游一体化发展的着眼点。而徐州、舟山等城市则处于旅游客流网络的边缘区，旅游发展潜力有待进一步挖掘。

第二，基本形成了以上海、南京、杭州、合肥为中心的 4 个子网络，反映出显著的省际边界现象。但部分省份中非省会城市客流也会流入其他省份城市中，表现为旅游网络发展正在逐渐打破行政藩篱的约束。

第三，长三角城市旅游网络可细分为 4 个二级子群及 8 个三级子群。以巢湖市为核心的旅游子网络的中心势较高，宁波、杭州、合肥、上海、南京等 8 个核心城市的中心度相对较高，对周围城市的旅游资源控制能力相对较强。通过一般回归，该研究发现相较于旅游地的 A 级景区资源，旅游 OTA 网站对目的地旅游景点的评论更能反映目的地的旅游资源收入。

第四，借助 QAP 方法，验证了旅游引力模型对"五一"小长假前人流的拟合优度高于工作日，说明该模型对旅游客流比例更高的假期人流的解释性更好，验证了旅游目的地资源和客源地市场对旅游客流的影响机制。

第 *11* 章
智城之治：众创众智众惠

"治理"一词最早出现于政治学领域。囿于学科的限制，传统的治理理论侧重于政治分权与民主参与过程，但公共领域的"治理"既不同于政治学领域中的治理理论，也有别于传统行政管理中的"管理"理论，而是强调政治经济过程中的多主体参与和多中心协调互动，以实现社会经济的良好发展。1995年，全球治理委员会发表题为《我们的全球伙伴关系》的研究报告，该报告认为：治理是各种公共或私人机构用以管理其共同事务的诸多方式的总和，它是使相互冲突或不同的利益得以调和并且促使利益当事人采取联合行动的持续的过程。

11.1 智城之治的现代治理决策模式

城市治理作为治理理论在城市公共领域的具体应用，是指城市各相关主体对城市公共事务进行管理的过程，其目的在于有效解决城市公共问题，协调相关主体利益关系，推动城市的良性发展，最终实现城市的"善治"（good governance of the city）。传统城市管理侧重于政府对城市社会经济生活的绝对控制，决策主体较为单一，权力影响力传导是一个自上而下的单向度过程。而城市治理则突出了城市运行过程中的多主体参与，政府的职能从绝对控制向引导与协调转型，权力影响力趋于扁平式的网络化传导（表 11-1）。城市治理既是一种治理理念，也是一种制度化的权力安排和持续性的结构互动过程，而"城市善治"是这一过程的最终结果，也是理想目标。

传统城市管理与现代城市治理的比较　　　　　　　　　　　　　　表 11-1

	传统城市管理	现代城市治理
决策主体	城市政府	政府、企业、公民社会组织的多主体参与
权力方向	自上而下的单向度传导	纵向协调、横向联动的网络化传递
发展目标	经济增长	五位一体、人的城市化和现代化
管理方式	计划、控制、命令	协商、合作、谈判

联合国人居署发起推动的"全球城市治理运动"的愿景是创造包容性城市和可持续城市，减少城市贫穷，不论财富、性别、年龄、种族或宗教，城市中的每位居民都能够积极有效地参与城市所提供的权利和机会之中，其核心是实现包容性的战略规划和决策过程。亨德里克斯（Hendriks）将城市治理定义为通过制度化的设计与安排，去塑造有效且正确处理城市问题的能力，其中涉及政府与非政府部门（Non-Governmental Actors）。[120] 亨德里克斯依据决策制定者类型（政府官员与商业精英还是公

民大众）及决策类型（独断选择性决策还是综合交流方案）构建二维坐标系（图11-1），将城市治理分为城市市场治理（Urban Market）、城市政体治理（Urban Regime）、城市信任治理（Urban Trust）及城市平台治理（Urban Platform）。[121]

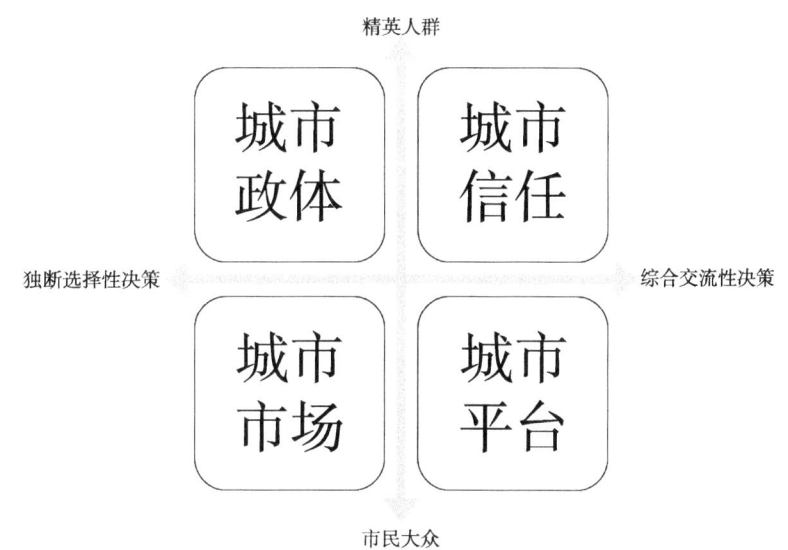

图 11-1　亨德里克斯的城市治理模式示意

资料来源：Hendriks F.Understanding Good Urban Governance: Essentials，Shifts，and Values.Urban Affairs。

2015 年中国印发的《促进大数据发展行动纲要》中提出：建立"用数据说话、用数据决策、用数据管理、用数据创新"的管理机制，实现基于数据的科学决策。其背后反映出了信息化和大数据时代公共决策趋于"社会化"的三个特征：微决策、被决策、智决策。

第一，"微"决策。"微"主体带来的"微"行为会产生"微"决策，从而推动决策社会化。随着信息技术的发展，社会公众意愿表达和信息传递成本递减，多个不相关个体利用信息化手段表达其自身的"微"意愿和看法，形成成千上万的"微"数据和"微"事件，这些数据呈现出小、散、模糊的特征。

但事实上，任何事件的发生都是有"前兆"的，看似偶然的背后其实有其必然性，政府需要尽可能地在这些"微"力量爆发前，运用数据挖掘等技术将这些分散的、模糊的小概率事件有序地关联起来，从而得出问题发生的大概率。在问题察变机制方面发挥提前预警功能，做出恰当的决策。

第二，"被"决策。数据时代的政府决策是"被"社会影响和引导的，政府决策将更多地参考社会公众的意愿。通过对网站浏览、论坛留言、微博转发等网络舆情的深度分析，政府可以准确把握公众关注的热点、对问题的看法，决策不再是简单的政府"一言堂"，而更多地集聚了民意和民智。

政府将"被"民意所引导，这既有可能表现为政府主动将民间意愿上升到国家政策，也有可能是政府迫于社会舆论压力将民间意愿转化为国家政策。

第三，"智"决策。大数据时代的政府决策强调数据的"实时性"，要求通过分析智能终端产生的海量实时信息数据形成预测，追求政府决策由"预报"向"实报"的过渡。事实上，只有充分掌握事物发展变化的大量实时数据，才能形成精准的报告。

政府运用信息化工具，将通过数据挖掘采集到的新信息应用于支撑官方统计数据、调研数据和预警系统生成的信息，从而更加深入地区分人类行为和经历的细微差别，并通过实时进行以上步骤，使信息与时间保持同步。

无论从字面还是更广泛的隐喻意义来看，今天我们所追求创造的智慧城市，远不止信息化的基础设施和数字化的市政服务，真正的智慧城市是充分利用技术来实现城市的集体智慧涌现。集体智慧并非新鲜事物，人类群体，包括家人、军队和企业团队常常表现出不同程度的集体智慧；而即使是动物群体也会体现出集体智慧：成群的昆虫和鸟儿能够汇总从单个群体成员处得到的信息，以寻找食物和选择筑巢地点。麻省理工学院集体智慧中心创始人托马斯·马龙（Thomas Malone）指出，互联网技术创造了几十年前还不可能实现的新型集体智慧。维基百科就是一个很好的例子，它是一种非常精细的百科全书式产品，由成千上万的人编辑，集中控制力度被降到最低。这种形式的集体智慧非常强大，但仍需依赖手动操作。

简·雅各布斯（Jane Jacobs）曾在《美国大城市的死与生》一书中讲道："只有当城市是被所有人一起创造出来的时候，它才有能力为所有人提供些什么。"大智移云技术的进步让智慧城市的构想比任何时候都更加切实可行，它不仅能够收集联网市民的相关数据，关键还在于能够运用科技动员城市最重要的资产——市民，为我们提供集思广益的新方法，推动城市规划者、市民个人以及团队做出更明智的决策，从而实现真正意义上的"群体智慧"。罗兰贝格咨询公司认为，在这其中发挥作用的主要有三大相互关联的因素。

第一，数据科学革命。由于移动手机、联网汽车以及可穿戴自我追踪设备的出现，我们能够以日益数字化的方式记录生活。实际上，我们就像雪地里的小孩一样，不断在各处留下数字足迹。这意味着关于我们的偏好、行为和知识的详细数据可被分析，用于提出实现更佳决策的建议。

第二，行为经济学。大数据革命之所以能够与"行为助推"革命同时进行，正是得益于丹尼尔·卡内曼（Daniel Kahneman）、阿莫斯·特沃斯基（Amos Tversky）、理查德·塞勒（Richard Thaler）与凯斯·桑斯坦（Cass Sunstein）在心理学、行为经济学与选择架构方面的开创性贡献所引发的"行为助推"革命。数据科学与行为科学相辅相成，使得大数据能够指出解决方案的方向，并进一步提出具体的行动建议。选择架构的主要观点是只要对选择环境进行细微的调整，就能够对人们的行为产生超凡影响。行为设计的思维在与数据科学和数字化技术结合后，能够为决策者提供一系列有效工具，帮助人们在建设城市时做出更明智的决策。

第三，借助技术充分发挥群体智慧。互联网和移动设备不断创造出新形式的大规模协作，数字化互联的市民作为最终的传感器网络，能够及时将本地信息传送至决策者。此外，近期在调查设计方面，方法论的突破有助于决策者更好地利用群体智慧。

这些因素的共同之处在于，它们致力于使决策的制定建立在对当地深入了解的基础上，并且坚持有选择权的决策环境，在可能的情况下实现自下而上的秩序。它们使决策反映出个人自发选择的结果，而非规划者自上而下的决策所强加的结果。罗兰贝格咨询公司在其报告中指出，只有当数据和分析能够帮助城市居民更好地制定决策并产生更加理想的结果时，这座城市才能变得更加智慧。

因此，智慧城市并不是"自上而下"地直接规定一个明智的结果，而是构建一个"自上而下与自下而上相结合"的最佳决策模式的平台。智慧城市以"以人为本"为原则，"人"包含所有现在以及未来的城市居民，单靠少数精英的闭门造车很难制定出符合大多数人需求的合理可行的规划建设方案，因为城市规划者不可能具备所有市民掌握的各种知识。只有在充分考虑到居民偏好和本地性知识的基础之上制定出的解决方案，才是真正的最优规划。在大数据时代下，市民的每日上下班出行轨迹、年龄、教育背景、收入水准、家庭结构、日常消费、文化生活等早已全部被他们周边的"准智能空间"以各种介质和形式摄入一个海量的数据库中。以此为基础，进行有针对性的精准挖掘和分析，对于更好地组织公众参与、完善调研、支持决策等行动而言，有着极其重要的意义。对海量个体数据的搜集、处理与分析，有助于获得传统方法无法展现出的整体规划的途径，同时有利于切实考虑公众的意愿和想法，使得公众参与更有针对性并能及时地进行建议回馈，真正地让公众参与到城市规划中来。同时，利用城市相关数据激发市民集体智慧，还有助于其做出更有效的决策。因此，在未来，明智的规划者需要在汲取大众积累的知识、尊重大众偏好的基础上，根据自然的秩序做出决策。智慧城市的规划决策需要广泛的公众合议，在公正、平等、公开的前提下集合全民的智慧与思考。规划过程应是在公众参与下，在与公众的交往中综合社会、经济、文化等多向维度考虑，推动目标不断完成"社会动员"与"社会学习"的渐进过程。城市数据＋智慧市民＝更佳城市决策。在数据科学的新时代，人们很有可能实现雅各布斯所期望的"街头芭蕾"愿景。

11.2　防疫信息码智慧治理案例

11.2.1　案例简介

"WeCity 未来城市"是腾讯于 2019 年 7 月发布的以人为中心的智慧城市解决方案和理念。该理念以腾讯深厚的技术积累和丰富的产品体系为基底，以微信、小程序等微服务接口触达市民，强调人、空间和服务因数字技术的变革而产生的全新交互方式。而未来的城市可以像生命体一样灵活配合、协同作用，实现整体智能。

突发的新冠病毒疫情给居民及城市带来巨大冲击，如何在确保疫情防控的同时促进复工复产，对城市治理体系和能力提出了巨大挑战。健康码作为疫情催生的新产物，在"战疫"及恢复经济的过程中发挥着重要作用。健康码的出现不是偶然，它是当今成熟的技术及城市智慧化转型的具象反映。

11.2.2　研究目的

各类健康码的推出，彰显了地方政府在重大突发公共事件治理中的创新思维，是一种更加精准和灵活的治理模式。本案例旨在分析健康码是如何反映"WeCity 未来城市"的理念，深入理解在面临突发疾病等危急情况下，城市如何提升韧性和灵活性以应对冲击。

11.2.3　研究基本原理

"WeCity 未来城市"的核心内涵包括以下四点：

第一，市民即用户。整个城市体系的核心服务目标是市民。如果把城市看作一类产品，则最重要的就是解决好人与服务、空间的关系，即以人为中心来完善城市的资源组织和运行方式。在"WeCity 未来城市"的体系下，城市将由过去的集中式、强控制特征向分布式、开放式形态转变，将具有更强的可适应性和韧性，更加突出用户的可感知性和用户体验。

第二，连接即服务。这一点具体指微服务集群的城市，拥有随时随地可供使用的海量服务＋综合移动入口。城市居民的服务需求越来越倾向于多样性、即时性，其既可以通过独立 APP 来实现，也可以通过更为轻巧的小程序来实现，而无论使用何种途径，其背后都需要强大技术背景下的海量服务集群作为支撑。连接将继续深化，引起服务和用户间节点的无缝衔接，城市服务逐渐向"无需安装，就近触发"的趋势演进，形成即开即用的局面。

第三，数字即空间。这一点意味着通过技术形成市民与城市的深度连接与互动。在"WeCity 未来城市"体系中，居民对城市的感知将更为具体化、可视化、实时化。先前需要通过封闭物理空间完成的服务，现在只需一部智能设备即可完成，一个场景对应的就是一份空间，是否在线和是否被连接将成为未来城市空间价值的新属性。

第四，城市即平台。基于"云—边—端"的技术架构将构建起支持分布式、多中枢联动的智慧中台，并成为新的解决方案。它通过把非标准化的能力和组件变成相对"标准化"的能力对外输出，将大小系统和应用无缝连接在一起，为城市管理者、服务提供者、市民等生态组成源源不断地输送价值（图 11-2）。

图 11-2 "WeCity 未来城市"技术架构

资料来源：由案例提供者完成

"WeCity 未来城市"服务体系面向市民，由下至上共分为三层。首先是建立基础连接：以大数据、物联网、云计算、人工智能为基础，为城市提供更为坚实、开放、弹性的基础资源，成为支持城市生态繁荣的土壤；其次是打造智慧中台，通过集约化重新构建"大平台、微前端、富生态"的发展模式，实现人、服务、空间高效交互，快速响应和精准决策；再次是实现微距服务，通过微信、小程序等丰富的微端工具，将服务快速送达城市中的每个场景、每个角落和每个人。

"WeCity 未来城市"作为智慧城市的进化之道，相较于传统智慧城市最大的不同在于价值指引的转变。该服务体系提倡"海量微服务＋综合移动入口"而非大而全的巨系统，打破信息孤岛，实现信息的互联互通。其应用场景涵盖全流程服务，而非单项服务，真正实现一网通办；建设模式为整体智能，体验为王，助力城市的可持续发展。

11.2.4 研究方法、模型与过程

各地不同版本的健康码基本都由地方政府和互联网技术企业合作开发，其运作原理大体都是通过个人提供自然人姓名、身份证号、联系电话、健康情况、地理位置及行踪等大量真实信息，依托大数据人工智能技术对比分析而生成的由申请人单独享有的个人二维码，以"绿码、黄码、红码"三种不同安全等级来评判个人疫情风险程度，为政府的应急决策执行提供依据，并作为疫情防控期间出行是否应被采取隔离等措施的重要依据。[122] 腾讯政务团队结合国家疫情防控工作需求，快速开发上线了此应急管理平台，市民可通过微信小程序申领个人健康码作为出行凭证。

1. "码"上疫情防控，"码"上复工复产

腾讯健康码在支撑各地政府疫情防控及复工复产中发挥着重要作用。2020 年 1 月 31 日，广州"穗

康"小程序正式上线，支持健康自查上报、疫情线索上报、医疗物资捐赠、口罩预约购买等功能，当天访问量突破 1.7 亿，广州也成为首个支持腾讯线上健康自查上报功能的城市。经过多轮的优化，穗康微信小程序可提供英、日、韩、法语版本，并实现"穗康码"在市场、景区、公交、地铁、学校等特殊场所的应用，为疫情防控提供有力支撑（图 11-3）。目前"穗康"小程序注册数超 2700 万，"穗康码"用户数超 2200 万，总访问量超 9.28 亿次。

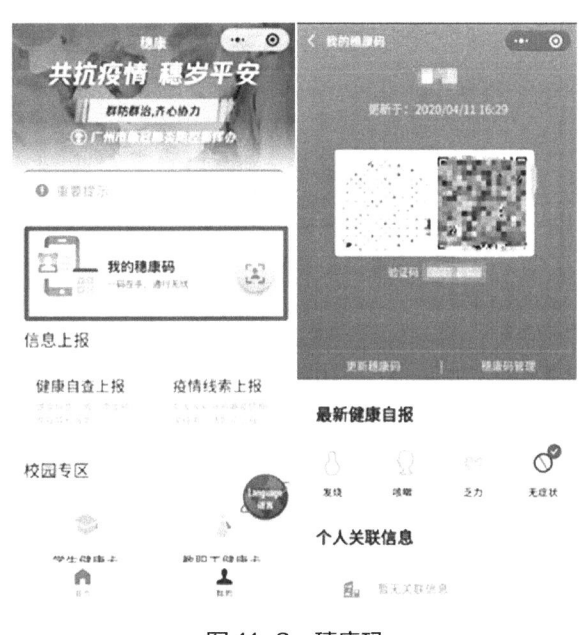

图 11-3　穗康码

资料来源：由案例提供者完成。

2020 年 2 月 1 日，深圳"深 i 您"小程序上线并同步推出健康自查上报，已经有超过 500 万市民注册使用。2 月 3 日四川"群防快线"、2 月 5 日福州"e 防控"、2 月 6 日宿州"皖事通·讯宿办"、2 月 9 日"数智贵阳"、2 月 12 日北京"京心相助"等助力疫情防控的小程序陆续上线。

起初，腾讯设计小程序仅是为了解决无接触健康信息的上报问题。但在后期推进复工复产复学等工作时，亟需一个电子化、便捷化的凭证用于生活场景。基于此背景，腾讯便开始着手设计健康码，并于 2020 年 2 月 9 日在深圳推出首个健康码，之后陆续落地其他城市。为了助力疫情防控和有序复工复产，腾讯政务团队在国家政务服务平台上线的全国防疫健康信息码（图 11-4），已经在北京、上海、黑龙江、广东、湖北、四川、重庆、河北等 20 多个省和 400 多个市县落地。截至 2020 年 5 月 19 日，腾讯防疫健康码已覆盖 10 亿人口，访问量超过 200 亿，累计亮码人次突破 90 亿。

同时，健康码的技术也得到了快速迭代，随后推出国际版健康码，目前已涵盖中、英、日、法、韩 5 种语言版本，助力疫情后期在华外籍人士的疫情防控管理和服务工作、复学、复工复产进程。2020 年 3 月 26 日，腾讯正式上线"TogetherWeCan"全球战疫信息平台，通过全面开放

图 11-4　腾讯防疫健康码

资料来源：由案例提供者完成。

平台技术能力助力全球抗疫，其中包括小程序代码战疫、医疗信息服务、在线办公支持三大板块。

2. 标准统一，多码归一

在疫情防控初期，各地方政府联合阿里、腾讯等科技公司推出当地的健康码。健康码繁简不一，标准不同，大致反映个人当前的健康状况、近期的行动轨迹。这些信息形成的健康码成为居民出行、复工复产的关键凭证，然而健康码在推行过程中也收到了许多如"误判""信息不真实""执行不到位""一人多码"等质疑的声音。面对大量异地跨省的人流需求，考虑到推进健康码化繁为简的必要性，国家开始着手推动健康码的跨地区互认工作。

国务院办公厅电子政务办公室结合全国健康码的应用情况，依托全国一体化在线政务服务平台，及时开设防疫健康信息码服务，并发布《全国一体化在线政务服务平台防疫健康信息码服务接口》工程标准。截至 2020 年 3 月底，全国大部分地区的健康码基本实现与全国一体化在线服务平台的对接。为落实"政策统一、标准一致"的要求，2020 年 4 月 29 日，国家市场监督管理总局、国家标准委发布第 9 号国家标准公告，批准发布 3 项国家标准（表 11-2）。它由国务院办公厅电子政务办公室会同卫生健康委及国务院相关部门研究提出，全国信息技术标准化技术委员会负责技术归口，而腾讯公司则全程参与标准制定。

个人健康信息码系列国家标准　　　　　　　　　　　　　　　　　　　　　　　　表 11-2

标准编号	标准名称	标准主要内容
GB/T 38961—2020	个人健康信息码 参考模型	规定健康码的组成和展现形式，提出： 1. 健康码应用系统的参考模型 2. 跨地区互认的技术机制
GB/T 38962—2020	个人健康信息码 数据格式	规定个人健康信息的： 1. 数据结构 2. 数据元属性 3. 管理要求
GB/T 38963—2020	个人健康信息码 应用接口	规定个人健康信息服务的接口，有利于健康码应用通过统一接口对接不同服务

资料来源：由案例提供者完成。

该系列国家标准可实现健康码的码制、展现方式和数据内容的统一，同时能有效统筹兼顾个人健康信息的保护和共享利用。该系列标准的重要价值在于以下几点：一是有利于统一全社会对健康码的认识，并保证个人健康信息的真实性和及时性；二是有助于打通个人健康证明属地管理限制，实现健康码跨地区互认，为各地出行人员跨地区流动提供便利；三是适用于指导健康码相关信息系统的设计、开发和系统集成，避免各类健康码 APP 的重复开发和重复建设。

3. 疫情防控常态化下的健康码

在疫情防控常态化的背景下，健康码可能会成为伴随个人的长期电子健康凭证。[123] 在医疗领域，疫情催生了在线问诊平台与线下医疗资源整合的模式，提供了一体化服务。健康码还可与电子健康卡、电子社保卡互联互通，使患者不需要携带实体就诊卡和纸质病历本，就能实现挂号、取号、就诊、检验检查、取药、开具电子发票等医院就诊功能，并支持通过医保进行支付。未来，健康码的功能可得到进一步拓展，使其能够被用于更多场景，如权益、就业、政务等领域。

对健康码功能进行合理拓展，使之在成为真实有效的电子身份凭证的同时，也能成为连接线上线下的有效载体。在支撑疫情防控工作的基础上，健康码依然会发挥关键作用，其应用场景将不断拓展，服务功能会越来越丰富。

11.2.5　研究结论

1. 微小接口

健康码最显著的功能是实现了无纸化抗疫。基于基层社区成为战疫前线的现实需要，工作人员必须及时掌握人员流动和健康情况。传统的审核流程需要人员填写大量表格、签章等繁琐文件，而健康码仅需进行一次线上填报，就可以多次用于多个应用场景。电子版的健康码取代了纸质出入凭证，既环保又便捷，可以简化过关检测手续，实现"一码通全国"。居民只需出示健康码，就可以便捷地出入小区、工作单位、商场、餐馆、车站等众多不同的场所。它不仅降低了人员聚集传染的风险，也提升了推进复工复产的效率。

健康码作为微小的接口深入触达了社会生产、民众生活。基于背后强大的数字技术，健康码以更加轻便简洁的方式成为连接市民、空间、服务的数字化工具，这是"WeCity 未来城市"理念下"连接即服务"的具体体现。

2. 全民参与

健康码是由多元主体共同参与使用的。实现疫情联防联控及有序复工复产的目标，决定了这必须是一场全民参与的"战疫"。公民依据自主自愿办理原则，于线上填写信息，数据后台会自动比对信息并进行审核，显示不同颜色的二维码，管理人员根据不同颜色的健康码有序指导民众的日常出行和复工复产。

微信广泛的用户基础，为腾讯健康码提供了裂变传播的最佳土壤，国民级应用的覆盖广度以及用户使用惯性，使腾讯可以用最熟悉的场景嫁接新的功能。从用户的角度来说，将疫情防控转化成扫码这一行为，更具可接受性。以"市民即用户"的基础性流程，驱动全民参与，从传播源上进一步阻断疫情的传播路径，确保防控无盲区、无盲点。[124]

3. 数字化治理

健康码是一次数字化治理试验。作为一种新的技术应用，健康码体现了数字化治理的优势。民众直接录入信息，平台进行数据核验并发放健康码，将科层制上报管理模式直接简化为平台和用户的两端关系，使基层工作人员得以从日常的繁琐工作中减负。通过驱动服务、要素、组织的在线化和数据化，运用数据决策、数据管理和数据创新，实现以科学动态监测人员健康，简化登记程序，精准疫情防控。

在"WeCity 未来城市"体系中，技术形成了市民与城市的深度连接与互动，在线、连接即可完成服务。物理空间不再是障碍，以健康码为例的各种"码"是线上与线下连接的关键信息和服务入口，将持续渗透到社会经济的各个领域。作为提升政府工作效率、触达民众的重要手段，"码"将推动城市治理向数字化、智慧化转型。

4. 流动治理

健康码互通互认、多码归一，是疫情期间流动治理的重要保障。跨地区的人流、物流需求、跨部门的服务需求使得各地健康码必须统一标准，实现互通互认，提升通行效率。其背后要求打破数据分割，推动跨部门、跨地区数据整合共享及政府数据开放，利用社会力量发掘数据多维度价值。

在后疫情时代，流动是时代背景，是虚实空间内正在发生的经济社会活动现象，也是为经济发展输入源源不断的动能的基础。流动的社会需要动态、韧性、敏捷的社会治理，而打破数据共享壁垒、推进协同治理、统一建设标准仍然是当下亟待解决的难题。

11.3 城市超大社区治理案例

11.3.1 案例简介

为科学化解城市治理难题，北京昌平区政府及昌平科技园发展有限公司（简称昌发展）于 2017 年深入联合北京城市象限科技有限公司（城市象限），成立专项工作小组，启动"回天有数——超大社区智慧化社会治理实践"专项计划。项目技术内容由城市象限的茅明睿、储妍、张鹏英等人完成。

该计划为用户提供"咨询—数据—软件"全流程技术服务：包括以项目工作统筹策划、认知指标体系构建、数据分析解读、报告撰写和成果汇报为主的咨询服务；以数据采集、清洗处理、数据指标化计算等为主的数据服务；以"城市体征监测平台""多源数据管理平台""社区活力监测平台""猫眼象限"等平台工具开发为核心的软件系统服务。

11.3.2 研究目的

"回天有数"计划与《优化提升回龙观天通苑地区公共服务和基础设施三年行动计划（2018—2020年）》（简称"三年行动计划"）紧密结合，从 2018 年到 2020 年持续三年，旨在通过建立城市体检大数据监测平台和社会治理平台，对政府落实的社会治理举措和惠民项目的实施成效进行持续分析与观测，为社区的精细化治理和服务水平提升提供精准科学的决策建议。

11.3.3 研究基本原理

存量更新时代，政府在对城市进行精细化管理的过程中存在以下若干痛点，解决痛点是"回天有数"方案设计的基础原理。

1. 存量更新时代需要量化可对比的城市体检机制

以"回天有数"为代表的大城市建成区已基本走出增量建设阶段，进入存量更新的城市化阶段。为了能够在更微观的尺度精准地解决社会问题、改善公共服务，政府管理部门需要形成科学的微观尺度城市认知和体检指标体系，准确定位地区发展水平，诊断城市问题。

2. 社区精细化治理需要多源数据集成和监测平台

随着数据时代的到来，政府业务部门在管理过程中所沉淀的政务数据成为城市治理必不可少的数据资源。然而，由于条块分割机制和技术手段缺失等客观限制的存在，各部门政务数据存在统计口径不一致、无法进行空间矢量化、缺乏应用方向等问题。除此以外，政务数据和社会大数据如何对接集成、相互校验，也成为一个衍生问题。政务数据和社会数据资源在得到整合后，还需要进行科学的可视化呈现，动态地监测从设施位置到人群活动等多种维度的城市运行状态，以及多个时间截面的体检指标变化。这一步骤既能记录下治理投资取得的成就，也能帮助管理部门洞察隐藏的问题和契机，提高城市建设效率，优化市民服务水平。

3. 优化城市建设投资政策，需要有效准确的成效预评估模型

"三年行动计划"是一项需要巨额投资的民生举措，涉及教育、医疗、养老、交通等诸多领域的基础设施建设和公共服务资源配置。拟定的建设项目实施后将给居民带来多大的生活便利度提升？建设项目清单是否合理？有无进一步调整完善的空间？如果没有基于多源数据的成效预评估模型，这些问题都难以获得解答，就可能造成一定的资源浪费，或形成"行政有为，治理无效"的现象。

4.社会参与需要科学的方法和有效的参与工具

基于广泛参与的多元共治是实现"回天"地区城市与社会的精细化治理所必由之路。社会参与和调查也是"回天有数"的重要社会感知来源,因此如何在"回天"治理中进行有效的参与机制设计、科学的调查方法设计和高效的参与工具设计便成为"回天有数"的重要任务,同时也构成了"回天有数"社会治理大数据平台与"回天有我"社会服务活动的连接桥梁。

11.3.4 研究指标与数据来源

1.数据来源

本项目采用的数据主要由以下四个来源组成,数据范围均为"回天"地区范围。

第一,政府统计数据。此类数据包括:区发改委提供的"三年行动计划"项目库详情单;规划部门提供的公共服务用地分布图纸;社会办提供的社区名称、四至、管辖人口数据;城管部门提供的城市部件数据、网格巡查事件统计以及地区12345市长热线投诉数据。

第二,社会采购数据。这类数据包含由昌平区经信委统一采购的联通手机信令数据以及"回天"地区核心区域的街景照片数据。

第三,互联网开放数据。这类数据是由执行团队负责采集的部分互联网开放平台的数据,如兴趣点数据、居住小区数据、文化活动数据、房价数据以及大众点评数据。

第四,调研采集数据。某些必要的深度数据无法通过以上任何渠道获得,则通过开发的采集小程序或布设传感器进行获取,如居民满意度数据、大众提案数据、局部道路交通流量、社区深度调研数据、居民生活日志数据以及探针传感器人口活力数据。

2.研究指标

不同于以往自上而下关注物质建成环境的政府考核指标,"回天有数"动态指数体系从人的基本需求层级理论出发,打造一套自下而上的评估指标,提出从便利与品质、创新与活力、可负担性、健康与安全、风貌与景观五大维度构建动态指数体系(图11-5)。"回天有数"动态指数体系涉及104个因子指标,18个二级指标,以及5个一级指标。

图11-5　动态指数体系一级指标示意

资料来源:由案例提供者完成。

11.3.5 研究方法、模型与过程

1.技术框架

"回天有数"平台不同于传统的信息化数据平台。一方面,它以大数据逻辑和技术为核心,将"感知—认知—治理"的理念渗透至整个过程,形成"回天有数"的格局。感知,是要广泛地接触和记录城市运行的方方面面,并通过量化数据形态将触达的内容采集、整理并存储下来,从而服务于后续的认知层面工作;认知,是通过一套能够对城市体征进行监测的动态指标体系,帮助研究者从服务设施供给、城市运行状态以及居民主观评价三个层面构建对城市的认知框架;治理,是要基于认知判断提出改善的实施建议,为政府的政策优化提供科学支撑。另一方面,平台广泛邀请不同背景的社会专业力量进行合作,打造公众参与平台和"回天"合作伙伴生态圈,利用数据资源助力反哺社会研究,也积极吸纳社会多源共治的智慧成果和实践建议,形成社会共治的局面(图11-6)。

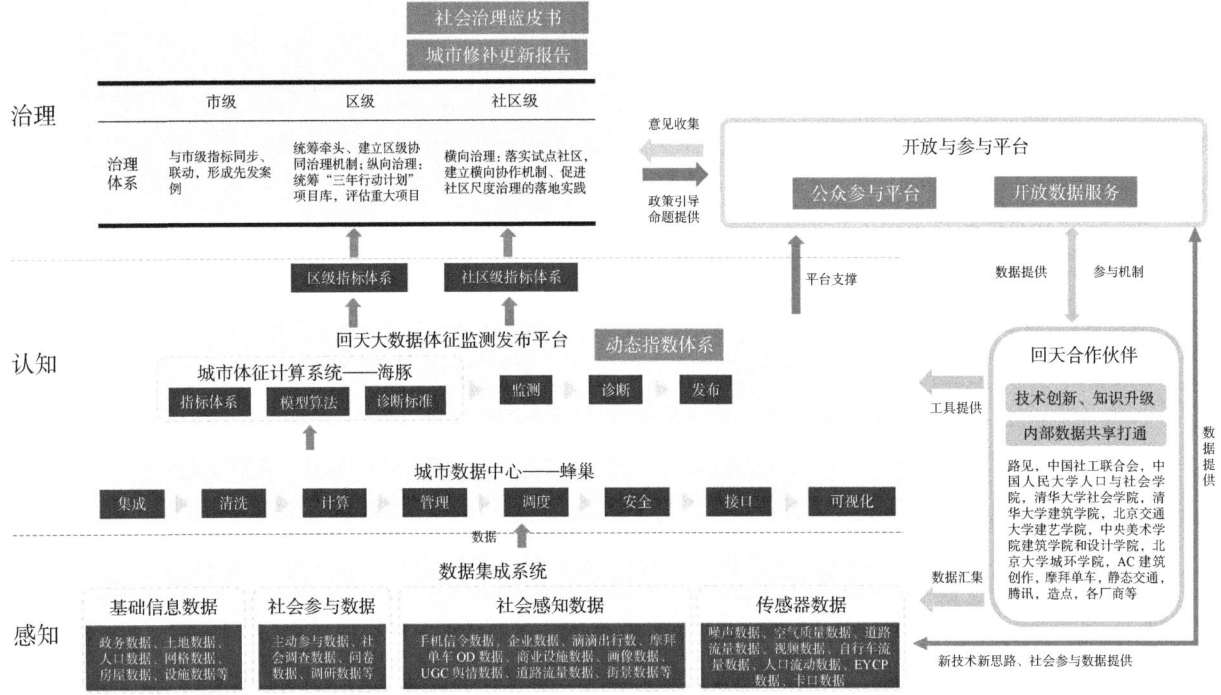

图11-6 "回天有数"技术框架

资料来源：由案例提供者完成。

2. 主要功能

（1）基于动态指数的横向和纵向监测

平台构建了一套动态指数体系：在空间上形成横向对比，定位"回天"地区在全市所处的发展水平；在时间上形成纵向对比，动态体现"回天"地区在投资改造过程中的变化成效。"海豚象限"可视化平台将动态指数体系的量化指标进行可视化展示，有助于形成空间画像认知和体检诊断（图11-7）。

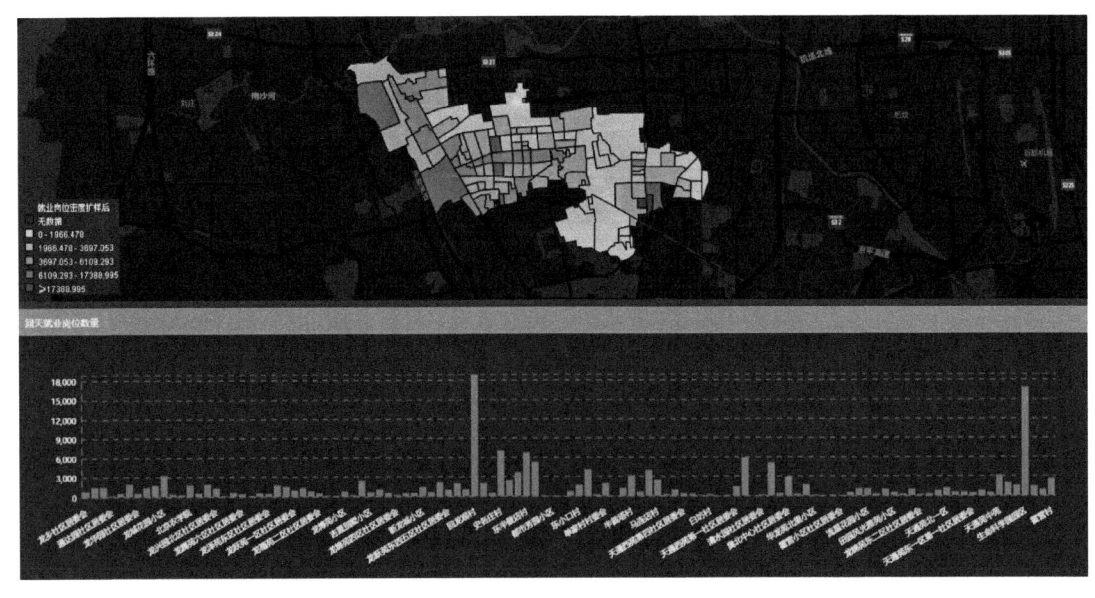

图11-7 "海豚象限"平台界面（见书后彩图）

资料来源：由案例提供者完成。

（2）基于便利度模型的"三年行动计划"成效预评估

项目利用设施布局成效模型，对"三年行动计划"项目库的项目进行成效预评估，计算出在现行政策下"回天"地区公共服务便利度将在三年后提升的百分比，并依据提升成效的预估结果，反推项目建设时序。成效大的项目应当优先予以审批、投入建设；按照现行方案进行仍存在服务缺失的地区应建议新增设施。

（3）重大项目监测

针对部分重大项目，进行针对性的监测和模拟。如，对"一横一纵、五通五畅"道路规划，进行驾车可达性提升模拟，推测哪几条道路的效用最大，应当优先修建；针对自行车专用路进行骑行可达性提升模拟，预估项目将带来的绿色出行和通勤便利度提升情况。

（4）社区调研小程序

开发基于微信的"猫眼象限"社区调研小程序，以便捷地采集图像、定位、描述等信息，并通过后台的视觉计算程序，自动识别照片中的人数、机动车数量、绿视率等要素的量化信息，为处于社区调研一线的工作团队赋能。

（5）公共空间活力监测

开发"蝠音象限"平台，通过传感器实时反映公共活动空间内的人群活力，监测公共活动空间的使用效率（图11-8）。平台搭载机器学习模型，通过对历史数据规律的学习，形成对未来时间线上人群活力的预测。

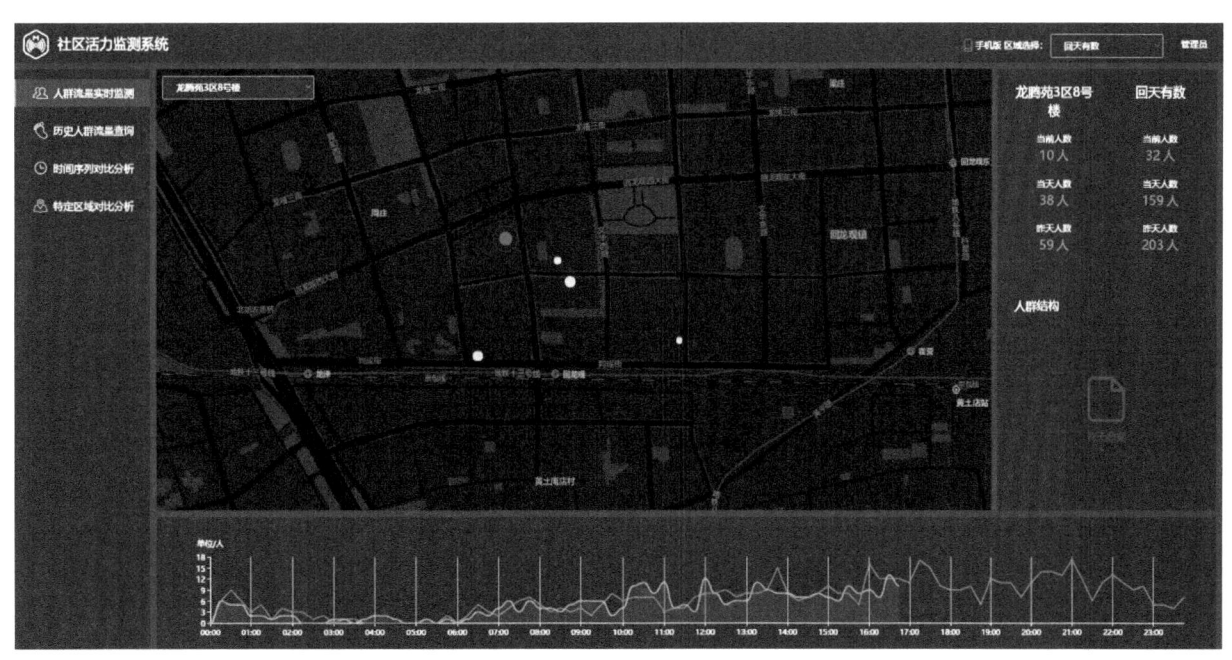

图11-8 "蝠音象限"平台界面

资料来源：由案例提供者完成。

3. 应用成效

（1）构建完成多源数据采集集成平台

对涉及基础边界、人口、设施、道路、事件的20多类数据进行清洗加工，将大量政府文本格式数据进行空间化处理，并在"蜂巢象限"中进行入库存储，形成"回天"地区的初始真实数据源，为未来社区的进一步智慧化建设打下坚实基础。

（2）完成初始截面的动态指数体检

基于动态指数体系，综合利用多源数据，从社区和镇街两个尺度，对"回天"地区的现状发展水平进行全方位体检评估后可知："回天"地区总体便利与品质得分为 0.62 分，超过全市 29% 的街道。它在服务多样性和休闲便利性方面存在一定优势，超过全市 50%—60% 的街道，这在很大程度上得益于市场商业服务的蓬勃生长，也体现了"回天"地区巨大的商业需求和潜力；但其在通勤便利性和出行便利性方面存在劣势，二者排名甚至低于服务设施便利度，这揭示出交通结构带来的不便，比服务设施短缺造成的不便影响更大。

这一体检结果，将为未来持续三年的"回天"地区动态监测锚定起点，为观测"回天"地区提升效果奠定基础。

（3）完成"三年行动计划"预估模拟，优化政策效用

对"三年行动计划"的政策效果开展模拟评估，提出项目实施时序建议，以及可进一步增加设施布局的方案建议，为优化提升政府投资效用提供依据。

（4）撰写城市修补更新报告和社会治理蓝皮书

将项目研究成果撰写为两份报告。其中，面向政府提供城市修补更新报告，其中囊括了最全面的分析，包括体检结果、模拟成效、措施建议等；面向社会大众和媒体发布社会治理蓝皮书，以起到工作成果发布和宣传的作用。

11.3.6　研究结论

"回天有数"计划以数据为切入点，为超大型社区城市体检与综合治理创新积累经验，提供模式参考。研究最终成果为《"回天"地区城市修补更新报告》，从数据的视角为政府在公共服务设施优化、城市管理、城市设计等方面提供了具有可操作性的决策建议。

11.4　城市交通治理案例

11.4.1　案例简介

该案例由文章《大数据支撑下的土地利用混合对公交出行影响分析——以宜兴市中心城区为例》总结凝练而成，由江苏省城市规划设计研究院蒋金亮、邓惠章、韦胜共同完成。[125]

11.4.2　研究目的

该案例试图通过公交 IC 卡、手机信令等大数据，结合传统的公交线网数据、土地利用数据等，一方面将大数据与小数据进行结合，为公交分担率计算提供一种新的研究视角，进而分析站点周边地区公交分担率空间分布差异特征；另一方面选取中小城市宜兴市作为研究对象，探讨其站点周边地区混合土地利用模式对公交出行的影响，对轨道交通站点周边城市的功能提升提出建议，同时也为我国类似城市轨道交通站点的开发提供参考和依据。

11.4.3　研究基本原理

1. 土地利用混合度计算

土地利用混合度反映了研究区内不同土地利用功能的混合程度，可以引用信息论中熵的原理来表

示，具体计算公式如下[125]：

$$E = \frac{H}{H_{\max}} = \frac{-\sum_{i=1}^{m}(p_i \times \ln p_i)}{\ln m} \qquad (11\text{-}1)$$

式（11-1）中，E 表示研究区土地利用混合度指数；H 表示多样性指数；p_i 为区域内第 i 类土地使用类别出现频率，即不同功能用地所占面积比例；m 为区域内土地利用类别总数；$H_{\max} = \ln m$ 表示区域内对于给定的 m，当各类用地的面积比例相同时（即 $p_i = 1/m$），用地多样性指数 H 达到最大。土地利用混合度取值为 0—1，当其值越趋于 1 时，表示区域内各种土地功能分配越均衡，土地混合程度越高；取值越小表明区域内用地分配比较单一，土地混合利用程度越低。

2. 上车站点计算方法

该案例所提到的公交动态数据主要包括公交公司提供的城市居民公交刷卡数据以及城市公交运营调度数据，但宜兴市公交刷卡数据并不包含居民上车刷卡所在站点信息，因此需要将刷卡数据与其刷卡所在站点进行匹配。具体来说，首先需要将居民公交刷卡数据所对应的 POS 机编号与公交调度中心的公交车编号进行——对应，再将居民公交刷卡数据中的刷卡时间与公交运营调度数据中公交车进站及出站时间进行匹配，最后，根据对应信息进行删除和甄别等操作，确定居民每一次公交刷卡信息对应的上车站点（图 11-9）。

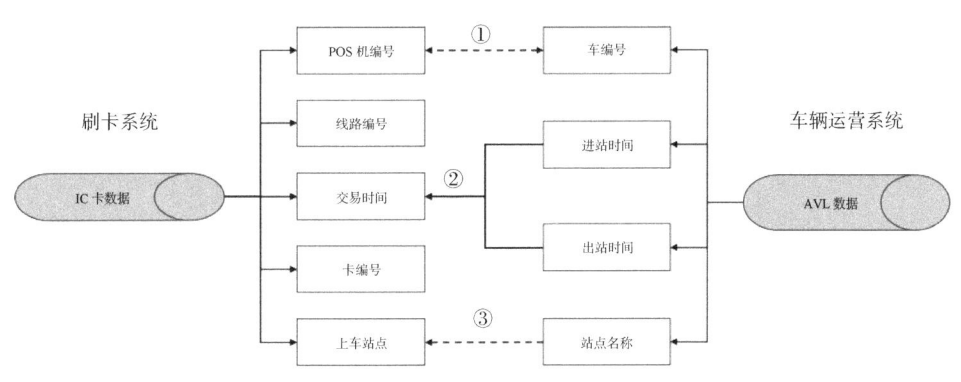

图 11-9　上车站点计算方法示意

资料来源：由案例提供者完成。

3. 常住人口计算方法

该案例根据长时间序列的城市居民夜晚居住时间段手机信令数据识别，对常住人口进行推算。移动通信网络信息覆盖在逻辑上被设计为由若干正六边形的基站小区互相邻接形成的不同服务区，手机用户始终与其中某一基站小区保持联系。方法假设夜晚居住时间段手机基站覆盖区所能识别人口为宜兴市常住人口且均分布在居住用地上，并对其进行长时间连续性跟踪与甄别。在进行常住人口分析时，首先，计算休息时间段每个基站的平均人口，并在连续两周的数据中进行筛选、剔除，计算平均数，作为每个基站的常住人口数；其次，结合 GIS 技术计算宜兴市域内所有手机基站的泰森多边形服务区；之后，根据泰森多边形与居住用地进行空间叠置分析，再根据基站服务区统计的常住人口数，按照居住用地的建筑、容积率等数据对其进行分配，计算每一个叠置居住地块的常住人口数；最后，以居住地块为单位对所有叠置地块进行统计计算，获得所有居住地块的居住人口数。上述规则主要基于"假设—演绎"的逻辑，在实际操作中不可避免地会产生误差，使得研究数据无法绝对统计常住人口，但通过与统计年鉴中行政区内的统计数据对比，可以认为该规则具有较高的可靠性。

4. 公交分担率计算方法

公交分担率指居民出行方式中选择公共交通（轨道交通和常规公交）的出行量占总出行量的比例，因宜兴市现今没有发展轨道交通，因此该案例中宜兴公交出行方式指的是常规公交车出行。该案例在研究尺度上，选择公交站点地区作为研究对象，因宜兴市城市尺度较小，故以到车站步行 5 分钟的距离，即以 300 米作为缓冲半径。研究结合公交刷卡数据对公交站点进行筛选，选取 112 个公交站点作为分析研究对象，并通过计算不同站点地区居住人口的公交分担率，分析不同站点公交分担率空间差异，以探讨站点地区土地混合利用对其影响。根据公交分担率定义，研究具体采用以下公式进行计算：

$$PTR = \frac{R_M}{P \times T \times H} \tag{11-2}$$

式（11-2）中，PTR 为公交分担率；R_M 为早高峰刷卡量，是根据早高峰期间公交站点中城市居民刷卡量进行统计的，作为公交站点地区常住居民早高峰的公交出行量；P 为常住人口量，利用手机信令数据对公交站点周边常住人口数进行识别；T 为人均日出行次数，采用上一版《宜兴市城市公交系统近期优化规划》预测的城市居民出行次数，具体数值为 2.8 次 / 人·日；H 为高峰小时系数，是早高峰平均出行量占日平均出行量的比例，此比例可由宜兴市上版综合交通规划的调查数据得出。

11.4.4 研究指标与数据来源

该案例所使用的公交数据，主要由政府及公交公司提供，包括静态数据和动态数据两部分。静态数据指城市公交站点分布以及公交线路走向，动态数据指城市居民公交刷卡数据以及城市公交运营调度数据（表 11-3）。公交数据连续性好、覆盖面广、信息全面且动态更新快，目前已经被广泛应用于城市职住关系及通勤出行等时空行为研究。该案例收集了 2015 年 7 月两个完整星期内宜兴市区市民公交IC 卡刷卡数据和公交车调度运营数据，数据来源于宜兴市公共交通有限公司。2015 年宜兴市公交公司的统计数据显示，目前宜兴市乘坐公交车的乘客刷卡比例已超过 80%。

公交基础数据   表 11-3

数据类型	具体数据	数据说明
静态数据	公交线路数据	线路号、站点数、起点站及终点站位置、中间站点位置
	公交站点数据	站点位置、站点编号、站点间距
动态数据	城市居民刷卡数据	乘客卡号、POS 机编号、线路号、车辆编号、刷卡日期、刷卡时间、刷卡站点（可选）
	公交调度数据	车辆编号、运营线路、发车时刻、到达时刻、到站信息

资料来源：由案例提供者完成。

手机数据定位采用基于基站小区的模糊定位技术，在样本量、覆盖范围及成本和周期方面具有比较优势。基站覆盖尺度一般小于交通小区，因此手机信令数据能够较为全面和真实地反映城市不同时间段人口分布情况，可以满足不同尺度的规划数据需求。该案例数据主要采用的是 2015 年下半年某两周内宜兴移动用户匿名的手机信令数据，每当手机与基站进行通信连接，手机基站就会进行记录。手机信令数据包括用户 ID、时间戳、基站位置编号、事件类型等信息，其中用户 ID 为加密后每位手机用户的唯一识别号。本研究使用的数据日均记录到宜兴市 80 万—90 万个不同的手机识别号（约占 2014 年宜兴市 125 万常住人口的 80%），日均记录约 4000 万—5000 万条；在空间分布上，涵盖了全市约 826 个基站，其中中心城区基站间距在 100—500 米，郊区大致在 400—2000 米。

11.4.5 研究方法、模型与过程

1. 不同站点地区土地利用混合度分析

根据宜兴市 2015 年土地利用现状图，文章选取与居住和就业较为密切的居住用地、公共服务用地、商业用地和工业用地四类土地计算站点周边地区土地利用混合度。计算后的站点周边土地利用混合程度空间分布如图 11-10 所示。站点 300 米范围内用地混合度最大值为 0.99，平均值为 0.58，标准差为 0.22（表 11-4），离散程度不大。站点周边用地混合度较高的区域主要分布在宜城街道和丁蜀街道核心区边缘，包括体育中心站、艺术家村站、百合大道塍兴路站、紫溪站、检测中心站及通蜀新村站等站点。

	变量描述				表 11-4
序号	变量	极小值	极大值	均值	标准差
1	站点地区土地利用混合度	0.05	0.99	0.58	0.22
2	站点地区公交刷卡量（次）	111	15123	2872	2576
3	站点地区居住人口（人）	55	7151	2057	1513
4	站点地区公交分担率（%）	3.50	50.88	12.23	10.63

资料来源：由案例提供者完成。

图 11-10　公交站点地区土地利用混合度分布（见书后彩图）

资料来源：由案例提供者完成。

2. 公交车刷卡数据基本统计规律分析

对宜兴市所有站点两周内的公交刷卡数据按日及按时段进行统计，分析公交刷卡一周内各日及单

日内各个时间段的刷卡规律。统计结果表明，一周内宜兴公交刷卡数据整体比较平缓，工作日（周一到周五）刷卡量均大于休息日（周六及周日），工作日刷卡量占一周刷卡量的75%，休息日占25%。其中，星期四刷卡量为一周刷卡量中的最高值。单日内公交刷卡数据总体分布服从"双高峰"的规律，一天中早高峰（07：00—09：00）及晚高峰（16：00—18：00）刷卡量最多，其中早、晚高峰分别占单日刷卡量的22.3%和15.6%。早晚高峰公交出行主要以通勤出行为主，出行量大，早、晚高峰的公交刷卡量占一天公交刷卡总量的30%，其中早高峰刷卡量明显高于晚高峰，且单日内公交刷卡量在07：00达到最高（图11-11）。

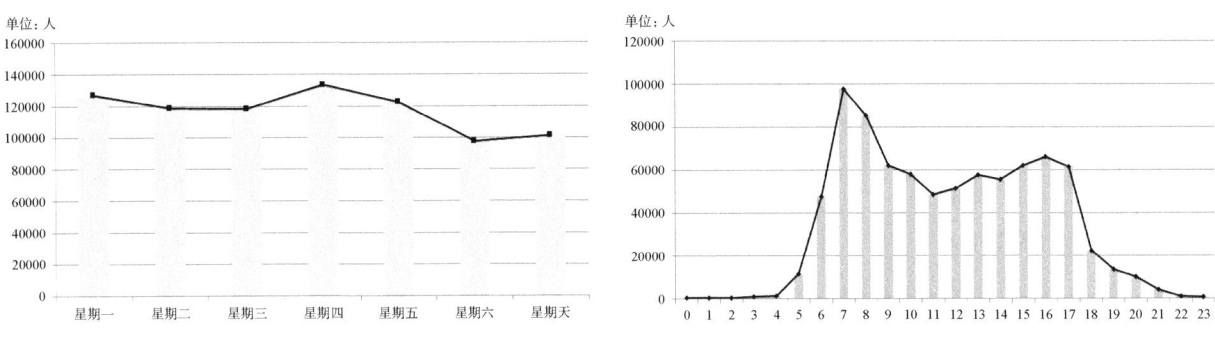

图11-11 一周公交车刷卡数据（左）及单日内不同时间段公交车刷卡数据（右）

资料来源：由案例提供者完成。

3. 不同公交站点地区居住人口分析

根据上述常住人口计算方法，结合手机信令数据及土地利用数据，统计不同站点附近300米范围内的常住人口。112个站点周边常住人口最多为7151人，平均值为2057人，标准差为1513人（表11-4），离散程度较大。根据图11-12所示，常住人口分布密度较高的范围主要集中在宜城街道及丁蜀街道中心片区，特别是在宜城街道人民路、荆溪路两侧人口密度最高。通过计算，人民路两侧的亚细亚、阳泉新村，荆溪路两侧的茶西新村及荆溪新村，站点300米范围内的常住人口均超过3000人，这些站点周边区域以居住功能为主，且处于老城区核心区，商业及公共服务设施配套完善，人口较为密集。处于宜城街道及丁蜀街道核心区外围地区的站点周边常住人口则相对较少，比如丁蜀街道外围的紫砂花园站、宜城街道的紫溪站等，这些站点道路可达性差，周边服务配套尚不完善，人口分布较为稀疏。

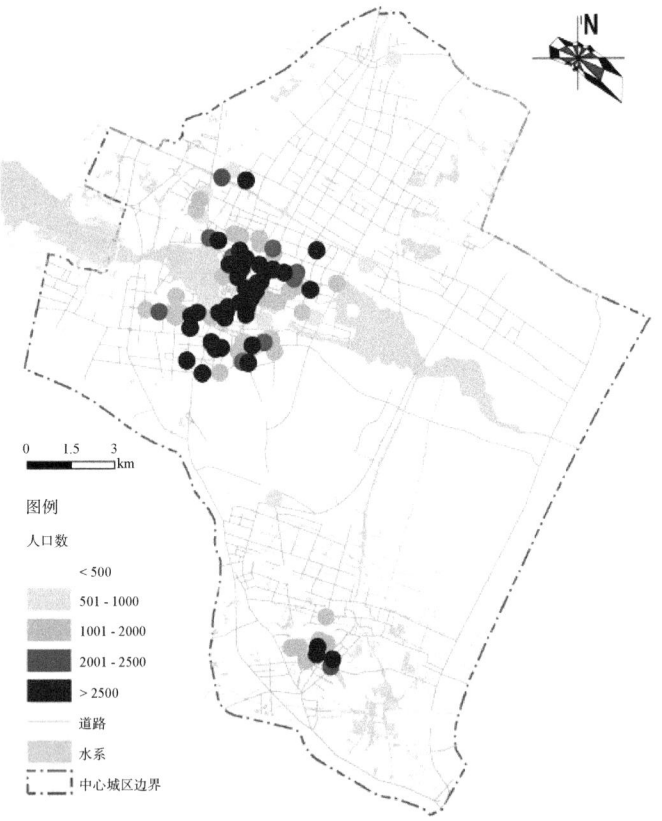

图11-12 公交站点地区居住人口分布（见书后彩图）

资料来源：由案例提供者完成。

4. 不同公交站点地区公交分担率分析

根据上述公交分担率计算公式，结合上文统计的站点地区刷卡量及常住人口数，计算该案例选取的公交站点周边地区的公交分担率。站点周边地区的公交分担率最高为 50.88%，最低为 3.50%，平均公交分担率为 12.23%，标准差为 10.63%（表 11-4），离散程度较大。根据宜兴市交通局数据显示，宜兴市目前的公交分担率为 13%，与通过该案例计算出的中心城区公交站点地区 12.23% 的平均值误差较小，在可接受范围内（图 11-13）。

5. 土地利用混合度与公交分担率关系

为了研究土地利用混合度与公交分担率间的关系，该研究对宜兴市 112 个站点的周边地区进行数据处理，并对二者进行线性回归分析。从图 11-14 可知，通常认为的"提高土地混合度能够提高公交出行率"这一表述值得商榷。宜兴市站点地区土地利用混合度与公交分担率之间呈现负相关关系，且 R^2 值为 0.0024，sig. 为 0.605，不满足置信要求。

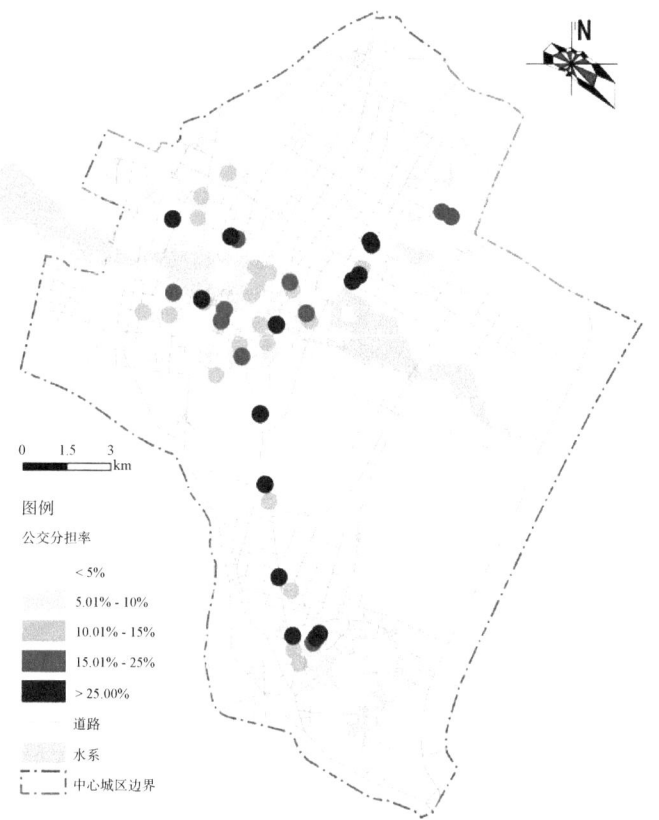

图 11-13　公交站点地区公交分担率分布（见书后彩图）

资料来源：由案例提供者完成。

传统的观点认为，多种功能用地混合的模式能够减少出行距离，降低长距离出行的比例，减少私家车出行人数，从而提高步行和公交出行所占比例。根据美国学者罗伯特·瑟夫洛的研究，土地利用混合度每增加 0.1，公交出行率将增加 2.11 个百分点。

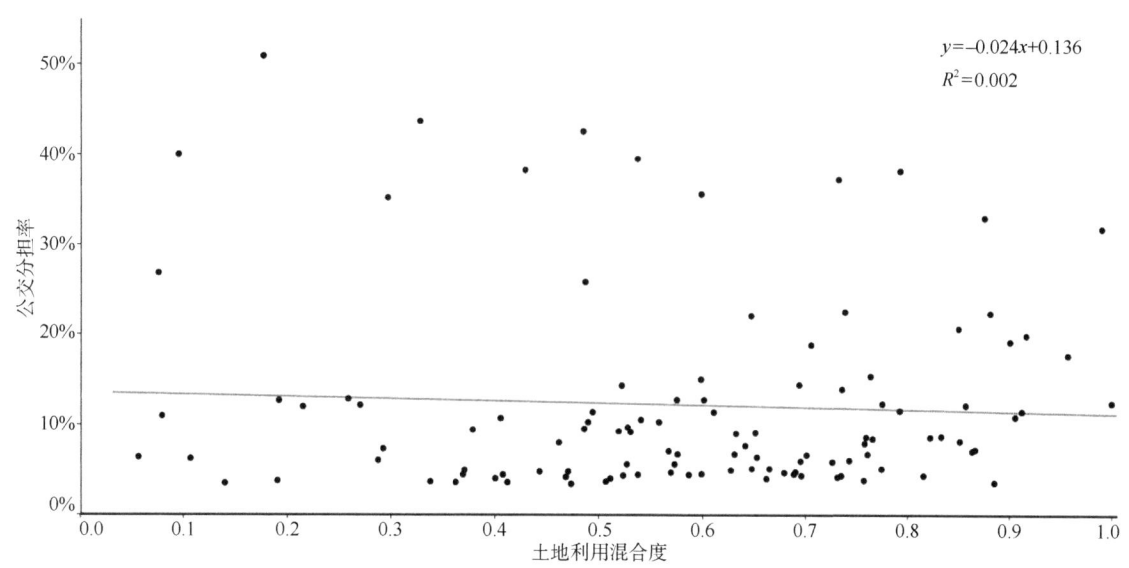

图 11-14　公交分担率与土地利用混合度回归分析

资料来源：由案例提供者完成。

11.4.6 研究结论

（1）对公交刷卡数据进行统计分析，进而分析市域，特别是城区公交断面，可以较好地判断客流走向及客流走廊分布。研究通过分析断面客流强度，为城市交通规划中的交通工具类型分析、客流走廊分析、小汽车出行分析提供数据支撑。

（2）研究结合手机信令数据和城市用地现状数据，计算城市常住人口数，进而为城市规划用地资源配置提供科学合理参考，为交通小区的划分及交通调查提供更为精细和翔实的基础资料。此外，在交通规划方面，研究还可以为交通站点设置、线路数及班车频率规划提供科学参考。

（3）研究将手机信令与公交刷卡数据等大数据与用地、公交站点等小数据结合分析，计算站点周边地区公交分担率，减少交通调查时间及人力成本，为城市交通规划提供更为科学精细的方法。

（4）目前公交站点基本覆盖了整个城区，研究通过站点地区公交分担率计算，进一步分析整个城市的公交分担率，为城市交通规划中目标的确定提供指导性意见。在计算出整个城市公交分担率的基础上，可以提出未来城市交通模式发展的参考意见。具体来说，对于该案例的研究区域宜兴市这种中小尺度城市，宜采用公交与小汽车结合的平衡发展模式。

（5）该案例在大数据支撑下，以宜兴市为例分析中小尺度城市土地混合利用对公交分担率的影响，结果表明在宜兴这种中小尺度城市，采取混合土地利用方式进行土地开发，并不能有效促进居民的公交出行。特别是对于公交分担率相对较低的区域，在未来规划引导中应进一步提高公交吸引率，采取增加线路数量和车辆更新频率，以及增加发车频率、优化公交线路等手段，切实提高居民公交出行分担率，营造公交都市环境。

11.5 城市更新评估治理案例

11.5.1 案例简介

该案例由文章《大数据支持下城市更新政策实施的精细化评估初探——以上海市铜川路水产市场搬迁为例》总结凝练而成，由上海市城市规划设计研究院信息中心刘淼等人完成。[126]

11.5.2 研究目的

本文以腾讯位置大数据为基础，结合社会治理需求及规划师综合多元的地区发展视角，从区域区位特性、市场人本特征、搬迁效果等维度，对上海市普陀区铜川路水产市场搬迁工作开展跟踪观测，探索城市更新背景下应用大数据开展社会治理的新方法、新模式。

11.5.3 研究基本原理

研究基于交通可达性对铜川路水产市场的交通区位和地区进行潜力分析；基于热力图对市场设施的布局和使用进行分析；基于标签识别对人物画像进行分析；基于从业人员的职住分布对通勤距离和时间进行分析；基于访客工作地及居住地对市场的影响范围进行分析；基于5个时间节点对从业人员的新工作地进行跟踪、观测和分析。

11.5.4 研究指标与数据来源

结合社会治理需求及规划师对地区发展综合多元的视角，该研究以腾讯位置数据为基础，选取特定时间及特定观测对象（以 2016 年 4 月市场从业人员作为实体对象，跟踪观测 4 月、6 月、8 月、10 月底、12 月这 5 个时间节点的人员工作地及居住地分布；以 2016 年 4 月市场访客作为实体对象，观测其工作地及居住地分布），从区域区位特性、市场人本特征、搬迁影响效果三个维度，对上海市普陀区铜川路水产市场的搬迁工作开展跟踪观测，探索为社会治理中热点城市社区改造问题提供新方法、新模式的实践路径（图 11-15）。

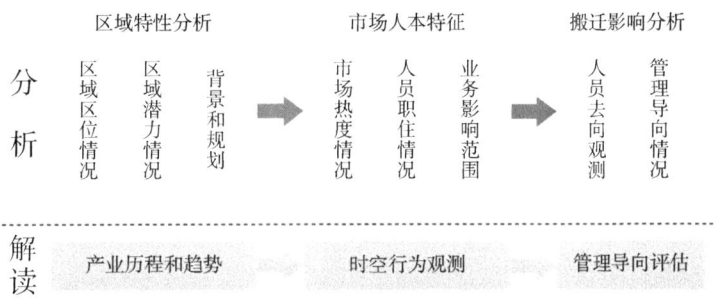

图 11-15 "铜川路水产市场搬迁"社会治理新模式实践技术线路

资料来源：由案例提供者完成。

11.5.5 研究方法、模型与过程

1. 搬迁前市场内部分析

（1）搬迁前，市场内部运营布局为"兵营式"布局，呈现出"沿街、沿主出入口"的纵列排列特点。从人员分布比例来看，铜川路主干道路上分布的从业人员最多，占比超过 22%；其次为市场 1 号门入口的主干道，分布着近 10% 的从业人员；其余临近铜川路的街道里弄则呈现出较高的分布热度，水产市场东西两端人员分布较少，人员分布的整体结构与市场自身的工作性质较为一致（图 11-16）。

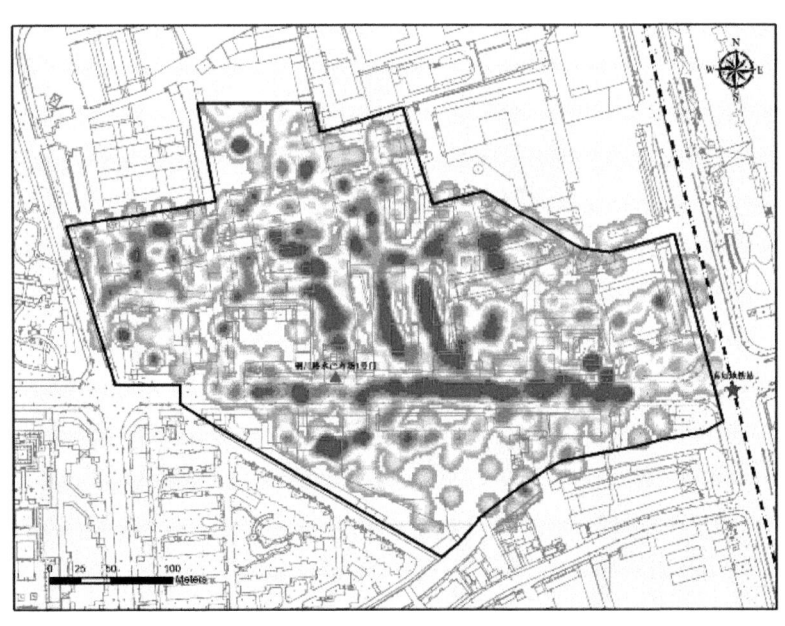

图 11-16 2016 年 4 月正常工作日中从业人员在市场区域内的热力分布

资料来源：由案例提供者完成。

（2）根据从业人员的来源来看，福建籍人员较多。铜川路水产市场以福建、上海从业人员居多，分别占 20% 和 17%。对福建籍人员进一步细分，可知来自福州市的人员占水产市场总人数的 7%，泉州市、宁德市、漳州市、南平市等城市人员占比依次减少，为 2%—4% 不等。另外，临近上海的江苏、浙江、安徽，及沿海的广东、广西等地也贡献了较多的从业人员（图 11-17）。此外，在市场从业人员的性别、年龄构成统计情况中，男女比例近似为 3∶1，19—30 岁的青年人群为从业人员主力，占比超过 80%，而年幼（0—18 岁）及老年（56 岁以上）人员分布较少（图 11-18）。

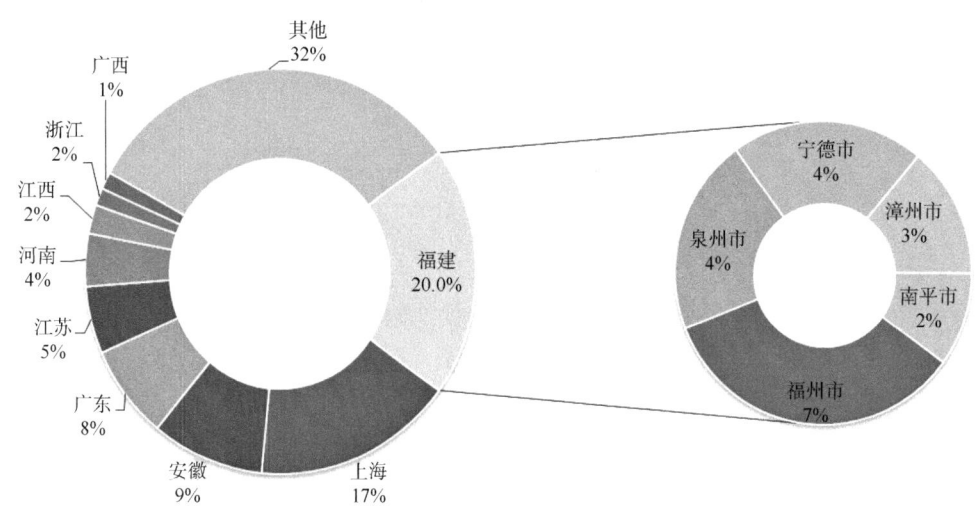

图 11-17　从业人员家乡来源的省域分布

资料来源：由案例提供者完成。

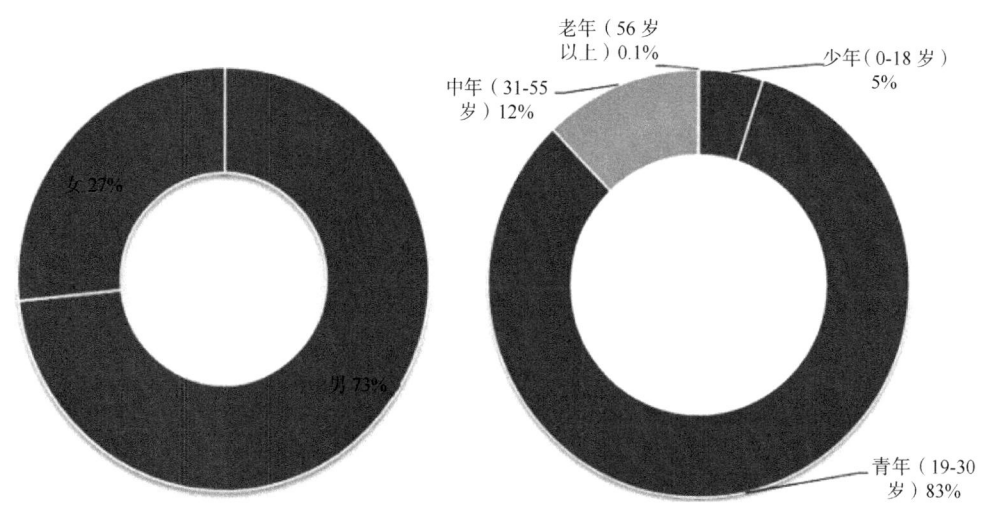

图 11-18　从业人员性别、年龄构成

资料来源：由案例提供者完成。

（3）从业人员职住分布：居住在市场内部的从业人员占近三成，平均通勤时间 12 分钟。从居住空间分布来看，从业人员居住地距离市场 1 公里、2 公里、3 公里的人数占比分别超过 75%、85% 及 90%，其中桃浦地区为其重要集聚地；而在水产市场内居住的比例也占到近 30%，整体呈现"就近居住、居职集聚"的特征。此外，研究也发现，存在一定数量的市场从业人员集聚居住在距水产市场西北方向4公里、靠近中环区域的"阳光威尼斯"等大型小区中。从公共交通出行时间来看，通勤时长为15分钟、30分钟的从业人员比例分别超过90%及95%，其全部从业人员加权公共交通平均通勤时间为12分钟（图11-19），大幅低于中心城的平均通勤时间43分钟（上海市第五次综合交通调查，2015）。

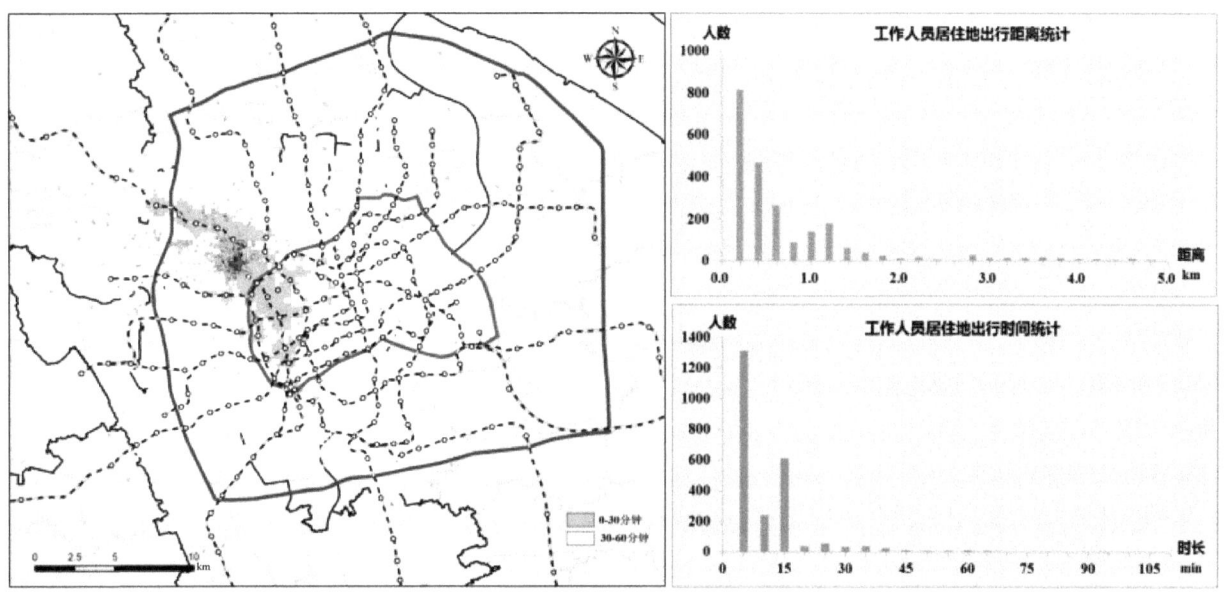

图 11-19　水产市场从业人员居住地分布

资料来源：由案例提供者完成。

2. 搬迁前市场访客来源分析

（1）从访客来源分布来看，其覆盖上海全域，遍及全国多省市。铜川路水产市场的主要销售对象为上海本地民众，有近90%的上海本地访客来到水产市场开展业务；有超过10%的人员来自上海以外地区，涉及江苏、浙江、安徽、福建、广东等地，尤以上海周边的江苏和浙江占比较多，分别为5.8%和1.5%（图11-20）。这表明铜川路水产市场的客户以上海籍为主，对周边省市存在一定的辐射影响作用。此外福建、广东等地也有较多的访客，与水产市场从业人员的来源地特点较为契合。

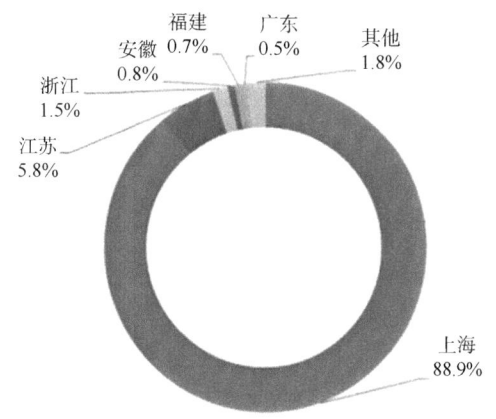

图 11-20　全国范围内铜川路水产市场访客居住地分布

资料来源：由案例提供者完成。

从上海区域来看，本地访客遍及上海全市，包括奉贤、金山、松江、崇明等远郊地区；多数访客集中分布在铜仁路水产市场周边，距离市场1公里、3公里、5公里、10公里的人数分别超过25%、45%、55%及75%（图11-21），访客居住地与水产市场的整体平均距离为8.1公里（图11-22）。

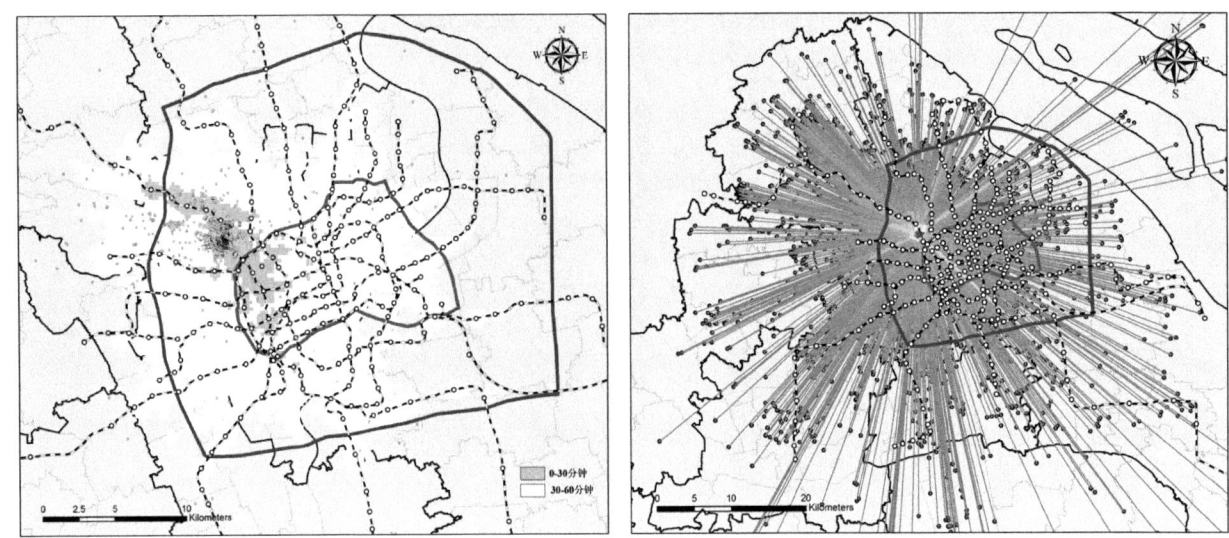

图11-21　上海市域内水产市场访客居住地分布

资料来源：由案例提供者完成。

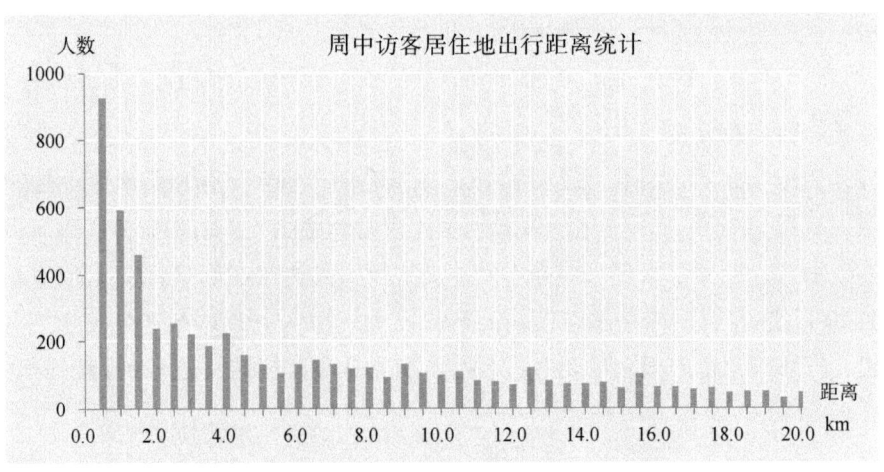

图11-22　上海市域内水产市场访客居住地分布距离统计

资料来源：由案例提供者完成。

（2）访客属性：主要为餐饮服务行业人群及中老年群体。从访客工作地用地类型统计来看，居住用地占比近三成，为所有访客用地类型中最高的一类，其代表的访客群为中老年离退休或无业居家人员；人数占比次之的为道路广场用地，达到了23.4%的比例，考虑到一定的空间误差，推测其所代表的访客群可能为路边沿街的餐饮商贩人员；商业服务业设施用地占比则超过20%，其代表访客群为住宿、酒店、餐饮、商务等服务人员。此外，工业用地和公共管理与公共服务用地占比也较大，这一类人员应为工人及行政企事业人员等（图11-23）。综合访客群的构成特点，铜川路水产市场主要服务于餐饮服务人员、中老年离退休或无业居家人员等群体，同时部分辐射到工人及行政企事业人员。

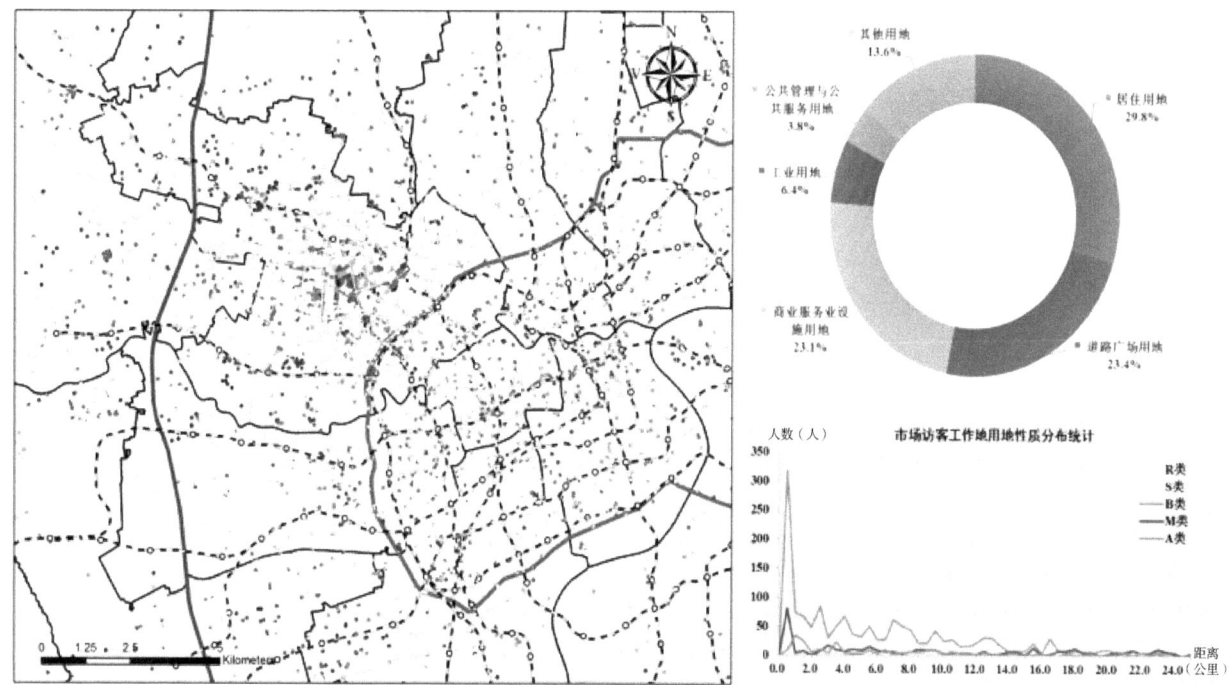

图11-23 上海市主城区周边水产市场访客工作地用地类型分布（见书后彩图）

资料来源：由案例提供者完成。

3. 搬迁后从业人员安置等跟踪分析

（1）人员迁移跟踪特征。从2016年4月、6月、8月、10月底及12月这5个时间节点的观测结果来看，原铜川路水产市场从业人员继续留在上海就业的人员比例持续下降。至10月底水产市场关闭时剩余83%的从业人员，而至12月时仅剩78%（图11-24），累计减少超过20%的从业人员。此外，在离开上海的22%的人员中，其从业去向以江苏、福建、广东、安徽为主（图11-25），这一点与前文中的"从业人员家乡来源构成"有一定关联性。

在上海市内从业人员的分布中，外环内中心城区域从业人员下降幅度较明显，至12月时已低于六成，共计近两成的从业人员迁移至外环以外就业；而对于搬迁项目的定点安置区域，即江阳（杨）水产市场，有三成的原有从业人员同步前往就业，至12月时约五成（表11-5），低于90%的预期商铺前往率。考虑到搬迁过程中商户的意愿，管理人员最后将全面关闭时间延后两个月到12月31日。

2016年4月至12月在上海从业人员工作区域统计 　　　　　　　　　　　　　　表11-5

时间（2016年）	人数		
	上海全市	外环内	江阳（杨）市场
4月	100%	100%	0%
6月	96%	94%	0%
8月	92%	89%	0%
10月底	83%	72%	29%
12月	78%	59%	48%

资料来源：由案例提供者完成。

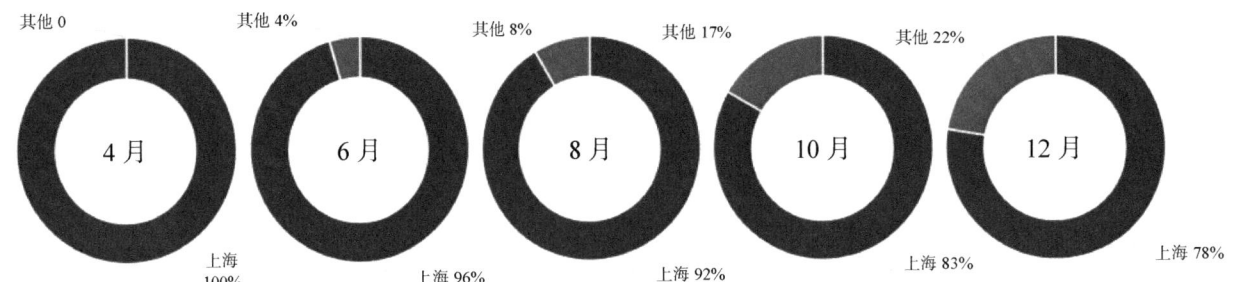

图11-24　2016年4—12月从业人员在上海工作比例变化

资料来源：由案例提供者完成。

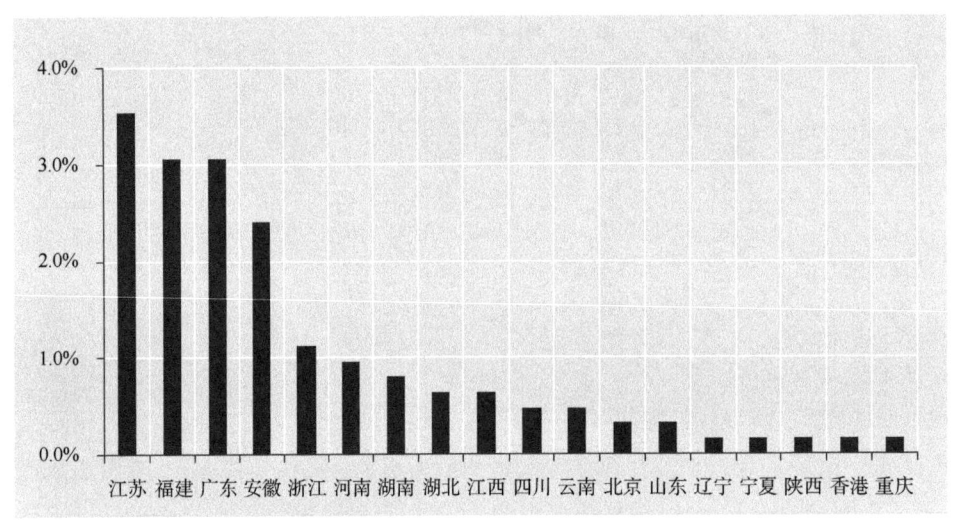

图11-25　2016年12月原水产市场从业人员的各省市工作地分布

资料来源：由案例提供者完成。

（2）搬迁后人员迁移现状成因。从对原铜川路水产市场从业人员的跟踪观测来看，至12月时仅五成人员前往安置区域，低于90%的预定目标，部分从业人员未能跟随商铺同步搬迁。经现场调研访谈及参阅相关资料，得出其原因如下：①多数商户的水产交易主要依靠老客户，只需要凭借电话、网络就可以完成交易，而新办公地点作为门面，对商户的入住吸引力较低；②由于子女学业因素，部分从业人员选择短期内留在中心城；③当前市场刚关闭，商户实施搬迁的新市场区位较偏僻，新增的交易业务减少，尚不急于满员上班；④从业人员未跟随原有店面，而是选择就地重新找工作。

11.5.6　研究结论

1. 大数据跟踪观测为社会治理工作提供细致多元的观测途径

在社会治理工作开展过程中，实地考察访谈、抽样问卷调查、人员追踪调研等内容是必不可少的。在传统的方法手段下，为了指导下一步的管理引导工作，这些步骤往往会耗费大量的人力及时间。当前，在大数据的协同下，社会治理所涉及的工作内容已相对容易实现，并能提供更丰富、更细致的细节信息。在此次"铜川路水产市场搬迁"的实践初探过程中，腾讯数据跟踪观测了特定人员的位置移动信息，勾勒出市场内部的多元特征，包括市场运营布局、从业人员职住、访客分布等数据。在大数据广泛应用的基础上，高质量、富细节、多层次的大数据内容也愈发成为创新与推动社会治理新模式的重要支撑。

2. 社会治理工作中需重视大数据协同与传统调查的作用互补

数据调研是规划管理、社会治理的重要基础，其准确性和严谨性一直是重点所在。在本次实践工作中，位置大数据作为数据获取的新兴方法和途径，具有便捷性、效率性、及时性，但在实际使用过程中依然存在一些亟需解决的问题。为切实提高数据的可靠性及可用性，需要结合实地调研、多元验证等手段，提出相应的数据调整和匹配方案。在大数据采集、清洗、分析等操作中，也应结合传统社会调查方法的特点，促进数据源贴近现实信息、合理反映客观规律。

3. 大数据协同社会治理实践有助于管理创新和服务创新

城市更新正成为城市规划中愈发重要的组成部分，在更新过程中，如何全面地考虑这些已有人群，对其进行更好的适应和引导，这一点十分重要。一方面，这是"维护"在城市规划"编制—实施—监测—评估—维护"的体系下，作为最后一环承担着规划成果保证、社会治理提升的屏障作用的重要体现；另一方面，对既有人群的适应和引导，是政府管理和公共服务中服务公民的重要内容。本文通过对铜川路水产市场搬迁工作的细致观测，获得有效的人员迁移等信息，有助于在规划过程中对存量人员进行辅助疏导，并及时发现相关问题。在实际城市规划及政府管理工作中，将大数据与传统方法协同，将成为管理创新、服务创新的重要支撑手段。

11.6 城市功能评估治理案例

11.6.1 案例简介

该案例由文章《基于时空大数据的北京城市功能混合评估方法及规划策略》总结凝练而成，由百度地图开放平台业务部阚长城，清华大学建筑学院马琦伟、党安荣共同完成。[127]

11.6.2 研究目的

城市功能混合是提升城市效率和活力的重要手段，也是现代城市规划的重要原则。测度城市功能混合水平，进而提出有效的优化对策，对于建设人本城市而言意义重大。该案例提出一种基于多源时空大数据的城市功能混合评估新方法，该方法借鉴 TF-IDF 算法和信息熵算法，不仅考虑了各类城市功能的空间布局结构，而且能够反映其实际使用特征，从而将城市功能的供给侧与需求侧特征结合起来。研究基于这一方法，对北京六环以内地区的城市功能混合进行计算。结果表明，城市功能混合现象极为普遍，应视为城市规划和管理的一项基本原则。从空间特征上看，功能混合密度符合距离衰减特征，体现了空间区位与城市中心结构对城市功能混合的显著影响。在此基础上，研究进一步探讨了不同主导功能的用地中，各类城市功能混合的配比关系和空间特征。最后，研究面向城市规划和管理，提出提升城市功能混合、加强城市精细化治理水平的可行建议。

城市功能混合是现代城市规划中的一条重要原则。以雅各布斯（Jacobs）和亚历山大（Alexander）的先驱性工作为起点，城市的复杂性和多样性已被广泛认知，而功能混合作为城市复杂性的空间载体，在世界各国的城市规划法令和规章制度中均有一定程度的体现。[128] 城市功能混合将一系列相互关联的功能紧凑地安排在同一区域内，从而缩减出行成本，有效提升城市的效率和公共福利水平。研究表明，促进城市功能混合对提高城市公共健康水平、优化交通出行结构、提升住宅土地价值均具有显著的正向效应。

在我国新型城镇化的进程中，功能混合已成为一个重要的手段。例如，香港的法定图则体系在规定了土地主要使用性质的基础上，通过详尽的指标设置和功能兼容性规定，平衡了规划的刚性和弹性，成为我国其他城市的范本。此后，深圳、上海、武汉等城市陆续制定地方性的规划标准，从用地混合的兼容性、混合比例等方面对其进行引导和管控。随着我国城市化进程进入以质量增长为特征的新阶段，功能混合势必成为城市更新和优化的一项基本准则。

目前，在学术研究和规划建设中，已针对城市功能混合问题开展了大量的研究和实践探索工作，然而仍存在若干亟待加强之处：一是大部分相关研究主要考量城市功能的空间构成，但对于城市功能作为城市公共产品的实际使用情况考量较少；二是大部分研究中主要使用的是土地调查数据，而对于近年来涌现的时空大数据的使用尚且不足；三是实践与理论研究的结合不够紧密，在实际规划管理中较为侧重主观经验和判断。

针对上述问题，该案例提出一种基于时空大数据的城市功能混合测度新方法，该方法将各类城市功能的市民实际使用情况与城市功能的分布特征结合起来。研究通过在北京市六环以内地区应用该方法，在总体和局部两个层面上识别了北京市城市功能混合的空间分布特征，对其背后的成因进行探讨，并以此为支撑，对优化城市功能混合提出若干规划建议。

11.6.3 研究基本原理

1. 城市功能混合的定量测度研究

既有的研究往往基于土地区划和土地调查的数据，使用包括信息熵（Entropy Index，ENT）、基尼指数（Gini Index，GINI）、异质性指数（Dissimilarity Index，DIS）等指标来度量城市功能混合的程度/情况。

而近年来时空大数据的涌现为研究提供了新的机遇。例如加尔瓦索尼（Gervasoni）等人使用 OSM（Open Street Map，公开地图）数据，将伦敦市的土地使用功能分为居住和其他活动两类，分别计算其信息熵，并对其空间分布进行可视化。

总体而言，现有相关研究主要考量功能混合的空间特征和各类功能的配比，对于城市功能的实际需求和使用的考虑则相对不足。同时，尽管近年来时空大数据在这一领域已有所应用，但整体上对这一新数据源的探索工作还较少。

2. 城市功能混合的规划管理响应

在国外，美国和新加坡是将城市功能混合纳入城市规划与管理体系的两个典型国家。在美国，主要通过"区划法"来落实对城市功能的混合。在具体措施上，一是使用"功能组"来实现土地利用的弹性管控，二是针对特殊地区，通过设置特别目的区来实现更精准的功能混合。而新加坡则主要通过"白地"这一规划手段实现类似目的。根据相关法规，开发商可以对白地内的土地利用配置和布局进行适度的灵活安排，以实现经济和社会效益的最大化。

在我国，香港较早通过"法定图则"的方式实现对城市功能混合的规划建设引导。此后，国内大量城市也陆续在与城市规划管理相关的法规和条例中通过各种方式来落实城市功能混合。

从现状来看，城市功能混合已与我国的规划体系实现初步融合，但实际规划和管控仍然主要依赖于规划师和管理者的经验判断，对功能混合的量化评估、监测仍比较欠缺。

3. 总体研究思路

该案例将 POI 的空间分布及其访问频次数据与地块及其主导功能数据结合起来，借助 TF-IDF 算法，计算每个地块中各类 POI 功能点的贡献度，而后借助信息熵算法，将功能点贡献度聚合为地块的功能混合度，并使用地块面积对此指标进行加权计算，得到地块的功能混合密度。在此基础上，案例探索功能混合密度在研究范围内的总体空间分布特征，并分别统计以四类功能为主导的地块中，各类城市功能的混合配比，最终面向城市的精细化治理提出具有操作性的规划、建设和管理建议（图11-26）。

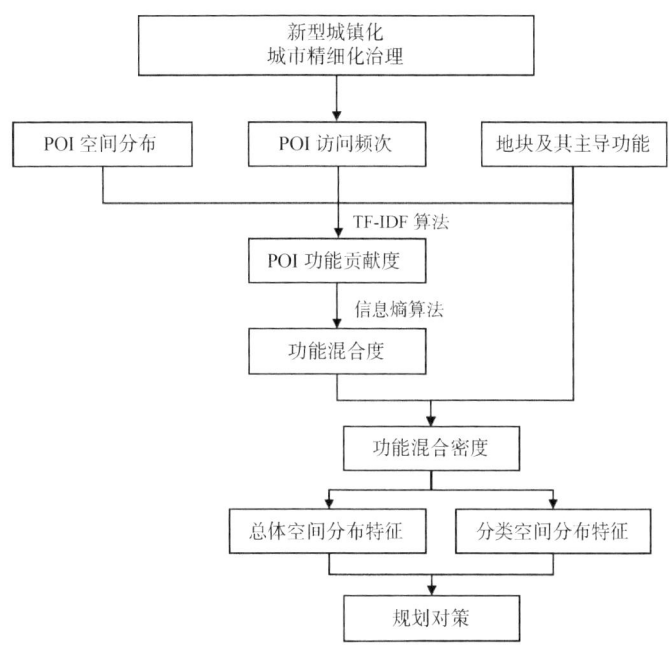

图11-26 研究框架

资料来源：由案例提供者完成。

4. POI 功能贡献度测算

某项 POI 功能对地块总体功能混合度的贡献，不仅体现为该项功能的规模，也与其实际使用情况密切相关。该案例使用功能贡献度 AC 这一指标，综合反映 POI 功能的规模与使用特征。案例使用 TF-IDF 算法计算某一地块中某项城市功能 i 的实际贡献度 AC_i。

$$ff_{i,j} = \frac{n_{i,j}}{\sum_k n_{k,j}} \tag{11-3}$$

$$ibf_i = \log \frac{|D|}{|\{j : t_i \in d_j\}|} \tag{11-4}$$

$$AC_i = ff_{i,j} \times ibf_i \tag{11-5}$$

式中，$ff_{i,j}$ 表示该项功能在地块所有功能中的出现频率占比；$n_{i,j}$ 是该项功能的出现频率；$\sum_k n_{k,j}$ 是地块所有功能出现的总频率；ibf_i 是对该项功能普遍重要性的度量；D 是总地块数目；$\{j : t_i \in d_j\}$ 是含有此项功能的地块数目。

5. 功能混合度和功能混合密度的计算

该案例借助信息熵算法作为测度功能混合度的手段。

$$L = \frac{-\sum_{i=1}^{m}(p_i \times \ln p_i)}{\ln m} \tag{11-6}$$

式中，p_i 是功能 i 的贡献度占地块各项功能总贡献度的比例；m 是该地块所包含的城市功能数量，$m \geq 2$。当 $m=1$ 时，界定 $L=0$。

由于功能混合度是以地块为基本单元进行聚合的，地块的尺寸与功能混合度存在一定的正相关关系。当城市中的地块面积足够大时，即便内部城市功能点相当稀疏，其总量和混合度仍可能较高，从而导致可变面元问题（MAUP）的产生。为抵消地块尺度对功能混合度的影响，该案例使用地块面积对功能混合度 L 进行加权，进一步换算为功能混合密度 LW。

$$LW=L/S \tag{11-7}$$

式中，S 为地块的面积。

11.6.4 研究指标与数据来源

案例的研究范围是北京市六环快速路以内的全部地区，总面积约为 2267 平方公里。该范围内集中了北京市大部分城市建设用地和常住人口，是城市功能最为密集的地区。同时，该范围内各类城市功能交错分布，空间异质性强，是开展功能混合研究的理想区域。本研究主要使用以下两种数据。

1. 城市功能及其检索频次数据

该案例使用百度地图 POI 数据来表征城市功能。POI 即"兴趣点"。该案例使用了共计 23 类 71.5 万条 POI 数据。同时，百度地图记录了 2018 年 3—5 月间，每个 POI 点的用户检索次数总和。具体而言，用户通过地图查询该 POI 点，即视为对该 POI 点的一次用户检索，一定时间段内的用户检索次数总和即为检索频次数据。

通过将 POI 点的空间分布及其访问频次数据结合，该案例得以考察每个城市功能点的实际需求和使用情况。

2. 地块及地块主导功能数据

该案例将由城市道路或河流、铁路等其他要素围合而成的独立土地视为地块，作为基本分析单元。研究范围内共有 2153 个地块，根据每个地块的使用情况，该案例应用机器学习算法，识别了各地块的主导功能。其中，主导功能共有 13 类，包括商业设施用地、绿地、文化设施用地等（图 11-27）。

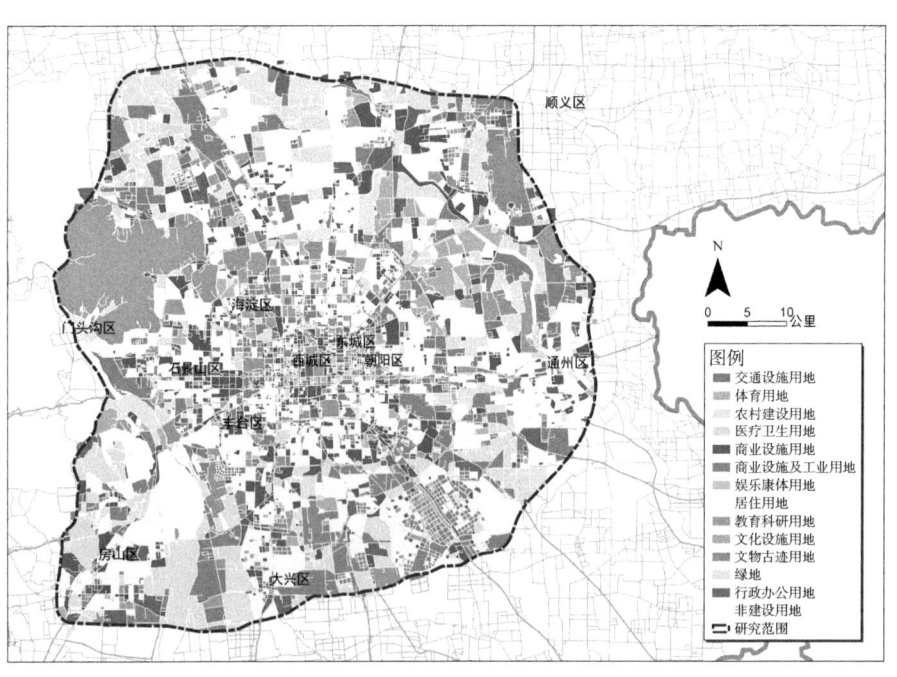

图 11-27　研究范围及地块主导功能分布（见书后彩图）

资料来源：由案例提供者完成。

11.6.5 研究方法、模型与过程

1.城市功能混合的统计特征分析

基于前文的方法，对北京市六环内所有地块的功能混合密度进行计算。从计算结果来看，城市功能混合的空间分布特征呈现出明显的"一主多副"结构，与相关研究吻合度相当高，表明这一结果较为合理。功能混合密度的统计分布如图11-28所示。

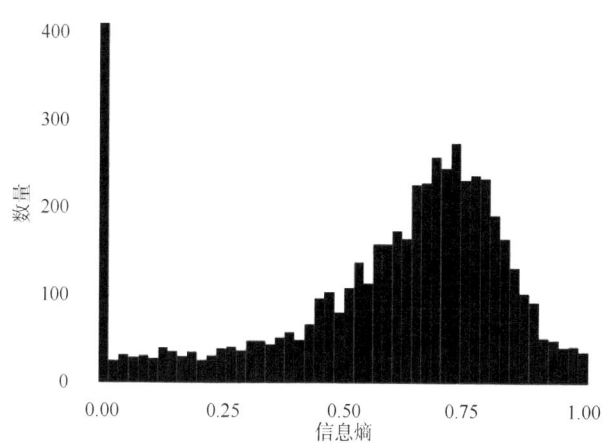

图 11-28 功能混合密度的总体统计特征

资料来源：由案例提供者完成。

在北京市六环内，大部分地区均存在不同程度的功能混合现象。单一功能用地多为公园绿地、名胜古迹、医疗设施等，而以居住、商业服务、娱乐康体等为主要功能的用地几乎均存在功能混合。

通过更加细致的分类分析可以发现，在13类功能区中，有8类功能区的功能混合度指标主要集中在第三个四分位上，在交通设施用地、体育用地、文化设施用地等排他性较强的用地类型中，混合度指标基本为0.25—0.75（图11-29）。由此可见大部分用地类型中存在主导性的使用功能，但其他补充性的功能同样发挥了重要作用。

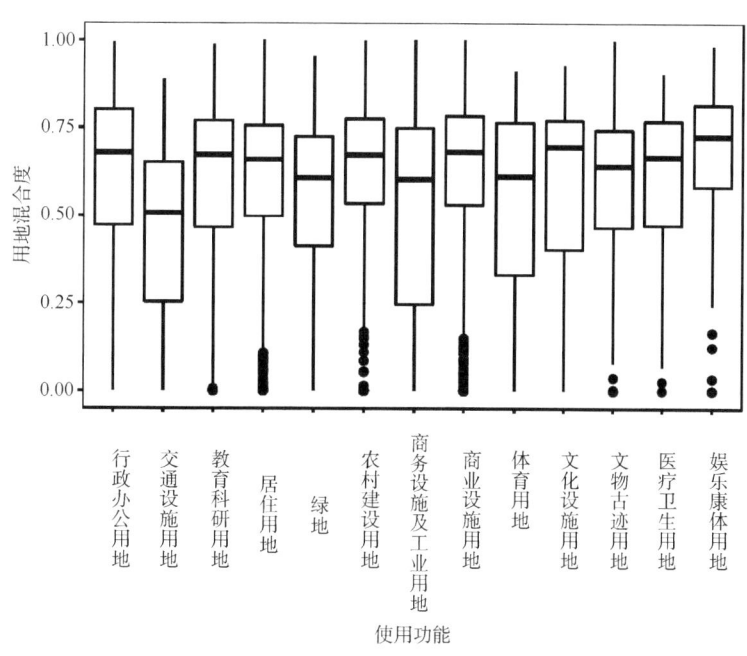

图 11-29 功能混合度分类统计特征

资料来源：由案例提供者完成。

2.城市功能混合的空间特征分析

从总体空间分布（图11-30）来看，城市功能混合的多中心特征显著。在二环以内及二环周边地区，功能混合密度非常高，反映了北京老城区经过长年的更新和发展后，已形成高度复杂而稳定的功能布局；在二环与四环之间，城市用地整体上保持了较高的功能混合密度，表明该地区的发展日渐成熟；四

环与五环之间的地区功能混合密度有所降低，且单一功能用地数量大大增加，这一方面是由于该地区仍有大量用地处在建设之中，另一方面则是因为该地区的生态开放空间较多；五环以外的地区整体功能混合密度则进一步降低，但在亦庄开发区、通州新城、顺义空港新区等次中心地区，功能混合密度有所回升（图11-31）。

图11-30　功能混合密度的空间分布特征（见书后彩图）

资料来源：由案例提供者完成。

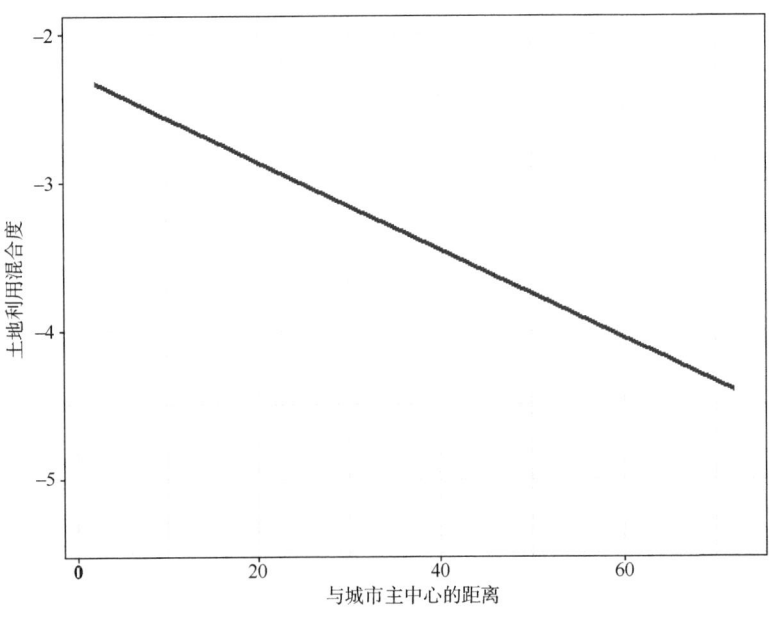

图11-31　功能混合密度与空间区位之间的关系

资料来源：由案例提供者完成。

3.城市功能混合的分类特征分析

从地块的不同主导功能角度进行分类统计可知，城市功能混合不仅具有距离衰减特征，还存在与主导功能相关的功能配比异质性，即在不同主导功能的地块中，各类城市功能的混合比例存在明显的差异性。

（1）商业主导型用地中各类用地配比的空间特征

在城市中心区，商业功能用地的占比不足60%，而商务办公功能占比超过15%，表明中心区内商业功能和商务功能的混合较为普遍。随着地块与城市中心的距离逐渐增加，商业功能的比例先略微下降，后逐步提升至65%左右；居住功能的占比在四环周边地区先逐步上升至15%左右，而后稳步回落至5%左右，表明四环周边地区是商住混合用地分布高峰；商务办公用地基本保持平稳，而在距城市中心30公里的外围地区快速上升，表明在这些地区企业总部基地和商务园区数量较多（图11-32）。

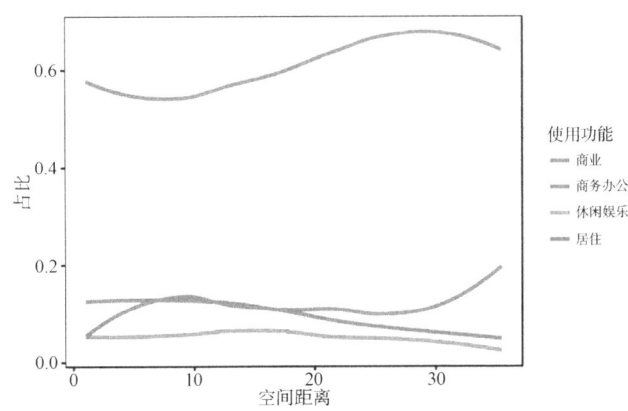

图11-32 商业主导型用地中各类城市功能的占比关系与空间分布特征（见书后彩图）

资料来源：由案例提供者完成。

（2）商务办公主导型用地中各类用地配比的空间特征

在城市中心地区，以商务办公为主导功能的用地占比60%左右，而后在距离城市中心约15公里处达到最低点，同时商业、休闲娱乐、居住这三类功能均同步下降；而商务功能占比上升至75%左右并保持稳定，其余三类功能也同步达到平稳状态（图11-33）。总体来看，商业功能始终是商务办公主导型用地的主要辅助功能，而居住和休闲娱乐功能的影响则比较微弱。

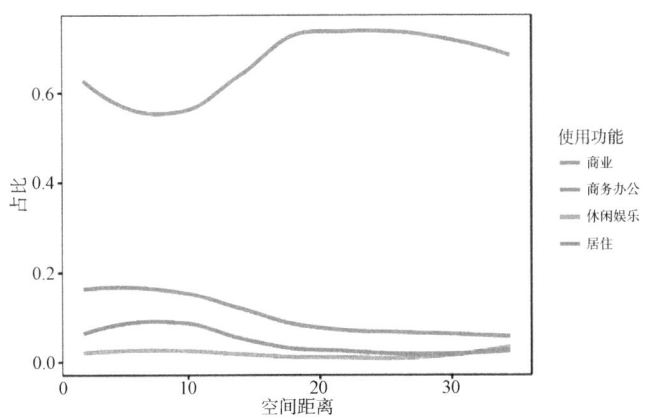

图11-33 商务办公主导型用地中各类城市功能的占比关系与空间分布特征（见书后彩图）

资料来源：由案例提供者完成。

（3）休闲娱乐主导型用地中各类用地配比的空间特征

休闲娱乐主导型用地中的城市功能混合特征最为复杂。在城市中心区，休闲娱乐功能的占比达到70%，而商业功能是其主要辅助功能，这反映了北京市老城中现代服务业高度发达、休闲娱乐需求旺盛的现状。而随着距离的增加，休闲娱乐功能占比迅速下降，并在四环一带接近低点，同时其余三类用地功能的占比均有小幅上升，表明随着区位变化，单纯的休闲娱乐功能逐步被更加多元化的服务业态所取代。而在城市外围地区，休闲娱乐功能再度提升，反映了这些地区集中型休闲娱乐业态的再度兴起（图11-34）。

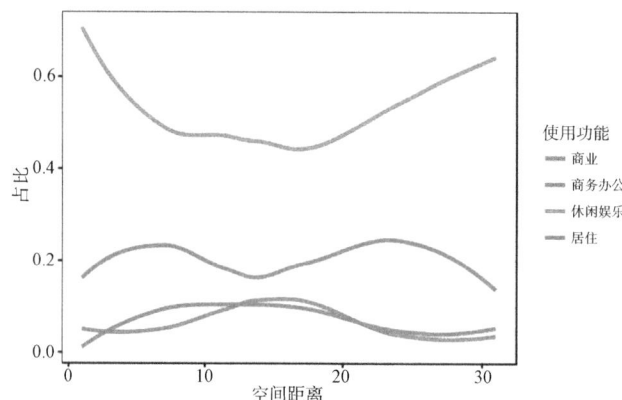

图11-34 休闲娱乐主导型用地中各类城市功能的占比关系与空间分布特征（见书后彩图）

资料来源：由案例提供者完成。

（4）居住主导型用地中各类用地配比的空间特征

居住主导型用地中城市功能混合特征较稳定。随着用地区位的变化，居住功能的占比会有小幅波动，但始终保持在60%左右；同时其余三类功能的占比也相对平稳，这体现了城市居住区对配套设施的需求相对固定（图11-35）。

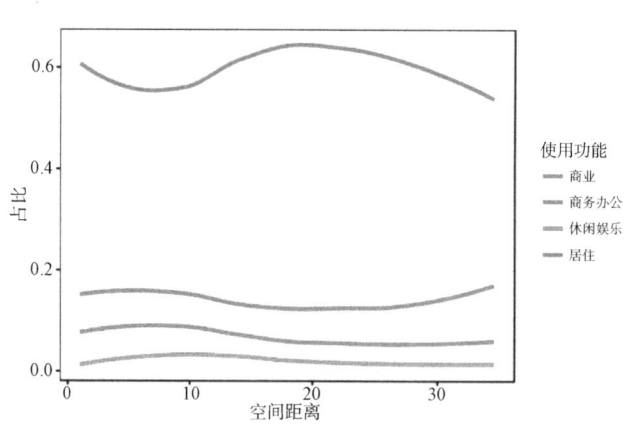

图11-35 居住主导型用地中各类城市功能的占比关系与空间分布特征（见书后彩图）

资料来源：由案例提供者完成。

11.6.6 研究结论

以促进城市精细化治理为导向，研究针对城市功能混合提出如下规划和管控建议。

1. 实施精细化的城市功能混合管控

根据功能区的不同和空间区位的不同，可以对功能混合实施更加细致的引导和管理（表11-6）。

基于空间区位和功能区类型的功能混合原则建议　　　　　　　　　表 11-6

功能区类型	与城市中心之间的距离				
	近（老城核心区）	较近（中心区）	中（中心区外围地区）	较远（近郊区）	远（远郊区）
商业	重点引导商业设施与商务设施的混合，适当植入居住功能和娱乐康体功能	注重商务功能、居住功能与商业功能的适当结合，酌情植入娱乐康体功能		强调商业设施与商务设施的混合，适当布置居住功能和娱乐康体功能	在外围的卫星城镇中加强商业、商务功能的结合
商务	重点引导商务功能与商业功能结合，其次是与居住功能的结合，此外适当结合娱乐康体功能			加强商务功能与商业功能的混合，适当安排居住功能和娱乐康体功能	
居住	在居住区中植入一定比例的服务设施功能，按占比排序分别是商业功能、商务功能和娱乐康体功能				
娱乐康体	重点加强娱乐康体功能与商业功能的结合，适当安排商务功能和居住功能	重点引导娱乐康体功能与商业功能的结合，其次适当引入居住功能，酌情考虑商务功能	重点加强娱乐康体功能与商业功能的结合，适当安排商务功能和居住功能		

资料来源：由案例提供者完成。

2. 注重社区配套设施建设和社区活力提升

此建议包含以下三个方面：

一是注重功能的完备性。由于居住功能与商业功能、娱乐康体功能及商务功能之间显著相关，故可以认为无论居住功能区的区位、居民阶层等条件如何变化，其基本服务外设施需求都大致相同，在政策中必须强调各项功能的完整性。

二是确定合理的混合比例。正如前文所述，不管其空间区位如何变化，居住功能区中商业功能、娱乐康体功能及商务功能的配比基本保持稳定，这反映出住区居民对各类设施的需求规模存在着一定的比例关系，此种比例关系可转化为土地政策中的相关指标，从而对城市规划实施更加有效的控制。

三是该案例的方法整合了时空大数据，并将市民的实际需求纳入功能混合的计算中。在此基础上，该案例以北京市作为研究对象开展了系统的分析，其结果表明：第一，城市功能混合现象具有普遍性，研究范围中大部分地块的功能构成遵循"主导功能＋辅助功能"这一规律。第二，城市功能混合的空间分布符合距离衰减特征，表明空间区位对功能混合存在显著影响。第三，在不同主导功能的地块中，辅助功能的配比关系随空间区位变化而变动，形成复杂的混合关系。第四，针对精细化的城市规划管理，提出若干可行的建议。

未来，本研究将着重从以下两个方面展开工作：（1）将研究方法推广到更多城市。通过比较多个城市在功能混合上的统计特征和在空间布局特征方面的异同，深入探讨不同城市中功能混合的内在规律。（2）细化研究的粒度。一方面，引入多中心空间模型，更加精细地刻画功能混合的空间特征；另一方面，将包括路网密度、大型公共设施布局等在内的多元要素纳入研究框架。

11.7 城市空间结构调整评估案例

11.7.1 案例简介

该案例由文章《基于政务交通成本的城市空间结构调整影响评估研究——以北京市通州副中心建设为例》总结凝练而成，由中央财经大学政府管理学院城市管理系王伟、梁霞共同完成。[129]

11.7.2 研究目的

政府搬迁会对城市空间结构、土地利用、中心城区的分工、城市的经济发展、交通出行等方面产生巨大影响。对于北京这样的大都市而言，有两项重要的影响内容不容忽视，一是中心城区职能优化，二是缓解交通压力。在本研究中，笔者关注的是行政空间的改变对政务交通出行成本的影响，故在此基础上对北京各新城区政府到通州副中心办理政务活动所耗费的交通成本加以刻画。该案例将基于交通可达性、多维成本核算等方法，定量测度、比较市政府位于原址和位于通州副中心两种情景下的政务交通成本，以探索出一种对城市空间结构进行优化调整的评估方法，为规划实施后的反馈优化与配套完善提供决策参考。

11.7.3 研究基本原理

从广义上而言，交通成本这个概念几乎适用于空间中一切发生了位置移动的抽象或实际物体；而从狭义上而言，交通成本指社会体系中个人或组织之间为相互接触、产生联系而克服空间距离所产生的成本。因此，通常而言的交通成本是狭义概念，例如居民往返于住所与工作地点的通勤成本，国际企业之间交流往来的贸易成本，不同层级政府、企业或个人之间等进行政务活动的政务交通成本等。大多数文献对交通成本的测算均是基于整座城市的交通体系进行的，大部分数据可以根据整座城市的GDP、环保总投入等数据进行测算。

该案例所重点衡量的交通成本为政务交通出行成本，其内涵在理论上可包括一切以政府为中心的克服空间距离与外界互动而产生的成本。但在该案例中，为更好达到研究城市空间结构调整与交通成本间关系的目的，笔者将政务交通成本简化为政府之间开展政务活动时使用交通工具所产生的成本，即北京市各新城区政府与北京市政府政务往来所产生的交通成本。企业及居民与政府间产生政务联系的交通成本暂未计入本研究。由于数据可获取性较差，故将测量方法进行简化。

第一部分，采取距离度量法分别评价中心城和副中心的可达性。在一定时间内，采用不同交通方式从北京市中心、北京市副中心到城市外围区域的出行距离来衡量其可达性，并绘制特定时间间隔的等时线。

第二部分，比较各新城区政府到副中心和市中心的政务交通成本。其中主要比较货币成本、时间成本、环境污染、交通拥堵外部性成本四项（表11-7）。

政务交通出行成本比较　　　　　　　　　　　　　　　　　　　　　　表11-7

成本类别	具体内容
货币成本	乘坐出租车、公共交通从北京市各新城区政府到北京市人民政府、城市副中心的票价
时间成本	乘坐出租车、公共交通从北京市各新城区政府到北京市人民政府、城市副中心的出行时间
环境污染成本	乘坐出租车从北京市各新城区政府到北京市人民政府、城市副中心的人均大气污染成本
交通拥堵外部成本	乘坐出租车从北京市各新城区政府到北京市人民政府、城市副中心的人均交通拥堵外部成本

11.7.4 研究指标与数据来源

该案例主要比较北京市副中心在建设行政中心搬迁后政务交通成本的变化，以及中心城和副中心的可达性。研究选取了北京市 11 个外围新城（表 11-8），研究各新城与市政府分别位于中心城区和副中心时的可达性。

<table>
<tr><td colspan="5" align="center">研究新城概况　　　　　　　　　　　　　　　　　　表 11-8</td></tr>
<tr><th>新城</th><th>新城中心点</th><th>中心点特征</th><th>北京市中心</th><th>北京市副中心</th></tr>
<tr><td>通州新城</td><td>通州区政府</td><td rowspan="11">行政中心</td><td rowspan="11">北京市政府</td><td rowspan="11">北京市城市
副中心</td></tr>
<tr><td>顺义新城</td><td>顺义区政府</td></tr>
<tr><td>亦庄新城</td><td>亦庄镇政府</td></tr>
<tr><td>房山新城</td><td>房山区政府</td></tr>
<tr><td>昌平新城</td><td>昌平区政府</td></tr>
<tr><td>怀柔新城</td><td>怀柔区政府</td></tr>
<tr><td>平谷新城</td><td>平谷区政府</td></tr>
<tr><td>密云新城</td><td>密云区政府</td></tr>
<tr><td>延庆新城</td><td>延庆区政府</td></tr>
<tr><td>大兴新城</td><td>大兴区政府</td></tr>
<tr><td>门头沟新城</td><td>门头沟政府</td></tr>
</table>

研究中的路网数据和出行时耗数据均来自百度地图。该案例使用百度 API 接口开放数据作为本次研究基础。

11.7.5 研究方法、模型与过程

1. 出租车可达性

通过对比北京市市中心出租车等时线图和城市副中心出租车出行等时线图的稀疏程度和色块覆盖范围可得，等时线的稀疏程度有较大的相似性，而其中区别则在于等时线圈层位置的相对移动（图 11-36），导致距离副中心较远地区的驾车时耗增加，距离较近的新城驾车时耗减少。这说明，北京市市中心和副中心的城市道路网结构供给效率较为一致。

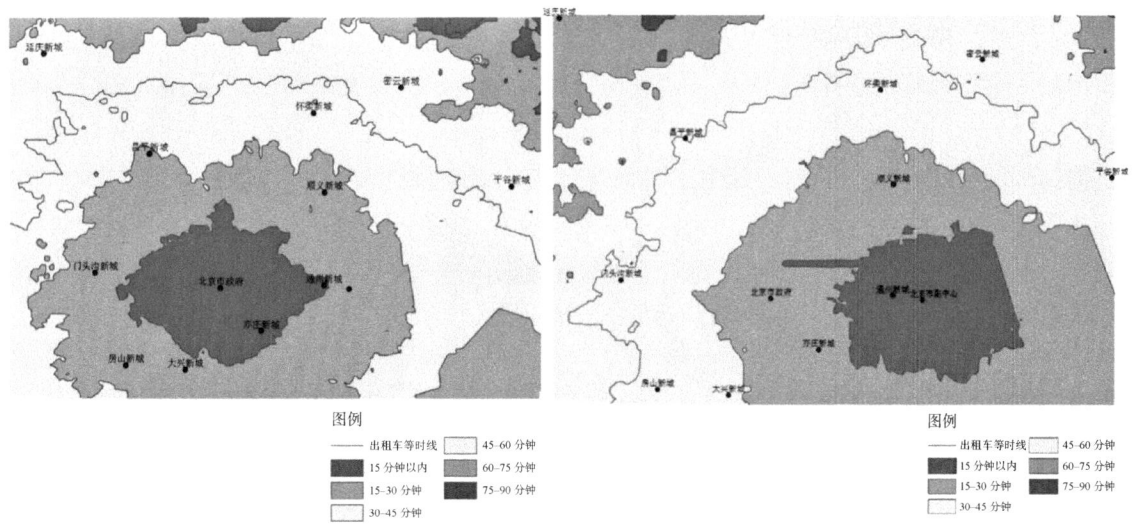

图 11-36 市中心和副中心出租车可达性对比（见书后彩图）

总体而言，从等时线图不难看出，副中心的建设整体上增加了出租车的运行时间，但增量不是特别明显。副中心的建设确实使可达范围向北三县延展，有效提升了北京与周边地区的联系。

2. 公共交通可达性

公共交通出行是一种包含步行、轨道及公交车的混合型交通出行方式，相比于出租车（或自驾）出行，公交交通出行单位耗时的覆盖面积更大，可达性更好，但公共交通整体而言耗时更多。对比市中心和副中心的公共交通等时线图，不难发现市中心1小时交通圈的覆盖面积较副中心更大，这与市中心密集而发达的轨道交通系统密切相关。从新城覆盖数量来看，市中心2小时交通圈涵盖昌平、顺义、门头沟、房山7个新城，而副中心2小时交通圈只覆盖大兴、亦庄、顺义4个距离较近的新城，这与上文结论中"新城到城市副中心的公共交通运行时间比到市中心更长"相一致。

3. 货币成本比较

交通出行的货币成本即乘坐交通工具的费用，该案例根据百度地图提供的路线规划功能，按照出行时间最短的原则记录相应的乘车费用。

出租车出行总费用与公共交通出行总费用（元）　表11-9

	去城市中心	去城市副中心	增长率
出租车出行总费用（元）	1685	2173	29%
公共交通出行总费用（元）	130	161	24%

资料来源：由案例提供者完成。

百度地图中出租车按照相应路线的里程数计费，而公共交通通常有固定的票价，因此出租车和公共交通的出行费用较为固定，跟出发地与目的地间的距离有较强的正相关性。表11-9简单汇总了从各新城政府分别到市中心和副中心的单次出行费用。从此表可以看出，延庆、门头沟、昌平等新城与副中心距离较远，因此出行费用也相应较高。从新城到副中心的出租车总费用比到市中心提高了29%，公共交通总费用提高了24%，可见，副中心建设行政中心搬迁后，仅在政务交通方面，就大大增加了出行总费用。

4. 时间成本比较

该案例区分了高峰期和无拥堵两种道路状况。案例将无拥堵时间定为0：00,这时城市车流量较少，道路处于无拥堵状态;将高峰期定为上午8：00,此时城市车流量较多，市中心较多路段处于拥堵状态。因此得出的交通出行时间会有所差异，而百度地图的实时路况功能能够较准确地衡量真实的交通运行时间。

根据结果，可以发现以下几点：一是总体而言，各新城到副中心的出行时间长于到市中心的时间；二是在道路拥堵时，到中心城区采用出租车（驾车）的方式更易受到影响，到副中心采用公共交通的方式更易受影响；三是中心城区交通压力主要表现为普通道路网密度的不足，副中心的交通压力主要表现为轨道交通、快速路等道路设施供给的不足。

5. 环境成本比较

各新城行政中心到市中心和副中心的出租车总距离相差较大，人均单位里程的大气污染成本为0.035元/公里，将其与百度地图实时规划的出行路线里程数相乘，可得到各新城到市中心和副中心的出租车大气污染量。由于大多数新城到副中心比到市中心的距离更长，因此污染量也相应更高。简单汇总各新城分别到市中心和副中心的出租车出行大气污染量可以看出，到副中心的出租车污染总量比到市中心提高了近 18%。

6. 交通拥堵外部成本比较

对北京这样交通压力繁重的大都市而言，道路交通的拥堵外部成本是相当巨大的。道路拥堵会降低整个交通系统的运行效率，其最直观的结果包括两个方面：一是乘客时间的延误，二是额外的燃油消耗。案例采用了佟琼等计算的 2011 年北京市道路交通拥堵外部成本中的相关数据来对到市中心和到副中心的交通拥堵成本进行计算和比较。

综上所述，通过对 11 座外围新城到市中心和副中心政务交通的货币成本、时间成本、环境成本和交通拥堵外部成本四个方面的比较，可初步得出以下结论：北京市政府在搬迁至通州副中心后，其政务交通的货币成本、时间成本、环境成本和拥堵成本都有显著增加。若将通勤交通、市场交通流等纳入考虑，预期整个交通体系成本将进一步上升。

11.7.6　研究结论

根据以上定量分析，北京市城市副中心的建设并没有显著缓解政务交通压力，反而增加了政务交通出行成本。该案例仅仅从政务交通的角度对其进行测量，而现实中影响更大的通勤交通等尚未纳入考虑范围，如果综合来看，北京副中心的建设可能将大幅增加全社会交通出行成本。而目前来看，副中心的交通配套建设带来的较市中心更差的可达性条件，无疑会加剧这一矛盾。

《北京市总体规划（2016—2035 年）》中明确提出要构建以北京城市副中心为交通枢纽门户的对外交通体系，打造不同层级的"以轨道交通为主、多种交通方式协调共存"的复合型交通走廊。但在 2021 年北京市市域轨道交通规划中，联结北京市城市副中心与各新城、城中心的轨道交通线路数量并未显著增加，新建轨道交通的主要职责仍是疏通中心城区。该案例的分析显示了城市副中心的建设增加了交通运行体系整体的通勤时间，尤其是公共交通。可见，以北京市城市副中心为结点的公共交通系统建设对于疏解北京市交通压力至关重要，而目前规划的轨道路线建设仍有待加强。

11.8　城市市容管理评价案例

11.8.1　案例简介

本案例由文章《"城市设计 + 智能平台"支持城市市容市貌品质精细管理》总结凝练而成，由中央财经大学政府管理学院城市管理系王伟与城室科技刘浏共同完成。

11.8.2　研究目的

随着信息技术的发展，在城市管理中诞生了更多新思路。大数据与人工智能技术能够依托城市街景数据、专家与市民的经验感知及计算机算法，建立客观评价体系，为城市管理创立更具公众参与性、更富有多元视角、更加自动化的城市空间评估机制。

一方面，城市管理提出新需求。城市管理是解决城市问题，维持城市生活正常运行，保证公共空间品质的重要手段。在新时代的城市化进程中，城市发展的重点逐渐从城市建设转移到城市治理。由多元主体参与的共同治理、城市空间的精细化管理已经成为当下城市管理的新趋势。在城市管理中增加公众参与度，提高治理主体的多元性，建立持续更新的城市公共空间评估机制，有助于规划者及时发现问题，完善城市管理体系，提高城市治理能力。此外，随着城市范围的不断扩大，城市管理范围的广度不断扩大，精度也不断加深。如何对大范围城市空间进行精细指标的评估与管理，是城市管理中的新难点。

另一方面，大数据与人工智能出现新发展。人工智能技术近年来取得诸多突破。机器学习是实现人工智能的一种方法，它使用算法分析数据，从中学习并做出推断或预测。与传统方法中使用特定指令及手写软件所不同的是，机器学习使用大量数据和算法来"训练"机器，由此带领机器学习如何完成任务。其中，深度学习是实现机器学习的一种技术，它通过组合低层特征形成更加抽象的高层表示属性类别或特征，以发现数据的分布式特征表示（方法）。利用算法及大量数据对机器的学习模型进行训练，可用于进行快速准确的空间及影像特征识别，并通过数据可视化进一步展示研究结果。

11.8.3　研究基本原理

1. 评估思路

研究从城市管理评估体系的指标落地性与可行性出发，以"问题发现"为主要目的对各方面进行评估。通过识别各维度下问题的分布及数量，评估整体区域的干净、整洁、有序三个指标的情况（图 11-37）。

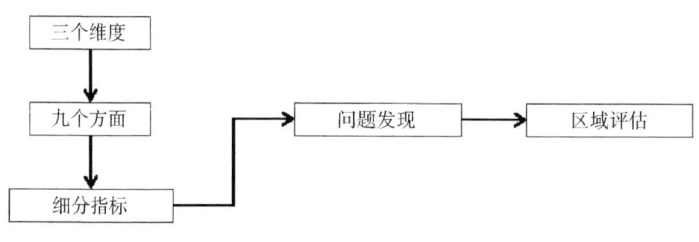

图 11-37　评估思路示意

评估体系中细分指标将经由人工智能模型进行图像识别来实现。其过程可分为三个模块（图 11-38）。

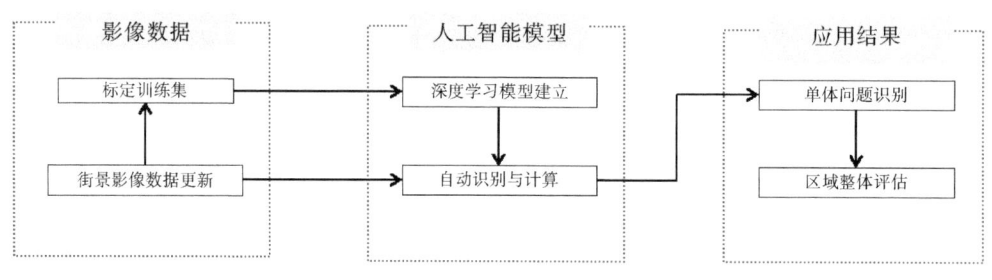

图 11-38　技术路线示意

2. 指标框架

干净、整洁、有序是当前大部分区域整治环境、提升空间品质的重要目标。在这三个维度下，与城市空间相关的九个方面是落实评价体系的重点。

由于人工智能算法需基于城市影像数据进行识别计算，因此需将这九个方面拆解为具体、可识别的指标与评估标准，其初步阐述及评估标准如图 11-39 所示。

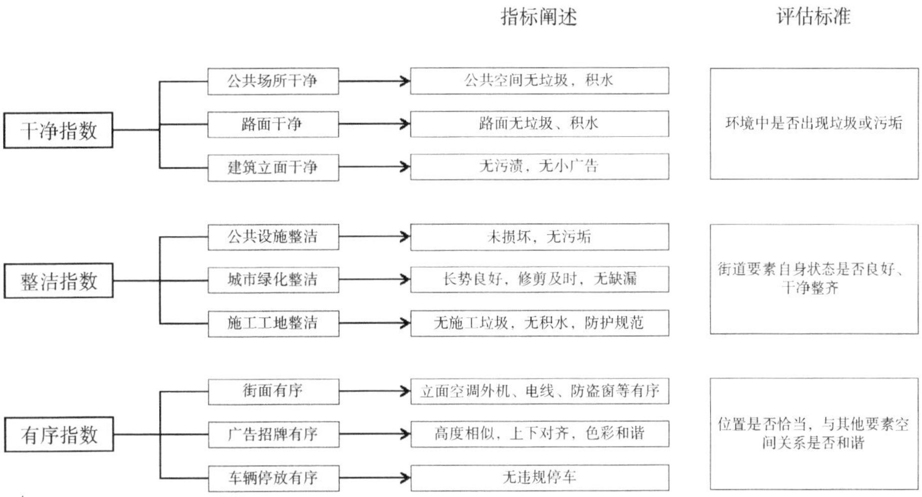

指标阐述
评估标准
干净指数
公共场所干净
公共空间无垃圾，积水
路面干净
路面无垃圾、积水
建筑立面干净
无污渍，无小广告
环境中是否出现垃圾或污垢
整洁指数
公共设施整洁
未损坏，无污垢
城市绿化整洁
长势良好，修剪及时，无缺漏
施工工地整洁
无施工垃圾，无积水，防护规范
街道要素自身状态是否良好、干净整齐
有序指数
街面有序
立面空调外机、电线、防盗窗等有序
广告招牌有序
高度相似，上下对齐，色彩和谐
车辆停放有序
无违规停车
位置是否恰当，与其他要素空间关系是否和谐

图 11-39　指标阐述与评估标准

整体评估体系由三个维度、九个方面及其下属细分的问题发现等细分指标组成，各指标及影像识别示意如图 11-40 所示。

三个维度
九个方面
问题发现
影像示例
干净指数
公共场所干净
公共场所垃圾
公共场所积水
路面干净
路面垃圾
路面积水
建筑立面干净
建筑立面小广告
建筑立面污渍
整洁指数
公共设施整洁
损坏的设施
脏旧的设施
城市绿化整洁
长势差的绿化
缺少修剪的绿化
施工工地整洁
施工垃圾
工地积水
防护缺少或损坏
有序指数
街面有序
空调外机杂乱
电线杂乱
防盗窗杂乱
广告招牌有序
招牌高度不齐
招牌色彩不和谐
车辆停放有序
非机动车违停
机动车违停

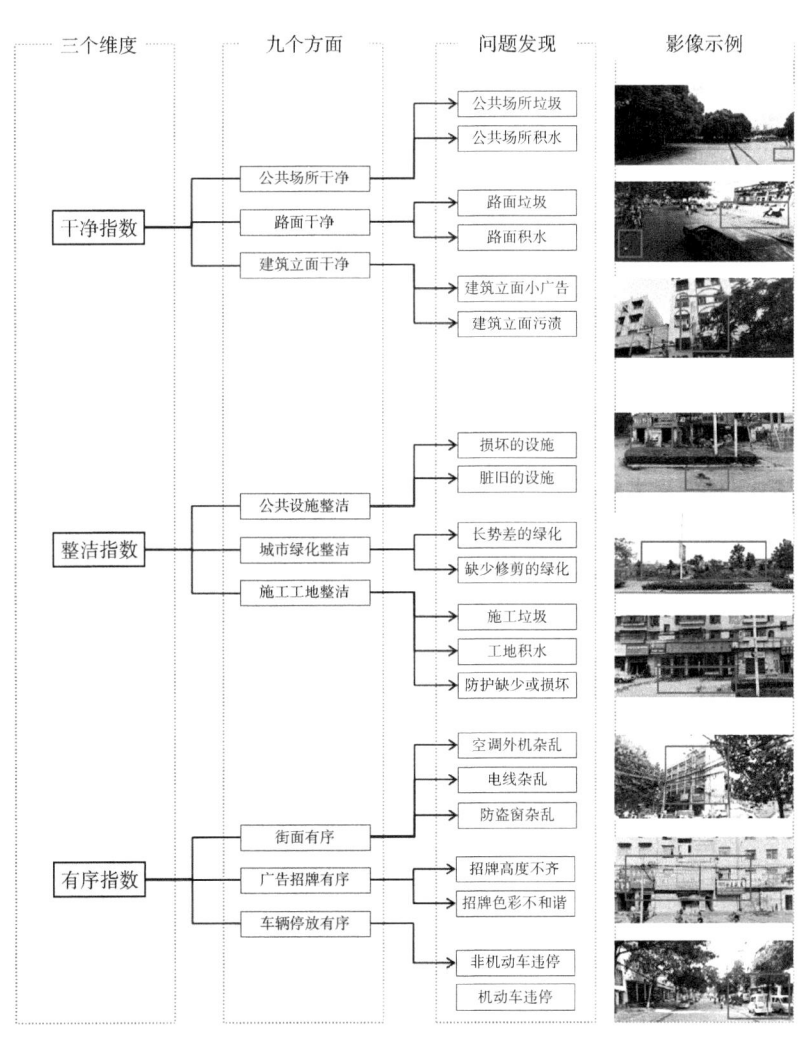

图 11-40　指标体系与影像示例

3. 人工智能模型

第一，建立模型。利用训练集深度学习模型，建立基于干净、整洁、有序三个维度的问题识别模型。

第二，自动识别与计算。将待评估城市的数据输入模型，模型将根据影像中的内容进行自动识别与计算。当城市的数据出现更新时，无需重新建立模型，只需对更新的数据进行计算即可。

11.8.4 研究指标与数据来源

研究所需数据主要为影像数据。

第一，进行训练集标定。选取城市街道空间的影像作为训练集原始影像，根据细分指标中的具体问题，邀请城市管理领域的专业人员对原始影像中所能够发现的问题进行标定。标定后的影像数据作为人工智能模型的训练集数据。

第二，进行影像数据更新。街景影像的数据来源包括地图服务商的街景数据、经由市民及巡查人员拍摄上传的影像、城市监控系统的影像等。各类影像的覆盖面、精度及更新周期不一，如最常用的街景影像数据的覆盖范围广，但更新速度与地图服务商的街景采集工作进度相关，仅可用于常规问题的筛查和对城市基本情况的评估。市民及巡查人员的手机拍摄数据即时性高，但覆盖面有限，可用于已发现问题区域的后续监管。

11.8.5 研究结论

1. 单体问题识别

人工智能模型在对所输入城市的影像进行自动识别与计算后，可得出各类细分指标的问题识别结果，其数据结果以影像、影像位置及问题识别标记为主（图11-41）。

图11-41 单体问题识别结果示意

2. 区域问题评估

根据评估区域不同细分指标下所识别出的问题分布情况，从区域的干净、整洁、有序三个维度进行整体评估，其数据结果包括地图分布、统计数据、指标评分及维度评级（图11-42）。

综合而言，基于街道影像的人工智能识别数据来源多样，识别机制也基于公众认知与专家经验。当标定数据足够多时，通过算法优化可以不断提高识别准确度，得出相对客观的评估结果，以作为城市管理的参考和依据。

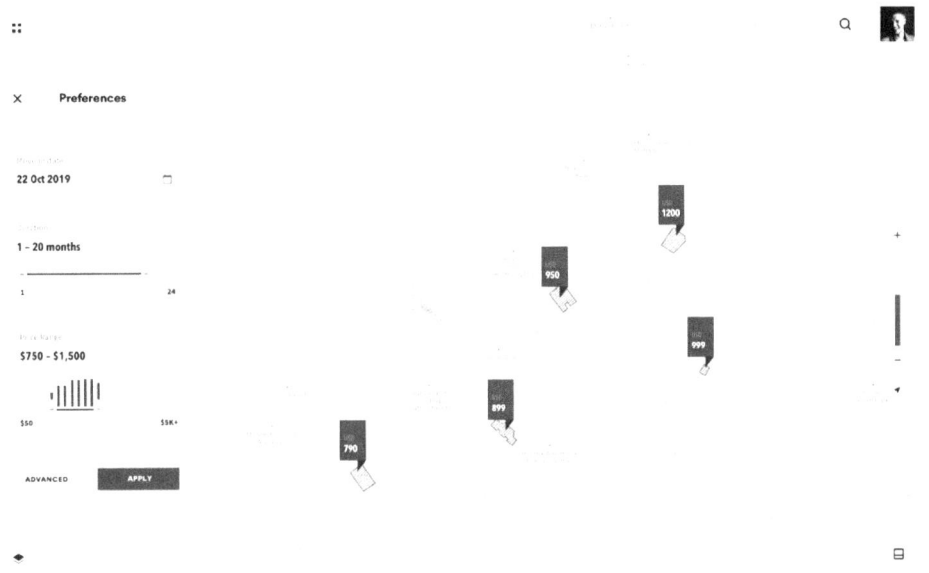

图 11-42　区域分析结果示意

3. 评价应用

在获取评估区域的问题识别结果后，可根据评价体系对区域的综合情况进行评分评级，并根据综合条件筛选出优秀城市、示范城市。

根据评估区域在九个方面的问题识别结果，分别对其进行评分。各方面的总分均为 100 分，无问题区域占总区域的百分比数字即为最终得分。如 A 市识别结果为：82% 的区域未识别出"公共场所干净"方面的问题，则 A 市在"公共场所干净"方面的得分为 82 分。

根据评估区域在三个维度下对应方面的综合评分，分布计算评估区域在干净、整洁、有序三个维度下的评级，共分 1—5 五个级别。如 A 市在"干净"维度下的三个方面"公共场所干净""路面干净"和"建筑立面干净"的综合评分为 78 分，则 A 市干净维度为四级（图 11-43）。

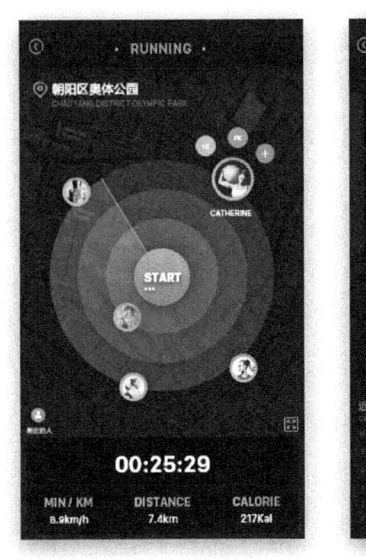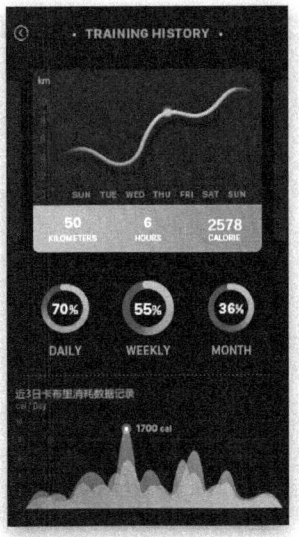

图 11-43　综合评价示意

11.9 城市众筹规划案例

11.9.1 案例简介

该案例由文章《众规武汉案例》总结凝练而成，由武汉市信息中心的雄伟提供。

11.9.2 研究目的

传统的城市规划仅限于政府部门和规划专家完成，而社会公众往往很少参与决策，只有在规划基本完成并开始公示后才能了解到大致情况。武汉市国土资源和规划局于 2015 年 1 月开展对"众规武汉"开放平台的建设与研发工作，并在全国率先展开"互联网 +"背景下对于公众参与城市规划的探索。本研究的目的在于使规划工作更多地体现公众意愿，从而对规划编制工作的技术方法和工作模式进行创新，提高规划工作的科学性和开放性。

11.9.3 研究指标与数据来源

平台分别通过信息公告、问卷调查、在线规划、规划建言和资料查阅等方式，在向公众传达专业的规划资讯的同时，也尝试收集和反馈公众的意愿。

11.9.4 研究方法、模型与过程

1. 环东湖绿道实施性规划

东湖是中国最大的城中湖之一，也是武汉市主城区最负盛名的生态景观之一。2015 年是武汉市的"绿道建设年"。随着东湖湖底隧道的建成通车，东湖环湖路承载的过境交通压力得到缓解。环湖路还路权于慢行交通，与东湖的自然之美结合，成为休憩游览的胜地。

2015 年 1 月 8 日，"环东湖绿道实施性规划"在"众规武汉"开放平台正式上线，成为全国首例在线征集公众意见的规划编制项目（图 11-44）。自项目上线以来，平台分别通过信息公告、问卷调查、在线规划、规划建言和资料查阅等方式，在向公众传达专业规划资讯的同时，也尝试收集和反馈公众意愿。

图 11-44 "环东湖绿道实施性规划"在"众规武汉"开放平台正式上线

资料来源：由案例提供者完成。

2015年2月，"众规武汉"开放平台通过"在线规划"模块，共收到公众提交的1600余项在线规划方案。项目组将这些方案进行空间相似度分析，从中得出公众的理想方案，并将其提供给规划设计团队（图11-45）。规划设计团队再将公众方案逐个与理想方案进行空间匹配，选择匹配度较高的方案作为优秀方案，并对优秀方案的提供者予以一定奖励。

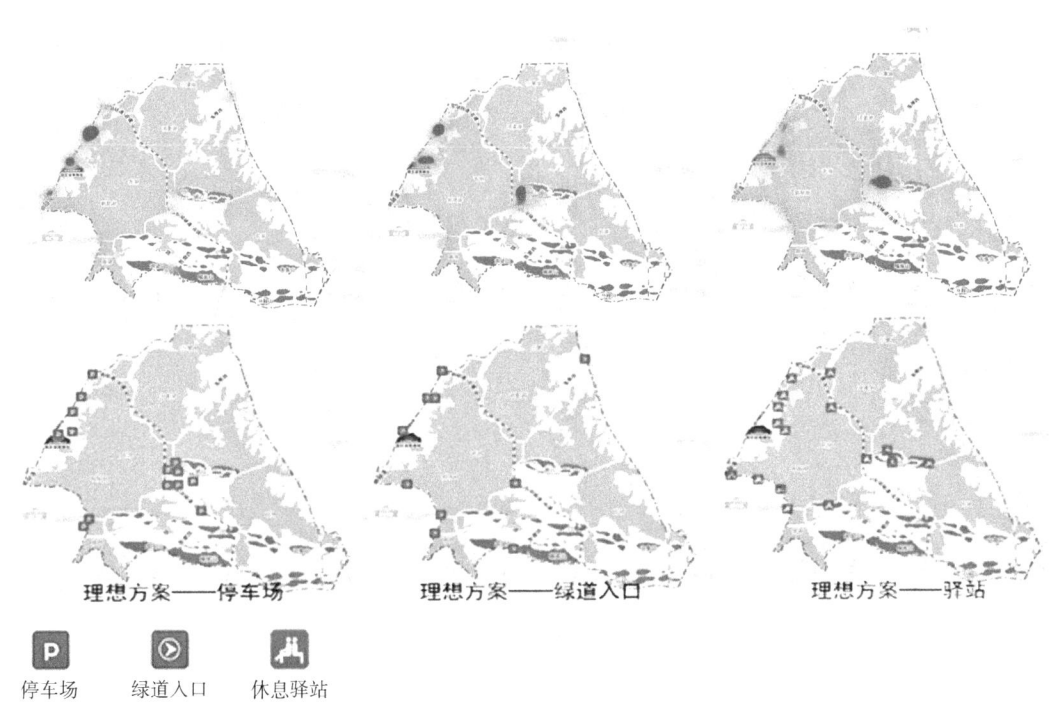

图11-45　在线规划方案征集统计

资料来源：由案例提供者完成。

2. 停车场近期建设规划

2015年也是武汉市的"停车场建设年"。根据测绘车在夜间统计的数据，武汉市二环线内停车泊位缺口数量约为4万个。为助力"停车场年"建设，2015年5月，武汉市国土规划局开展了"发现您身边的停车场"活动，鼓励公众共同发现和建设身边可建设为停车场的潜在空间，共同缓解"停车难"的问题。

2015年5月15日，第二个"众规"试验项目——"发现您身边的停车场"正式上线，公众可将在周围发现的空地拍摄为照片，标注详细地址，并配以地块信息及对周边情况的介绍文字进行上传（图11-46）。公众可以登录"众规武汉"网站或者关注微信公众号，上传希望改造的停车场照片和地址等信息，并留下联系方式。

武汉市国土规划局专家在经过初选后，邀请上传者一同到现场进行评估。若推荐的用地最终获准建设停车场，上传者将荣获武汉市国土规划局颁发的"武汉市停车场荣誉规划师"证书。

3. 华农三角地次级功能区改造

2016年5月4日，"众规武汉"发布"华农三角地次级功能区改造"项目任务书。该项目主要包括以下四个阶段：

（1）在线报名：2016年5月—2016年6月

在"众规武汉"开通相关在线报名系统后，设计团队和个人可在线提交报名信息。截至2016年6

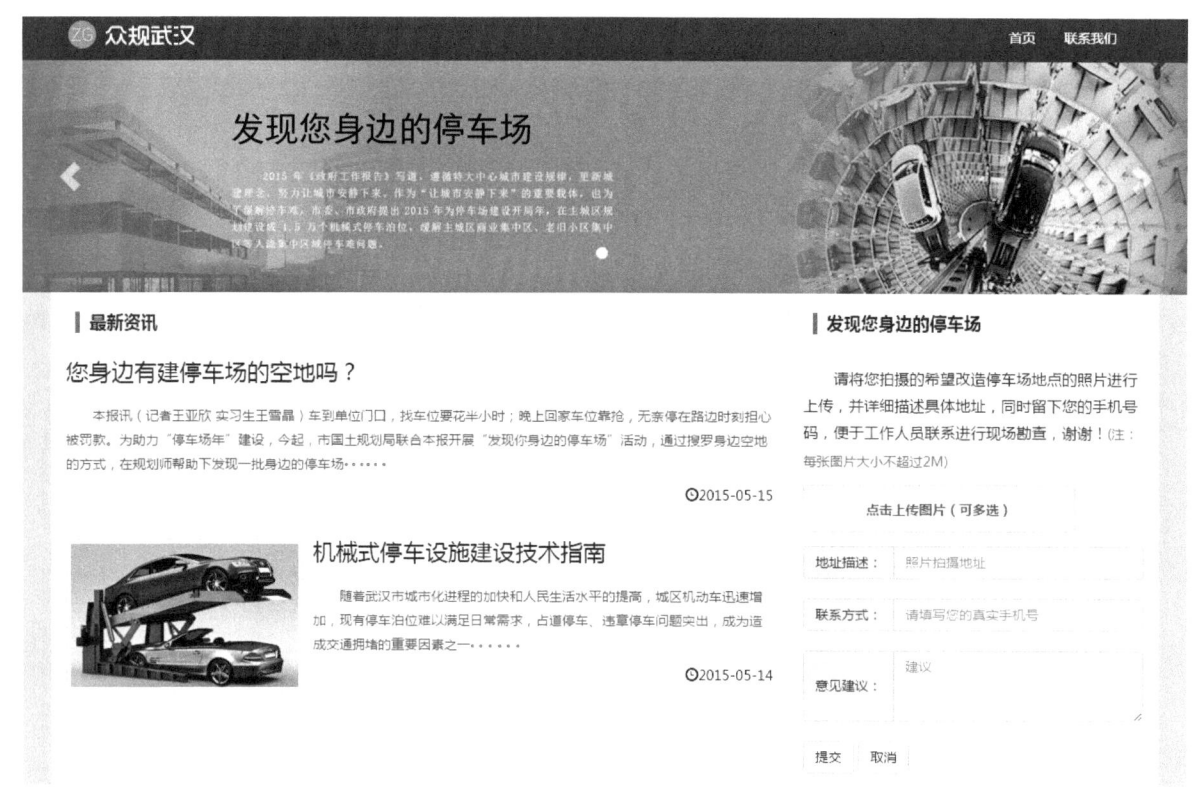

图 11-46 "发现您身边的停车场"项目上线

资料来源：由案例提供者完成。

月 22 日，共计 50 余支团队和个人参与了本次活动。参与团队的背景和人员组成十分多元，既有在校大学生、青年教师，也有设计机构青年规划师、地块周边普通居民等。

（2）方案海选：2016 年 6 月 23 日—2016 年 6 月 30 日

经过一个多月的海选，设计团队于 6 月 20 日提交了第一阶段成果，最后共计有 15 个方案进入线上海选阶段。"众规武汉"也随之推出了规划方案在线投票系统，经过一周的评选，共有 28279 人参与了本次线上投票（图 11-47）。

图 11-47 "华农三角地次级功能区改造"项目线上创意方案投票

资料来源：由案例提供者完成。

（3）方案初评15进4：2016年7月

结合于同日截止的网络公众评选结果，按照评选规则，评委组最终评定出本次"众规武汉"项目线上创意阶段的4个优秀方案奖和10个创意方案奖。获得优秀方案奖的4支团队每队获得1万元奖金，获得创意方案奖的10支团队每队获得2000元奖金。

（4）方案总决选：2016年8月3日

历时80天的"华农三角地次级功能区改造"项目最终选拔赛拉开帷幕。"众规武汉"工作组邀请了区政府、规划管理及储备主体的各路专家作为评委，4支优秀方案团队按照抽签顺序逐队汇报，对各自的最终方案进行精彩演绎。汇报环节结束后，专家经过紧张而激烈的讨论，投票选出"华农三角地次级功能区改造"项目的优胜方案——"都市桑麻"，并将其作为本地块改造的实施方案（图11-48）。

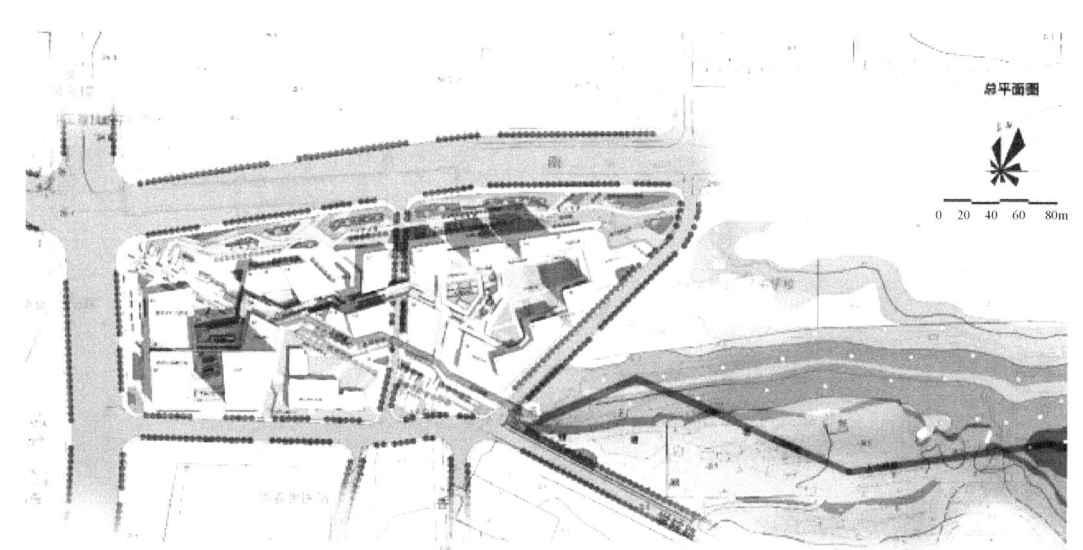

图11-48 "华农三角地次级功能区改造"项目优胜方案

资料来源：由案例提供者完成。

11.9.5 研究结论

时代的进步、公众意识的觉醒以及科学技术的创新，为"众规武汉"提供了必要的生存土壤。公众参与城市规划与治理的形式与方法必将丰富多样，城市规划也会更加回归本源，体现以人为本的核心价值。事实上，"众规武汉"也只是城市规划者在鼓励公众参与规划的漫漫长路中迈出的第一步，之后的路程依旧漫长。如何以更加开放、更加多样、更接地气的方式推动公众参与也是"众规武汉"需要进一步探索和改进的方向。

从当前"众规武汉"的运营经验来看，通过"不限专业、不限职业、不限地域、不限国籍"和"征题目、征思路、征成果"等一系列"无限""循环"的方式来开展微课题研究，将是"众规武汉"未来探索和研究的方向。

第12章
智城之脑：智慧平台构建

城市是一个庞大复杂的生命体。随着新一代人工智能、大数据、先进计算、区块链等新兴信息技术日益广泛深入地在城市运营、社会管理、民生保障、公共服务等领域得到大规模应用，使获取到大量完整、连续且具备系统性和价值性的城市数据成为可能。这也使得构建起与实体城市精准映射、智能交互、虚实融合的数字孪生城市具备了可行性，从生产要素比特化发展为城市比特化。整合了城市规划、运营管理、应急监测、协同指挥等功能的"类脑"城市操作系统将成为智慧城市建设与管理的重要依托（图12-1）。

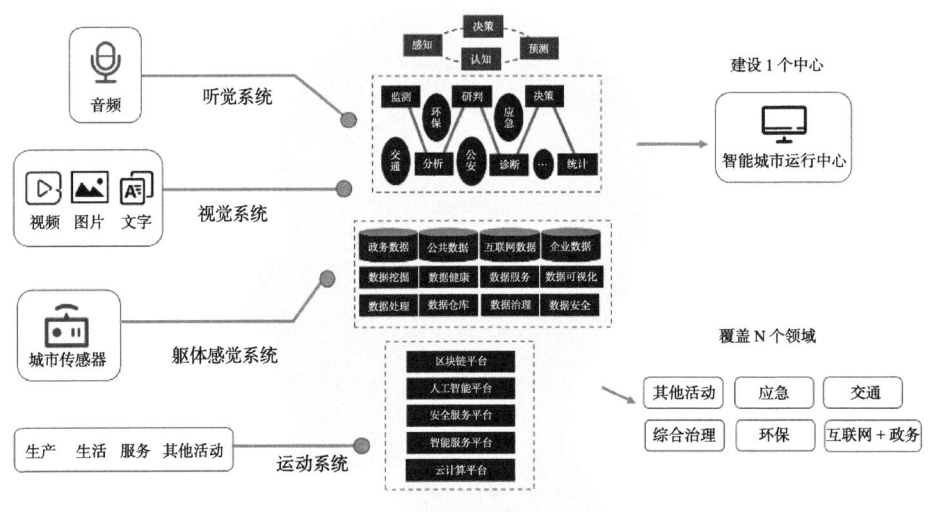

图 12-1　智慧城市的类脑城市操作系统

资料来源：参考赛迪顾问、京东云、京东城市，《2019中国智能城市发展战略与策略研究》。

据统计，全球现有1000个智慧城市处于在建或启动建设阶段，其中有一半的城市位于中国。中国是全球智慧城市在建数量最多的国家。在中国的城市化进程中，独特的信息技术环境和决策机制为智慧城市的发展营造了巨大的想象空间。"城市大脑"正是当前中国智慧城市建设的最新焦点，是城市智能化建设中至关重要的核心环节，是面向城市管理者的能力输出平台，是基于可持续发展的角度，以服务人民为核心目标来统筹全局，构建科学高效的城市集体智慧的顶层设计框架。其主要表现为：

（1）数据驱动、精准感知，全面掌控城市运行态势。构建城市大脑，即建立万物可信互连、全域立体感知的数字城市体系，精准感知、全面采集城市运行活动的数据和信息。个体的行为、轨迹和需求可以实时地被捕捉并反馈，更多小众群体、边缘化空间、碎片化的个体行为都可以纳入城市治理的平台，而更多短暂发生的事件也都可以快速地被整体系统记录、计算和反馈。构建多方位、高频度的智能城市运行大数据平台，以数据驱动决策，能够为客观理解城市运行规律提供大数据支撑。

（2）AI 赋能、强化认知，全面支撑城市管理效能提升。通过前瞻性和创新性的城市发展理念对城市赋能，以生态融合升级的方式推动城市智能化进程，并以智能城市运行大数据平台为依托，数字化标识城市运行元素，通过 AI 赋能中"智能技术"与"城市场景"的深度融合，实现对城市运行状态的多元化认知，全方位提升城市管理的效能。

（3）模型构建、场景融合，全面助力政府数字化转型。以智能城市运行中心为核心，运用模糊搜索、多元数据深度挖掘分析、知识图谱等技术手段构建城市运行模型体系，实现城市运行多场景融合，为城市全场景服务提供云上一体化解决方案，使城市逐步发展为绿色、安全、高效、可自适应进化的智能生命系统。

12.1　智城之脑的 Z 型建构路径

吴军在《谷歌方法论》专栏中有一封回信，名为"把事情做好的三条边"，他用英语字母"Z"作比喻，讲到上下各有两根线，中间有一根斜线将它们上下相连，下面一条线是基础，称作"基线"或者"底线"。我们所有的工作，都应该建立在这条线的基础上，也可以说是树立底线思维。上面那条线，是理论给出的极限，是无法突破的。可以认为这是造物主创造这个宇宙时留下来的，比如光速，比如绝对零度，又比如能量守恒定律。有了这个理论基础，做事就不至于异想天开。当然，有了基线，知道了极限还不够，还需要有一个能够扶着向上攀登的绳索，我们把它叫作"阶梯线"。找不到前两条线，是蛮干、傻干，找不到第三条线永远只能纸上谈兵。可以看到，"三条边"的理论说的其实是干事情的一个边界和路径问题。如果类比智城之脑的建构工作，那"上线"就是瞄准最高追求和目标，"下线"就是现状基础条件与底线，"阶梯线"就是在瞄准上线、坚守底线的基础上一步步地实干。

12.1.1　上线：打通全流程闭环赋能

智城之脑要首先能够实现城市规划的编制、审批、实施、监测、评估、预警全流程闭环赋能，全流程过程中上下联动，横向协同，并充分利用新技术、新手段构建国土空间规划实施监测评估管理系统。

（1）过程贯穿：信息平台围绕规划编制、审批、实施、监测、评估、预警全过程，实现可持续优化的闭环管理路径；

（2）横向协同：与平级各部门互联互通、实现信息共享和业务协同；

（3）上下联动：在自然资源垂直条线，实现信息交汇和用途管制。

充分利用新技术、新手段，通过完善空间大数据体系，构建城市规划实施、监测、评估、管理系统，整体提升空间大数据集成能力、规划编制智能分析能力、治理实施网络驱动能力、监测评估精准能力，有效支撑城市规划编制、审批、实施、监测、评估、预警全过程。

12.1.2　下线：厘清智城之脑的现实基础与困境

结合目前中国已推出的智慧城市平台与城市大脑建设情况，要实现数据赋能城市治理尚有诸多困难需要一一克服，如以下问题：

（1）没有建立完善的数据资源体系，无法从全局的视角来有效统筹各类数据的利用；

（2）业务数据大多没有随着业务的办理而留存下来，更多的依靠事后建库；

（3）由于众多上级下发系统存在，导致许多业务在本地没有留存数据；

（4）缺乏数据标准设计和技术架构设计，导致数据多样化和碎片化；

（5）缺乏数据更新管理办法，导致数据的时效性得不到保证；

（6）条块分割的应用系统多，各自独立，多点登录，多个运维方，运维形式、内容不统一；

（7）数据共享难，数据分散，多点存储，数出多门，甚至一个局内的国土规划数据共享都有困难；导致无法快速从多源数据中挖掘信息；

（8）技术架构繁杂，各应用系统技术架构层次不一、技术路线多样，孤岛现象严重，多为点对点的网状对接，烟囱式架构多；

（9）数据管理经验不足，体系不完善，这是需要解决的重大机制问题。

12.1.3 阶梯线：建设"八库"支撑智城之脑

可以通过建设八个决策支持库支撑智城之脑，分别是数据库、标准库、指标库、画像库、模型库、规则库、算法库、推理库，实现"可感知、能学习、善治理、自适应"的智慧状态。

（1）数据库。以城镇化两要素"人—地"关系为核心，完善国土空间大数据体系，实现要素全覆盖、数据可获取。国土空间规划大数据体系包含多源、多尺度异构数据：以基础测绘、资源调查、资源感知等为主的现状数据；以总体规划、专项规划、详细规划为主的规划数据；以不动产、资产管理、资源管理、规划管理、测绘管理为主的管理数据；以经济社会、人类活动、城乡运行为主的社会经济数据；以运营商的轨迹数据、具有地理标签的互联网公开数据为主的新数据。

（2）标准库。建设空间规划一张蓝图，统一空间数据资源成果，建立空间数据成果数据标准体系，要从要素分类、编码、符号、制图、空间数据、更新机制等层面解决先前各类规划标准不衔接、各自为政的问题。

（3）指标库。编制智慧规划的指标体系是落实规划目标，以及指导并监测、评估规划实施的重要抓手。遵循"战略—目标—指标—策略—绩效"逻辑，构建反映国家战略意图，落实空间管控要求，注重分级事权的国家级指标体系、省级指标体系、市县级指标体系，根据各层次规划的目标，整合多源数据，形成资源富集度，从宏观、中观、微观角度呈现显性思维结构化，且符合实际规划主体特色的指标体系。

（4）画像库。聚焦国土空间规划的核心基点——人地关系，从经济、社会、文化、生态、法律、位置、资源、风险、产权、制度、政策等维度全面进行人地关系的状态刻画与表征。

（5）模型库。推动调查整合、规划整合、审批整合、监管整合等全业务链条整体化设计，构建新的模型库。其主要包括以流程为核心的业务操作的业务模型、以数据为核心的决策支持的数据模型、以管控为核心的运营管理的管控模型等。

（6）规则库。其由资格类规则、验证类规则、计算类规则、流程类规则、权限类规则、事件类规则等组成，并在此基础上，推动规则智能管控的"四化"：需求规则化——识别规则点、建立规则管控体系；规则标准化——将业务规则转化成计算机规则；规则模型化——规则服务的实现与管理；规则智能化——业务应用集成。

（7）算法库。编制智慧规划所需的高质量模型会涉及多种算法，算法的丰富程度直接决定了产品、服务能否更好地解决实际问题。因此需要能够实现算法的可定制和可扩展，以满足更多业务需求的多元算法，诸如多目标进化算法、多目标粒子群算法、其他多目标智能优化算法、人工神经网络优化、遗传算法、蚁群算法、多重网络协同算法等能够满足复杂巨系统需求的先进算法。

（8）推理库。运用深度学习、知识图谱等专业算法模型，挖掘城市发展规律和系统模式，建立业务推理规则，实现对人口、产业等方面的专项精准分析和预测，以及政策引导下的模拟推演和对多个方案的智能比选，塑造"事态可评估、趋势可预测、风险可感应、知行可管控"的智慧规划大脑。

由此可探索出这八个决策支持库的运行模式：首先通过数据库结合标准库作为基础支持实现空间的泛在感知；进而通过画像库与指标库实现开发利用监测预警；其次通过模型库、规则库导出算法库，共同实现治理决策分析评价；最后由最高层次的推理库来支持政策制定引导模拟推演。"八库"层层递进，将为实现构建一个可感知、能学习、善治理、自适应的智城之脑决策链体系提供有力支撑（图12-2）。

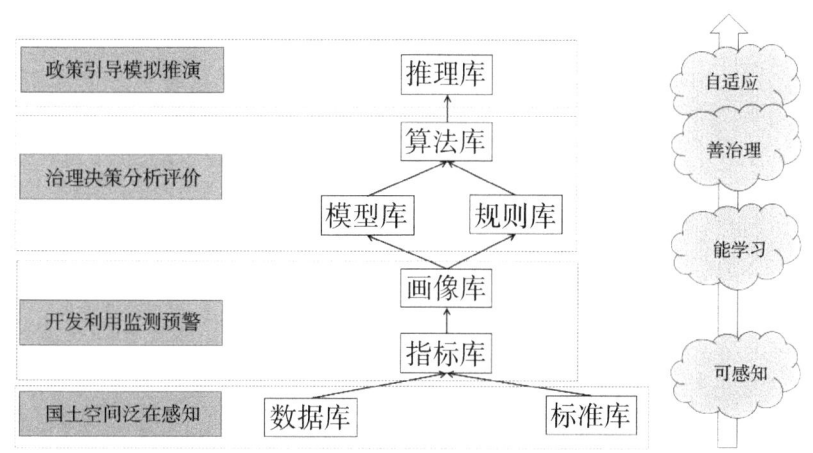

图12-2 "八库"支撑智城之脑治理全链条

12.2 上海市城乡战略发展数据平台案例

12.2.1 平台简介

该案例以"上海市城乡战略发展数据平台"（SDD）为例，由上海数慧系统技术有限公司提供。

该案例是在大数据背景下，积极响应上海实现创新发展和建设"全球城市"的要求，通过政府部门间信息资源共建共享，整合统筹全市人口、经济、房屋、土地等基础数据，形成以空间落地为特色的战略数据管理平台与应用平台，建立长效维护更新机制，辅助城市运行与发展监测，为城市规划编制与管理提供基础支撑，为上海的重大政策制定和重大项目规划提供决策参考。

1.统筹全市各类数据，实现数据资源共享

上海市规划院已初步建立起涵盖人口、用地、经济、房屋、设施、生态、交通、市政、新兴大数据等方面的空间数据库，积累了大量法律法规知识。依赖数据作为城市规划依据的规划师们，由于日益庞大的数据量，以及资料分布多处管理所导致的使用时寻找及操作不便等问题，在对现有数据的价值潜力进行挖掘应用时倍感受限。此时，业务人员亟需一个能够整合与获取各类信息化数据并提供技术支撑的平台。

2.进一步提升规划分析和决策支持能力

目前已有的规划地理信息数据平台，其工作重点在于实现基础数据收集、管理、发布以及"一张图"数据浏览，但在规划分析和决策支撑方面还有所欠缺。

3.将量化分析引入规划设计

基于数据的规划量化分析作为规划决策的依据而得到重视及广泛应用。然而上海市规划院目前大部分的规划量化分析工作仍依赖于专业分析人员开展。这种方式容易导致规划设计在操作过程中出现脱节、理解偏差等问题。因此，亟需一个在线分析信息平台，用以进行规划量化分析，同时简化分析方法过程，以兼顾业务人员的使用方便性。

4.结合数据分析，实现成果再利用

上海市城市规划设计研究院在城市规划领域多年的研究工作，已积累了大量成熟和完善的模型理论知识，并形成一定的应用成果，如交通规划模型、经济社会发展模型等。通过模型分析所产生的大量成果数据，可作为新的数据进入数据库，用以拓展数据库、覆盖数据内容。

12.2.2 平台建设基本原理

随着我国进入社会、经济、城市转型发展的新常态，城市规划面临着一系列规划理念、规划方法的变革。大数据时代的到来为规划行业带来了全新的数据类型和技术方法，带动了整个规划领域定量思维的发展。2012 年，上海市城市总体规划实施评估工作启动后，上海市城市规划设计研究院在学习借鉴伦敦、纽约等国际城市规划数据平台建设经验的基础上，进一步整合局、院数据资源，提出建立上海市城乡战略发展数据平台（SDD）的设想。

12.2.3 平台检测指标与数据来源

城市监测指标包括城市综合运行体征、创新活力、人文魅力、绿色环保、安全韧性、空间绩效 6 大类，涵盖 97 项监测指标、30 项核心指标（图 12-3）。指标体系的构建为城市总体规划发展目标的量化研究提供了参考依据，将明显提高总体规划的科学性、可比性和可操作性，有利于城市发展目标的准确定位和分期实施。

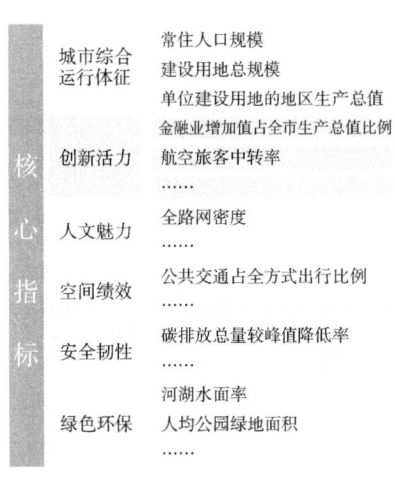

图 12-3 《上海市城市总体规划（2017—2035 年）》中的部分核心指标

资料来源：由案例提供者完成。

12.2.4 平台算法与模型

1.服务业务需求，构建数据体系

平台共涵盖 6 类数据，包括：门户动态数据、指标监测数据、图表数据、模型数据、空间数据以及资料报告数据。平台从实际业务需求和发展趋势出发，建立起较完善、实用的数据框架体系，以此来指导各类数据库的建设。

2. 发挥平台优势，强化创新技术应用

平台建设的最终目的是要服务于各类应用。SDD 平台建立起的"分析—监测—决策"三级应用体系，加强了大数据、城市模型等创新技术方法在总体规划中人口、交通、职住、公共中心活力等方面的应用力度，同时对城市体征运行指标的监测与评估工作的开展起到了积极的推动作用（图 12-4）。

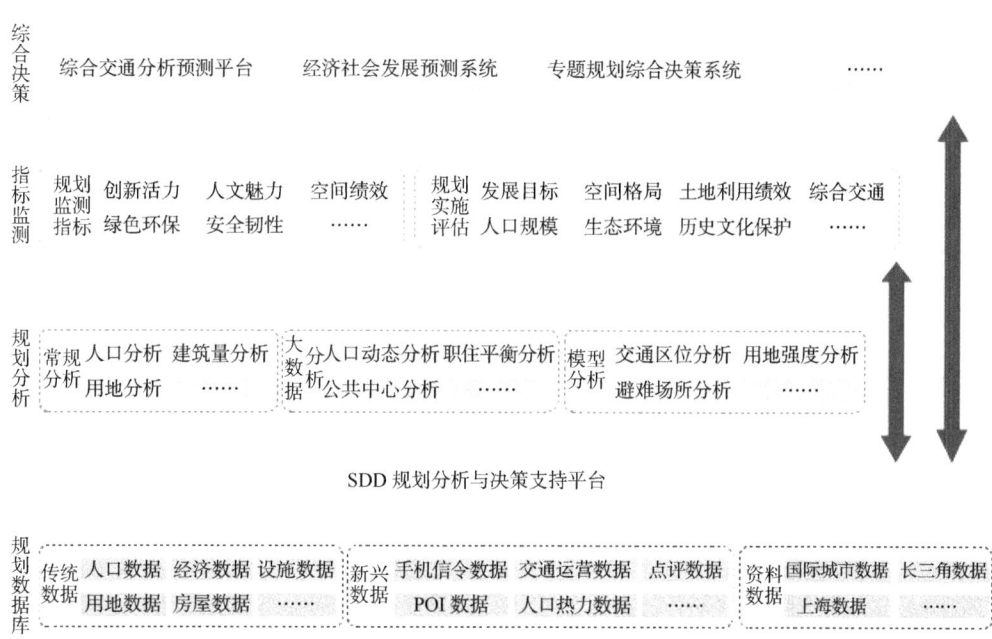

图 12-4　SDD 平台建设框架

资料来源：由案例提供者完成。

3. 采用动态模型管理技术，提升模型规则配置灵活性

研发空间规则引擎，实现空间数据模型可拆解、可配置，采用算子、模块、规则项、规则、模板的方式实现对规则的编写、组装、配置和复用，提升模型管理规则的灵活应变能力（图 12-5）。

图 12-5　模型管理引擎架构

资料来源：由案例提供者完成。

12.2.5 平台作用

1. 构建上海数据、大数据及长三角数据多层级数据资源体系

平台构建了由4大类90多个专题数据组成的上海核心数据资源目录，以及由2大类、9个中类、15个小类组成的新兴大数据目录。除上海本地数据之外，平台还建立了长三角数据目录，以便在规划设计过程中对周边城市的数据进行参考。

2. 构建简洁、可操作、易评估的城市运行体征监测指标体系

城市监测指标体系的构建对城市总体规划发展目标进行了量化研究，它将明显提高总体规划的科学性、可比性和可操作性，有利于城市发展目标的准确定位和分期实施。

3. 健全规划"监测—评估—维护"的机制

平台建立了规划实施的动态监测、定期评估和及时维护制度。它对总体规划所确定的各项指标进行跟踪监测，及时了解和评估规划目标实现程度；同时，它建立了由年度和五年监测评估，以及重点领域专项评估所组成的监测评估机制，形成城市总体规划年度和五年实施评估报告。

规划者可根据评估结果及时调整相关实施策略，指导近期建设规划、年度实施计划的编制，实现规划动态维护。

4. 提供模型可视化应用界面，降低模型分析门槛

平台提供了6种模型工具的在线计算，将复杂的计算过程放至后台，通过简洁易操作的可视化界面（图12-6），解决了大部分规划业务人员在进行规划量化分析工作时需要依托专业技术人员才能开展的问题。

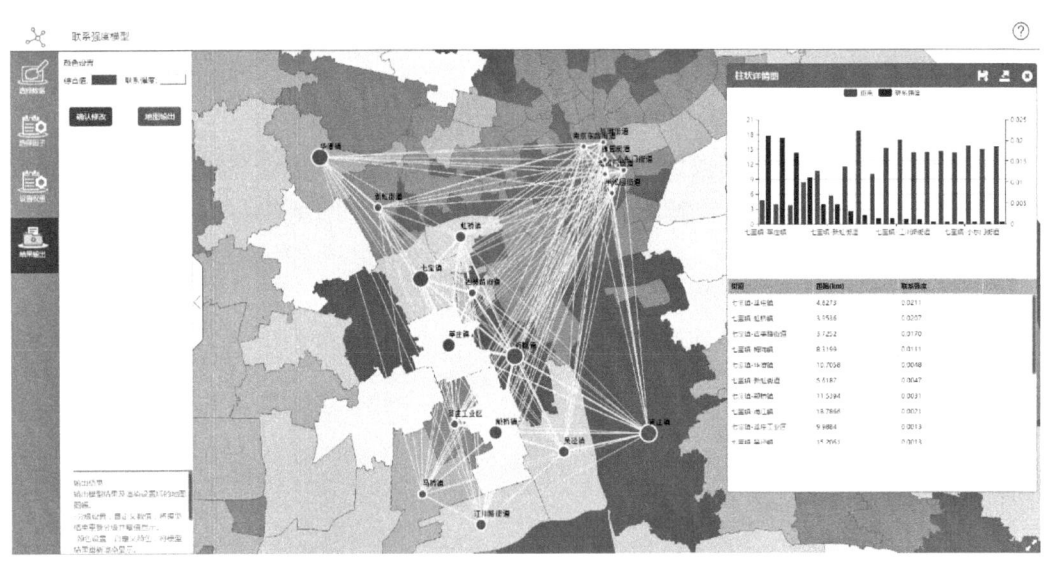

图12-6 联系强度分析工具（见书后彩图）

资料来源：由案例提供者完成。

12.3 上海市城市空间单元画像系统案例

12.3.1 平台简介

该案例以"上海市城市空间单元画像系统"为例，由上海市房屋土地资源信息中心与上海数慧系统技术有限公司共同开发完成。

上海市城市空间单元画像系统将规划传统数据与规划新数据进行创新融合，面向规划管理单位，提供地块精细画像综合应用系统解决方案，从区位特征、建成环境、人群活动、通勤特征等不同维度对特定空间单元下的地块进行多维画像，为规划研究与规划决策提供技术支撑（图12-7）。

12.3.2　平台建设基本原理

上海市房屋土地资源信息中心在支撑日常的规划管理信息化工作中，积累了大量规划管理、土地管理、建设管理、房屋管理、基础地理等方面的数据资源，同时在2020年版规划评估以及2035年版规划编制时，也收集了公共服务设施、绿化、人口普查、经济普查等外部共享数据，以及手机信令、出租车GPS、交通IC卡、固话及宽带四方面的物联网大数据（图12-8）。如何挖掘上述数据资源更大的应用价值？如何将新老数据更好地融合使用并服务于规划管理？这些都成为业内信息化运营管理者必须跨越的挑战。经过两年不断的探索，城市体征已经成为当下可以投入实施的一项大数据解决方案。

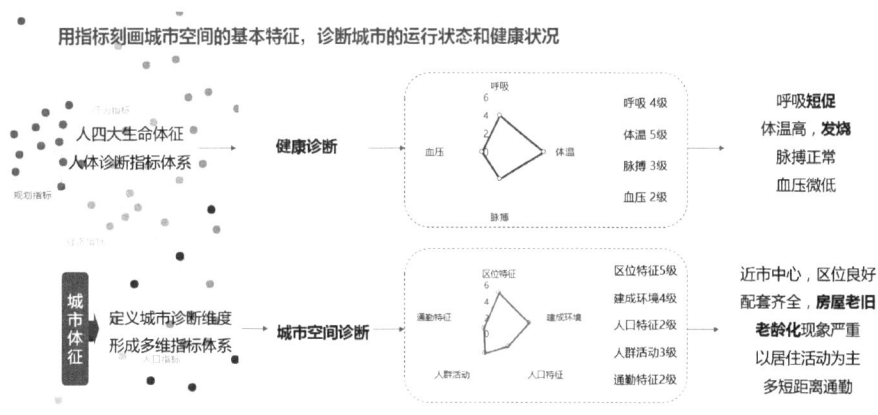

图12-7　用指标刻画城市空间的基本特征，诊断城市的运行状态和健康状况

资料来源：由案例提供者完成。

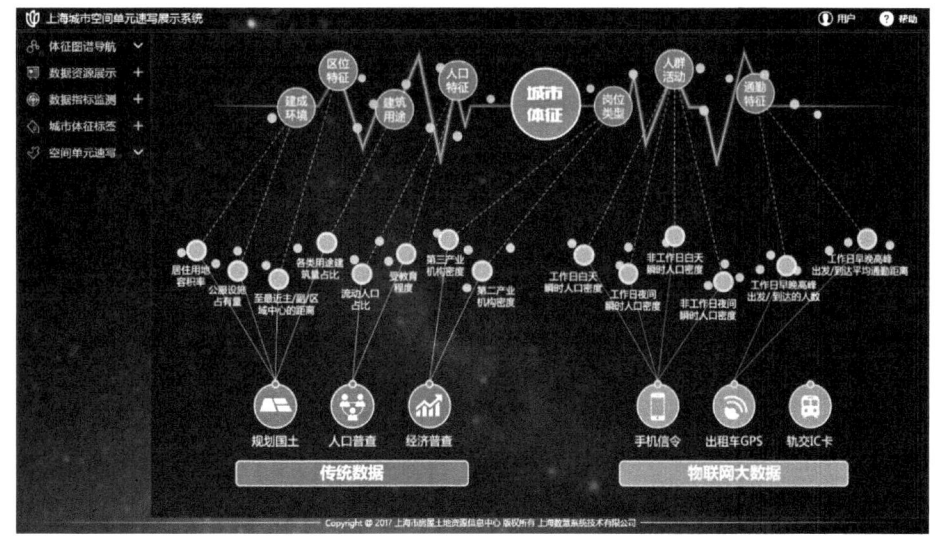

图12-8　系统总览框架

资料来源：由案例提供者完成。

12.3.3 平台检测指标与数据来源

案例从数据和业务两个维度进行综合指标体系的构建。首先从数据维度,案例在统一的空间单元下,对数据本身能形成的单指标进行计算,形成对上海空间单元的初步认知。这是单元评价的基础,用以最终形成基础指标库。其次案例从业务维度,选取需要评价的维度,从基础指标库中选取相关的指标,进行指标关联,构建业务指标体系(图12-9)。

◆标签库介绍

居住评价标签库	就业评价标签库	类住宅评价标签库	历史风貌评价标签库
区位特征:6类标签	人群活动:4类标签	区位特征:6类标签	人群活动:4类标签
建成环境:5类标签	建筑用途:7类标签	建成环境:5类标签	建筑用途:7类标签
人口特征:6类标签	岗位类型:6类标签	人口特征:6类标签	通勤活动:6类标签
人群活动:6类标签	就业效率:4类标签	人群活动:6类标签	设施配套:4类标签
通勤特征:6类标签	通勤活动:6类标签	通勤特征:6类标签	区位空间:4类标签
	设施配套:4类标签	设施配套:4类标签	
	区位空间:4类标签		

图12-9 标签库

资料来源:由案例提供者完成。

12.3.4 平台算法与模型

城市体征即城市综合指标集,用以描述城市7天×24小时的运行状态,以及城市内部主体基本特征及实时状况。

城市体征诊断是在定量表示城市运行状态的基础上,利用数据驱动算法,探索城市发展规律,为城市发展制定战略规划提供科学依据,并在IT技术的支撑下,形成城市体征大数据解决方案(图12-10)。

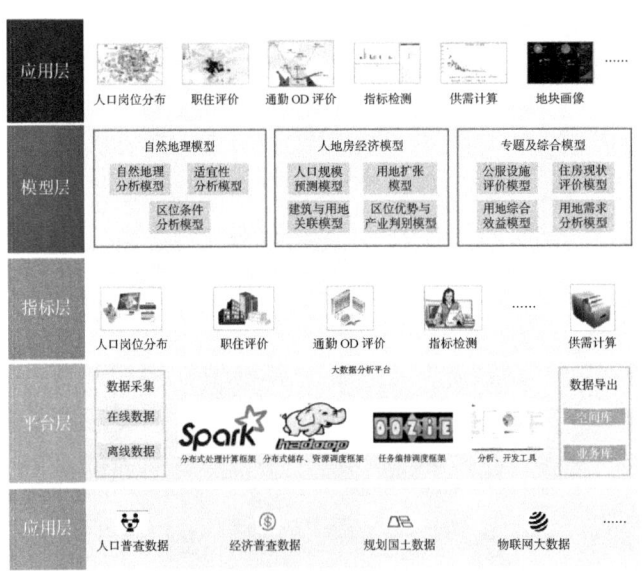

图12-10 解决方案架构

资料来源:由案例提供者完成。

1.多源数据汇聚

案例在现有的规划国土、人口普查、经济普查、手机信令、轨道刷卡、出租车GPS的数据基础上，选取人口普查小区作为进行数据融合的基本单元，并对这些基础数据进行重新审查和校验，删除重复信息，纠正错误，规范数据格式，形成多源数据集的"一张表"，同时在系统层面提供全市、区县、普查小区三维度的数据查询。

2.透彻的空间标签解读

案例从居住、就业等不同的业务维度构建区位特征、建成环境、人口特征、人群活动、通勤特征等指标体系，进行算法建模分析，形成不同业务评价方向的等级标签库，对标签库中的指标进行解读，并在系统层面将这些标签进行动态可视化展示，辅助城市管理者透彻地理解空间标签的内涵和所代表的业务含义。

3.真实的空间刻画

只要选择任意一个在统一空间单元下进行过画像建模的地块，便可从区位特征、建成环境、人口特征、人群活动、通勤特征等不同维度查看相应的评价结果，并查看从评价结果到具体指标的各项信息，这可以辅助城市管理者更加直观地认知城市。同时随着数据资源库、标签库的数据资源越发丰富，评价将越发多维，评价的结果将越发准确，空间刻画也越发真实，从而使规划者能够主动识别地块存在的问题并对症下药。

12.3.5　平台作用

1.支撑多场景下的不同专题研究

城市体征解决方案所具备的良好的数据、指标、标签的扩展性，为类住宅、轨道交通建设、城市风貌及旧城改造等不同专题的研究提供了统一的数据基础和技术解决路线。

2.快速生成地块体检报告，支撑规划编制与管理

城市空间单元画像系统以其拥有的多源数据、多维标签以及极具扩展性的空间画像模型为基础，可以快速地生成不同尺度下的地块体检报告，为规划编制与管理提供基础参考。

3.使大数据融入规划管理，辅助规划决策的有效实施途径之一

在统一的空间单元下，将规划以及普查的传统数据与物联网大数据进行算法融合，为新老数据融合难、辅助规划管理难等问题提供有效的实施路径，从而为规划管理者利用大数据辅助决策探索出一条落地路径。

12.4　武汉市城市大数据综合分析平台案例

12.4.1　平台简介

本案例以"武汉市城市大数据综合分析平台"为例，由武汉市规划院与上海脉策数据科技有限公司共同开发而成。

随着互联网、物联网以及移动信息技术的发展，人们可以通过更广泛、更多元、更动态的数据技术，重新认识城市、理解城市，从而极大地扩充了城市规划的技术方法和认知维度。利用多维度的城市数据分析，能够直观、实时反映武汉市各方面的发展现状，更科学、更具创造性地解决武汉市城市建设发展中遇到的实际问题。

12.4.2 平台检测指标与数据来源

武汉市城市大数据综合分析平台分为5大板块、24个分析模块，共182项数据指标。其中区域联系分析板块包括5个模块，共31项数据指标；城市产业分析板块包括3个模块，共28项数据指标；城市人口分析板块包括3个模块，共27项数据指标；商业活力分析板块包括4个模块，共36项数据指标；城市交通分析板块包括6个模块，共25项数据指标（图12-11）。

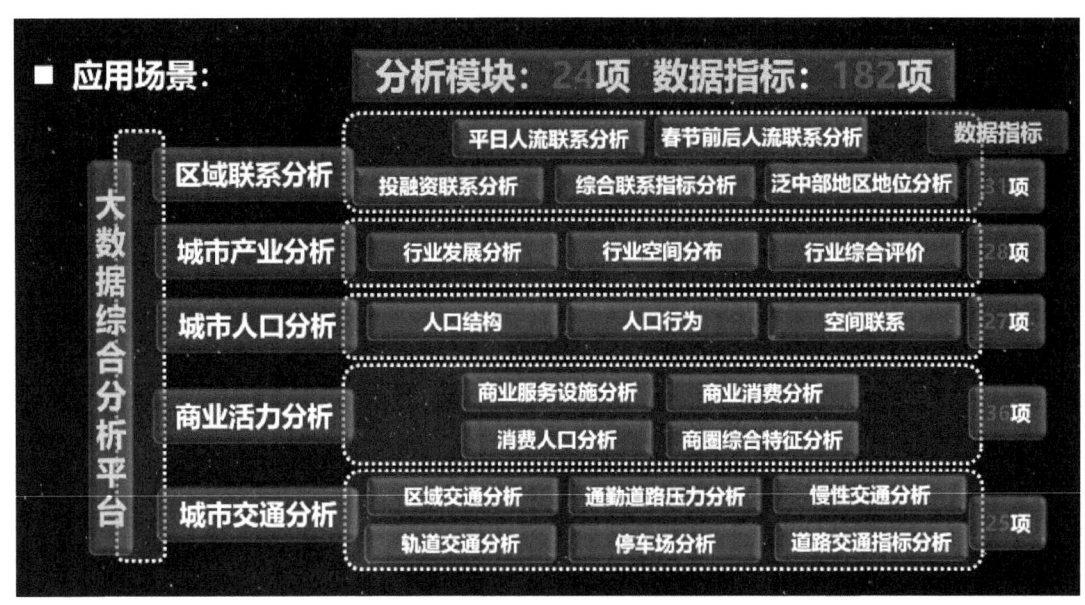

图12-11 武汉市城市大数据综合分析平台的分析模块与数据指标

资料来源：由案例提供者完成。

12.4.3 平台算法与模型

平台主要通过"数据化""空间化""可视化"三个方面解析武汉城市发展特征，利用大数据技术了解城市发展情况，对开发数据平台进行实时动态监测分析，以辅助规划部门决策。基于大数据技术构建起的武汉市城市综合数据平台，通过多源数据的专业化整合集成、关联共享、深度挖掘和安全防护，实现了数据资源的综合应用、深度应用，为政府及规划部门提供决策和咨询服务。平台主要包含以下六个部分：

1. 区域联系分析

区域联系分析部分主要分析武汉与全国其他城市之间的人流联系度、经济联系度，以及基于以上两个维度的综合联系度（图12-12）。其具体包括平日人流联系分析、春节前后人流联系分析、投融资联系分析，综合联系指标分析，以及泛中部地区地位分5个版块。它主要针对全国城市综合联系度，对人口联系、经济联系、人流联系、

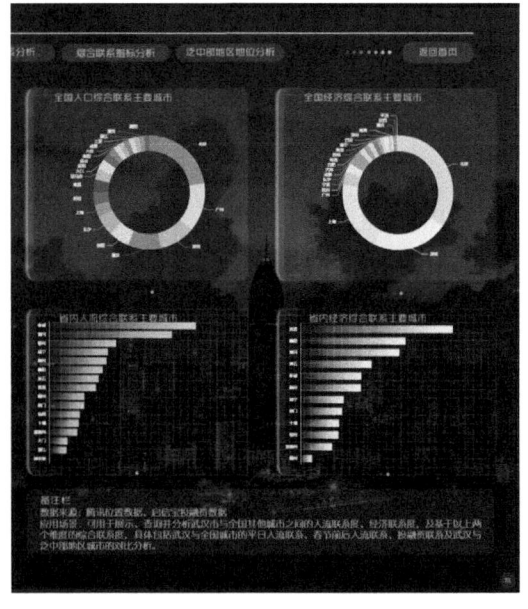

图12-12 区域联系分析模块

资料来源：由案例提供者完成。

经济联系进行图表分析及分布可视化。

人流联系分析需针对人口流出流入情况，例如全国流入人口来源、武汉流出人口去向、省内流入人口来源、省内流出人口去向等，进行具体分析和可视化，并针对平日和春节时段分别进行研究和展示。

投融资联系分析需针对全国和省内城市的分布进行分析，了解武汉的投资和被投资城市排名以及从2013年到2016年武汉被投资和投资占比的情况。

针对综合联系度进行交互指标查询，针对武汉与全国其他城市的综合联系度进行查询，能够从指标的角度，更精细化地展示平日及春节前后人流流入与流出，以及投融资投资和被投资的情况。

针对泛中部地区进行分析，可以展示泛中部地区综合联系度的OD分布图，以及六市对省内城市的经济控制力，同时也针对任意两个城市之间的人流联系、投融资关系以及产业结构进行可视化查询及具体分析。

2. 城市产业分析

城市产业分析部分主要分析武汉市全量企业的规模数量、空间分布、三产总体发展情况、行业存续状况、行业投融资情况，以及基于注册企业规模、上市企业数量、著作权数量及密度、专利数量及密度、注册续存企业率等相关因子对行业的综合发展进行评价，具体包括行业发展分析、行业空间分布以及行业综合评价三个版块（图12-13）。其主要针对武汉市产业情况，分析企业经营地空间分布的历年变化，分析企业全流量数、上市企业数以及企业存续比、现状分行业企业、分区产业等指标。

行业发展分析部分展示了各行业在营注册及经营热力分布图，分析三大产业结构、三大产业企业数量及占比等变化情况。

行业空间分布部分展示了在营注册及经营企业的分布及集聚特征，针对企业注册、经营数量和行政区、街镇企业数量、密度等指标进行分析。

行业综合评价部分分析了上市企业、著作权、专利情况分布，针对企业总量、上市企业、著作权、专利数量、存续率、投融资占比等指标进行具体分析。

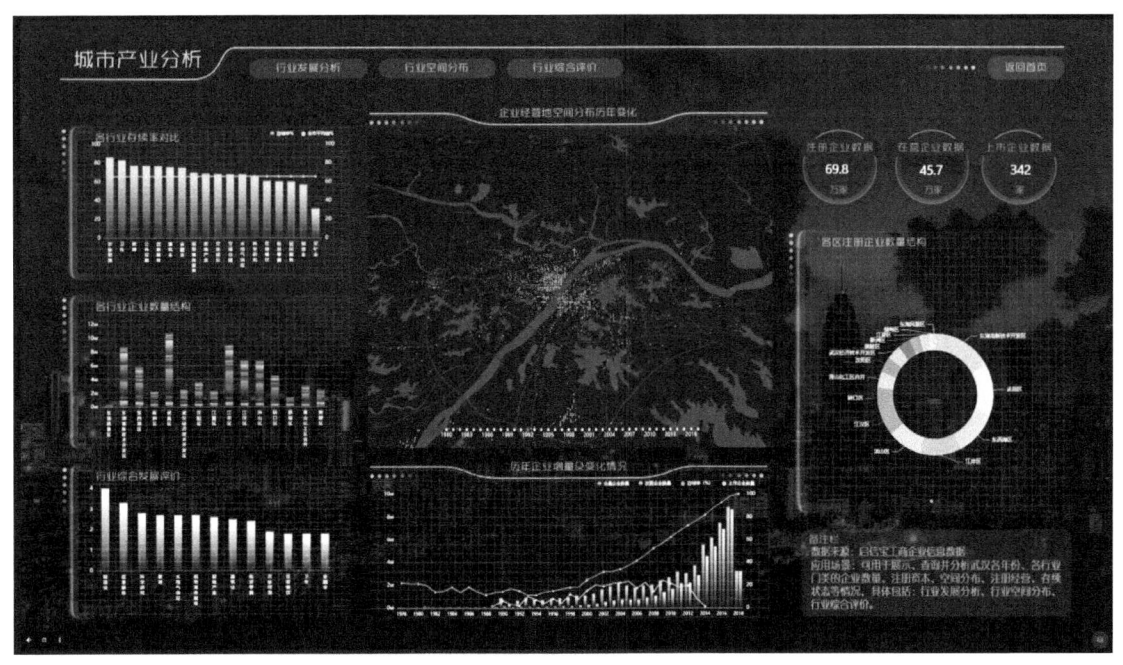

图12-13　城市产业分析模块

资料来源：由案例提供者完成。

3.城市人口分析

城市人口分析部分,主要精细化分析了武汉人口规模、人口密度分布,以及各类型人口结构特征,并对人口发展趋势进行预测,了解城市人口的发展情况(图12-14)。它通过识别武汉人口的就业通勤特征、职住空间联系、居住地与娱乐地的关系,反映各行政区各街镇之间的联系程度。建立以人群行为特征为核心的城市空间关联分析,能够充分反映城市人口对就业空间及娱乐空间的需求,具体包括了人口结构、人口行为、空间联系三个版块。

案例在人口分布方面的分析主要包括市域夜间人口分布、日间人口分布、消费休闲人口分布、日夜潮汐人口分布、职住平衡街镇级别OD分布、栅格精度OD分布等方面,并针对各区人口规模、不同年龄及性别人口结构、人口年增长变化等进行图表分析。

在人口结构方面,案例针对常住人口、不同性别、不同年龄进行基于行政区和街镇层面的分布和构成分析,并且针对人口发展部分,对2010年至2016年人口增长情况及人口规模发展情况进行查询及分析。

在人口行为方面,案例分析了不同行政区及街镇日夜潮汐指数情况,针对职住关系分析职住人口,例如对居住人口、通勤人口及本地与跨区通勤人口指数及距离分布情况进行研究。同时,案例分析了本地及跨区就业情况,例如居住人口及通勤人口分布、就业指数等,并针对住娱关系,对住娱人口、消费休闲需求、平均消费休闲出行距离、本地及跨区消费休闲进行分析。

空间关联部分则针对职住关系及住娱关系情况进行分析,具体包括针对人迹、居住、工作或娱乐三大方面的分析。

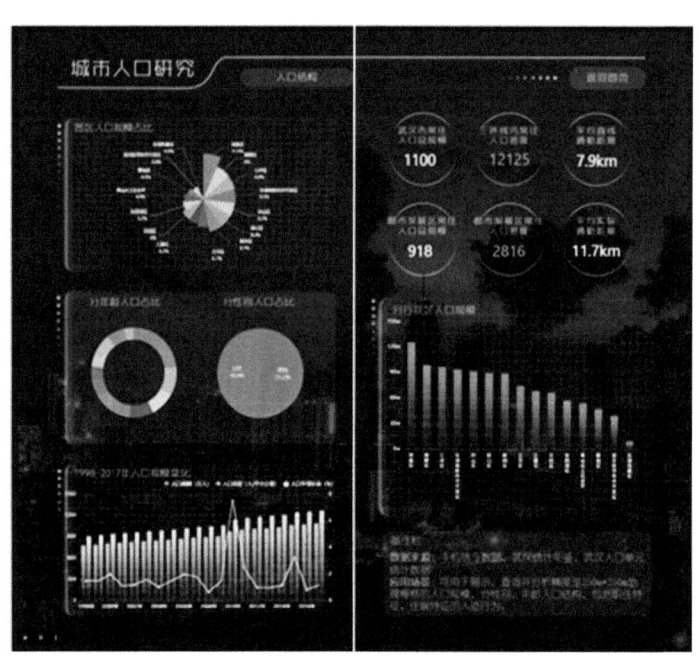

图12-14 城市人口分析模块

资料来源:由案例提供者完成。

4.商业活力分析

商业活力分析部分,主要通过分类识别城市文化、体育、餐饮、购物、休闲娱乐、生活服务等各类服务设施,分析武汉市各类服务设施分布以及各类设施聚合程度(图12-15)。通过分析消费人口特征，识别城市主要消费地，划分武汉不同层级的商业中心。通过人群实际消费情况以及各类型服务设施复合程度，定义各个商圈的综合特征，具体包括商业服务设施分析、商业消费分析、消费人口分析以及商圈综合特征分析四个版块。

商业服务设施分析方面，共分六类，对商业服务设施数量及结构情况进行具体分布分析。

商业消费分析方面，利用银联刷卡消费数据，详细分析了商业消费的分布情况及分年龄段的消费金额、人数、笔数、多次消费人数等消费情况。

消费人口分析方面，针对消费人口情况进行消费来源地、商圈腹地等情况分析。同时还研究了武汉都市圈区商圈的势力范围情况。

商圈综合特征分析方面，针对六类设施的分类情况、消费时段进行基于商圈识别的图表分析，其中尤其包括了针对服务设施的多维分析。

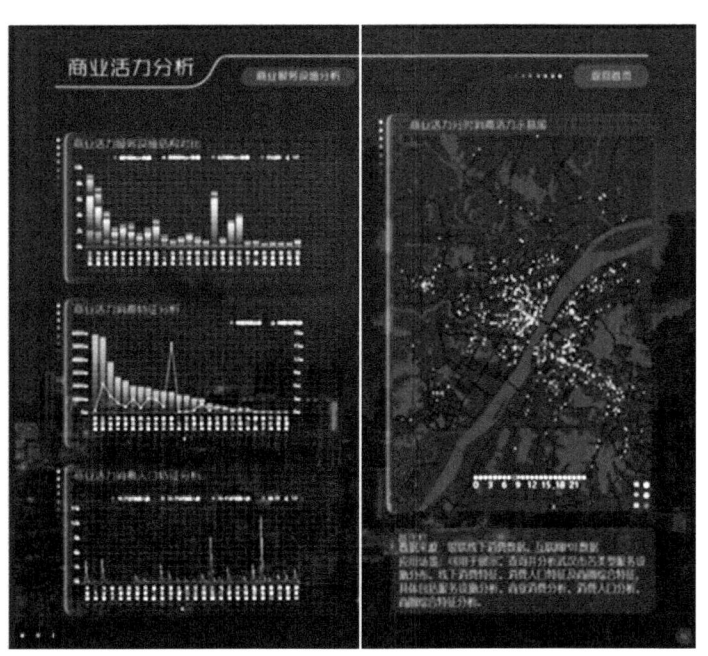

图 12-15 商业活力分析模块

资料来源：由案例提供者完成。

5. 城市交通分析

城市交通分析部分，主要分析、展示、查询了不同交通出行方式下，武汉与全国其他城市的时空联系度（图 12-16）。模拟了城市高峰时段，机动车道路及慢行交通的通勤压力。分析并监测了地铁流量、地铁通勤情况、停车情况及各类交通设施配置情况。该部分具体包括区域交通分析、道路通勤压力分析、慢行交通分析、轨道交通分析、停车场分析、道路交通指标分析六个版块。

区域交通分析部分，主要是对汽车、火车、飞机出行城市联系距离及时间情况进行分析，对武汉的汽车、火车出行的 2 小时及 5 小时等时圈进行展示。

道路通勤压力分析方面，模拟武汉通勤道路压力情况，并且针对压力指数进行分析及可视化。

慢行交通分析方面，针对摩拜数据起讫点分布，及工作日、五一、端午、周末骑行占慢行交通总量的情况进行分析。

轨道交通分析方面，针对轨道交通全天流量进出站情况，以及不同站点的客流来源及客流去向进行分析。

停车场分析方面，通过分析停车场的分布、不同时间段停车场内车位、停车场使用率及其 24 小时的标准差了解武汉停车情况。

道路交通指标分析方面，通过地铁线路、公交站点的布局，研究武汉交通栅格路网交叉口情况。

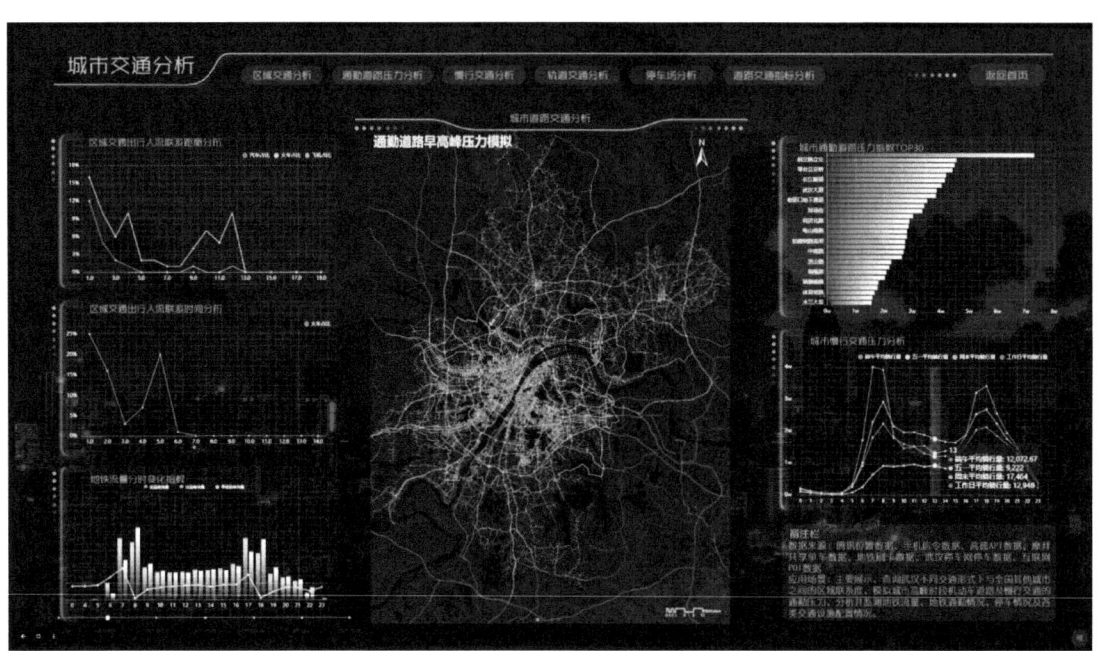

图 12-16　城市交通分析模块

资料来源：由案例提供者完成。

12.5　重庆城市交通分析平台案例

12.5.1　平台简介

该案例以"重庆大数据平台"为例，由重庆交通规划研究院提供。

该案例通过接入手机信令数据，采用大数据对重庆市人口移动进行相关分析，并对不同空间尺度和时间尺度的人口、岗位分布情况进行分析，得到各区域范围的通勤交换关系。对主城及市域进行人群移动分析，为城市交通规划提供数据参考和决策支持，评估城市规划成效，从而提升城市规划的定量化、科学化水平。

通过对用户核心诉求的梳理，该平台将需求分解成如下要点：

（1）数据采集：通过设计数据采集系统，将手机信令数据接入大数据平台。

（2）数据清洗、计算及指标统计：对接入的手机信令数据按照规则进行清洗和数据质量统计，对清洗后的数据按模型进行分析计算和指标统计。

（3）应用展示：将指标结果通过前端应用展示系统进行展示。

12.5.2　平台建设基本原理

根据需求和建设目标，将系统功能逻辑架构分为大数据计算框架、手机信令处理平台、职住及通勤分析应用系统三大块（图 12-17）。

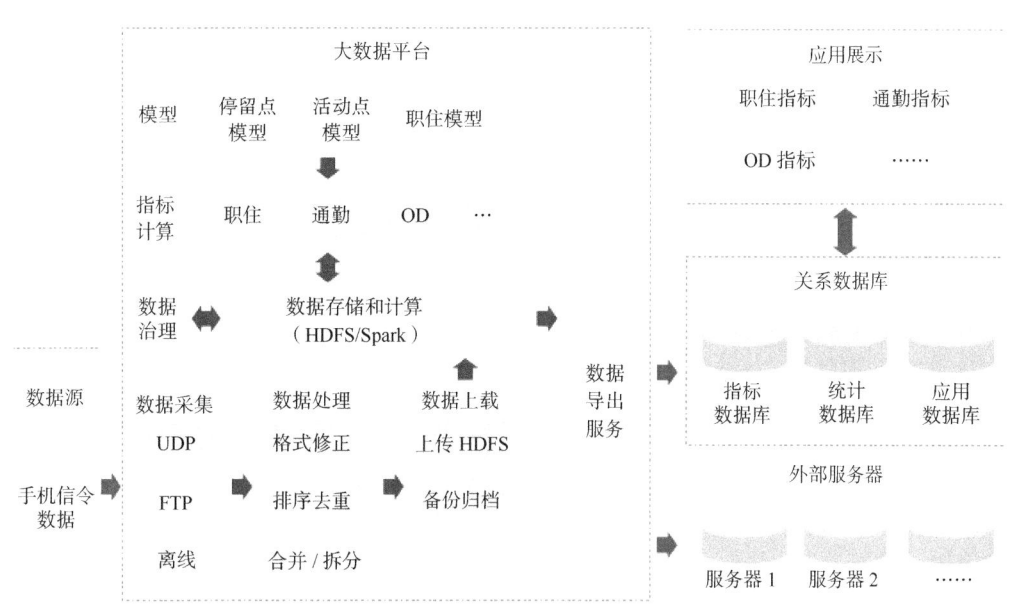

图 12-17 重庆大数据平台系统逻辑框架

资料来源：由案例提供者完成。

12.5.3 平台检测指标与数据来源

重庆交通规划研究院分别在 2016 年 3 月接入了联通数据，2017 年 5 月接入了移动数据，2017 年 10 月开始接入调试电信数据。

12.5.4 平台算法与模型

1. 大数据计算框架

采用以 Hadoop/Spark 为核心的大数据相关技术建立能够对各类海量的结构化、半结构化、非结构化数据进行采集、处理的大数据计算框架。具体应用的技术有如下几项。

（1）基于 Hadoop 的分布式框架

采用 HDFS 分布式文件系统对海量数据进行储存，该系统可部署在大量低端基础架构上，支持对海量大数据的分布式、高性能存取。通过维护多个数据副本，实现数据容错性、高度可伸缩，从而以并行方式高性能地存取 PB 级甚至 ZB 级的数据。

（2）基于 Spark 内存分布式计算框架

Spark 是一种与 Hadoop 相似的开源集群计算环境，它采用内存分布数据集，除提供交互式查询外，还可优化迭代工作负载，为大数据处理提供更好的架构和更高的性能。由于采用内存流计算（Streaming）方式，其性能比 Hadoop MapReduce 要快 100 倍以上。

Spark 流计算是基于 Spark 之上的流数据处理框架，可用于实时数据的处理。此外，由于 Spark 流计算采用小批量处理的方式，使得它可以同时兼容批量和实时数据处理的逻辑和算法，从而更方便地应用于需要历史数据和实时数据联合分析的特定应用场合。

（3）基于 Yarn 的资源分配和调度平台

Yarn 是 Hadoop 大数据平台资源分配的组件，Yarn 通过资源管理器来控制整个集群，并管理应用程序向基础计算资源的分配。资源管理器将各个资源部分（计算、内存、带宽等）安排给基础节点管理器（Yarn 的每节点代理），再通过该平台框架，把数据处理任务分配给可供利用的各个计算节点，每个节点包括相应的处理器、内存和带宽等计算资源。

（4）基于 Oozie 的作业监控和管理平台

Oozie 是用于 Hadoop 平台的一种工作流调度引擎，它可把多个 MapReduce 作业组合到一个逻辑工作单元中，从而完成更大型的任务，并使用 Oozie 协调器促进了相互依赖的重复工作之间的协调性。

2. 手机信令数据处理平台

在大数据计算框架基础上，实现手机信令数据的采集、处理、存储、导出等各种运算，并将这些中间计算结果和最终计算结果都保存下来，有效实现数据复用。其作为"职住及通勤分析应用系统"的基础，同时还可为后续各类有关手机信令应用系统建设保留扩展接口。该平台主要包括如下几个系统。

（1）手机信令预处理子系统

手机信令数据存在不完整性，为了解决这个问题。预处理子系统通过对数据质量指标进行运算，并对数据进行过滤去噪、分组、排序、关联处理，以及轨迹序列初步分析，实现数据的优化。

在设计上，整个系统在底层大数据平台采用 Spark 在内存中进行运算，其运算结果需要存在 HDFS 分布式文件系统中，以便后续其他应用系统开发。

（2）手机信令处理子系统

在底层大数据计算框架上，采用 Spark 分布式计算技术，实现手机信令数据的快速分析，分析内容包括：用户停留点识别、多日稳定点识别、出行方式识别、人群分类识别、性能指标模块开发实现。并通过设计合理的存储方案，对各分析模型输出结果进行长期保存，同时还可以支持大量历史数据快速回溯访问。

在设计上，充分考虑多数据源、并发性高、数据量大的特点，采用统一框架对实时数据、脱机数据进行管理，并使用参数配置方式，便于后续运营维护管理。

3. 职住及通勤分析应用系统

根据业务需求，在手机信令处理应用平台搭建职住及通勤分析应用系统，能够提供不同时间、空间下的指标展示、查询统计、分析对比等功能。

（1）职住应用后端指标计算子系统

根据业务需求，职住及通勤分析系统需要计算很多指标，包括职住指标运算、吸引点指标运算、人口聚集指标运算，以及其他派生指标。这些指标的运算，往往需要综合采用 Spark 和 GIS 空间计算等相关技术来进行。

（2）职住应用前端展现子系统

职住应用前端展现子系统提供不同时间、空间下的指标展示、查询统计、分析对比等功能，能够统计各个区域的人口出行时间、出行数量、出行距离等各类数据，并用图表图形化方式将城市的职住规律、通勤规律、人口聚集等进行直观、量化的展示，为交通路线规划、交通高峰流量的疏导和管理提供决策依据。

12.5.5 平台作用

重庆大数据平台每天处理信令数据约 30—40GB，每天处理记录数据约 4 亿条，为重庆市城市和交通规划管理提供了及时数据支撑，提升了城市规划管理的科学性。

12.6 百度慧眼分析平台案例

12.6.1 平台简介

本案例以"百度慧眼"为例，由百度地图开放平台业务部提供。

百度慧眼时空大数据具有真实无感知、定位精度高、实时性高、覆盖广、空间完整等特征，可用于国土空间中的规划、监测、评估等工作，分析区域流动人口、常住人口、岗位数及人口画像，分析人与生活空间、生产空间和生态空间的关系，进而衍生分析人口活动与交通出行、市政承载力、公共服务设施、资源环境等空间关系，这也是国土空间规划提倡的智慧规划的内容之一。

基于百度慧眼海量的时空大数据，联合超过 50 家规划客户，整合百度优势 AI 技术，慧眼在城市群、都市圈、城市空间结构、街道景观品质、地块功能等不同的空间粒度进行深度探索。

12.6.2 平台建设基本原理

百度慧眼主要基于定位轨迹、POI、路网、交通拥堵、全景等基础时空大数据，利用百度领先的人工智能技术，全方位挖掘流动人口、常住人口、岗位数、人口画像、职住通勤、出行 OD、跨城迁徙、拥堵指数、用地功能、人口监测 / 预测等面向行业的时空大数据。

基于上述时空大数据，百度慧眼开发全领域全行业解决方案，其架构如图 12-18 所示。

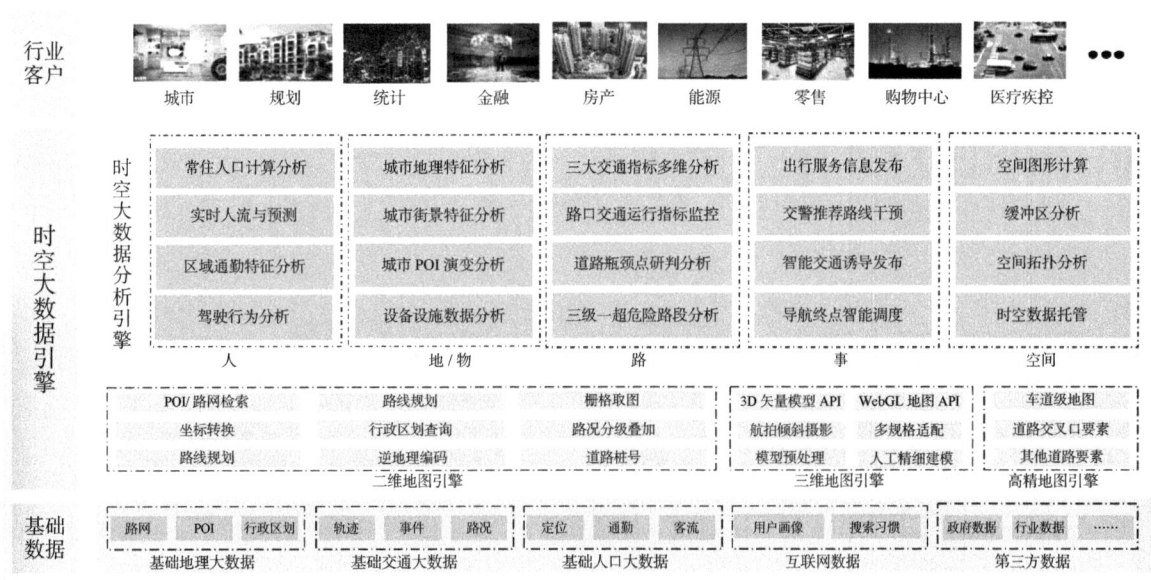

图 12-18 百度慧眼架构

资料来源：由案例提供者完成。

百度慧眼的全领域全行业解决方案，在智慧城市、城市规划、政府统计、金融、房地产、零售等诸多行业都有落地。

人口数据是各行各业对城市进行研究的基础，比如城市规划行业需要人口数据作为规划设计"原点"，房产行业需要人口数据了解城市发展前景，零售行业选址需要通过人口数据评估商圈容量及预估营业额等。目前行业主要通过统计局数据、人工调研等方式来获取该数据，但是以上方式在实际使用中存在以下问题：

统计局发布的人口数据有滞后性，无法满足行业实时获取数据的需求，且统计局人口数据是按照行政区域进行统计，无法满足行业查询任意区域数据的需求。

针对一定区域范围的人工调研方式具有人力成本较高的缺点，且只能抽样获取数据，无法保证数据统计的连续性。同时，调研结果由于受到人力手段的局限，无法保证数据准确性。

百度地图作为移动互联网时代的基础出行工具，日均位置服务请求次数已经超过1200亿次，利用海量定位数据结合AI技术，可以实时、准确地挖掘城市人口数据。为了将该数据更好地给各行各业赋能，百度地图利用自身数据和技术优势推出了百度地图慧眼产品（图12-19）。

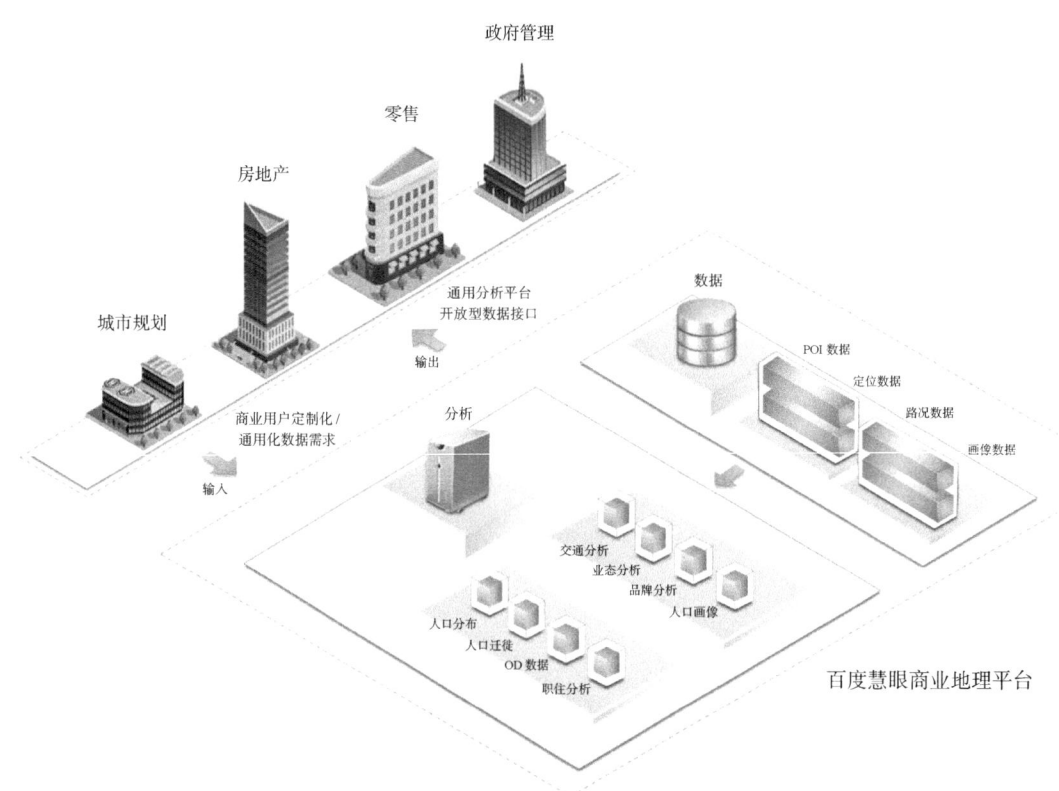

图12-19 百度慧眼商业地理平台

资料来源：由案例提供者完成。

在一些具体的项目中，最主要的挑战在于面对每天百亿以上数据的实时计算处理、对历史数据的深度分析挖掘、高效稳健的数据服务等相关工作。针对海量定位数据的分析挖掘需要一套成熟的业界领先的大数据架构支撑。其中，基于大数据全周期技术架构包括：海量数据采集层、实时计算层、深度分析挖掘、可视化服务层与大屏展示几大部分（图12-20）。

在数据收集阶段，基于百度地图每天1200亿次的位置服务数据和人口画像等数据，完全能够覆盖主要人群的日常活动情况，这也成了以动态位置大数据来支撑用户行为分析的基础条件。

在数据实时计算阶段，计划使用依托于百度自研的数据传输和实时计算系统。该系统已支撑了百度搜索、广告、地图等多个巨大流量的真实业务，能够在秒级以内传输并汇聚不同机房的数据用于计算，能够在本次动态位置大数据服务平台项目的数据验证阶段中，提供50万次/秒的计算请求，对计算资源提供强有力的支撑。

在数据深度分析挖掘阶段，一方面依托百度统一的大数据平台进行数据仓库的分层建设、数据集

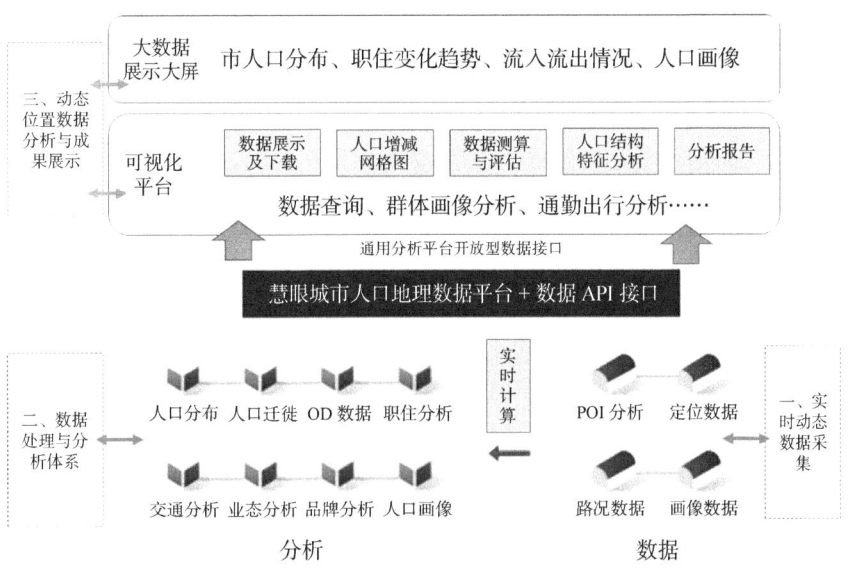

图 12-20　某市动态位置用户人口监测总体框架

资料来源：由案例提供者完成。

市建设等工作，满足对城市不同空间维度历史位置数据的存储、清洗、计算、分析等运算需求，并为下一步的数据服务做准备。另一方面，可以提供基于百度全产品线用户行为的分析和挖掘，能够准确、完备地刻画每个用户的画像，结合上述位置数据，进而对空间用户的总体情况进行更深度的分析。

在数据服务阶段，提供可视化服务平台，实现数据查询、群体画像分析、通勤出行分析等服务。通过大数据大屏，展示北京市人口分布、北京市及各行政区居住用户和工作用户变化趋势、流入流出情况、人口画像等。

百度作为一家每天处理千亿级别不同用户请求的技术驱动型企业，具有深厚的工程架构技术能力积淀，和非常成熟的服务性能保障方案和经验。使用相应工程架构系统，可以有效保障在线服务的响应性能及稳定性。

12.6.3　平台检测指标与数据来源

百度慧眼隶属于百度地图，拥有定位轨迹、POI、路网、交通拥堵、全景等基础时空大数据。能够通过人工智能技术挖掘流动人口、常住人口、岗位数、人口画像、职住通勤、出行 OD、跨城迁徙、拥堵指数、用地功能、人口监测 / 预测等面向行业的时空大数据。

百度地图日均位置服务请求次数已经超过 1200 亿次，日活硬件设备数达到 11 亿，涵盖全国主要省、市、区县级行政区划。百度慧眼整合去隐私化的位置、POI 等多源数据，提取位置属性、时间分布、用地属性等上百个特征，基于人工智能技术挖掘得到精度高、覆盖广的常住和就业人口数据。百度慧眼常住人口全国覆盖超过 13 亿，工作人口全国覆盖超过 6 亿，职住通勤数据覆盖超过 6 亿，出行 OD、跨城迁徙数据覆盖超过 10 亿。

依托百度地图，百度慧眼中的 POI 数据覆盖全球，数量超过 1.5 亿个，道路覆盖超过 980 万公里，购物中心室内图覆盖超过 4000 个，百度街景时光机数据覆盖超过 600 座城市，拥有从 2013 年开始的超过 13 亿张历史街景图像数据。

12.6.4　平台算法与模型

平台通过人工智能技术挖掘得到用户的居住地和就业地，准确率超过90%；将用户的居住地与工作地相连接，得到该用户的通勤OD数据（图12-21）。相关数据处理各环节均匿名化，各环节及输出均不涉及个体隐私。

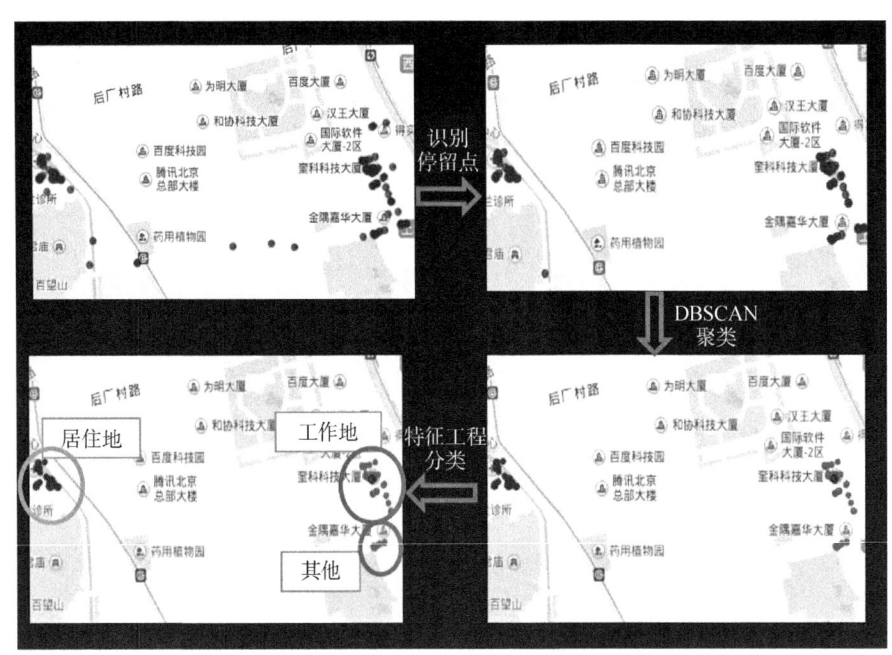

图12-21　百度慧眼识别、聚类与分类过程

资料来源：由案例提供者完成。

首先接入去隐私、匿名化的互联网位置服务数据，预处理过滤异常噪声数据，进一步识别停留和运动状态，去掉运动过程中的位置数据，保留停留状态的位置数据；然后基于DBSCAN算法对停留状态的数据进行空间聚类，形成多个独立的空间簇，作为用户居住地、工作地的候选集合；接着对每个空间簇提取特征，运用预先训练好的模型进行分类，判断该空间簇是居住地还是工作地；最后利用分类标签、停留天数和最近所处位置等特征对居住地和工作地进行综合判断，例如居住地为用户簇中分类标签为居住地且夜间停留天数最多的簇，工作地为用户簇中分类标签为工作地且工作日白天停留天数最多的簇。模型输出为用户的居住地和工作地。

在以往的人口研究中，百度慧眼数据的可靠性已得到多次验证。

例如，青岛市城市规划设计研究院通过选取20个居住小区的走访调查数据，对统计年鉴数据与百度数据进行总量对比，并结合比重差来分析百度人口与年鉴人口的分布差异，从而验证了百度慧眼数据的准确性。

宁波市自然资源和规划局在对比了封闭管理的宁波工程学院（杭州湾汽车学院）教务处提供的学生统计数据后得出，百度慧眼大数据在总的人口数据上偏差仅为1.46%，在人口位置定位和人口画像上与学校真实情况基本相符。

同济大学建筑与城市规划学院空间分析和决策支持实验室通过对百度慧眼数据、手机信令数据、传统调查数据结果进行横向比较，发现百度慧眼数据与手机信令数据在各统计单元内具有更高的一致性。

百度慧眼天津规划院联合创新实验室将百度慧眼提取的职住及通勤信息，与天津城市规划设计研究院获取的天津市2017年1%样本的居民出行调查数据进行指标对比分析，发现两组的相关性达到0.8，且距离分布曲线拟合度较好。

12.6.5 平台作用

百度慧眼是一个由数据收集、数据处理、数据产品化和数据应用四个部分组成的大数据平台，数据主要来自每天1200亿次的定位数据，以及全球范围内的 POI、人口画像、地理边界等数据。通过 AI 技术，将收集到的各类原始数据挖掘、输出成行业需要的数据项，向各行业用户提供服务。

慧眼分析平台涵盖城市扫描（图 12-22）、区县评估、位置评估、购物中心、人口监测、高级工具和智能选址等功能，可以为多个行业领域提供决策支持服务。

图 12-22　城市扫描功能界面

资料来源：由案例提供者完成。

城市扫描包含实时客流、历史客流、人口概况、人口流动、指定人群分析、出行 OD、交通拥堵和基础设施分析等功能。

区县评估除支持区县空间粒度的分析外，还包含乡镇评估、街道评估、社区评估和自定义地块的评估功能，评估的数据维度包括常住人口、就业人口、职住分析、客流分析、人口流动、设施分布、出行 OD 和交通拥堵等。

位置评估支持用户在平台上自定义圈选任意区域的分析功能，分析数据维度包括常住人口、就业人口、职住分析、客流分析、人口流动、设施分布、出行 OD 和交通拥堵等（图 12-23）。

购物中心功能覆盖全国超过 1 万个购物中心，支持分析的数据维度包括购物中心业态、购物中心客流、客流来源、客流画像、消费业态偏好、热门品牌、用户忠诚度和竞品分析等。

智能选址基于海量时空大数据及人工智能技术，能提供包括人口相关、共生及竞争相关、周边设施相关的 3 大类共 19 种选址评估维度，从而产出专业的智能选址解决方案。该方案可满足"网点推荐"和"定点评估"两大场景，助力企业科学、高效选址。

图12-23　人口概况功能界面

资料来源：由案例提供者完成。

其中，"网点推荐"主要针对没有目标区域，需要大数据智能推荐的情况。智能选址大数据平台构建了多维度智能选址模型库（图12-24），能够从目标客户属性、共生及竞对商家、商业氛围、周边配套、客群净需求等多维度对全城进行大数据扫描，帮助用户快速洞悉位置相关信息，寻找最佳区位。同时，还可灵活地为不同行业、不同需求的用户提供"个性化"位置推荐。

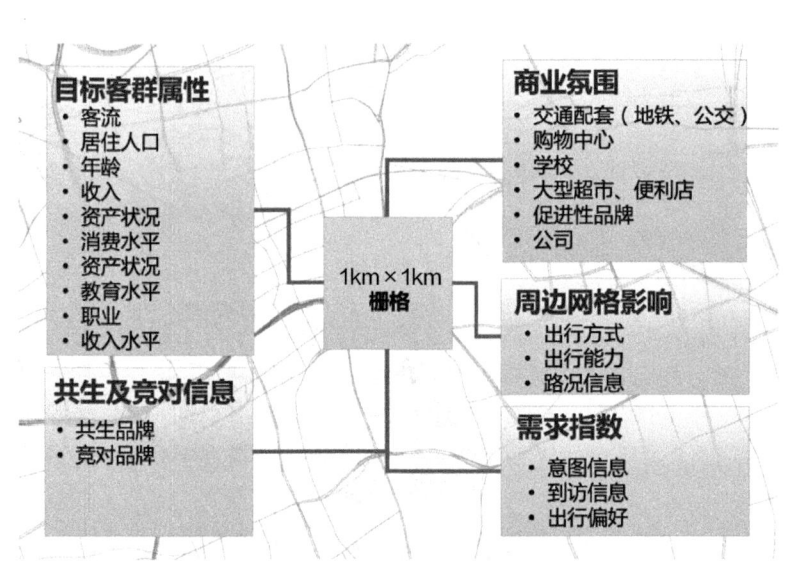

图12-24　百度地图慧眼智能选址模型库

资料来源：由案例提供者完成。

在实际应用中，用户可通过智能选址大数据平台一览全城网点（图12-25），查看推荐列表及现有网点评估情况，并通过红色、绿色、紫色等不同颜色辨别高、中、低潜力区域，实现丰富的网点信息"一站式"获取。用户在平台中还能通过选择意向选址城市，在线自由编辑模型，配置个性化模型参数及其权重后，一键输出模型的综合量化结果和可视化评估结果。用户还可查看推荐网格和叠加现有网点的网格情况，导出网格的详细数据，一目了然地锁定最佳区位（图 12-26）。

图 12-25　智能选址大数据平台概览（见书后彩图）

资料来源：由案例提供者完成。

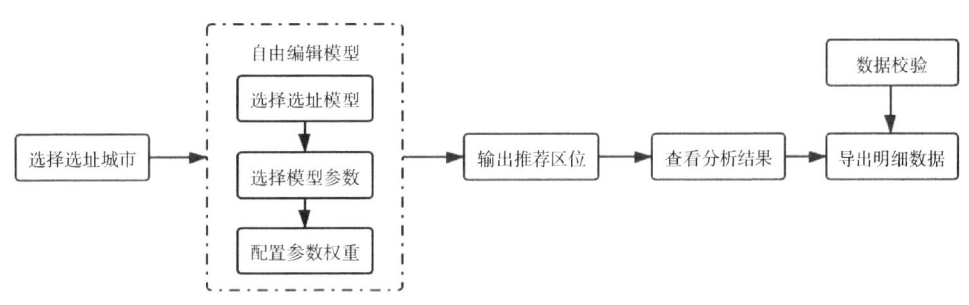

图 12-26　网点推荐流程

资料来源：由案例提供者完成。

　　另外，"定点评估"则主要针对已有备选区域，还需通过大数据评估其周边状态，辅助最终决策（图 12-27）。用户可以在智能选址大数据平台通过关键词搜索、上传点位坐标、自定义圈选等多种方式，

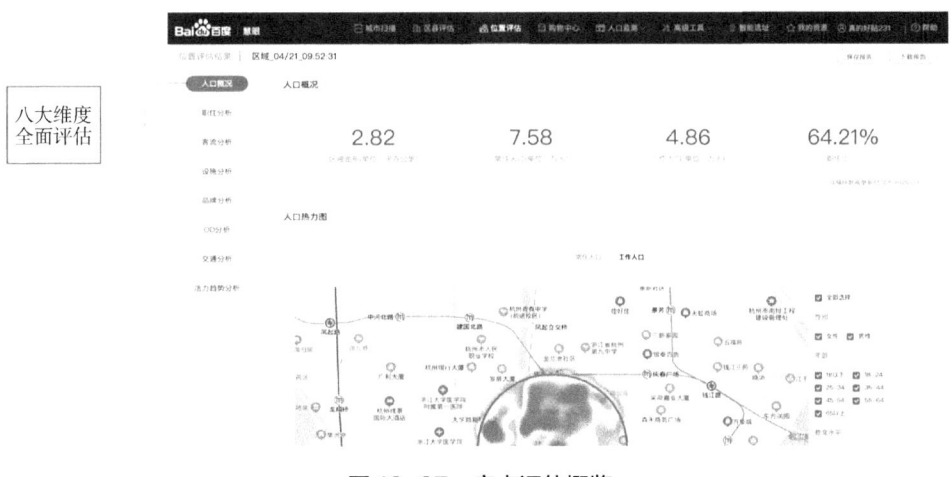

图 12-27　定点评估概览

资料来源：由案例提供者完成。

一键获取被评估区域的人口分析、职住分析、客流分析、设施分析、品牌分析、OD分析、交通分析、活力趋势分析八大维度数据，平台将以可视化方式呈现分析结果（图12-28）。同时，智能选址大数据平台还打破了时空信息的不对称性，支持多个点位的横向空间对比分析和单一点位的纵向时间对比分析。通过全方位地评估备选点位情况，帮助企业高效选址。

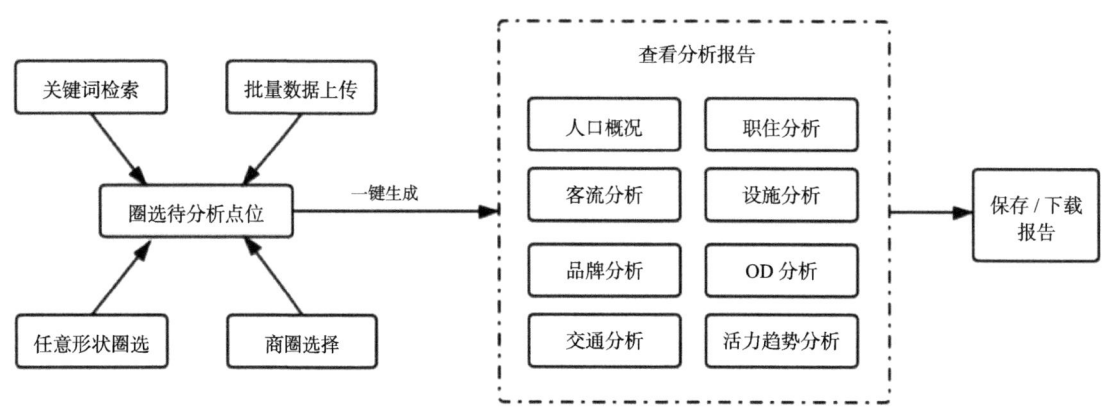

图12-28　定点评估流程

资料来源：由案例提供者完成。

作为时空大数据服务专家，百度地图慧眼一直致力于利用时空大数据及人工智能技术来探索大数据在各个行业的应用价值，目前已在城市规划、政府管理、零售选址、商业地产、人口统计、广告投放等多个领域与多家合作伙伴达成深入落地合作。为公众、政府、各行各业提供从宏观到微观的人、地、物研究，助力城市运作效率提升，促进城市持续向好发展。

协同规划：应对未来不确定的群智理性

人类及其所创造的人类文明构成了这个世界的主体，而城市则是人类文明迄今为止最伟大的载体。自城市诞生之时，如何规划和建设好这个人类文明的伴生物的问题就一直考验着人们的智慧和魄力。随着人类历史的不断进步，人们逐渐研究和总结出一系列城市规划理论和方法。而人们对于城市规划的思想不断探索的过程，也反映出人类对于城市乃至整个人类社会发展规律不断探索的渴望。

从中国《周礼·考工记》中的"匠人营国，方九里，旁三门。国中九经九纬，经涂九轨，左祖右社，面朝后市，市朝一夫"，到古希腊在城邦建设中广泛采用在纯白的廊柱间追寻数与几何美感的希波丹姆斯模式，中世纪的宗教图景与自然秩序体现出的基督教生活的有机组织[130]，到文艺复兴时期兴起的城市生活对人本主义的追求和城市建设活动的世俗化主旨，启蒙运动时期的城市规划处处体现出对唯理秩序的追求，将理性的光环运用于城市规划思想，到 1898 年标志着现代城市规划理论诞生的霍华德的《明日的田园城市》的出版，1933 年提出功能分区的经典规划方法的《雅典宪章》的发行，再到 20 世纪 60 年代出现的系统与理性过程规划理论，1977 年提出城市是一个有机体的《马丘比丘宪章》，推动了城市发展的整体性和综合性，乃至 1987 年世界环境与发展委员会发表《我们共同的未来》，对可持续发展问题做出着重论述，翻开了城市规划思想全新的一页……

人们对城市规划思想的不断探索本质上是对于自身真正需要的城市生活的再认识，随着认识的不断加深，勾勒出一条人与城市之间清晰的关系脉络。在人们向往美好城市生活的推动下，城市规划理论的每一次变革，都是为了应对城市自身发展所面临的挑战。今日，人类社会正站在发展的十字路口，一方面，科技、文化、制度等正发生着频繁的解构与重构，为变革带来了丰富的机遇，另一方面，全球气候变暖、资源环境透支、地缘财富分化与数字鸿沟加剧，也让世界充满了高度复杂性与不确定性，为社会发展带来了一定的挑战。面对充满不确定的未来，人类已经成为息息相关的命运共同体。如何进一步构建出泛在的人类智慧共同体，克服种种不确定带来的重重挑战与危机，将是创建美好城市世纪的关键所在。

13.1 未来城市发展的核心之问

城市文明的长河历久弥新，串联起人类社会的过去、现在和未来。在这条记录着人类过程点点滴滴的长河中，人们在惊异于历史的伟大的同时，也在思考一个永恒的经典问题——城市从哪里来？到哪里去？纵观历史上城市的兴起、繁荣与衰败，其根源大多离不开三大基本关系，即人与自然之间的关系、人与人之间的关系和人自身的内部关系。人与自然之间相互适应和协同进化，是城市可持续发展的"外部条件"。人与人、人与自身之间融洽协调的社会关系，是城市得以延续的"内部根据性条件"。

构建和谐城市的核心就在于正确规范上述三种关系之间的这两种组合。因此，天、地、人，是21世纪城市可持续发展的核心命题。在未来城市发展中，需要以"天—地—人"一体的命运共同体理念重新审视城市的前途。

13.1.1 安可补天?

人与自然的关系，是人类文明发展历程中跳脱不开的一个命题。自工业文明以来，人们一直以对物质的拥有量和对能量的驾驭程度来衡量社会的进步程度。然而，面对迅猛而来的信息社会和产生的一系列生态问题，要求人们必须重新寻找一个统一的判据来衡量自然演化和社会进步，同时还需要思考，人类目前所谓的真善美行为是否真的具有人与自然协调进化的终极意义。在21世纪，城市已经成为人们居住生活的核心生态场域，是联结人与自然的纽带，这本身就是一种对人与自然关系的重新定义。城市对于生态环境的影响，已经成为这个时代人与自然关系变化的核心命题。

城市生态环境的演化变迁具有二重性，既要遵循自然发展规律，也要遵循社会发展规律。就好比是一枚硬币的两面，两者都需要把握好平衡和限度。今天城市产生的一系列环境问题，根源就在于人们对这种二重性的强行割裂，仍采用机械二分法，将城市视为单纯的经济社会体系，即人与自然仍处于异质性的对立状态，忽视了对城市自然生态系统的维护。在这种思想下，城市的自然生态沦为社会经济运转的仆役，人们无限制地向自然索取，以实现物质生产的极大丰富。人们为了城市的生产生活肆意地攫取自然界的一切资源，心安理得地排放污水废气，城市自然生态的底线被击穿，最终给人类带来数不尽的城市生态问题。城市大气污染、水体污染、固体废弃物和生活垃圾污染无时无刻不在影响着人们的生活质量和城市的生态。难以想象，如此满目疮痍的城市怎能支撑起"城市世纪"的巨大工程?

面向未来，城市需要进一步探索和重构，智慧科技的包容性体现出巨大的科技进步，其将人与自然融为一体，为人类进步和城市发展带来新的手段和机遇。智慧科技将自然人格化，是对人与自然关系的一次重塑，其所带来的，不仅仅是生产效率的飞跃，更是整个发展模式理念，以及人类哲学认知的变革。智慧科技帮助人们同大自然的山水实现对话，人的情感得以在自然母亲广阔的胸襟中抒怀。"智慧"的不仅是科技，更是人的思维模式。在有机的整体中实现主客相融，协调了人与自然的关系。人的主体性是交互性的，是自主性与依附性、能动性与受动性的统一，其不再是人类中心主义视角下傲慢的睥睨，而是放下身段，在与自然的互动中丰富自身内涵。在全面、协调、可持续思想的指导下，人与自然的和谐是实现可持续发展的核心内容。在这个过程中，自然界的独立性、自然的生命意义得到充分的尊重，真正实现了"天人合一"与"以人为本"的完美契合，立足于生命的共同价值，实现了人与自然的新对话。智慧技术及其引领的人类哲学思考变革，最终将推动人与自然的交融共生。安可补天? 惟有"智慧"。

13.1.2 立锥何地?

城市规划是一个形塑人所居住的空间的过程，是一种社会关系对人的改造。城市规划发展到今天，对于技术手段的运用已经日臻娴熟，规划更加趋向于精确和高效。但同时应该注意到，当前规划一定程度上开始沉溺于技术理性的狂热之中，出现了"过专业主义"的理念偏差。[131] 城市规划越来越忽视以人为本的指导思想，变得仅仅考虑空间、组团、布局的美学构图或数学模型的复杂和高级，忽略了城市中人的精神交往和文化需求，所建设出来的城市缺乏人的尺度，难以真正成为人的躯体和情感的寄托。这种将人异化的改造一定是失败的规划，只有在规划时始终坚持人的尺度，释放人的本质，才是城市规划理念未来发展的根本遵循。

改革开放 40 余年，快速发展的中国城市患上了诸多"城市病"。这些"城市病"涉及城市运行的方方面面，要想彻底治愈，往往需要以刮骨疗毒的魄力和勇气对整个城市发展的理念模式进行彻底的变革。互联网信息时代，城市规划所立足的根本——空间的内涵已经发生深刻的改变。城市的运作也不再局限于人的眼睛所能察觉到的车水马龙，基于网络的非空间集聚的生产生活方式日趋成熟，实体空间与虚拟空间的复合已经逐渐成为城市规划的作用对象。要素和信息"流"的概念重构了城市内部和城市之间的关系，其所承载的"流动空间"赋予了空间新的定位和内涵。城市地理学家保罗·诺克斯在其巨著《城市化》中，对这一问题有着精辟的见解。他认为，在新福特主义 ① 经济重构和信息技术手段飞速发展的背景下，新的生产过程技术、交易技术和流通技术促进了经济的重组，重塑了资本和工人的关系，以及城市内部和城市之间的区域分工关系。信息化的发展模式取代了之前的工业发展模式，区位的内涵也被重塑。保罗在书中写道，"基于'空间流'的城市体系要优于空间的相对区位的概念……真正重要的不是城市之间、公司之间、工厂和大型购物中心之间的空间距离有多远，而是电信系统对信息流、资金流、人流的吸引程度。"[132] 信息流动主宰着各种要素流的状态，也在很大程度上决定了虚拟空间的集聚和扩散过程，对整个复合的城市空间起到举足轻重的作用。信息与资本的流动突破了物理实体的局限，城市的空间格局突破了传统区位优势的局限，两者结合，有助于形成"多级、多层次的城市空间网络化体系"[133]，复合的城市空间格局也推动着城市空间的功能由单一走向复合。城市作为要素集聚中心的本质并没有改变，但其实现形式却随着科学技术的进步在不断革新。因此，城市规划的理念需要进行一次全新的变革，其中智慧城市的建设实践，便是这规划理念变革的强大动力。

智慧科技与智慧城市的建设为规划的革新搭建了新的平台。"城市病"的产生很大程度上是由于城市的集聚量能超过了资源环境承载力的限度，即从本质上来说，是由于城市在规划决策阶段错误地预测了城市真正的生产生活需要，造成了资源错配和浪费。而智慧科技物联网的感知功能则有助于从源头上遏制"城市病"的蔓延。智慧科技与智慧城市通过对大数据进行分析和研判，对人员、资金、交通等的流向建立起清晰的认知，能够克服盲目规划的弊端，科学地预测城市实际需要，对市政基础设施等进行合理的安排划分，进而实现资源的合理配置。智慧城市兼顾了实体空间与虚拟空间的不同规划需求，探索两者之间的平衡，有助于实现整个城市空间布局的调整与优化。

13.1.3 如何利人？

人是整个城市问题的核心。在人类文明发展过程中，人类基于对经济、政治、社会、自然以及自身发展的认识，形成了以神为本、以君为本、以官为本、以物为本，直至以人为本等诸多思想及其价值演变。西方现代人本主义城市规划的三位大师，霍华德、格迪斯与芒福德的规划思想对后续城市规划的发展产生了巨大而深远的影响。霍华德在《明日的田园城市》中首先明确提出"关心人民利益"的指导思想，已成为现代城市规划的基本理论核心。[134] 格迪斯在《进化中的城市》中提出人本主义的规划思想，认为人们对城市的要求是多样化的，强调公众参与对城市规划的重要性，强调必须把城市变成一个活的有机体。[135] 芒福德在《城市发展史》中提出"城市恢复活力的最好办法是陶冶人、关心人，城市是改造人类、提高人类的场所，人类凭借城市发展这一阶梯步步提高自己，丰富自己"，把人

---

① 新福特主义（Neo-Fordism）实际上是对美英两国新自由主义经济理论实践的概括。新自由主义经济学者将福特主义——即一种以市场为导向，以分工和专业化为基础，以较低产品价格作为竞争手段的刚性生产模式——的危机归因于工资，认为不断提高的协议工资和福利是提高产品成本的重要资料来源，从而是福特主义企业丧失国际竞争力的一个重要原因。这种资方对雇佣劳动进行强烈的压榨，通过降低劳动力报酬和抨击劳动力保护法来建立高度弹性劳动市场以提高边际利润的战略，但仍然保留泰勒主义科学管理原理的大规模生产模式即为新福特主义。

本主义规划思想推进到一个发展的巅峰。[136]

实现人与人关系的和谐是 21 世纪城市建设的落脚点。对"人与人关系"的理解要超脱庸俗化人际关系范畴，需要以一种价值情怀，深刻地认识"人"的内在本质。城市的人本问题更多的是要实现人的自我和谐与自我实现，使人摆脱外在抽象的统治，实现自由自主的全面发展。城市，让生活更美好，理应是使人们过上更美好生活的实现手段。然而现实却是，一些其他的思想和原则干扰了城市规划的发展，使得城市远没有达到这个理想标准。我们期望的以"人"为圆心的治理局面目前仍处在以"物"为圆心和以"权"为圆心的夹缝之中（图 13-1），由此产生了城市服务的失位、错位、缺位，以及更多的服务盲区和困境。

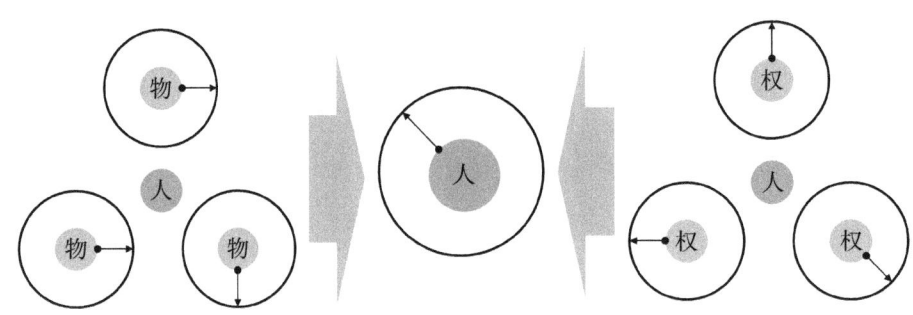

图 13-1 夹缝之中的"以人为本"治理

美国社会学家约翰·R.洛根和哈维·L.莫洛奇在其著作《都市财富——空间的政治经济学》中描绘了一幅异化了的城市图景。[137] 作者以独到的观察视角，从城市的空间入手，将其视为一种特殊的"商品"，赋予其交换价值和使用价值。通过观察围绕这两个价值运作的城市空间行动，作者认为，城市实质上是一个财富的"增长机器"。放眼望去，我们的城市建设日新月异，各项基础设施日臻完善，但在实现财富增长的同时，也带来了"更高的房价、租金和物价"，邻里的情感寄托消失殆尽，人的幸福感和生活情趣被钢筋水泥压缩成一片薄纸。财富的增长成为城市唯一的目的，城市被异化为"增长机器"。而作为人类文明的载体，城市的异化就是人的异化。渐渐地，人在城市的高楼大厦之间已经开始变得如同蝼蚁。

此外，城市之间与城市内部公共资源分配的不合理同样挑战着人们的极限。医疗、教育、养老等公共服务的供给分配问题，本质上仍需从空间的角度进行审视。问题的根源就在于交换价值与使用价值之间的张力：资本追求的是利润和交换价值，而劳动力要求的是需要和使用价值，从而导致"集体消费危机"的产生，具体体现为住房、医疗、基础设施等的缺乏。[138] 在新自由主义的进一步裹挟下，城市进一步分裂：这头是富丽堂皇的天堂，而另一头却是破败不堪的贫民窟。城市被溶解为一个个富人和穷人的微型国家。[139] 城市分裂的现象背后，体现出人与人之间的阶层对立，或者某种程度上可以说是阶级斗争。

在"异化"的阴霾之下，城市面临着历史的抉择。那么城市发展的未来究竟在何处呢？我们不由得将目光聚焦到马克思所描述的"自由人联合体"。"联合体"的定位充分说明理想中人与人之间的关系不在于区隔和对立，而恰恰是以人的自由联合为前提。不再是萨特所言的"他人即地狱"，而是"他自己为别人的存在，而且也是这个别人为他的存在"[140]。个人自由与共同体的自由实现内在统一，两者互为条件，互相支撑，人得以自由全面发展，这种境界应成为城市内在的价值追求和尺度。未来要完成重塑人与人之间关系的崇高使命，人们需要从根本上进行理念模式的变革，并逐步在城市的治理和改造过程中缓解城市内部的张力。智慧城市是对人与城市之间关系的再定义。智慧科技带来的不仅是城市规划自身体系的高效运转，更重要的是，转变了城市规划的理念。城市规划不再是一种宏大的叙事，而是立足于每一个市民的平凡生活，将人的需求、人在城市生活中的喜怒哀乐放在最突出的位置。在城市规划建设中对人的主体性的彰显，无不体现出智慧科技的价值导向和人文关怀，这样的实践更有助于人从异化状态向本真的回归。与市民生产生活息息相关的城市产业体系、交通系统、管廊、应急体系等都将被赋予了"智慧"的内涵，实现"人格化"。过去"冷酷无情"的物理实体能够与人交流互动，感知人的安危冷暖。在资源要素的分配上，智慧科技有助于促进更加公平合理的资源配置，缓解人与人之间紧张对立的状态。在许多城市，智慧医疗、智慧教育、智慧养老等实践正在如火如荼地展开。通过大数据将人的需求终端与供给侧相联通，有助于优化资源配置，提升利用效率。生活于城市中的人对"城市病"有着切身的体会，因此他们深知城市最需要改进的地方在哪里，而智慧科技、智慧平台的引入则扩大了人的参与面，将"人"引入规划建设的体系当中，以多元化的社会参与推动城市治理模式的转型升级。

13.2 现代城市规划面临的挑战与困境

现代城市规划学的内核是由经典物理学为核心的传统理性主义构建的。但进入20世纪80年代以后，在诸多现实的城市问题挑战下，以该方法论为基础的城市规划学遭受了空前的责难而支离破碎。而后现代主义逐渐以包罗万象的姿态"占领"了传统理性主义所不能包容的城市社会、文化、精神、公平等领域。城市规划逐渐变为非理性的政策纲领，以至于有人提出这样的感叹："如果规划什么都是，那么它也许什么都不是。"[141]经过百余年发展的现代城市规划正在面临一系列的挑战和困境。

13.2.1 城市系统的复杂性挑战

1. 城市系统的内生复杂性

现代城市本质上是一个由多个层次和众多子系统组成的不断进化的复杂系统，表现为各种政治、经济、文化、教育、科技和信息要素与设施的高度聚集。在这里，人流、资金流、物资流、能量流、信息流高度交汇，多维度、多结构、多层次、多要素间高度关联，整个系统呈现出多主体、多层次、多结构、多形态、非线性的复杂巨系统特性。而系统的内生复杂性因为主体"人"的各种多样行为而进一步加剧，诸如科技发展、市场化、制度改革等。与此同时，随着人工智能和虚拟技术的加入，未来城市问题的复杂性不仅限于实体空间，更来自虚拟空间，两种空间秩序的交织将进一步加剧城市问题的复杂性——空间背后的隐秩序。良性制度基于人性、信息和激励，它既是演化的，更是根据政治、经济、社会、文化、人性及国情（统称为制度环境）而设计的；城市规划改革，就是制定新的规则，给居民、企业创造更大的公平和效率，本质上也是一种制度设计。而这种空间规则的设定与制度的设计是非常重要的。因为任何城市现象归根结底都产生于个体的逐利性和个体之间信息的不对称性，关键在于用什么制度向什么方向引导。正如图13-2所示，信息空间在城市实体空间的塑造过程中扮

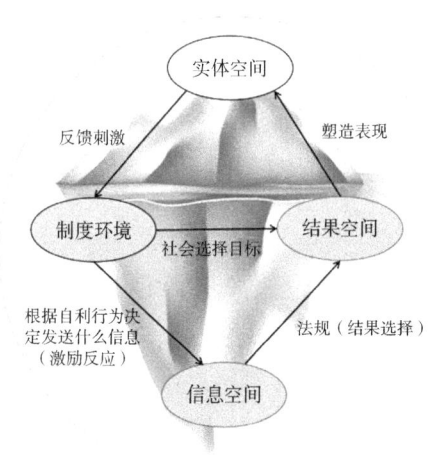

图13-2 城市空间背后的隐秩序

演着十分关键的作用。

随着时代的发展，影响城市发展的因素呈爆炸性地增加[142]，城市化与市场化、信息化、全球化、机动化几乎同时发生并繁复地组合。这一时期城市本身的系统演进趋势千变万化，其可变性比任何时期都强，表现为以下方面。

第一，城市系统是联系紧密的。在城市系统内部，层层叠叠的大系统嵌套着小系统，既有串行树枝状结构，也有横向蔓延的网络状、链状、原子结构状的"系统元"，各子系统之间既有统一性，又有非均质性和各向异性。如经济系统、生活系统，实际上都是一种以人的活动和意识作为子系统而构成的社会系统。由此看来，城市系统可谓是一种特殊的复杂巨系统。

第二，城市系统具有聚集效应。城市系统的所谓整体优势、整体作用十分明显，便是聚集效应。只有聚居到一定程度，有了优化组合，城市才具有诸如经济的、文化的、全新特有的中心作用。如果城市中拥有完整的硬件，良好的软件，以及软硬件之间的完美配合，城市的职能就得到强化，效益就能增强；反之，如果各部分彼此之间各自为政，各搞一套，那么即使城市的部分方面建设不错，但由于管理不善，也仍然缺乏吸引力。总之，就是我们常说的搞得好，会 1+1>2；搞不好，也可能 1+1<2。

第三，城市系统可以相互交换。城市系统的边界既封闭又渗透，既静态又运动，既有势又无势，既实质又虚拟。随着时代的发展，城市内部系统日益复杂，外部系统影响日益增强，无论是城市经济、城市建设还是城市文化，与外界的关系都日益密切。而且这些内部系统都是通过边界与外界进行资源交换、信息交换、物质交换和能量交换等活动的。它们彼此之间相互影响、相互作用。这种交换贯穿规划编制、控制全过程，一旦交换活动停止，城市生活也将停止。

第四，城市系统具有非匀质性。区域中常常会碰到城镇布局不均匀和强弱不同的相互作用，各类城市的凝聚和扩散作用也各不相同。比如，在高密集、高城市化地区，由于城镇间距紧缩到只有自行车行驶距离，城镇的强相互作用显著，便形成一种优势，使区域的功能更为突出。但同时，这种强相互作用也会给城市带来一定的问题。因此，我们需要加强规划的控制，更加注意防治负面影响，注意交通联系，解决环境问题，提高生活质量等。

第五，城市系统具有决策复杂性。城市的复杂巨系统特性决定了城市规划是随着城市发展与运行状况长期调整、不断修订，持续改进和完善的复杂的连续决策过程。对于内生复杂性的认知将会从根本上改变城市规划思想基础，如果仅将视线聚焦于某一个层级、区域或要素，是很难生成有效规划，也很难进行有效治理的。举一个简单的例子，要想控制城市用地的低效扩张或者保障耕地规模，不可能简单地用指标控制和管控底线的划定来解决，其经济增长模式不改变，产业结构不调整，这种单层面或者单体系的治理终将成为无水之源，对城市的改善起不到实质性的作用。

2. 城市系统的不确定性机制

复杂系统思想家布莱恩·阿瑟（Brian Arthur）指出："世界是不可能被还原成纯逻辑的，也是不可能被锁入纯逻辑的铁笼里的。或迟或早，世界总有一天会突破纯逻辑，将真实的混乱一面呈现在世人的面前。"不确定性是城市的重要特征之一，现代城市运行的非线性机制和信息，以及人认识能力的不完备性，决定了其运行规律不可能用简单的逻辑公式展现，因而难以对城市进行有效预测与控制。

如图 13-3 所示，当城市系统存在高内生复杂性，人们对各种不确定性企图通过规划制定与实施加以控制时，就会出现越来越多难以预测的变化。因为在变化因素中，很难清楚地测度哪些因素是确定的，哪些因素是不确定的。同时，由于主体的责任界限因城市的内生复杂性而变得越来越模糊，责任的主体是否为规划主管部门也变得不确定，应该承担的职责处于混沌不清的状态，现实充斥着"有组织的不负责任"。这将使得空间规划治理面临巨大实施困境，加大了规划治理的挑战。

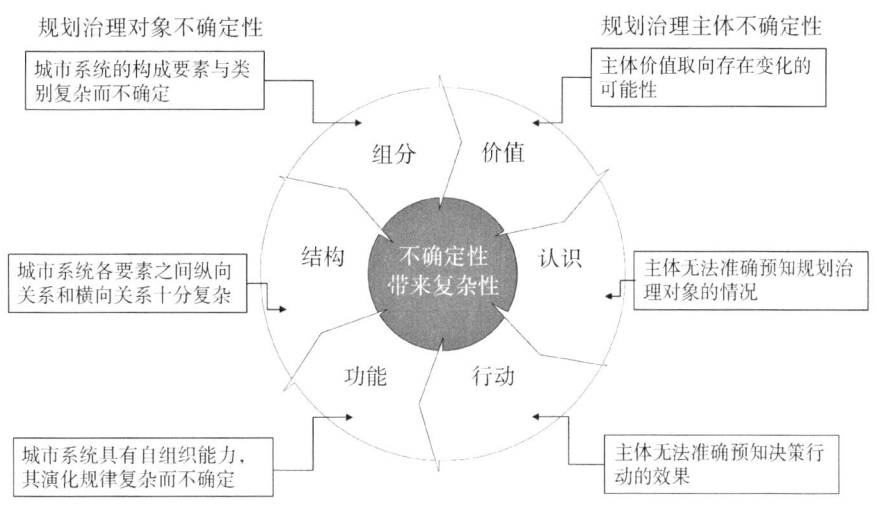

规划治理对象不确定性

城市系统的构成要素与类
别复杂而不确定

规划治理主体不确定性

主体价值取向存在变化的
可能性

城市系统各要素之间纵向
关系和横向关系十分复杂

主体无法准确预知规划治
理对象的情况

城市系统具有自组织能力，
其演化规律复杂而不确定

主体无法准确预知决策行
动的效果

组分　价值
结构　　　认识
不确定性
带来复杂性
功能　行动

图 13-3　城市规划治理中的不确定性带来复杂性

3. 城市系统的测不准性机理

城市变化的迅捷性和多源影响因子的加入，导致其系统的不确定性增强，随时可能发生任何变化。此外,由于空间演化是一个非线性动力学过程，非线性演化使得我们测不准城市系统中主体行为的细节，因此城市系统具有混沌特性。初始状态的微小变化会导致系统截然不同的结果。比如，由于影响人口变化的因素多样而复杂，规划师的知识结构和测度模型无法把握人口变化的内在规律和准确的初始状态，自然对于人口预测屡测不准。

由于城市中行为主体系统的非线性、混沌性，以及信息的不完全性，使得我们只能一定程度上、相对准确地刻画和预测城市系统，这就是城市系统的测不准性。测不准性使得城市规划治理中容易忽略系统演化中出现的各种细节以及由此引发的各种风险乃至危险状态，无法有效应对或化解风险，最终只能任其发生。即使城市规划希望预测未来的发展方向，但无论人们做出怎样的努力，都无法准确预测其未来。人本身及自然系统的不确定性相互叠加激发出城市运行中大量的风险，加剧了城市的内生复杂性，使得规划治理需要解决的问题和面临的挑战更加艰巨。

4. 城市系统的脆弱性机理

城市系统在受到内外部因素及系统自身演变进程的共同影响时，会形成一种容易在结构和功能上受到攻击的特性，即脆弱性。脆弱性是城市系统的内在属性之一，由其内部构造和性能所决定。稳定性与脆弱性都是相对的概念，由于输入因子的变化而不同。就如整个社会系统本身作为复杂系统，其运行的持久性将是非常稳定的。而作为社会中生活的人，我们在面对风险时，感受更多的是突发性和偶然性，这就体现了城市系统的脆弱性。并且，脆弱性具有很强的隐匿性，在危机发生之前很难被识别和发现，即使被找到也难以根除，更勿论在时空分布上对其进行规划预留了。

脆弱性在城市系统中无处不在，而且其往往会放大风险。若城市系统在结构上存在脆弱性，则受此影响，任何细小的"扰动"都会放大变异，引发严重的后果。城市规划治理中存在着许多具有高度相关性、耦合性和同步性的区域协同问题，诸如城市群跨行政区、生态保护跨流域等不同利益主体交织在一起的复杂性风险。经济发展必然导致各区域主体对优质资源的争夺。若要解决发展与保护统一的问题，就必须正视这种相关性、耦合性和同步性。然而，在没有有效监管和合作机制的前提下，多数行为主体常关注自身利益，缺乏总体考量，正是这些因素的叠加，将脆弱性塑造成风险的重要源头。

13.2.2　城市规划治理困境的生成

1.城市规划治理理念迷失

现代科学范式是以机械论的自然图景和还原论的方法论为"硬核"的经典科学范式。机械论世界观的基本信仰是原子构成主义。"物质实体＋形式法则"的思维模式，是西方文明和机械论世界观对自然界和人类社会构成模式的基本观点。正如阿尔文·托夫勒所指出的："在当代西方文明中得到最高发展的技巧之一就是拆零，即把问题分解至尽可能小的一些部分。我们非常擅长此技，以致我们经常忘记把这些细部重新装到一起。这种技巧也许是在科学中受过最精心磨炼的技巧。在科学中，我们不仅习惯于把问题划分成许多细部，我们还常常用一种有效的技法把这些细部的每一个从其周围环境中孤立出来，这种技法就是我们常说的，'假设其他情况都相同'。这样一来，我们的问题与宇宙其余部分之间的复杂的相互作用，就可以不去过问了。"

在城市规划领域，1933年的《雅典宪章》认为城市是一台机器，提出了城市的四大基本功能——居住、交通、工作、游憩，并将各个功能区（如居住区、工业区、商业区）设计成独立的、互不相通的区域，仿佛一棵树上互不相关的分支。20世纪60年代中后期至70年代，在麦克劳林、恰得威克等人的理论支撑和其他规划师的实践支持下，系统方法在西方城市规划领域中达到了运用的高潮。从系统论的视角看，倾向于将城市作为一个复杂的整体——是不同土地使用活动通过运输或其他交流中介连接起来的系统，城市内的不同部分是相互连接和相互依存的，而城市规划的实质就是进行系统的分析和系统的控制。克里斯托弗·亚历山大否定了一般地看待城市的各组织元素，即把各层次的等级看成"树形结构"的传统认识观,他提出的新观点是:实际的城市生活要远比这种"树形模型"复杂得多，很多方面是交织在一起、互相重叠的"半网状结构"，这就是城市的内在规律。亚历山大的"半网状结构"思想，是以系统的观念来研究城市复杂性的一个重要起点。20世纪70年代英国第三代新城米尔顿·凯恩斯（Milton Keynes）在规划中就体现了这样一种新的布局思想，尤其是在城市公共中心的设置上体现出多选择性的意图，以寻求构筑"半网状"的结构。《马丘比丘宪章》从系统控制论的思想角度批判了《雅典宪章》的功能分区思想，认为"不应当把城市当作一系列的组成部分拼在一起来考虑，而必须努力去创造一个综合的、多功能的环境"，强调城市是一个有机体，强调其发展的动态性和各组成要素之间相互作用的重要性、复杂性。

系统分析方法的建立是理性主义的高峰，也标志着功能理性主义规划思想的顶峰。今天，人们开始将城市视为一个多种流动、相互关联，由经济和社会活动所组成的大系统，运用系统方法研究各要素的现状、发展变化与构成关系。相对于过去单纯的物质形态规划思想，无疑是一个极大的提高。但是，运用纯自然科学的反复来加强规划的企图，并不能解决城市中大量存在的社会问题。在低复杂性与低不确定性社会里，社会的可控性决定了未来的可预期性。泰勒的科学管理与韦伯科层管理的有效性都印证了传统社会的"可管理"及"可控制"特征,因而传统规划治理遵循的就是控制复杂性的逻辑，确定目标并且通过一定的措施以达到这一目标。然而，随着现代城市的日益庞大复杂，使得传统的分解、叠加方法在城市规划治理中越来越暴露出其局限性。传统的分解方法,以强调分解和简化的还原论，将城市系统分割成若干子系统，以专业职能部门为基本单位强化专业的规划管理。然而城市规划各子系统之间的复杂交错性使其难以简单分解，就算分解出了小系统，也已经不是原来的系统，对这个系统的点滴研究也很难进行综合。况且，部门利益与区域利益之间、行业管理与区域管理之间也存在一定冲突。这些冲突不仅反映在众多子系统局部利益之间，更多地体现在局部利益与城市整体发展上。

面对困境，林德布洛姆等美国学者提出城市规划的决策过程要由多元的政治性组织来完成，其他任何个人、团体都无法胜任，因为他们不具备那种综合认知，这一决策过程被描述为"分离渐进主义"。简·雅各布斯在其著作《美国大城市的死与生》中以纽约、芝加哥等美国大城市为例，深入考察了都市结构的基本元素以及它们在城市生活中发挥功能的方式，从保持城市多样性和活力的角度批判了传统的城市规划理论，加深了我们对城市的复杂性和城市应有的发展取向的理解。[128] 帕齐·希利（Patsy Healey）则在《协作式规划：在碎片化社会中塑造场所》中提供了一种综合视角来理解城市区域中公共空间的集体管理行为。

人类的天性无法适应这种高度分隔的生活方式，城市中人与人、人与环境之间的关系不可能在这种精确化的秩序和无限简化的模型中持续发展。企图使用各种模型对不定性的结果进行预测，最终只能导致管控程序越来越复杂，管控效果越来越差，管控成本越来越高。以统一范式和终极蓝图为主流工具的城市规划根本无法适应现代城市复杂多样的治理需求。如何发挥城市管理的整体优势、聚集效应，使整个城市系统高效和有序地协调运行，成为现代城市管理者必须思考的问题。加强城市的综合研究、综合管理与综合协调已经成为城市管理复杂性的必然要求。

2. 城市规划治理难度加大

人是城市复杂性的决定因素，也是各个系统之间相互联系的要素，人在空间内的活动，是最为活跃、复杂的随机性因素。这种客体的复杂性大大增加了城市规划治理的难度，特别是在全球化、城镇化、市场化、信息化浪潮的推动下，诸多要素不断地被"邀请"进入这场"流动的盛宴"中来，混杂在一起，彼此也在这种混杂的流动过程中不断地发生变化，打破社会原有的平衡状态。从而进入普里高津自20世纪60年代以来不断向我们说明的"远离平衡态"，进一步放大着流动性治理的压力。在中国，不同时代、不同时期、不同时点形成的社会产物，以复杂多样的形式不同程度地交叉重叠，农业社会、工业社会以及后工业社会所面临的问题在当下空间场域中同时堆积压缩。随着改革开放的深入、市场经济的建立、社会结构的转型、互联网络的兴起，西方的思想文化、价值观念和生活方式蜂拥而入，不可避免地冲击着原有的家庭观念、国家观念、个人和宗族观念，形成十分复杂的社会思潮，陡增了中国城市规划治理任务的难度。

现代城市规划治理更加强调将静态治理转为动态治理。相对于静态治理，动态治理是治理主体秉持开放理念与创新精神，动态、系统地革新规划的决策与执行过程，以回应公众需求，逐渐促进规划由善政向善治的嬗变。动态治理需要建立完善的动态监测、定期评估和及时预警体系。治理任务的难度相对静态治理有着显著提升，对城市规划治理能力提出了更高要求。

3. 城市规划治理风险集聚

人类社会本质上是一个充满非线性、不确定性、脆弱性与风险性的复杂演化系统。1986年，德国社会学家乌尔里希·贝克出版著作《风险社会》，首次提出"风险社会"概念，并在此基础上提出风险社会理论，尝试审视与反思人类社会技术进步与财富积累的同时所带来的潜在副作用，如空气污染、森林破坏、水资源短缺、网络攻击、金融危机、恐怖袭击、重大公共卫生事件等。对于中国社会而言，当前正处在经济建设、政治建设、文化建设、社会建设、生态文明建设五位一体总体布局的关键重塑期，重塑进程面临着种种既有累积风险与未知风险的突发挑战。

随着中国国家现代化进程的推进，资源环境扩张风险与各项潜在安全风险并存。一方面快速工业化、城镇化带来的城市迅速解构，导致原有地理、资源、生态空间所承载的经济社会关系发生剧烈嬗变，高密度人口、高强度开发、高浓度污染在空间上高度集聚，并且呈现出一种逼近安全底线的不平衡不充分状态。另一方面，工业化与城镇化尚未见顶，仍需大量土地、能源、资源等投入，若不能合理配置、高效利用这些资源，将加大地方政府财政债务风险，严重威胁国家粮食安全和生态安全。加之地缘政治、信息安全、全球气候变化等潜在风险不断增加，也使得我国城市规划治理充满挑战。

4.城市规划治理成本上升

首先，改善低效治理现状的投入不断上升。中国很多地区都面临管理服务水平不高、"城市病"与"乡村病"问题日益突出的现状。这些问题都与人员治理能力不足、服务设施配套不足，人居环境硬件建设不足有密切关系，为此需要在人员培训、设施提升、环境美化等方面投入更多成本，补上过去欠账，跟上发展形势。

其次，应对各项风险的投入上升。随着风险社会的来临，经济、环境、粮食安全、网络安全等传统与非传统风险不断涌现，城市规划治理为应对风险，将进一步增加风险应对的固定预算投入。同时，为了处理突发的风险，例如疫情、自然灾害等，也需要有足够的应急投入。

13.3 智能时代群智理性的协同规划

人类社会追求美好生活的实践从来没有坦途，也无法一劳永逸，只能在特定的历史阶段下选择最合理的解决方案。随着现代城市不断发展，公共事务与公共问题复杂性和不确定性不断增加，虽然从韦伯的工具理性支持下的理性综合决策程序、定量分析规划方案与成果的规划理论，到西蒙的有限理性支持下的分离渐进主义与混合审视模型，及哈贝马斯的交往理性支持下的沟通规划，追求公共价值的集体行动一直在不断演化更新。但局限于各种边界约束条件，当前规划范式所能供给的理性已经无法有效满足这种高度复杂性和高度不确定性。真正的理性是认识到理性的局限。伴随信息革命发热深化与智能科技的爆发，我们将迎来一次人类理性获得极大提升的历史契机，在此驱动之下，智能城市规划范式也将进一步加速浮现。

13.3.1 群智理性涌现

人类文明一方面是类文明，只有当类文明发展到一定水平，每个人的文明水平才可能有真正的相应提升；另一方面也是个体的文明，只有每个人的发展才可能构成整个人类文明的发展。在这一相互关系中，人类通过创造出本身具有一定创造力的人工智能，使人类个体智能的发展进入良性循环，这正是信息文明不断发展的基本机制。

相互性之所以是信息的基本特性，是因为信息本身就是一种"特殊的"关系。没有信宿和信源关系，就不可能有信息。譬如，如果不能建立电话之间的通信关系，那么即使作为物能实体的电话依然存在，但作为信息关系体的电话就不复存在。作为人类学基本特性的相互性较为隐蔽。但在动物界，越是基本的相互性，越是显而易见。蚁类和蜂群存在生理上的相互性，离开群体无法独立生存，这只是一种最基础的相互性。在生物学关系上，人并不像那些脱离类也能生存的蜂蚁。在语言、情感和社会关系中，可以看到人类相互性的典型体现，越是以信息方式存在，相互性越是明显。甚至可以说作为人类学基本特性的相互性事实上就是基于信息的。在一个群体中，对于任何人来说，必须群体中的所有人都拥有电话，人们才拥有完全的通信自由度，哪怕还有一位没有电话，那他的通信自由度就受到限制，这既是关于信息，也是关于人类相互性的一个最为简单而形象的展示。因此，无论对于"人是一切社会关系的总和"，还是"自由人的联合体"，从信息相互性的角度都可以得到更深入的理解。

作为人类学基本特性的相互性表现为复杂的关系，包括相互生成、相互发展、相互激励和相互成就等。相互生成在思想生产中最为典型，人类发展到今天，思想生产领域的相互性，无论在历史还是逻辑维度上都得到极大扩展。越是高层次的人类相互性，越能集中折射出人性的光辉。随着信息文明的发展，从家庭到社区，从城市到国家和世界，无不渗透文化和精神的相互性。

相互性既是信息文明的内在根据，也是大数据开启信息文明的更深层次论据。作为信息和人类学共同的基本特性，相互性是人类信息文明的基石，没有这种相互性，大数据和信息就只是技术手段和资源，人类文明则只能陷于物质的纠缠。在人类信息文明社会，大数据是呈现相互性叠加效应的重要基础。随着大数据的不断发展，人类越来越趋向以信息的方式存在，作为人类学基本特性和信息基本特性的相互性将日趋叠加。而在如今的大变革时代，高度复杂性和高度不确定性进一步增强了主体间的相互依赖性。

马克思认为，人的全面而自由发展是社会发展的最高目标，而信息文明的发展则为此创造了更为成熟的物质条件和精神条件。1960 年互联网的先驱和奠基人约瑟夫·利克莱德（J.C.R. Licklider）提出"建设全球计算机网络的最终目标是通过高度发达的信息共享和人机合作，使人的智慧充分得到解放"的伟大思想。20 世纪 70 年代，另一位对互联网国际化发展具有决定性意义的科学家温特·瑟夫（Vint Cerf），与其研究团队在为了解决全球不同网络中计算机难以协同工作的问题时，提出了一种思想——互联网 TCP/IP 协议。概括这些思想的核心元素包括：开放、民主、共享、协同、创新、中立、自下而上、尊重首创。这是信息（网络）思维的主要元素。互联网对现实社会的深度嵌入使信息思维成为我们这个时代最应该遵从的思维准则。网络成为知识的解放者、信息的解放者、信息创造和传播方式的解放者、社会权利的解放者、人际关系的解放者、人的思维方式的解放者、人的价值观念的解放者、人的生活方式和行为方式的解放者，极言之是人本身的解放者、人类社会的解放者。很早以前，马克思和列宁就开始憧憬国家集权的消解和个人与人类的充分解放，正是网络化信息处理、创制和传播方式的发展和普及，为这一理想的展示提供了更为宽广的前景。对这一观点而言，有两个十分明显的例子。

（1）众包（Crowd Sourcing）。众包模式是杰夫·豪于 2006 年在《连线》杂志中首次提出的，其定义为"由非专业人士提供专业内容，消费者兼为内容创造者"。众包是一种基于互联网而产生的新的社会化协作形式，"众人拾柴火焰高"的古老智慧在互联网的推动下逐渐成为一种新的生产模式，包括开源程序、维基百科、大众点评、知乎、分布式计算等范畴。这些皆是互联网时代生产模式转换的范例，依靠群体智慧产出超越个体思维的成果，弥补了传统的专业化生产无法满足互联网时代用户个性化需求的缺陷，也暗合了目前网络发展的"去中心化"方向。

（2）平台模式（Platform Mode）。平台模式虽然由来已久，但在互联网时代，该模式获得了全新的规模、内涵与影响力。互联网带来社会化大分工、大连接、大协作，而平台模式正是这种协作方式的主要体现和形态。随着网民数量的增加、移动互联网的普及、智能可穿戴设备的发展，网络节点越来越多，全球性的巨型平台开始出现，平台生态化程度日益提高，物种多样性与自组织化程度不断增加。由于巨型平台及其生态圈的发育，社会性的"分工—协作"体系，全面突破了工业时代"分工深化"与"协作成本上升"之间的连锁关系，从一个全新的高度提供了一套分工与协作体系，极大地扩展了社会经济的新疆域，提升了社会福祉。未来组织演变方向将逐渐朝着生命、网络和复杂性进发，让所有个体的资源、价值和能力都能借助互联网的力量实现有效激活，最终形成一个有旺盛生命力的平台，适应正在日渐复杂化的用户需求。而这一切将成为互联网时代核心竞争力的生机源泉。

一切科技文明实际上都面临着两种命运，是为地球上多数人谋福利，还是为少数人谋福利。信息文明思维的核心价值与马克思主义理想的共产主义文明具有高度的契合性。随着人工智能时代的到来，其根本信息文明在于形成这样一种循环机制：从自然发生的人类智能，到由人类创造的人工智能，再以越过图灵奇点的机器智能去创构更高层次心物融合、虚实一体的人类智能，由此构成一个整体性智能化发展的双向循环。也正是这个双向循环过程中，蕴含着人类解放的具体路径和机制。在信息文明不断向着整体性智能化发展方向前进的过程中，以信息方式存在的人逐渐从包括自身载体在内的物能束缚中解放出来，不断提升自己的信息方式存在层次，乃至信息文明的发展层次。而在这个发展过程中，人工智能是通向人类智能和机器智能融合进化的关键环节。

从治理视角看，现代城市规划的本质内涵，是众人关于未来对各类资源利用的共识在时空维度的最优化安排与最大化实现。芭芭拉·格雷指出协同治理是这样一个过程："参与者通过从不同视角观察问题的各个侧面，建设性地探索其差异并寻求超越自身视阈局限的解决之道。"即多元化的参与主体有助于从更加整体性的视角看待问题，他们往往可以超越自身局限，利用各自的优势和资源，建设性地探索棘手问题的解决之道。城市要体现"以人为本"的原则，单靠少数精英的闭门造车很难制定出符合大多数人需求的合理可行的规划建设方案，一项好的规划需要广泛的公众合议，在公正、平等、公开的前提下集合全民的智慧与思考。要想有效实施群体智慧，则要遵循四项基本原则，即"观点的多元性""成员间的独立性""分散化（分权性）"和"集成性"，它们决定着群体的智慧，创造出"合成的奇迹"。

笔者认为，智能时代的到来使得城市规划将面对一种史无前例的群智理性（Collective Intelligence）的涌现，这种理性涌现将是对过往规划理性的超越。这就要求未来的城市规划需要具有四个基本特征，他们分别是跨智，跨界别的智能；众智，用集体的智慧来求解问题；合智，人类智能与人工智能一起发挥作用；善智，向善的智能，以此来推动规划范式的超越创新。在此，笔者将智能时代群智理性支持的城市规划定义为面向城市公共性事务，在复杂性思维（Complex Thinking）的指引下，依托整体性算力（Holistic Computing Power）赋能规划决策，开展协同型规划（Collaborative Planning）求得共识，实现思路碰撞、能力汇总、资源共享和联合创造的一种规划形式（图13-4）。

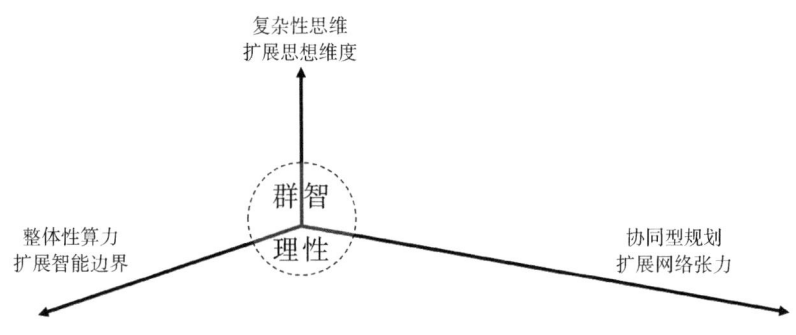

图13-4 智能城市规划的群智理性支持

智能时代群智理性支持的城市规划生成模型本质是一种公共利益导向下智能技术支持的泛在协商型决策模式。具体运作由四个子平台构成，分别为事实与价值判断平台、工具与决策控制平台、利益与制度机制平台、信息中枢赋能平台，核心在于构建一种智能城市规划共同行动中群智理性有效生成的运行方式，前三个子平台连接为一个循环体系，最后一个平台给予整体并行支持（图13-5）。

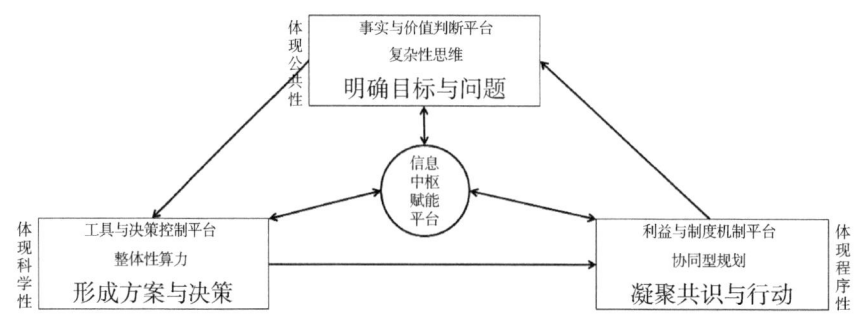

图13-5 智能时代群智理性支持的城市规划生成模型

13.3.2　复杂性思维

"系统"是什么？系统是联系、规律、整体、动态、连续、平衡等动词的集合。因为存在着"蝴蝶效应"的万物相联关系，当我们在解决一个问题的时候，实际上我们并不仅仅是在解决问题本身，我们所解决的每一个小问题都会为其他问题带来影响。系统思维就是把认识对象作为系统，从系统和要素、要素和要素、系统和环境的相互联系、相互作用中综合地考察认识对象的一种思维方法。

至今为止，系统论已经发展为系统科学，它包括"老三论""新三论"及新近发展的第三代系统论。第一代系统论于20世纪40年代被提出，即俗称的"老三论"，包括控制论、信息论和一般系统论。"老三论"在现代科学领域已经得到了非常广泛的应用，如手机通信系统、金融系统、导弹系统等。第二代系统论叫"新三论"，于20世纪60年代被提出，包括耗散结构理论、突变论和协同论，聚焦于复杂系统怎样从连续体变成不连续体，从确定变成不确定。其中的经典代表是诺贝尔化学奖得主普里高津提出的"耗散结构"理论，中心内容就是未来唯一能够确定的就是不确定。20世纪90年代，出现了第三代系统论，即复杂自适应系统理论（Complex Adaptive System，CAS）。复杂自适应系统作为第三代系统论，是指系统的各主体都会对外界干扰做出自适应反映，而且各种异质的自适应主体相互之间也会发生复杂作用，造就系统的演化路径和结构。

第一代和第二代系统论的理论体系具有较强的科学性，但仍需要进一步扩展和来增加包容性。"老三论"跟"新三论"都有一个共同特点，它们都解释了整个系统的结构、系统的各个节点是怎么发生作用的。但是前者很少描述系统的每个节点、每个主体对环境是如何进行自发性的适应的，以及它们本身具有的深度学习能力和主动观察世界并进行自我协同调节的能力。第三代系统论与前两代系统论的最大区别在于，前两代解释了结构和结构之间的变化规律，但很少涉及系统的主体是怎么样发生内在演变，进而重新造就整个系统的。第三代系统论是从主体开始，将CAS理论应用到第三代系统论，有效弥补了前两代系统论的缺陷。CAS强调主体在对外部世界进行主动认知和自我调节后产生的系统变革、系统演进和系统发展的过程，强调系统演变和进化的关键在于个体自适应能力与环境相互影响、相互作用，更强调随机因素在进化中的关键作用。

复杂性科学的出现促进了科学的纵深发展，使人类对客观事物的认识由线性上升到非线性，由简单均衡上升到非均衡，由简单还原论上升到复杂整体论。复杂性科学被认为是科学史上继相对论和量子力学之后的人类认识世界的又一次飞跃，是系统科学发展的一个新阶段[141]（表13-1）。

复杂科学与系统科学对比　　　　　　　　　　　　　　　　　　　　表 13-1

传统系统科学	复杂科学	表现
相互独立	联系紧密	每一单元的变化都会受到其他单元变化的影响，并会引起其他单元的变化
功能单一	功能丰富	每一层次均成为构筑其上一层次的单元，同时也有助于系统某一功能的实现
外界控制	自我完善	系统在发展过程中能够不断地学习并对其层次结构与功能结构进行重组及完善
封闭	开放	它与环境有密切的联系，能与环境相互作用，并能不断向更好地适应环境的方向发展变化
静态	动态	它处于不断发展变化之中，而且系统本身对未来的发展变化也有一定的预测能力

复杂系统最本质的特征是其组成部分具有某种高度的智能，即具有了解其所处环境，预测其变化，并按预定目标采取行动的能力，也就是具有自组织、自适应、自驱动的能力。这也是生物进化、技术革新、经济发展及社会进步的内在原因。因此，未来应该更多地讨论多场景下人机结合的可能性，以多维度

的结合打破人类固有的以人为唯一性的思想束缚。人机交互才是智能革命，未来的世界将会是人机协作共生，共同创造稳态价值的世界。

13.3.3 整体性算力

贝塔朗菲指出，现代技术和社会已变得十分复杂，传统的方法不再适用，"我们被迫在一切知识领域中运用整体或系统概念来处理复杂性问题。"吴良镛先生的人居环境科学方法论的核心就是整体论，该理论认为人居环境是一个复杂巨系统，并将解决复杂系统的方法论归结为"融贯的综合研究"，通过融贯的综合研究、整体设计，探讨走向整体的途径。"以整体性的观念，寻找事物的'相互联系'，这是人居环境科学的核心，也是它的方法论，甚至可以说是人居环境科学的真谛所在。"

城市的本质是各种"连接"的总和，城市规划可以被视为众人为"寻找与创造理想连接"的决策行为过程。然而人的行为存在动机和效果两个方面，这两个方面往往存在着一定的差距。虽然不一定能完全实现效果上的最优，但是一定可以实现动机上的最优，这也是人们一直以来强调和要求的。按照这个思路重新认识规划决策的满意准则和最优准则，就会发现它们在有限理性认识上的差距是有源可溯的。在现实规划方案中，由于达到最优状态是不可能的，令人完全满意是不确定的，这就使规划决策者处于一种难以取舍的状态。因此，科学的规划决策应该是最优和满意的辩证结合，即决策者在动机或心理方面按最优准则进行决策，在这个前提下，采用满意准则对决策过程进行衡量和控制，全面考虑决策过程中现实存在的动机与效果两方面的因素，将决策引导到更加科学化和民主化的方向上。

以碳基为基础的人，有思考和判断能力，但是运算能力和数据处理效率低；以硅基为基础的机器，数据处理高效、快速，但是没有思考和判断力。要实现群智理性的涌现，智能城市规划技术体系需要适应复杂系统需求的一次技术架构大变迁（图 13-6），从基于传统 IT 架构的解决方案到基于云架构的解决方案，提高信息系统响应能力。正如王坚院士所言，城市将从马力时代、电力时代进入算力时代。

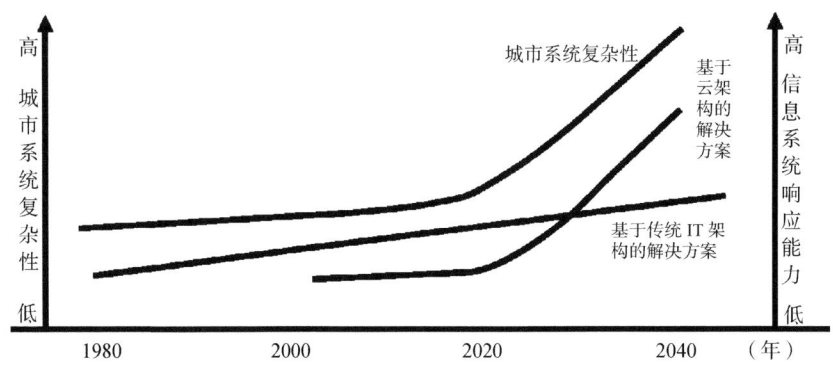

图 13-6　智能城市规划技术体系：适应复杂系统需求的技术架构变迁

数据科学、行为科学以及数字技术，让智慧城市的构想比任何时候都更加切实可行（图 13-7）。规划师不仅能理解城市的复杂性，而且能从空间维度去认识并理解城市巨系统中局部间的相互关联，还能通过配置空间资源推动城市巨系统的良性运转。随着大数据技术的快速发展，算法已经在城市空间资源的分配中占据了核心地位。面向城市系统运行的整体性算力正在形成，笔者认为整体性算力应包含以下主要特征：扩大规划决策中关键因素的范围；充分考虑城市系统多方面的、间接的因果关系；

在规划决策时，不是将问题拆分为若干独立的个体逐一解决，而是在保持问题整体性的同时着手处理各个部分；努力找出创新性的城市规划方案，让每一个构想与流程都比前一个更有效、更精确、成本更优；能够通过不断学习、推演、预测可能出现的城市问题，动态提出科学解决问题的方案并完善物理的城市系统，形成一个不断自我更新、进化的城市。

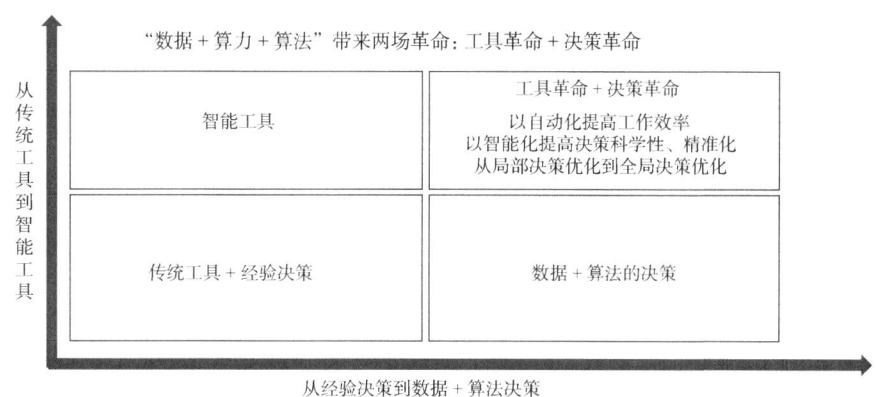

图 13-7 "数据＋算力＋算法"带来工具革命与决策革命

资料来源：阿里研究院。

城市规划的一个中心原则是"各种城市空间和形态同人类的相关"，这使其在内涵不断丰富、外延不断扩大的状态下，仍能与其他学科有所区别，并维系自己的作用与地位。对此，张庭伟教授在其《21世纪的城市规划：从美国看中国》一文中提出了城市规划究竟是为人还是为地的问题。[143] 文中他将规划师在过去一百年中的实践归纳为两个基本方向：第一，改善城市的用地布局和物质环境，即改善对"地"的使用；第二，改善城市居民的生活质量，提高城市社会的素质，即改善"人"的状况。他以美国城市规划发展为例，指出为"人"还是为"地"的争论是一场关乎规划师的社会职责和社会使命的讨论，直到进入21世纪，该讨论仍在继续。笔者曾在《和谐城市与中国城市规划的功能取向——基于西方城市规划理论演变的梳理与启示》一文中对近百年40个规划理论与事件进行了梳理分析（表 13-2）。[144]可以看到，一个明显的特征是，西方城市规划的功能取向重心正在发生偏移，逐渐从物质空间转向社会关系。而且物质性的规划与社会性的规划并非同步发展，这将会带来什么样的影响呢？吴志强院士在《城市规划学科的发展方向》一文中谈道，西方城市规划理论从理想主义起步，经历理性主义的丰富和完善，走向了更广阔的社会科学领域，但今日城市规划学科却面临核心理论空心化、理论创新惰性化、研究阵地孤立化的危机。[94] 这些问题可能仅是一个发展门槛和瓶颈，不一定是城市规划的最终趋势，但中国城市规划界不能盲目追随国际学界的动态热点，飘移性地展开工作，如此对自己将是弊多利少。梁鹤年先生则指出，在欧美国家，尤其是在北美地区，规划的社会地位仍未被重视，且有日益下降的趋势。他指出，出现该问题的原因在于规划自身。社会给予规划的使命是处理"城市环境"，但在近几十年里，规划理论和方法的发展路线却是要处理社会、经济、政治等问题，唯独没有处理"城市环境"问题。可以看出，在对西方城市规划经历了物质性设计基础上导入社会性知识获得发展进步正面的客观评价之上，学者对西方城市规划当前"物质空间"与"社会关系"并未有效兼容表示忧虑。

阶段	序号	思想节点	时间（年）	类型		
				物质性规划主线	社会性规划主线	物质—社会兼容
1890—1915 年	1	Ebenezer Howard：田园城市	1889			◆
	2	Camillo Sitte：城市艺术设计	1889	◆		
	3	城市美化运动	1893	◆		
	4	Tony Garnier：工业城市	1904	◆		
	5	Patrick Geddes：城市规划数据调查	1915	◆		
1916—1945 年	6	Le Corbusier：当代城市	1922	◆		
	7	Ernest W. Burgess：城市发展空间理论	1925			◆
	8	F. L. Wright：广亩城市	1932	◆		
	9	CIAM：《雅典宪章》	1933	◆		
	10	Walter Christaller：中心地理论	1933	◆		
	11	Louis Wirth：都市生活方式	1938		◆	
	12	C. A. Perry：邻里单位	1939	◆		
	13	Patrick Abercrombie：大伦敦规划	1942	◆		
	14	E. Saarinen：有机疏散	1943	◆		
1945—1960 年	15	英国：新城运动	1946	◆		
	16	美国：城市更新运动	1950s	◆		
	17	L. Keeble：规划的标准理论	1952	◆		
	18	Team 10：《杜恩宣言》	1954			◆
	19	Kevin Lynch：城市意象	1960			◆
1960—1980 年	20	Jane Jacobs：城市规划批判	1961		◆	
	21	Webber：综合规划	1963	◆		
	22	《威尼斯宪章》：文化遗产保护	1964	◆		
	23	Charles E. Lindblom：渐进规划	1965		◆	
	24	Paul Davidoff：倡导规划	1965		◆	
	25	Alexander：《城市并非树形》	1965	◆		
	26	Brian McLoughlin：系统与控制理论	1968	◆		
	27	Jone. Friedmann：行动规划	1969		◆	
	28	公众参与：《People and Planning》报告	1969		◆	
	29	Ian L. McHarg：设计结合自然	1969	◆		
	30	Andreas Faludi：理性与综合性规划	1973	◆		
	31	David Harvey：社会公正	1973		◆	
	32	Colin Rowe 与 Fred Koetter：拼贴城市	1976	◆		
	33	《马丘比丘宪章》	1977		◆	
1980—1990 年	34	Dolores Hayden：女性与规划	1981		◆	
	35	John Forester：规划面对冲突	1987		◆	
1990 年以来	36	Leonie Sandercock 与 Ann Fosyth：《妇女在规划理论中的方向性影响》	1992		◆	
	37	Tore Sage：沟通规划	1994		◆	
	38	《新城市主义宪章》	1996			◆
	39	P. N. G. Lendening：精明增长	1997			◆
	40	Patsy Healey：合作规划	1998		◆	

物质空间和社会之间，是交互作用和相互依存的关系。两者相互建构，相互融合，并非简单的"一方因"或"一方果"的线性关系。规范两者关系，主要集中在三个方面：（1）人地"数量"关系，分析人口与资源之间的平衡关系，即需求与供给的关系；（2）人地"质量"关系，是在"数量"基础上的人地系统"质量"提高优化问题；（3）人地"行为"关系，分析人与环境相互作用整体模式，从个人与群体对土地的感应和认识中发现共性关系特征，解释空间行为。大数据的兴起为人地关系和谐搭建了桥梁，通过关注"群体人"的规律和"个体人"的属性，来改良先前的空间规划，或许将成为未来的方向之一。正如北京大学刘瑜教授提出的"社会感知"，最先从对地理环境的情感和认知、在地理空间中的活动和移动、个体之间的社交关系三个方面，提取人的时空行为特征，继而从人、地、时三个基本要素切入，形成对"社会感知"的深刻认识。在"人"的方面，社会感知数据包括人的活动与移动、社交关系、情感与认知等行为模式；在"地"的方面，可以基于群体的行为特征揭示空间要素的分布格局、空间单元之间的交互以及场所情感与语义；从"时"的视角，可以发现地理过程（尤其是人文地理过程，如城市空间结构演化）的规律和特征。规划师要善于发现和解决城市发展中不充分、不均衡的问题，理解人对城市空间的需求，而且能够区分不同人群在空间需求上的差异，赋予空间特殊的内涵和品质，引导空间技术革新更精准有效地回应人的需求，解决城市发展中存在的现实问题（图 13-8）。

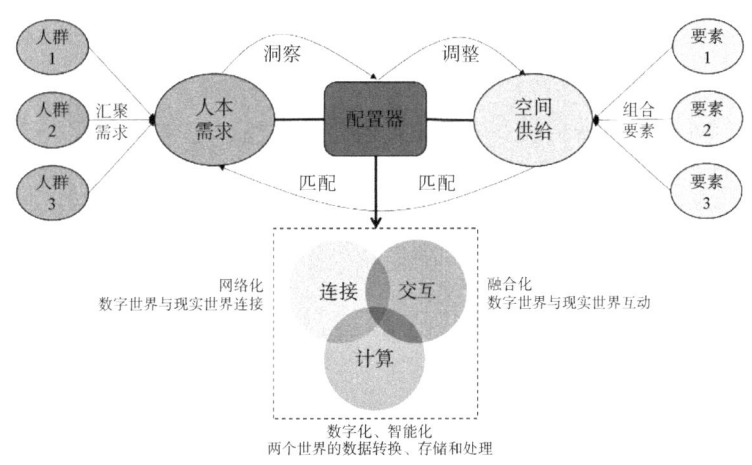

图 13-8　城市中人本需求与空间供给的整体性算力框架示意

13.3.4　协同型规划

"协同"一词最早来自古希腊语，也可以说协调、协作、合作。我国的《说文解字》中也曾提到协同的定义，"协，众之同和也。同，合会也。"所谓协同，就是指协调两个或者两个以上的不同资源或者个体，一致完成某一目标的过程或能力。"协同"一词，强调的是在主动与受动之间的交互作用中达到协调统一，从系统的整体性、协调性和同一性等基本原则出发，协调好各要素和各层次之间的关系，使之在和谐、配合的前提下获得整体发展与统一。

城市系统作为一个复杂巨系统，其发展不仅取决于各子系统的良好发展，更重要的在于各个子系统与城市系统总体发展管理目标的协同。条块分割、各自为政、职责交叉、管理粗放、缺乏协调等一系列问题普遍为当代中国城市治理所诟病，其中最主要的一项就是规划领域长期存在的多规并存现象，及由此带来的种种矛盾冲突。为此，运用协同发展的基本原理进行协同规划，系统探讨规划的协同框架体系，对于实现各空间之间矛盾的协调，并在强调整体性的基础上寻求最优化解决方法，具有重要意义。韩增林等提出城市规划转型要有整体性和系统性，认为城市规划转型的核心是规划范式的转型，实体是规划程序的转型，保障是规划机制的转型，并分析了在转型过程中政府的关键作用和规划教育的基础作用。同时强调城市规划的转型是一个系统推进的过程，需要各个环节协调联动、相互配合。[145]祝春敏等学者指出协同规划是以协同论为理论基础，通过建立规划协同平台，使得规划过程不断协调、优化与整合，并以反馈机制为依托形成良性循环的过程。此外，他们提出了三个层面的协同，即思想基础、技术方法和实施过程。思想基础的协同实现了价值取向与多维视角的统筹，技术方法的协同体现为编制思路与内容的融合互促，实施过程的协同则表现为多主体的分工、参与及合作。[146]凌嘉勤认为在协同规划这条道路上，规划师除了作为专业技术人员外，还要扮演两个非常重要的角色。第一是"倡议者"，要有规划的理想，设计有理念、有目标的规划方案，倡议对现况作出改变，做前瞻意念的倡议者。第二是"沟通者"，能够跟不同的人和群体做有效的对话，最大限度地协调社会不同的利益和诉求，同时亦要协调不同的技术要求，以制定最恰当的规划方案。使得设计出的最终规划方案，不单是技术的成果，还必须是不同社会群体的共识。[147]刘春成认为规划是以城市全体人智慧为支撑的复杂系统，不是纯粹的技术工程。规划作为一项公共政策，是一个智慧的收集、集成、决策和实践的过程，应当把当期人类最先进的知识理念，以一个恰当的方式，在一个恰当的时机集成起来，达成人们对城市的共同想象，促成居民的集体行动。[148]

笔者认为，当下，我国渐进式改革进入攻坚阶段，各种利益主体关系的牵扯与交织，使得规划及其实施的难度越来越大，这对每个规划者提出更高的要求。规划正在转型，"大规划"作为"决策过程中撬动价值的杠杆"，其意义正在日益凸显，因此规划师也需要成为价值的发现者、缔造者、集成者以及斡旋者，从而实现对价值创造、价值平衡以及价值分割的角色担当。城市规划治理的核心就是基于空间这一天然平台协调政府、市场、社会之间的关系，建构管治、共治和自治的治理体系，来满足人民对于城市公共服务提供、公共问题解决和公共空间形成的需求（图13-9）。

图13-9 空间是最天然的治理平台

信息文明的核心思维是"协同"与"共享"。没有"协同"与"共享"就没有生命，就没有发展。信息文明呈现的社会图景，展现的是无限发展的创新潜力。在群智理性框架下，笔者提出协同型规划，它是人类对追求城市可持续发展过程中善治方式的一种理性选择。它将构建并规范个体或集体在处理城市公共事务、公共利益、公共问题中的行为模式，其内涵包含三重特征。协同型规划是一种能够容纳多元主体参与的关系结构，协同型规划是一种能够平衡多重价值目标的决策过程，协同型规划是一种能够实现不同程序与环节分工合作的制度形式。

皮埃尔·卡蓝默曾讲到新的治理"再也不能忽视了关系，而是应将关系放在制度设计的中心位置"。与其他治理方式相比，协同治理的主体关系结构体现出新的特点：其一，从低水平的合作关系向高水平的协同关系演进；其二，从竞争关系向伙伴关系转变；其三，从组织内部关系向组织间关系扩展；其四，从垂直关系向扁平关系转变。该方式充分把握了信息技术引领的城市管理变革机遇，以现代信息技术为依托，打造"智能城市生态圈"（图13-10），助力城市持续演进提升。在生态圈中，核心是政府、企业、民众三方的高效协同互动，在需求、利益、政策、技术等不同方面的协同下，不断促进基础、产业、民生、环境、治理等一系列"需求"的更新。在城市合伙人机制下，空间规划编制与实施串联供给侧和需求侧，通过理论迭代、技术迭代、服务迭代、人才迭代保持良好的响应能力，将城市发展的战略、技术、资金、服务等"关键工具"在供给侧有序组织，为城市提供"360°全方位"的智能服务，从而将传统城市简单的"需求—供给"的单次交易关系转变为"需求—赋能—运营—迭代—新需求"的生命力进化。

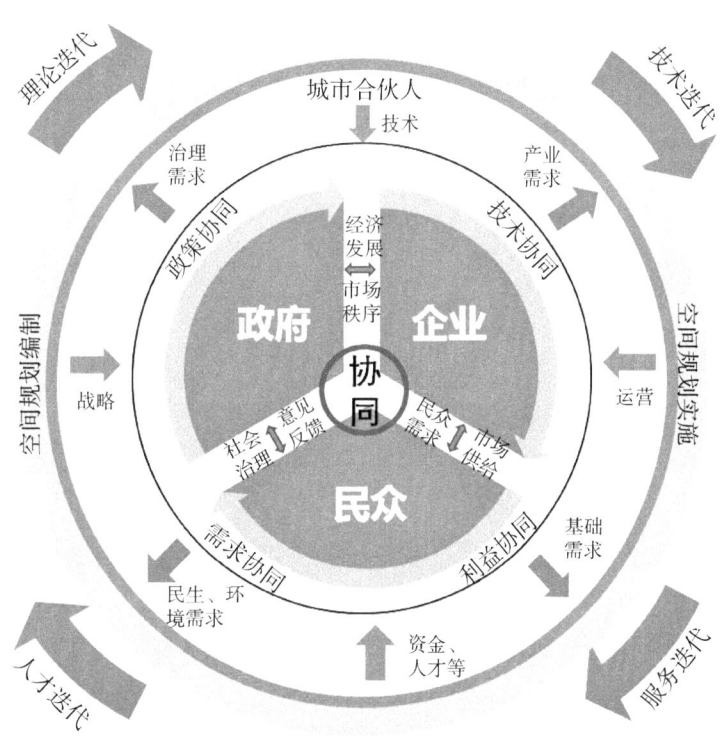

图13-10 智能城市协同规划生态圈模型示意

"人民城市人民建，人民城市为人民"的重要理念正在成为中国城市推动高质量发展的核心取向，为推动智能城市协同规划创造了难得的历史契机。但人民城市不是一个笼统的概念和口号，只有让人民城市可见、可感、可知，拥有清晰的表征、务实的呈现，人民城市的理想才能落到实处，人民才能有真正的获得感与幸福感。列斐伏尔曾提出"城市的权利像一个呐喊和一个需求……一种改变和重塑城市生活的权利。"其核心观点为城市是居民生产和生活过程中创作的一个作品或是产品。城市权利代表着居民控制经济、社会、文化等空间的权利，也是一种居民参与、使用和制造空间的可能性。城市权利与空间息息相关，它们相互作用，相互支撑。空间是城市权利的载体，而城市权利是空间生产的真谛。人民在不同的生命阶段、城市在不同的发展阶段对空间权利都有着不同的需求，而城市所处的每个阶段、人民所处的每个生命阶段的需求都是需要被尊重的。以人为本的城市规划治理需要更多地考虑人们的心理、生理需要，创造良好宜人的城市生活、生产、生态环境，使城市能够满足人们物质、精神全面发展的需求。为此，可以通过建立起一种"人民城市权利清单→空间落影→城市规划职责"的传递逻辑，探求中国人本型城市规划与管理理论研究的发端。

通过从国际宪章、国家法律两个源头对公民权利进行梳理（表13-3），将其置于一个二维框架之中，其中一维是按照马斯洛模型，将城市人所需要的空间需求划分为生存型空间需求和发展型空间需求两个递进层次，其中发展型空间需求在呼应国家提出的"五位一体"建设的基础上，进一步划分为经济、文化、社会、生态四个维度，政治需求归入社会维度的公共事务参与维度中。另一维则是一个人从生到死的生命周期。两个维度相互交叉，得到一个人在不同年龄段对不同空间需求应享有的权利矩阵，从而构建出一张人民城市空间权利的"元素周期表"（表13-4），将帮助我们分析汇集一座城市居民需求的空间权利。需要说明的是，这个表格可以作为一个基础性表格，后期可将人的学历、职业、收入、民族、信仰等进一步加进来，不断细化矩阵，绘制出一幅充分体现城市人广泛多样性的"权利元素周期表"。

两个源头的公民权利集合　　　　　　　　　　　　　　　表13-3

引文来源		权利清单
国际宪章	联合国宪章	人格尊重权；男女平等权
	世界人权宣言	生命权；人身自由权；人格尊重权；男女平等权；婚姻自由权；宗教自由权；言论自由权；公共事务参与权；就业权；同工同酬权；休息闲暇权；受教育权；原创保护权
	千年宣言	自由权；平等权；文化保护权；公众获取信息权；儿童保护权
	发展权利宣言	自由权；民族自决权；文化、政治、社会发展权
中国法律	中华人民共和国宪法	言论、出版、集会、结社、游行、示威自由权；宗教信仰自由权；人身自由；人格尊严权；住宅保护权；通信自由和通信秘密权；检举权；选举权；被选举权；劳动权；休息权；退休权；社会保障权；受教育权；男女平等权；婚姻自由权
	中华人民共和国民法	生命权；身体权；健康权；姓名权；肖像权；名誉权；荣誉权；隐私权；婚姻自主权；名称权；人身自由权；人格尊严权
	中华人民共和国劳动法	平等就业权；选择职业权；劳动报酬权；休息休假权；劳动安全卫生权；接受职业技能培训权；享受社会保险和福利权；提请劳动争议处理的权利
	中华人民共和国消费者权益保护法	安全权；知情权；选择权；公平交易权；求偿权；结社权；获得知识权；受尊重权；监督权
	中华人民共和国交通安全法	通行权；优先通行权；追偿权；上路行驶权

资料来源：作者根据相关材料整理。

在城市规划编制中，通过对一座城市、一个社区进行人口金字塔分析，获得人群的年龄分布结构，就能对其所需要的空间权利需求做出大致判断（表13-4）。这无疑将很好地解决过去规划中谈及人口就"大而化之、重数量不重属性、见物不见人"等通病，从而能够更精细化地从人的属性特征入手，提供人本型城市的规划、建设与管理解决方案。

空间是城市规划的核心对象与立足点，可将人民城市的权利清单与城市空间实体进行落影衔接，其主要从用地供给、场所设计和设施保障三个途径加以实现。其中用地保障主要针对居住用地、公共管理与公共服务用地、商业服务业设施用地、工业用地、物流仓储用地、道路与交通设施用地、公用设施用地、绿地与广场用地等类型，场所设计涵盖的则是城市设计、住区设计、公共空间设计、建筑设计等方面，设施保障则是为了满足居民生活工作需要、维系支撑城市运行而设立的各类功能性设施。

表 13-4

361

第13章 协同规划……应对未来不确定的群智理性

人民城市的空间权利清单

权利种类划分	五位一体空间权利划分	空间权利细分	0—3岁	3—7岁	7—18岁	18—35岁	35—45岁	45—55岁	55—65岁	65—75岁	75—85岁	85—100岁
生存权利	生存空间权利	生命安全权利	呼吸权 饮水权 进食权 休息权 居住权 通行权 就医权 人身自由权 隐私权	呼吸权 饮水权 进食权 休息权 居住权 通行权 就医权 人身自由权 隐私权	呼吸权 饮水权 进食权 休息权 居住权 通行权 就医权 人身自由权 隐私权	呼吸权 饮水权 进食权 休息权 居住权 通行权 就医权 人身自由权 隐私权	呼吸权 饮水权 进食权 休息权 居住权 通行权 就医权 人身自由权 隐私权	呼吸权 饮水权 进食权 休息权 居住权 通行权 就医权 人身自由权 隐私权	呼吸权 饮水权 进食权 休息权 居住权 通行权 就医权 人身自由权 隐私权	呼吸权 饮水权 进食权 休息权 居住权 通行权 就医权 人身自由权 隐私权	呼吸权 饮水权 进食权 休息权 居住权 通行权 就医权 人身自由权 隐私权	呼吸权 饮水权 进食权 休息权 居住权 通行权 就医权 人身自由权 隐私权
	经济类空间权利	就业空间权利				就业权 安全劳动权	就业权 安全劳动权	就业权 安全劳动权 销售权	就业权 安全劳动权 退休权 销售权	就业权 安全劳动权 退休权 销售权	就业权 安全劳动权 退休权 销售权	安全劳动权 退休权 销售权
		商业空间权利		公平交易权 自主选择权 知情权	专利权 公平交易权 自主选择权 知情权	专利权 公平交易权 自主选择权 知情权	专利权 公平交易权 自主选择权 知情权	专利权 公平交易权 自主选择权 知情权	专利权 公平交易权 自主选择权 知情权	专利权 公平交易权 自主选择权 知情权	专利权 公平交易权 自主选择权 知情权	专利权 公平交易权 自主选择权 知情权
		财富空间权利				财产权 继承权	财产权 继承权	财产权 继承权	财产权 继承权	财产权 继承权	财产权 继承权	财产权 继承权
	社会类空间权利	社会交往空间权利	人格保护权 姓名权 肖像权 名誉权 言论自由权 宗教信仰自由权 男女平等权 婚姻家庭保护权	人格保护权 姓名权 肖像权 名誉权 言论自由权 宗教信仰自由权 男女平等权 婚姻家庭保护权	人格保护权 姓名权 肖像权 名誉权 言论自由权 宗教信仰自由权 男女平等权 婚姻家庭保护权	人格保护权 姓名权 肖像权 名誉权 言论自由权 宗教信仰自由权 男女平等权 婚姻家庭保护权	人格保护权 姓名权 肖像权 名誉权 言论自由权 宗教信仰自由权 男女平等权 婚姻家庭保护权	人格保护权 姓名权 肖像权 名誉权 言论自由权 宗教信仰自由权 男女平等权 婚姻家庭保护权	人格保护权 姓名权 肖像权 名誉权 言论自由权 宗教信仰自由权 男女平等权 婚姻家庭保护权	人格保护权 姓名权 肖像权 名誉权 言论自由权 宗教信仰自由权 男女平等权 婚姻家庭保护权	人格保护权 姓名权 肖像权 名誉权 言论自由权 宗教信仰自由权 男女平等权 婚姻家庭保护权	人格保护权 姓名权 肖像权 名誉权 言论自由权 宗教信仰自由权 男女平等权 婚姻家庭保护权
		交通空间权利	通行权	通行权	通行权	通行权 上路行使权	通行权 上路行使权	通行权 上路行使权	通行权 上路行使权	通行权 上路行使权	通行权	通行权
		公共事务空间权利				选举权 被选举权 批评建议权 监督检举权 公共集会权	选举权 被选举权 批评建议权 监督检举权 公共集会权	选举权 被选举权 批评建议权 监督检举权 公共集会权	选举权 被选举权 批评建议权 监督检举权 公共集会权	选举权 被选举权 批评建议权 监督检举权 公共集会权	选举权 被选举权 批评建议权 监督检举权 公共集会权	选举权 被选举权 批评建议权 监督检举权 公共集会权
发展权利	文化类空间权利	文学艺术空间权利	科研、文学艺术和其他文化活动的自由权	科研、文学艺术和其他文化活动的自由权	科研、文学艺术和其他文化活动的自由权	科研、文学艺术和其他文化活动的自由权	科研、文学艺术和其他文化活动的自由权	科研、文学艺术和其他文化活动的自由权	科研、文学艺术和其他文化活动的自由权	科研、文学艺术和其他文化活动的自由权	科研、文学艺术和其他文化活动的自由权	科研、文学艺术和其他文化活动的自由权
		教育空间权利	教育权	教育权	教育权							
	生态类空间权利	生态环境空间权利	观光权	观光权	观光权	一定的排污权 观光权	一定的排污权 观光权	一定的排污权 观光权	一定的排污权 观光权	一定的排污权 观光权	一定的排污权 观光权	一定的排污权 观光权

协同型规划的过程可以简单概括为如下几步。首先判断一个城市、社区的人口金字塔特征是年轻型、成年型还是年老型；其次根据人口金字塔特征，结合不同空间需求，选择权利清单矩阵内相关权利。将其落实于实体空间，将权利与空间载体，如用地、场所、设施，进行对接。最后根据落实的空间载体建设情况，对一个城市的人本化程度进行测评。

若能打通这一逻辑，建立这一清单（表 13-5），不仅可以成为指导规划编制的依据，还可以成为评估规划实施成效的标尺。

人民城市权利清单的空间落影 表 13-5

权利种类划分	五位一体空间权利划分	空间权利细分	用地保障	设施保障
生存权利	生存空间权利	生命安全权利	居住用地	住宅社区、公租房、酒店等
			商业服务业设施用地	餐厅、便利店等
			公共管理与公共服务设施用地	综合医院、急救中心、疾病防控中心等
			交通与道路设施用地	停车场、汽车站、火车站、飞机场、码头港口等
			绿地与广场用地	广场、公共公园等
发展权利	经济类空间权利	就业空间权利	商业服务业设施用地	商务写字楼、超市、餐厅、银行等
			工业用地	工厂、公司、产业园等
			公共管理与公共服务设施用地	会议中心、图书馆、健身器材等
		商业空间权利	商业服务业设施用地	商业街、证券公司、保险公司、酒店、餐厅等
			公共管理与公共服务设施用地	展览馆、博物馆、影剧院、度假村等
			交通与道路设施用地	停车场、收费站、工商税务机关等
		财富空间权利	商业服务业设施用地	银行、证券公司、保险公司等
			公共管理与公共服务设施用地	工商税务机关、外国机构、税务局等
	社会类空间权利	社会交往空间权利	商业服务业设施用地	商业街、购物中心、咖啡厅酒店、餐厅等
			公共管理与公共服务设施用地	展览馆、博物馆、会展、驾校、文化宫等
			绿地与广场用地	广场、动物园、国家景点、公共公园等
		交通空间权利	交通与道路设施用地	停车场、汽车站、火车站、飞机场、码头港口等 收费站、服务站、交通车辆管理等
		公共事务空间权利	公共管理与公共服务设施用地	政府相关机构、国家机关、非政府组织机构等
			绿地与广场用地	广场、公园等
	文化类空间权利	文学艺术空间权利	公共管理与公共服务设施用地	美术馆、文化宫、文艺演出场所、博物馆等
			绿地与广场用地	广场、公园等
		教育空间权利	公共管理与公共服务设施用地	学校、教育培训机构、孵化器
	生态类空间权利	生态环境空间权利	绿地与广场用地	广场、动物园、国家景点、公共公园
			公共管理与公共服务设施用地	度假疗养场所、生态公园等

大数据的兴起为我们提供了从"人的尺度与粒度"的对城市进行细微观察的机会与工具。通过应用大数据，我们将可以建立起"人的权利"→"空间"→"数据"→"满意度评价"→"规划供给与修补"的螺旋式认知与实践上升过程。对此，笔者认为治理视角的规划升维将推动城市规划新的突破，并由此提出协同型规划六步法："识别差异，定义分歧"→"洞察诉求，转译信息"→"构建机制，达成共识"→"活化空间，创造价值"→"设计规则，共享收益"→"兑现共识，持续进阶"，进而推动城市人民性的真正回归（图 13-11）。

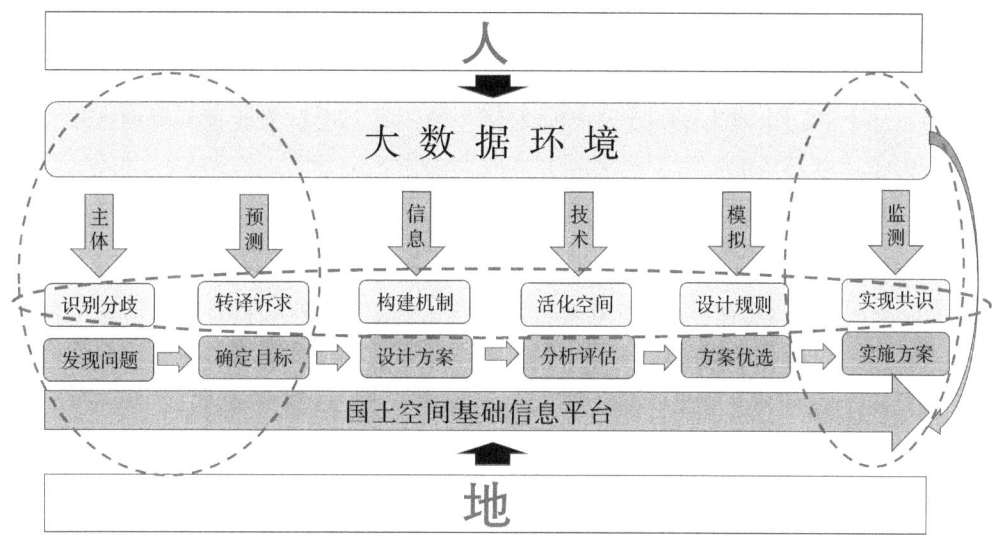

图13-11 大数据支持下协同型规划六步法实现思路示意

13.4 展望

信息文明已经为这个世界构建了无所不包的景致，但如同人类的文明历史不会终结一样，人们的信息文明创新步伐也不会停止。史蒂文·平克（Steven Arthur Pinker）曾经说过，"生命、思想以及人类奋斗的最终目的：创造能量和信息克服熵的浪潮并开辟有利秩序的庇护所。"在通往更高级文明的道路上，人的主观创造性和能动的选择性注定要把人类带向全面解放的共产主义社会，这不是痴人说梦，而是一个正在变成现实的客观存在。当今世界的全球化，如何"化"和向何方向"化"的问题，都直接关系到世界上每一个国家、民族甚至每一个人的前途命运。"各美其美，美人之美，美美与共，天下大同"的中华思想与信息文明思维有着极大的相似之处，蕴含着人类对未来社会的美好憧憬，人类命运共同体理念就是中国方案的智慧贡献。然而，"治理赤字""信任赤字""和平赤字""发展赤字"的威胁令人担忧。面对新的全球语境、时代语境与国家语境，身处信息革命与智能浪潮之中的中国城市规划，伴随国家空间规划改革推进，同样需要深入思考自身的使命与方向。

改革开放40余年，中国经济社会发展取得了巨大成就，成为全球具有重要影响力的第二大经济体，国际影响力和话语权大幅提升，但随之也积累了许多深层次的结构性矛盾和问题。发展的不平衡性、不充分性、不协调性、不可持续性日益显现，其中许多问题与空间开发模式粗放、空间结构不合理密切相关。我们的国土空间"病了"，大气、水、土、湿地、森林、草原都面临着污染和衰退的巨大威胁，我国正在从个人物品短缺的时代进入优质公共物品严重短缺的时代。

病因可能有很多，但其中有一个病因源头，即目前拼盘式的空间规划治理系统出现了问题。回顾新中国规划的发展历程，从苏联的计划蓝图到改革开放后的西方舶来热潮，我们的"天人合一，道法自然"理念逐渐被时代抛诸脑后。苏联的规划在"梁陈方案"中的胜利仅仅是历史中一个短暂的片段，而更多因模仿照搬西方理性主义"现代化"城市建筑形式所引发的当前全国各地"千城一面"的特色危机更令人感到痛心。改革开放后，内地的总体规划仍在沿用备受诟病的苏联式规划的思维；底层的控制性规划学习美国区划分区和中国香港地区的法定图则，区域规划层面则引入日本的都市圈、欧美的都市带；在国家层面学习日本、德国、英国体系……我们的规划体系越来越像是一支拼凑起来的杂牌军。一直以来，我们想走出一条"师夷长技以制夷"的规划创新路径，却忽略了规划不是简单的一个硬件和一门技术，而是会受到强烈的地域文化与社会环境的影响。主体功能区规划的探索虽可视为国人的一次自主尝试，但因无法落地，最终也只能束之高阁。

一流的实践、二手的理论成为中国规划最痛的伤。如果我们把每个国家的规划视为其国家治理的操作系统，那么源于计划经济的、过于机械的苏式规划操作系统基因，与舶来欧美的工业化市场化的征服自然还原论操作系统基因，都是与我们自身国情无法适应的外来操作系统基因，根本无法与我国的操作系统融为一体，更何谈指导我们去建设新时代的国土空间开发建设保护呢？

中国人讲究层次性、强调阶段性、尊重多元性、承认多样性、长于综合性、注重整体性为特点的思维方式和治理逻辑，这一点在国际中具有天然的优势。它排斥线性思维，主张综合思维，承认任何事物都处于变化之中，各有其自身存在的合理性。承认事物的复杂性与矛盾性，认为事物都是矛盾的统一体，对立的双方相互依存，"祸兮福之所倚，福兮祸之所伏"。它排斥单一性，强调整体性，天、地、人相通相合，"人法地，地法天，天法道，道法自然"，追求人与自然的和谐统一。今日，我们更加深刻和迫切地感受到：面对中国生态文明建设，面对新一轮科技变革，面对新型全球治理关系深刻变化的全新需求，我们需要一套立足于中国大地和根植于中华文明的新操作系统，只有具备了这样的操作系统，我们这艘东方巨轮才可能行驶得更加安全、平稳和持久。

13.4.1 空间规划系统重启：是升级还是重置

沿着这样的思路，我们再去看 2014 年国家推出的"多规合一"改革试点工作，这次改革就如同按下了国家空间治理系统的重启键，直到 2018 年 3 月宣布自然资源部成立，才算得重启完毕。然而，这次重启是一次全新的升级还仅仅是一次重置？目前我们仍然不得而知。但其实目前我国的城市规划发展还处于摸着石头过河的阶段，往往一些意外的事件会帮助我们建立起更加清晰的战略认知定位。我国现在运转的国土空间系统，运行成本和运行内耗极高，已经无法承受各种各样的城市病和生态病，更勿言规划类型过多、内容重叠冲突、审批流程复杂、周期过长、地方规划朝令夕改等问题，这些漏洞进一步拉低了国土空间系统的运行性能。如果未来还是延续打补丁的方式去修补，而不能用釜底抽薪的措施来根治城市规划治理系统，我国将根本无法在国际上参与竞争。为此，我国的城市规划系统迫切需要一次凝聚高度改革共识的系统重置，一次能够让我们在国土空间层面重新建构起新的发展优势和竞争优势的系统重置。

虽然在全球化时代，硬件可以被组装，但操作系统是需要有自主主权的，否则生产线就无法运转。所以我们必须要有高度共识，全面认识到国土空间规划改革是党中央治国理政的一项重要举措。改革的重点就是要为国家和每个省和市县重置一套全新的操作系统，共同建设和实现祖国复兴的伟业。未来中国的城市规划改革，需要继续按照这个定位去审视自身对当前规划改革工作的理解程度，去审视自己即将开展的规划工作效果，能否让一个地方空间治理系统性能大幅提升。我国的城市规划改革需要的不仅仅是一次简单重启，而是需要一次像"鸿蒙"系统一样脱胎换骨的再造。

新一代科技革命的发展，使得物联网、移动互联网、大数据、云平台、人工智能、边缘计算等新技术如雨后春笋般出现，再加上 5G 的商业化加速，一个全新的超时空压缩世界终将浮现在世人眼前，万物互联，数字孪生。自然资源部庄少勤总规划师在其"智慧城市——新时代、新空间、新规划"的发言中就曾说道，目前"涌现"出了不同空间尺度的"相变"：一是多中心、网络化；二是群落式、圈层化；三是复合式、社区化；四是体验性、场景化；五是地域性、个性化；六是自主性、权力化。在"数字驱动""生态驱动""网络驱动""社区驱动""流量驱动""用户驱动"的多维驱动下，新时代的中国国土空间规划将是可感知、能学习、善治理、自适应的"智慧规划"。

我国的城市规划，不再是无视个体个性的千人指标、万人指标，而是对每一位充满个性的人的发现与关爱。这背后更是时代观、发展观、认知观的重新定义，国土空间规划也必然需要在思想方法论、概念体系、原理体系、标准体系、统计体系、权责体系、价值体系、法规体系等方面进行重新定义。最终实现整个国家的国土空间治理操作系统的重新定义。而这需要众人具有能够跳出空间看空间、跳出规划看规划、跳出中国看中国的能力，打破匠人、技术的传统思维束缚，方能获得更长远的视野和能力！

13.4.2 构建中国特色的空间治理"鸿蒙"系统

今天，生态文明方略步步稳扎稳打，国家治理体系现代化进程循序渐进、逐步深入，为构建属于我们国人自己定义的国土空间操作系统，支撑国家的复兴腾飞提供了千载难逢的历史契机。

《关于建立国土空间规划体系并监督实施的若干意见》为空间操作系统的构建指明了以下方向。

第一，在新系统性能目标的建立上，要全面提升国土空间治理体系和治理能力现代化水平，基本形成生产空间集约高效、生活空间宜居适度、生态空间山清水秀，安全和谐、富有竞争力和可持续发展的国土空间格局。

第二，新系统的功能模块包括"四梁"和"八柱"。"四梁"包括编制审批体系、实施监督体系、法规政策体系和技术标准体系；"八柱"即国家、省级、市级、县级、乡镇五级规划与总体规划、详细规划、相关专项规划三类。

第三，新系统的开发周期有三个节点，即 2020 年、2025 年与 2035 年。

第四，新系统的配置标准要具备战略性、科学性、权威性、协调性、操作性。

第五，在统一行使全民所有自然资源资产所有者职责，统一行使所有国土空间管制和生态保护修复职责的要求之下，新系统的开发逻辑面临多个维度的转变。其中，对象要从土地资源到自然资源，范围要从陆域国土到陆海统筹，产权要从产权模糊到产权清晰，价值要从土地价值到综合价值，治理要从建设依据到管理工具，数据要从大数匡算到精细数据，政绩观要从旧发展到新发展。

第六，新系统编程的核心语言是人本、资源、产权、资产、数据、政策、机制，关键规则是战略与底线、公平与效率。

第七，新系统的分布组织是分布式、网络状的，国家层面是要让国土空间更平坦、更有序、更安全，省级层面是要让国土空间更协调、更高效、更美丽，市县乡镇层面则是要让国土空间更宜居、更和谐、更高效。

第八，新系统的操作主体包括政府、市场和社会。

第九，新系统的运行保障需要强化规划权威、改进规划审批、健全用途管制制度、监督规划实施、推进"放管服"改革、完善法规政策体系、完善技术标准体系、完善国土空间基础信息平台等联动集成，打通所有障碍环节，降低系统运行面临的干扰风险，提升系统运行的稳定性和绩效性，让系统运行拥有更高的速度、精度与流畅度。

面对这样一个全新的战略性空间治理系统，需要所有的相关学科打破门户之隔，放下门户之见，积极参与进来，为打造中国国家空间治理的"鸿蒙"系统共同努力。此战略成型之际，将建成人类历史上最伟大的杰作。

13.4.3 推动智能时代新型城市规划生态营造

发展是第一要务，我们要改变的是不良发展方式，而不是发展本身。如果对这一战略问题的理解有偏差，那改革将失之毫厘、差之千里。面对新的国土空间治理系统开发，有三类角色最为关键：战略架构师、核心程序员和关键操作员。如果将城乡规划视为 Google 创意型程序员，土地利用规划就像是防病毒软件风险型程序员，主体功能区战略则是基础架构。如果不断创意开发新程序，系统会越来越卡，承受不了。但如果仅仅是杀毒防风险，没有多样的应用程序，系统功能单一，也会带来系统资源的闲置浪费。所以防风险守底线和战略引领谋创新，是空间治理操作系统升级的一体两面，缺一不可。这就对系统研发的主创和团队提出了更高要求。因此，我国城市规划发展不能关起门来做文章，应像"鸿蒙"系统一样，实现高度兼容，打通所有数据接口和应用端口，最终营造出"数字中国"战略最为关键的底层数字国土空间生态系统，推动国家治理能力现代化和经济社会创新升级才是根本王道。在这个过程中，很多人都是这个巨系统开发的程序员和操作员，只是在不同的网络节点开发着不同的应用程序和 APP，他们有一个共同的目标，那就是让中国国土空间这台超级电脑运行得更加协调、流畅、可持续。

对存量的规划师而言，来源于不同学科背景的规划师们需要相互学习，取长补短。而对于未来增量的规划师们，则需要与时俱进，大力加强学科的建设和创新。如今，规划转型的关键就在于职能翻转。将顶层的职能监管化与底层的学科知识综合化组合在一起，就像一个不断翻转的沙漏。开始是自上而下，后面是自下而上，如果不能实现翻转，沙漏的价值就没有了。所以需要一个力使沙漏可以不断翻转，这就是规划的原力共识。只有围绕规划原力，凝聚城乡规划、土地管理、地理科学、公共管理、信息科学等广泛的学科参与力量，才能早日实现综合建设的创新（图 13-12）。

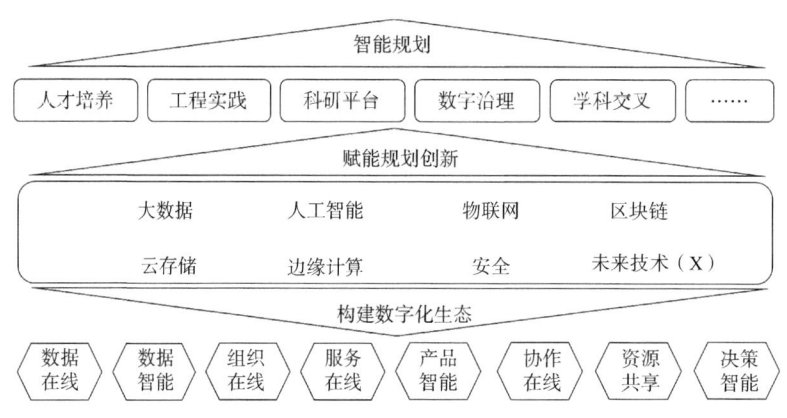

图 13-12　智能城市规划的生态示意

操作系统的重置，意味着一个生态系统将重建。规划院、学会协会、院校、公司、学术期刊、研究人员，对于参与城市规划的每一个主体来说，大家都需从面向未来的维度，定位新的角色，掌握新的技能，创造新的价值。只要能有利于系统运转更流畅，那么就一定会有属于自己的新生态位，故步自封将会被历史淘汰出局。

改革 40 余年来，我国快速城镇化的进程留下了许多城市问题，面对新时代的国土空间治理要求，每个规划人当怀着一份为国崛起的使命感、一份以人为本的人文观，努力做好一系列扭转国土空间失配、失序、失位的纠错趋优工作。作为这个时代的一名城市规划师，当我们能在关乎祖国国运的宏大叙事与每个人的命运之间建立起息息相关、共生共荣的关系时，那份油然而生的使命感将塑造出这个职业最大的价值。

索引

参考文献

[1] 吴志荣. 人类信息交流的变革和社会文明的变迁. 上海师范大学学报（哲学社会科学版）, 2009, 38（06）: 67-75.

[2] 孙海峰. 网络读写的主体重构. 深圳大学学报（人文社会科学版）, 2007（01）: 127-131.

[3] 杜彦峰, 相丽玲, 李文龙. 大数据背景下信息生命周期理论的再思考. 情报理论与实践, 2015, 38（05）: 25-29.

[4] 路易斯·亨利·摩尔根. 古代社会（西方文库. 学术译丛）: 江苏教育出版社, 2005.

[5] 马克思, 恩格斯. 马克思恩格斯选集 第1卷: 人民出版社, 1972.

[6] 雅斯贝斯·卡尔. 历史的起源与目标: 华夏出版社, 1989.

[7] 亚当·斯密. 国民财富的性质和原因的研究: 商务印书馆, 2002.

[8] 西蒙. 管理行为（原书第4版）, 2007.

[9] Boulding K.E. The Coming of Post-Industrial Society: A Venture in Social Forecasting. J ECON ISSUES, 1973, 8.

[10] 吕新奎. 中国信息化: 电子工业出版社, 2002.

[11] 宜人智库. 科技产业趋势报告2020, 2018.

[12] 中国信息通信研究院. 中国数字经济发展与就业白皮书（2021年）, 2021.

[13] 中华人民共和国国家互联网信息办公室. 二十国集团数字经济发展与合作倡议, 2016.

[14] 清华大学, 中国人工智能学会. 2019中国人工智能发展报告, 2019.

[15] 中国互联网络信息中心, 国家互联网信息办公室, 中央网络安全和信息化领导小组办公室. 第47次中国互联网络发展状况统计报告, 2021.

[16] Castells M. The rise of the network society: Blackwell Publishers, 2000.

[17] 顾朝林, 段学军, 于涛方 等. 论"数字城市"及其三维再现关键技术. 地理研究, 2002（01）: 14-24.

[18] 房立洲. "云时代"智慧城管的发展维度与理想模型. 上海城市管理, 2012, 22（04）: 12-16.

[19] 王旭. 互联网发展史. 个人电脑, 2007（03）: 182-188.

[20] 中国青年网. 科技之光普惠共享: 穿越三十年, 看中国互联网发展历程, 2017.

[21] 中国信息通信研究院. 互联网发展趋势报告（2017—2018年）, 2017.

[22] 工业和信息化部电信研究院. 2011中国移动互联网白皮书, 2011.

[23] 工业和信息化部. 2020年通信业统计公报, 2021.

[24] 张贺飞. 云计算十年: 从战略回归战术, 2018.

[25] 中国经济信息社.2019—2020年中国物联网年度报告，2020.

[26] 投中研究院.2018年区块链投融资报告，2018.

[27] 刘锋.互联网云脑与人工智能时代的兴起.文化纵横，2017（04）：38-44.

[28] 王飞跃.机器崛起：重现的自动化愿景，2017.

[29] 李德仁，朱庆，李霞飞.数码城市：概念、技术支撑和典型应用.武汉测绘科技大学学报，2000（04）：283-288.

[30] 李敬东.美美与共，天下大同——当代世界多元价值观的冲突及和谐进路.南京政治学院学报，2008（01）：36-38.

[31] 林夏水.毕达哥拉斯学派的数本说.自然辩证法研究，1989（06）：48-58.

[32] 朱小川，吴建伟，吴培培 等.引力模型的扩展形式及对中国城市群内部联系的测度研究.城市发展研究，2015（09）：43-50.

[33] 王妍."大数据＋智能化"给社会治理带来哪些改变.人民论坛，2018（31）：70-71.

[34] 艾伯特-拉斯洛·巴拉巴西.爆发：大数据时代预见未来的新思维.城市住宅，2012（8）：97.

[35] 许晔.以大数据创新提升政府管理决策能力.科学管理研究，2017，35（03）：10-12.

[36] 胡振亚，李树业.基于大数据的创新机制研究.科学管理研究，2017，35（06）：24-27.

[37] 田溯宁.城镇化与国家大数据战略.理论视野，2015（12）：22-24.

[38] 罗弦.网络新闻生产中大数据运用的伦理问题及编辑对策.科技与出版，2015（01）：67-70.

[39] 王钦敏.经济社会发展中的大数据应用.地理学报，2015，70（05）：691-695.

[40] Hey T.，Tansley S.，Tolle K. The Fourth Paradigm：Data-Intensive Scientific Discovery. ，2009.

[41] 张晓强，蔡端懿.大数据对于科学研究影响的哲学分析.自然辩证法研究，2014，30（11）：123-126.

[42] 陈云松，吴青熹，黄超.大数据何以重构社会科学.新疆师范大学学报（哲学社会科学版），2015，36（03）：54-61.

[43] 张弛.大数据思维范畴探究.华中科技大学学报（社会科学版），2015（2）：120-125.

[44] 刘蕾，鄢章华，白世贞.大数据——多维度给管理决策带来的改变.科技管理研究，2016，36（14）：224-227.

[45] 刘伟伟.社会物理学与大数据技术的融合趋向及其特征.自然辩证法通讯，2019，41（09）：80-86.

[46] 黄时进.重塑空间：大数据对新城市社会学的空间转向再建构.安徽师范大学学报（人文社会科学版），2018，46（04）：97-104.

[47] 段虹，徐苗苗.论大数据分析与认知模式的重构.哲学研究，2016（02）：105-109.

[48] Hall P. The Rise of the Network Society（The Information Age：Economy, Society and Culture, Volume 1）, Manuel Castells, Blackwell Oxford（1996）556 pp £50.00 hardback £15.99 paperback. Justice, Nature & the Geography of Distance, David Harvey, Blackwell Oxford（CITIES, 1998, 15（2）：132-134.

[49] Schwanen T.，Kwan M.P. The Internet, mobile phone and space-time constraints. GEOFORUM, 2008，39（3）：1362-1377.

[50] Graham S.，Marvin S. Splintering Urbanism. Networked infrastructures, technological mobilities and the urban condition. ，2001.

[51] 杨会良，杨秀丹. 雄安新区"智慧城市"建设基本架构与路径——基于场所和流动空间视角. 河北大学学报（哲学社会科学版），2018，43（04）：57-62.

[52] 秦萧，甄峰. 大数据与小数据结合：信息时代城市研究方法探讨. 地理科学，2017（03）：321-330.

[53] 胡敏中. 大数据分析的认识特征. 自然辩证法研究，2018，34（01）：112-117.

[54] 陈国青，吴刚，顾远东 等. 管理决策情境下大数据驱动的研究和应用挑战——范式转变与研究方向. 管理科学学报，2018，21（07）：1-10.

[55] 经济合作与发展组织. 弗拉斯卡蒂手册：科学技术文献出版社，2010.

[56] 陈劲. 绿色智慧城市：浙江大学出版社，2010.

[57] 李传军. 大数据技术与智慧城市建设——基于技术与管理的双重视角. 天津行政学院学报，2015，17（04）：39-45.

[58] Stonebraker，Michael. SQL databases v. NoSQL databases. COMMUN ACM，2010，53（4）：10.

[59] Honnutagi P.S. The Hadoop distributed file system. International Journal of Computer Science & Information Technolo，2014.

[60] Carston R. Herbert H. Clark, Using language. Cambridge：Cambridge University Press，1996. pp. xi+432. J LINGUIST，1999：167-222.

[61] JiaweiHan，MichelineKamber，JianPei 等. 数据挖掘：概念与技术：机械工业出版社，2012.

[62] Pietsch W. Big Data – The New Science of Complexity. Big Data – the New Science of Complexity，2013.

[63] 钟华，刘杰，王伟. 科学大数据智能分析软件的现状与趋势. 中国科学院院刊，2018，33（08）：812-817.

[64] Ihaka R.，Gentleman R. R：A Language for Data Analysis and Graphics. Journal of Computational & Graphical Statistics，1996，5（3）：299-314.

[65] Swami A.，Jain R. Scikit-learn：Machine Learning in Python. J MACH LEARN RES，2012，12（10）：2825-2830.

[66] Mark H.，Eibe F.，Geoffrey H. 等. The WEKA data mining software：An update. ACM SIGKDD Explorations Newsletter，2008，11（1）：10-18.

[67] Zaharia M.，Chowdhury M.，Franklin J.M. 等. Spark：cluster computing with working sets. HotCloud，2010：10.

[68] Barga R.，Fontama V.，Tok H.W. Predictive Analytics with Microsoft Azure Machine Learning. Predictive Analytics with Microsoft Azure Machine Learning，2015.

[69] 陈为，沈则潜，陶煜波. 数据可视化：电子工业出版社，2013.

[70] 丁光明. CAD 技术在城市规划设计和规划管理中应用初探. 当代建设，1998（06）：34-35.

[71] Shiode N. 3D urban models：recent developments in the digital modelling of urban environments in three-dimensions. GEOINFORMATICA，2001：263-269.

[72] Batty M. New Developments in Urban Modeling：Simulation, Representation, and Visualization：Springer Berlin Heidelberg，2003.

[73] 胡庆钢. CAD 及 GIS 技术应用于城市规划的缺憾和对策，2002：498-504.

[74] 朱亚杰，李琦，冯逍. 基于大数据的智慧城市技术体系架构研究. 测绘科学，2014，39（08）：

70-73.

[75] 蒋云良，徐从富，刘勇 等 . 基于反馈的交互式动态 GIS 景观评价模型 . 计算机辅助设计与图形学学报，2007（04）：486-490.

[76] 张林军，吴志强 . 居住区规划设计中计算机生态模拟软件运用的评价与优化，2010：9.

[77] Vanegas C.A.，Garcia-Dorado I.，Aliaga D.G. 等 . Inverse Design of Urban Procedural Models. ACM T GRAPHIC，2012，31（6）：1.

[78] 姜鹏，曹琳，倪砼 . 新一代人工智能推动城市规划变革的趋势展望 . 规划师，2018，34（11）：5-12.

[79] 吴志强，甘惟 . 转型时期的城市智能规划技术实践 . 城市建筑，2018（03）：26-29.

[80] 王德，朱玮，黄万枢 等 . 基于人流分析的上海世博会规划方案评价与调整 . 城市规划，2009，33（08）：26-32.

[81] Haase D.，Schwarz N. Simulation Models on Human—Nature Interactions in Urban Landscapes：A Review Including Spatial Economics, System Dynamics, Cellular Automata and Agent-based Approaches. Living Reviews in Landscape Research，2009.

[82] Christakis N.A. Urban Dynamics. Technological Forecasting，1970：427-429.

[83] Batty M. Cities and Complexity：Understanding Cities with Cellular Automata, Agent-Based Models, and Fractals. PROF GEOGR，2007：273-275.

[84] Batty M. A Digital Breeder for Designing Cities. Architectural Design，2009，79（4）：46-49.

[85] Ying L.，Qizhi M.，Anrong D. Beijing Urban Development Model：Urban Growth Analysis and Simulation. TSINGHUA SCI TECHNOL，2009：782-794.

[86] 龙瀛，茅明睿，毛其智 等 . 大数据时代的精细化城市模拟：方法、数据和案例 . 人文地理，2014，29（03）：7-13.

[87] 阚长城，马琦伟 . 基于百度大数据的全国城市重要性评价和城镇化分区划定，2018.

[88] 华夏幸福产业研究院 . 中国都市圈极限通勤研究：清华大学出版社，2019.

[89] 舒松，余柏蒗，吴健平 等 . 基于夜间灯光数据的城市建成区提取方法评价与应用 . 遥感技术与应用，2011，26（02）：169-176.

[90] 叶锺楠 . 城市规划设计中计算机模拟技术的遴选与运用——以武汉新区四新生态新城"方岛"区域城市设计为例 . 规划师，2014，30（04）：40-46.

[91] 索超，丁志刚 . POI 在城市规划研究中的应用探索，2015：10.

[92] 龙瀛，赵健婷，李双金 等 . 中国主要城市街道步行指数的大规模测度 . 新建筑，2018（03）：4-8.

[93] 张旺锋，赵威 . 现代城市规划理论实践失效分析 . 哈尔滨工业大学学报（社会科学版），2007（04）：27-32.

[94] 吴志强，于泓 . 城市规划学科的发展方向 . 城市规划学刊，2005（06）：2-10.

[95] 段进 . 中国城市规划的理论与实践问题思考 . 城市规划学刊，2005（01）：24-27.

[96] 张庭伟 . 复杂性理论及人工智能在规划中的应用 . 城市规划学刊，2017（06）：9-15.

[97] 吴志强 . 人工智能辅助城市规划 . 时代建筑，2018（01）：6-11.

[98] 叶锺楠 . 城市流动性的量化与诊断——基于网络地图数据和可达性模型的方法研究 . 南方建筑，2016（05）：66-70.

[99] 邹伟 . 基于道路交通指数大数据的上海市主城区交通拥堵特征研究 . 上海城市规划，2017（02）：76-81.

[100] 唐婧娴,龙瀛.特大城市中心区街道空间品质的测度——以北京二三环和上海内环为例.规划师，2017，33（02）：68-73.

[101] 张宇，张晓东，荣冲 等.大数据与 AI 驱动的交通规划方法创新 002 | 北京核心区联通用户出行特征分析，2018.

[102] 钮心毅,丁亮.利用手机数据分析上海市域的职住空间关系——若干结论和讨论.上海城市规划，2015（02）：39-43.

[103] 泰勒.1945 年后西方城市规划理论的流变：中国建筑工业出版社，2006.

[104] 朱勍.城市研究中生命视角的引入.城市规划学刊，2008（02）：24-30.

[105] 吴志强，刘朝晖."和谐城市"规划理论模型.城市规划学刊，2014（03）：12-19.

[106] 王伟，张常明，王梦茹.中国三大城市群产业投资网络演化研究.城市发展研究，2018，25（11）：118-124.

[107] 王伟，王雅姝，叶舒.信息流视角下长三角城市群网络特征研究.科学发展，2018（11）：64-72.

[108] 韦胜，张小辉.基于高铁余票的客流行为特征及其效应分析——以沪宁沿线高铁站点为例.城市规划，2015，39（07）：38-42.

[109] 郑晓伟，惠倩.西咸同城化发展格局特征与空间应对.规划师，2018，34（04）：27-32.

[110] 丁亮，钮心毅，宋小冬.上海中心城就业中心体系测度——基于手机信令数据的研究.地理学报，2016，71（03）：484-499.

[111] 索超，蒋金亮.基于居民行为特征的社区生活圈边界测度方法探索——以江苏省宜兴市为例，2019：232-238.

[112] Fu Q.，Fang Z.，Villas-Boas S.B. 等 . An Investigation of the Quality of Air Data in Beijing，2014.

[113] Neidell M. Information, Avoidance Behavior, and Health：The Effect of Ozone on Asthma Hospitalizations. J HUM RESOUR，2009，44（2）：450-478.

[114] Guimaraes P.，Figueiredo O.，Woodward D. A Tractable Approach to the Firm Location Decision Problem. Review of Economics & Statistics，2003.

[115] Lambert D. Zero-Inflated Poisson With an Regression , in Manufacturing to Defects Application. TECHNOMETRICS，1992（34）.

[116] Voung Q. Likelihood Ratio Tests for Model Selection and Nonnested Hypothesis，1989.

[117] 王烨，戴斯琪，牛强.基于位置大数据的公园绿地空间分布绩效评价——以武汉市大型公园绿地为例，2017：43-53.

[118] 王伟,冯羽.基于 POI 数据的北京众创空间发展区域优势度评价研究.北京规划建设,2017（02）：67-73.

[119] 常亚敏，高欣.基于大数据方法的城市创新生态格局评价研究——以苏州为例.北京规划建设，2018（05）：182-187.

[120] Hendriks F. Understanding Good Urban Governance：Essentials,Shifts,and Values. URBAN AFF REV，2014，50（4）：553-576.

[121] Ansell C.，Gash A. Collaborative governance in theory and practice. Journal of public administration research and theory，2008，18（4）：543-571.

[122] 王勇旗.个人行踪信息的法律保护.检察日报，2020：3.

[123] 赵宏.健康码中的数据收集与信息保护，2020：7.

[124] 罗朝亮，王刚，董婷 等.数字化"战疫"之：健康码，扫出通往春天的复苏之路，2020.

[125] 蒋金亮，邓惠章，韦胜.大数据支撑下的土地利用混合对公交出行影响分析——以宜兴市中心城区为例.现代城市研究，2017（12）：11-17.

[126] 刘淼，邹伟，王芃森 等.大数据支持下城市更新政策实施的精细化评估初探——以上海市铜川路水产市场搬迁为例.上海城市规划，2019（02）：69-76.

[127] 阚长城，马琦伟，党安荣.基于时空大数据的北京城市功能混合评估方法及规划策略.科技导报，2020，38（03）：123-131.

[128] Jacobs J. The death and life of great American cities：The Failure of town planning：Penguin Books，1984.

[129] 王伟，梁霞.基于政务交通成本的城市空间结构调整影响评估研究——以北京通州副中心建设为例.北京规划建设，2018（06）：61-68.

[130] 张京祥.西方城市规划思想史纲：东南大学出版社，2005.

[131] 胡小武.中国方向：新型城镇化战略新论：光明日报出版社，2015.

[132] 保罗·诺克斯，琳达·迈克卡西.城市化：科学出版社，2009.

[133] 朱小川.中国城市网络结构与经济绩效.上海：同济大学出版社，2016.

[134] 霍华德 Ã.明日的田园城市：商务印书馆，2000.

[135] 帕特里克·格迪斯.进化中的城市：中国建筑工业出版社，2012.

[136] 芒福德.城市发展史：起源，演变和前景：中国建筑工业出版社，1989.

[137] 洛根·R.，莫洛奇 È.L.，洛根 等.都市财富：空间的政治经济学：格致出版社，2016.

[138] 张应祥，蔡禾.资本主义与城市社会变迁——新马克思主义城市理论视角.城市发展研究，2006（01）：105-110.

[139] 大卫·哈维.新自由主义简史：上海译文出版社，2016.

[140] 马克思，恩格斯.马克思恩格斯全集 第3卷：人民出版社，1956.

[141] 仇保兴.复杂科学与城市规划变革.城市发展研究，2009，16（04）：1-18.

[142] 仇保兴.城市规划学新理性主义思想初探——复杂自适应系统（CAS）视角.城市发展研究，2017，24（01）：1-8.

[143] 张庭伟.21世纪的城市规划：从美国看中国.规划师，1998（04）：3-5.

[144] 王伟.和谐城市与中国城市规划的功能取向——基于西方城市规划理论演变的梳理与启示，2007：2670-2675.

[145] 韩增林，刘天宝.城市规划转型的整体性和系统性.城市问题，2009（04）：12-17.

[146] 祝春敏，张衔春，单卓然 等.新时期我国协同规划的理论体系构建.规划师，2013，29（12）：5-11.

[147] 凌嘉勤.资格互认 促进交流——内地与香港规划师资格互认考试的回顾.城市规划，2007（05）：87.

[148] 刘春成.城市隐秩序：复杂适应系统理论的城市应用.经济学动态，2017（4）：163.

作者简介

王伟，城市规划工学博士，应用经济学博士后。现为中央财经大学政府管理学院城市管理系副教授，系主任。关注领域：空间规划与治理、大数据与城市精细管理、城市更新与财政健康、城市群/都市圈规划理论与方法。兼任自然资源部国土空间规划分技术委员会专家委员；住房和城乡建设部人居环境专家委员会委员；中国城市科学研究会城市治理专业委员会副秘书长、城市大数据专业委员会委员；中国城市规划学会规划实施学术委员会委员、城市规划新技术委员会委员；自然资源学会国土空间规划研究专业委员会委员。

朱小川，同济大学管理学博士；上海师范大学旅游学院副教授，硕士生导师。关注领域：城市与文旅大数据分析、区域与产业发展。主持和参与各类国家、省部级项目与地方规划项目40余项，出版专著2本，发表论文20余篇。

叶锺楠，同济大学城市规划学博士，上海市青年拔尖人才，华东建筑设计研究总院城市规划院副院长，高级工程师，注册城市规划师。长期从事城市规划实践工作，主要研究方向包括：智慧城市、生态城市、城市更新等。

林燕，公共管理硕士，毕业于中央财经大学政府管理学院。近年来一直从事人工智能教育普及实践与研究，全国首届商汤教育人工智能名师工坊成员，多次参与国家、省市级人工智能教育有关课题研究与读物编写。

致谢

历经三年有余，《信息革命与智慧城市规划》终于在"十四五"开局之年出版面世。回想二十年前的 2001 年，自己刚刚进入硕士研究生学习阶段，开始接触到 Arcinfo/Arcview、Mapinfo 等 GIS 软件，后在硕士毕业论文中又用到 CA、DEA、FME、Fragstats 等模型软件，奠定了定量研究认知城市的基础。2004 年进入博士研究生学习阶段，在参与导师《百年西方城市规划理论史纲》的工作中逐渐形成了对现代城市规划的思想认识。毕业后十余年的工作经历让自己对规划的认识不断深化，加之近年来开设并讲授"智慧城市与大数据应用""未来城市"等专业课程，于是就有了将这些年关于"大智移云"时代城市发展与城市规划的点点滴滴思考感悟系统整理成书的想法和计划。随着朱小川、叶锺楠、林燕三位志同道合的学术伙伴加入，使得工作得以更加高效地展开。在三年多的书稿资料搜集、研究写作、编辑出版过程中，我们得到众多师长、朋友、家人的帮助和支持，在此对所有帮助和支持过我们的人致以深深谢意！

特别感谢对本书提供学术支持和案例支持的各位专家（排名不分先后）:清华大学建筑学院党安荣、龙瀛、唐婧娴；清华大学新型城镇化研究院李栋；北京大学城市与环境学院柴彦威；同济大学建筑与城市规划学院宋小冬、王德、钮心毅、刘超；南京大学建筑与城市规划学院甄峰、席广亮、秦萧；东南大学建筑学院杨俊宴；北京航空航天大学计算机学院王静远；武汉大学城市设计学院周婕、牛强；华东师范大学地理科学学院余柏蒗；西安建筑科技大学建筑学院郑晓伟；中国科学院地理科学与资源研究所王江浩；中国城市规划设计研究院创新中心徐辉、杨滔、马琦伟、李昊；上海市城市规划设计研究院刘淼、邹伟；重庆市交通规划研究院高志刚、唐晓勇；江苏省城市规划设计研究院索超、蒋金亮、陈军；武汉市自然资源和规划信息中心雄伟；天津市城市规划设计研究院李刚；百度慧眼百度地图开放平台业务部阚长城；腾讯研究院刘琼、王鹏；腾讯公共事务部侯杰；美团研究院孙聪；北京城市象限科技有限公司茅明睿；智慧足迹数据科技有限公司赵华、黄杉、荣冲、冯永恒；华夏幸福产业研究院顾强；量子数聚（北京）科技有限公司宋仲伟；北京零点有数数据科技股份有限公司张军、闫晶、宋志远；北京极海纵横信息技术有限公司董杰、张京涛；国匠城朱玮；上海数慧系统技术有限公司元哲起、罗亚；上海城室科技司刘浏、邵金鑫；上海脉策数据科技有限公司高路拓、刘谷一；广东国地规划科技股份有限公司张鸿辉；中国生态城市研究院刘朝晖。

特别感谢中央财经大学政府管理学院城市管理专业 2015 级的李可欣、梁霞、吴姝雅、豆佳荣；2016 级的陈晓露、陈琳、张涵睿、裴欣怡、秦梦、曹译心、谢洪叶；2017 级的巩淑敏、王盼兮；2018 级的李纪雯、王子涵、石涛；2019 级的刘静伊、姚忆云、宋名悦、刘博雅、赵冶涵等同学给予的支持。

特别感谢上海商学院的吴培培老师，上海师范大学施慧、刘慧敏、徐璟西、宋之珺、谢源菁、李希亚、蒋冰嘉、黄殿元，复旦大学宁小茜，上海外国语学院张力丹，上海大学李彬、张雨阳等同学在书稿校对过程中的认真投入。感谢上海市哲学社会科学规划课题（2018BCK004）"资本流动有效性视角下长三角城市群更高质量一体化发展研究"对本书部分研究内容的支持。

特别感谢董苏华、孙书妍两位编辑为本书付出的辛勤劳动。在这一过程中，两位编辑老师对书稿进行认真的修改批注和措辞探讨，敬业的精神与专业的态度让我们感动。

最后，特别感谢吴志强院士、郑新奇教授为本书做序，他们对后辈学术成长的认可肯定与无私支持，将激励我们继续扎实研究下去，为新时代中国智慧城市规划理论与实践贡献一份力量！

本书是一份阶段性思考与工作的呈现，书中不成熟的地方敬请大家指正，我们会像育苗一样将本书认真修剪，让它不断完善，不断成长下去！

王伟

2021.7.31

柱状图   拆线图   环状图

旭日图   雷达图   树状图

玫瑰图   气泡图   标签云

和弦图   热力图   三维曲面图

图 6-9　主要图表举例

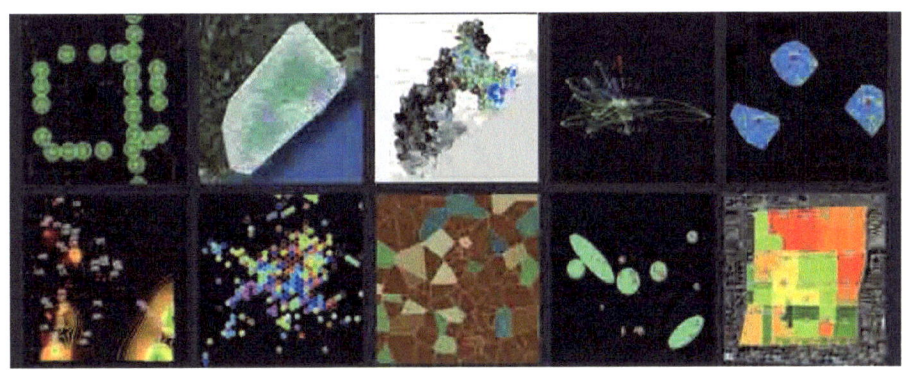

图 6-11　极海云提供的分析模型

资料来源：极海云

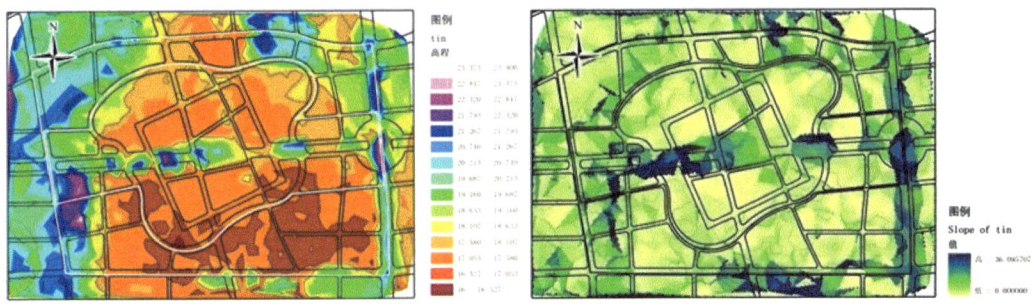

图 7-7　基地高程分析与坡度分析

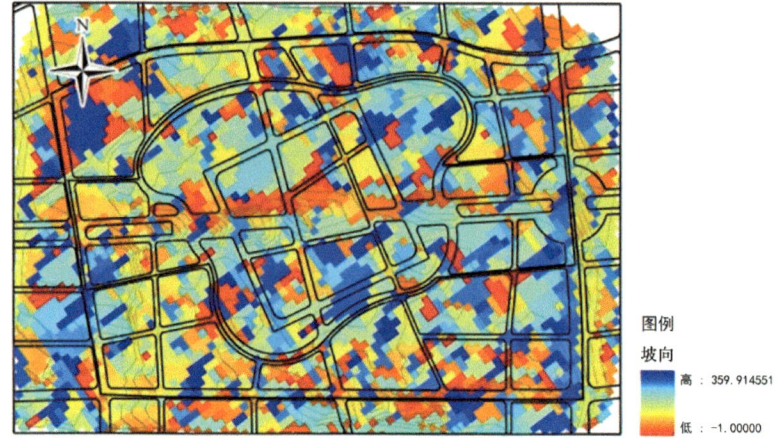

图 7-8　基地坡向分析

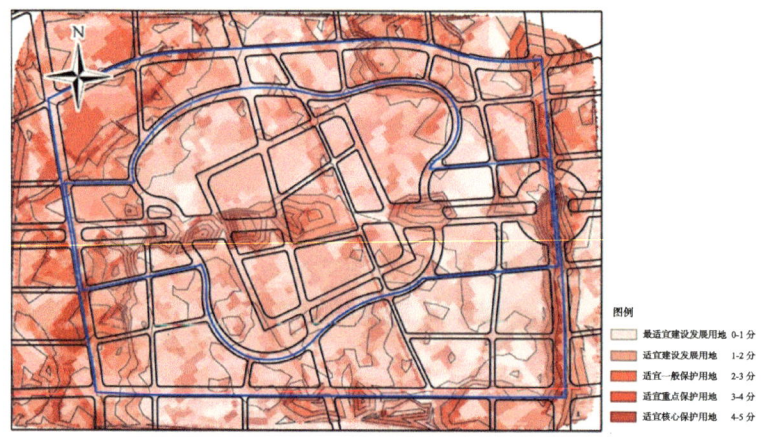

图 7-9　用地选择综合评价

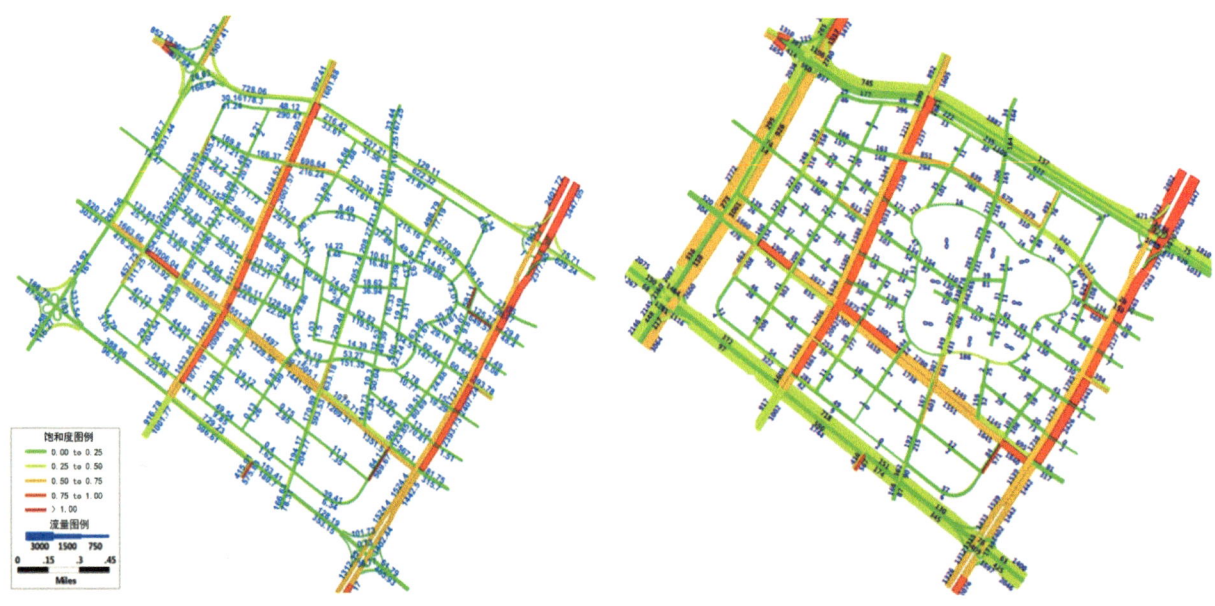

图 7-10　上位规划路网交通模拟与规划方案路网交通模拟

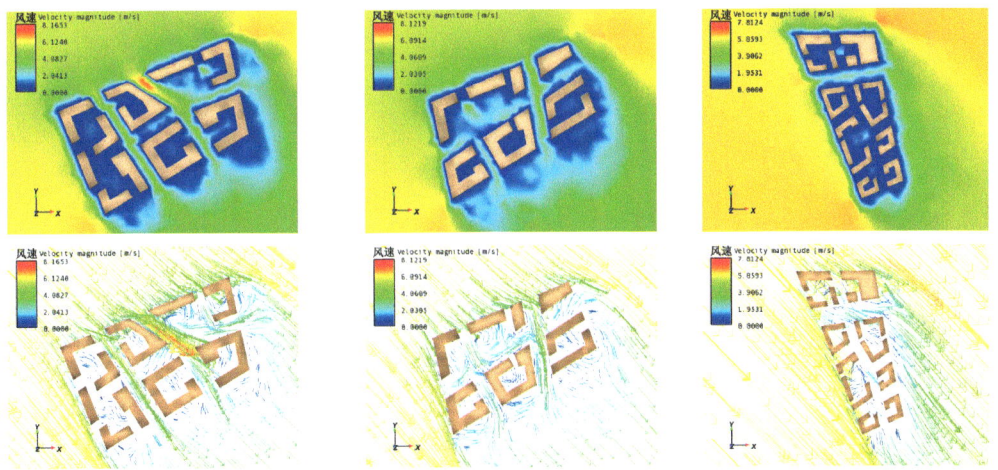

图 7-12　方岛区域部分地块风环境模拟

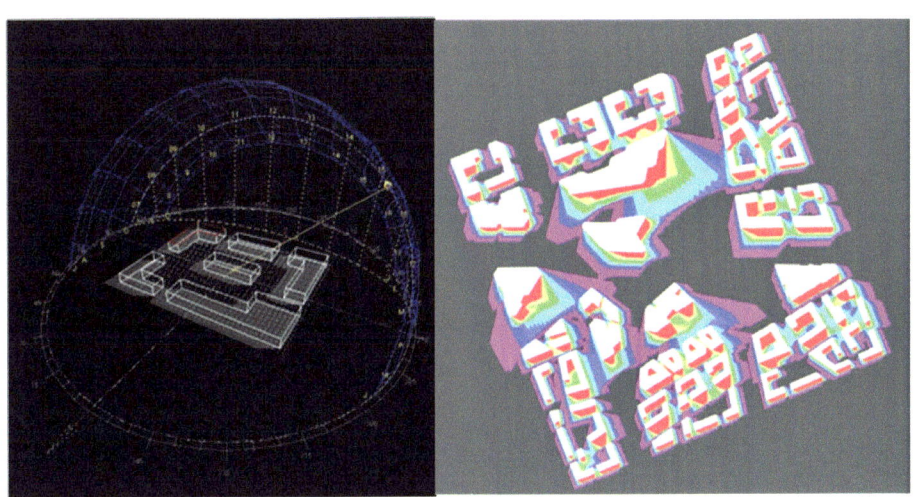

图 7-13　武汉日照高度曲面与方岛岛区日照分析

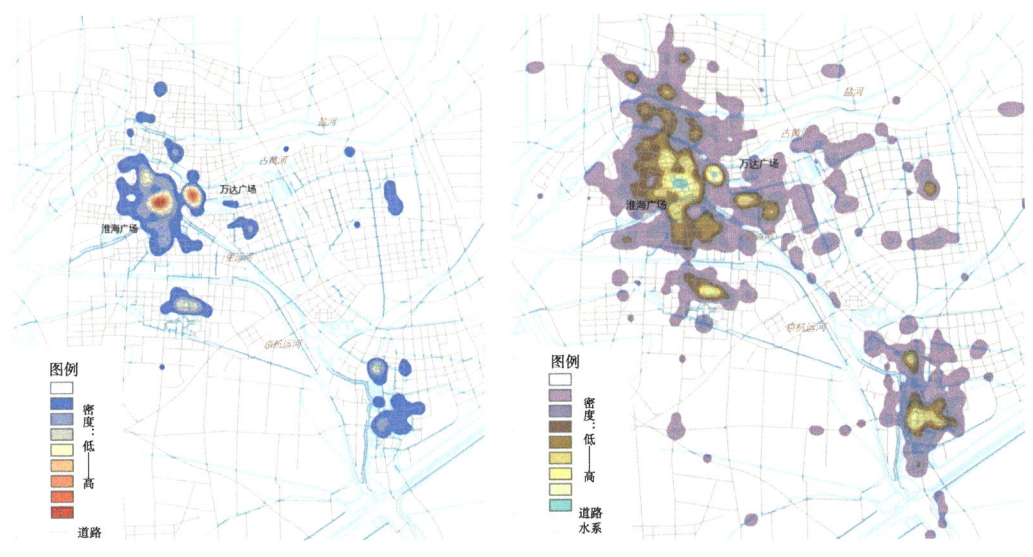

图 7-17　淮安市公共服务功能单元活力与品质分布

资料来源：由案例提供者完成。

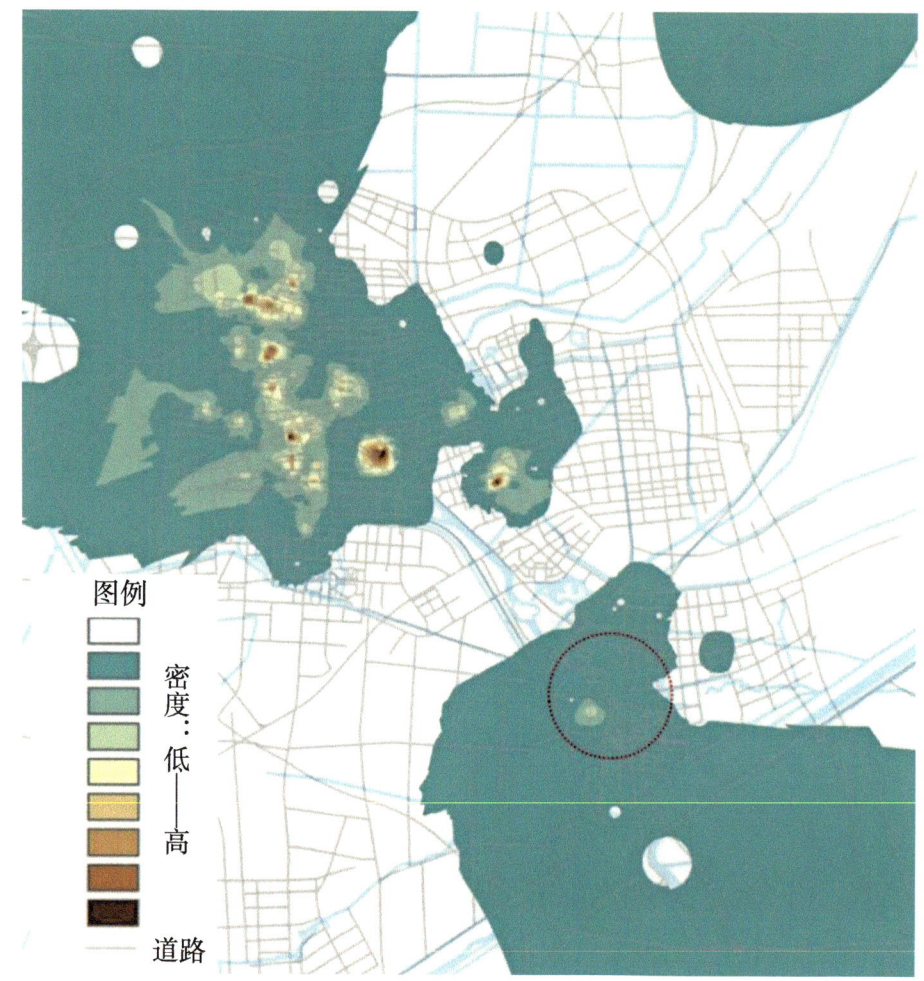

图 7-18　淮安市公共服务设施综合公平性空间分布

资料来源：由案例提供者完成。

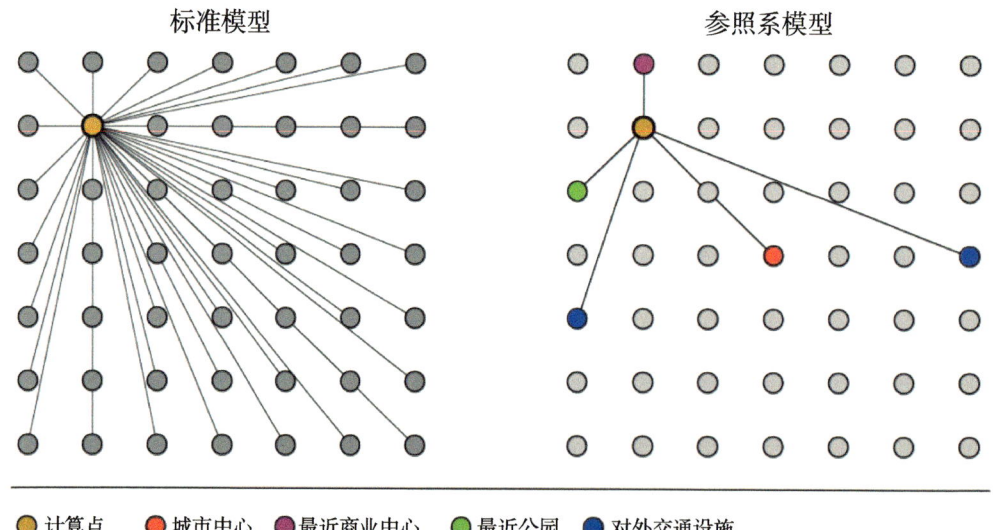

图 8-2　标准模型与参照系模型的计算方式

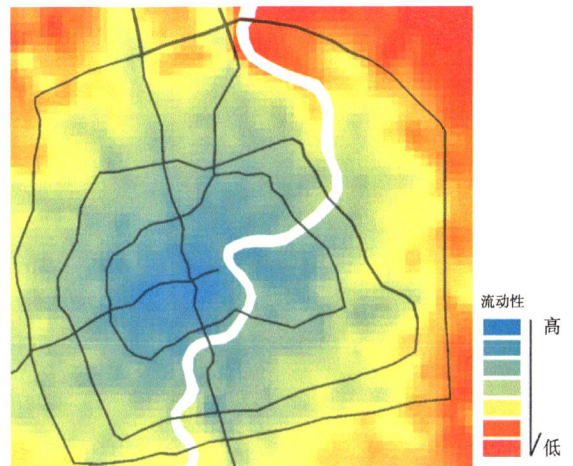

图 8-3 上海中心城区流动性整体情况

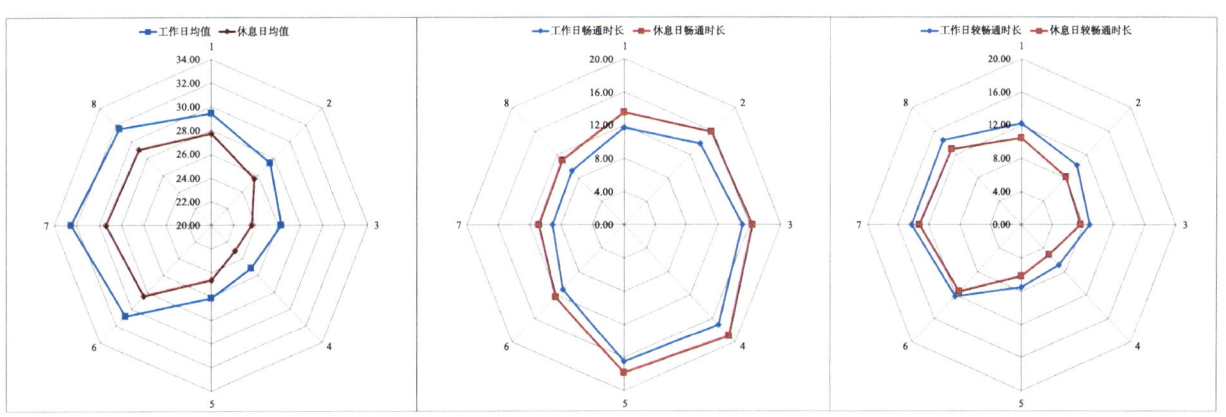

图 8-4 上海市外环内 8 个大区交通拥堵指数的均值、"畅通"状态时长及"较畅通"状态时长结果

资料来源：由案例提供者完成。

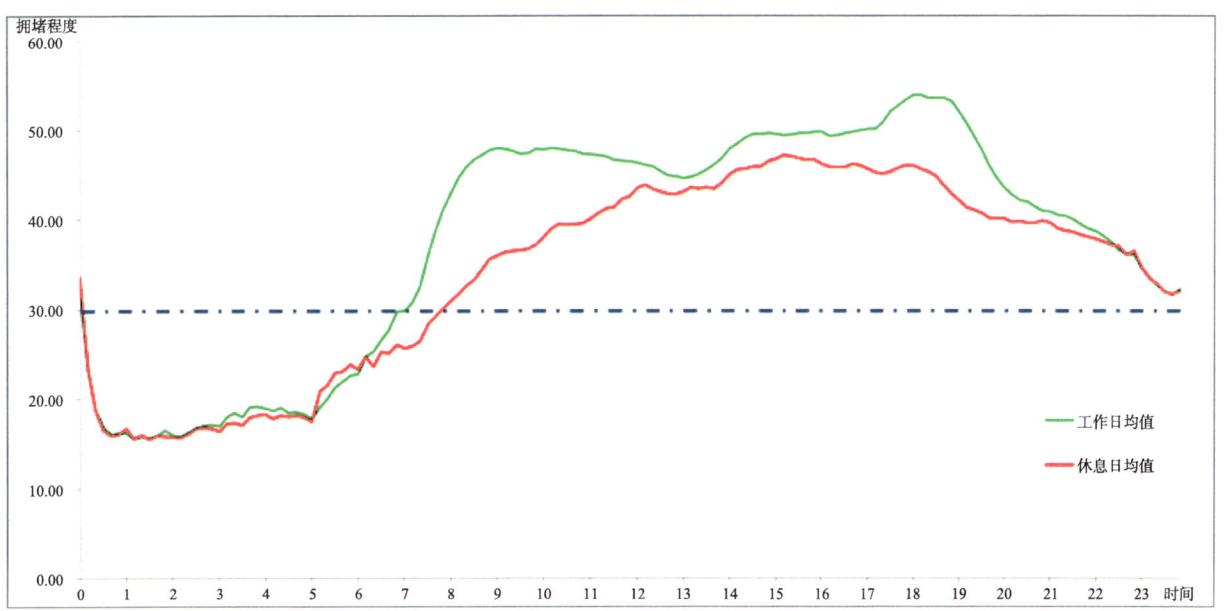

图 8-5 静安寺区域工作日及休息日数值分布结果

资料来源：由案例提供者完成。

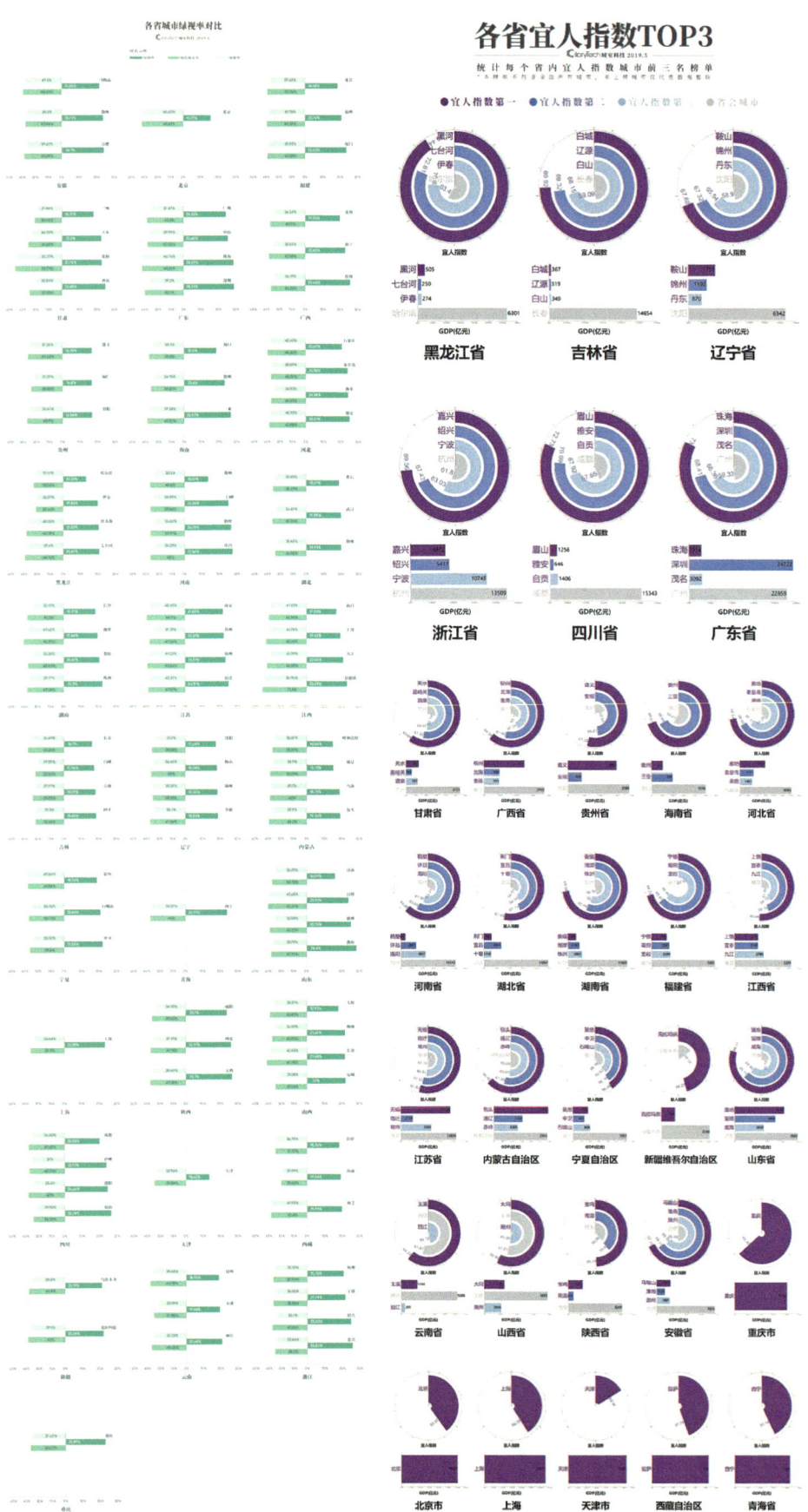

图 8-12　各省前三名城市及省会城市比较分析

资料来源：由案例提供者完成。

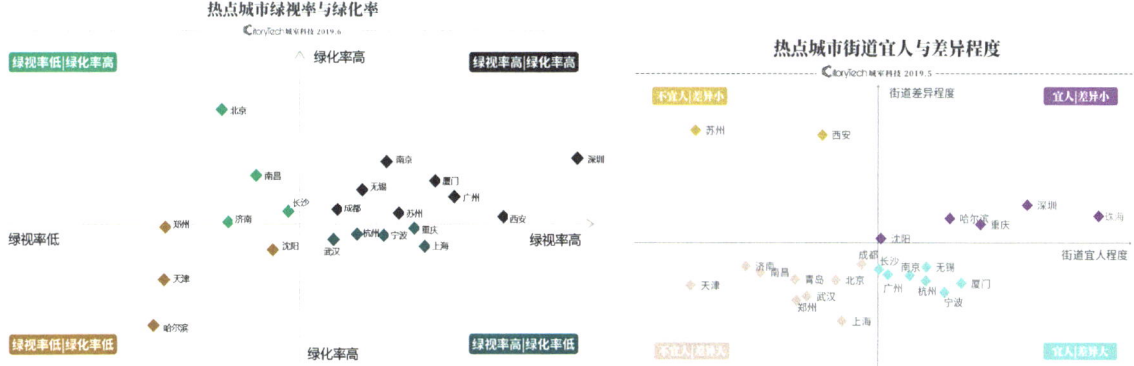

图 8-13 绿视率—绿化覆盖率、宜人度—差异度指标叠加分析

资料来源: 由案例提供者完成。

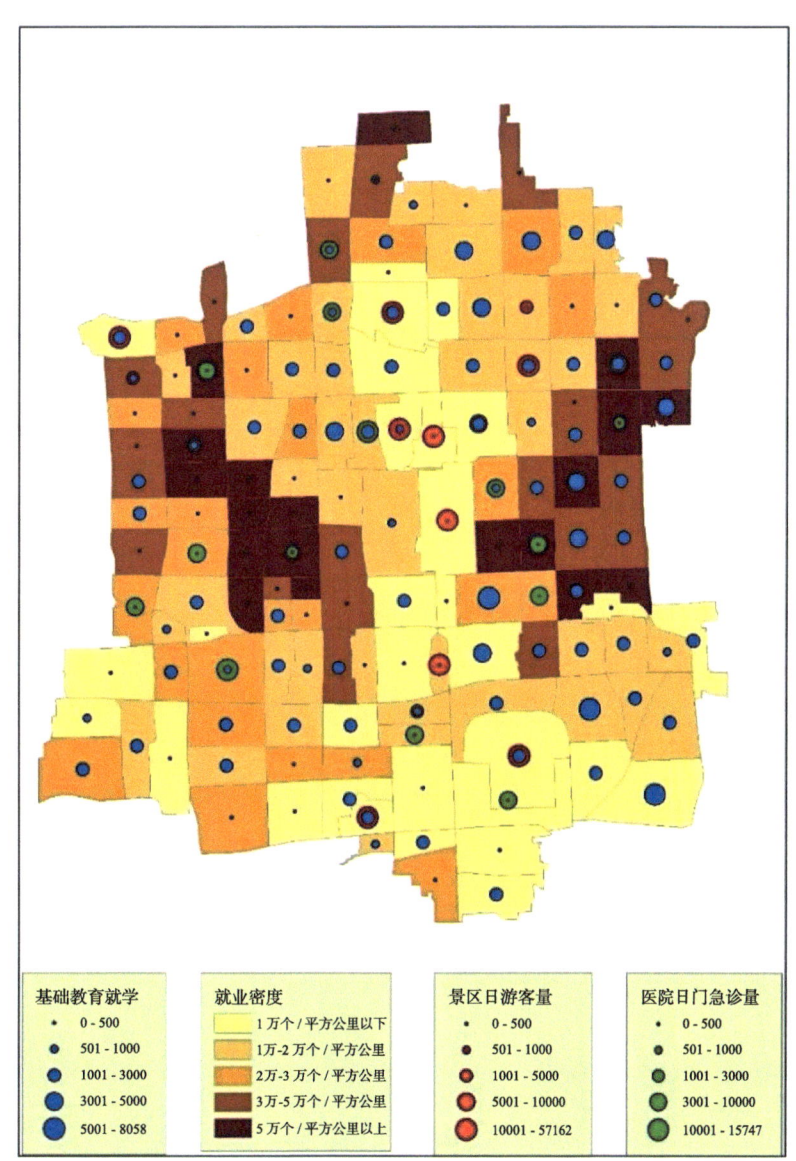

基础教育就学	就业密度	景区日游客量	医院日门急诊量
· 0 - 500	1万个/平方公里以下	· 0 - 500	· 0 - 500
• 501 - 1000	1万-2万个/平方公里	• 501 - 1000	• 501 - 1000
● 1001 - 3000	2万-3万个/平方公里	● 1001 - 5000	● 1001 - 3000
● 3001 - 5000	3万-5万个/平方公里	● 5001 - 10000	● 3001 - 10000
● 5001 - 8058	5万个/平方公里以上	● 10001 - 57162	● 10001 - 15747

图 8-25 核心区就业、基础教育、旅游、医疗资源

资料来源: 由案例提供者完成。

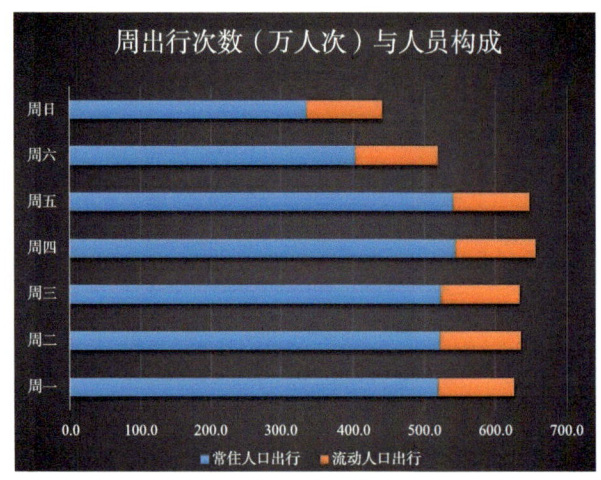

图 8-26　核心区相关出行量一周分布

资料来源：由案例提供者完成。

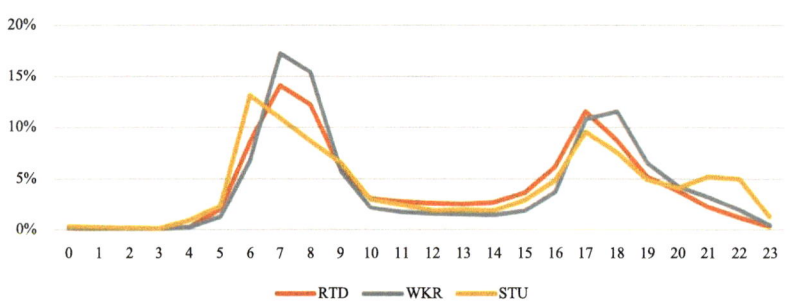

图 8-36　昼间核心区不同人群工作日出行时段分布

资料来源：由案例提供者完成。

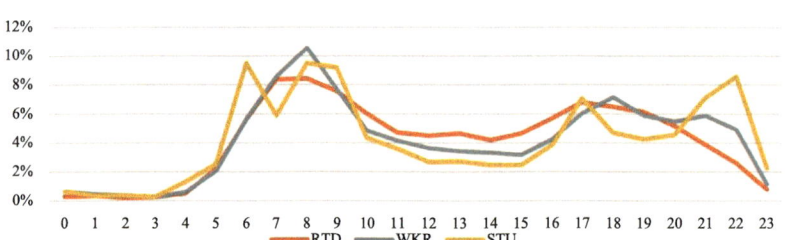

图 8-37　昼间核心区不同人群周末出行时段分布

资料来源：由案例提供者完成。

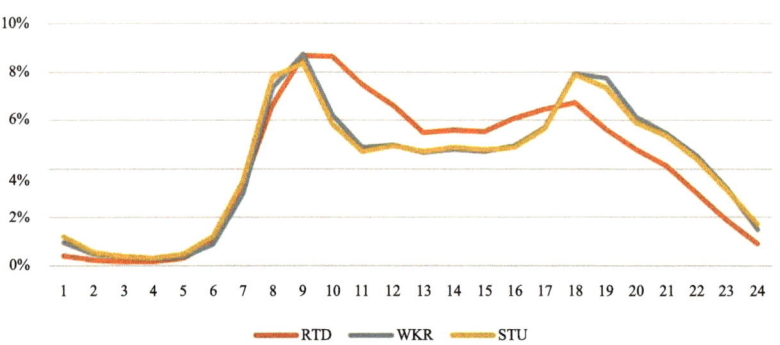

图 8-38　夜间核心区不同人群工作日出行时段分布

资料来源：由案例提供者完成。

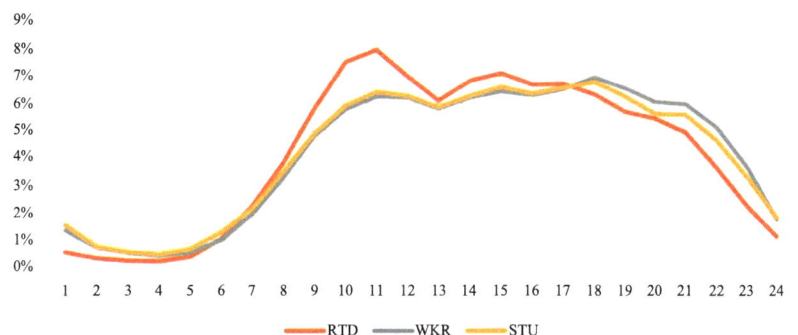

图 8-39　夜间核心区不同人群周末出行时段分布

资料来源：由案例提供者完成。

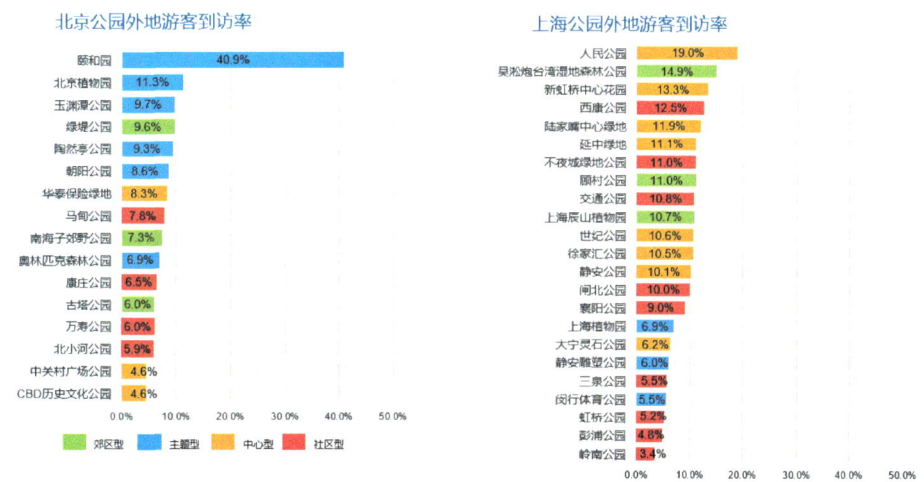

图 8-44　北京、上海公园外地游客到访率情况

资料来源：由案例提供者完成。

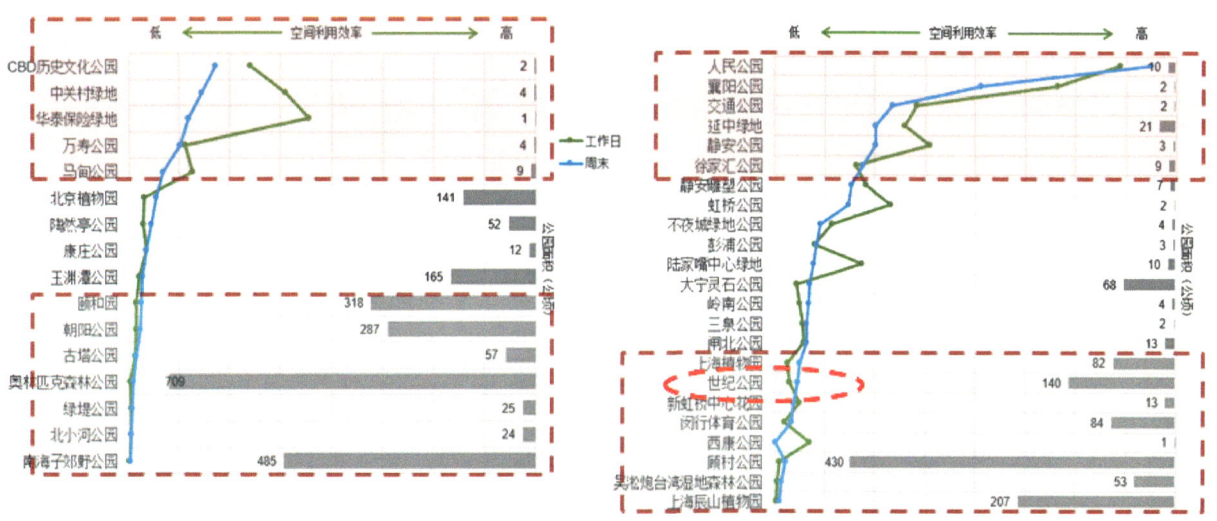

图 8-46　北京和上海的空间利用效率

资料来源：由案例提供者完成。

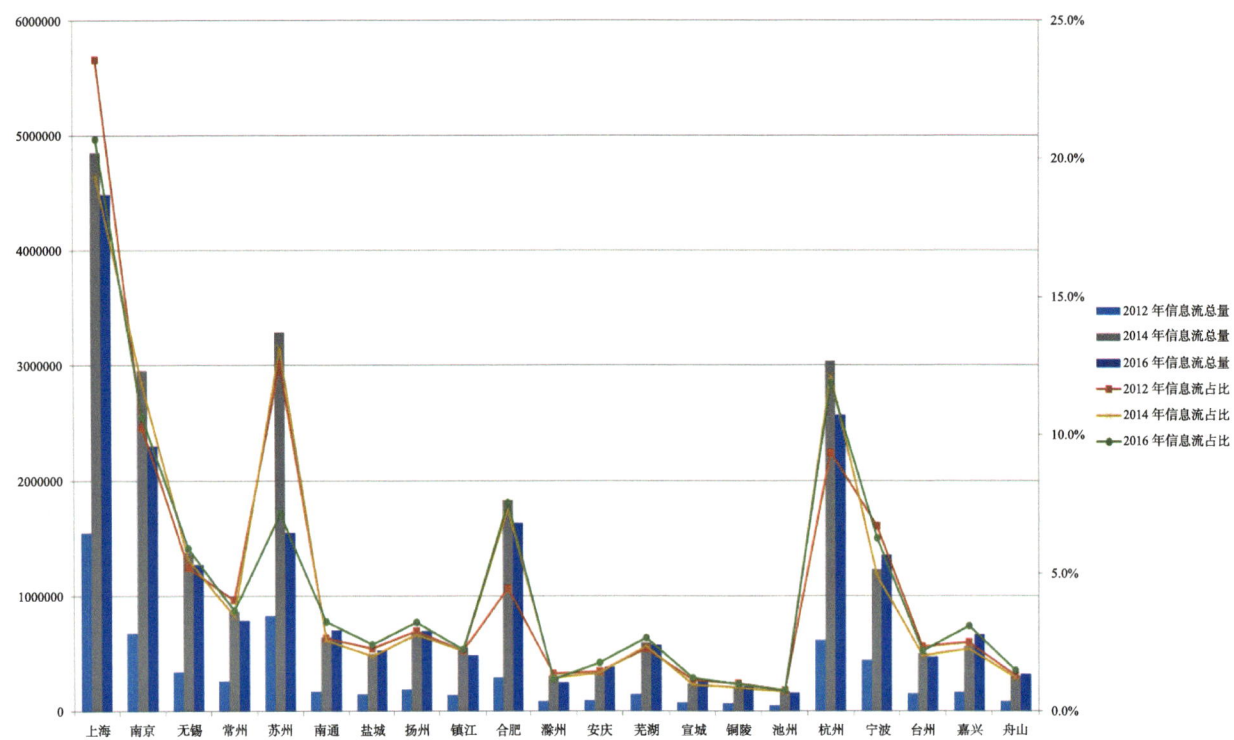

图 9-4　长三角城市群各城市百度信息流总量及比例变化

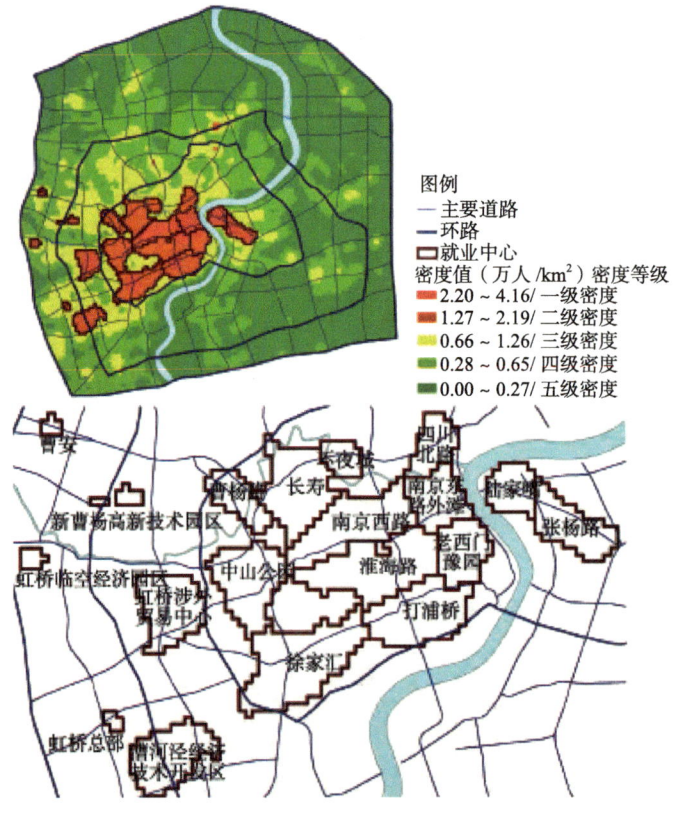

图 9-10　上海中心城就业密度及就业中心

资料来源：由案例提供者完成。

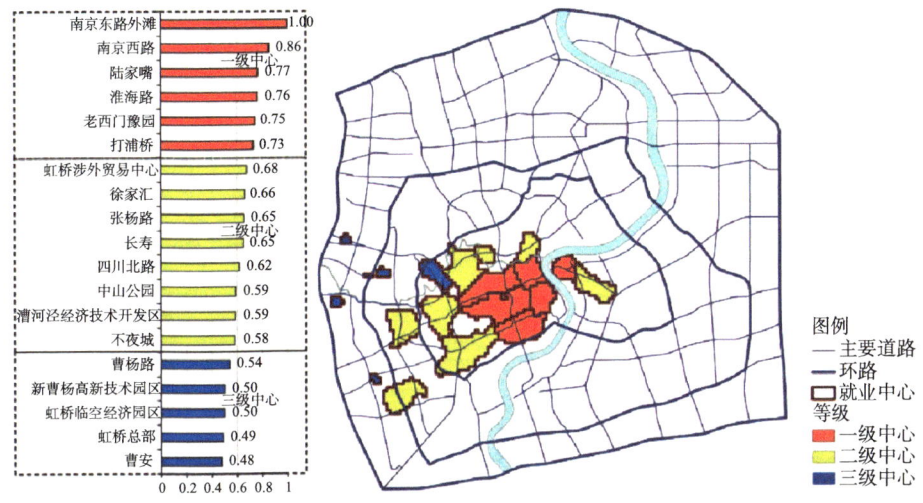

图 9-11　上海中心城就业密度视角的就业中心能级和等级

资料来源：由案例提供者完成。

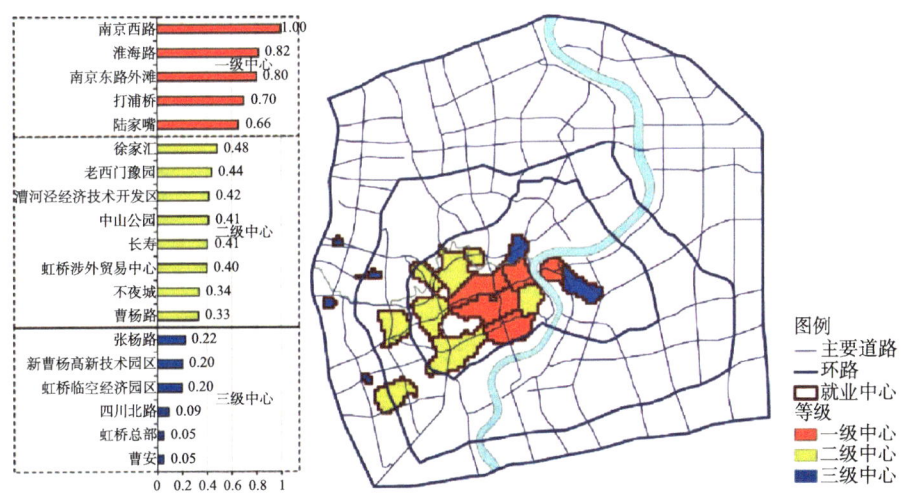

图 9-14　上海中心城通勤联系视角的就业中心能级和等级

资料来源：由案例提供者完成。

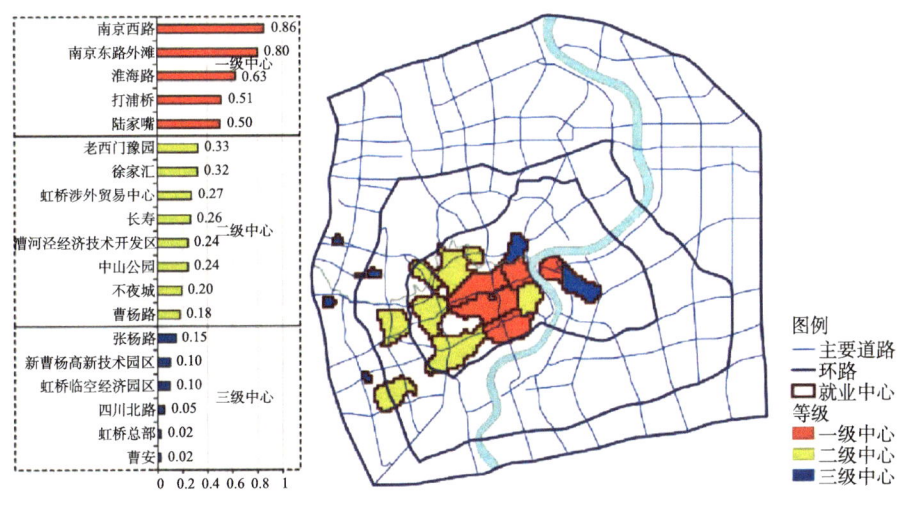

图 9-16　上海中心城就业中心能级和等级

资料来源：由案例提供者完成。

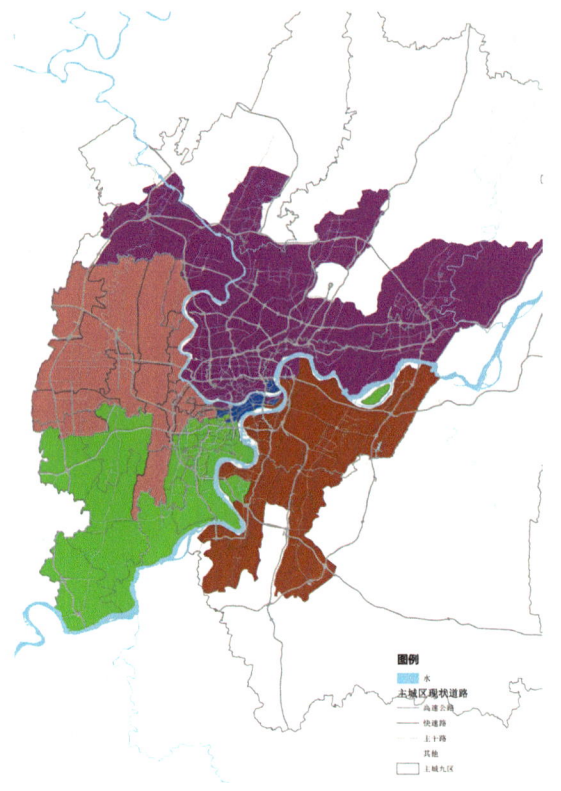

图 9-22　基于手机数据识别的势力范围

资料来源：由案例提供者完成。

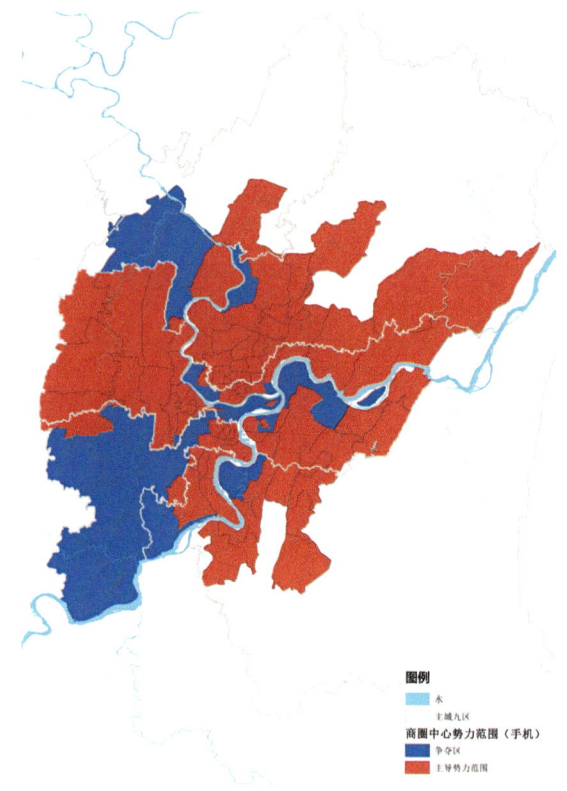

图 9-23　五大商圈中心全方式主导势力范围

资料来源：由案例提供者完成。

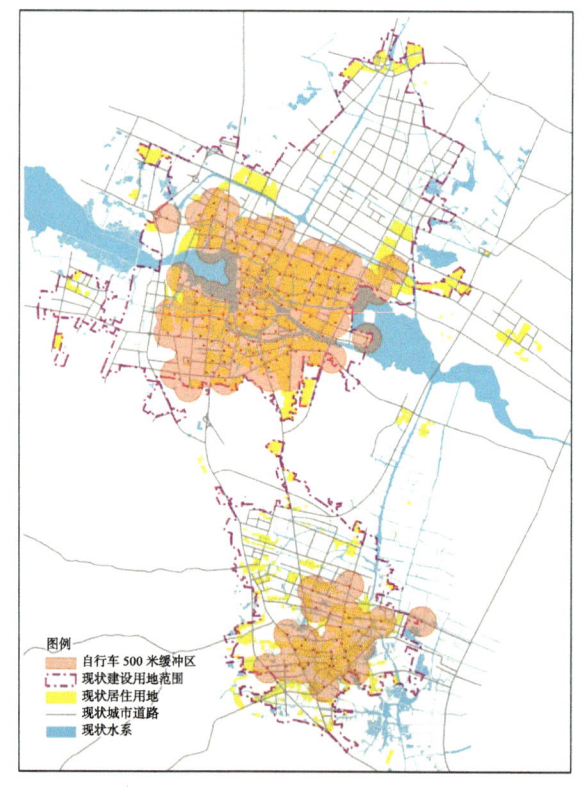

图 9-24　宜兴中心城区自行车租借点 500 米覆盖半径

资料来源：由案例提供者完成。

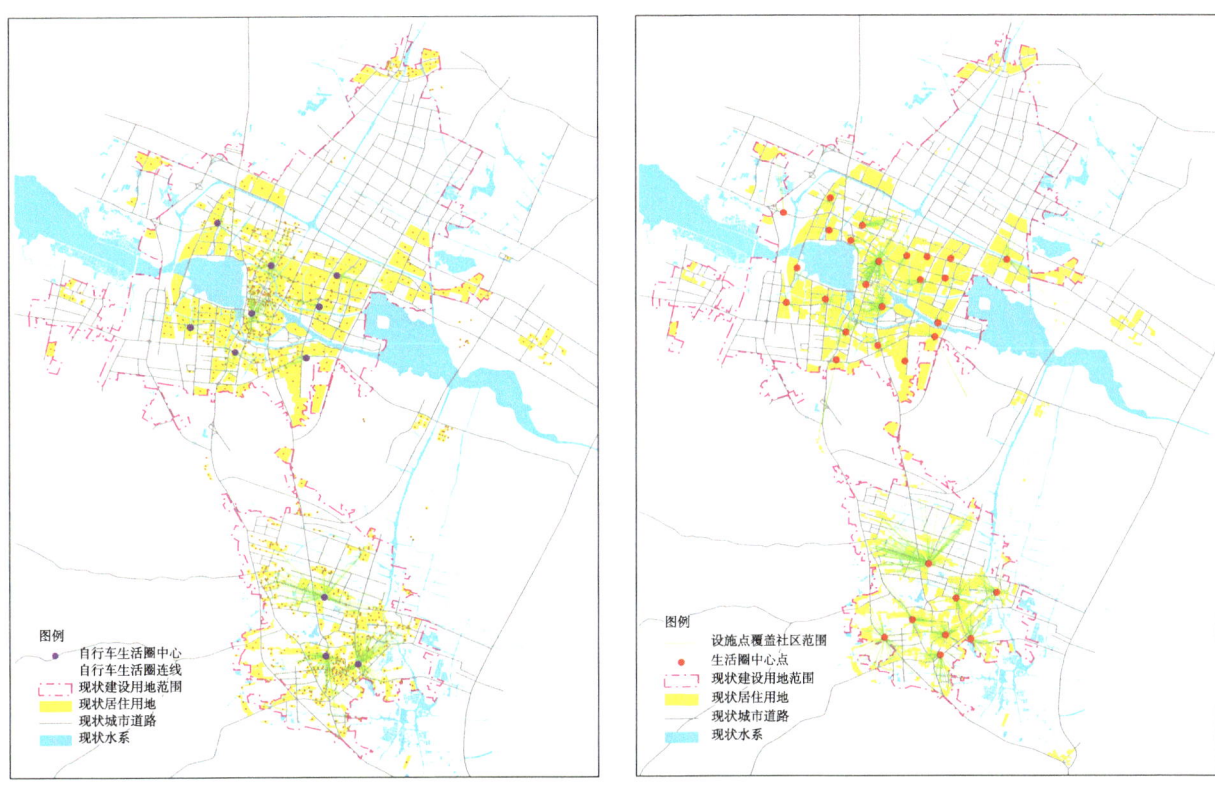

图 9-28 宜兴中心城区 "10 分钟生活圈" 中心分布

资料来源：由案例提供者完成。

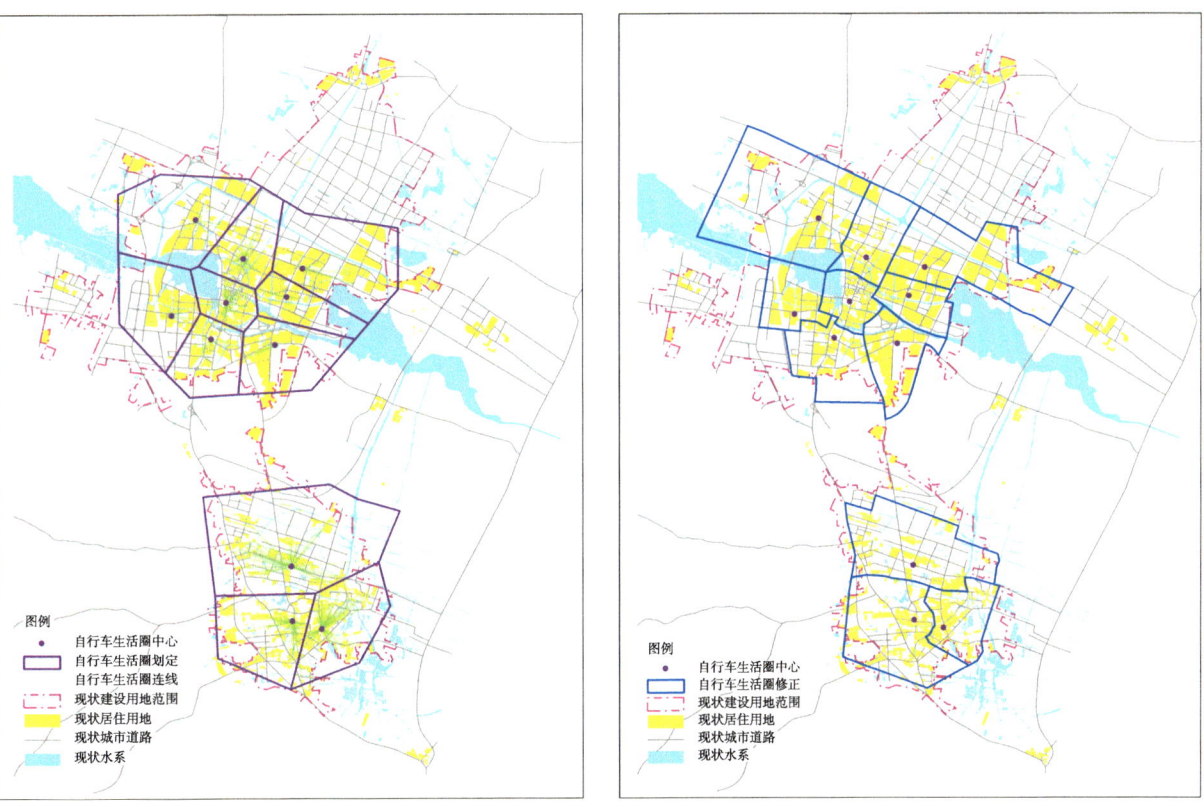

图 9-29 城市生活圈理论范围划定与实际范围修正

资料来源：由案例提供者完成。

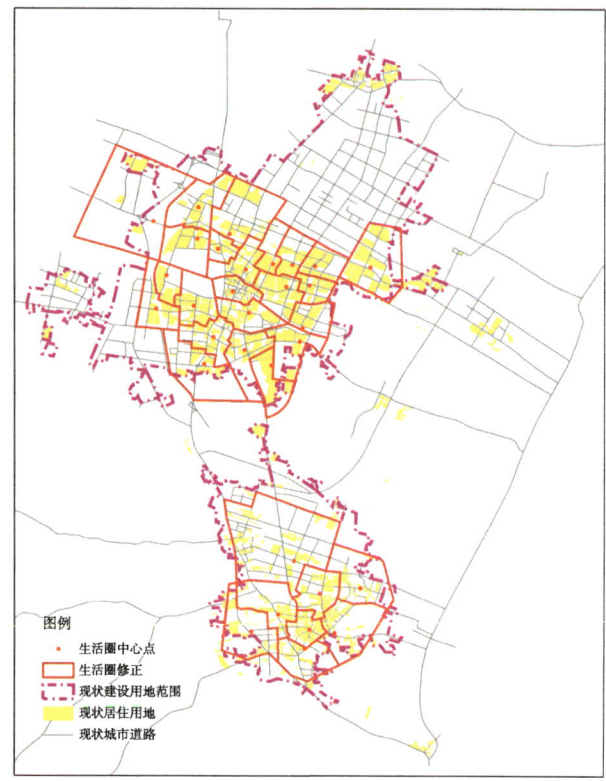

图9-30 日常生活圈理论范围划定与实际范围修正

资料来源：由案例提供者完成。

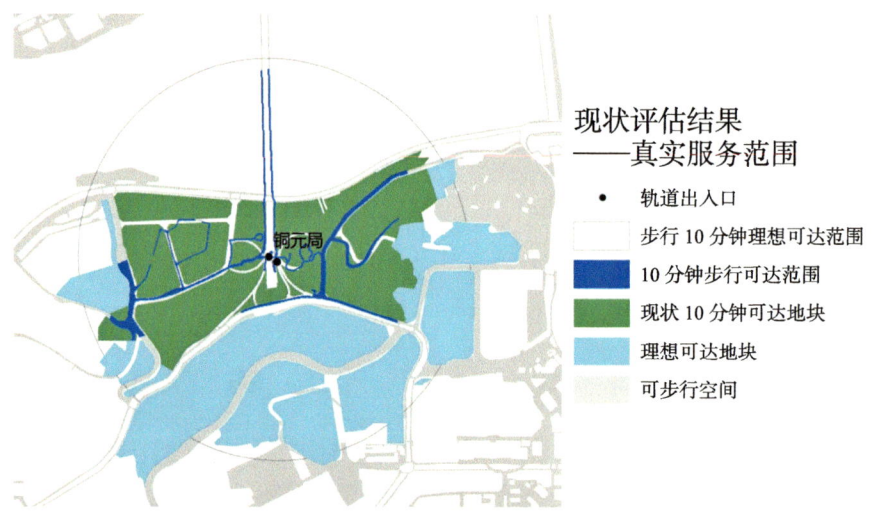

图9-35 服务面积占比示意

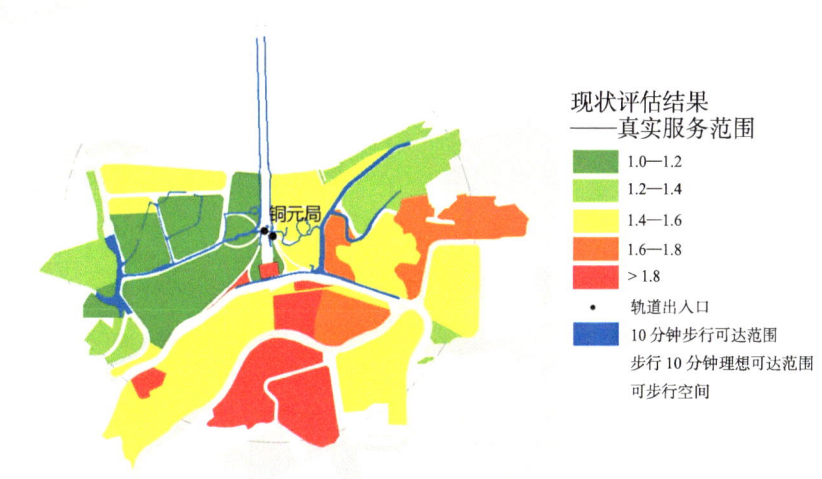

图 9-36　绕行面积占比示意

图 9-38　谢家湾站服务面积占比评估结果

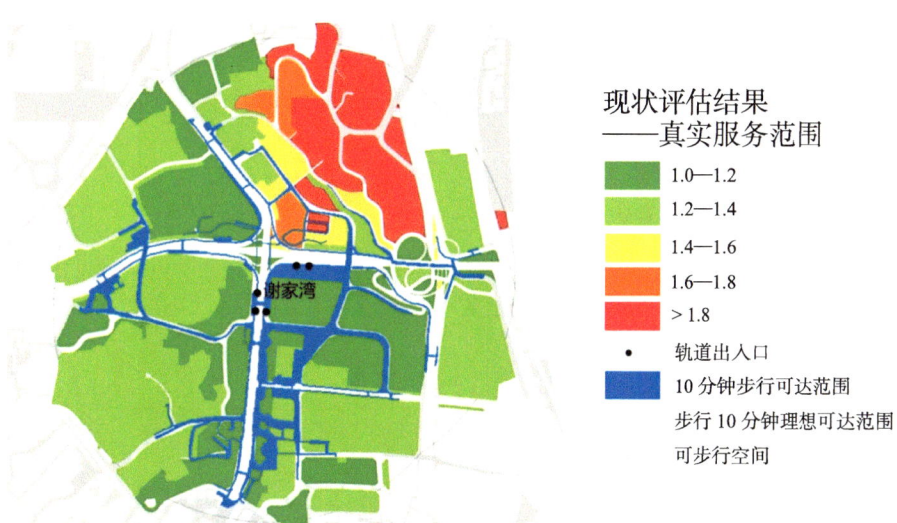

图 9-39　谢家湾站绕行面积占比评估结果

图9-43 服务范围改善效果评价

图9-44 绕行情况改善效果评价

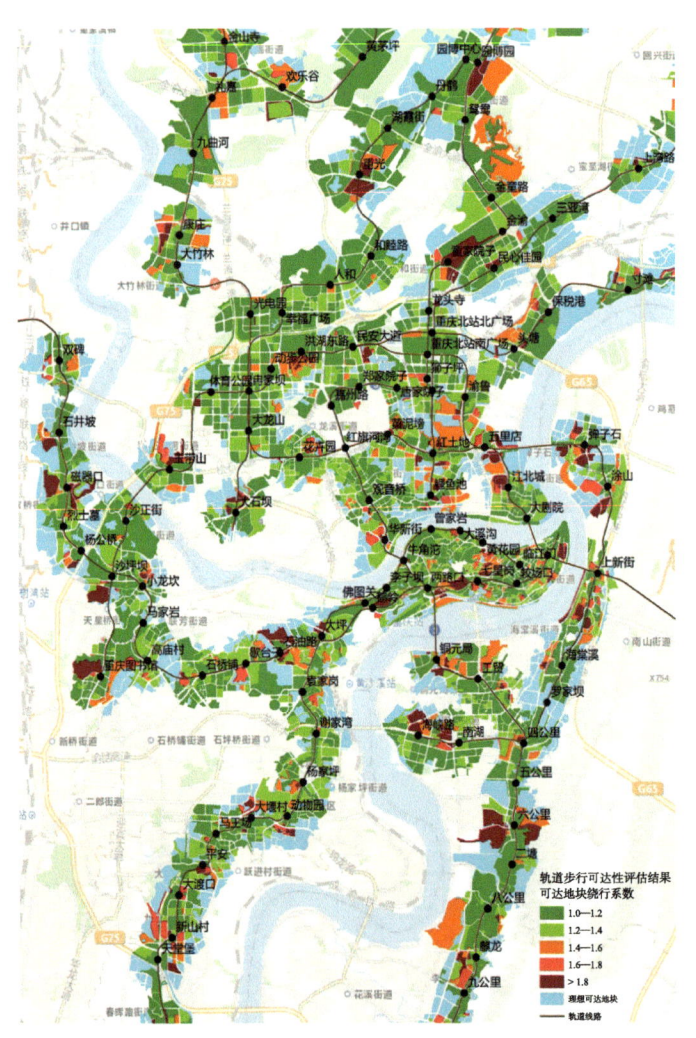

图9-45 现状轨道车站步行可达性评估结果

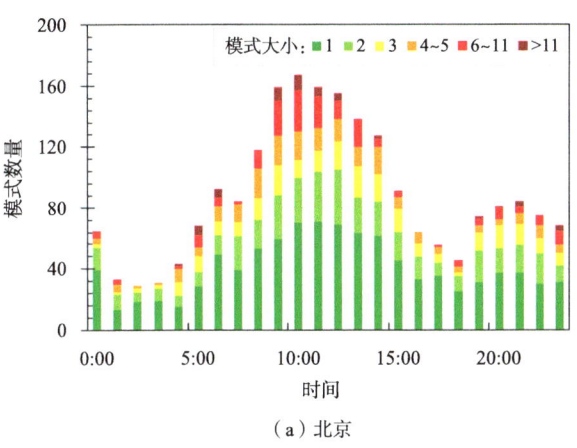
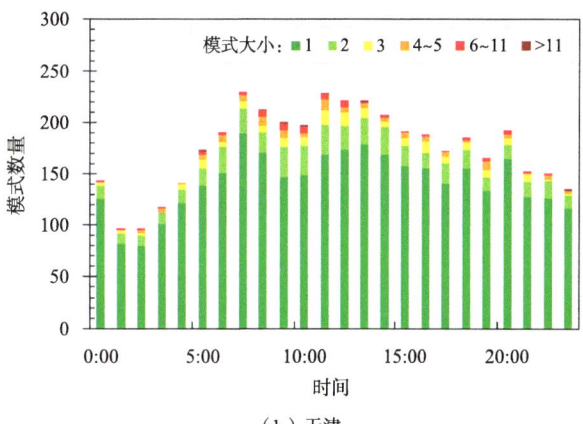

（a）北京 　　　　　　　　　　　（b）天津

图 10-5　京津两市的风险模式时间分布

资料来源：由案例提供者完成。

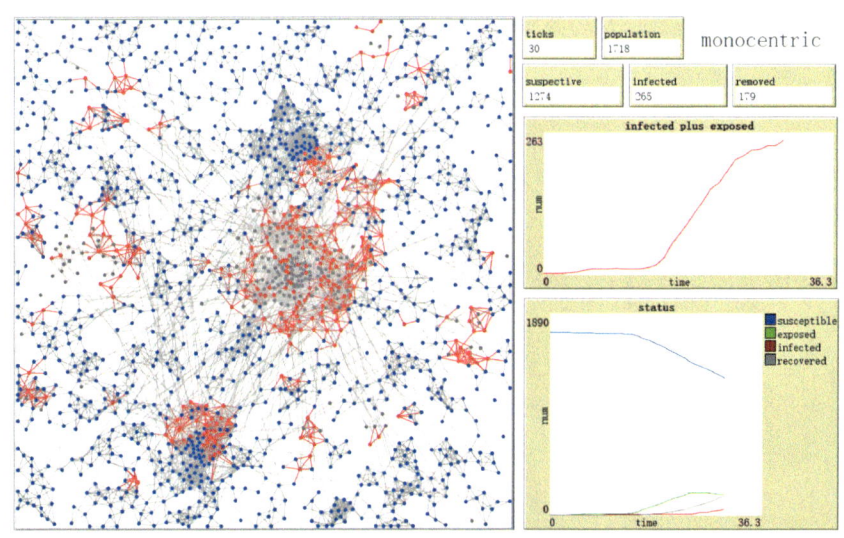

图 10-8　网络构建及疫情扩散的单次模拟过程

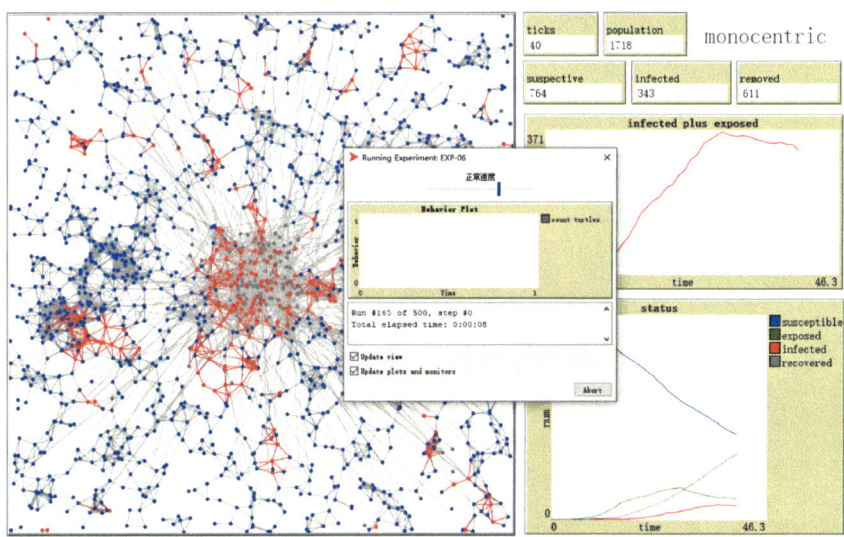

图 10-11　单情景的 500 次模拟过程

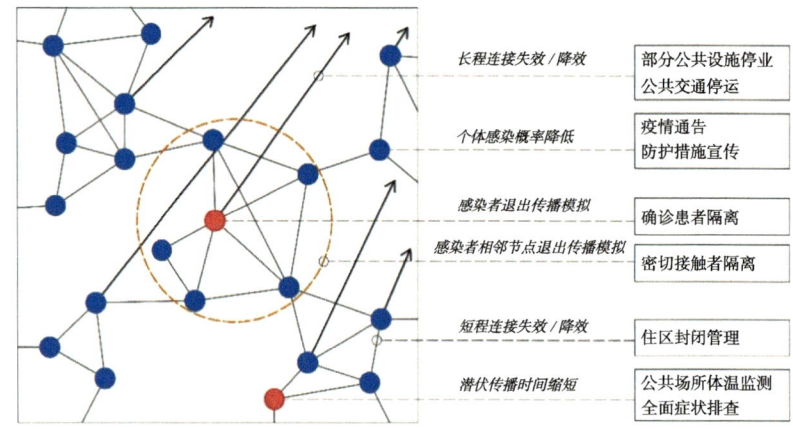

图10-12　公共卫生干预措施在模型中的效果

资料来源：由案例提供者完成。

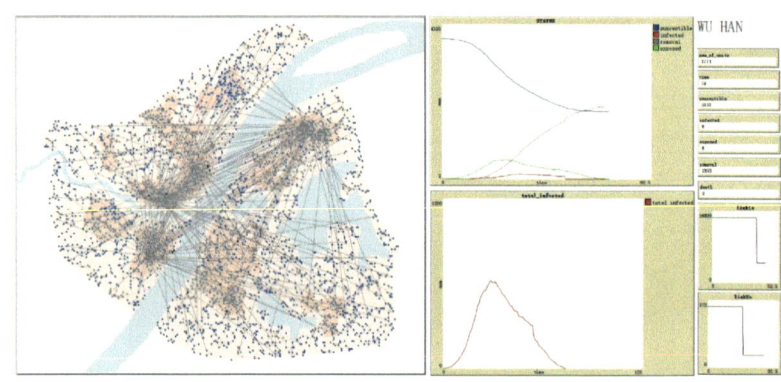

图10-13　武汉主城区疫情传播模拟

资料来源：由案例提供者完成。

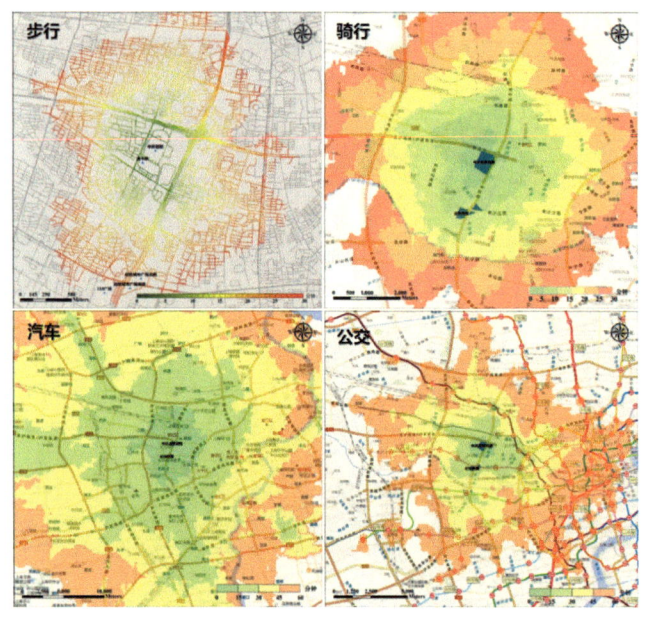

图10-16　中环百联商圈至周边区域的步行、骑行、驾车、公交等方式的辐射范围分布

资料来源：由案例提供者完成。

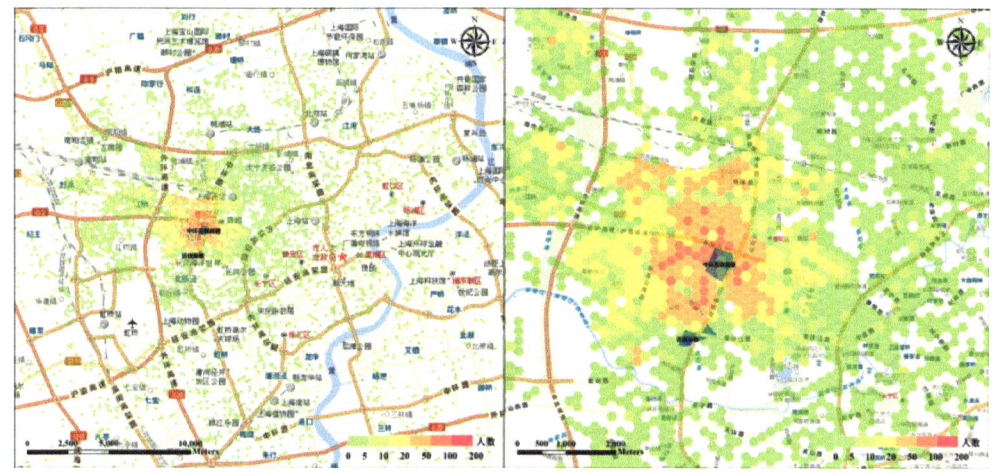

图 10-18　中环百联商圈 6 月客源来源地分布

资料来源：由案例提供者完成。

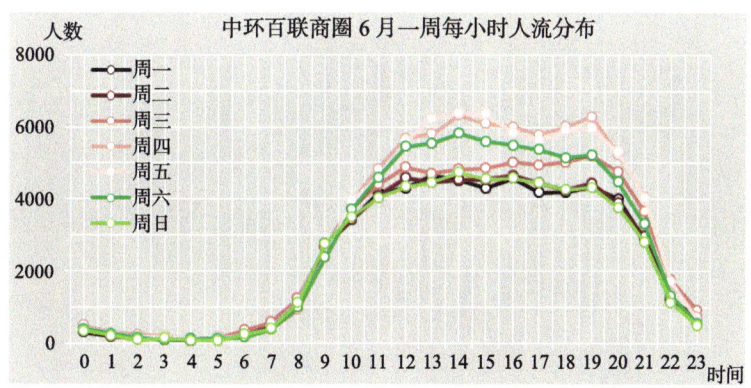

图 10-21　中环百联商圈 6 月一天每小时平均客流人数分布

资料来源：由案例提供者完成。

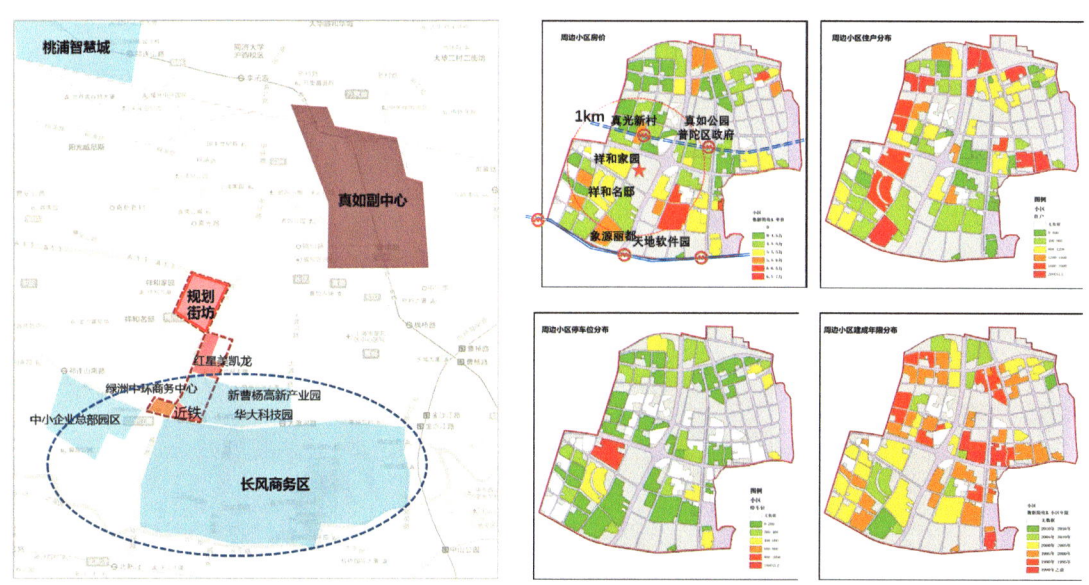

图 10-23　中环百联商圈周边主要商务区分布与周边居住环境

资料来源：由案例提供者完成。

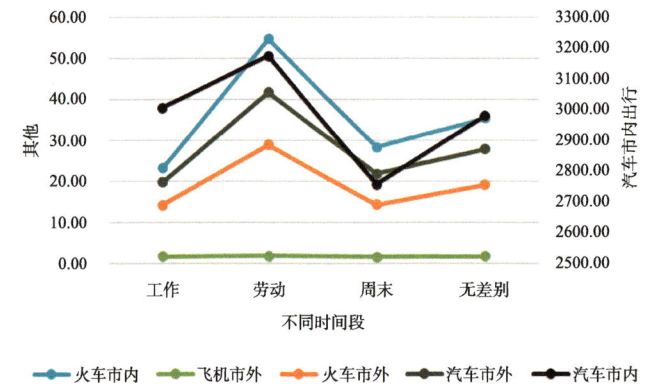

图 10-30   长三角城市群"五一"小长假前后不同时段人流出行方式数据

图 11-7   "海豚象限"平台界面

资料来源：由案例提供者完成。

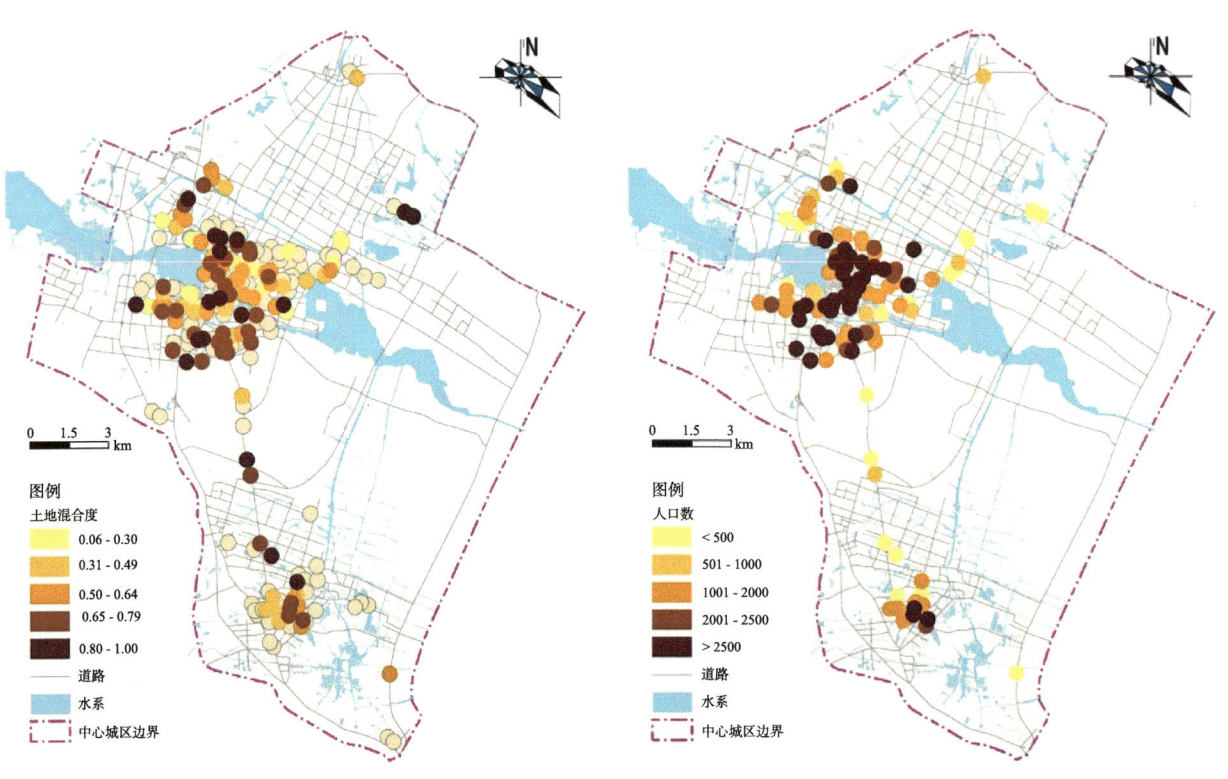

图 11-10   公交站点地区土地利用混合度分布

资料来源：由案例提供者完成。

图 11-12   公交站点地区居住人口分布

资料来源：由案例提供者完成。

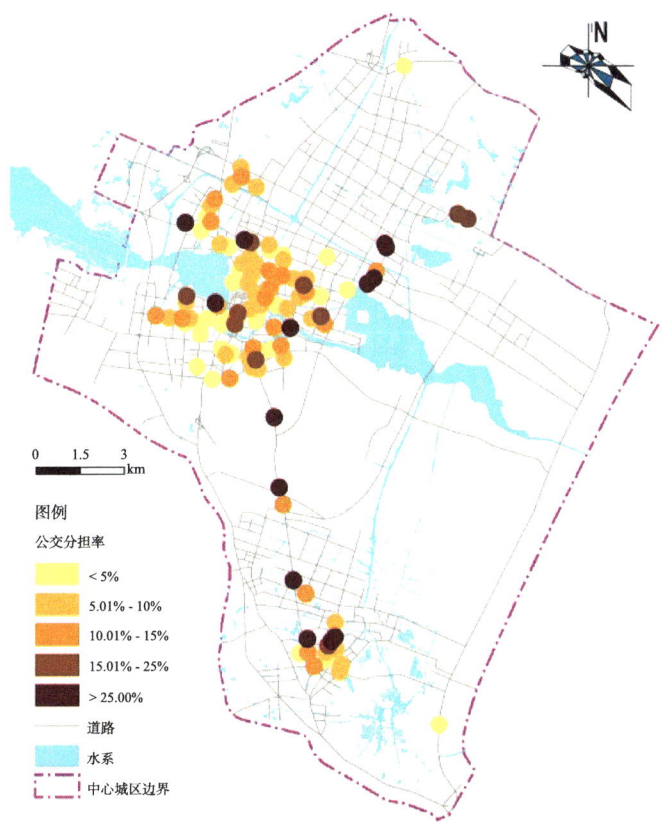

图 11-13　公交站点地区公交分担率分布

资料来源：由案例提供者完成。

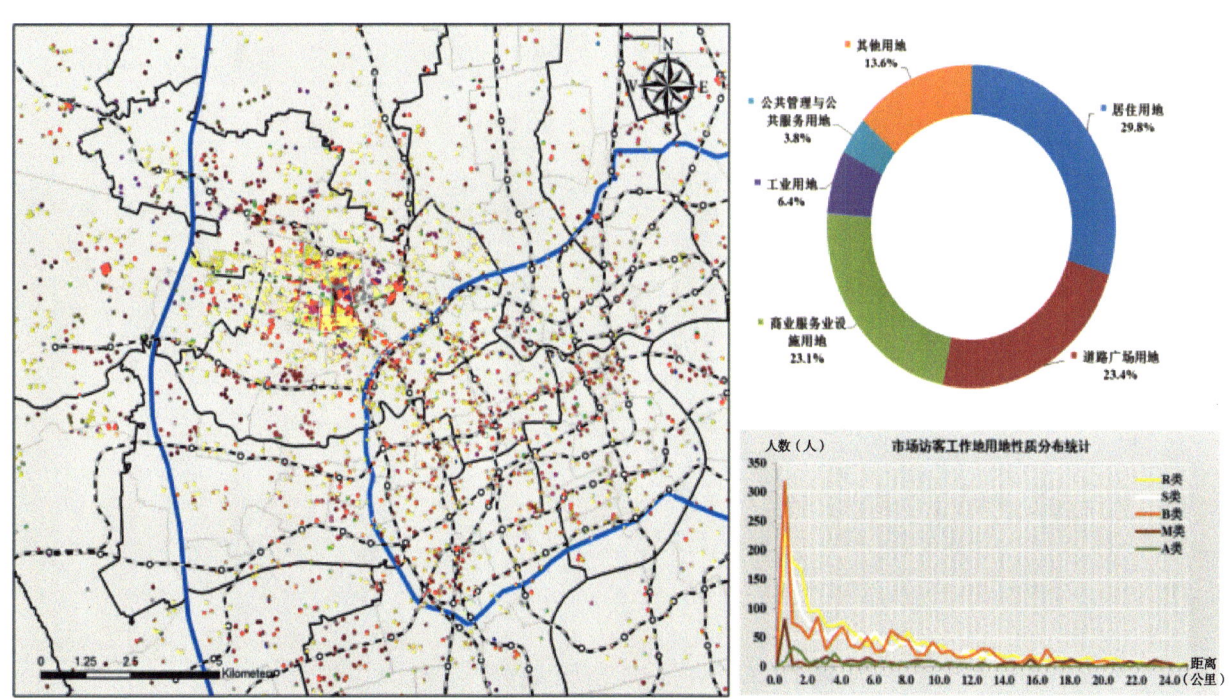

图 11-23　上海市主城区周边水产市场访客工作地用地类型分布

资料来源：由案例提供者完成。

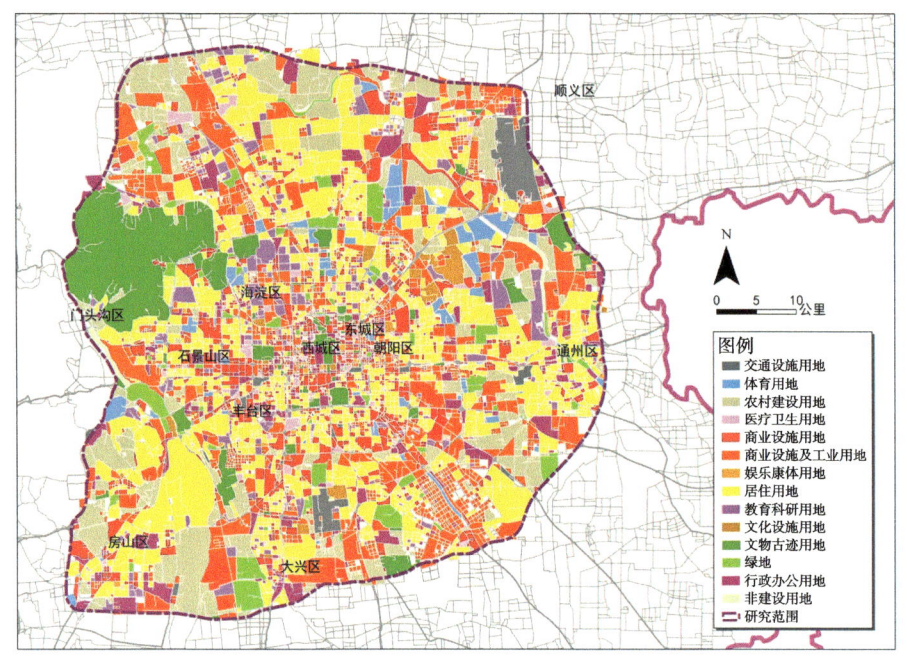

图 11-27　研究范围及地块主导功能分布

资料来源：由案例提供者完成。

图 11-30　功能混合密度的空间分布特征

资料来源：由案例提供者完成。

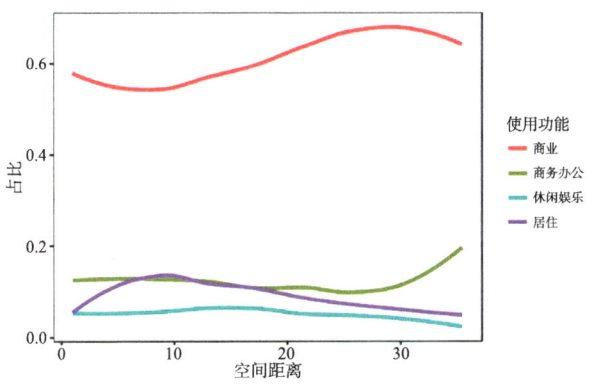

图 11-32　商业主导型用地中各类城市功能的
占比关系与空间分布特征
资料来源：由案例提供者完成。

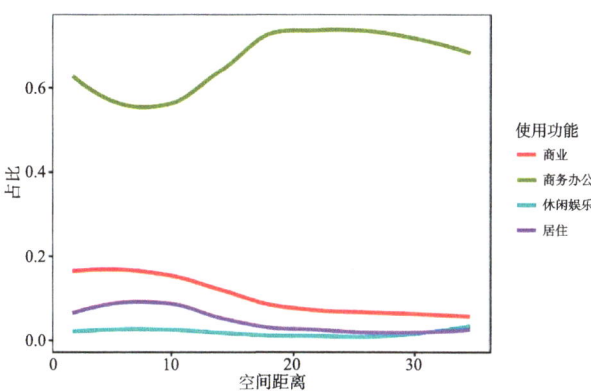

图 11-33　商务办公主导型用地中各类城市功能的
占比关系与空间分布特征
资料来源：由案例提供者完成。

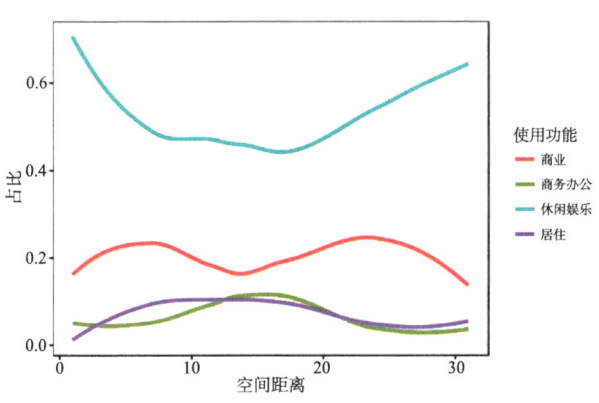

图 11-34　休闲娱乐主导型用地中各类城市功能的
占比关系与空间分布特征
资料来源：由案例提供者完成。

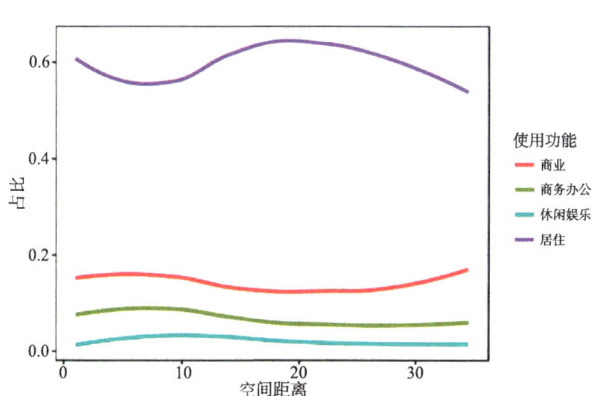

图 11-35　居住主导型用地中各类城市功能的
占比关系与空间分布特征
资料来源：由案例提供者完成。

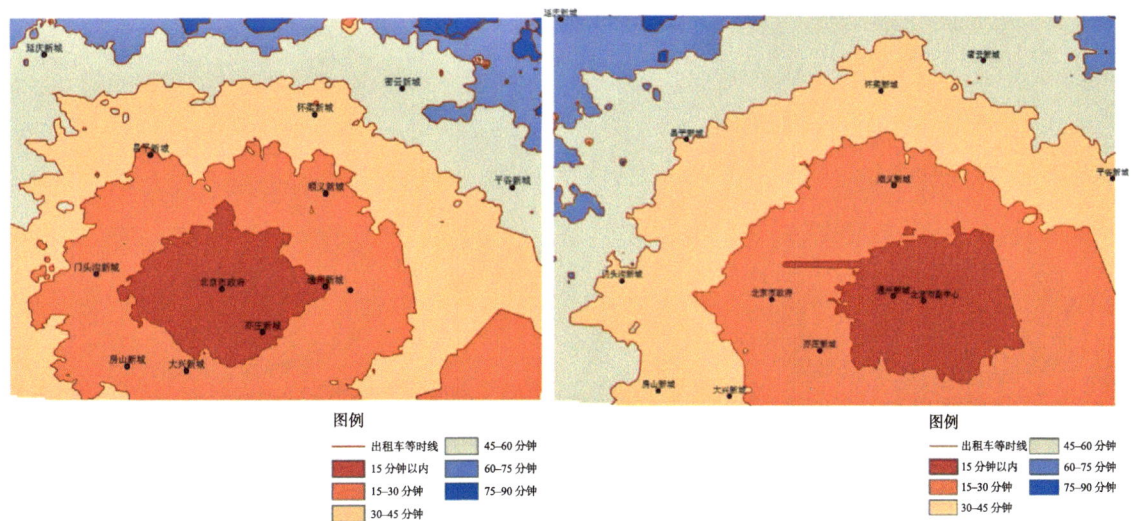

图 11-36　市中心和副中心出租车可达性对比

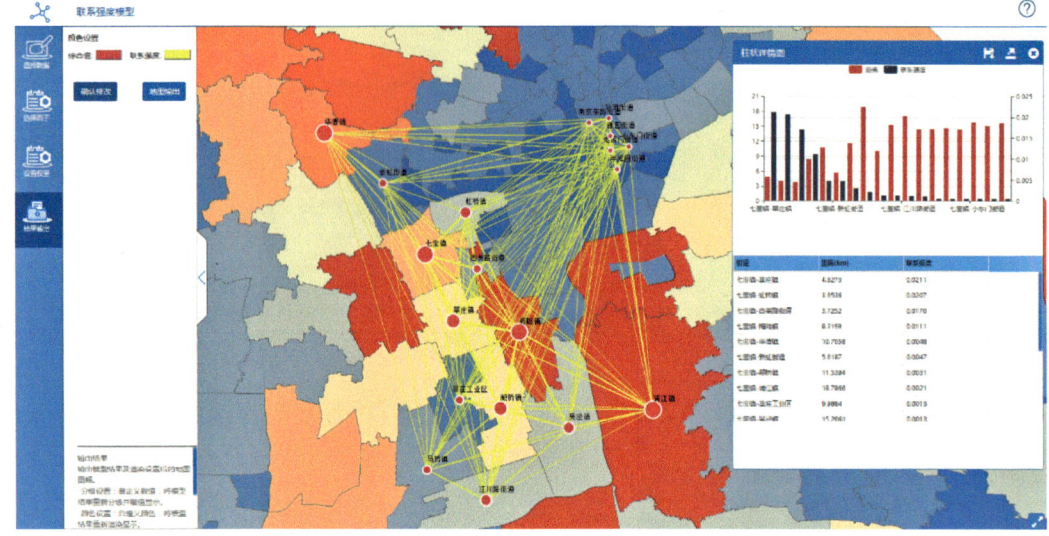

图 12-6　联系强度分析工具

资料来源：由案例提供者完成。

图 12-25　智能选址大数据平台概览

资料来源：由案例提供者完成。